וְחֶסֶד ה'
מֵעוֹלָם וְעַד עוֹלָם
עַל יְרֵאָיו
וְצִדְקָתוֹ לִבְנֵי בָנִים
תהלים קג, יז

מֵעוֹלָם וְעַד עוֹלָם

ספר הדרכה לאבלים

לכלל עדות ישראל

גבריאל גולדמן

מעולם ועד עולם

3rd edition
Gavriel Goldman
MeOlam Ve'ad Olam

מהדורה שלישית
עריכה לשונית: שרה פוקס
עיצוב כריכה: מיכל קוטנר

ספרי מגיד, הוצאת קורן
ת"ד 4044 ירושלים 91040
טל': 02-6330533 פקס: 02-6330534
maggid@korenpub.com

מסת"ב ISBN 978-965-526-067-0

נדפס בישראל Printed in Israel 2010

להורי היקרים

באהבה ובכבוד

בברכה לחיים טובים וארוכים

נר זיכרון

לחותני היקר

ר׳ **יוסף** בן זאב הלוי ושיינה **ברנט** ז״ל

איש תם וישר

ירא ה׳ ומכבד תורה ולומדיה

ניצל מהשואה באירופה

וזכה לעלות לארץ ישראל לבנות בית ומשפחה

תנצב״ה

מבנה הספר

תוכן עניינים מפורט

חלק ראשון – התארגנות
בן משפחה נפטר – מה עושים?

הדרכה איך להודיע למשפחה על אסון, מופיעה לקמן בחלק הרביעי – הדרכה למלווים ולתומכים, עמוד 313.

חלק שני – הלכות ומנהגים
עד הקבורה

לוויה וקבורה

בבית האבל

מבוא להלכות אבלות

אבלות בתוך השבעה

אבלות לאחר השבעה

אבלות בחגים ובמועדי השנה

עלייה לקבר ואזכרה

בית הקברות

מצבים מיוחדים באבלות

חלק שלישי – עיון והגות

חלק רביעי – הדרכה למלווים ולתומכים

חלק חמישי – צוואות וירושות

חלק שישי – אבלות מא' ועד ת' – אוצר מושגים

חלק שביעי – פרקי תפילה, אזכרה ולימוד

חלק שמיני – פרקי מידע

חלק תשיעי – מפתח – אינדקס 555

ב"ה

MORDECHAI ELIAHU
FORMER CHIEF RABBI OF ISRAEL & RICHON LEZION

מ ר ד כ י   א ל י ה ו
הראשון לציון והרב הראשי לישראל לשעבר

בס"ד, ט"ו אדר א' תשס"ה
18-9273.05

הסכמה

הובא לפני קונטרס גדול מתוך ספרו של הרב היקר איש רב פעלים לתורה ולתעודה **הרב גבריאל גולדמן שליט"א**.

הרב גולדמן משמש כרב של הישוב כפר אדומים, וכרב משיב במכון פועה.

מתוך השאלות שענה במהלך השנים ראה צורך גדול לחבר ספר הדרכה לאבלים, הכולל עצות והלכות להתארגנותם בזמן האבילות וכן "**הלכות ומנהגים עיון והגות, מילון מושגים, פרקי לימוד ואזכרה, פרקי מידע**".

המחבר ליקט במאמץ רב את ההלכות הרבות שאדם נתקל בהם באבילותו והביא את השיטות השונות הן לנוסח אשכנז והן לנוסח ספרד, והן למנהג עדות המזרח.

עיינתי מעט בדפי הספר, וראיתי את גודל ההשקעה ואת המאמץ הרב שהשקיע הרב גולדמן בחיבור מקיף ושימושי זה.

קשה היה לי ללמוד את כל החיבור, ועל כן ביקשתי מכבוד מכובדנו ר'אש מכון פוע"ה הרה"ג מנחם בורשטיין שליט"א לשבת יחדיו עם המחבר ולעבור על הספר היקר על מנת להאיר מניסיונו על טעו ושוב זח, ואכן עבר ואישר.

והנני מברך את המחבר היקר שיאריך ימים, ויראה ברכה רבה במלאכתו החשובה ונזכה שתהיה תחיית המתים בעת שיעלה הרצון מאת הבורא יתברך שמו, ובלע המוות לנצח ומחה ה' אלוקים דמעה מעל כל פנים ולא נוסיף לדאבה עוד, אכי"ר.

בברכה,

מרדכי אליהו
הראשון לציון הרב הראשי לישראל לשעבר

זלמן נחמיה גולדברג

חבר בית הדין הרבני הגדול

ראש כולל "דעת משה" - סדיגורה

ב"ה יום י"ד שבט תשס"ה

הנני בזה לדבר בשבחו של תלמיד חכם
מופלג בתורה הרי הוא הרה"ג ר' גבריאל גולדמן שליט"א
רבה של כפר אדומים
שיגע ועמל בתורה וזכה לחבר חיבור
בשם "מעולם ועד עולם" שהוא ספר הדרכה
לאבלים והספר אוצר בלום למצוא כל הלכה
ומנהג והקב"ה יעזרנו שיתקיים בנו ובלע
המות לנצח ואז יהיה ספרו רק בתור דרוש
וקבל שכר

הכותב לכבוד התורה ועמליה

זלמן נחמיה גולדברג

ב"ה יום י"ד שבט תשס"ה

הנני בזה לדבר בשבחו של תלמיד חכם מופלג בתורה הרי הוא הרה"ג ר' גבריאל גולדמן שליט"א רבה של כפר אדומים, שיגע ועמל בתורה וזכה לחבר חיבור בשם "מעולם ועד עולם" שהוא ספר הדרכה לאבלים והספר אוצר בלום למצוא כל הלכה ומנהג והקב"ה יעזרנו שיתקיים בנו ובלע המות לנצח ואז יהיה ספרו רק בתור דרוש וקבל שכר

ב"ה

עובדיה יוסף
הראשון לציון
ונשיא מועצת חכמי התורה

OVADIA YOSSEF
RISHON LEZION
AND PRESIDENT OF TORAH SAGES COUNSIL

ירושלים טו' אדר א' תשס"ה JERUSALEM

הסכמה

הובאו לפני גליונות הספר "מעולם ועד עולם" בעניני אבלות, הכולל הדרכה לאבלים, מעשה ידי אומן, נטע נאמן היקר והנכבד, דורש טוב לעמו, כש"ת הרב גבריאל גולדמן שליט"א, אשר חיבר חידש וקיבץ כעמיר גורנה, ואסף איש טהור חידושים וביאורים, ערוכים ומסודרים תפוחי זהב במשכיות כסף דבר דבור על אופניו, ולפעלא טבא אמינא איישר כחו לאורייתא.

ויהי רצון שחפץ ה' בידו יצלח לברך על המוגמר בקרב ימים, ועוד יפוצו מעינותיו חוצה בבריאות איתנה ונהורא מעלייא לאורך ימים ושנות חיים בטוב ובנעימים שובע שמחות וכל טוב "והיה כעץ שתול על פלגי מים, אשר פריו יתן בעתו ועלהו לא יבול, וכל אשר יעשה יצליח".

מכתב הסכמה מאת הגאון הרב אביגדר נבנצל שליט"א

בס"ד ג' פ' וימתקו המים תשס"ה ירושלים עה"ק תובב"א

לכל אחב"י מוקירי התורה ולומדי' שליט"א!

ראיתי את ספרו של הרה"ג ר' גבריאל גולדמן שליט"א, אשר נקרא שמו "מעולם ועד עולם" על עניני מעבר האדם מחיי שעה לחיי נצח, בין בהלכה בין במנהג ובין בהשקפה. מצאתי את הספר מלא וגדוש בידיעות, וערוך בטוב טעם, ויכול להועיל ח"ו בשעות קשות של פטירת מישהו, כי במפתח הענינים קל למצא דבר דבור על אפניו, ותקותנו כי במהרה בימינו יבלע המות לנצח.

יזכה הרב המחבר שליט"א להגות בתורה במנוחת הנפש ובבריאות הגוף, ויפוצו מעינותיו חוצה, עד מלאה הארץ דעה, בב"א.

בעתירת צרור החיים

אביגדר נבנצל

בס"ד ג' פ' וימתקו המים תשס"ה ירושלים עה"ק תובב"א

לכל אחב"י מוקירי התורה ולומדי' שליט"א!

ראיתי את ספרו של הרה"ג ר' גבריאל גולדמן שליט"א, אשר נקרא שמו "מעולם ועד עולם" על עניני מעבר האדם מחיי שעה לחיי נצח, בין בהלכה בין במנהג בין בהשקפה. מצאתי את הספר מלא וגדוש בידיעות, וערוך בטוב טעם, ויכול להועיל ח"ו בשעות קשות של פטירת מישהו, כי במפתח הענינים קל למצא דבר דבור על אפניו ותקותנו כי במהרה בימינו יבלע המות לנצח.

יזכה הרב המחבר שליט"א להגות בתורה במנוחת הנפש ובבריאות הגוף, ויפוצו מעינותיו חוצה, עד מלאה הארץ דעה, בב"א.

ישיבת ברכת משה - מעלה אדומים

YESHIVAT BIRKAT MOSHE - MAALEH ADUMIM

בס"ד

כ"ג אייר תשס"ה

ידידי יקירי מוהר"ר גבריאל גולדמן שליט"א

שלום וברכה,

יישר כוחך על פעלך המבורך ספרך על הלכות שמחות "מעולם ועד עולם". בימינו אנו רואים בגלוי כי זכות המתים היא המגינה על החיים, ולדאבון לב ישנם רבים שכל הקשר שלהם עם תורה ומצוות ועם היהדות בכלל תלוי אך ורק בטקסי אבילות ר"ל. אולם מאידך, הדבקות בהלכות הללו מעידה על כוח איתן בנפשותיהם של ישראל שאינם מוכנים לוותר לגמרי על מצוות התורה ומסורת ישראל, והאמונה בנצחיות הנשמה מבצבצת מתוך הערפול והמבוכה של החילוניות השוררת. זה נותן מקום לתקוה שהמאור שבתורה יגבר על החושך ובתום ימי האבל יזרח אור חדש של תורת חיים.

כדי שתתממש תקוה זו זקוקים בני דורנו לספרי לימוד בהלכות אבילות אשר פותחים פתח לאמונה זכה ולהבנת המצוות כולן כמובילות אל הנצח. זה דורש התאמה לצרכים הנפשיים של האבלים שלא ניתן לספק בהצעת דינים בצורה יבשה בלבד. אין לי ספק שספר המתאים באמת לאבלים בימינו בכוחו לחולל מהפך לטובה בקרב קוראים רבים. דומני שהספר שלך יש בו סימנים ברורים שהוא מסוגל למלא דרישה זו.

ויהי רצון שזכות הרבים תהא תלויה בך ורבים תשיב מעוון ויתקיים בנו מהרה ומחה ה' דמעה מעל כל פנים.

הכו"ח למען כבוד התורה ולומדיה,

נחום אליעזר רבינוביץ

E-MAIL: office@birkatmoshe.org.il

מצפה נבו, מעלה אדומים 98410 MITZPEH NEVO, MAALEH ADUMIM

WEB SITE: http://www.birkatmoshe.org.il

טל. 02-5353655 .TEL ; פקס. 02-5353947 .FAX

עַד אֲשֶׁר לֹא יֵרָחֵק חֶבֶל הַכֶּסֶף
וְתָרֻץ גֻּלַּת הַזָּהָב
וְתִשָּׁבֶר כַּד עַל הַמַּבּוּעַ
וְנָרֹץ הַגַּלְגַּל אֶל הַבּוֹר:
וְיָשֹׁב הֶעָפָר עַל הָאָרֶץ כְּשֶׁהָיָה
וְהָרוּחַ תָּשׁוּב
אֶל הָאֱלֹהִים אֲשֶׁר נְתָנָהּ:
קהלת יב, ו

הקדמה

הספר שלפניכם הוא מדריך לאבלים. הוא אינו ספר הלכה במובנו הרגיל, אלא בא בעיקר להדריך את האבלים וסביבתם הקרובה בהתמודדות עם פטירת קרובם. הפטירה מותירה את האבלים בצער ובכאב, אך גם במבוכה ובסימני שאלה רבים.

ההלכה היהודית המפורטת עשויה להעניק תמיכה, תשובה ומענה למבוכה ולצער, גם אם לא באופן מלא. אך לעתים העיסוק בפרטים עלול לגרום להסחת הדעת מהעקרונות הכוללים. הדגשת הכללים, העקרונות וההסברים עשויה להביא להבנה נכונה ומעמיקה יותר של פרטי ההלכות, ולקיום נכון יותר של ההלכות והמנהגים. בנוסף לכך, הראייה הכוללת של תהליך האבלות המשלבת בתוכה את פרטי ההלכות והמנהגים, עשויה להביא לאבלים מרגוע וניחומים במידת מה.

כחלק מתפקידי כרב בכפר אדומים, שהוא יישוב לכלל ישראל המשלב תושבים דתיים וחילוניים החיים יחד, וכחבר בחברה קדישא מטה בנימין, הרגשתי מזה זמן את הצורך בספר הדרכה לאבלים, שמלבד פסיקת הלכה גם יבאר באופן פשוט ונוח לשימוש את ההשקפה היהודית ואת עקרונות ההלכה. ישנם ספרי הלכה למכביר, ספרים טובים ומעולים שנכתבו בידי גדולי תלמידי חכמים; אך לעתים אדם פשוט שאינו בקי בהלכה, והוא מעוניין להבין את טעמי הדינים ומקורותיהם, לא מצליח להגיע לכך מתוך הקריאה בספרי ההלכה.

במיוחד נכון הדבר בקרב הציבור המסורתי והחילוני, שלא תמיד שומר באדיקות על כלל ההלכות, אך חשוב לו להיות מחובר למנהגי ישראל, בפרט סביב מעגל החיים היהודי – לידה וברית מילה, בר מצוה ובת מצוה, נישואין, ובסופו של דבר גם סביב הפטירה, הקבורה ומנהגי האבלות.

המדריך שלפנינו אינו מקיף אפוא את כלל הלכות אבלות באופן למדני, אלא הוא בא לתת הדרכה מעשית והלכתית, כיווני חשיבה, הסבר וטעם למצוות ולמנהגים הקשורים לאבלות, ולעורר את האבלים להכיר את הנושאים הקשורים לעניינם. המדריך מיועד לא רק לציבור

שומר מצוות, אלא גם לציבור מסורתי ולאנשים שאינם שומרי מצוות, ולכן ניתן בו מקום נרחב יותר להסבר והדרכה.

המגמה בכתיבת הספר היתה לכתוב את ההדרכות בשפה ברורה ושווה לכל נפש. הטעמים נכתבו באות מוקטנת, וגם חלק מההלכות שנוהגים בהן רק מקצת מעדות ישראל.

כאמור, ניתן דגש מיוחד בספר על הצעת טעמי הדינים ומקורותיהם. ישנה חשיבות בהבאת מקורות הדינים והטעמים לא רק לשוחרי הדעת, אלא גם כדי לקרב את האבלים להלכות ולמנהגים, לאפשר את קיום המנהגים מתוך הבנה והכרה, וכדי להבין את משמעות ההלכה ורוח ההלכה גם במקרים גבוליים או במקרים שאינם כתובים בספר במפורש.

ככלל, הספר מסודר בצורה כרונולוגית. בתחילת הספר מובאת הדרכה מעשית – **התארגנות** לקראת הלוויה והקבורה: כיצד יש לנהוג מבחינה מעשית ומנהלית, התיאום עם החברה קדישא, וההתארגנות המשפחתית ללוויה ולשבעה.

עיקר הספר הוא חלק **ההלכות והמנהגים**, בו תובאנה ההלכות עם מבואות, טעמים ומקורות. ככלל, ההוראות ההלכתיות הן על פי ספר "שלחן ערוך" לרבי יוסף קארו, עם הגהותיו של רבי משה איסרליש, שהוא ספר ההלכה העיקרי שנתקבל בעם ישראל, עם נושאי הכלים והפרשנים עליהם. הספר "שלחן ערוך" נכתב לפני כחמש מאות שנה. כדי להביא לידי ביטוי את ההכרעה ההלכתית בדורות האחרונים בכלל, ומנהג ירושלים בפרט, נכתבו ההלכות בדרך כלל לפי פסקיו של הרב יחיאל מיכל טוקצינסקי בספרו "גשר החיים", למנהגי עדות אשכנז; ועל פי פסקי הראשון לציון הרב עובדיה יוסף שליט"א בספר "ילקוט יוסף", ופסקי הראשון לציון הרב מרדכי אליהו שליט"א בספר "צרור החיים", למנהגי עדות המזרח. בנוסף צוטטו פסקי הלכה גם מספרים רבים נוספים. המגמה בספר הייתה לנסות לתת מענה לכלל העדות והמנהגים מחד, ומאידך, לא להשאיר דברים רבים מדי במחלוקת אלא לנסות ולכתוב באופן ברור את ההלכה. לכן חלק מהמחלוקות הובאו בהערות השוליים.

אין בספר תחליף לפסיקת הלכה, ובפרט בשאלות מורכבות, שבהן יש לברר את הנושאים עם רב הבקי למעשה בהלכות אבלות.

בנוסף הובאו בספר פרקי **עיון והגות**: הקדיש לסוגיו השונים והקשרו לאבלים; תרומת אברים ונשיאת כרטיס תורם; השקפתם של גדולי ישראל – הרמב"ם, הראי"ה קוק ואחרים – על המיתה, עולם הבא ותחיית המתים. כמו כן הובא מאמר העוסק בטומאה וטהרה, וההקשר למוות.

הספר מיועד גם לסביבה התומכת שסביב האבלים. לכן הובאה בספר **הדרכה למלווים ולתומכים** – כיצד מודיעים למשפחה על אסון, כיצד ינהגו החברים והקרובים המלווים את המשפחה באֶבְלָהּ, והיבטים פסיכולוגיים על האבלות. בחלק זה הובאה גם התייחסות מיוחדת לילדים, לרגשותיהם ולצרכיהם, בתוך המשפחה האבלה. הדרכות אלו נכתבו על ידי אנשי מקצוע העוסקים בתחומים אלו, או בהדרכתם. בחלק זה מובא גם מידע למתנדבי חברה קדישא – כיצד להתארגן מראש לעריכת הלוויה והקבורה, הצדדים הטכניים והמנהליים, והטיפול במשפחה. את החלק הזה בספר חותם הפרק העוסק בהנצחה.

בספר הובאו גם ראשי פרקים ראשוניים לכתיבת **צוואה** והתייחסות לצו **ירושה**, מבחינת המשפט העברי ומבחינת המשפט האזרחי. גם כאן המטרה היא נתינת מידע והדרכה ראשונית בלבד, על האפשרויות השונות, ואין היא תחליף להתייעצות מסודרת עם מומחים לנושאים אלו.

חלק מרכזי וחשוב בספר הוא **אוצר מושגים הקשורים באבלות**, שנקרא בשם **אבלות מא' ועד ת'**, מעין אנציקלופדיה זוטא לענייני אבלות. הצורך והתועלת באוצר כזה יכולים להיות משמעותיים ביותר: לעתים אדם רוצה לדעת מושג מסוים ואינו יודע היכן לחפשו; לעתים הוא רוצה לדעת הלכה, ואינו יודע היכן ובאיזה הקשר היא תובא בספר הלכה. אוצר כזה המסודר לפי סדר א"ב, יכול להקל מאוד במקרים כאלו. ישנם גם הקשרים והפניות בין המושגים השונים.

לאחר מכן מובאים **פרקי תפילה אזכרה ולימוד**. הכוללים מי שברך לחולה. שינוי והוספת שם לחולה. תפילות שאומרים בהתקרב הקץ. פרקי התהלים שאומרים בבית הקברות. קדיש יתום בנוסח אשכנז ובנוסח עדות המזרח. נוסחי "אל מלא רחמים", "יזכור" ו"השכבות". תפילות לעילוי נשמה לאחר הלימוד. משניות ממסכת מקואות שנהגו ללמוד באזכרה. רשימת פרקי משנה לפי סדר א – ב. אין בכך משום חידוש, אלא הובאו מפני השימוש והצורך בהם.

לקראת סיום מובאים **פרקי מידע** – רשימה ארצית של חברות קדישא, ורשימה של לשכות הבריאות המחוזיות. כמו כן הובא מידע על האפשרויות לקבלת תמיכה נפשית. פרקים אלו משלימים את החלק הארגוני המופיע בתחילת הספר.

את הספר חותם **מפתח** – אינדקס מפורט המאפשר התמצאות קלה ונוחה בספר. בסוף חלק זה מובאים גם המקורות לספר וספרות עזר.

כל חותמי ברכות שבמקדש היו אומרים 'עד העולם'.
משקלקלו המינים ואמרו אין עולם אלא אחד,
התקינו שיהיו אומרים 'מן העולם ועד העולם'.

משנה ברכות פרק ט

שם הספר "**מעולם ועד עולם**", בא לבטא את האמונה היהודית העמוקה בהישארות הנפש ובנצחיותה. האדם היהודי מתבונן בעולם מתוך יראת כבוד למי שאמר והיה העולם, מתוך הבנה שישנם מושגים ועולמות שלמים שהם מחוץ לידיעתנו, מתוך הודאה לריבונו של עולם שפתח לנו פתח ואפשרות ללמוד ולהתייחס לבריאתו המופלאה, על ידי תורת חיים וחיי עולם שנטע בתוכנו. שם הספר בא לבטא את המעבר מעולמנו, עולם של חיי שעה; אל עולם של חיי נצח. גם רמז יש בו לספר גשר החיים, שעליו נתבססתי בעיקר, מתוך הערכה והתפעלות מהספר וממחברו.

תחילת הפסוק וְחֶסֶד ה' מֵעוֹלָם וְעַד עוֹלָם בא לבטא את הרגשת התודה על חסד ה' לעילא ולעילא שגבר עלינו. והמשך הפסוק וְצִדְקָתוֹ לִבְנֵי בָנִים היא תפילה שלא תמוש התורה מזרענו וזרע זרענו עד עולם.

ואלו פינו מלא שירה כים, ולשוננו רנה כהמון גליו, ושפתותינו שבח כמרחבי רקיע, ועינינו מאירות כשמש וכירח, וידינו פרושות כנשרי שמים, ורגלינו קלות כאילות, אין אנו מספיקים להודות לך ה' אלהינו ואלהי אבותינו על אחת מאלף אלפי אלפים ורבי רבבות פעמים הטובות, ניסים ונפלאות שעשית עם אבותינו ועמנו.

תודות ...

אילו פינו מלא שירה כים, אין בידנו להודות על רוב חסדו וטובו של בורא עולם. מודה אני לפניך שזיכיתני לעסוק בתורה, ללמוד וללמד, ואפילו להרהיב עוז ולחבר ספר העוסק בהלכה ובטעמיה. יודע אני שאיני כדאי וראוי לכך, ולכן השתדלתי להביא את דברי לפני גדולים וטובים ממני, כדי לנסות ולהוציא דבר מתוקן וראוי.

כאן המקום להודות לאנשים רבים וטובים שסייעו בידי רבות, ושלדבריהם ולהתייחסותם היתה השפעה רבה על צורת הספר ותכנו. ראשית ברצוני להודות למורי ורבי הגאון הרב נחום אליעזר רבינוביץ שליט"א, שעודד אותי לכתוב, ואף הואיל לעבור על דברי הדלים ולהעיר בפרטי פרטים את הערותיו החשובות. זה המקום להודות לרב על ליוויו, תמיכתו והדרכתו זה למעלה מעשרים שנה, ולברכו שיזכה להמשיך להפיץ תורתו וירבה גבולו בתלמידים, מתוך בריאות ושמחה לאורך ימים ושנים טובות.

ברצוני להביע תודה למורנו ורבנו הראשון לציון הרב עובדיה יוסף שליט"א על נכונותו לתת הסכמה לספר. תודה מיוחדת למורנו ורבנו הראשון לציון הרב מרדכי אליהו שליט"א, שענה לי כמה וכמה פעמים על שאלותי בעל פה ובכתב, בסבר פנים יפות, וכן על הסכמתו וברכתו לספר. תודה לגאון הרב זלמן נחמיה גולדברג שליט"א שהואיל לעבור על הספר, ולתת את הסכמתו וברכתו. תודה מיוחדת לגאון הרב אביגדור נבנצל שליט"א, שהטריח עצמו לקרוא את הספר כולו ולהעיר את הערותיו החשובות, על שהואיל לשבת עמי כמה וכמה פעמים ולענות לשאלותי, ועל הסכמתו שהערותיו תהיינה משובצות בתוך הספר. תודה לגאון הרב יעקב אריאל שליט"א על הסכמתו לשלב את מאמרו בנושא תרומת אברים בתוך הספר.

תודה מיוחדת לרה"ג הרב יעקב רוז'ה שליט"א, הרב הפוסק של חברה קדישא בתל אביב, הבקי בהלכות אבלות ובמנהגים למעשה בכל הקשור לאבלות ולקבורה, על שהסכים להיפגש איתי וכן לענות לי פעמים רבות על שאלותי. כמו כן ברצוני להביע את תודתי העמוקה לרה"ג הרב יצחק יוסף שליט"א שעבר על הספר והעיר את הערותיו החשובות השזורות בספר.

תודה לרה"ג הרב שלמה אבינר שליט"א שנתן את הסכמתו לשלב את מאמרו לגבי תרומת אברים בתוך הספר. ברצוני להביע את תודתי והערכתי לידידי הרב ישי בוכריס שליט"א שנענה לבקשתי, וכתב את העקרונות התורניים וההלכתיים לכתיבת צוואה ולדיני ירושה. תודה גם לידידי הרב רמי ברכיהו שליט"א ששלח לי חלקים מספרו שטרם נדפסו.

אין מילים בפי להביע את תודתי, הערכתי והוקרתי, לידידי ורעי, מורי ורבי, הרה"ג הרב מנחם בורשטין שליט"א ראש מכון פוע"ה, שהשקיע שעות רבות מזמנו היקר, בסבלנות אין קץ, וקרא יחד איתי חלקים נרחבים בספר מילה במילה, והעיר עשרות הערות על הכתוב בספר. תודה גם לידידי הרב אליעזר הכהן אלטשולר שליט"א, רב הישוב סוסיא ורב משיב במכון פוע"ה, שהעיר את הערותיו לגבי דיני הכהנים. תודה גם לטובה טפר, מזכירת מכון פוע"ה על עזרתה. ברצוני להביע את תודתי והערכתי לספרן ר' בנימין סלומון ז"ל, שטרח והביא למעני ספרים מהספריה הלאומית, ושנתבקש פתאום לישיבה של מעלה. תהא נשמתו צרורה בצרור החיים.

תודה לרבותי וחברי מישיבת "מאור טוביה" שבמצפה יריחו – תודה מיוחדת לראש הישיבה הרה"ג הרב שבתי סבתו שליט"א שהואיל ללמוד עמי את החלקים מהספר הקשורים לתורת הקבלה, להאיר ולהעיר. תודה מקרב לב לידידי הרב חיים גרינשפן שליט"א שהיה לי לעזר ולעצה לכל אורך הדרך, וכן לידידי הרב צדוק אליאס שליט"א. תודה לתלמידי היקרים – ר' ראובן ששון, אליעזר קניגסברג, רפאל מיוחס ודוד קורץ על עזרתם הרבה. ברצוני להביע הכרת טובה שיש בלבי לאכסניה של תורה – ישיבת "מאור טוביה", שבה נכתב רובו של החיבור שלפנינו.

תודה לחברַי מכפר אדומים – ראשית לאילן גרינפילד שפנה אלי בזמנו בבקשה לכתוב ספר הדרכה "ידידותי" בנושאי אבלות יהודית, המיועד גם לציבור שאינו שומר מצוות, משום שהדבר נחוץ ביותר. ברצוני להודות ולהביע את הערכתי העמוקה לידידי ד"ר עוזי פוקס על הערותיו ועצותיו, לשרה פוקס על עבודתה המסורה והדייקנית בעריכה הלשונית, וכן לידידי ד"ר ציון עוקשי על הייעוץ הלשוני. תודה לשכניי האהובים אלחנן וד"ר ורד נעם על עזרתם, עצותיהם ותמיכתם. תודה מיוחדת לידידי ורעי רבי יואל בן הראש הי"ו על הכוונתו ועזרתו, לפסיכולוג ד"ר מאיר פרלוב ולפסיכיאטר ד"ר פורטו בן הראש על כתיבתם לצורך הספר, לעו"ד יהודה אלרם על התייחסותו לעניינים משפטיים שהובאו בספר, וכן לאייל בן אליהו ולאריה כהן על עזרתם. חובה נעימה היא להודות לדוד יהושע ולאחיו פטר על עבודתם הנאה בעיצוב הספר ובעימודו. תודה מיוחדת לשופט צבי טל שנענה לבקשתי וכתב מאמר על ניהול עיזבון על ידי צוואה או צו ירושה, מבחינת המשפט העברי והמשפט האזרחי.

תודה מיוחדת לידידי הרב יהודה ברנדס שקרא את כתב היד הראשוני, העיר את הערותיו מאירות העיניים, ופתח לפני כיווני חשיבה רבים בקשר לספר. תודה לחנניה שחור מנהל חברה קדישא "קהילת ירושלים" שהסכים לפגוש אותי ולענות לשאלותי, על התייחסותו ועזרתו הרבה. תודה לרב נחום הכהן קוק ולרב מרדכי ויכלדר המסייעים בענין ניתוחי מתים, וכן למיכאל גוטויין רכז המחלקה המשפטית של זק"א על נכונותם ששמותם ופרטיהם יכתבו בספר לצורך מי שיזדקקו להם. תודה מיוחדת לגברת יהודית בר דור, על עזרתה

הרבה והחשובה בכתיבת החלק הרגיש כל כך – איך להודיע למשפחה על אסון. תודה רבה לפסיכולוג נחי אלון ולפרופסור חיים עומר על נכונותם לשלב פרק מתוך ספרם בתוך ספרי. תודה מקרב לב לרב שאול פרבר ולארגון "עתים", העוסקים בליווי ותמיכה סביב מעגל החיים היהודי, וכן להנהלת האתר "קדישא נט" על הסכמתם לשימוש ברשימותיהם. תודה למאיר הנגבי וליוסי מונק מהוצאת מילתא על השתתפותם ועזרתם.

לפני סיום פרק ההודאות, ברצוני להוקיר תודה הערכה ואהבה, למורי ורבותי הראשונים בישיבת מעלה אדומים, הרה"ג הרב יצחק שילת שליט"א והרה"ג הרב חיים סבתו שליט"א, שקיבלוני לישיבה ביום ייסודה כנער צעיר, טרם עמדו על דעתו. להדרכתם וחינוכם מאז, היתה השפעה מכרעת על דרכי ועל המשך חיי, ועל כך תודתי והערכתי אליהם.

אחרון אחרון חביב, תודה אישית עמוקה ואוהבת לרעייתי, להורי ולילדי על הסבלנות, העידוד והתמיכה לכל אורך הדרך. יעמדו כולם על הברכה.

אני תפילה שזכיתי להבין נכונה את דברי הפוסקים, ושלא יצאה תקלה מתחת ידי. אך על אף המאמצים הגדולים שהושקעו בכתיבה, ייתכן מאוד שיש דברים הטעונים תיקון והבהרה. אם ישנה טעות בהבנת ספרי הפסיקה, האחריות היא עלי בלבד ואני מבקש מחילה מהפוסקים על כך שלא ירדתי לסוף דעתם. אשמח לקבל הערות והארות, ותודה מראש לכל מי שיעביר אלי את הערותיו על מה שנכתב בספר.

מתוך תפילה ותקווה שלא תצא תקלה מתחת ידי, ושאזכה לכוון לאמיתה של תורה.

גבריאל גולדמן

מֵעוֹלָם וְעַד־עוֹלָם

א

התארגנות

בן משפחה נפטר – מה עושים?

ההודעה על פטירת קרוב משפחה גורמת כאב וצער רב. ההרגשה הטבעית היא של זעזוע, סערת רגשות ומבוכה, הגורמים לעתים צורך בהתכנסות פנימה. ואולם מאידך, על בני המשפחה לדאוג מייד לסידורי הלוויה והקבורה. ההלכה היהודית ראתה בטיפול בנפטר צורך מיידי וחיוני, עד כדי הגדרה הלכתית של מצב "**אנינות**", הפוטר למעשה את הקרובים האוננים מכל המצוות שבתורה, כדי שיוכלו להתמסר ולטפל בנפטר ובצרכיו באופן מוחלט. בשורות הבאות ננסה לתת הדרכה מעשית לכך.

א. רישוי מנהלי[1]

לצורך הרישוי המנהלי יש לדאוג לפרטים הבאים:

- הודעת פטירה חתומה על ידי רופא.
- תעודת זהות של הנפטר.
- אישור המשטרה (רק בפטירה מחוץ לבית החולים).
- רשיון קבורה.

הודעת פטירה

במקרה של פטירה בבית יש להזמין רופא לשם קביעת המוות והכנת הודעת פטירה. הודעת הפטירה החתומה בידי רופא, היא מסמך רשמי של מדינת ישראל. כאשר שהה הנפטר בבית החולים בעת הפטירה, תינתן ההודעה על ידי בית החולים. מחוץ לבית החולים תינתן ההודעה בדרך כלל על ידי רופא מגן דוד אדום שקבע את הפטירה או על ידי רופא המשפחה.

כדי לקבל רשיון קבורה יש צורך ב**הודעת הפטירה – בשלושה העתקים**, וכן ב**תעודת הזהות** של הנפטר. אם תעודת הזהות אינה זמינה, אפשר לנסות לקבל רשיון קבורה גם בלעדיה.

אין לקבור ללא רשיון קבורה.

אישור המשטרה

במקרים של תאונה או של חשד למוות לא טבעי, יש לקבל גם את **אישור המשטרה**. הנוהל הוא נוהל קבוע על פי חוק. תפקיד המשטרה הוא לוודא כיצד נפטר האדם. לאחר בירור קצר יחסית אמור להנתן אישור המשטרה לקבורה.

עותק אחד מהודעת הפטירה יימסר למשטרה, ושניים ישארו אצל המשפחה.

---

1 אלו הכללים הנהוגים במדינת ישראל כיום. לגבי חוץ לארץ יש לברר את הכללים בכל מקום ומקום.

רשיון קבורה

רשיון קבורה מקבלים **במשרד הבריאות המחוזי**. מחוץ לשעות הקבלה יש לפנות **לרופא התורן** של משרד הבריאות. אפשר וכדאי להיעזר בחברה קדישא. **בבתי החולים הממשלתיים** אמור רשיון הקבורה להימסר למשפחה **במשרד לקבלת חולים** כיון שבית חולים ממשלתי שייך למשרד הבריאות. במקרה של פטירה מחוץ לבית החולים, תצטרך המשפחה להוציא את רשיון הקבורה בעצמה. יש מקומות שבהם **החברה קדישא** מטפלת גם בהוצאת רשיון הקבורה. לעתים מועבר הנפטר למכון לרפואה משפטית. לאחר שחרור גופת הנפטר, יתן המכון רשיון קבורה. ככלל, יש למשפחה זכות להתנגד לנתיחה אם אין צו של בית משפט הדורש נתיחה זו[2].

תעודת פטירה

אם כבר הגעתם למשרד הבריאות, יתכן שיש בידם טופס בקשה לתעודת פטירה ממשרד הפנים. אם הטופס בידכם – מלאו אותו במקום, ותעודת הפטירה תגיע לביתכם בדואר. בדרך כלל יש לפנות למשרד הפנים כדי לקבל תעודה זו. שימו לב – תעודת הפטירה הרשמית של משרד הפנים מיועדת לצרכי ירושה ועיזבון, אין בה צורך לשם הקבורה.

רשימת מדורי רשיונות קבורה של משרד הבריאות מובאת בספר בעמוד 550

ב. התיאום עם החברה קדישא

מיקום הקבר ושעת הלוויה

יש להתקשר אל אחת מחברות הקדישא ולתאם את **מיקום הקבר**. צריך לדעת שישנן חלקות שונות, לפי העדות השונות, לכהנים וכו'. אף על פי שהקבורה אינה כרוכה בתשלום (כמו שיפורט לקמן), ישנן חלקות מיוחדות שצריך לשלם בעבורן, וישנם גם תעריפים שונים. יש לקבל מידע מדויק על סוג הקבר (רגיל, קומות, כוכים, זוגי), מחירו, ואפשרות הגישה אליו. כדאי לברר מראש את האפשרויות השונות והמחירים השונים כדי להימנע מאי הבנות.

גם קביעת **שעת הלוויה** צריכה להיות בתיאום מדוקדק עם החברה קדישא. השיקול המרכזי בקביעת זמן הלוויה הוא **כבוד הנפטר**. מחד גיסא, כבודו הוא להשתדל לקברו סמוך ככל האפשר לזמן הפטירה; מאידך גיסא, כבודו הוא שרבים ילווהו בדרכו האחרונה, ובמיוחד בני משפחתו הקרובים.

יש לקחת בחשבון זמן סביר להודעה על הפטירה והלוויה, להתארגנות ולהגעת המלווים. במיוחד יש להתחשב במשפחת הנפטר, לכן אם יש בן משפחה בדרגה קרובה בחוץ לארץ, לעתים ממתינים לו וקובעים את זמן הלוויה בהתאם לכך[1].

---

2 **הערת הרב נבנצל שליט"א** – יש להשתדל להתנגד לנתיחה, או במקרי רצח לצמצמה ככל האפשר, אף אם מאיימים (במקרי תאונות דרכים) שבהעדר ניתוח לא יתנו פיצויים למשפחה.

לקבלת אפשרות מעשית ליעוץ בנושא זה, ראה באוצר המושגים ערך **ניתוחי מתים**.

עיקרון הלכתי שמשתדלים להקפיד עליו במיוחד בירושלים הוא **שלא להלין את המת**, כלומר שלא יעבור עליו לילה ללא קבורה[2]. לעתים קשה לקיים עיקרון זה, במיוחד אם הפטירה היתה בשעות אחר הצהרים או הערב, בכל אופן יש משפחות וחברות קדישא המעדיפות להקפיד על עיקרון זה גם אז.

בקביעת שעת הלוויה יש להביא בחשבון שאם הקבורה תהיה לפני השקיעה, זה נחשב ליום שלם מבחינת השבעה[3]. זו סיבה נוספת להקדים את הלוויה כך שתסתיים לפני השקיעה ולא לאחריה[4].

יש לזכור שגם החברה קדישא צריכה זמן להכנות ללוויה ולקבורה. טהרת הנפטר לוקחת זמן, וכן חפירת הקבר, והסעת הנפטר. בערים הגדולות יש כמה קבורות בו ביום. כדי שגם החברה קדישא תוכל להתארגן בהתאם, אין להחליט ולפרסם שעת קבורה ללא תיאום עם החברה קדישא.

רשימה ארצית של כל חברות קדישא מובאת בסוף הספר בעמוד 537

תשלום עבור קבורה

ככלל משולמים דמי הקבורה על ידי הביטוח הלאומי.

על פי הוראות המוסד לביטוח לאומי, הקבורה בישראל במקרים הבאים היא ללא תשלום[5]:

1. תושב ישראל שנפטר בישראל, ונקבר במקום מגוריו.
2. תושב ישראל שנפטר בחוץ לארץ, ונקבר במקום מגוריו בישראל.

מימון הוצאות יום הקבורה מועבר לחברה קדישא על ידי המוסד לביטוח לאומי.

על פי החוק יכולה חברה קדישא לגבות תשלום במקרים הבאים:

1. רכישת חלקת קבורה מחיים (על פי התעריפים הקבועים בחוק. יש לציין שהתעריף שונה ממקום למקום).
2. קבורה בחלקה חריגה (חלקה שאושרה מראש על ידי המוסד לביטוח לאומי כחריגה).
3. קבורה בבית עלמין סגור (בית עלמין שהוכרז כסגור בשל מיעוט חלקות לקבורה).
4. תושב ישראל שנפטר, ומשפחתו מעוניינת לקברו שלא במקום מגוריו.
5. יהודי תושב חוץ לארץ שנקבר בארץ.
6. סטייה ממסלול הנסיעה הרגיל.
7. תכריכים מהודרים.

---

1 **הערת הרב נבנצל שליט"א** – אדמו"ר זללה"ה (הגרש"ז אויערבך זצ"ל), לא נטה לדחות קבורה ליום אחר עקב כך.

2 המינוח ההלכתי **הלנת המת** מבואר באוצר המושגים

3 המינוח ההלכתי **מקצת היום ככולו** מבואר באוצר המושגים.

4 **הערת הרב נבנצל שליט"א** – די בכך שסתימת הגולל וחליצת הנעליים היו לפני השקיעה.

5 האמור בפרק זה הינו לפי מידת הידיעה של מחבר הספר נכון ליום כתיבתו. בכל מקרה יש לפנות למוסד לביטוח הלאומי לצורך בדיקת הזכויות באופן מחייב. הפניה למוסד לביטוח לאומי הינה באמצעות אתר האינטרנט של המוסד לביטוח לאומי או בסניף הקרוב למקום מגוריכם או במשרד הראשי: שד' וייצמן 13 ירושלים.

הביטוח הלאומי מכסה רק הסדרי קבורה סטנדרטיים: קבורה בתכריכים מקובלים, ומסלול קצר בין בית הלוויות לחלקת הקבר. אך הסדרי קבורה מיוחדים, וכן מצבה, מודעות אבל והסעות – כל אלו מוטלים על משפחת הנפטר. הסעת הנפטר על ידי חברה קדישא ביום הפטירה תהיה בדרך כלל ללא תשלום; אולם הסעה לאחר שעות העבודה המקובלות, הסעה חריגה או על ידי אמבולנס פרטי, תיעשה בדרך כלל בתשלום.

נפטר בחוץ לארץ

אם מדובר באזרח ישראלי שחל עליו חוק ביטוח לאומי, זכאי הנפטר לקבורה ללא תשלום בעיר מגוריו, על פי הרשום בתעודת הזהות שלו. האחריות על הטסת הארון ארצה היא על משפחת הנפטר, וכן הבאתו משדה התעופה עד לבית הלויות במקום שייקבר. ביטוח נסיעות לחוץ לארץ כולל על פי רוב הוצאות אלו של העברה לארץ, אך יש לברר כל מקרה לגופו.

בארצות הברית ניתן לפנות לבית לוויות יהודי ("CHAPLE") ושם יטפלו בדרך כלל בטהרת הנפטר ובהלבשתו, בהסעה ובתיאום עם הקונסוליה. החוק הבינלאומי ברוב המקומות מחייב את רחיצת הנפטר בהעברה מארץ לארץ, כך שברוב המקרים תתבצע הטהרה כבר בחוץ לארץ, ומוטב כך. באירופה יש לפנות לקונסוליה לסידור העניינים המנהליים, ולקהילה היהודית הקרובה לטיפול בנפטר עצמו.

במקרה של אדם שאינו זכאי לקבורה במסגרת חוק ביטוח לאומי (אינו אזרח ישראלי או מי שירד מהארץ). נציג המשפחה צריך לרכוש תחילה אחוזת קבר בארץ, לקבל את אישור החברה קדישא על כך, ולהציג אישור זה בפני הגופים המטפלים בנפטר בחוץ לארץ, כדי לאפשר את התהליך של הבאת הנפטר ארצה.

תייר שנפטר בארץ

תייר יהודי שאין לו אזרחות ישראלית ונפטר בארץ, זכאי להיקבר בעיר בה נפטר. מבחינה הלכתית הוא יכול להיות מוגדר לצורך העניין כמת מצוה[6], ובעניין זה מקבל הביטוח הלאומי את עמדת ההלכה, ומממן את קבורתו.

מענק פטירה

במקרים שהנפטר קיבל אחת מהגמלאות הבאות: זקנה, שאירים, נכות כללית, הבטחת הכנסה, נפגעי עבודה, ישולם מענק חד פעמי למי שהיה בן זוגו בשעת פטירתו, ובאין בן זוג - לילדו (כפי שמוגדר בחוק הביטוח הלאומי). תביעה למענק פטירה יש להגיש בסניף הביטוח הלאומי הקרוב למקום המגורים

6 **הערת הרב נבנצל שליט"א** – אם אין לו קרובים ואין מי שמוכן לטפל בו. לאור קיומן של חברות קדישא, אין כמעט מת מצוה מבחינה הלכתית.

ג. ההתארגנות המשפחתית ללוויה

תיאומים מיוחדים עם החברה קדישא

מלבד התיאום של **מקום וזמן** עם החברה קדישא כפי שפורט לעיל, יש לעתים צורך בתיאומים נוספים: המקפידים **לשמור את המת**[1] ולומר תהלים לידו, צריכים לדאוג לכך. בדרך כלל נעזרים בחברים.

כאשר בני המשפחה מעוניינים לומר קדיש, אבל אינם יודעים אם יהיה **מניין** גברים בקבורה, אפשר לברר אם החברה קדישא תוכל לסייע בעניין.

משפחת כהנים צריכה להודיע זאת לחברה קדישא. בדרך כלל כהנים נקברים בסמוך לשבילים, כדי שבני משפחתם יוכלו לבקר את קבריהם מבלי להיטמא. גם תכריכי הכהנים שונים במקצת, ע"ע תכריכים, באוצר המושגים דלקמן.

לעתים יש צורך **במערכת הגברה** להספדים. כדאי לברר אם ישנה כזו בבית הלוויות. אם אין, אפשר להשיג מערכת ניידת. יש לבדוק היטב שהמערכת פועלת ושיש מי שיודע לטפל בה.

כאשר ציבור המלווים כולל אנשים מבוגרים מאוד או חולים, כדאי לברר עם החברה קדישא אם ניתן **להגיע למקום הקבורה ברכב.**

הודעה לציבור

לאחר שנקבע מקום הלוויה והקבורה וזמן הלוויה, בתיאום עם החברה קדישא, יש להודיע על כך בהקדם לקרובי הנפטר ולחבריו.

יש לקחת בחשבון שחברות קדישא עובדות לעתים בלוח זמנים צפוף ועמוס, ובדרך כלל לא יוכלו לחרוג מהשעה שסוכמה איתם מראש. אפשר לומר מראש למלווים לקחת **מקדם זמן** ולהגיע מעט מוקדם, כדי למנוע לחץ של המתנה למאחרים.

אין צורך שהאבלים עצמם יעמדו שעות ארוכות ליד הטלפון כדי להודיע. אפשר **להודיע לאדם אחראי מכל מעגל היכרות** (משפחה של כל אחד מהצדדים, שכנים, מקום עבודה וכו'), ולהטיל עליהם להעביר את ההודעה הלאה.

ככלל, **עדיף להיעזר בחברים וידידים**. האבלים על פי רוב נסערים מאוד, ועקב עצמת הרגשות הגואה בקרבם קשה להם לקבל החלטות. היעזרות בחברים, שמטבע הדברים יכולים לסייע לקרובים בקבלת ההחלטות באופן שקול ורגוע יחסית, מתוך כבוד והתחשבות ומתוך זיהוי הצרכים של הקרובים, יכולה להקל מאוד על הלחץ הנפשי שקרובי הנפטר נתונים בו. ההזדהות והצער של החברה והקהילה שסביב האבלים, גורמת בדרך כלל לנכונות ולעתים גם לרצון עז לעזור לאבלים. מלבד עצם העזרה, שלעתים רבות היא חשובה ומשמעותית, האפשרות לסייע לאבלים, מעניקה רגשות חיוביים לא רק לאבלים, אלא גם למסייעים.

1 התייחסות הלכתית לכך מובאת לקמן מעמוד 55.

מודעות אבל

משפחת אבלים שברצונה לפרסם מודעות אבל, תפנה לבית דפוס שעוסק בעניין. ניתן לקבל שירות של הדבקת המודעות, תמורת תוספת תשלום. לחילופין, ניתן להסתפק בהדפסת מודעות במחשב ביתי ובהדבקתן בעזרת ידידים.

בדרך כלל מנסחים במודעה את **שם הנפטר**, **הכתובת שבה יושבים שבעה**, **רשימת האבלים**. אם המודעות מתפרסמות לפני הלוויה, אפשר להוסיף את **מיקום הלוויה ומועדה**. אפשר לכלול גם **זמני תפילה** בבית האבלים אם כבר הוחלט על כך. בדרך כלל יש בבתי הדפוס נוסחים מקובלים שניתן להיעזר בהם.

כדאי שהמשפחה תשאיר בידה **כמה מודעות כדי לתלות בפתח בתי האבלים**, ובמקום שבו יושבים שבעה.

הכנת הספדים

יש לתכנן מראש **מי מהמשפחה יאמר** את ההספדים או את דברי הפרידה. מי שעליו מוטלת משימה זו, צריך להקדיש לכך זמן ומחשבה, לכן כדאי לתאם זאת מוקדם ככל שניתן. אמנם אפשר לבקש מרבנים ומאישי ציבור לומר דברים גם תוך כדי הלוויה, ביחוד מפני שלא תמיד יודעים מי יגיע. אך אם אפשר – מוטב לתכנן מראש. אם הרב המספיד לא הכיר את הנפטר, כדאי לספר לו אודות הנפטר ותכונותיו מבלי להגזים בהן. בכל מקרה כדאי לבחור **אדם קרוב שירכז את נושא ההספדים** ויעמוד בקשר עם החברה קדישא רעניין זה. לעתים מבקשים ידידים בשעת הלוויה להוסיף גם הם כמה מילים. זה יכול להיות מכובד ומרגש אך עלול גם להיות למורת רוח המשפחה, ויש להיערך גם לכך.

יש לקחת בחשבון שהקהל עומד על רגליו, לעתים בצפיפות ובתנאי מזג אויר מכבידים. לעתים מדובר באנשים מבוגרים או זקנים שקשה להם עוד יותר, וגם הצער מכביד. לכן כדאי **לקצר בדברים** כדי לא להטריח על הציבור. אפשר לומר זאת לפני כן בנימוס למספידים.

מה לקחת ללוויה

הלוויה והקבורה לוקחים זמן. אם נוסיף לכך את המאמץ הרגשי והעומס הנפשי, הרי שיש צורך להיערך לכך מראש, נפשית וגם מעשית.

כדאי לקחת מראש **בקבוקי מים**, **כיסוי ראש**, **ביגוד מתאים**, **ממחטות נייר (טישיו)**, **משקפי שמש**, **כיפות לגברים וכיסויי ראש לנשים**. אם יש זקנים או חולים – **כסאות מתקפלים**. בסיום הלוויה מתחילה האבלות, הבאה לידי ביטוי בהחלפת הנעליים הרגילות לנעלי בד, או לחילופין חליצת המנעלים ונעילתם עם מעט עפר בתוכם, כדי להביע באופן סמלי את תחילת האבלות. אם מחליטים לעבור **לנעלי בד או גומי יש להביאם ללוויה**. **מותר להחליף בגדים** לפני הלוויה או לקראתה. יש להביא בחשבון שעל פי ההלכה, בני המשפחה הקרובים ביותר (הורים, אחים ואחיות, בנים ובנות, בני זוג) יעברו במהלך הלוויה קריעה בבגד. האבלים אמורים להישאר עם אותו הבגד הקרוע[2] במשך כל השבעה. זה הבגד שבו ישבו על הרצפה או על מצע נמוך במשך השבעה. לכן כדאי להקדיש רגע מחשבה אלו בגדים יתאימו לשבוע מורכב זה, גם מבחינת נוחות וצניעות בעת

הישיבה. נשים העוברות את קריעת הבגד צריכות לאחות את המקום מיד לאחר הקריעה מפני צניעותן. לצורך כך יש להביא ללוויה **סיכות ביטחון**.

אבלים המתכוונים לומר קדיש בלוויה ואינם בקיאים באמירת קדיש, מומלץ שינסו להגות נכונה את הקדיש עוד בטרם הלוויה. כדאי להביא ללוויה את **נוסח הקדיש באותיות ברורות, רצוי מנוקד**. אבל שאינו בקי באמירת הקדיש, עדיף לשנן מראש כדי שלא להישמע עילג.

המנהג הרווח במערב ללבוש בגדים שחורים, אינו נהוג בקהילות ישראל, ראה באוצר המושגים ערך **לבישת שחורים**.

הכנת הבית לשבעה

האבלים חוזרים מהלוויה והקבורה אל המקום שבו החליטו לשבת שבעה. יש לחשוב מראש היכן לשבת. העדיפות ההלכתית הראשונית היא לשבת בבית הנפטר, אך אם יש צורך אפשר לשבת גם במקום אחר, בו תהיה אפשרות נוחה יותר לאבלים.

אל המקום שנבחר יש להביא: **נרות נשמה, ספסלים וכסאות** לאבלים ולמנחמים, **סידורים וכיפות** לתפילות בבית האבל. **משניות לחלוקה**, **תהלים** לבית האבל ולבית העלמין. אם יש אפשרות – גם **ספר תורה** לצורך קריאת התורה. אם יתפללו באותו מקום גם בשבת, יש להביא גם **חומשים**. אפשר גם **עמוד** לחזן. יש קהילות המחזיקות ערכה לבית האבל "גמ"ח ניחומים" עם פריטים אלו להשאלה.

יש להכין מראש את המקום בו ישבו האבלים עצמם. האבלים יושבים בדרך כלל על גבי **מזרונים או כסאות נמוכים**. כדאי לחשוב מראש איך לתכנן את הישיבה בבית. כאשר צפויים מנחמים רבים יש המכינים מחוץ לבית **סוכת אבלים**, כדי שיהיה מקום לכולם. במקרה כזה צריך להכין גם **תאורה** מתאימה.

הסעודה הראשונה שאוכלים האבלים לאחר הלוויה נקראת **סעודת הבראה** ותפורט לקמן בחלק ההלכתי. סעודה זו מכינים בדרך כלל המקורבים לאבלים, ואוכלים אותה בבית האבלים.

בדרך כלל מקובל להגיש שתייה וכיבוד קל לאורחים[3]. יש מושג של "ברכות לעילוי נשמה" בו המבקרים מברכים לעילוי נשמת הנפטר, כמבואר באוצר המושגים לקמן. הנוהגים כך צריכים לדאוג **לשתייה ולכיבוד** ולעתים יעדיפו להיעזר **בכלים וכוסות חד פעמיים**. רצוי גם **מיחם**.

בחלק מהמקומות מעמידים **קופת צדקה** לעילוי נשמת הנפטר.

2 **הערת הרב נבנצל שליט"א** – זו חובה רק לבני הנפטר ולבנותיו.

3 **הערת הרב נבנצל שליט"א** – אין זה מקובל אצל האשכנזים.

משפחה שעוזבת את ביתה כדי לשבת שבעה, מומלץ לבקש משכנים לשמור על הבית. למרבה הצער היו מקרים שגנבים ניצלו את היעדרות האבלים כדי לפרוץ לביתם בזמן הלוויה או השבעה.

סיכום שלב ההתארגנות

• הודעת פטירה ורשיון קבורה • תיאום עם החברה קדישא – מקום וזמן הלוויה • העברת הנפטר (לא תמיד יש צורך בכך, בדרך כלל יתבצע על ידי החברה קדישא) • הודעה לציבור ומודעות אבל • הכנת הספדים ודברי פרידה • ציוד ללוויה • קביעת הבית שבו ישבו שבעה והכנתו

מֵעוֹלָם וְעַד עוֹלָם

ב

הלכות ומנהגים

מבוא

בהקדמה לספר צוין כבר כי ההלכה היהודית מדריכה את האדם בכל צעד ושעל בחייו. בהלכות אבלות מקבלת הדרכה פרטנית כזאת משמעות וצורך נוספים. דווקא הוראות פרטניות ומובנות כאלה עשויות בדרך כלל להקל מאוד על משפחת הנפטר, המתקשה בשעות אלה ליזום ולתכנן פעולות שיביעו ויתארו את הצער והאבל. המפגש של האבלים עם כללי הטקס הקבועים והמוכרים, עשוי לתת הרגשת ביטחון לאבלים שנחשפו לתחושות קשות של תהיות, חוסר ביטחון וחוסר ודאות. המפגש עם טקס מוכר עשוי להרגיע ולשחרר במידה מסוימת.

גם מבחינת ההשתייכות החברתית, החיונית כל כך לתמיכה ולחיזוק בזמן האבלות, הכללים הנורמטיביים מקילים הן על האבלים השרויים בתחושת האובדן, והן על החברה שסביבם שיכולה להזדהות עם האבלים ולתמוך בהם. ההשתייכות למסגרת התנהגותית מוכרת ומקובלת, מעניקה תמיכה וביטחון.

הסתכלות כזאת עשויה לתת משמעות שונה לגמרי להלכות אבלות. דווקא ההוראות המדוקדקות, הטקסטים הקבועים והסדרים המוכרים עשויים לשחרר את האבלים מהצורך להפנות אנרגיות לתכנון אבלותם, ומאפשרים להם להתרכז באבלם.

לאור הסתכלות זו יש לבחון את ההוראות דלקמן, שגם בהן יתכנו רמות שונות של דקדוק והקפדה, לפי תחושותיהם ומנהגיהם של האבלים.

יש להבדיל בין הלכות קבועות לבין מנהגים. בהדרכה דלקמן ננסה להתייחס להבדלים אלו ולהגדיר גם אותם.

הלכות עד הקבורה

ד. ביקור חולים[1]

אמר רבי חמא ברבי חנינא: מאי דכתיב "אַחֲרֵי ה' אֱלֹהֵיכֶם תֵּלֵכוּ"? וכי אפשר לו לאדם להלך אחר שכינה, והלא כבר נאמר "כִּי ה' אֱלֹהֶיךָ אֵשׁ אֹכְלָה הוּא"?! אלא הלך אחר מדותיו של הקדוש ברוך הוא ... הקדוש ברוך הוא ביקר חולים דכתיב "וַיֵּרָא אֵלָיו ה' בְּאֵלֹנֵי מַמְרֵא" (בראשית יח, א), אף אתה בקר חולים.

סוטה יד, א

שישה דברים אדם אוכל פירותיהם בעולם הזה והקרן קיימת לו לעולם הבא, ואלו הן ... ביקור חולים...

שבת קכז, א

מצות עשה של דבריהם לבקר חולים... ואלו הן גמילות חסדים שאין להם שיעור. אף על פי שכל מצוות אלו מדבריהם, הרי הן בכלל "וְאָהַבְתָּ לְרֵעֲךָ כָּמוֹךָ". כל הדברים שאתה רוצה שיעשו אותם לך אחרים, עשה אתה אותן לאחיך בתורה ובמצוות.

רמב"ם הלכות אבל יד, א

הדרכה למבקרים

א. מצוה גדולה לבקר את החולה[2], ורמוזה היא במקראות "וְהוֹדַעְתָּ לָהֶם אֶת הַדֶּרֶךְ יֵלְכוּ בָהּ" – זה ביקור חולים[3]. שמתוך כך יבקש עליו רחמים וגם יוכל לעיין בענייניו ובצרכיו ולסייע לו, ונמצא שמחייהו. שמצות ביקור חולים מצד המבקר היא בגוף ובנפש: בגוף – בטיפול בחולה ובצרכיו, משמעות הביטוי "ביקור חולים" כוללת גם ביקורת על צרכי החולה ואם יש לחולה את כל הדרוש לו; ובנפש – להתפלל עבורו. וכל שביקר ולא ביקש עליו רחמים, לא קיים את המצוה כראוי[4]. מעבר לכך, לכוח הרצון של החולה יש תפקיד משמעותי ומרכזי מבחינת הריפוי, כי הרצון הוא שנותן את התקוה והסיכוי להתגבר על המחלה. לכן יש משמעות רבה לעידוד, לחיזוק ולתמיכה נפשית בחולה, החיוניים כדי לעזור לו להתרפא. ביקור חולים המסייע פיזית ונפשית לחולה להרפא, יש בו גם ממצות ריפוי החולה.

---

1 קיימת התלבטות האם להכניס הלכות ביקור חולים בספר על הלכות אבלות. בסופו של דבר הוכנסו בקיצור הלכות ביקור חולים המבוססות בעיקר על ספר גשר החיים הפותח בהלכות אלו, כך גם סדר ההלכות בשלחן ערוך (יורה דעה מסימן שלה ואילך).

2 לדעת הרמב"ם זו מצוה דרבנן, ולדעת רבנו יונה (ברכות פרק ג) היא מצוה מהתורה. וראה בילקוט יוסף (סימן א, א) שהביא מספר סיבות מדוע אין מברכים עליה.

3 בבא קמא ק, א; בבא מציעא ל, ב.

4 תורת האדם לרמב"ן עמוד יז, מובא בבית יוסף וברמ"א סימן שלה, ד.

ב. יש להיזהר לא להכביד על החולה. חולה שאינו דורש עזרה או צוותא, יבוא המבקר לזמן קצר, ישאל בשלומו, יתפלל עבורו ויצא. חולה שקשה לו גם הביקור הקצר, אין נכנסים כלל לחדרו אלא דורשים בשלומו על ידי בני ביתו.

ג. אם יש שני חולים אחד עני ואחד עשיר, ורבים הולכים לעשיר – תלך אתה אצל העני; ועל זה נאמר "אַשְׁרֵי מַשְׂכִּיל אֶל דָּל"[5].

ד. המבקר חולה לא ישב למראשותיו, ששכינה למעלה ממראשותיו של חולה. לכן אם החולה שוכב על הארץ, לא ישב המבקר על כסא למעלה ממשכב החולה. ראה באוצר המושגים ערך **"שכינה למעלה ממראשותיו של חולה"**. אם יש צורך לחולה, ודאי שמצוה ומותר לשבת למראשותיו או לרגליו או למעלה ממנו[6]. כיום שהחולים שוכבים על גבי מיטות אפשר לשבת על גבי כסא וספסל.

ה. מי שאינו רגיל להיכנס לביתו של החולה בדרך כלל, אינו נכנס לבקרו בשלושת הימים הראשונים של חוליו. ואם הכביד עליו חוליו בבת אחת נכנס לבקרו מיד.

ו. אומרים לו שיתן דעתו על ענייניו, אם הלוה או הפקיד אצל אחרים, או אחרים הלוו או הפקידו אצלו, ואל יפחד מפני זה מהמוות[7]. לא בכל מקרה ולא אצל כל אדם ניתן לומר משפטים כאלו. מאידך, יכולה להיות הקלה גדולה לאדם החולה כשירגיש שמשאיר את ענייניו מסודרים וברורים. לכן יש לשקול בדעת מתי לומר ומתי להחריש, והחכם עיניו בראשו.

ז. יש מי שכתב שראוי לאדם שלפני פטירתו יסדר צוואה לביתו בכל ענייניו, ויש לעוררו על כך. אך אם נראה שתחלש דעתו של החולה עקב כך, לא ידברו איתו על כך[8].

מה אומרים לחולה על מחלתו

ח. המטרה העיקרית ביחסנו לחולה היא לעודדו ולחזקו. לכן חולה שנפטר לו קרוב, אין מספרים לו על כך, אם יש חשש שהידיעה תשבור את רוחו[9]. לפי זה יש גם להימנע מלספר את המצב הרפואי באופן בוטה מחשש שיפול ליאוש ולדיכאון. ניתן לומר לו בעדינות וברגישות שמחלתו מסוכנת ושראוי להרבות בתפילה ובתשובה. בכל מצב אין לומר לחולה שאבדו סיכויו, ותמיד יש להשאיר פתח של תקוה. גם מפני שאיננו יכולים לדעת בוודאות, וגם כדי שלא לשבור את לבו של החולה[10].

תפילות עבור חולה

בני, הוי זהיר לבקר את החולה, כי המבקרו מקל חוליו. השתדל עמו לשוב לקונו והתפלל עליו וצא. אל תכביד עליו ישיבתך כי די לו מכובד חוליו. כשתכנס לחולה, תכנס אצלו בשמחה, כי לבו ועיניו על הנכנסים אליו.

צוואת רבי אליעזר הגדול[11]

5 גשר החיים פרק א, א, ד; בשם ספר חסידים (סי' שסא).
6 גשר החיים פרק א, א, ה.
7 שלחן ערוך יורה דעה סימן שלה, ז.
8 נטעי גבריאל חלק א, פרק א, א – ב.
9 שלחן ערוך יורה דעה סימן שלז, א.
10 על פי פניני הלכה חלק ג עמוד 262.

ט. כשמתפללים עבור החולה בפניו, אין צריך להזכיר שמו שהרי משה התפלל על מרים ואמר "אֵל נָא רְפָא נָא לָהּ", ולא הזכיר שמה; ואפשר להתפלל גם בלעז. ושלא בפניו מתפללים בעברית דווקא וצריך להזכיר שמו.

י. בתפילות עבור חולה מזכירים שמו ושם אמו[12]. אם לא יודעים שם אמו יזכירו שם אביו[13], ואם לא יודעים נהגו לומר בן חוה[14]. מנהג בני תימן להזכיר שמו ושם אביו[15].

יא. בתפילה לרפואת החולה יש לכלול אותו בתוך שאר חולי ישראל שמתוך כך נמצא מתפלל גם על שאר החולים וזו גם זכות לחולה שבגללו מתפללים גם על חולים אחרים. ככלל, יש לציבור זכויות מעבר לזכויות היחיד, ולכן בכלל צריך אדם להשתתף עם הציבור, ובפרט חיוני הדבר בזמן שהיחיד צריך עזרה ותמיכה.

יב. בשבת אומרים "שבת היא מלזעוק ורפואה קרובה לבוא".

יג. טוב להתפלל עליו בפסוקים אלו[16]:

וְהֵסִיר ה׳ מִמְּךָ כָּל חֹלִי וְכָל מַדְוֵי מִצְרַיִם הָרָעִים אֲשֶׁר יָדַעְתָּ לֹא יְשִׂימָם בָּךְ וּנְתָנָם בְּכָל שֹׂנְאֶיךָ (דברים ז, טו).

וַיֹּאמֶר אִם שָׁמוֹעַ תִּשְׁמַע לְקוֹל ה׳ אֱלֹהֶיךָ וְהַיָּשָׁר בְּעֵינָיו תַּעֲשֶׂה וְהַאֲזַנְתָּ לְמִצְוֹתָיו וְשָׁמַרְתָּ כָּל חֻקָּיו כָּל הַמַּחֲלָה אֲשֶׁר שַׂמְתִּי בְמִצְרַיִם לֹא אָשִׂים עָלֶיךָ כִּי אֲנִי ה׳ רֹפְאֶךָ (שמות טו, כו).

בּוֹרֵא נִיב שְׂפָתָיִם שָׁלוֹם שָׁלוֹם לָרָחוֹק וְלַקָּרוֹב אָמַר ה׳ וּרְפָאתִיו (ישעיהו נז, יט).

לֹא תְאֻנֶּה אֵלֶיךָ רָעָה וְנֶגַע לֹא יִקְרַב בְּאָהֳלֶךָ: כִּי מַלְאָכָיו יְצַוֶּה לָּךְ לִשְׁמָרְךָ בְּכָל דְּרָכֶיךָ (תהלים צא, י – יא).

רְפָאֵנוּ ה׳ וְנֵרָפֵא הוֹשִׁיעֵנוּ וְנִוָּשֵׁעָה כִּי תְהִלָּתֵנוּ אָתָּה (מתפלת העמידה. מבוסס על ירמיהו יז, יד).

יד. אומרים תהלים לרפואת החולה. נהגו לומר ח"י (18) מזמורים אלו: ב, ו, יג, כב, כה, ל, לב, לח, סט, פח, קב, קג, קז, קטז, קיח, קמב, קמג, קל. אם רוצים להרבות בתפילה מוסיפים ח"י מזמורים נוספים: ט, טז, יז, יח, כג, לא, לג, לו, לט, מא, מט, נה, נו, פו, פט, צ, צא, קד.

טו. לאחר מכן אומרים את הפסוקים ממזמור קיט בתהלים (לקמן מעמוד 511) המרכיבים את שמו של החולה (עיין באוצר המושגים ערך **אלפא ביתא**), ופסוקי קר"ע שט"ן ויהי רצון שאומרים לחולה (לקמן עמוד 495).

---

11 מובא בסוף פרקי דרבי אליעזר.

12 אמנם לגבי נפטר האשכנזים מזכירים שמו ושם אביו ועדות המזרח מזכירים שמו ושם אמו, אבל על חולה לכל הדעות יש להזכיר שמו ושם אמו. המקור הוא בספר הזהר (פרשת לך לך דף פד) "והושיעה לבן אמתך... אדכר לאמא". גשר החיים פרק לא, ב, י.

13 **הערת הרב נבנצל שליט"א** – יש נוהגים שאין מזכירים שם האב, וגם לא בן חוה, אלא בן שרה. במקרה של חולה ששמה שרה, אפשר לומר בת רבקה.

14 ילקוט יוסף סימן א, כ.

15 שלחן ערוך המקוצר עיני יצחק, יורה דעה חלק ב סימן קעה, ד.

16 גשר החיים פרק א, ג, א.

שינוי והוספת שם

טז. רבים נוהגים לשנות שם של חולה מסוכן, דהיינו שמוסיפים לו שם חדש. שינוי השם מבטא את התפילה והרצון לבטל את רוע הגזרה שנגזרה על האדם. כיון שלעתים אי אפשר לשנות את הגזרה, משנים את שמו של האדם כדי שהגזרה לא תחול עליו. וכמו שאומרים בתפילה לשינוי השם, שאם נגזרה גזרה על פלוני, על אדם אחר לא נגזרה הגזרה. כשמוסיפים לחולה שם מתפללים ואומרים תהלים בעשרה[17], מי שברך לחולה, שלוש עשרה מדות, ויהי רצון של הוספת השם (לקמן עמוד 495).

יז. השם הנוסף יתווסף בראש[18]. כגון אם נקרא משה והוסיפו לו רפאל, יקרא רפאל משה.

יח. אם הבריא מחוליו, אפילו מעט, ונתחזק בשמו החדש בחזקת 'קם מחוליו' שלושים יום, גם אם נפטר לאחר מכן – נשאר בשמו החדש לעד (לעניין כיתוב על המצבה והזכרת שמו בלימוד ותפילה לעילוי נשמה). אבל אם לא נתחזק בשמו החדש ולא קם מחוליו למשך שלושים יום, נזכר רק בשמו הקודם.

כיצד להתפלל על חולה המתייסר

אותו יום שנפטר רבי יהודה הנשיא גזרו חכמים תענית וביקשו רחמים. אמרו: כל מי שיאמר "רבי מת" – ידקר בחרב. עלתה שפחתו של רבי לגג ואמרה: עליונים מבקשים את רבי, ותחתונים מבקשים את רבי; יהי רצון שיכופו תחתונים את העליונים. כיון שראתה את רבי שהוא מצטער הרבה, אמרה: יהי רצון שיכופו עליונים את התחתונים. לא פסקו חכמים מלבקש רחמים. נטלה כד וזרקה מן הגג לארץ; נשתתקו חכמים, ויצאה נשמתו של רבי.

כתובות קד, א

יט. חולה המתיסר ואין תקוה וסיכוי לרפואתו, מותר וראוי להתפלל עליו שימות במיתה קלה ולא יתארכו יסוריו[19]. באופן זה אין להאריך את ימיו ביסורים, אבל גם אסור לקצרם. מותר ומצוה לתת לחולה כזה משככי כאבים כדי להקל על יסוריו. אלו העקרונות הכלליים, התייחסות מפורטת יותר לענייני טיפול בחולים חורגת ממסגרת ספר זה. יש לברר ברגישות ובכובד ראש כל מקרה לגופו עם מורה הוראה.

כ. ניתן להתפלל לה' שיעשה את הטוב בעיניו עבור החולה. לעתים טוב לחולה שיתייסר כדי לזכך עוונותיו, ואיננו יכולים לדעת. לכן אנו משליכים על ה' יהבנו שיעשה את הטוב בעיניו.

17 **הערת הרב נבנצל שליט"א** – ואין זה לעיכובא, ואפשר להוסיף שם גם ביחידות.

18 גשר החיים פרק א, ג, ה.

19 ערוך השלחן יורה דעה סימן שלה, ג; אגרות משה חושן משפט חלק ב, עג, א, על פי הגמרא בנדרים מ, א, שממנה משמע שלעתים יש להתפלל על החולה שימות. גם במקרים כאלו אין ראוי שבני משפחתו יתפללו עליו שימות, שמא תיכנס בלבם כוונה זרה לטובת עצמם להקל מעליהם את המעמסה של הטיפול בחולה. **הערת הרב נבנצל שליט"א** – ויש חולקים, ולענ"ד טוב להתפלל שהקב"ה יעשה הטוב בשבילו, כדלקמן.

התיתכן תועלת בחולי

עד יעקב אבינו לא היתה מחלה בעולם. בא יעקב והתפלל ונהיתה מחלה בעולם, שנאמר "וַיֹּאמֶר לְיוֹסֵף הִנֵּה אָבִיךָ חֹלֶה".

בבא מציעא פז, א.

ככלל, אנו מיחלים ומתפללים שה' יברכנו בחיים טובים ובריאים, וימנע מאיתנו מחלות ופגעים. כמו שכתוב בפסוק "וְהֵסִיר ה' מִמְּךָ כָּל חֹלִי" (דברים ז,טו), אך לעתים באים על בני האדם קשיים ומחלות ויסורים. כשכבר מגיע מצב כזה, יש להתבונן אם ניתן להגיע לתובנות למסקנות ולמעשים דווקא מתוך המשבר והקושי. להלן מובאים דברים מתוך ספר גשר החיים (פרק א, ד) המבוססים על הגמרא והמדרש, שבקריאה ראשונה אינם מובנים כלל. כיצד יתכן שיעקב אבינו ביקש שיהיה חולי בעולם?!

מיום שנבראו שמים וארץ לא היה אדם מתעטש וחי, אלא בכל מקום שהיה הולך אם בדרך ואם בשוק היתה נפשו יוצאת. עד שבא יעקב אבינו וביקש רחמים על כך. אמר לפניו: ריבונו של עולם, אל תקח נפשי עד שאצוה את בני, ונעתר לו שנאמר "וַיֹּאמֶר לְיוֹסֵף הִנֵּה אָבִיךָ חֹלֶה"...

ילקוט שמעוני איוב תתקכז[20]

חסד עשה הקדוש ברוך הוא עם בני אדם שיהא חולי בעולם, ולא יהא אדם הולך בשוק וגווע בפתאומיות, כאשר ביקש יעקב אבינו עליו השלום, ועל ידי החולי עשוי להתעורר לתשובה ולצוות על ענייניו. ואם החולי הוא חסד מהקדוש ברוך הוא, אף אתה השתדל שיהא החולי של חברך לחסד ולברכה ולא רק למכאוב ולדאבון שלא לתועלת.

בזמן שאדם הולך על רגליו ומשוקע בשאון החיים, מסיח דעתו מכך שכל החיים עתידים למות. גם כשמזכירים לו על כך, האדם חושב:"הלא יש עוד זמן לזה...". כל ימי חייו הוא חי, רואה שאנשים אחרים מתים ולא הוא, ומה כל החרדה, הרי יש לו זמן...

ורוב בני האדם אינם גומרים את חשבונותיהם ומשאירים אותם באמצע. מעטים הם הפקחים אשר עיניהם פקוחות ורואים את הנולד מראש לסדר את ענייניהם מדי שנה בשנה או מדי פעם בפעם, בין אדם לחברו ובין אדם למקום. ומי שאיננו שוטה מתעורר על כך לכל הפחות כשיחלה, בטרם יגיע לסכנה ח"ו.

וזה שאינו יודע לשאול גם בעת חוליו – את פתח לו, ועשה אתו חסד לעוררו על כך שיצוה על ענייניו: א – בנוגע לרכושו ומה שרוצה לצוות על כך. ב – אם חייב למישהו או שיש לו פקדונות של אחרים. ג – בנוגע לצדקה שרוצה לתת. ד – על וידוי דברים של תשובה.

המעורר לחולה על כך ישקול דבריו בדעת ובהשכל, ואם אינו יכול יציע דבריו לפני מי שיודע לדבר עניינים כאלו[21].

עוד בקשר לוידוי מופיע לקמן עמוד 49.

20 סיום המדרש: לפיכך חייב אדם להודות כשמתעטש ונהפך ממות לחיים שנאמר "עטישותיו תהל אור" (איוב מא, ט). לכן אומרים "לבריאות" או "אסותא" (רפואה) למי שמתעטש.

21 גשר החיים פרק א פיסקה ד.

ה. הטיפול בגוסס ובנפטר

רבי אליעזר אומר: שוב יום אחד לפני מיתתך. שאלו תלמידיו את רבי אליעזר: וכי אדם יודע באיזה יום ימות? אמר להם: וכל שכן! ישוב היום שמא ימות למחר, ונמצא כל ימיו בתשובה. ואף שלמה אמר בחכמתו: "בְּכָל עֵת יִהְיוּ בְגָדֶיךָ לְבָנִים וְשֶׁמֶן עַל רֹאשְׁךָ אַל יֶחְסָר" (קהלת ט, ח). **אמר רבי יוחנן בן זכאי: משל למלך שזימן את עבדיו לסעודה ולא קבע להם זמן. פקחים שבהם קישטו את עצמם וישבו על פתח בית המלך, אמרו: כלום חסר לבית המלך?! טפשים שבהם הלכו למלאכתם, אמרו: כלום יש סעודה בלא טורח?! פתאם ביקש המלך את עבדיו. פקחים שבהם נכנסו לפניו כשהם מקושטים, הטפשים נכנסו לפניו כשהם מלוכלכים. שמח המלך לקראת הפקחים וכעס לקראת טפשים. אמר: הללו שקשטו את עצמם לסעודה ישבו ויאכלו וישתו, הללו שלא קשטו את עצמם לסעודה יעמדו ויראו.**

שבת קנג, א

ספרות ההלכה והמנהג מתארת בפירוט רב את שלבי הגסיסה האחרונים. בעבר היה מדובר בדרך כלל באנשים הגוועים לאיטם, בבית, מוקפים בקרוביהם, ברמה יחסית די גבוהה של הכרה ומודעות להתקרב הקץ.

בימינו מצבים כאלו נדירים יותר. בני אדם מתים בדרך כלל בבתי חולים, תוך נסיונות רפואיים לדחות את הקץ, ולעתים לאחר נסיונות החיאה שבהם האדם כלל אינו בהכרה. אף על פי כן, יש להחשיב זאת כזכות לנפטר ולמשפחתו כאשר האדם נמצא במצב בו ניתן להגיע למעמד המרומם ומקדש את שעת הפרידה מן הנפש היקרה, שעת הפטירה מן העולם. למצבים מעין אלו נכתבו השורות הבאות.

בהתקרב הקץ

א. בהתקרב הקץ יש חולים הנוטלים ידיהם ואומרים מזמור כ"ט בתהלים "הָבוּ לַה' בְּנֵי אֵלִים". יש אומרים "נִשְׁמַת כָּל חַי" או "אֱלֹהַי נְשָׁמָה" או "אַתָּה גִּבּוֹר לְעוֹלָם ה' " – כל אלו ללא חתימת הברכה[1] (לקמן עמוד 497).

ב. יש אומרים "פִּטּוּם הַקְּטֹרֶת" מילה במילה בכוונה ובהטעמה[2] (לקמן עמוד 500).

ג. בשעה האחרונה, אם אפשר הדבר, טוב שיאמר החולה הפסוקים הללו:

מִי אֵל כָּמוֹךָ נֹשֵׂא עָוֹן וְעֹבֵר עַל פֶּשַׁע לִשְׁאֵרִית נַחֲלָתוֹ לֹא הֶחֱזִיק לָעַד אַפּוֹ כִּי חָפֵץ חֶסֶד הוּא: יָשׁוּב יְרַחֲמֵנוּ יִכְבֹּשׁ עֲוֹנֹתֵינוּ וְתַשְׁלִיךְ בִּמְצֻלוֹת יָם כָּל חַטֹּאותָם (מיכה ז, יח – יט)
בְּיָדְךָ אַפְקִיד רוּחִי פָּדִיתָה אוֹתִי ה' אֵל אֱמֶת (תהלים לא, ו)
יְבָרֶכְךָ ה' וְיִשְׁמְרֶךָ, יָאֵר ה' פָּנָיו אֵלֶיךָ וִיחֻנֶּךָּ, יִשָּׂא ה' פָּנָיו אֵלֶיךָ וְיָשֵׂם לְךָ שָׁלוֹם (במדבר ו, כד – כו).

---

1 גשר החיים פרק ב, א.

2 הקונטרס היחיאלי, בית עולמים פרק טו. וכתב שם הטעם כדי להציל הנשמה מפחד ומצער מלאך המות, כדי שימות על ידי מלאך רחמים. עוד הוסיף שם טעמים, עיין שם.

לִישׁוּעָתְךָ קִוִּיתִי ה' (בראשית מט, ח)

ה' אֵל אֱמֶת (תהלים לא, ו)

מֹשֶׁה אֱמֶת וְתוֹרָתוֹ אֱמֶת.

שְׁמַע יִשְׂרָאֵל ה' אֱלֹהֵינוּ ה' אֶחָד (דברים ו, ד)

בָּרוּךְ שֵׁם כְּבוֹד מַלְכוּתוֹ לְעוֹלָם וָעֶד.

וידוי

"כִּי שָׁמַע אֱלֹהִים אֶל קוֹל הַנַּעַר בַּאֲשֶׁר הוּא שָׁם" (בראשית כא, יז) – בזכות עצמו. יפה תפילת החולה לעצמו יותר מכל.

בראשית רבה פרשה נג, יז

וידוי הוא חלק ממצות התשובה. עצם המודעות לחטא היא שלב הכרחי בהכרה ובצורך בתיקון המעשים. מדובר בוידוי המבטא את הרגשות הכנים של האדם ולא דברים מן השפה ולחוץ, רגשות המביעים את הרצון האנושי העמוק והפנימי להיות אדם טוב וישר, מתוך הסתכלות על החיים כסולם שהאדם משתדל להתקדם ולעלות בו מבחינה ערכית ואנושית. אצל אדם המוטל על ערש דווי ואין בכוחו לעשות מעשה, הוידוי הוא כעין הצהרה על מגמה רוחנית של רצון להתעלות והטבה.

ד. מצוה על החולה להתוודות קודם פטירתו. כיון שצריך רגישות רבה כדי לומר זאת לחולה, נהגו לומר לו שישנם הרבה שהתוודו וחיו, ויש שלא התוודו ומתו. ואין אומרים דברים אלו בפני עם הארץ ולא בפני נשים וקטנים, כדי שלא יבכו וישברו את לבו.

ה. נוסח הוידוי[3]:

מוֹדֶה אֲנִי לְפָנֶיךָ ה' אֱלֹהַי וֵאלֹהֵי אֲבוֹתַי שֶׁרְפוּאָתִי וּמִיתָתִי בְּיָדְךָ עַל כָּל הַחַיִּים וְצָרְכֵי הַחַיִּים שֶׁנָּתַתָּ לִי. יְהִי רָצוֹן מִלְּפָנֶיךָ שֶׁתְּרַפְּאֵנִי רְפוּאָה שְׁלֵמָה, וְאִם אָמוּת חַס וְשָׁלוֹם תְּהֵא מִיתָתִי כַּפָּרָה עַל כָּל חֲטָאִים וַעֲוֹנוֹת וּפְשָׁעִים שֶׁחָטָאתִי וְשֶׁעָוִיתִי וְשֶׁפָּשַׁעְתִּי לְפָנֶיךָ. וְתֵן חֶלְקִי בְּגַן עֵדֶן וְזַכֵּנִי לָעוֹלָם הַבָּא הַצָּפוּן לַצַּדִּיקִים. אֵל נָא רְפָא נָא לִי.

גם יאמר:

אֲנִי מַאֲמִין בֶּאֱמוּנָה שְׁלֵמָה בַּה' אֱלֹהִים אֱמֶת וּשְׁמוֹ אֱמֶת וּבִשְׁלֹשָׁה עָשָׂר הָעִקָּרִים.

וימחול לכולם ויבקש מחילה מכולם.

ו. נוסח הוידוי הקצר "אם אמות, תהא מיתתי כפרה על כל עוונותי".
אפשר להאריך בוידוי ולומר את הנוסח שאומרים ביום הכיפורים, כמובא במחזורים[4].

ז. אם אינו יכול להתוודות בפיו, יתודה בלבו[5], או שאדם אחר יאמר לפניו.

3 תורת האדם לרמב"ן שער המיחוש עמוד מז. שלחן ערוך יורה דעה סימן שלח, ב.

4 נוסח ארוך ומפורט על פי הקבלה מובא בקונטרס היחיאלי, בית עולמים, ונקרא ספר הביקורים.

5 שלחן ערוך יורה דעה סימן שלח, א.

ח. אפשר לומר וידוי גם במקום שאינו נקי, אך ללא הזכרת שם ומלכות[6].

ט. טוב לתת צדקה או לייחד כסף לצדקה, קודם אמירת הוידוי.

י. אפשר לומר וידוי גם בשבת ויום טוב[7].

יא. יש האומרים את הפיוט "יגדל" הכולל בתוכו את שלושה עשר עקרי האמונה. הטעם מפני שכתוב שבשעה שנשמתו של אדם יוצאת ממנו, השטן עומד על ימינו לשטנו ואומר לו: כפור בה' אלהי ישראל. מה תקנתו להנצל ממנו? יכוון בשלושה עשר עקרי האמונה, ובפסוק שמע ישראל לקבל עליו עול מלכות שמים, ולהודות ביחוד ה' בעולם. ניתן לבאר שהיסורים עלולים לפעמים לגרום לאדם הרהורי חטא וספקות אמוניים. התקנה לכך היא להתחזק באמונה ולכן משננים את עיקרי האמונה. וכן הטעם באמירת "ברוך שם כבוד מלכותו לעולם ועד", על פי המדרש המובא בגמרא (פסחים נו, ב):

> "וַיִּקְרָא יַעֲקֹב אֶל בָּנָיו וַיֹּאמֶר הֵאָסְפוּ וְאַגִּידָה לָכֶם ..." – ביקש יעקב לגלות לבניו קץ הימים, ונסתלקה ממנו שכינה. אמר: שמא חס ושלום יש במטתי פסול, כאברהם שיצא ממנו ישמעאל, וכאבי יצחק שיצא ממנו עשו?! אמרו לו בניו: שמע ישראל ה' אלהינו ה' אחד. (שמע אתה אבינו ישראל), כשם שאין בלבך אלא אחד, כך אין בלבנו אלא אחד. באותה שעה פתח יעקב אבינו ואמר: ברוך שם כבוד מלכותו לעולם ועד.

וכן יש קבלת עול מלכות שמים בפסוקים הנוספים שמזכירים לפניו. וכיון שאין הגוסס יכול לומר, אומרים לפניו.

יש שכתבו שנכון לומר עם החולה מסירת מודעה בהיותו בדעה צלולה: שאם יבוא השטן וכת דיליה חס ושלום ברגע האחרון להסית אותי לעבור על אחד מעיקרי האמונה או אחת מכל מצוות ה' ואפילו מדרבנן, יהיו דברי בטלין ומבוטלין[8].

אומרים את הפיוט "אדון עולם", "אנא בכח", "על כן נקוה לך". הכל מובא לקמן עמוד 504.

יב. אם הדבר אפשרי, יברך החולה את בניו ואת בני משפחתו לפני מותו. ירחץ ידיו ויניח שתי ידיו על ראשם ויאמר לבנים: "יְשִׂמְךָ אֱלֹהִים כְּאֶפְרַיִם וְכִמְנַשֶּׁה", ולבנות: "יְשִׂימֵךְ אֱלֹהִים כְּשָׂרָה רִבְקָה רָחֵל וְלֵאָה". "יְבָרֶכְךָ ה' וְיִשְׁמְרֶךָ: יָאֵר ה' פָּנָיו אֵלֶיךָ וִיחֻנֶּךָּ: יִשָּׂא ה' פָּנָיו אֵלֶיךָ וְיָשֵׂם לְךָ שָׁלוֹם". "וְנָחָה עָלָיו רוּחַ ה' רוּחַ חָכְמָה וּבִינָה רוּחַ עֵצָה וּגְבוּרָה רוּחַ דַּעַת וְיִרְאַת ה'". ואחר שברך את כולם יאמר: "הַמַּלְאָךְ הַגֹּאֵל אֹתִי מִכָּל רָע יְבָרֵךְ אֶת הַנְּעָרִים וְיִקָּרֵא בָהֶם שְׁמִי וְשֵׁם אֲבֹתַי אַבְרָהָם וְיִצְחָק וְיִדְגּוּ לָרֹב בְּקֶרֶב הָאָרֶץ"[9].
ויצוה אותם על תכלית החיים לשמור את דרך ה', בין אדם לחברו ובין אדם למקום.

יג. אין זועקים ומתפללים עליו בפניו כי עלולים לגרום לו להתאמץ להמשיך שעותיו ביסורים. לכן נהגו לשלוח את קרוביו שיצאו מהחדר בשעת הוידוי, שמא יבכו וישבר

6 שמירת שבת כהלכתה חלק ב, פרק סד, א.

7 שמירת שבת כהלכתה שם, בשם באר היטב אורח חיים סימן רפח, ג.

8 נטעי גבריאל חלק א, פרק א, יא. המקור ברבנו ירוחם בשם הרמב"ן. הנוסח מובא לקמן עמוד 503.

9 נטעי גבריאל חלק א, פרק א, יג. וראה גם בערוך השלחן יורה דעה סימן שלט, ח.

לבו של הנוטה למות. אולם קרוביו וביחוד בניו שיכולים להישאר לידו, ראוי ונכון שיעמדו בקרבתו.

גוסס

גוסס הוא מושג הלכתי המגדיר את מצבו של החולה הסופני בשלבים האחרונים של חייו.

הלכות הטיפול בגוסס ארוכות ומפורטות ואין כאן המקום להאריך בהן, אך אלו הם העקרונות ההלכתיים הראשיים:

יד. יש לטפל בחולה כל זמן שעדיין יש תקוה להחיותו.

טו. חולה המתיסר יש להמשיך לתת לו את כל הטיפול השגרתי כגון נוזלים, מזון וחמצן, ואסור לנתקו ממכשירים רפואיים כדי לקרב את קיצו. אך אין חובה לתת לו טיפולים חריגים כגון החייאה, אם אין סיכוי לריפוי אלא רק להארכת חייו במידת מה, כיון שאין להאריך את חייו ביסורים[10].

טז. יש לתת תרופות הרגעה לחולה כדי להקל את יסוריו, אף על פי שישנו חשש מסוים שתרופות אלה עלולות לקרב את מותו. הואיל ואין ודאות שהתרופות יגרמו למיתתו, חוזרת החובה הבסיסית להקל את יסוריו; יתכן גם שהרגשה טובה קצת יותר, תתן לו כוח להתמודד עם המחלה[11].

יז. בשעת גסיסה כשכבר אין יותר אפשרות לטפל, אין להזיז את הגוסס ממקומו ואסור לקרב את מיתתו. אולם אם יש דבר המעכב את יציאת הנפש, מותר להסיר את המונע[12].
חכמים השוו את הגוסס לנר שדועך, על פי הפסוק "נֵר ה' נִשְׁמַת אָדָם" (משלי כ, כז). בנר דועך כל מגע קל עלול להחיש את כיבויו, לכן לגבי גוסס אסרו חכמים כל מגע העלול להחיש את מיתתו. כיון שמדובר בעניינים מורכבים, עדינים ורגישים ביותר מבחינה הלכתית ומעשית, צריך שאלת חכם לגבי כל מקרה.

יח. פשוט שאין לעשות שום הכנות ללוויה או לקבורה קודם יציאת הנפש[13]. מותר ומצוה ללמוד מראש (בצנעה) את ההלכות הקשורות ביציאת הנפש, ואין בכך שום סימן רע לחולה.

יט. נוהגים לומר במחיצת הגוסס פרקי תהלים שמתאימים לרוח השעה מובא לקמן עמוד 505.

---

10 נשמת אברהם כרך ב, סימן שלט, ד.

11 ציץ אליעזר חלק יג, פז.

12 שלחן ערוך והגהות הרמ"א, יורה דעה סימן שלט, א. על ההבדל בין פעולה אסורה הגורמת או מזרזת את המיתה לבין הפעולה המותרת של הסרת מונע נכתב רבות, כמו כן נכתב על ההתייחסות להארכת חיים באופן מלאכותי העלולה לגרום יסורים לחולה. ראה סיכום באנציקלופדיה הלכתית רפואית כרך ד' ערך 'נוטה למות' מעמוד 366 ואילך.

13 שלחן ערוך יורה דעה סימן שלט, א.

יציאת נשמה

שנו רבותינו: המעצם עיניו של מת עם יציאת הנפש הרי זה שופך דמים. משל לנר שכבה והולך, אם אדם נותן אצבעו עליו – מיד כבה.

שבת קנא, ב

כ. בשעת יציאת נשמה מצוה לעמוד ליד הגוסס, ולא ישאירוהו יחידי[14]; וטוב שיעמדו עשרה מישראל. על פי הקבלה לא יעמדו לרגלי המיטה אלא מצדיה[15].

בבית החולים לעתים מוציאים את הקרובים סמוך לפטירה. אך אם הדבר אינו מפריע, ובני המשפחה מעוניינים להישאר בחדר, ניתן לבקש זאת מהצוות הרפואי.

כא. בשעת המיתה יזהרו העומדים שם לוודא שלא יוצא שום אבר של הגוסס חוץ למיטה.

על פי הסוד יש להקפיד שלא יצא שום אבר חוץ למיטה בשעת יציאת נשמה[16], כמו שכתוב אצל יעקב אבינו "וַיֶּאֱסֹף רַגְלָיו אֶל הַמִּטָּה" (בראשית מט ,לג). ואם בכל זאת יצא, לא יגעו בו אלא יכסו בסדין גדול[17].

כב. העומדים ליד הגווע יתנו לבם לשוב בתשובה, יתבוננו מה אנוש כי תזכרנו, וזה גם לזכות הגווע. על פי חכמי הקבלה, יציאת הנשמה היא על ידי גילוי שכינה; הנפטר רואה את האור הגדול ומשתוקק ונכסף אליו ואז נשמתו יוצאת. זכות היא לנפטר שיעמדו לידו וזכות היא גם לעומדים לידו. לכן יש להתייחס בכבוד הראוי ובתשומת לב מיוחדת למעמד נשגב זה.

כג. אומרים פסוקי ייחוד – **שְׁמַע יִשְׂרָאֵל ה' אֱלֹהֵינוּ ה' אֶחָד**

- **בָּרוּךְ שֵׁם כְּבוֹד מַלְכוּתוֹ לְעוֹלָם וָעֶד** – שלוש פעמים
- **ה' הוּא הָאֱלֹקִים** – שבע פעמים
- **ה' מֶלֶךְ ה' מָלָךְ ה' יִמְלוֹךְ לְעוֹלָם וָעֶד**

כד. נהגו לפתוח את החלונות בשעת יציאת הנפש. פעולה שמסמלת את עזיבת הנשמה מהמרחב הגשמי המוגבל של הגוף, ואת המעבר שלה אל מרחבי העולם הרוחני הבלתי מוגבל. כל ימי חייו היה האדם מחובר לבית גשמי מוגדר. פתיחת החלונות מסמלת את המעבר אל חלל האויר והשמים האינסופיים.

על פי ההלכה יש להתפלל בבית שיש בו חלונות. החלונות מסמלים את האפשרות לקשר עם האלוהים בתפילה. גם בפטירה פותחים חלונות, לסמל שהנשמה חוזרת ומתחברת אל האלוהים אשר נתנה[18].

---

14 שלחן ערוך יורה דעה סימן שלט, ד.

15 הטעם מובא באוצר המושגים ע"ע **מלאך המוות**.

16 מעבר יבֹק מאמר שפתי רננות פרק ו.

17 הקונטרס היחיאלי, בית עולמים פרק טו, יב.

18 על פי מעבר יבֹק מאמר שפתי צדק פרק כו. שם מביא טעמים נוספים על פי הקבלה כדי להבריח את הרוחות הרעות.

לאחר הפטירה

כה. בעבר נהגו להניח נוצה רכה סמוך לאפו של הנפטר כדי לבדוק אם נותרה רוח חיים באפיו. כיום למעשה רק רופא מוסמך לקבוע את המוות.

כו. מצד עיקר הדין כל העומדים על המת בשעת יציאת נשמה גם מי שאינם קרובי משפחה, חייבים לקרוע[19]. אולם בדורות האחרונים נשתנה דין זה, ואין קורעים על המת בשעת יציאת נשמה. והטעם לכך כיון שחוששים שלא יימצא אדם שיעמוד אצל המת בשעת יציאת נשמה, ונמצא מת יחידי בעגמת נפש; כי הנפש משתוממת בשעה שהיא יוצאת מן הגוף[20]. ומנהג בני תימן שכל העומדים שם קורעים ומברכים ברכת דיין האמת בשעת יציאת נשמה[21].

כז. מצד עיקר הדין הקרובים צריכים לקרוע ולברך ברכת "דיין האמת" בשעת יציאת נשמה, או כששומעים על הפטירה. אך למעשה נהגו כיום לקרוע ולברך בתחילת הלוויה (מנהג האשכנזים) או לאחר הקבורה (מנהג עדות המזרח). הטעם הוא כיון שבדרך כלל בשעת הפטירה, הקרובים נמצאים בסערת נפש ולא יודעים מה לעשות בזמן זה, לכן בפועל קורעים ומברכים בלוויה כשאנשי ההחברה קדישא מדריכים אותם כיצד לנהוג. מכל מקום, המדקדק לקרוע ולברך בשעת יציאת נשמה או בשעת שמועה על הפטירה – כדין הוא עושה[22].

כח. העומדים על המת בשעת יציאת נשמה שאינם קרוביו, מברכים "ברוך דיין האמת" בלי שם ומלכות[23].

כט. מדליקים שני נרות למראשותיו, ויש נוהגים על פי הסוד להדליק שבעה נרות. הנר מסמל ביהדות את הנשמה – "נֵר ה' נִשְׁמַת אָדָם" (משלי כ, כז). חכמים השתמשו בדימוי זה כדי לכבד את נשמת הנפטר. המושג "אור" מסמל במקרא דימויים שונים:

- הקב"ה כמקור האור – "ה' אוֹרִי וְיִשְׁעִי" (תהלים כז, א).
- נוכחות השכינה – "יָאֵר ה' פָּנָיו אֵלֶיךָ וִיחֻנֶּךָּ" (במדבר ו, כה).
- האור כמקבילה לחיים – "כְּעֹלְלִים לֹא רָאוּ אוֹר" (איוב ג, טז).
- התורה – "כִּי נֵר מִצְוָה וְתוֹרָה אוֹר" (משלי ו, יג).

כל הדימויים הללו הם ניגוד למוות ולחושך. מתוך ההסתכלות על נצחיות הנשמה, כינו חכמים את הנשמה בשם נר – "נשמה שנתתי בכם קרויה נר"[24].

הנר מורכב מחומר הבעירה הפיזי ומהלהבה עצמה שהיא עיקר הנר ותכליתו, אבל אין לה משקל ונפח. גם באדם ישנו יסוד פיזי שהוא גוף האדם הגשמי, שתכליתו ועיקרו היא הנשמה הרוחנית שאי אפשר להגדירה במונחים פיזיקליים, והיא עיקר משמעות האדם.

19 מועד קטן כה, א. שלחן ערוך יורה דעה סימן שמ, ה.

20 גשר החיים פרק ד, ט; בשם שלחן גבוה.

21 שלחן ערוך המקוצר עיני יצחק, יורה דעה קעו, ה. באר לחי רואי סימן ג.

22 גשר החיים פרק ד, ו.

23 באר היטב אורח חיים סימן רכג, ו. וראה משנה ברורה שם שכתב שכך נוהגים העולם ואינו נכון לנהוג כן, ועל כל פנים על תלמיד חכם או אדם גדול שמרגיש צער במיתתו צריך לברך בשם ובמלכות. גשר החיים פרק ג, א, ג.

24 שבת לב, א.

אור הנר נמשך כלפי מעלה, למרות שחומר הבעירה מגיע מתחתיו. אפשר לדמות זאת לנשמה המחוברת לגוף החומרי אך כמהה לעולמות העליונים. כשהאדם נפטר אל בית עולמו, הרוח חוזרת אל האלוהים אשר נתנה, לעולמות העליונים. הנר האנושי חוזר אל מקור האור. (על פי הקבלה נתנו משמעות נוספת להדלקת הנר ליד הגוסס. הטעם מובא באוצר המושגים דלקמן ערך **נר נשמה**).

נפטר בבית

ל. **אם נפטר בבית, משאירים את הנפטר במיטה כעשרים דקות, ואין לגעת בו.** הטעם כיון שיתכן שיש לו עדיין גדר של גוסס, אולי עדיין יש בו חיות כלשהי. אסור לגעת בגוסס כדי שלא להחיש את גסיסתו, כפי שנתבאר לעיל, לכן ממתינים זמן מה אחרי פטירתו.

לא. **אחרי כן מכסים את הנפטר בסדין לבן ומשכיבים אותו על הרצפה.** הטעם לכך הוא כדי למנוע ריח רע של הנפטר, ולכן רצוי שהנפטר יושכב במקום צונן ככל האפשר. יש טעם נוסף על פי הקבלה[25]. **בכל פעם לפני שמזיזים אותו מבקשים ממנו מחילה.**

לב. **פושטים ממנו את בגדיו כשהוא מכוסה בסדין, ומקפידים שלכל הפחות פני הנפטר והערוה יהיו מכוסים כל הזמן. גברים יטפלו בנפטר, ונשים בנפטרת. סוגרים את עיניו ואת פיו, מיישרים את רגליו ומצמידים אותן זו לזו כשרגליו לכיוון הפתח[26]. את הידיים מניחים על החזה.** אם אין כוחות נפש לעשות זאת, אפשר להמתין לאנשי החברה קדישא שיפנו ויטפלו.

לג. **יש להודיע מייד לחברה קדישא המקומית על הפטירה כדי שאפשר יהיה לטפל בהקדם האפשרי בסדרי הלוויה והקבורה.**

לד. התייחסות לגבי שבת תובא לקמן.

צידוק הדין

לה. **לאחר שמכסים את פני הנפטר[27] בבד או בסדין לבן, אומרים צידוק הדין:**

בָּרוּךְ דַּיַּן הָאֱמֶת.
ה׳ נָתַן וַה׳ לָקָח יְהִי שֵׁם ה׳ מְבֹרָךְ
הַצּוּר תָּמִים פָּעֳלוֹ כִּי כָל דְּרָכָיו מִשְׁפָּט, אֵל אֱמוּנָה וְאֵין עָוֶל צַדִּיק וְיָשָׁר הוּא

25 מניחים את המת על גבי קרקע שאינה מקבלת טומאה כדי למנוע מכוחות הטומאה להחזיק במת, וכך עדיף מאשר שישאר במטה שהיא כלי המקבל טומאה. גם כיסוי המת בסדין, נעשה כדי להעלימו ממידת הדין השולטת רק על הנראה לעין (ספר מעבר יַבֹּק מאמר שפתי צדק, עמוד 112). והוסיף טעם (שם, במאמר שפתי רננות, פרק ט) שכל דבר שואף לחזור למקורו וזו מנוחתו. לכן הנשמה חוזרת למעלה ששם מקורה; והגוף חוזר אל העפר, כי עפר הוא ואל עפר ישוב. ובקונטרס היחיאלי (בית עולמים פרק טו) הוסיף טעם שהשמתו על הקרקע עשויה להחשב כסקילה כדי לכפר עליו. ובנטעי גבריאל חלק א (פרק ה, ג) הביא טעם בשם ספר זכור לאברהם שנהגו כך בארץ ישראל מפני קדושת הקרקע, כמו שכתוב "כִּי רָצוּ עֲבָדֶיךָ אֶת אֲבָנֶיהָ" (תהלים קב, טו).

26 פירוט והסבר על כך מובא באוצר המושגים ערך **רגלי המת כלפי הפתח.**

27 טעמים לכך על פי הקבלה מובאים בגשר החיים (פרק ג, א, א) ובספר מעבר יַבֹּק מאמר שפתי רננות פרק ט.

וְהָלַךְ לְפָנֶיךָ צִדְקֶךָ כְּבוֹד ה' יַאַסְפֶךָ
לֵךְ בְּשָׁלוֹם וְתָנוּחַ וְתַעֲמֹד לְגֹרָלְךָ לְקֵץ הַיָּמִין.

בשבת ויום טוב אין אומרים צידוק הדין, אבל אומרים ברוך דיין האמת[28].

כבוד המת

היות וגופו של הנפטר שימש ככלי קיבול לנשמה שהיא חלק אלוה ממעל, יש לנהוג בגוף כבוד. חכמים השוו אדם מישראל לספר תורה. גם בספר תורה וגם באדם מישראל יש ביטוי להשראת שכינה. לכן העומד על אדם מישראל בשעת יציאת נשמה חייב לקרוע, כאילו רואה ספר תורה שנשרף[29]. כמו שנוהגים כבוד בספר תורה שבלה, כך נוהגים כבוד בגופו של אדם מישראל לאחר שנשמתו פרחה ממנו, ונפטר מן העולם. נוהגים כבוד גם בעצמות או באברים, ואפילו בכזית מן המת, שהם כחלקי גויל של ספר תורה.

הלכות רבות קשורות לכבוד המת – שמירה, רחיצה, טהרה, הלבשה, לוויה וקבורה, כובד ראש בפני המת או בבית הקברות.

לו. אין נוהגים קלות ראש בפני המת. אין אוכלים ושותים בפניו. אין לעשן לידו. אין מניחים תפילין, לא מברכים ולא לומדים תורה בתוך ארבע אמות שלו או בחדר שהמת שם. גם אין ראוי לשיח שם בדברי חולין.

לז. מותר ורצוי לומר תהלים לעילוי נשמת הנפטר. יש אוסרים לקרובים האוננים לומר תהלים מדין איסור לימוד תורה, ויש מתירים[30].

לח. במקרים של המתנה ארוכה לפינוי הנפטר, צריך לקרר את הנפטר על ידי מאוורר, מזגן או קרח כדי למנוע ריח רע, בייחוד בקיץ. אין לחלל שבת כדי להפעיל מכשירים חשמליים לצורך כך, ולכן יש להשתמש בקרח.

שמירת המת

תניא רבי שמעון בן אלעזר אומר: תינוק בן יומו חי, אין צריך לשמרו מן החולדה ומן העכברים. אבל עוג מלך הבשן מת, צריך לשמרו מן החולדה ומן העכברים.

שבת קנא, ב.

שמירת המת היא מכמה טעמים: האחד משום כבודו, שאם יניחוהו לבד הרי זה כאלו עזבוהו ככלי אין חפץ בו, ומוטל בביזיון (ירושלמי ברכות פרק ג. רמ"א יורה דעת שעג, ה). הטעם השני, שהגוף נרתיק קדוש שהורקה הנשמה ממנו. ולפי מה שכתבו המקובלים, שואפים אז כוחות הטומאה לחדור אל תוכו. משל

28 גשר החיים פרק ג, א, ו.

29 מועד קטן כה, א.

30 ראה בילקוט יוסף (סימן ח, יא) מעשה רב מהרב עובדיה יוסף שגער באונן שאמר תהלים ליד מיטת הנפטר. אך בציץ אליעזר (חלק ה, רמת רחל סימן מו) כתב להתיר אמירת תהלים על ידי האוננים.

הערת הרב נבנצל שליט"א – אמירת תהלים עבור הנפטר, יש מתירים.

לחבית שהורקה מדבש, שנוהרין לתוכה שקצים ורמשים. כמו שכתוב בזהר (אמור פח:) "וכל כמה דגופא לא אקבר וכו' רוח דמסאבותא מזדמן לשריא עליה ולסאבא ההוא גופא".

כל שכן כשצריך לשמור את המת מביזיון והשחתה, אם מונח במקום שמצויים עכברים או חולדות וכלבים, או שמוטל במקום שיש חשש לדלקה או שמוטל ברחוב או במקום הפקר. חייבים לשמרו מהשחתה ומביזיון ולהביאו למקום מכובד ושמור.

לט. הנפטר טעון שמירה עד הקבורה או עד הפינוי לחברה קדישא[31].

מ. המשמר את המת נחשב עוסק במצוה של כבוד המת. והעוסק במצוה פטור מן המצוה, ופטור מקריאת שמע ותפילה. אם עובר זמן קריאת שמע יכול לצאת ולקרוא קריאת שמע, אך אינו חייב. ואם הם שניים, אחד משמר את המת והשני קורא ומתפלל ומתחלפים ביניהם[32].

מא. המשמר את המת צריך לומר דברים שבקדושה לשמירת המת – מזמורי תהלים ותפילות, ולא לעסוק בדברים בטלים.

מב. גם בשבת צריך שמירה[33].

מג. שומרי המת אין שואלים ואין משיבים שלום.

מד. אין אוכלים בפני המת. ואם צריך יאכל במקום אחר, או יעשה מחיצה, או לפחות יסב פניו ויאכל[34].

מה. כהן אבל שהמת מוטל עליו, מותר לו להיטמא כדי לשמור את המת. ויש מתירים לכהן לשמרו אפילו בשבת, למרות שאי אפשר לטפל אז בקבורתו[35].

מו. המהלך בין המתים צריך ליטול ידיו לאחר מכן[36].

מז. מותר לקבל שכר עבור שמירת המת[37].

הלנת המת

אמר ר' יוחנן משום ר' שמעון בר יוחאי: מנין למלין את מתו שעובר עליו בלא תעשה? תלמוד לומר "לֹא תָלִין נִבְלָתוֹ עַל הָעֵץ כִּי קָבוֹר תִּקְבְּרֶנּוּ בַּיּוֹם הַהוּא".

31 אם השומרים המחליפים אינם מגיעים בזמן שנקבע, והשומרים הנוכחיים חייבים לעזוב מפני שאחרת לא יוכלו לתפקד למחרת בעבודתם, מותר להם לעזוב את המת לאחר שעשו מאמצים, עד כמה שניתן, לאתר את המחליפים (צרור החיים פיסקה מ).

32 שלחן ערוך יורה דעה תג, ט. צרור החיים פיסקה מג.

33 הגהות הרמ"א על שלחן ערוך יורה דעה שעג, ה. ילקוט יוסף במבוא. צרור החיים פיסקה לו.

34 שלחן ערוך יורה דעה סימן שמא, א, ופתחי תשובה שם סעיף קטן ב.

35 גשר החיים פרק ה, ד, ג.

36 שלחן ערוך אורח חיים סימן ד, יח; ויש מחמירים להצריך נטילה שלוש פעמים על כל יד לסירוגין (משנה ברורה שם).

37 נטעי גבריאל חלק א, פרק י, י. ובהערה שם כתב שמותר לקבל שכר אפילו עבור שמירת המת בשבת.

הלינו לכבודו: לשמע עליו עיירות, להביא לו מקוננות, להביא לו ארון ותכריכים – אינו עובר עליו; שכל העושה אינו אלא לכבודו של מת.

סנהדרין מו, ב – מז, א

האזהרה שלא להלין את המת אלא לקברו בו ביום, נלמדת מהפסוק "לֹא תָלִין נִבְלָתוֹ עַל הָעֵץ כִּי קָבוֹר תִּקְבְּרֶנּוּ בַּיּוֹם הַהוּא" (דברים כא, כג). ואף שהפסוק נאמר על הרוגי בית דין שנהרגו ונתלו, למדו מהם על כל המתים.

מלבד הלאו ישנה גם מצות עשה לקבור את המת בו ביום קודם שקיעת החמה, שגם היא נלמדה מהפסוק "כִּי קָבוֹר תִּקְבְּרֶנּוּ בַּיּוֹם הַהוּא".

הגמרא בסנהדרין (מז, א) למדה שהאיסור הוא דווקא דרך ביזיון בדומה לתלוי על העץ, אבל אם הלינו לכבודו מותר וכך גם נפסק להלכה (שלחן ערוך יורה דעה שנז, א).

הטעם כתבו משום כבודו של הגוף, שלא תראה הלנתו כביזיון. רש"י באר הטעם (על פי הגמרא בסנהדרין מו, ב) שזלזולו של מלך הוא, שהאדם עשוי בדמות דיוקנו של ה' וישראל הם בניו. משל לשני אחים שהיו דומים זה לזה, אחד נעשה מלך ואחד נתפס ללסטיות ונתלה. כל הרואה אותו אומר: המלך תלוי. ציוה המלך והורידוהו. ויש שהסמיכו זאת לפסוק בתהלים (מט, כא) "אָדָם בִּיקָר וְלֹא יָבִין נִמְשַׁל כַּבְּהֵמוֹת נִדְמוּ". שהאדם שהוא יקר מכל יקר "בל ילין", שאם ילינוהו – יהיה נמשל כבהמות נדמו (זהר נשא). יש גם יתרון פסיכולוגי גדול במצוה זו. המצב של נפטר שאינו קבור, הוא מעמסה גדולה על המשפחה. הבאת המת למקום מנוחתו מהווה הקלה נפשית משמעותית למשפחה (דרכה של היהדות במוות ובאבלות, עמוד 40).

מח. מצות עשה לקבור את המת בו ביום קודם שקיעת החמה, וכן ישנה אזהרה שלא להלין את המת אלא לקברו מייד, אלא אם כן הלינו לכבודו להביא לו ארון ותכריכים או כדי שיבואו קרובים[38].

מט. אם הטהרה מתעכבת, מותר להלין את המת לצורך טהרתו, כיון שזה נחשב לכבודו[39]. ובכל אופן יש להקדים את הטהרה ככל האפשר.

נ. אם נקבר בלילה קודם עלות השחר, לא נחשב שהלינוהו.

נא. אפילו אם נתנו את המת בארון ולא קברוהו בקרקע, עוברים על הלאו ועל העשה כל זמן שלא נקבר בקרקע.

נב. בגוי, בנפל, בעצמות ובאברים לא עוברים על הלאו ועל העשה. הרמב"ן (דברים כא, כב) מחדש שיש בארץ ישראל לאו נוסף "וְלֹא תְטַמֵּא אֶת אַדְמָתְךָ", ולכן בארץ ישראל יש להקפיד גם בגוי[40].

נג. אין להלין רשע, כדי שתהיה לו כפרה בביזיון ההלנה או כדי להצילו מעונש. כגון שמת ביום חמישי ורוצה לקברו סמוך לשבת כדי להצילו מחיבוט הקבר[41].

38 עיין בילקוט יוסף סימן ח, ז, שכתב שגם אם ציוה להלינו – חייבים לקברו מיד, כדי למנוע צער גדול מנשמתו. ובכל בו על אבלות (עמ' 37 הערה 9) כתב שאפילו כדי להמתין שיבואו כל בניו ובנותיו אין זה ברור שההמתנה היא לכבודו.

39 במראה הבזק חלק ג, סימן סב.

40 גשר החיים פרק ז, ב, א.

41 ילקוט יוסף סימן ח ,ח. ובשו"ת רדב"ז כתב שאין זה מועיל כלום.

נד. בירושלים אין מלינים את המת כלל, אפילו לכבודו[42], אלא אם מת בה אדם, קוברים אותו מיד[43]. איסור זה נוהג גם בזמן הזה בירושלים שלפנים מן החומה[44], אך בעיר ירושלים שאינה בתוך החומות נוהג הכלל הרגיל, שלכבוד הנפטר מלינים אותו[45]. יש מי שכתב שיש להחמיר בכל ארץ ישראל כמו בירושלים[46].

כהן

נה. מצד עיקר הדין אין לכהן להיכנס לבית שיש בו גוסס[47].

נו. עם יציאת הנשמה, אסור לכהן שאינו משבעת הקרובים לנפטר להמצא בבית, עד לאחר הוצאת המת מן הבית. (הלכות טומאת כהן מפורטות לקמן מעמוד 75).

נז. **נכון שהכהן יחמיר על עצמו ולא ייטמא לקרובו בשבת.** ישנו דיון בפוסקים האם הכהן מצווה להיטמא רק לצורך הנפטר ולקבורתו, או להיטמא גם שלא לצורך. בשבת, שאי אפשר לקבור את המת, זו טומאה שלא לצורך. מסקנת הפוסקים שראוי להחמיר ולא להיטמא. **אם יש צורך שהכהן ישמור את קרובו המת, מותר לו להיטמא** שהרי זו טומאה לצורך[48].

נח. בשבת מותר להוציא את הנפטר מן הבית על ידי גויים, לצורך כהנים שנמצאים בבית הנפטר, כיון שאסור להם לשהות באהל המת. על ידי יהודים מותר לפנות את הנפטר רק לצורך כהן חולה שנמצא בבית. המת נחשב למוקצה, וההיתר לטלטלו הוא אגב בגדיו שאינם מוקצה[49]. ההיתר להוצאתו הוא רק למקום שאינו רשות הרבים גמורה[50].

הרוג

דם היוצא מהנפטר בזמן המיתה נקרא **דם הנפש** וטעון קבורה. בהרוג ישנה סבירות שדם הנפש נבלע בבגדיו ובנעליו, לכן אין מלבישים את ההרוג בתכריכים אלא נקבר בבגדיו. לכן גם אוספים עפר שבלע מדמו ונקבר עמו.[51]

---

42 בבא קמא פב, ב.

43 ומסורת היא בידנו ואין טעם לדבר, רש"י שם.

44 דהיינו במקום המקודש לאכילת קדשים קלים ומעשר שני. הגבולות מבוארים בספר 'עיר הקדש והמקדש' לרב טוקצינסקי חלק ב פרק א, ובגשר החיים פרק ז, ג, ג.

45 **הערת הרב נבנצל שליט"א** – ונוהגים במידת האפשר שלא להלין גם בעיר החדשה, וקוברים במידת הצורך אפילו בשעה מאוחרת בלילה.

46 צרור החיים פיסקה מו. יתכן שעל פי דברי הרמב"ן דלעיל, שכתב שבארץ ישראל יש לאו נוסף "ולא תטמא את אדמתך".

47 שלחן ערוך יורה דעה סימן שע. אמנם יש פוסקים מקילים המתירים לכהן להיכנס כל זמן שלא מת. עיין שם בבית יוסף ובהגהות הרמ"א.

48 שלחן ערוך ורמ"א, יורה דעה סימן שעג, ה. שמירת שבת כהלכתה חלק ב, פרק סד, ו.

49 **הערת הרב נבנצל שליט"א** – אם נרצח ח"ו, כגון בפיגוע, הוא נקבר בבגדיו להעלות חימה, ואז הם מוקצים; ויש להניח עליו משהו אחר.

50 שמירת שבת כהלכתה שם, יד. דווקא אם קרובי המת רוצים להוציאו.

51 שפתי כהן יורה דעה סימן שסד סעיף קטן יא. בפיגועים הנוראים שחוינו ניתן היה לראות את אנשי זק"א (זיהוי קרבנות אסון) המלקטים כל בדל אבר וכל פיסה שהיתה שייכת להרוגים כדי להביאה בכבוד לקבר ישראל.

נט. הרוג קוברים כשהוא לבוש בבגדיו ובנעליו עם הדם שנספג בהם, וכורכים אותו בסדין, שנקרא סובב, מעל בגדיו[52].

ס. יש לאסוף במידת האפשר כל דבר שבלע מדם ההרוג – בגדים, סדינים וגם עפר שבלע מהדם, וקוברים עמו.

סא. אם טבע או נחנק ולא יצא ממנו דם, מטהרים אותו ומלבישים אותו תכריכים כשאר מתים.

סב. אם נהרג על ידי גויים, אף שלא יצא ממנו דם, קוברים אותו בבגדיו. הטעם שהוזכר בפוסקים הוא כדי להעלות חימה ולנקום נקם[53]. כלומר שאי אפשר לעבור לסדר היום ולקבור באופן הרגיל כמו שקוברים אדם שסיים את חייו; אלא קוברים אותו בבגדיו כדי להביע כלפי שמים שקוברים כביכול אדם חי, אדם שהיה אמור לחיות אלא שנהרג או נרצח על ידי הגויים, פעמים רבות בגלל עצם היותו יהודי. יש בכך מעין זעקה כלפי ריבונו של עולם לגאול את עמו ולמנוע את חילול השם ואת המצב שבו יהודים נהרגים ונרצחים רק בגלל היותם יהודים.

סג. אם נפצע פצעי מוות, ויצא ממנו דם ומת לאחר כמה ימים; אין צורך לקבור את הדם. כיון שהחובה לקבור היא רק בדם הנפש היוצא בשעת מיתה, ולא את הדם שיצא קודם לכן[54].

סד. יולדת שנפטרה בלידתה, מנהג ירושלים להלבישה תכריכים. אם יש בגדים הבלועים מדם הנפש, נקברים עמה[55].

שפיכת המים

סה. נהגו לשפוך את המים שיש בבית הנפטר ובשכנותו הקרובה[56] (בסירים אגרטלים וכו'). הטעמים לכך מובאים באוצר המושגים ערך **"שפיכת המים"**. לא שופכים מים שבבקבוקים או במיכלים סגורים. בשבת וביום טוב אין צריך לשפוך. בשעת הצורך מותר להשתמש במים לשטיפה או רחיצה[57].

סו. יש מי שכתב שאין לשפוך מים מכוסים או מים שבישלו בהם וכן אין שופכים בשבת, ושיש להקל הרבה בעניין זה[58]. ויש מי שכתב שהיום אין נוהג דין שפיכת המים כלל אצל שכני הנפטר, וגם בבית הנפטר עצמו יש להתיר אלא שיש לפתוח מעט את הברזים לשפוך מעט מהמים[59].

52 שלחן ערוך יורה דעה סימן שסד, ד. באוצר המושגים דלקמן ערך **הי"ד – ה' יקום דמו** מובא טעם לכך על פי הקבלה.

53 שפתי כהן על שלחן ערוך יורה דעה סימן שסד סעיף קטן יא. חכמת אדם כלל קנז, יב.

54 דם שיצא לאחר מיתה יש לקבור. עיין גשר החיים פרק יא, ה.

55 רמ"א יורה דעה סימן שסד, ד. גשר החיים פרק יא, ו.

56 שלחן ערוך יורה דעה סימן שלט, ה. מדובר בשני הבתים הסמוכים לבית הנפטר (גשר החיים פרק ג פיסקה ג).

57 מים חמים – יש אוסרים (גשר החיים פרק ג, ג, י. ילקוט יוסף סימן ו, ו); ויש מתירים (צרור החיים סימן רצו).

58 ערוך השלחן יורה דעה סימן שלט, ט.

59 הר צבי יורה דעה סימן רסא. ילקוט יוסף סימן ו, ג. חיים וחסד פרק א, כ.

שבת

חלק מהלכות שבת שלפנינו כבר נכתבו במקומם, אך הבאנום כאן באופן מרוכז.

סז. מחללים שבת לצורך פיקוח נפש של החולה, ומותר לחלל שבת אפילו כדי להאריך את חייו לשעה קלה בלבד[60].

סח. חולה שנטה למות אומרים איתו וידוי גם בשבת ויום טוב[61].

סט. אין קורעים בשבת וביום טוב אלא במוצאי שבת ומוצאי יום טוב[62], אבל מותר לברך ברכת "דיין האמת"[63].

ע. מותר להוציא מחטים וצינורות מגוף הנפטר, מבלי להזיזו. מותר לנקות את הנפטר מבלי לסחוט בד או צמר גפן לצורך כך.

עא. גם בשבת מורידים את הנפטר לרצפה, ודואגים לקרר את הנפטר[64]. אבל אסור לחלל שבת לצורך כך, או כדי להזמין חברה קדישא, או לשם פינוי המת.

עב. בשבת אין שופכים מים שבכלים, גם במוצאי שבת אין שופכים אותם[65].

עג. הלכות כהן בשבת, פורטו לעיל עמוד 58.

הודעה לקרובים על המיתה

עד. מצד עיקר הדין אין חיוב להודיע לקרובים שמת להם מת, אפילו באב ואם. ולא עוד אלא שחז"ל דרשו על מי שמודיע, את הפסוק ממשלי (י, יח) – "וּמוֹצִא דִבָּה הוּא כְסִיל"[66]. העיקרון הוא שאין עניין לגרום צער רק לשם עצם ההודעה, אם אין בה צורך ולא תועלת אלא תוצאתה היא גרימת צער בלבד. כמובן שכיום קשה להסתיר מידע כזה, ולכן האפשרות הפשוטה בדרך כלל היא להודיע לקרובים, כדי שיוכלו להערך כראוי ללוויה ולקבורה, פן תגיע הבשורה הקשה באופן בלתי ראוי, או מחשש שייגרם כעס על אי ההודעה. כיום למעשה נהגו להודיע

---

60 שלחן ערוך אורח חיים סימן שכט, ד, וביאור הלכה שם דיבור המתחיל אלא.

61 שמירת שבת כהלכתה חלק ב, פרק סד, א; בשם באר היטב אורח חיים סימן רפח, ג.

62 אלא אם כן נקבר ביום טוב עצמו על ידי נכרים שאז הקריעה נדחית מחול המועד לאחר המועד. (ע"ע שלחן ערוך אורח חיים סימן תקכו, א. למעשה היום אין קוברים ביום טוב).

63 גשר החיים פרק ד, כג. כבר נכתב לעיל שהאשכנזים נהגו לברך בתחילת הלוויה, ועדות המזרח נוהגים לברך אחרי הלוויה. ראה גם בשמירת שבת כהלכתה חלק ב, פרק סד הערה ז. (וכן בשלחן ערוך יורה דעה סימן שלט, ג).

64 מסקנת גשר החיים (פרק ג, ב, ג) לאחר הדיון על טלטול המת בשבת; וגם התיר להפשיט ממנו את בגדיו כדי שלא יסריח, לא רק בקיץ אלא גם בחורף. אמנם הגרש"ז אויערבך כתב שאם אין חשש שיסריח, אין להפשיט ממנו את בגדיו (והובאו דבריו בלב אברהם חלק ב עמוד כא; ובאנציקלופדיה הלכתית רפואית ערך 'שבת' כרך ו עמוד 397). וכעין זה כתב במבוא לילקוט יוסף (עמוד ד), אך ציין שיש נוהגים שלא לגעת בנפטר כלל בשבת ויום טוב. בנטעי גבריאל (חלק א, פרק ה, ד) הזכיר מנהג פרסבורג שבשבת אין מניחים את המת על הקרקע.

65 שמירת שבת כהלכתה חלק ב, פרק סד, ז.

66 שלחן ערוך יורה דעה סימן תב, יב.

על הפטירה הן לקרובים והן באופן פומבי, אפילו ברמקולים ברחובה של עיר, כיון שמטרת ההודעה היא לאפשר לאנשים לבוא ללוויה או לנחם את האבלים.

עה. בשבת וביום טוב יש עניין נוסף לדחות את ההודעה, במידת האפשר, למוצאי היום. הן מצד שאי אפשר לטפל בשבת וביום טוב בלוויה ובקבורה, וגם כדי לא לגרום צער בשבת וביום טוב. ומכל מקום יש לדון בכל מקרה לגופו, ובפרט יש לקחת בחשבון, אם בין כה וכה ההודעה תגיע במשך היום.

עו. יש להודיע ברגישות ובאחריות, ולשון חכמים מרפא. יפורט לקמן בפרק סב – איך מודיעים למשפחה על אסון.

עז. מצד עיקר הדין נהגו להודיע לבנים על פטירת הוריהם, כדי שיאמרו עליהם "קדיש"[67].

עח. כל זמן שלא נודע לקרובים על הפטירה, אין עליהם שום חיובי אבלות. לכן מעיקר הדין אפילו אדם אחר שיודע, מותר לו להזמין את הקרובים לסעודת נישואין ולשאר שמחות[68].

עט. מעיקר הדין מותר להשהות את ההודעה על הפטירה עד סמוך לתום השבעה, כך שהקרוב יוכל להצטרף לשאר קרוביו ולשבת עימם אפילו זמן מועט בסיום השבעה, ויסיים את השבעה יחד איתם. וכן מותר להמתין כדי שהשמועה הקרובה תהפוך להיות רחוקה, ויוכל לשבת זמן מועט ולא יצטרך שבעה ושלושים. וראה עוד לקמן בפרק מט על שמועה קרובה ורחוקה. אם מדובר בערב החג, כדאי להודיעם כדי שישבו שעה קצרה לפני החג ויסיימו בזאת את השבעה[69].

פ. אם הקרובים שואלים על הנפטר אין לשקר להם ולומר שהוא עדיין חי, אבל מותר לומר להם בלשון שמשתמעת לשני פנים.

פא. אם ההודעה עלולה לגרום לנזק בריאותי, בפרט אצל אנשים זקנים או חולים, צריך לשקול אם כדאי להסתיר מהם את הידיעה על הפטירה. כמובן, רק באופן שברור שהדבר לא עלול להוודע להם באקראי ללא הכנה נפשית מתאימה.

ניתוחי מתים

פב. ככלל, משום כבוד המת[70] וגם משום איסור הנאה מהמת, יש לאסור ניתוחי מתים[71]. הזכרנו כבר לעיל שחכמי ישראל השוו אדם מישראל לספר תורה, וכשם שספר תורה שבלה אסור

67 רמ"א שם.

68 שלחן ערוך יורה דעה סימן תב, יב. ולפי זה מותר לאיש ולאשתו לשמש יחד, אם אחד מהם אבל, ולא ידוע לו על כך, למרות שלבן הזוג ידוע. חידושי הגרשוני שם בשם ספר חסידים, וכן בילקוט יוסף סימן לח, יב בהערה.

69 ילקוט יוסף סימן יט, ג. ובסימן ל, לח. נטעי גבריאל חלק א, פרק קכח, יב.

70 **הערת הרב נבנצל שליט"א** – גם משום מצוַת קבורה.

71 יש מי שכתב שיש בזה גם משום מצות "ואהבת לרעך כמוך" (עמוד הימיני לד). ואם בגלל הניתוח הקבורה מתעכבת ביום, יש בזה גם משום איסור "לא תלין" (דברים כא, כג).

להשחיתו ולקלקלו גם לאחר שנפסל, אלא יש לנהוג בו כבוד ולגנזו, כך גם את הגוף שהיה כלי קיבול לנשמה שהיא חלק אלוה ממעל, אסור לבזות ולהשחית.

פג. אין היתר לנתח נפטר כדי להתלמד עליו. הטענה שניתוח לצורך לימוד רפואה יוכל בעתיד להציל חיים נידונה באריכות על ידי הפוסקים. ככלל ניתן לומר שטענה זו מקובלת על הפוסקים כיון שפיקוח נפש דוחה את כלל המצוות[72], אך יש גישות שונות באלו מקרים יש לישמה. יש גישות המקבלות טענה זו רק במקרה שיש שני חולים לפנינו החולים באותה מחלה, ואחד מהם נפטר, והרופאים אומרים שאפשר לנסות ולהציל את החולה השני, אם ינתחו את הנפטר וילמדו מכך על המחלה (המינוח ההלכתי לכך – "חולה לפנינו")[73]. ישנן דעות מקילות יותר המתחשבות בעובדה שהיום הודות לקשר המיידי והתמידי בין המרכזים הרפואיים השונים, ניתן לומר שההגדרה ההלכתית "חולה לפנינו" קיימת תמיד, כיון שלמידה במקום אחד יכולה לסייע מייד לחולה הנמצא במקום אחר[74]. על פי גישה זו הורה הרב הרצוג שהיה הרב הראשי לישראל:

> ... ועדה של שלושה רופאים מומחים מורכבים באופן זה: אחד מהם ראש המחלקה בבית החולים הנידון, אחד מהם מיופה כח הרבנות המקומית, ואחד מהם מהמשפחה של הנפטר ידונו; ואם יחליטו שיש סיכויים שהניתוח יפיץ אור על המחלה שממנה מת המת... אזי על פי החלטתם בכתב ובחתימת ידיהם מותר לנתח, ובלבד שלא ינתחו אלא את ההכרחי ביותר, ושיחזירו אחר כך הכל לחברה קדישא לקבורה[75].

פד. גם לפי הדעות המחמירות מותר לשאוב מעט דם או רקמות כדי לבצע בדיקות[76]. בדיקות אלו נותנות בדרך כלל מידע העשוי למנוע את הצורך בניתוח.

פה. מותר לנתח אדם שנרצח כדי להפליל את רוצחו[77].

פו. אם היתה רשלנות רפואית שבגללה נפטר אדם, מותר לנתח את הנפטר כדי לתבוע את הרופא, על מנת למנוע רשלנות רפואית עתידית. זאת בתנאי שאדם מטעם המשפחה יהיה נוכח בנתיחה, ויוודא שכל אבריו יובאו לקבורה לאחר הנתיחה[78].

---

72 יומא פד, ב. נודע ביהודה חלק ב, יורה דעה סימן רי.

73 בגשר החיים פרק ה פיסקה ו מובאות דעות אלה ונימוקיהן. ועיין עוד באגרות משה יורה דעה חלק ב, קנא.

74 חזון איש יורה דעה סימן רח, ז. ב"תחומין" (כרך יב, עמוד 382) מובא מכתבו של הרב יחיאל יעקב ויינברג לרב קלמן כהנא שהיה אז סגן שר החינוך ובו התייחסותו לעניין. לדעתו כיום נחשב כל מקרה כ'חולה לפנינו', מפני שהאינפורמציה עוברת מייד ממקום למקום. לפי זה יש יותר מקום להקל.

75 מכתבו של הרב הרצוג מיום ד' באייר תשי"ד מובא בפסקים וכתבים של הרב הרצוג כרך ה סימן קנה.

76 אגרות משה יורה דעה חלק ב, קנא. בסוף התשובה.

77 ציץ אליעזר ד, יד, ט.

78 תשובה בעל פה מהרב עובדיה יוסף שליט"א שנמסרה לי על ידי בנו הרב יצחק יוסף שליט"א. המקרה שהובא לפניהם היה ניתוח לצורך קבלת דמי ביטוח, אך ההיתר ההלכתי היה מניעת רשלנות רפואית.

פז. גם על פי חוק אסור לנתח את הנפטר ללא הסכמת המשפחה או צו מבית משפט. בכל מקרה יש לשאול שאלת רב.

עקב מורכבות הנושא והרגישות הכרוכה בו, הובאו כאן רק ראשי פרקים. מקורות נוספים לעניין הובאו בהערות[79].

סיוע ויעוץ בעניין זה ניתן לקבל אצל הרב נחום הכהן קוק: 03-6741778, 03-5748157, 0522-503630; או אצל הרב מרדכי ויכלדר 03-6743858, 0522-729659. הסיוע ניתן בהתנדבות ללא תשלום. כמו כן בארגון זק"א אצל מיכאל גוטויין רכז המחלקה המשפטית של זק"א באמצעות עורכי דין מתנדבים, 0505-766128, 0577-292459.

תרומת גוף למדע

פח. מבחינה הלכתית אין משמעות לכך שאדם מישראל ציוה לתרום את גופו ואבריו למדע.

התפיסה היהודית הבסיסית היא שהאדם אינו ריבון על גופו, אלא הגוף ניתן לו כפיקדון מריבונו של עולם לתקופה מוגבלת. לכן אסור לאדם לחבול בגופו או לאבד עצמו לדעת או לתרום את גופו ואבריו למדע.

פט. אמנם לבקשה כזאת יכולות להיות שתי משמעויות. משמעות אחת היא ביטול או עיכוב הקבורה, כגון שיניחו את השלד במוזיאון. והשנייה, הסכמה לניתוח הגופה. לגבי ביטול הקבורה כבר נפסק להלכה שאם אדם ציוה שלא יקברוהו אין לשמוע לו[80], כיון שיש בכך ביזיון למשפחתו ולכל ישראל. לכן הסכמתו לביטול הקבורה או דחייתה אינה מועילה כלום.

צ. אבל אם אדם ציוה לנתח את גופו ומיד לאחר מכן לקברו, יש דעות שונות בפוסקים. לפי רוב הדעות גם לאדם עצמו אין זכות להתיר לבזות את גופו כיון שאדם נברא בצלם אלוהים ואין לאדם רשות לבזות את הגוף שהיה משכן לנשמה[81]. מאידך, יש דעות המתירות לנתח גופת אדם שהסכים לכך בחייו כיון שהטעם לאיסור הוא כדי שלא לפגוע בכבודו. אבל אם הוא מחל על כבודו, אין איסור[82]. כך פסקה גם מועצת הרבנות הראשית בראשותו של הרב הרצוג[83] כיון שהרופאים יכולים לסמוך בזה על דעת המתירים.

צא. קרוביו של מי שמסר את גופו למדע, וציווה שלא לקברו, אינם צריכים לנהוג אבלות עליו. כיון שאז נכלל בגדר "הפורשים מדרכי ציבור" שפרק מעליו כל עול מצוות, ואין מתאבלים עליו כלל[84]. ויש אומרים שמי שציווה למסור גופו למדע, צריך לנהוג עליו אבלות, אף

79 סיכום רחב מופיע בציץ אליעזר חלק ד, יד. באנציקלופדיה הלכתית רפואית כרך ד ערך ניתוח המת, בכל בו על אבלות מעמוד 40 ואילך, וכן בפניני הלכה חלק ג. הרב קלמן כהנא פרסם סקירה ביבליוגרפית של מאמרים בנושא "ניתוחי מתים בהלכה" בקובץ "המעיין" (תשכ"ז חוברת ב עמוד 72 – 43, ומילואים בחוברת ג עמוד 72 – 71).

80 הלכות אבל לרמב"ם פרק יב, א.

81 חתם סופר יורה דעה סימן שלו. הראי"ה קוק דעת כהן סימן קצט. אגרות משה יורה דעה חלק ג, קמ. ילקוט יוסף סימן יד, יד.

82 ציץ אליעזר חלק ד, יד.

83 אנציקלופדיה הלכתית רפואית כרך ד עמוד 537.

84 כך הורה לי הרב יעקב רוז'ה שליט"א בשם הרב מרדכי אליהו שליט"א, על פי שלחן ערוך יורה דעה סימן שמה, ה.

על פי שעשה מעשה חמור מאוד. ואם היה אפיקורוס הכופר בתחיית המתים, אין צריך להשתדל להביאו לקבר ישראל. ואם היה טועה וחשב שבמעשהו הריהו גומל חסד להציל נפשות מישראל, ובחייו לא היה פורש מדרכי ציבור, מצוה להביאו לקבר ישראל[85].

תרומת אברים

צב. תרומת אברים של הנפטר להצלת חיים:
מבחינה עקרונית יש בתרומת אברים מצוה גדולה; מאידך גיסא יש מגבלות הלכתיות, עקרוניות וגם מעשיות. כיון שהנושא מורכב ביותר, לא נאריך כאן. לקמן תובא עמדתה הרשמית של הרבנות הראשית לישראל בנושא השתלת אברים, ובנוסף לכך עמדות מעשיות שונות (בפרקי עיון והגות מעמוד 276 ואילך). כמו כן ראה באוצר המושגים ערך **איסור הנאה ממת**.

צג. מי שנתן את הסכמתו שאם יהיה חולה מסוכן נוטה למות, ינתחוהו ויקחו את לבו להשתלה באדם אחר, יושבים עליו שבעה, כיון שלא עשה כן מתוך אפיקורסות וכפירה בתחיית המתים ובהישארות הנפש[86].

רבי יוחנן כשהיה מסיים ספר איוב, אמר כך: סוף אדם למות וסוף בהמה לשחיטה, והכל למיתה הם עומדים. אשרי מי שגדל בתורה ועמלו בתורה ועושה נחת רוח ליוצרו, וגדל בשם טוב ונפטר בשם טוב מן העולם. ועליו אמר שלמה: "טוֹב שֵׁם מִשֶּׁמֶן טוֹב וְיוֹם הַמָּוֶת מִיּוֹם הִוָּלְדוֹ" (קהלת ז, א).

ברכות יז, א

"טוֹב שֵׁם מִשֶּׁמֶן טוֹב וְיוֹם הַמָּוֶת מִיּוֹם הִוָּלְדוֹ" (קהלת ז, א). נולד אדם הכל שמחים, מת הכל בוכים. ואינו כן, אלא נולד אדם אין שמחים לו שאין יודעים באיזה פרק ומעשים יעמוד, אם צדיק ואם רשע אם טוב ואם רע. מת צריכים לשמוח שנפטר בשם טוב ויצא מן העולם בשלום. משל לשתי ספינות פורשות לים הגדול, אחת יוצאת מן הלימן (הנמל) ואחת נכנסת ללימן. היוצאת מן הלימן הכל שמחים והנכנסת ללימן לא שמחו לה. היה שם פקח אחד, אמר להם חלוף דברים אני רואה... אתה מוצא שכשהצדיקים נולדים אין בריה מרגשת, וכשמתים הכל מרגישים. נולד משה רבנו ולא הרגישה בו בריה, וכשמת הרגישו בו הכל.

קהלת רבה פרשה ז, ד

85 ילקוט יוסף סימן יד, יג; וכן מט, ב.

86 ילקוט יוסף סימן יד, טו.

ו. אנינות

מי שמתו מוטל לפניו, פטור מקריאת שמע ומן התפילה ומן התפילין ומכל מצוות האמורות בתורה

ברכות יז, ב

רבי שמעון בן אלעזר אומר: אל תנחם את חברך, בשעה שמתו מוטל לפניו

פרקי אבות ד, כ

האנינות היא השלב הקודם לאבלות, טרם הקבורה. משמעות המלה אנינות היא עצב או צער עמוק[1]. האנינות היא מצב שבו האבל לא עוסק בשום דבר מלבד הטיפול בנפטר ובקבורתו, לעומת האבלות שהיא תהליך ארוך, מדורג ומתפתח. האנינות מסמלת את הצער בלב פנימה[2], לעומת האבלות שהיא גלויה וניכרת כלפי חוץ, במעשי האבל ובהתנהגותו.

הטעמים לדיני אנינות, הפוטרים את האונן מכל מצוות עשה שבתורה, הם מפני כבודו של המת. כלומר, מבחינה רעיונית האונן מראה שכל כולו מרוכז בצער על פטירת קרובו שנפטר. ועוד, מפני הצורך המעשי לטפל בכל צרכי הלוויה והקבורה בזריזות וביעילות המֵרבית.

טעם נוסף מובא בתלמוד הירושלמי (ברכות פרק ג, א): שנאמר "לְמַעַן תִּזְכֹּר אֶת יוֹם צֵאתְךָ מֵאֶרֶץ מִצְרַיִם כֹּל יְמֵי חַיֶּיךָ". וחכמים דרשו – "כל ימי חייך" – ימים שאתה עוסק בחיים, ולא ימים שאתה עוסק בהם במתים.

האונן נקרא בפי חז"ל "מי שמתו מוטל לפניו", דהיינו – כיון שהאונן יכול לטפל בנפטר, עליו מוטלת החובה לטפל בו. מטעם זה אם אין האונן מסוגל לטפל בנפטר, כגון אם הוא מעוכב בגלל השלטונות או שהנפטר כבר נמסר לחברה קדישא שתקבור אותו במקום אחר; אין לו גדר הלכתי של אונן.

חלות האנינות

א. מי שמת לו אחד משבעה קרוביו – אב, אם, בעל או אשה, אח, אחות, בן, בת – נחשב אונן משעת הפטירה ועד הקבורה, ופטור מכל מצוות עשה. כפי שהזכרנו במבוא, הטעם לפטור הוא הצורך המוטל עליו לעסוק בצרכי המת ובקבורתו, וגם מפני כבוד המת שלא יהיה נראה כמי שמסיח דעתו ממנו.

ב. דין אנינות נוהג בכל שבעת סוגי הקרובים, גם באלו שלא מתעסקים בפועל בסידורי הלוויה והקבורה. אפילו אם ציוה האב שדווקא אחד מבניו יטפל בקבורתו, והשאר לא יטפלו, יקיימו את דבריו, אבל האנינות חלה על כולם[3].

ג. דין אנינות חל רק אם יש באפשרות הקרובים לטפל בנפטר ובצרכיו. גם אם אינם נמצאים במקום שבו נמצא הנפטר אבל בכל זאת יכולים לטפל בענייניו, הרי הם אוננים. אם אין הקרובים יכולים לטפל בענייני הנפטר, אין להם דין אנינות. ויבואר עוד לקמן.

1 כמו "בֶּן אוֹנִי" (בראשית לה, יח) שמשמעותו בן צערי. "לֹא אָכַלְתִּי בְאֹנִי מִמֶּנּוּ" (דברים כו, יד).

2 "אין אנינות אלא בלב" – סנהדרין מו, ב.

3 צרור החיים פיסקה ו. ילקוט יוסף סימן ז, מ.

ד. אם קרוביו לא יכולים לטפל בענייניו או שכבר סיימו לטפל בנפטר ומסרוהו לחברה קדישא[4], לא חל דין אנינות[5] על הקרובים שנשארים בבית, אולם הם מתחילים את האבלות רק לאחר סיום הקבורה. המלווים את המת לקבורה, ממשיכים את האנינות עד סיום הקבורה, וראה כאן בהערה שיש דעות שהאנינות נמשכת גם כשסיכמו עם החברה קדישא את כל פרטי הלוויה והקבורה, ואין הנפטר מוטל עליהם[6].

ה. קרובי משפחה המלווים את ארון הנפטר לארץ ישראל, נוהגים אנינות בזמן הטיסה, ולא יאכלו בשר עד הקבורה. אך הקרובים הנשארים בחוץ לארץ מתחילים לנהוג אבלות מיד בפרידתם מהנפטר, אלא אם כן ממשיכים לטפל בסדרי הלוויה, שאז ממשיכה האנינות[7].

ו. במקרה שהקבורה משתהה ובינתיים אין צורך לטפל בנפטר ובקבורתו, כגון שממתינים כמה ימים להבאת ארון הנפטר מחוץ לארץ, לא חל דין אנינות גם על מי שישתתפו בלוויה[8]. פירוט נוסף מובא בפרק מז – עיכוב בקבורה. וע"ע באוצר המושגים ערך **גדול הבית**.

ז. אין להודיע על הפטירה לקרוב שעומד באמצע תפילת שמונה עשרה; ואף אם הודיעוהו, לא יפסיק אלא יסיים תפילתו. וכן הדין לגבי מי שהיה מברך ברכת המזון. ואם אין דחיפות להודיע לקרובים, נכון לא להודיעם על הפטירה בבוקר, אלא רק לאחר שיתפללו[9].

ח. אם נפטר לאדם קרוב בארץ אחרת ואין בדעתו להשתתף בלוויה, יש אומרים שיתחיל את האבלות רק מזמן הקבורה, ויש אומרים שדיני האבלות חלים עליו מיד[10].

---

4 המושג ההלכתי – "**מסרוהו לכתפים**" מובא גם באוצר המושגים.

5 שלחן ערוך יורה דעה סימן שמא, ג. גשר החיים פרק יח, א, ד – ו, ובמיוחד שם בהערה 1. גשר החיים חלק ב פרק טו, ט. כל בו על אבלות עמוד 118. ועיין עוד בהערה הבאה.

6 פתחי תשובה על שלחן ערוך יורה דעה סימן שמא, סעיף קטן כא בשם נודע ביהודה. גשר החיים פרק יח, ב, כא. אמנם בספר צרור החיים (פיסקה ו) כתב שלפי מנהג עדות המזרח נמשכת האנינות עד לאחר הקבורה גם אם אין הקרובים מתעסקים בקבורה, ולמעשה הורה שגם האשכנזים צריכים לנהוג דיני אנינות עד לאחר הקבורה. גם בילקוט יוסף (סימן ז, א) כתב שהאונן פטור מכל המצוות אפילו אם סיכם עם החברה קדישא על הטיפול בנפטר, ואינו מוטל עליו לקברו. והוסיף על כך הרב יצחק יוסף שליט"א ואמר לי שכיון שלמעשה, גם כשסיימו לכאורה לטפל בנפטר עדיין עוסקים בדרך כלל בהודעה על הלוויה ובהתארגנות לקראת הלוויה, יש להמשיך לנהוג אנינות עד הלוויה. גם מדברי הרב נבנצל שליט"א נראה שאם ממשיכים להודיע על הלוויה, ממשיכים באנינות. אבל מהירושלמי המובא בנודע ביהודה הנ"ל וכן ממשנה ברורה סימן עא סעיף קטן ד, משמע שמעיקר הדין חייבים במצוות כבר מזמן שמסרוהו לכתפים כיון שכבר אינו מוטל עליהם. כלומר, יש גישה אחת שהמסירה לכתפים מפקיעה לגמרי את האנינות. וגישה אחרת שהמסירה לכתפים לא מפקיעה דין אנינות אלא שנחשב שהסיחו דעתם מן המת, אבל אם ילכו ללוויה מתברר שלא הסיחו דעתם ממנו ולכן דין אנינות ממשיך עד סיום הקבורה. ועיין עוד בכל בו על אבלות עמ' 120 – 124, וביסודי הלכה עמ' קנד – קנה, ובספר הלכות אבלות פרק א, כב.

7 אגרות משה יורה דעה חלק ב סימן קע. ילקוט יוסף סימן ז, יד.

8 הגהות הרמ"א יורה דעה סימן שמא, ג. גשר החיים פרק יח, א, ד; ובחלק שני עמוד קמג הלכה ט. (אמנם הרב יעקב רוז'ה שליט"א אמר לי שיש נוהגים, משום כבוד הנפטר, להמשיך אנינות ביום מיתה או ביום קבורה. ואם הזמן מתארך יותר – אין נוהגים אנינות. ועיין עוד בהערה הקודמת).

9 ילקוט יוסף סימן ז, ו; שם כז – כח.

ט. אם המת מוחזק על ידי גורמים שמחזיקים בו ולא מאפשרים לקברו, לא חלה אנינות כיון שאי אפשר לקברו (וגם אבלות לא חלה מפני שלא נתייאשו מלקברו). האנינות לא חלה גם אם קרובי המת מוחזקים באופן שאינם יכולים לטפל בקבורתו (למשל אסיר)[11].

י. על תינוק שנפטר בתוך שלושים יום מלידתו, אין אנינות ואין אבלות[12].

יא. קטן שגדל בתוך זמן האנינות, חייב באנינות משעה שהגדיל[13].

דיני האונן

יב. האונן צריך להתנהג בכובד ראש, להיות טרוד בטרדות המת, ולא יראה קלות ראש בעצמו.

יג. אלו הדברים שהאונן אסור בהם: אכילת בשר[14] ושתיית יין, ובכלל אוכל באופן עראי ולא מסב כדרכו[15]; השתתפות בשמחות וחיי אישות. ההכרעה ההלכתית היא שההגבלות המוטלות על האבל חלות גם על האונן, והן: רחיצה[16] ותספורת, נטילת ציפורניים וגילוח, מלאכה ומסחר ושאילת שלום ותלמוד תורה כפי שיפורט להלן[17]. למעשה ההבדל בין האונן לאבל הוא שהאונן נועל מנעליו כרגיל לעומת האבל שחולץ מנעליו, והאונן אסור בבשר ויין לעומת האבל שבשר ויין מותרים לו. הטעם לדבר כדי שלא יראה האונן כמסיח דעתו מן המת.

---

10 ילקוט יוסף סימן ז, טו. בספר חיים וחסד (פרק ג, יג) הביא את פירוט הדעות השונות באריכות. ולהלכה כתב להקל אם מדובר בערב חג, כדי שיוכל לנהוג אבלות מועטת קודם כניסת החג, והרגל יבטל גזרת שבעה. למעשה אמר לי הרב יעקב רוז'ה שליט"א רשם הגרש"ז אויערבך שהאבלות חלה מיד, ומסתבר שלא רק בארץ אחרת אלא גם באותה ארץ.

11 שלחן ערוך יורה דעה סימן שמא, ד. ילקוט יוסף סימן ז, יב. פירוט נוסף יובא לקמן בפרק על שבויים ונעדרים (מעמוד 251).

12 פתחי תשובה סימן שמא, א. ברכי יוסף בשם הירושלמי יבמות סוף פרק יא. גם בכל בו על אבלות (עמוד 140) כתב שבמקום שאין אבלות אין אנינות (מלבד בהרוגי בית דין). וראה לקמן עמוד 145 שאם כלו לו חדשיו מתאבלים עליו, ובהערה שם.

13 כל בו על אבלות עמוד 144 הלכה כ.

14 בשר עוף בכלל האיסור. שלחן ערוך אורח חיים סימן תקנא, י. ילקוט יוסף סימן ז, ז. וכתב שם שיש אומרים ששאר משקאות חריפים אינם בכלל יין, אלא שיש ליזהר משכרות. וראה עוד באוצר המושגים ערך **עשר כוסות של בית האבל.**

15 שלחן ערוך יורה דעה סימן שמא, א. גשר החיים פרק יח, ב, ג; על פי בבלי וירושלמי ברכות תחילת פרק ג.

16 אבל האונן רשאי לנקות את עצמו בממחטות לחות, (ילקוט יוסף סימן ז, לד).

17 אמנם לפי שיטת הרמב"ם האונן אינו אסור ברחיצה, בכיבוס, בתספורת ובשאר גזרות שבעה, אבל לפי שיטת הרמב"ן האונן אסור בכל הדברים שהאבל אסור בהם, חוץ מנעילת הסנדל שהתירו לאונן מפני שהוא טרוד בעסקי המת. בשלחן ערוך (יורה דעה סימן שמא) לא הזכיר את ההגבלות הנוהגות באבלות על האונן ומשמע שמקל כרמב"ם (כך כתב ערוך השלחן שמא, כח), אך הרמ"א (שם סעיף ה) הזכיר את השיטה המחמירה בשם "יש אומרים". למעשה, הפוסקים האחרונים – הן האשכנזים (גשר החיים פרק יח, ב, ג) והן עדות המזרח (ילקוט יוסף סימן ז, לד) – כתבו להחמיר. וראה עוד בכל בו על אבלות (עמוד 150) שאמנם היו מקומות שנהגו להקל ברחיצה ותספורת קודם הקבורה, ולא מיחו בהם כיון שסמכו על דעות המקילים, אבל בארץ הצבי נהגו לאסור בכך. ומנהג בני תימן כרמב"ם (הלכות אבל פרק א, ב), שאין האונן אסור בשום דבר מן הדברים שהאבל אסור בהם (שלחן ערוך המקוצר עיני יצחק, יורה דעה סימן קעה, ה).

יד. יש מי שכתב שקודם שיודיעו לאונן על הפטירה, יאמרו לו שמצב קרובו מסוכן, כדי שיוכל להסתפר ולהתרחץ ולהחליף בגדיו, טרם שיודיעוהו על הפטירה. כיון שכל זמן שאין האונן יודע על פטירת קרובו, מותר לו להסתפר ולהתרחץ[18].

טו. מעיקר הדין האונן צריך לשבת על הארץ כמו האבל, אולם נהגו להקל לשבת על כסא קודם הקבורה, משום חולשה. וכאשר הוא מטפל בענייני הלוויה והקבורה, מותר לו לשבת על כסא[19].

טז. האונן פטור מכל המצוות האמורות בתורה, אבל אינו פטור ממצוות לא תעשה, ואפילו ממצוות דרבנן. לכן האונן חייב ליטול ידיו, בלי ברכה, בקומו בבוקר ולפני אכילת פת, ולאחר שעשה צרכיו.

יז. האונן פטור מקריאת שמע ומתפילה, אבל אומר קריאת שמע על המיטה וברכת המפיל[20]. ואינו מברך שום ברכה ואינו עונה אמן[21]. אין האונן רשאי להחמיר על עצמו ולהתפלל או לברך כדי שלא יֵראה כמזלזל בכבוד המת.

יח. אף על פי שהאונן פטור ממצוות, נהגו להקל ולהתיר לו לומר קדיש לפני הקבורה[22] שהרי זה חלק מכבוד המת. ומותר לו ללכת לבית הכנסת לצורך כך, אם יש מי שיטפל בצרכי הנפטר[23].

יט. האונן אינו מצטרף לזימון ולא משלים מניין, אלא אם כן הוא לצורך אמירת הקדיש[24].

כ. אונן לא מברך ברכת בית הקברות, גם אם לא ראה קברים במשך שלושים יום. לפני הקבורה לא מברך מפני שהוא אונן. ואחרי הקבורה לא יברך כיון שהיה פטור כשראה את הקברים לראשונה[25]. וראה עוד לקמן עמוד 231 הלכה יא.

כא. האונן אסור בתלמוד תורה, חוץ מדיני אבלות ואנינות שיכול ללמוד, אך התירו לאונן לומר דברי תורה בהספד כיון שהוא לכבוד הנפטר[26]. יש אוסרים לקרובים האוננים לומר תהלים מדין איסור לימוד תורה, ויש מתירים[27].

---

18 ילקוט יוסף סימן ז, לד.

19 מחצית השקל אורח חיים סימן תקנא, ח. בגשר החיים (פרק יח, הערה 5) מלמד זכות על המנהג להקל ולשבת על כסא קודם הקבורה. ילקוט יוסף סימן ז, לו. בצרור החיים (פיסקה ח) כתב שאונן שקשה לו יכול להקל לשבת על כסא, ושהאשכנזים נהגו להקל בדין ישיבה על כסא.

20 ספר הלכות אבלות פרק א, י; בשם הגרש"ז אויערבך. בספר צרור החיים (פיסקה כא) כתב שיכול לומר קריאת שמע מדין שמירה, ועדיף שישמע מאחר. כך גם לגבי תפילת הדרך – יאמר כיון שהיא מדין שמירה (שם פיסקה כד).

21 צרור החיים עמוד 28 ובפיסקה ו. וכן פסק בילקוט יוסף (סימן ז, ג) והוסיף שאם מסר האונן את מתו לחברה קדישא והם מטפלים בכל ענייני הקבורה, העונה אמן יש לו על מה שיסמוך.

22 גשר החיים פרק יח, ב, סוף הלכה ג. אמנם בצרור החיים (פיסקה יז) כתב שאין דין קדיש לפני הקבורה, אבל מנהג ירושלים לומר קדיש לפני הקבורה (שם בהקדמה לפרק ה).

23 נטעי גבריאל חלק א, פרק יז, א.

24 גשר החיים פרק יח, ב, ג. ובילקוט יוסף (סימן ז, כט) התיר לצרף את האונן למניין לצורך אמירת הקדיש, רק לאחר שנמסר המת לחברה קדישא.

25 גשר החיים פרק יח, ב, ג. פני ברוך סימן ה, יד.

26 נטעי גבריאל חלק א, פרק כא, ב.

כב. האונן יכול לתת צדקה בזמן האנינות.

כג. האונן לובש טלית קטן בלי ברכה[28].

כד. מותר לאונן לנעול נעליים כרגיל, חליצת מנעלים נוהגת רק אחרי הקבורה שאז מתחיל לנהוג דיני אבלות. ויש מי שכתב שכיום שיש נעלי בד נוחות, אין מניעה לאונן לנעול נעלי בד ללוויה, כדי שמיד אחרי הקבורה יִמָּצֵא ללא נעלי עור[29].

כה. יש שהתירו במקום צורך גדול, שהאונן ימכור חנותו או עסקו בזמן האנינות, קודם האבלות. וכדי לבצע קניין מועיל יפנו לרב הבקי בעניין. ומותר למכור עסקו לאשתו או לבני ביתו אם אינם עוסקים בו במשך כל השנה[30].

כו. לאחר הקבורה משלים האונן תפילה שהגיע זמנה, אבל לא משלים תפילות קודמות[31]. אפשר לקרוא קריאַת שמע וברכותיה ולהתפלל שחרית עד שליש היום, ובדיעבד עד חצות היום[32]. תפילת מוסף, ברכות התורה וברכות "שלא עשני גוי", "שלא עשני עבד", "שלא עשני אשה", אפשר להשלים כל היום עד הערב[33]. ויש אומרים שצריך להשלים את כל ברכות השחר עד השקיעה[34]. והטעם כיון שברכות השחר נתקנו על סדר העולם בכלל, והן נכונות כל היום כולו.

כז. הלכות כיבוס ורחיצה ושאר ההלכות המקבילות לאנינות ואבלות, מפורטות לקמן בהלכות אבלות.

דין התפילין

כח. האונן אסור להניח תפילין ביום המיתה וגם ביום הקבורה[35]. הטעם מפני שהתפילין נקראו "פאר", והאבל ביום הראשון מעולל בעפר קרנו וראשו. דהיינו, התפילין מסמלים חירות, כבוד והדר, העומדים בניגוד גמור לצער וליגון העוטפים וכורכים את האוננים. חז"ל גם התייחסו לניגוד בין המילים "פאר" ו"אפר", המורכבות מאותן אותיות ויש בהן ניגוד משמעויות. התפילין הן פאר לעומת

27 ראה בילקוט יוסף (סימן ח, יא) מעשה רב מהרב עובדיה יוסף שגער באונן שאמר תהלים ליד מיטת הנפטר, וגם בצרור החיים (פיסקה יא) אסר. אך בציץ אליעזר (חלק ה, רמת רחל סימן מו) כתב להתיר אמירת תהלים על ידי האוננים.

הערת הרב נבנצל שליט"א – אמירת תהלים עבור הנפטר, יש מתירים.

28 מנחת שלמה חלק א, סימן צא, סעיף כה, אות ג. ילקוט יוסף סימן ז, מד. וכן אמר לי הרב מרדכי אליהו שליט"א.

29 ילקוט יוסף סימן ט, ב.

30 נטעי גבריאל חלק א, פרק כב.

31 שלחן ערוך יורה דעה סימן שמא, ב. אמנם אם לא הספיק להתפלל קודם שנהיה אונן וכבר חל עליו חיוב התפילה (למשל אם נפטר בלילה ולא הספיק להתפלל מעריב), אם נקבר בבוקר והתפלל שחרית, צריך להשלים גם מעריב כיון שחל חיובה עוד קודם הפטירה. אבל אם לא חל עליו חיוב תפילת מעריב (כגון שנפטר קודם הלילה), אינו צריך להשלים מעריב. משנה ברורה סימן עא, סוף סעיף קטן ד. ובילקוט יוסף (סימן ז, ל) תלה הדבר, שאם דעתו מיושבת עליו יתפלל, ויתנה שאם אינו חייב, תהיה תפילת נדבה.

32 שלחן ערוך אורח חיים סימן נח, ו. אמנם במשנה ברורה (סעיף קטן כו) כתב שאם ברך ברכות קריאת שמע לאחר זמן זה הוי ברכה לבטלה, אבל בביאור הלכה שם כתב שאם היה אנוס – המנהג להקל לברך עד חצות. לגבי שחרית – שלחן ערוך שם סימן פט, א.

33 משנה ברורה סימן עא, סעיף קטן ד.

34 צרור החיים פיסקה לא.

35 גשר החיים פרק יח, ד, א – ב.

האונן המסומל באפר. כך על פי הפסוק בישעיהו (סא, ג) – "לָשׂוּם לַאֲבֵלֵי צִיּוֹן לָתֵת לָהֶם פְּאֵר תַּחַת אֵפֶר שֶׁמֶן שָׂשׂוֹן תַּחַת אֵבֶל מַעֲטֵה תְהִלָּה תַּחַת רוּחַ כֵּהָה".

כט. כאשר נדחתה הקבורה כמה ימים: אם יש מקום לטפל בקבורה באותם ימים, חלה אנינות וגם לא מניח תפילין. אבל כאשר אין אפשרות לטפל בענייני המת, ביום המיתה פטור מן התפילין ובשאר הימים עד הקבורה חייב בתפילין[36].

ל. ביום קבורה שאינו יום המיתה, מנהג ירושלים שהאבל מניח בו תפילין בצנעה בלי ברכה[37]. אבל אם נפטר בשבת ונקבר במוצאי שבת, האבל לא מניח תפילין ביום ראשון.

הלכות תפילין לאבל מפורטות לקמן בהלכות אבלות, מעמוד 148.

ברית מילה ופדיון הבן

לא. אם האונן צריך למול את בנו, יקברו מוקדם ואז ימולו. ואם אי אפשר, ימולו קודם הקבורה ויברך הסנדק ברכת "להכניסו בבריתו של אברהם אבינו". יש לנהוג כך גם במילה שלא בזמנה, ואין לדחות את המילה עוד עקב האנינות[38].

לב. בפדיון הבן יקברו מוקדם ואז יפדו, אבל אם אי אפשר לקברו בו ביום, ידחו את הפדיון עד למחרת אחר הקבורה[39]. הטעם להבדל בין מילה לפדיון הבן הוא כיון שבמילה יש חיוב על האב למול את בנו, אבל החיוב הוא גם על בית הדין ועל כלל ישראל. לעומת זאת בפדיון הבן החיוב הוא רק על האב, וכיון שהוא אונן הוא פטור ממצוה זו כל זמן האנינות עד לאחר הקבורה[40].

לג. אונן שהוא מוהל, אם יש מוהל אחר לא ימול. אם אין מוהל אחר, אם אפשר יקברו את המת קודם. אם אי אפשר, ימסרו קודם את המת לחברה קדישא ואז יוכל למול בברכה. ואם גם זה אי אפשר, ימול, ואת הברכה יברך אבי הבן או הסנדק[41].

לד. אין לפדות את הבן על ידי כהן אונן. אך אם אין כהן אחר, יפדה הכהן האונן, ואחר יברך את ברכת הפדיון.

נישואין

לה. חתן וכלה לא נוהגים אנינות. הם חייבים בכל המצוות לפני הקבורה, והחתן מניח תפילין[42] כמבואר לקמן, עמוד 253.

---

36 גשר החיים פרק יח, ד, ג – ד. מנחת שלמה תנינא סימן צה.

37 ילקוט יוסף סימן ז, כה; וסימן כה, א. צרור החיים פיסקה קכה. פני ברוך סימן יב הערה ח.
הערת הרב נבנצל שליט"א – וכן הורה אדמו"ר הגרש"ז אויערבך זללה"ה.

38 קיצור שלחן ערוך סימן קצו, טז.

39 גשר החיים פרק יח, ב, יז – יח. ועיין עוד שלחן ערוך יורה דעה סימן שס.

40 **הערת הרב נבנצל שליט"א** – במילה בזמנה יש גם חיוב מיוחד שאי אפשר לקיימו למחר.

41 נטעי גבריאל חלק א, פרק לז, א.

לו. אם האונן צריך להשיא את בנו, וכבר אין מוטל עליו להתעסק בצרכי המת, רשאי להשתתף בחתונה גם כשמנגנים, אבל לא ישתתף בריקודים כלל, ולא יאכל שם[43].

שבת

לז. כשעה לפני כניסת השבת[44] פוסקת האנינות, מפני שאז כבר אי אפשר לקבור, ולכן באותו זמן יכול להתפלל מנחה. ואם באותו זמן עדיין צריך לעסוק בצרכי המת והקבורה, עדיין חלה האנינות[45].

לח. בשבת לא נוהגים דיני אנינות, מפני שאי אפשר לעסוק בצרכי המת ובקבורתו[46]. מותר לאכול בשר ולשתות יין, מברך ומתפלל וחייב בכל המצוות, אבל נוהג איסור אישות בין איש לאשתו[47].

לט. אם האונן לא גר במקום המת, יש מתירים בשבת חיי אישות, ובפרט מצות עונה[48].

מ. לגבי סעודות שבת וזמירות דינו כמו האבל, כמפורט לקמן עמוד 175.

מא. האונן ראוי שימנע מלהיות שליח ציבור או קורא בתורה, אלא אם כן אין אחר או שהוא בעל קורא קבוע, ואם ימנע הוי כאבלות בפרהסיה[49].

מב. האונן מותר לקרוא בשבת שניים מקרא ואחד תרגום[50].

מג. כהן לא יגלה לדורן משוח שאינו בשמחה.

מד. אסור לבקש מהרופא לכתוב הודעת פטירה בשבת וביום טוב. אבל מותר לבקש שגוי יכתבנה[51].

42 גשר החיים פרק יח, ד, יב. **הערת הרב נבנצל שליט"א** – צריך ביאור מה הטעם, שהרי אף ברגל שייכא אנינות כשאפשר לקבור. (בגשר החיים הובאה התייחסות לשאלה זו באריכות בחלק ב, פרק טו, ג. ובפשטות ניתן לומר שברגל כולם חייבים באופן שווה בכבוד הרגל, ומכיון שכולם מתחייבים בקבורה, כולם אוננים. אבל בחתן, רק הוא חתן והקבורה יכולה להתבצע על ידי שאר הקרובים, ולכן הוא אינו אונן. ואמנם אם אין קרובים אחרים שיטפלו, נחשב למת מצוה, והחתן ינהג אנינות).

43 נטעי גבריאל חלק ב, פרק טז, יח. מתבסס בעיקר על שיטת הרמב"ם שכל זמן שלא נקבר המת אינו אסור בדברים שהאבל אסור בהם. ואע"פ שהרמ"א (יורה דעה סימן שמא, ה) פסק כרמב"ן לאסור גם על האונן דברי אבלות, בשעת הדחק מקילים כרמב"ם.

44 יש אומרים שרק בכניסת השבת ממש פוסקת האנינות. שתי הדעות מובאות בצרור החיים פיסקה יג. בשמירת שבת כהלכתה (חלק ב, פרק סד, כב) כתב: סמוך לכניסת השבת / החג, באופן שלא נשאר זמן להביאו לקבורה, לא חל דין אנינות.

45 נטעי גבריאל חלק א, פרק כה, א.

46 **הערת הרב נבנצל שליט"א** – ואם עוסק בצרכי הנפטר, כגון לדבר עם החברה קדישא על סדרי הלוויה, או להודיע למלווים ולמספידים, פטור מכל המצוות.

47 שלחן ערוך יורה דעה סימן שמא, א.

48 נטעי גבריאל חלק א, פרק כה, ח.

49 ילקוט יוסף סימן ז, כב.

50 צרור החיים פיסקה טז.

51 שמירת שבת כהלכתה חלק ב, פרק סד, כט.

צאת השבת

מה. יש אומרים שסמוך לפני צאת השבת יקרא האונן שלוש פרשיות של קריאת שמע ללא ברכה[52].

מו. יש מי שכתב שהאונן יתפלל תפילת מעריב של מוצאי שבת מבעוד יום, כשעדיין לא חלה האנינות[53]. אולם למעשה כתבו הפוסקים שאין לאבל להתפלל מעריב מבעוד יום, כיון שגם כשיגיע זמנה לא יתחייב בה, אלא יתפלל רק לאחר הקבורה[54].

מז. במוצאי שבת רשאי לאכול ללא הבדלה, ויבדיל אחרי הקבורה עד שקיעת החמה של יום שלישי בשבוע[55]. על הבשמים והנר מברכים רק כשמבדילים במוצאי שבת.

מח. אם האונן שמע הבדלה מאדם אחר ונתכוון לצאת ידי חובה, יצא ידי חובתו, ואחר הקבורה אין צריך לחזור ולהבדיל, כיון שהחברה קדישא מטפלת בנפטר ובקבורתו[56].

מט. בהבדלה לאחר הקבורה, אין אומרים את פסוקי השמחה שלפני הברכות אלא מתחילים בברכות.

נ. עדיף להבדיל על יין שיקבל משכניו כדין סעודת הבראה.

נא. אף על פי שמותר לאונן לעשות מלאכה גם קודם הבדלה, טוב שיאמר "ברוך המבדיל בין קודש לחול" לפני עשיית מלאכה[57].

נב. אם האונן מתפלל מעריב במוצאי שבת אחרי הקבורה אומר "אתה חוננתנו". אבל אם קבר את מתו מיום ראשון ואילך ומתפלל, לא יאמר "אתה חוננתנו".

חג ומועד

יום טוב וחול המועד

נג. מצד עיקר הדין נפסק להלכה שמת ביום טוב ראשון יתעסקו בו גויים, וביום טוב שני יתעסקו בו ישראל, אפילו ביום טוב שני של ראש השנה[58]. כיום אין קוברים בארץ ביום טוב כלל, גם לא ביום השני של ראש השנה, מחשש לחילול קדושת יום טוב, ולמעשה

---

52 שלחן ערוך אורח חיים סימן עא, ב. מסקנת המשנה ברורה שם סעיף קטן י. שמירת שבת כהלכתה שם, כה.

53 טורי זהב אורח חיים סימן עא, סעיף קטן ד. ילקוט יוסף סימן ז ,כב. וראה גם בכל בו על אבלות עמוד 130.

54 משנה ברורה סימן עא, סעיף קטן י, ולשיטתו יקרא קריאת שמע מבעוד יום בלי ברכות ולא יתפלל מעריב. גשר החיים פרק יח, ב, ט. וטעמו שלא נהגו כלל להתפלל מעריב בשבת מבעוד יום. וגם אם יש אפשרות כזאת, היא מיועדת למי שיתחייב להתפלל במוצאי שבת, וכאן האונן לא יתחייב להתפלל במוצ"ש. ובילקוט יוסף עצמו בהערה הביא את דברי השבות יעקב שכתב שכיון שמתפלל מבעוד יום, הרי הוא אצלו כחול וחלה עליו אנינות, ואינו יכול להתפלל.

55 שלחן ערוך יורה דעה סימן שמא, ב; שפתי כהן סעיף קטן יב. שמירת שבת כהלכתה חלק ב, פרק סד, כה. אמנם יש פוסקים שיבדיל בברכה רק עד סוף יום ראשון ולאחר מכן יאמר המבדיל בלי שם ומלכות (בן איש חי שנה ב, פרשת ויצא כג; כף החיים אורח חיים רצט, כו).

56 ילקוט יוסף סימן ז, כג.

57 שמירת שבת כהלכתה שם, כו.

אין מציאות של אנינות ביום טוב. לכן בפועל אוכל בשר ושותה יין, ומברך בקידוש שהחיינו. אמנם במקרה שהנפטר יקבר ביום טוב, אכן יחולו דיני אנינות בזמן שאפשר לטפל בצרכי הנפטר.

נד. במוצאי יום טוב רשאי לאכול ללא הבדלה, ויבדיל אחרי הקבורה עד שקיעת החמה של יום המחרת[59].

נה. בחול המועד חלה אנינות, כיון שמטפלים בנפטר וקוברים בחול המועד[60].

פסח וספירת העומר

נו. בבדיקת חמץ עדיף שהאונן ימנה שליח לבדוק במקומו. אם השליח גר בבית, יברך השליח, ואם אינו גר בבית, ישמע מאחר שבודק לצורך עצמו, ויכוון לפטור גם את בית האונן[61]. אם אין אחר, יבדוק האונן בלי ברכה. האונן פטור ממצוות עשה, ובדיקת חמץ נועדה גם כדי שלא לעבור על איסור ולכן יש לקיימה. לכן האונן יבטל חמצו ויכול גם למכור חמצו.

נז. אונן בכור יתענה בערב פסח ולא ישתתף בסיום מסכת, ואם קשה לו יאכל מיני תרגימא ולא לחם[62], או יפדה את התענית בצדקה.

נח. בליל הסדר חייב האונן בכל המצוות, וחייב בהסיבה[63].

נט. האונן יכול לספור ספירת העומר בלי ברכה[64], כדי לא לאבד את המשך הספירה.

ראש השנה ויום הכיפורים

ס. אונן שתקע בשופר בראש השנה להוציא רבים ידי חובתם, יש אומרים שמוציאם ידי חובה אפילו אם קובר את מתו בראש השנה[65]. ופשוט שאם דוחה את הקבורה לאחר ראש השנה, שמוציאם ידי חובה.

---

58 שלחן ערוך אורח חיים סימן תקכו, א – ד. ולפי זה כתב במשנה ברורה (סימן עא, סעיף קטן יא) שהאונן בראש השנה לא יתקע בשופר, אולם אם לא יטפלו בקבורה עד אחרי גמר התפילה, אין לו דין אונן עד אז. כך נפסק גם בגשר החיים פרק יח, א, יא; ובשמירת שבת כהלכתה חלק ב, פרק סד, כג. ועיין עוד בשו"ת הר צבי (יורה דעה רצג), שהתיר להוליך את הנפטר לקבורה ביום טוב אפילו ברכב הנהוג על ידי גוי.

59 משנה ברורה סימן רצט, סעיף קטן טז, בשם רבי עקיבא איגר. ובילקוט יוסף (סימן ז, נח) כתב שאם נקבר למחרת יו"ט אין לו תשלומין, ויאכל בלי הבדלה.

60 שלחן ערוך יורה דעה סימן שצט, ב.

61 בגשר החיים (פרק יח, ב, יג – יד) כתב שהשליח יכול לברך לצורך בדיקת בית האבל. אולם בילקוט יוסף (סימן ז, עא) האריך להוכיח שהשליח לא יברך על בדיקת בית האונן.

62 נטעי גבריאל חלק א, פרק לה, ד. והטעם כיון שאיסור אכילה היא מצות לא תעשה שחייב בה, ומאידך אסור בתלמוד תורה ופטור מסעודת מצוה בסיום מסכת. אך אם קשה לו לצום, ובפרט עקב טרדת הקבורה והצער על הפטירה, יסמוך על הדעות שבתענית בכורות נאסר רק לחם.

63 כיון שכל דבר הטעון הסיבה, אם עשאו בלי הסיבה לא יצא ידי חובתו. ובמשנה ברורה (אורח חיים סימן תעב, סעיף קטן יג) כתב שהנכון שלא יסב על מיטה כבודה וכלולה אלא יסב בשינוי קצת.

64 **הערת הרב נבנצל שליט"א** – ואם יקברו בו בלילה, יספור בברכה ואחר הקבורה.

65 ילקוט יוסף סימן ז, נט, בשם הפרי מגדים.

סא. בערב יום הכיפורים אסור בבשר ויין, אך מותר לעת ערב לרחוץ ולטבול במקווה שאז לא חלה אנינות[66].

סב. ביום הכיפורים אין אנינות כלל, מאחר שאין אפשרות לקבור בו.

סוכות

סג. בערב סוכות, אם אין מי שיבנה עבורו סוכה, או אין מי שיקנה ויאגוד עבורו את ארבעת המינים, יכול לבנות סוכה או לקנות ולאגוד את ארבעת המינים, בתנאי שלא ידחה על ידי כך את הלוויה והקבורה[67].

סד. אונן פטור מסוכה חוץ מלילה ראשון שחייב לאכול בסוכה[68]. אמנם בזמן הזה שאין קוברים ביום טוב, ממילא לא חלה בו אנינות, וחייב בסוכה גם ביום טוב עצמו.

סה. בחול המועד פטור מסוכה, ויש מי שכתב להחמיר לחייבו בסוכה בלי לברך "לישב בסוכה", בפרט אם כבר מסר את הטיפול בנפטר לחברה קדישא.

סו. בשמחת תורה יכול לעלות לתורה, ויכול להשתתף בהקפות אך לא בריקודים[69].

סז. אם כבר הזמינוהו להיות חתן תורה או חתן בראשית, ונפטר לו קרוב ברגל, מותר לו להיות חתן כדי שלא יראה כאבלות בפרהסיה ברגל[70]. ויש דעות שעדיף שילך לבית כנסת אחר וימנו חתן אחר תחתיו[71].

חנוכה

סח. בחנוכה עדיף שידליק ויברך אחד מבני הבית במקום האונן, ואם הוא מתגורר לבדו, ידליקו האונן או שלוחו בלי ברכה[72].

פורים

סט. במקום שאי אפשר לקבור בפורים, לא חלה אנינות כלל[73].

ע. אך אם אפשר לקבור בפורים, עדיף לקרוא את המגילה אחרי הקבורה שאז כבר אינו אונן. ואם לא תהיה שהות אחרי הקבורה, ישמע קריאתה קודם הקבורה מאדם אחר[74].

---

66 נטעי גבריאל חלק א, פרק לא, ו.

67 שם, פרק לב, א – ב.

68 **הערת הרב נבנצל שליט"א** – ואם עוסק בנפטר, כגון בשמירתו, פטור גם בלילה הראשון. וכנ"ל לגבי ליל הסדר.

69 גשר החיים פרק כג, ג, ז.

70 ילקוט יוסף סימן כב, כג. שם לח, כז.

71 ראה בפני ברוך סימן כט, יא. ובנטעי גבריאל (חלק א, פרק לב, יא) כתב שאדם רגיל ילך לבית כנסת אחר, ואילו רב או אדם חשוב, שאם לא ילך הוי כאבלות בפרהסיה, מותר לו לעלות כחתן.

72 משנה ברורה סוף סימן תרע. ילקוט יוסף סימן ז, סו.

73 שלחן ערוך אורח חיים סימן תרצו, ז, משנה ברורה שם סעיף קטן כד. ערוך השלחן שם יא.

74 שלחן ערוך אורח חיים תרפז, ב; ילקוט יוסף סימן ז, ע.

עא. אם אנשי החברה קדישא דוחים את הקבורה עד לאחר קריאת המגילה, באותו זמן לא חלה אנינות ויכול האונן לשמוע אז את קריאת המגילה[75].

עב. אונן ביום פורים, מותר לאכול בשר ולשתות יין, ולברך עליהם[76]. שאין עשה של אבלות היחיד דוחה עשה של רבים לשמוח בפורים. אבל בלילה אסור בבשר ויין, כיון שכתוב "ימי משתה ושמחה"[77].

עג. ביום פורים ישלח משלוח מנות בדברים שאינם משמחים, ויתן מתנות לאביונים[78].

עד. אנינות נוהגת בי"ד אדר בירושלים וכן בשושן פורים בערי הפרזות[79].

תענית ציבור ותשעה באב

עה. אונן חייב לצום בתענית ציבור. ואם יחלש ולא יוכל לטפל בקבורת המת, פטור מלהתענות. ואם כבר נמסר המת לחברה קדישא, אינו פטור מהתענית[80].

עו. בלילה לא יוצא מביתו לבית הכנסת, ולא קורא איכה, אף על פי שהקבורה תהיה רק ביום[81].

עז. אונן בתשעה באב ינעל נעלי בד או גומי[82].

קביעת זמן הלוויה

עח. בקביעת זמן הלוויה העיקרון הוא כבוד הנפטר. מחד גיסא כבודו הוא שלא להתמהמה בקבורתו. מאידך גיסא, כבודו הוא שיוכלו קרוביו ללוותו. לכן אין להתעכב בקבורת הנפטר, אלא אם כן צריכים קרוביו להגיע ממקום רחוק ויהיה לנפטר כבוד בכך, ובלבד שלא יתעכבו יותר מדי. (כמו שנתבאר לעיל בפיסקה על הלנת המת, מעמוד 56).

עט. כבר הזכרנו שמנהג ירושלים לקבור את הנפטר ביום פטירתו ולא להלין את המת. יש פוסקים האומרים שכך ראוי לנהוג בכל ארץ ישראל[83].

כהנים

פ. לכהנים גברים אסור להיטמא למתים, גם לכהן בעל מום. מצוה לשמור אפילו על ילד כהן שלא ייטמא[84].

---

75 משנה ברורה סימן עא, סעיף קטן יא.

76 גשר החיים פרק יח, ב, טו. **הערת הרב נבנצל שליט"א** – צריך ביאור מאי שנא מחול המועד.

77 שלחן ערוך אורח חיים תרצו, ז; מגן אברהם שם.

78 פסקי תשובות תרצו, יא.

79 שער הציון סימן תרצו סעיף קטן כח.

80 ילקוט יוסף סימן ז, עח.

81 משנה ברורה סימן תקנט, סעיף קטן כד.

82 ילקוט יוסף שם עט. ואם יקשה עליו להתעסק בצרכי המת ללא מנעליו, כתב במנחת שלמה (סימן צא, כה, ח) שמותר בנעילת הסנדל. כיום יש נעלי בד וגומי נוחות, ובוודאי יכול להסתפק בהן.

83 צרור החיים פיסקה מו.

84 שלחן ערוך יורה דעה סימן שעג, א.

פא. משמעות הציווי היא שאסור לכהן לגעת במת, ולא לעזור בנשיאת המיטה; אסור לו להאהיל על טומאה כלומר לעמוד או לעבור מעל קבר או מת; ולא להיכנס באהל המת כלומר לעמוד מתחת לגג משותף עם הטומאה, כמו למשל להיכנס למבנה שיש בתוכו מת (אהל המת) או קבר[85]. לכן אסור לכהנים להיכנס לקברי צדיקים – אפילו למערת המכפלה וקבר רחל[86].

פב. אסור לכהן להיכנס בתוך ארבע אמות (כ-2 מטר) של קבר או של מת[87]. לכן אסור לכהן להיכנס לבית הקברות. ואם יכול להיזהר להרחיק עצמו ארבע אמות מהקברים, כגון שקוברים את המת בסוף בית הקברות, מותר לו להיכנס לבית הקברות[88]. במקום שיש מחיצה או גדר בגובה עשרה טפחים (96 סנטימטר) יכול להתקרב עד מרחק ארבעה טפחים (כ 40 ס"מ)[89]. כהן שרוצה לעלות לקברי קרוביו ביום השנה וכדומה, יוודא מראש ששביל הגישה רחב דיו ומרוחק לכל ארכו לפחות ארבע אמות מהקברים, או שיש מחיצה בין הקברים לשביל. יש לבדוק שאין עצים המאהילים על הקברים ועל השביל. לעתים העצים גדלים ומתפרסים עם השנים, אך אפשר לגזמם כדי לאפשר את כניסת הכהנים. יש מי שכתב שכהן שהולך ביום השנה אפילו רק כדי לראות את הקבר, הרי זה כמשתטח על הקבר ותועלת גדולה היא [90].

פג. לא רק מת שלם אלא אפילו חלק קטן מן המת או נפל מטמאים. שן ושער או ציפורן מן המת לא מטמאים[91].

פד. כהן מותר ומצווה[92] להיטמא לשבעה קרוביו – אביו ואמו, אשתו שנשאה בהיתר[93], בנו ובתו, אחיו מאביו, אחותו הרווקה מאריו; לכל אלו נטמא אפילו אם הם פסולי חיתון, בתנאי שאמם יהודיה.

פה. אסור לכהן שנטמא לקרובו להיטמא למתים אחרים באותו זמן. ויש מתירים לו להיטמא למתים אחרים כל זמן שעוסק במתו[94].

85 שלחן ערוך יורה דעה סימן שסט. אמנם מעיקר הדין מותר לכהן להיטמא באהל של מת גוי, אבל לא במגע ובמשא. ומכל מקום נכון להיזהר גם באהל של מת גוי, שכך פסק בשלחן ערוך (יורה דעה בסימן שעב, ב), ובילקוט יוסף סימן נז, ז. וראה עוד לקמן הלכה צד.

86 בתוספות בבא מציעא (קיד, א-ב) מובא המדרש על אליהו הנביא שקבר את רבי עקיבא, וכיצד אליהו שכהן היה, נטמא כדי לקברו. היו פוסקים שעל יסוד מדרש זה התירו לכהן להיטמא בקברי צדיקים, אך למעשה פסק בשו"ת יחוה דעת (סימן נח) לאסור. גם בגשר החיים (פרק ו, ג) פסק לאסור. אך ראה בספרו של הרב עידו אלבה "טהרת שדה המכפלה", שלדעתו יכולים הכהנים להיכנס למבנה שמעל מערת המכפלה. **הערת הרב נבנצל שליט"א** – צריך עיון אם אסור בקבר רחל, מאחר שזה קבר מלפני הדיבור (לפני מתן תורה). (ראה נזיר נד, א, ותוספות בבא בתרא נח, א).

87 שלחן ערוך יורה דעה סימן שעא, ה. אמנם יש דעות המתירות להתקרב יותר בשעת הלוויה, עיין שפתי כהן שם סעיף קטן יח.

88 ציץ אליעזר חלק ד, טו. כל בו על אבלות עמוד 249.

89 שלחן ערוך שם. את המידות בס"מ כתבנו לפי שיעור חזון איש המחמיר שטפח = 9.6 ס"מ, כיון שמדובר באיסורי תורה. אמנם לפי שיעור הרב חיים נאה טפח = 8 ס"מ, ולפי זה עשרה טפחים הם 80 ס"מ, וארבעה טפחים הם 32 ס"מ.

90 חזון למועד פרק כז, ד, בשם דודאי השדה.

91 בגשר החיים פרק ו מביא באריכות את הפרטים השונים בענייני טומאת הכהן למת.

92 שלחן ערוך יורה דעה סימן שעג, ג.

93 אבל לארוסה או גרושה לא נטמא, וכן לא נטמא אם נשאה באיסור כגון כהן שנשא גרושה. אבל לאמו נטמא אפילו אם נתחללה. שלחן ערוך יורה דעה סימן שעג, ד.

94 שלחן ערוך ורמ"א יורה דעה סימן שעג, ז.

פו. הכהן מחויב להיטמא למת מצוה שאין לו קוברים[95]. המושג מבואר לקמן באוצר המושגים ערך **מת מצוה**.

פז. כהן נטמא כדי לטפל במת מצוה גם אם יש גויים שיכולים לקברו[96], ויש אוסרים[97].

פח. מותר לכהן להיטמא למת מצוה גם אם היה יכול לשכור אחרים שיקברו את המת[98].

פט. כהן נטמא לקרוביו רק במת שגופו נשאר שלם[99], ובמת מצוה אפילו אם מצאו חסר, בתנאי שנמצא ראשו ורובו[100].

צ. הכהן מתאבל על קרוביו שנטמא להם, ונוהג אבלות גם על קרובים נוספים שלא נטמא להם: אחיו ואחותו מאמו ואחות נשואה מאב, בתנאי שאמם יהודיה[101].

צא. לפי חלק מהפוסקים מותר לכהן להיטמא לקרוביו אפילו שלא לצורך טיפול בנפטר ובקבורתו, ואפילו בשבת כשאי אפשר לטפל; ויש אומרים שדווקא לצורך, וממילא לא בשבת. גם לדעת המחמירים, כשיש אפשרות לטפל, מצוה על הכהן להיטמא ולטפל גם כשיש אחרים שיטפלו[102].

צב. לכהן מותר להיטמא רק בזמן הקבורה עד סתימת הגולל[103], ולא בשום הזדמנויות אחרות כגון בעלייה לקבר בשבעה, בשלושים או ביום השנה שאז אסור לו להיטמא. משום כך נהגו לקבור את קרובי הכהנים בשורות ההקפיות בבית העלמין, כדי שהכהנים ובני משפחתם יוכלו להתקרב במידת האפשר לקברי יקיריהם באזכרות.

צג. אפר המת אינו מטמא באוהל, ולכן אין איסור על הכהן להיכנס לאוהל יזכור ביד ושם[104].

צד. לגבי קברי גויים נפסק להלכה שנכון לכהן להיזהר מלהיטמא בהם, אף על פי שיש פוסקים שהקלו בכך[105].

---

95 שלחן ערוך יורה דעה שעד, א.

96 גשר החיים פרק ו, ז, ג. כל בו על אבלות עמוד 71.

97 ערוך השלחן יורה דעה סימן שעד, ג.

98 רמ"א יורה דעה שעד, ג. גשר החיים שם.

99 אם היה האבר חסר עוד מחיים, כגון שנכרתה ידו, נטמא לו לאחר מיתה (שלחן ערוך יורה דעה שעג, ט; כהכרעת הרא"ש). וכן נטמא אם נחסר אבר פנימי שאינו ניכר (אגרות משה יורה דעה חלק א, סימן רנא; ציץ אליעזר חלק ט, סימן מח). לכן אשה שעברה כריתת רחם, מותר לבניה הכהנים להיטמא לה. (ילקוט יוסף סימן נז, ג). יש אומרים שהרוג נחשב לחסר ואין להיטמא לו, הגהות הרמ"א על השלחן ערוך שם.

100 שלחן ערוך יורה דעה סימן שעד, ב. כל בו על אבלות עמוד 71 בשם אור זרוע.

101 שלחן ערוך יורה דעה סימן שעד, ד.

102 שלחן ערוך ורמ"א יורה דעה סימן שעג, ה. גשר החיים פרק ו, ה, ו.

103 לפי השלחן ערוך (יורה דעה שעג, ז) אפילו בזמן שמותר לכהן להיטמא לקרובו, אסור לו להיטמא למת אחר. ולרמ"א (שם) ההגבלה מלהיטמא למתים אחרים מתחילה רק בגמר קבורת מתו.

104 משנה אהלות פרק ב, ב. במראה הבזק חלק ה, קב.

105 שלחן ערוך יורה שעה סימן שעב, ב. הדעה המקילה היא דעת הרמב"ם (הלכות טומאת מת פרק א, יג; ובהלכות אבל פרק ג, ג). והטעם כיון שכתוב "אדם כי ימות באהל" – אתם קרויים אדם ואין עובדי כוכבים קרויים אדם (שפתי כהן בשלחן ערוך שם). גם לדעת הרמב"ם, למרות שאין הגוי מטמא בטומאת אהל, הרי הוא מטמא במגע ובמשא.

צה. הלכות טומאת כהן הן הלכות מורכבות ביותר. לא רק בקשר לקבורה, אלא גם לגבי כניסה למוזיאונים שיש בהם עצמות ושלדים, נסיעה ברכבת שעוברת מעל בית קברות[106], או טיסה במטוס שמוביל נפטר. גם בבתי החולים יש הגבלות על כניסת כהנים, מפני שיש נפטרים בבתי החולים. למעשה יש לברר את המציאות ולהתייעץ עם פוסק מוסמך. בייחוד צריכים הדרכה כזאת רופא ואח כהנים, גם בשלבי הלימוד וגם במהלך עבודתם[107].

צו. גם בקשר ליציאה לחוץ לארץ, נפסק להלכה בשלחן ערוך שאסור לכהן להיטמא בארץ העמים. אמנם הפוסקים האחרונים נחלקו אם דין טומאת ארץ העמים נוהג גם כיום, או שנהג רק בזמן שנהגו בטהרות בארץ ישראל[108].

התייחסות למהותה של טומאה והקשר הרעיוני בין טומאה ומיתה, יבוארו לקמן בפרקי עיון והגות, פרק סא.

106 הרב עובדיה יוסף מתיר לכהן לנסוע בה לצורך פרנסתו מטעם שהרכבת עצמה נחשבת לאוהל החוצץ בפני הטומאה (ילקוט יוסף סימן נז, ד, ראה שם באריכות).

107 מותר לכהן להיות רופא – כל בו על אבלות עמוד 19. אסור לכהן ללמוד רפואה על ידי טומאה למתים. אסור לאח להיטמא למתים. ילקוט יוסף סימן נז, ח – ט. ראה בהרחבה באנצ' הלכתית רפואית כרך ג ערך כהן, מעמוד 201 ואילך.

108 שלחן ערוך יורה דעה סימן שסט. לפי שפתי כהן וטורי זהב (שם) אין כיום טומאת ארץ העמים לגבי הכהנים. אולם בשו"ת שבות יעקב פסק שגם כיום נוהג דין זה (מובא בפתחי תשובה שם). בשלחן ערוך (שם שעב, א) פסק לאסור, אבל התיר לצאת לארץ העמים כדי לישא אשה או ללמוד תורה. גם הגרש"ז אויערבך פסק שיש לחוש לדעה האוסרת, פרט להיתרים המובאים בשלחן ערוך לצורך מצוה: לישא אשה או ללמוד תורה וכיוצא בזה (יסודי הלכה עמוד קעה).

ז. סדרי הלוויה והקבורה

אלו דברים שאדם אוכל פירותיהם בעולם הזה, והקרן קיימת לו לעולם הבא, ואלו הן... לווית המת...

שבת קכז, א

תיאור הלוויה המובא כאן הוא כללי. יתכנו הבדלים בין מנהגי העדות השונות, המקומות השונים, ולפי מנהגי החברה קדישא העורכת את הלוויה.

רשימת הכנות לפני הלוויה מופיעה לעיל, מעמוד 37.

הטהרה

עושין כל צרכי המת, סכין ומדיחין אותו...

משנה שבת קנא, א

רבי ירמיה ציוה לפני מותו: הלבישוני בתכריכים לבנים, ותנו מנעלים ברגלי ומקלי בידי, והשכיבוני על צדי, כדי שאהיה מוכן להתעורר ולעמוד בביאת המשיח.

ירושלמי כלאים פרק ט, ג (תרגום)

בקשתי מאד שיטהרוני במתון מאד, ובטהרה ובנקיות בין אצבעות ידיים ורגלים, ויחופו ראשי ויסרקוני במסרק כדרך החיים, ויטלו ציפורני ידי ורגלי, כדי שאבוא טהור ונקי למנוחה, כמו שהלכתי לבית הכנסת בכל שבת בחפיפה ובנטילת ציפורניים ובבדיקת נקבים, כן יעשו גם לי למנוחת עולמים.

צוואת רבי אליעזר ברבי שמואל, זקנו של מהרי"ל[1]

בדרך כלל החברה קדישא דואגת לטהרה של הנפטר לפני הקבורה. הטהרה כוללת את רחיצת הנפטר והלבשתו בתכריכים לפני הקבורה. גברים מטפלים בנפטר ונשים מטפלות בנפטרת. הטהרה נעשית מתוך כבוד לנפטר – כבוד לנשמה שהיא חלק אלוה ממעל, וכבוד לגוף ששימש כמשכן לנשמה.

טקס הטהרה מתקיים בבית הלוויות בחדר מיוחד המיועד לכך. תוך כדי הטהרה אומרים המטהרים פסוקים שונים הקשורים לרחיצה ולטהרה, למשל – "וְזָרַקְתִּי עֲלֵיכֶם מַיִם טְהוֹרִים וּטְהַרְתֶּם מִכֹּל טֻמְאוֹתֵיכֶם וּמִכָּל גִּלּוּלֵיכֶם אֲטַהֵר אֶתְכֶם" (יחזקאל לו, כה). הסיבה לאמירת הפסוקים היא כפולה – הן מצד תוכן הפסוקים הנוגע לטקס הטהרה, והן כדי למנוע מהמתעסקים לעסוק בדיבורים בטלים ובשיחות חולין, מתוך כבוד לנפטר.

עיקר הטהרה היא שפיכה של תשעה קבין מים (כעשרים ליטר) על הנפטר. יש הנוהגים לטבול גבר שנפטר במקוה טהרה לאחר הרחיצה, קודם ההלבשה בתכריכים. פירוט מובא באוצר המושגים ערך **טהרה**.

לאחר הרחיצה, מלבישים את הנפטר בתכריכים לבנים פשוטים. ניתן לבקש מראש בתוספת תשלום, תכריכים מבד פשתן מהודר. הטעמים להעדפת בד פשתן מובאים באוצר המושגים ערך **תכריכים**. לאחר

1 ספר דברים נחמדים, הוסיאטין תרס"ב. מובא בספר כל בו על אבלות, עמוד 86.

הטהרה אין משאירים את הנפטר בחדר הטהרה אלא מעבירים אותו לפתח שמשם יוציאוהו[2]. נהגו לעטוף גבר שנפטר בטלית בזמן הלוויה, אך לא נהגו לקבור את הטלית[3]. פירוט והסבר מובא באוצר המושגים, ערך **ציצית בתכריכי המת**. פירוט כללי לגבי התכריכים וההלבשה מובא באוצר המושגים ערך **תכריכים**.

א. אין לאדם להשתתף או להיות נוכח בטהרת אביו מפני כבוד אביו, וכן לא בטהרת חמיו או בעל אמו או בעל אחותו; אך מותר לאב להיות בטהרת בנו ולחותן בטהרת חתנו[4].

ב. תלמידים היודעים לבצע את הטהרה, רשאים לעסוק בטהרת רבם אם יקבלו רשות לכך מהחברה קדישא. ואם אינם יודעים לטהר, אל יכנסו כלל לחדר הטהרה[5].

ג. יש לטהר גם מי שחלה במחלה מדבקת, בתנאי שיקפידו מאוד על ניקיון וסטריליות לבל ידבקו המטהרים. ולכן ילבשו כפפות ובגדים מיוחדים ויתייעצו עם רופא על כך. ומן הראוי שהעוסקים בטהרה יקבלו את החיסונים הדרושים. במקום סכנה, כשאין אפשרות לנקוט באמצעי הזהירות הנדרשים, יש לקבור ללא טהרה[6].

זיהוי

ד. עם גמר הטהרה נוהגים אנשי החברה קדישא לקרוא לבן הנפטר או קרוב אחר, כדי שיזהה את הנפטר. הזיהוי נחוץ וחיוני גם כדי למנוע טעויות חס וחלילה, וכבר היו דברים מעולם.

ה. אין מגלים את פני המת שלא לצורך[7].

עצימת עיני הנפטר

אלכסנדר מוקדון חזר ממדינת אפריקי. בדרכו ישב ליד מעין מים, אכל לחם ודגים מלוחים. כששטף את הדגים במים, הריח בהם ריח טוב, אמר: מעין זה מימיו מגן עדן. הלך בעקבות המים עד לשערי גן עדן, וקרא בקול רם: פתחו לי את השער! ענו לו: "זֶה הַשַּׁעַר לַה' צַדִּיקִים יָבֹאוּ בוֹ" (תהלים קיח, כ). אמר להם: מלך חשוב אני! תנו לי דבר. נתנו לו גלגל עינו של אדם. שקל את גלגל העין במאזנים, ושם בכף השנייה כל כסף וזהב שהיו לו; והכריע גלגל העין את כל הכסף והזהב. שאל את החכמים: מה משמעות הדבר? אמרו לו: עינו של אדם בשר ודם, לא תשבע לעולם מן העושר. אמר להם: מנין אדע שכך הוא? אמרו לו: שים מעט עפר על העין. שם מעט עפר ומיד הוקלה ועלתה אותה כף. זה שאומר הפסוק "וְעֵינֵי הָאָדָם לֹא תִשְׂבַּעְנָה" (משלי כז, כ).

מסכת תמיד לב, ב

2 גשר החיים פרק יב, א. פני ברוך סימן ד, יג.
3 הדיון ההלכתי לגבי טלית כשרה או פסולה לנפטר, מובא בטור ובשלחן ערוך יורה דעה סימן שנא.
4 גשר החיים פרק יב, ב, ד.
5 גשר החיים שם, ב.
6 במראה הבזק, כרך ב, עמוד 135.
7 כל בו על אבלות, עמוד 36 הלכה י; על פי מועד קטן כז, א, והוריות יג, ב.

ג. הבן שם מעט עפר על עיני אביו או אמו, ועוצמן. בשעת הנתינה אומר הבן את הפסוקים "כִּי עָפָר אַתָּה וְאֶל עָפָר תָּשׁוּב", "וְיוֹסֵף יָשִׁית יָדוֹ עַל עֵינֶיךָ". המקור לעצימת עיני המת מופיע בספר הזהר (פרשת שלח קס"ט), שאדם יכול לראות בעולם העליון, רק אחרי שיסתתמו עיניו מהעולם הזה. ובמקום נוסף (זהר ויחי רכ"ו) מובא שהאדם לא יכול לראות את כבוד ה' בעודו חי, אבל במיתתו רואה, ולכן הסובבים אותו צריכים לעצום את עיניו.

קריעה וברכת דיין האמת

ד. לפני תחילת הלוויה נהגו לקרוע, אם לא קרעו קודם לכן בשעת יציאת נשמה. אמנם מעיקר הדין יש לקרוע בזמן יציאת הנשמה. אך למעשה נהגו האשכנזים לקרוע לפני תחילת הלוויה[8], ועדות המזרח נהגו לקרוע אחרי הלוויה.

ה. הקרובים קורעים את בגדיהם ומברכים:

"ברוך אתה ה' אלהינו מלך העולם דיין האמת"

ו. המנהג הוא שכל אחד מהקרובים מברך לעצמו. אך אם יש קרוב שאינו יודע לברך, יכול קרוב אחר לברך ויתכוונו שיצא גם האחר בברכתו[9].

התייחסות מפורטת יותר להלכות קריעה מובאת לקמן בפרק ח, מעמוד 100.

ביאור לברכת דיין האמת

אמרו חכמים[10] שחייב אדם לברך על הרעה כשם שמברך על הטובה. דהיינו לקבל באותה מידה את הרעה ואת הטובה. אמירה זו קשה לקבלה, והיא טעונה הסבר.
הראי"ה קוק בסידורו "עולת ראיה"[11], מתייחס לעניין בלשונו הפיוטית:

> בטול הרגש, עד שלא יבחין בין טובה לרעה, ולא יעריך כלל ערך עצמותו הפרטית בזה, אינה ממעלת הנפשות, ולא זאת היא התעודה הראויה לאיש המעלה. כי אם ידע ידע האיש המשכיל את הטוב ואת הרע, את נעם טוב החיים ואת מגרעת מחסור הרע גם שבחיי ההווה לכל פרטיהם, ויעריכם בערכם הראוי.

כלומר, העיקרון שמברכים על הרעה כשם שמברכים על הטובה, אסור לו שיטשטש אצל האדם את ההבדלים בין טוב לרע ובין שמחה לעצב. להפך – האדם המשכיל צריך להבחין ולדעת ולהעריך את הטוב ואת הנעם בניגוד לרע ולמחסור.
אם כן, עדיין נשאלת השאלה – כיצד אפשר לברך על הרעה באותה הרגשה שמברכים על הטובה?

> אמנם ידע שיותר מכל אלה באין ערוך הוא הטוב האלהי והיושר המלא של ההשגחה העליונה, שראוי להמסר אליה בכל לב ונפש. על כן עם כל ידיעתו

8 גשר החיים פרק ד, ו.
9 גשר החיים פרק ד, ז. ילקוט יוסף סימן ט, ח.
10 מסכת ברכות ס, ב.
11 חלק א עמוד תג.

והרגשתו במעלות החיים וערכיהם, יקבל בשמחה את כל אשר נטל עליו, מאהבת השם יתברך ודרכיו המלאים צדק ומישרים. ואף על פי שהברכות שעל המאורעות, צריכות להיות במטבע ההרגשה שמרגשת בהם הנפש באותה שעה, ובהכרח הן משתנות בין טוב לרע, אבל הדעת השלמה עולה וכוללת כל אלה במשפט ובחשבון, לקבלינהו בשמחה.

כלומר, האדם צריך אמנם לדעת שהטוב האלוהי והיושר של ההשגחה העליונה הוא לאין ערוך יותר מכל ההסתכלויות וההרגשות האנושיים המצומצמים. מתוך אהבת ה' והכרת העיקרון שכל מעשי ה' במשפט, בחמלה ובצדק, יבוא לכלל דעת שלמה המאפשרת לאיש המעלה לברך על הרעה מתוך השלמה ואפילו שמחה, ממש כאילו היה מברך על הטובה.

שבירת חרס

ז. לפני תחילת הלוויה כשמוציאים את המת, יש נוהגים לשבור חרס ולומר "הַפַּח נִשְׁבָּר וַאֲנַחְנוּ נִמְלָטְנוּ" (תהלים קכד, ז)[12]. יש בשבירה סמל לצער על המיתה ועל הנפטר (כמו שבירת כוס בחופה זכר לחורבן ירושלים). החרס השבור מסמל גם את שבירת הגוף על ידי המיתה, שהוא כחרס הנשבר שאין לו קיום. כלי חרס שנטמא, נטהר על ידי שבירתו; גם אדם מישראל שמת, מותו מכפר על חטאיו. האמירה "הַפַּח נִשְׁבָּר וַאֲנַחְנוּ נִמְלָטְנוּ" מסמלת את הרצון שלא יקרה דבר רע למשפחת הנפטר. כביכול להמיר את השבירה הנפשית שיש במשפחת הנפטר, ולהעבירה אל החרס שנשבר. החרס ישבר והמשפחה תמשיך לחיים טובים וארוכים. (כעין מה שאומרים בכפרות בערב יום הכיפורים: זה התרנגול ילך למיתה, ואנו נכנס לחיים טובים ארוכים ולשלום).

ח. על פי הקבלה יש התוקעים בשופר בעת הוצאת הנפטר ללוויה, ויש מהם התוקעים גם לאחר אמירת הקדיש ובעת הלוויה[13]. מפורט לקמן באוצר המושגים ערך **שופר בלוויה**.

הליכת צאצאים אחר המיטה

ט. מנהג ירושלים – על פי הקבלה – שצאצאיו של נפטר זכר (בניו ובנותיו נכדיו ונינינו) לא הולכים אחר מיטתו (חתניו ונשי בניו אינן בכלל זה). על פי מנהג זה, יש שאינם מגיעים כלל לבית הקברות וזאת האפשרות המועדפת לפי מנהג זה; אם הצאצאים בכל זאת רוצים להיות בשעת הקבורה, הם מגיעים לקבר עוד לפני הנפטר וכך לפחות לא ילכו אחר המיטה אלא לפניה. הטעם מובא לקמן באוצר המושגים בערך **חרם** – **"זרעו לא ילך אחריו"**.

במקומות שבהם הצאצאים לא הולכים אחר המיטה, בני המשפחה מבקשים מחילה מהנפטר עוד לפני תחילת הלוויה. בסוף הלוויה נציג החברה קדישא מבקש שוב מחילה מהנפטר.

י. יש שנהגו שאשה מעוברת אינה הולכת ללוויה, אך מצד הדין מותר לה. אמנם יש לברר מבחינה רפואית שההתרגשות ולפעמים גם הצפיפות והמאמץ לא יזיקו לבריאותה[14].

---

12 גשר החיים פרק יב, ד, א. בקונטרס היחיאלי, בית עולמים פרק ט הביא טעם נוסף לשבירת החרס.

13 הקונטרס היחיאלי, בית עולמים פרק טו, מא. הטעם על פי ספר הזהר (פרשת ויקהל דף קצו) כדי להגן עליו מהמזיקים.

14 נטעי גבריאל חלק א, פרק סז, ז.

יא. מנהג המקובלים על פי האר"י שנשים בנידתן לא נכנסות כלל לבית הקברות כל עוד לא טבלו, ויש מקילים בימי ליבונה[15]. אם היא מקרובי הנפטר ומתביישת לא ללכת, מותר לה להיכנס גם בזמן נידותה[16]. על פי תורת הסוד היה ראוי שנשים לא תלכנה כלל לבית העלמין[17]. פירוט על כך מובא באוצר המושגים ערך **נשים – הליכתן ללוויה ולבית העלמין**.

יב. מותר ללכת ללוויה של שונאו, ואין חוששים לשמחה לאיד, כיון שהוא סוף כל האדם[18].

הספדים

וַתָּמָת שָׂרָה בְּקִרְיַת אַרְבַּע הִוא חֶבְרוֹן בְּאֶרֶץ כְּנָעַן וַיָּבֹא אַבְרָהָם לִסְפֹּד לְשָׂרָה וְלִבְכֹּתָהּ:

בראשית כג, ב

תולין מפתחו ופנקסו של מת בארונו של מת מפני עגמת נפש; וכשמת שמואל הקטן תלו לו מפתחו ופנקסו בארונו מפני שלא היה לו בן, והיו רבן גמליאל ורבי אלעזר מספידין עליו, ואמרו על זה נאה לבכות, ועל זה נאה להתאבל, כשהמלכים מתים מניחין כתריהן לבניהם, עשירים מתים ומניחין עושרם לבניהם, שמואל הקטן נטל כל חמודות של עולם והלך לו

מסכת שמחות פרק ח, ז

לוויה בכלל והספד בפרט, עשויים לעורר במשתתפים הרהורים על משמעות החיים. מתוך כך יכול האדם להתעורר לתשובה ולחשוב כיצד יוכל להיות היום אדם טוב יותר מאשר היה אתמול, וכיצד יוכל מחר להיות אדם טוב יותר מאשר היום. מחשבות והרהורי תשובה כאלו נחשבים על פי חכמינו כזכות לנפטר.

יג. מצוה להספיד את הנפטר כראוי לכבודו, ולשבח אותו במעשים הטובים שעשה בחייו, ומותר להוסיף קצת בתכונותיו הטובות אך אין להוסיף יותר מדי. כל המזכיר על מי שלא היה בו כלל או שמוסיף יותר מדי, גורם רעה לעצמו ולמת[19].

יד. חכמינו דנו האם ההספד הוא לכבוד החיים או לכבוד הנפטר. מסקנתם היא שההספד הוא מכבוד המת, ולכן מי שציוה שלא יספידוהו, שומעים לו[20]. גדול הדור שציוה שלא יספידוהו, המקילים להספידו כדי לעורר את העם בתשובה, יש להם על מה שיסמוכו, אך יקצרו בשבחיו[21]. עיין באוצר המושגים ערך **הספד** וערך **יקרא דחיי, יקרא דשכבי**.

טו. אין להכניס לבית הכנסת שום מיטה של מת, כדי להספידו שם; אלא אם כן מדובר בחכם ואלוף וגאון, יחיד בדורו[22].

---

15 ילקוט יוסף סימן י, כד.

16 צרור החיים פיסקה נה.

17 דרכי טהרה עמוד נז.

18 שפתי כהן על שלחן ערוך יורה דעה סימן שלה, סעיף קטן ב, בשם בית חדש.

19 שלחן ערוך יורה דעה סימן שדמ, א.

20 שם סימן שמג, י.

21 פתחי תשובה שדמ, א. ע"ע בילקוט יוסף סימן י, ו ובהערה.

22 שלחן ערוך יורה דעה סימן שדמ, כ. ואמנם בשלחן ערוך (שם, יט) מובא שמספידים תלמידי חכמים ונשותיהם בבית הכנסת ובבית המדרש, אבל המנהג שאין עושים כך אלא לגדולי הדור (גשר החיים פרק יג, ב). ובנטעי גבריאל (חלק א פרק נא, יז) הביא דעות שגם רב העיר מרא דאתרא מותר להכניס מיטתו לבית הכנסת להספידו, ואשת הרב אין המנהג להכניסה לבית הכנסת.

טז. יש ימים שאין מספידים בהם: ערבי שבת וחג אחר חצות היום[23], ראש חודש, חול המועד, אסרו חג, בין יום הכיפורים לסוכות, חנוכה, פורים ושושן פורים, חודש ניסן, פסח שני ול"ג בעומר, שנים עשר הימים הראשונים של חודש סיון[24]. אפשר לומר בימים אלו דברי תורה ודברי פרידה שאינם מעוררים לבכי[25]. תלמיד חכם בפניו מספידים בזמנים אלו, אך לא בחול המועד[26].

יז. במוצאי שבת מותר להספיד אפילו קודם חצות הלילה, ונהגו לקצר אז בהספד[27].

יח. יש להשתדל לא להטריח את הציבור ולא להאריך יותר מדי בהספדים. בדרך כלל הציבור עומד על רגליו, לעתים רבות מדובר באנשים מבוגרים, וגם במזג אויר העלול להכביד. כדאי להכין מראש את סדר המספידים, ולקבוע מראש אדם שיעמוד בקשר עם החברה קדישא בעניין זה. יש המספידים בתחילת הלוויה ואפשר להספיד גם בסיום הקבורה.

צידוק הדין[28]

מעשה היה בר' מאיר שהיה יושב ודורש בבית המדרש בשבת במנחה, ומתו שני בניו. מה עשתה אמם? הניחה שניהם על המיטה ופרשה סדין עליהם. במוצאי שבת בא ר' מאיר מבית המדרש לביתו. אמר לה: היכן שני בני? אמרה: לבית המדרש הלכו. אמר לה: צפיתי לבית המדרש ולא ראיתים. נתנה לו כוס של הבדלה והבדיל. חזר ואמר: היכן שני בני? אמרה לו: הלכו למקום פלוני ועכשיו הם באים. הקריבה לפניו המאכל ואכל ובירך. לאחר שבירך אמרה לו: רבי, שאלה אחת יש לי לשאול לך. אמר לה: אמרי שאלתך. אמרה לו: רבי, קודם היום בא אדם אחד ונתן לי פיקדון, ועכשיו בא ליטול אותו. נחזיר לו או לא נחזיר? אמר לה: בתי, מי שיש פיקדון אצלו צריך להחזירו לבעליו! אמרה לו: רבי, חוץ מדעתך לא הייתי נותנת אצלו. מה עשתה? תפשתו בידו, והעלתה אותו לאותו חדר, והקריבה אותו למיטה, ונטלה סדין מעליהם, וראה שניהם מתים ומונחים על המיטה. התחיל בוכה ואומר: בני בני! רבותי רבותי! בני בדרך ארץ, ורבותי שהיו מאירים פני בתורתם. באותה שעה אמרה לו לר' מאיר: רבי, לא כך אמרת לי שאנו צריכים להחזיר הפיקדון לבעליו. אמר: "ה' נָתַן וַה' לָקָח יְהִי שֵׁם ה' מְבֹרָךְ" (איוב א כא).

מדרש משלי פרשה לא

23 **הערת הרב נבנצל שליט"א** – אין זה פשוט לענ"ד. בתשובה לשאלתי אמר הרב שאמנם נוהגים שלא להספיד, אבל יתכן שיש להספיד מפני שישנה מצוה להספיד את הנפטר, אלא שיקצרו בהספד. שדווקא בזמנים דרבנן הכתובים במגילת תענית התקינו שלא להספיד, כיון שחכמים עשו חיזוק לדבריהם יותר משל תורה. אבל לא אסרו להספיד בזמנים מדאורייתא כגון ערבי שבתות וימים טובים. בתשובה לשאלה נוספת ענה לי הרב שלהלכה אין חילוק בין דברי פרידה להספד.

24 שלחן ערוך אורח חיים סימן תכט, ב. צרור החיים פיסקה ס.

25 צרור החיים פיסקה נט. נטעי גבריאל חלק א, פרק נב, ד. כך אמרו לי גם בחברה קדישא קהלת ירושלים. **הערת הרב נבנצל שליט"א** – ויש חולקים. (ראה בהערה 23 כאן).

26 ביאור הלכה סימן תקמז בשם פוסקים וכמסקנת גשר החיים (פרק יג, י) ופני ברוך (סימן ג, י). אמנם בילקוט יוסף (סימן יא, ה) כתב להספיד תלמיד חכם גם בחול המועד.

27 נטעי גבריאל חלק א, פרק נב, יד.

28 מנהג ארץ ישראל הוא שצידוק הדין נאמר פעמיים, פעם אחת בתחילת הלוויה בשעת ברכת דיין האמת, ופעם שניה לאחר הקבורה. והטעם הוא כיון שהיו חילוקי מנהגים בזה: היו מקומות שהיו אומרים קודם הקבורה והיו מקומות שאמרו לאחר הקבורה; לכן הנהיגו בארץ ישראל לומר גם קודם הקבורה וגם לאחריה (גשר החיים חלק שני פרק כד, ד). את הנוסח הארוך אומרים לאחר הקבורה.

צידוק הדין לא בא להצדיק בדיעבד גזרה משמים שאי אפשר להתנגד לה. אלא מבטא השלמה עם מציאות שבה האדם קיבל את נשמתו כפיקדון שעתיד לחזור לבעליו. ומשימתו היא להשתמש בנשמה – בפיקדון – באופן היותר נכון, כל זמן שהיא בקרבו.

"עקביא בן מהללאל אומר: הסתכל בשלושה דברים ואין אתה בא לידי עבירה. דע מאין באת ולאן אתה הולך ולפני מי אתה עתיד ליתן דין וחשבון. מאין באת – מטיפה סרוחה, ולאן אתה הולך – למקום עפר רימה ותולעה, ולפני מי אתה עתיד ליתן דין וחשבון – לפני מלך מלכי המלכים הקדוש ברוך הוא" (פרקי אבות ג, א). ואמר רבי לוי: שלושתן דרש עקביא מתיבה אחת: "וּזְכֹר אֶת בּוֹרְאֶיךָ" (קהלת יב, א) – בארך, בורך, בוראך. "בארך" – ממקום שבאת, "בורך" – למקום שאתה הולך, "בוראך" – שלפניו אתה עתיד ליתן דין וחשבון.

ירושלמי סוטה פרק ב, ב

יט. בתחילת הלוויה אומר החזן:

עֲקַבְיָא בֶּן מַהֲלַלְאֵל אוֹמֵר: הִסְתַּכֵּל בִּשְׁלֹשָׁה דְבָרִים וְאֵין אַתָּה בָא לִידֵי עֲבֵרָה. דַּע, מֵאַיִן בָּאתָ וּלְאָן אַתָּה הוֹלֵךְ וְלִפְנֵי מִי אַתָּה עָתִיד לִתֵּן דִּין וְחֶשְׁבּוֹן. מֵאַיִן בָּאתָ – מִטִּפָּה סְרוּחָה[29], וּלְאָן אַתָּה הוֹלֵךְ – לִמְקוֹם עָפָר רִמָּה וְתוֹלֵעָה, וְלִפְנֵי מִי אַתָּה עָתִיד לִתֵּן דִּין וְחֶשְׁבּוֹן – לִפְנֵי מֶלֶךְ מַלְכֵי הַמְּלָכִים הַקָּדוֹשׁ בָּרוּךְ הוּא (פרקי אבות ג, א).

[30]הוּא הָיָה אוֹמֵר: הַיִּלּוֹדִים לָמוּת, וְהַמֵּתִים לְהֵחָיוֹת, וְהַחַיִּים לִדּוֹן. לֵידַע לְהוֹדִיעַ וּלְהִוָּדַע, שֶׁהוּא אֵל, הוּא הַיּוֹצֵר, הוּא הַבּוֹרֵא, הוּא הַמֵּבִין, הוּא הַדַּיָּן, הוּא עֵד, הוּא בַּעַל דִּין, וְהוּא עָתִיד לָדוּן. בָּרוּךְ הוּא שֶׁאֵין לְפָנָיו לֹא עַוְלָה וְלֹא שִׁכְחָה, וְלֹא מַשּׂוֹא פָנִים וְלֹא מִקַּח שׁוֹחַד. וְדַע שֶׁהַכֹּל לְפִי הַחֶשְׁבּוֹן וְאַל יַבְטִיחֲךָ יִצְרְךָ שֶׁהַשְּׁאוֹל בֵּית מָנוֹס לָךְ. שֶׁעַל כָּרְחֲךָ אַתָּה נוֹלָד, וְעַל כָּרְחֲךָ אַתָּה חַי, וְעַל כָּרְחֲךָ אַתָּה מֵת, וְעַל כָּרְחֲךָ אַתָּה עָתִיד לִתֵּן דִּין וְחֶשְׁבּוֹן לִפְנֵי מֶלֶךְ מַלְכֵי הַמְּלָכִים הַקָּדוֹשׁ בָּרוּךְ הוּא (פרקי אבות ד, כט).

לאחר מכן אומר החזן את פסוקי צידוק הדין:

גְּדֹל הָעֵצָה וְרַב הָעֲלִילִיָּה אֲשֶׁר עֵינֶיךָ פְקֻחוֹת עַל כָּל דַּרְכֵי בְּנֵי אָדָם לָתֵת לְאִישׁ כִּדְרָכָיו וְכִפְרִי מַעֲלָלָיו: (ירמיהו לב, יט)

לְהַגִּיד כִּי יָשָׁר ה' צוּרִי וְלֹא עַוְלָתָה בּוֹ: (תהלים צב, טז)

ה' נָתַן וַה' לָקָח יְהִי שֵׁם ה' מְבֹרָךְ: (איוב א, כא)

ומסיים בפסוק –

וְהוּא רַחוּם יְכַפֵּר עָוֹן וְלֹא יַשְׁחִית וְהִרְבָּה לְהָשִׁיב אַפּוֹ וְלֹא יָעִיר כָּל חֲמָתוֹ (תהלים עח, לח)

---

29 את המילים "מטיפה סרוחה" נהגו להבליע ולומר בשקט.

30 **הערת הרב נבנצל שליט"א** – לא כולם אומרים משנה זו.

כ. אין אומרים צידוק הדין בערב שבת וערב יום טוב אחר חצות היום[31], ולא בימים שאין אומרים בהם תחנון. ומנהג ירושלים שלא לומר גם ערב יום שאין אומרים בו תחנון, אחר חצות היום (כגון ערב ראש חודש). האשכנזים אין אומרים צידוק הדין בלילה. עדות המזרח אומרים בכל הימים וגם בלילה[32]. עדות המזרח שנוהגים על פי בן איש חי אין אומרים צידוק הדין בלילה[33].

כא. האבלים אומרים קדיש. דיני אמירת הקדיש מובאים לקמן מעמוד 126. נוסח הקדיש המתורגם ומשמעויותיו מובאים לקמן בפרקי עיון והגות, עמוד 267.

כב. אבל שאינו בקי באמירת הקדיש, עדיף לשנן מראש כדי שלא להשמע עילג.

כג. גם בן קטן (יותר מגיל 6) שהגיע לחינוך ויודע למי מברכים, אומר קדיש בזמן הלוויה, ויעמוד אצלו גדול שיאמר עמו קדיש מלה במלה[34].

נוסח אשכנזי:

יִתְגַּדַּל וְיִתְקַדַּשׁ שְׁמֵהּ רַבָּא. בְּעָלְמָא דִּי בְרָא כִרְעוּתֵהּ, וְיַמְלִיךְ מַלְכוּתֵהּ, [וְיַצְמַח פֻּרְקָנֵהּ, וִיקָרֵב מְשִׁיחֵהּ[35]]. בְּחַיֵּיכוֹן וּבְיוֹמֵיכוֹן וּבְחַיֵּי דְכָל בֵּית יִשְׂרָאֵל, בַּעֲגָלָא וּבִזְמַן קָרִיב, וְאִמְרוּ אָמֵן. יְהֵא שְׁמֵהּ רַבָּא מְבָרַךְ לְעָלַם וּלְעָלְמֵי עָלְמַיָּא. יִתְבָּרַךְ וְיִשְׁתַּבַּח וְיִתְפָּאַר וְיִתְרוֹמַם וְיִתְנַשֵּׂא וְיִתְהַדָּר וְיִתְעַלֶּה וְיִתְהַלָּל שְׁמֵהּ דְּקֻדְשָׁא, בְּרִיךְ הוּא. לְעֵלָּא[36] מִן כָּל בִּרְכָתָא וְשִׁירָתָא, תֻּשְׁבְּחָתָא וְנֶחֱמָתָא, דַּאֲמִירָן בְּעָלְמָא, וְאִמְרוּ אָמֵן. יְהֵא שְׁלָמָא רַבָּא מִן שְׁמַיָּא, וחיים טובים[37] עָלֵינוּ וְעַל כָּל יִשְׂרָאֵל, וְאִמְרוּ אָמֵן. עֹשֶׂה שָׁלוֹם[38] בִּמְרוֹמָיו, הוּא יַעֲשֶׂה שָׁלוֹם עָלֵינוּ וְעַל כָּל יִשְׂרָאֵל, וְאִמְרוּ אָמֵן.

נוסח עדות המזרח:

יִתְגַּדַּל וְיִתְקַדַּשׁ שְׁמֵהּ רַבָּא. בְּעָלְמָא דִּי בְרָא כִרְעוּתֵהּ, וְיַמְלִיךְ מַלְכוּתֵהּ, וְיַצְמַח פֻּרְקָנֵהּ, וִיקָרֵב מְשִׁיחֵהּ. בְּחַיֵּיכוֹן וּבְיוֹמֵיכוֹן וּבְחַיֵּי דְכָל בֵּית יִשְׂרָאֵל, בַּעֲגָלָא וּבִזְמַן קָרִיב, וְאִמְרוּ אָמֵן. יְהֵא שְׁמֵהּ רַבָּא מְבָרַךְ לְעָלַם וּלְעָלְמֵי עָלְמַיָּא. יִתְבָּרַךְ וְיִשְׁתַּבַּח וְיִתְפָּאַר וְיִתְרוֹמַם וְיִתְנַשֵּׂא וְיִתְהַדָּר וְיִתְעַלֶּה וְיִתְהַלָּל שְׁמֵהּ דְּקֻדְשָׁא, בְּרִיךְ הוּא. לְעֵלָּא מִן כָּל בִּרְכָתָא וְשִׁירָתָא, תֻּשְׁבְּחָתָא וְנֶחֱמָתָא, דַּאֲמִירָן בְּעָלְמָא, וְאִמְרוּ אָמֵן.

יש המוסיפים בנוסח זה

תִּתְכְּלֵי חַרְבָּא וְכַפְנָא וּמוֹתָנָא וּמַרְעִין בִּישִׁין יְעַדֵּי מִנַּנָא וּמִנְּכוֹן וּמֵעַל עַמֵּיהּ יִשְׂרָאֵל וְאִמְרוּ אָמֵן[39]

---

31 רמ"א יורה דעה סימן תא, ו.

32 שלחן ערוך יורה דעה סימן תא, ו. רמ"א אורח חיים סימן תכט, ב; כף החיים שם סעיף קטן ל. שפתי כהן סימן שעו סעיף קטן ג. גשר החיים פרק טז, ו, ב. ילקוט יוסף סימן כט, יח. פני ברוך סימן ה, יח בשם שדי חמד ערך אבלות סימן ריב. נטעי גבריאל חלק א, פרק עח, ט.

33 תשובה במכתב מהרב מרדכי אליהו שליט"א.

34 ילקוט יוסף סימן י, יח.

35 משפט זה נאמר בנוסח ספרד בלבד.

36 בעשרת ימי תשובה הנוסח "לעילא לעילא מכל ברכתא..."

37 המלה "טובים" בנוסח ספרד בלבד.

38 בעשרת ימי תשובה "עושה השלום".

יְהֵא שְׁלָמָא רַבָּא מִן שְׁמַיָּא, חַיִּים וְשָׂבָע וִישׁוּעָה וְנֶחָמָה וְשֵׁיזָבָא וּרְפוּאָה וּגְאֻלָּה וּסְלִיחָה וְכַפָּרָה וְרֵיוַח וְהַצָּלָה, לָנוּ וּלְכָל עַמּוֹ יִשְׂרָאֵל וְאִמְרוּ אָמֵן. עוֹשֶׂה שָׁלוֹם[40] בִּמְרוֹמָיו, הוּא בְּרַחֲמָיו יַעֲשֶׂה שָׁלוֹם עָלֵינוּ וְעַל כָּל יִשְׂרָאֵל, וְאִמְרוּ אָמֵן.

מהלך הלוויה

אמר רב יהודה אמר רב: הרואה את המת ואינו מלוהו, עובר משום "לֹעֵג לָרָשׁ חֵרֵף עֹשֵׂהוּ" (משלי יז, ה). ואם ליוהו מה שכרו? אמר רב אסי: עליו הכתוב אומר "מַלְוֵה ה' חוֹנֵן דָּל" (שם יט, יז), "וּמְכַבְּדוֹ חֹנֵן אֶבְיוֹן" (שם יד, לא).

ברכות יח, א

כד. מצוה ללוות את המת והוא בכלל מצוות "וְאָהַבְתָּ לְרֵעֲךָ כָּמוֹךָ", וילווהו לפחות ארבע אמות (כשני מטר).

כה. אפילו במקום שאין צריך ללוות את המת, צריך לעמוד מפניו[41].

כו. מבטלים תלמוד תורה ללווית המת. ואם יש לו כל צרכו אין מבטלים, בתנאי שיש שם עשרה לקדיש. ומי שלימד תורה לאחרים מבטלים בשבילו גם אם יש כבר אלפים שמלווים אותו[42].

כז. נהגו שהמלווים את המת ארבע אמות וברצונם להמשיך לדרכם, ממתינים עד שתעלם המיטה מן העין[43].

כח. בזמן הלוויה אין שואלים לשלום, וכן בבית הקברות סמוך לקבר[44]. מנהג בני תימן שהפוגש את רעהו בשעת מסע הלוויה או בבית הקברות, אומר לו: "תינצל מכל צרה", וכן משיב רעהו[45].

כט. כשבאים הכתפים לשאת את המת נהגו לומר "וּבִנְסֹעַ הַמִּשְׁכָּן יוֹרִידוּ אֹתוֹ הַלְוִיִּם וּבַחֲנֹת הַמִּשְׁכָּן יָקִימוּ אֹתוֹ הַלְוִיִּם" (במדבר א, נא), "וַיְהִי בִּנְסֹעַ הָאָרֹן וַיֹּאמֶר מֹשֶׁה קוּמָה ה' וְיָפֻצוּ אֹיְבֶיךָ וְיָנֻסוּ מְשַׂנְאֶיךָ מִפָּנֶיךָ" (שם י, לה)[46]. פסוקים אלו עוסקים במשכן ובארון הברית. כשם שבארון ובמשכן הגשמיים היתה השראת השכינה הרוחנית, כך גם האדם מישראל שהוא גוף – כלי גשמי, שמונחת בו הנשמה, חלק אלוה ממעל, היתה השראת שכינה. האדם מישראל מושווה לספר תורה, שקוראים לפניו את הפסוק "ויהי בנסע הארון". כשם שספר התורה מסמל את שיא ההתנהגות החיובית והראויה, כך גם אמור להיות אדם מישראל.

---

39 תרגום – תכלה חרב ורעב ומיתה ומאורעות רעים, יעביר מאיתנו ומכם ומעל כל עמו ישראל ואמרו אמן. הנוסח מופיע בתורת האדם לרמב"ן (עמוד קנה) ובטור (יורה דעה סימן שעו), ומצוטט גם בספר צרור החיים עמוד 125 – 127, תוספת זו מוזכרת שם בכל נוסחי הקדיש הנאמרים בלוויה. על פי מנהגי תימן הנוסח מורחב עוד יותר.

40 בעשרת ימי תשובה "עושה השלום"

41 שלחן ערוך יורה דעה שסא, ד. ומבואר במפרשים שם שעומדים מפני העוסקים במת שהם גומלי חסדים.

42 שלחן ערוך יורה דעה שסא, א.

43 ילקוט יוסף פרק י, ב, בשם החזקוני פרשת שופטים (דברים כא, ז) "ועינינו לא ראו" – מכאן למלווה את חברו שצריך לעמוד במקומו עד שיתעלם מעיניו.

44 גשר החיים פרק יד, א, טז.

45 שלחן ערוך המקוצר עיני יצחק, יורה דעה סימן קפ, ב. באר לחי רואי סימן מה.

46 מעבר יַבֹּק מאמר שפתי רננות פרק טו.

ל. יש מקובלים שכתבו בצוואתם שרק מי שטבל ישא את מטתם. יש שנהגו כך בלוויות של גדולי ישראל[47].

לא. אין מניחים ספר תורה על מיטתו של חכם שנפטר. אולם אם הנפטר חיבר ספרים, יכולים להניחם על מיטתו לתת בזה כבוד לנפטר[48].

לב. נהגו לשאת את הנפטר כשרגליו קדימה כלפי כיוון ההליכה. טעם לכך מובא באוצר המושגים ערך **רגלי המת כלפי הפתח**. ומנהג בני תימן לשאת המת כשראשו כלפי כיוון ההליכה[49].

לג. אין איסור להוליך את המת לקבורה, בעגלה הרתומה לסוסים[50].

לד. תוך כדי מסע הלוויה אומרים[51] מזמור צ"א בתהלים – "יושב בסתר עליון". המזמור מבטא שמירה על האדם מאויבים וממזיקים. מובא בספרי הקבלה, שהמת שנשמתו נסתלקה ממנו, נמצא במצב שבו הוא זקוק לשמירה מפני כוחות הטומאה וממלאכי חבלה. מזמורי התהלים נאמרים לשמירה על המת, במיוחד בפרק הזמן מהמיתה ועד הקבורה. מזמור צ"א מבטא שמירה זו במיוחד.

ישֵׁב בְּסֵתֶר עֶלְיוֹן בְּצֵל שַׁדַּי יִתְלוֹנָן: אֹמַר לַה׳ מַחְסִי וּמְצוּדָתִי אֱלֹהַי אֶבְטַח בּוֹ: כִּי הוּא יַצִּילְךָ מִפַּח יָקוּשׁ מִדֶּבֶר הַוּוֹת: בְּאֶבְרָתוֹ יָסֶךְ לָךְ וְתַחַת כְּנָפָיו תֶּחְסֶה צִנָּה וְסֹחֵרָה אֲמִתּוֹ: לֹא תִירָא מִפַּחַד לָיְלָה מֵחֵץ יָעוּף יוֹמָם: מִדֶּבֶר בָּאֹפֶל יַהֲלֹךְ מִקֶּטֶב יָשׁוּד צָהֳרָיִם: יִפֹּל מִצִּדְּךָ אֶלֶף וּרְבָבָה מִימִינֶךָ אֵלֶיךָ לֹא יִגָּשׁ: רַק בְּעֵינֶיךָ תַבִּיט וְשִׁלֻּמַת רְשָׁעִים תִּרְאֶה: כִּי אַתָּה ה׳ מַחְסִי עֶלְיוֹן שַׂמְתָּ מְעוֹנֶךָ: לֹא תְאֻנֶּה אֵלֶיךָ רָעָה וְנֶגַע לֹא יִקְרַב בְּאָהֳלֶךָ: כִּי מַלְאָכָיו יְצַוֶּה לָּךְ לִשְׁמָרְךָ בְּכָל דְּרָכֶיךָ: עַל כַּפַּיִם יִשָּׂאוּנְךָ פֶּן תִּגֹּף בָּאֶבֶן רַגְלֶךָ: עַל שַׁחַל וָפֶתֶן תִּדְרֹךְ תִּרְמֹס כְּפִיר וְתַנִּין: כִּי בִי חָשַׁק וַאֲפַלְּטֵהוּ אֲשַׂגְּבֵהוּ כִּי יָדַע שְׁמִי: יִקְרָאֵנִי וְאֶעֱנֵהוּ עִמּוֹ אָנֹכִי בְצָרָה אֲחַלְּצֵהוּ וַאֲכַבְּדֵהוּ: אֹרֶךְ יָמִים אַשְׂבִּיעֵהוּ וְאַרְאֵהוּ בִּישׁוּעָתִי:

ולאשה אומרים גם "אשת חיל" (משלי פרק ל"א).

אֵשֶׁת חַיִל מִי יִמְצָא וְרָחֹק מִפְּנִינִים מִכְרָהּ: בָּטַח בָּהּ לֵב בַּעְלָהּ וְשָׁלָל לֹא יֶחְסָר: גְּמָלַתְהוּ טוֹב וְלֹא רָע כֹּל יְמֵי חַיֶּיהָ: דָּרְשָׁה צֶמֶר וּפִשְׁתִּים וַתַּעַשׂ בְּחֵפֶץ כַּפֶּיהָ: הָיְתָה כָּאֳנִיּוֹת סוֹחֵר מִמֶּרְחָק תָּבִיא לַחְמָהּ: וַתָּקָם בְּעוֹד לַיְלָה וַתִּתֵּן טֶרֶף לְבֵיתָהּ וְחֹק לְנַעֲרֹתֶיהָ: זָמְמָה שָׂדֶה וַתִּקָּחֵהוּ מִפְּרִי כַפֶּיהָ נָטְעָה כָּרֶם: חָגְרָה בְעוֹז מָתְנֶיהָ וַתְּאַמֵּץ זְרוֹעֹתֶיהָ: טָעֲמָה כִּי טוֹב סַחְרָהּ לֹא יִכְבֶּה בַלַּיְלָה נֵרָהּ: יָדֶיהָ שִׁלְּחָה בַכִּישׁוֹר וְכַפֶּיהָ תָּמְכוּ פָלֶךְ: כַּפָּהּ פָּרְשָׂה לֶעָנִי וְיָדֶיהָ שִׁלְּחָה לָאֶבְיוֹן: לֹא תִירָא לְבֵיתָהּ מִשָּׁלֶג כִּי כָל בֵּיתָהּ לָבֻשׁ שָׁנִים: מַרְבַדִּים עָשְׂתָה לָּהּ שֵׁשׁ וְאַרְגָּמָן לְבוּשָׁהּ: נוֹדָע בַּשְּׁעָרִים בַּעְלָהּ בְּשִׁבְתּוֹ עִם זִקְנֵי אָרֶץ: סָדִין עָשְׂתָה וַתִּמְכֹּר וַחֲגוֹר נָתְנָה לַכְּנַעֲנִי: עֹז וְהָדָר לְבוּשָׁהּ

---

47 כך אמר לי הרב יעקב רוז'ה שליט"א שהוא מנהג המקובלים.

48 שלחן ערוך יורה דעה סימן שנג, ב. ילקוט יוסף סימן י, כא.

49 שלחן ערוך המקוצר עיני יצחק, יורה דעה סימן קעט, ו.

50 ואין בזה חשש משום חוקות הגויים. ילקוט יוסף סימן יב, ב, בשם הכתב סופר ומהר"ם שיק.

51 הסבר על דרך הקבלה מובא בספר מעבר יַבֹּק מאמר שפתי רננות פרק טו.

וַתִּשְׂחַק לְיוֹם אַחֲרוֹן: פִּיהָ פָּתְחָה בְחָכְמָה וְתוֹרַת חֶסֶד עַל לְשׁוֹנָהּ: צוֹפִיָּה הֲלִיכוֹת בֵּיתָהּ וְלֶחֶם עַצְלוּת לֹא תֹאכֵל: קָמוּ בָנֶיהָ וַיְאַשְּׁרוּהָ בַּעְלָהּ וַיְהַלְלָהּ: רַבּוֹת בָּנוֹת עָשׂוּ חָיִל וְאַתְּ עָלִית עַל כֻּלָּנָה: שֶׁקֶר הַחֵן וְהֶבֶל הַיֹּפִי אִשָּׁה יִרְאַת ה׳ הִיא תִתְהַלָּל: תְּנוּ לָהּ מִפְּרִי יָדֶיהָ וִיהַלְלוּהָ בַשְּׁעָרִים מַעֲשֶׂיהָ:

לה. על פי הקבלה, יש האומרים שיר השירים במהלך הלוויה. הטעם מובא במילון המושגים ערך **שיר השירים – אמירתו בלוויה.**

לו. יש נוהגים כשעוברים עם הנפטר על יד בית כנסת נעמדים עם המיטה, ואומרים את המשנה "עקביא בן מהללאל אומר", ושני פסוקים לצידוק הדין: "הַצּוּר תָּמִים פָּעֳלוֹ כִּי כָל דְּרָכָיו מִשְׁפָּט, אֵל אֱמוּנָה וְאֵין עָוֶל צַדִּיק וְיָשָׁר הוּא", "גְּדֹל הָעֵצָה וְרַב הָעֲלִילִיָּה אֲשֶׁר עֵינֶיךָ פְקֻחוֹת עַל כָּל דַּרְכֵי בְּנֵי אָדָם לָתֵת לְאִישׁ כִּדְרָכָיו וְכִפְרִי מַעֲלָלָיו". אחר כך אומרים הבנים או קרובים אחרים קדיש[52]. כשנעמדים באופן זה, אם הנפטר נמצא בתוך רכב, פותחים את הדלת האחורית באותו זמן.

לז. חכם ואלוף וגאון מכניסים מיטתו לבית המדרש במקום שהיה דורש, וסופדים אותו[53].

הקבורה

יוסף זכה לקבור את אביו ואין באחיו גדול ממנו, שנאמר: "וַיַּעַל יוֹסֵף לִקְבֹּר אֶת אָבִיו... וַיַּעַל עִמּוֹ גַּם רֶכֶב גַּם פָּרָשִׁים". מי לנו גדול מיוסף שלא נתעסק בו אלא משה. משה זכה בעצמות יוסף ואין בישראל גדול ממנו, שנאמר: "וַיִּקַּח מֹשֶׁה אֶת עַצְמוֹת יוֹסֵף עִמּוֹ". מי גדול ממשה שלא נתעסק בו אלא המקום, שנאמר: "וַיִּקְבֹּר אֹתוֹ בַגַּיְ".

משנה סוטה פרק א, ט

שחיבוב קבורת המת הוא לשני טעמים. האחד על דרך מדה טובה והוא שישא אדם פנים למי שנהנה ממנו, כמו שבא בתורה ללמד מדה טובה "לֹא תְתַעֵב מִצְרִי כִּי גֵר הָיִיתָ בְאַרְצוֹ" (דברים כג, ח), וכן ראוי שלא יתועב הגוף אחר שהנפש גרה בו, והלא תראה האדם כשיחרב ביתו, יחמול עליו ולבו יכאב אם יהיה למחראות, וכן קשה לנפש כשתראה הגוף מתבזה. ועל דרך זו אמרו קשה רימה למת כמחט בבשר חי, והדמיון הזה דמיון במציאות הקושי לא בדמותו. וכן בא על דרך זה חיבוב קבורת הגוף ושאר הכבוד הנעשה לו במותו והוא כחיבוב תשמישי קדושה שהן נגנזין, מצורף אל זה שקרובי המת מוצאין נחמה בכבוד ההוא ... והטעם השני והוא החזק והצריך לאמונתנו בתחיית המתים כי אילו היו משליכין גוף האדם המת כאחת הנבלות היו בני אדם אומרים נמשל כבהמות נדמו, ולא היו מקבלין אמונת התחיה כמו שהן מקבלין עם קבורתו בראותם כי יבנו לו בית וילבשינו וכל שכן בראותם כי יקברוהו אצל אבותיו ובני משפחתו להיות עתידים לעמוד יחד בני המשפחה. ולקיים זאת האמונה ההכרחית נכתב בתורה מה שבא בקבורת האבות ובקפדותם במקום קבורתם "וְשָׁכַבְתִּי עִם אֲבֹתַי".

כלבו סימן קיד

52 עיין באוצר המושגים ערך **מעמד ומושב**.

53 שלחן ערוך יורה דעה סימן שדמ, כ. ועיין עוד שו"ת יביע אומר חלק ט, יורה דעה סימן מו.

לח. לכתחילה יש להשתדל לקבור ביום ולא בלילה. אך אם יש צורך בדבר קוברים גם בלילה. למשל: כדי שלא להלינו, בוודאי שיש לקבור מיד בלילה[54].

לט. יש מקומות בהם איש החברא קדישא המוריד את הנפטר לקבר חולץ נעליו[55]. מורידים את הנפטר לקבר כשרגליו תחילה. משכיבים את המת על גבו כשפניו למעלה[56] ורגליו כלפי ירושלים. בתוך הקבר מתיר איש החברה קדישא את הקשרים הזמניים של התכריכים, מיישר את אברי הנפטר ופושט את אצבעותיו הקפוצות. את הכיסוי בלוחות בתוך הקבר מתחילים מראשו[57].

אין מברכים על קבורת המת, לפי שגם אומות העולם כשרות לקבורה[58].

בשעת הורדת המת לקבר נוהגים לומר שלוש עשרה מידות של רחמים:

ה', ה' אֵל רַחוּם וְחַנּוּן אֶרֶךְ אַפַּיִם וְרַב חֶסֶד וֶאֱמֶת נֹצֵר חֶסֶד לָאֲלָפִים נֹשֵׂא עָוֹן וָפֶשַׁע וְחַטָּאָה וְנַקֵּה וְסָלַחְתָּ לַעֲוֹנֵנוּ וּלְחַטָּאתֵנוּ וּנְחַלְתָּנוּ (שמות לד, ו – ז).

וְהוּא רַחוּם יְכַפֵּר עָוֹן וְלֹא יַשְׁחִית, וְהִרְבָּה לְהָשִׁיב אַפּוֹ, וְלֹא יָעִיר כָּל חֲמָתוֹ (תהלים עח, לח).

המיתה והקבורה נחשבות ככפרת עוונות. וכבר נאמר בסוף שירת האזינו (דברים לב, מג) "וְכִפֶּר אַדְמָתוֹ – עַמּוֹ", דהיינו שהמיתה והקבורה עצמן מכפרות. לכן מזכירים את מדות הרחמים בקבורה[59].

מ. זכות ומצוה ליטול חלק במצוות הקבורה על ידי נשיאת המיטה או כיסוי הקבר בעפר. מצוה גם על קרובי המת להשתתף בכיסוי הקבר.

מא. בכיסוי הקבר אין מעבירים את המעדר מיד אדם ליד חברו, אלא מניחים על הארץ וכל אחד נוטלו בעצמו. והטעם כדי שלא יהיה כמושיט צרה לחברו[60]. וגם כדי לסמל שמבחינה עקרונית תופעת המוות לא אמורה להיות קבועה בעולם, אלא היא תופעה זמנית שנגרמה עקב חטא אדם בגן עדן. אבל לעתיד לבוא, בזמן שיתוקן העולם – "בִּלַּע הַמָּוֶת לָנֶצַח, וּמָחָה ה' אֱלֹהִים דִּמְעָה מֵעַל כָּל פָּנִים" (ישעיהו כה, ח).

מב. מדות הקברים וצורת הקבורה מפורטות לקמן בפרק על בית הקברות (עמוד 236).

מנהג ההקפות

מג. מנהג ירושלים, מנהג חסידים ומנהג בני תימן לערוך "הקפות" סביב הנפטר קודם קבורתו. מנהג זה בנוי על יסודות מתורת הקבלה. הפרטים מובאים לקמן באוצר המושגים ערך **הקפות**.

54 כל בו על אבלות עמ' 188 – 189.

55 גשר החיים פרק טו, ב, א.

56 שלחן ערוך יורה דעה סימן שסב, ב. יש שלמדו זאת מהפסוק "וַיָּקָם אַבְרָהָם מֵעַל פְּנֵי מֵתוֹ" (מנחם אבלים אות ה סעיף כ בשם רבי חיים בן עטר).

57 גשר החיים פרק טז, ה, א.

58 במסכת מנחות (מב, א) "כל מצוה שכשרה בנכרי, בישראל אין צריך לברך". ופרש רש"י: "שאין יכול לומר "אשר קדשנו" שהרי כשרה גם בגוי". כלומר שמצות קבורה של אדם מישראל, יכולה להתקיים בדיעבד גם על ידי גוי. כל בו על אבלות עמוד 173.

59 יש מי שכתב שהקוברים את המת יכוונו שכל אותה הזוהמה הרוחנית שנתערבה במת זה על ידי חטא אדם הראשון, תתעכל בקרקע וישאר נקי (חזון למועד פרק י, ו, בשם האריז"ל).

60 מעבר יבק מאמר שפת אמת פרק כ"ז.

מד. לאחר הקבורה יש שנהגו להפוך את מטת הנפטר שלוש פעמים, כי מיטה בגימטריה דין, לרמז שיתהפך הדין לרחמים והמספד למחול. זכר לדבר "הָפַכְתָּ מִסְפְּדִי לְמָחוֹל לִי" (תהלים ל, יב)[61].

צידוק הדין

מה. אחר הקבורה אומרים שוב צידוק הדין (רק בימים שאומרים בהם תחנון; לא בערב שבת ולא בערב ראש חודש לאחר חצות, או כשהקבורה בלילה; והזכרנו לעיל שחלק מעדות המזרח אומרים גם בלילה):

הַצּוּר תָּמִים פָּעֳלוֹ כִּי כָל דְּרָכָיו מִשְׁפָּט, אֵל אֱמוּנָה וְאֵין עָוֶל צַדִּיק וְיָשָׁר הוּא. הַצּוּר תָּמִים בְּכָל פֹּעַל, מִי יֹאמַר לוֹ מַה תִּפְעָל, הַשַּׁלִּיט בְּמַטָּה וּבְמַעַל, מֵמִית וּמְחַיֶּה, מוֹרִיד שְׁאוֹל וַיָּעַל. הַצּוּר תָּמִים בְּכָל מַעֲשֶׂה, מִי יֹאמַר לוֹ מַה תַּעֲשֶׂה, הָאוֹמֵר וְעֹשֶׂה, חֶסֶד חִנָּם לָנוּ תַעֲשֶׂה, וּבִזְכוּת הַנֶּעֱקַד כְּשֶׂה, הַקְשִׁיבָה וַעֲשֵׂה. צַדִּיק בְּכָל דְּרָכָיו הַצּוּר תָּמִים, אֶרֶךְ אַפַּיִם וּמָלֵא רַחֲמִים, חֲמָל נָא וְחוּס נָא עַל אָבוֹת וּבָנִים, כִּי לְךָ, אָדוֹן, הַסְּלִיחוֹת וְהָרַחֲמִים. צַדִּיק אַתָּה ה׳ לְהָמִית וּלְהַחֲיוֹת, אֲשֶׁר בְּיָדְךָ פִּקְדוֹן כָּל רוּחוֹת, חָלִילָה לְּךָ זִכְרוֹנֵנוּ לִמְחוֹת, וְיִהְיוּ נָא עֵינֶיךָ בְּרַחֲמִים עָלֵינוּ פְקוּחוֹת, כִּי לְךָ, אָדוֹן, הָרַחֲמִים וְהַסְּלִיחוֹת. אָדָם אִם בֶּן שָׁנָה יִחְיֶה, אוֹ אֶלֶף שָׁנִים יִחְיֶה, מַה יִּתְרוֹן לוֹ, כְּלֹא הָיָה יִהְיֶה, בָּרוּךְ דַּיַּן הָאֱמֶת, מֵמִית וּמְחַיֶּה. בָּרוּךְ הוּא, כִּי אֱמֶת דִּינוֹ, וּמְשׁוֹטֵט הַכֹּל בְּעֵינוֹ, וּמְשַׁלֵּם לְאָדָם חֶשְׁבּוֹנוֹ וְדִינוֹ, וְהַכֹּל לִשְׁמוֹ הוֹדָיָה יִתֵּנוּ. יָדַעְנוּ ה׳ כִּי צֶדֶק מִשְׁפָּטֶךָ, תִּצְדַּק בְּדָבְרֶךָ וְתִזְכֶּה בְּשָׁפְטֶךָ, וְאֵין לְהַרְהֵר אַחַר מִדַּת שָׁפְטֶךָ, צַדִּיק אַתָּה ה׳, וְיָשָׁר מִשְׁפָּטֶיךָ. דַּיַּן הָאֱמֶת, שֹׁפֵט צֶדֶק וֶאֱמֶת, בָּרוּךְ דַּיַּן הָאֱמֶת, כִּי כָל מִשְׁפָּטָיו צֶדֶק וֶאֱמֶת. נֶפֶשׁ כָּל חַי בְּיָדֶךָ, צֶדֶק מָלְאָה יְמִינְךָ וְיָדֶךָ, רַחֵם עַל פְּלֵיטַת צֹאן יָדֶיךָ, וְתֹאמַר לַמַּלְאָךְ הֶרֶף יָדֶךָ.

(יש הנוהגים לדלג על הפסוקים הראשונים ולהתחיל רק כאן):

גְּדֹל הָעֵצָה וְרַב הָעֲלִילִיָּה, אֲשֶׁר עֵינֶיךָ פְּקֻחוֹת עַל כָּל דַּרְכֵי בְּנֵי אָדָם, לָתֵת לְאִישׁ כִּדְרָכָיו וְכִפְרִי מַעֲלָלָיו. לְהַגִּיד כִּי יָשָׁר ה׳, צוּרִי וְלֹא עַוְלָתָה בּוֹ. ה׳ נָתַן, וַה׳ לָקָח, יְהִי שֵׁם ה׳ מְבֹרָךְ. וְהוּא רַחוּם יְכַפֵּר עָוֹן וְלֹא יַשְׁחִית, וְהִרְבָּה לְהָשִׁיב אַפּוֹ, וְלֹא יָעִיר כָּל חֲמָתוֹ.

תפילת צידוק הדין הנוהגת בעדות המזרח:

צַדִּיק אַתָּה ה׳, וְיָשָׁר מִשְׁפָּטֶיךָ, צַדִּיק ה׳ בְּכָל דְּרָכָיו, וְחָסִיד בְּכָל מַעֲשָׂיו. צִדְקָתְךָ צֶדֶק לְעוֹלָם, וְתוֹרָתְךָ אֱמֶת. מִשְׁפְּטֵי ה׳ אֱמֶת, צָדְקוּ יַחְדָּו. בַּאֲשֶׁר דְּבַר מֶלֶךְ שִׁלְטוֹן, וּמִי יֹאמַר לוֹ מַה תַּעֲשֶׂה. וְהוּא בְאֶחָד וּמִי יְשִׁיבֶנּוּ, וְנַפְשׁוֹ אִוְּתָה וַיָּעַשׂ. קָטֹן וְגָדוֹל שָׁם הוּא, וְעֶבֶד חָפְשִׁי מֵאֲדֹנָיו. הֵן בַּעֲבָדָיו לֹא יַאֲמִין, וּבְמַלְאָכָיו יָשִׂים תָּהֳלָה. אַף כִּי אֱנוֹשׁ רִמָּה, וּבֶן אָדָם תּוֹלֵעָה. הַצּוּר תָּמִים פָּעֳלוֹ כִּי כָל דְּרָכָיו מִשְׁפָּט, אֵל אֱמוּנָה וְאֵין עָוֶל צַדִּיק וְיָשָׁר הוּא. דַּיַּן הָאֱמֶת, שֹׁפֵט צֶדֶק וֶאֱמֶת, בָּרוּךְ דַּיַּן הָאֱמֶת, כִּי כָל מִשְׁפָּטָיו צֶדֶק

61 חכמת אדם כלל קנח סעיף לא; גשר החיים פרק טו, ב, ג; פני ברוך סימן ה, כא; שלחן ערוך המקוצר עיני יצחק, יורה דעה סימן קפ, יז.

וֶאֱמֶת. בִּלַּע הַמָּוֶת לָנֶצַח, וּמָחָה ה׳ אֱלֹהִים דִּמְעָה מֵעַל כָּל פָּנִים, וְחֶרְפַּת עַמּוֹ יָסִיר מֵעַל כָּל הָאָרֶץ כִּי ה׳ דִּבֵּר. יִחְיוּ מֵתֶיךָ נְבֵלָתִי יְקוּמוּן, הָקִיצוּ וְרַנְּנוּ שֹׁכְנֵי עָפָר כִּי טַל אוֹרֹת טַלֶּךָ, וָאָרֶץ רְפָאִים תַּפִּיל. וְהוּא רַחוּם יְכַפֵּר עָוֹן וְלֹא יַשְׁחִית, וְהִרְבָּה לְהָשִׁיב אַפּוֹ, וְלֹא יָעִיר כָּל חֲמָתוֹ. ה׳ הוֹשִׁיעָה, הַמֶּלֶךְ יַעֲנֵנוּ בְיוֹם קָרְאֵנוּ.

קדיש הגדול

מו. לאחר צידוק הדין אומרים קדיש מיוחד הנקרא "**קדיש הגדול**"[62] (לקמן עמוד 274).

מז. בימים שאין אומרים צידוק הדין אין אומרים קדיש הגדול, ובמקומו אומרים מזמור ט"ז בתהלים "**מכתם לדוד**" ולאחריו **קדיש יתום**[63].

מִכְתָּם לְדָוִד שָׁמְרֵנִי אֵל כִּי חָסִיתִי בָךְ: אָמַרְתְּ לַה׳ אֲדֹנָי אָתָּה טוֹבָתִי בַּל עָלֶיךָ: לִקְדוֹשִׁים אֲשֶׁר בָּאָרֶץ הֵמָּה וְאַדִּירֵי כָּל חֶפְצִי בָם: יִרְבּוּ עַצְּבוֹתָם אַחֵר מָהָרוּ בַּל אַסִּיךְ נִסְכֵּיהֶם מִדָּם וּבַל אֶשָּׂא אֶת שְׁמוֹתָם עַל שְׂפָתָי: ה׳ מְנָת חֶלְקִי וְכוֹסִי אַתָּה תּוֹמִיךְ גּוֹרָלִי: חֲבָלִים נָפְלוּ לִי בַּנְּעִמִים אַף נַחֲלָת שָׁפְרָה עָלָי: אֲבָרֵךְ אֶת ה׳ אֲשֶׁר יְעָצָנִי אַף לֵילוֹת יִסְּרוּנִי כִלְיוֹתָי: שִׁוִּיתִי ה׳ לְנֶגְדִּי תָמִיד כִּי מִימִינִי בַּל אֶמּוֹט: לָכֵן שָׂמַח לִבִּי וַיָּגֶל כְּבוֹדִי אַף בְּשָׂרִי יִשְׁכֹּן לָבֶטַח: כִּי לֹא תַעֲזֹב נַפְשִׁי לִשְׁאוֹל לֹא תִתֵּן חֲסִידְךָ לִרְאוֹת שָׁחַת: תּוֹדִיעֵנִי אֹרַח חַיִּים שֹׂבַע שְׂמָחוֹת אֶת פָּנֶיךָ נְעִמוֹת בִּימִינְךָ נֶצַח:

אל מלא רחמים

מח. בסיום הלוויה אומרים "**אל מלא רחמים**".

אֵל מָלֵא רַחֲמִים שׁוֹכֵן בַּמְּרוֹמִים הַמְצֵא מְנוּחָה נְכוֹנָה עַל כַּנְפֵי הַשְּׁכִינָה בְּמַעֲלוֹת קְדוֹשִׁים וּטְהוֹרִים כְּזֹהַר הָרָקִיעַ מַזְהִירִים לְנִשְׁמַת (פלוני/ת בן/בת פלוני/ת) שֶׁהָלַךְ/ שֶׁהָלְכָה לְעוֹלָמוֹ/ה. בַּעֲבוּר שֶׁמִּשְׁפַּחְתּוֹ/ה נוֹדֶבֶת בְּעַד הַזְכָּרַת נִשְׁמָתוֹ/ה בְּגַן עֵדֶן תְּהֵא מְנוּחָתוֹ/ה לָכֵן בַּעַל הָרַחֲמִים יַסְתִּירֵהוּ/ה בְּסֵתֶר כְּנָפָיו לְעוֹלָמִים, וְיִצְרוֹר בִּצְרוֹר הַחַיִּים אֶת נִשְׁמָתוֹ/ה ה׳ הוּא נַחֲלָתוֹ/ה וְיָנוּחַ/וְתָנוּחַ בְּשָׁלוֹם עַל מִשְׁכָּבוֹ/ה וְנֹאמַר אָמֵן.

לפי נוסח עדות המזרח אומרים השכבה:

לאדם גדול בתורה וביראת שמים אומרים

וְהַחָכְמָה מֵאַיִן תִּמָּצֵא, וְאֵי זֶה מְקוֹם בִּינָה: אַשְׁרֵי אָדָם מָצָא חָכְמָה, וְאָדָם יָפִיק תְּבוּנָה: מָה רַב טוּבְךָ אֲשֶׁר צָפַנְתָּ לִּירֵאֶיךָ, פָּעַלְתָּ לַחוֹסִים בָּךְ, נֶגֶד בְּנֵי אָדָם: מַה יָּקָר חַסְדְּךָ אֱלֹהִים, וּבְנֵי אָדָם בְּצֵל כְּנָפֶיךָ יֶחֱסָיוּן: יִרְוְיֻן מִדֶּשֶׁן בֵּיתֶךָ, וְנַחַל עֲדָנֶיךָ תַשְׁקֵם: טוֹב שֵׁם מִשֶּׁמֶן טוֹב, וְיוֹם הַמָּוֶת מִיּוֹם הִוָּלְדוֹ: סוֹף דָּבָר הַכֹּל נִשְׁמָע, אֶת הָאֱלֹהִים יְרָא וְאֶת מִצְוֹתָיו שְׁמוֹר כִּי זֶה כָּל הָאָדָם: יַעְלְזוּ חֲסִידִים בְּכָבוֹד, יְרַנְּנוּ עַל מִשְׁכְּבוֹתָם: מְנוּחָה

62 שלחן ערוך יורה דעה סימן שעו, ד.

63 גשר החיים פרק טז, ו, ד.

64 יש לומר "על כנפי השכינה". והאומר "תחת כנפי השכינה" טובה שתיקתו מדיבורו. ילקוט יוסף סימן לב, ב, בשם ספר שני לוחות הברית ומקורות נוספים.

נְכוֹנָה. בִּישִׁיבָה עֶלְיוֹנָה. בְּמַעֲלַת קְדוֹשִׁים וּטְהוֹרִים. כְּזוֹהַר הָרָקִיעַ מְאִירִים וּמַזְהִירִים. וְחִלּוּץ עֲצָמִים. וְכַפָּרַת אֲשָׁמִים. וְהַרְחָקַת פֶּשַׁע. וְהַקְרָבַת יֶשַׁע. וְחֶמְלָה וַחֲנִינָה. מִלִּפְנֵי שׁוֹכֵן מְעוֹנָה. וְחוּלָקָא טָבָא. לְחַיֵּי הָעוֹלָם הַבָּא. שָׁם תְּהֵא מְנַת וּמְחִיצַת וִישִׁיבַת נֶפֶשׁ הַשֵּׁם הַטּוֹב הַמְּרוּחָם (פלוני בן פלוני) רוּחַ ה׳ תְּנִיחֶנּוּ בְּגַן עֵדֶן. דְּאִתְפְּטַר מִן עָלְמָא הָדֵין כִּרְעוּת אֱלָהָא מָארֵיהּ שְׁמַיָּא וְאַרְעָא. מֶלֶךְ מַלְכֵי הַמְּלָכִים בְּרַחֲמָיו יְרַחֵם עָלָיו. וְיָחוֹס וְיַחְמוֹל עָלָיו. מֶלֶךְ מַלְכֵי הַמְּלָכִים בְּרַחֲמָיו יַסְתִּירֵהוּ בְּצֵל כְּנָפָיו וּבְסֵתֶר אָהֳלוֹ לַחֲזוֹת בְּנוֹעַם ה׳ וּלְבַקֵּר בְּהֵיכָלוֹ. וּלְקֵץ הַיָּמִין יַעֲמִידֵהוּ. וּמִנַּחַל עֲדָנָיו יַשְׁקֵהוּ. וְיִצְרוֹר בִּצְרוֹר הַחַיִּים נִשְׁמָתוֹ. וְיָשִׂים כָּבוֹד מְנוּחָתוֹ. ה׳ הוּא נַחֲלָתוֹ. וְיִלָּוֶה אֵלָיו הַשָּׁלוֹם וְעַל מִשְׁכָּבוֹ יִהְיֶה שָׁלוֹם. כְּדִכְתִיב: יָבוֹא שָׁלוֹם יָנוּחוּ עַל מִשְׁכְּבוֹתָם. הֹלֵךְ נְכֹחוֹ. הוּא וְכָל בְּנֵי יִשְׂרָאֵל הַשּׁוֹכְבִים עִמּוֹ בִּכְלַל הָרַחֲמִים וְהַסְּלִיחוֹת. וְכֵן יְהִי רָצוֹן וְנֹאמַר אָמֵן:

השכבה בנוסח עדות המזרח לאשה

אֵשֶׁת חַיִל מִי יִמְצָא, וְרָחֹק מִפְּנִינִים מִכְרָהּ: שֶׁקֶר הַחֵן וְהֶבֶל הַיֹּפִי, אִשָּׁה יִרְאַת ה׳ הִיא תִתְהַלָּל: תְּנוּ לָהּ מִפְּרִי יָדֶיהָ, וִיהַלְלוּהָ בַשְּׁעָרִים מַעֲשֶׂיהָ: רַחֲמָנָא דְּרַחֲמָנוּתָא דִּי לֵיהּ הִיא וּבְמֵימְרֵיהּ אִתְבְּרִיאוּ עָלְמַיָּא עָלְמָא הָדֵין וְעָלְמָא דְּאָתֵי וּגְנַז בֵּיהּ צַדְקָנִיּוֹת וַחֲסִדָנִיּוֹת דְּעַבְדָן רְעוּתֵיהּ וּבְמֵימְרֵיהּ וּבִיקָרֵיהּ וּבְתוּקְפֵיהּ יֵאמַר לְמֵיעַל קֳדָמוֹהִי דּוּכְרָן נֶפֶשׁ הָאִשָּׁה הַכְּבוּדָה וְהַצְּנוּעָה וְהַנִּכְבֶּדֶת מָרַת (פלונית בת פלונית) רוּחַ ה׳ תְּנִיחֶנָּה בְּגַן עֵדֶן. דְּאִתְפְּטָרַת מִן עָלְמָא הָדֵין כִּרְעוּת אֱלָהָא מָרֵיהּ שְׁמַיָּא וְאַרְעָא. הַמֶּלֶךְ בְּרַחֲמָיו יָחוּס וְיַחְמוֹל עָלֶיהָ. וְיִלָּוֶה אֵלֶיהָ הַשָּׁלוֹם וְעַל מִשְׁכָּבָהּ יִהְיֶה שָׁלוֹם. כְּדִכְתִיב: יָבוֹא שָׁלוֹם יָנוּחוּ עַל מִשְׁכְּבוֹתָם. הֹלֵךְ נְכֹחוֹ. הִיא וְכָל בְּנוֹת יִשְׂרָאֵל הַשּׁוֹכְבוֹת עִמָּהּ בִּכְלַל הָרַחֲמִים וְהַסְּלִיחוֹת. וְכֵן יְהִי רָצוֹן וְנֹאמַר אָמֵן:

הנוסח הקצר של עדות המזרח:

הַמְרַחֵם עַל כָּל בְּרִיּוֹתָיו הוּא יָחוּס וְיַחְמֹל וִירַחֵם עַל נֶפֶשׁ רוּחַ וּנְשָׁמָה שֶׁל פְּלוֹנִי/ת בֶּן/בַּת פְּלוֹנִי וּפְלוֹנִית רוּחַ ה׳ תְּנִיחֶנּוּ בְּגַן עֵדֶן הוּא/הִיא וְכָל בְּנֵי יִשְׂרָאֵל הַשּׁוֹכְבִים עִמּוֹ/הַשּׁוֹכְבוֹת עִמָּהּ בִּכְלַל הָרַחֲמִים וְהַסְּלִיחוֹת וְכֵן יְהִי רָצוֹן וְנֹאמַר אָמֵן.

בקשת מחילה

לאחר מכן מבקשים מהנפטר מחילה. איש החברה קדישא אומר:

(פְּלוֹנִי/ת בֶּן/בַּת פְּלוֹנִי/ת) בְּשֵׁם הַחֶבְרָה קַדִּישָׁא, בְּשֵׁם הַחֲבֵרִים שֶׁהִתְעַסְּקוּ בְּךָ, בְּשֵׁם מִשְׁפַּחְתְּךָ וִידִידֶיךָ אֲנִי מְבַקֵּשׁ מִמְּךָ מְחִילָה, אִם חַס וְשָׁלוֹם פָּגַמְנוּ אֵיזֶה דָּבָר בַּטָּהֳרָה וּבִנְשִׂיאַת הַמִּטָּה אוֹ בְּתִקּוּן הַקֶּבֶר. סְלַח/סִלְחִי נָא לָנוּ כִּי שְׁגָגָה הִיא. כָּל מַה שֶּׁעָשִׂינוּ הָיָה לִכְבוֹדְךָ עַל פִּי מִנְהֲגֵי הַחֶבְרָה קַדִּישָׁא. אָנוּ פּוֹטְרִים אוֹתְךָ מִהְיוֹת חָבֵר/חֲבֵרָה בְּכָל חֶבְרָה אוֹ אֲגֻדָּה שֶׁהִיא[65]. לֵךְ/לְכִי בְּשָׁלוֹם וְתָנוּחַ/וְתָנוּחִי עַל מִשְׁכָּבְךָ/בֵךְ בְּשָׁלוֹם,

65 בשעת פטירתו של אדם, נשמתו נותנת דין וחשבון על כל מעשיו. המגמה היא להקל עליו, ולכן פוטרים אותו מכל המחויבויות הכרוכות בחברויות באגודות או חברות למיניהן.

וְתַעֲמֹד/וְתַעַמְדִי לְגוֹרָלְךָ/לְגוֹרָלֵךְ לְקֵץ הַיָּמִין. הֱיֵה/הֲיִי נָא מֵלִיץ/צַח טוֹב/טוֹבָה בְּעַד מִשְׁפַּחְתְּךָ/תֵּךְ וִידִידֶיךָ/דַיִךְ. וְחַיִּים וְשָׁלוֹם יִהְיֶה לָנוּ וּלְכָל יִשְׂרָאֵל עַד הָעוֹלָם.

תחילת האבלות

בכו לאבלים ולא לאבידה
שהיא למנוחה ואנו לאנחה
מועד קטן כה, ב

במעבר מהאנינות אל האבלות, ישנה הפנייה של תשומת הלב מהנפטר אל האבלים.

מט. לאחר סיום הקבורה האבלים מחליפים מנעליהם לנעלי בד או גומי, או שמניחים מעט עפר במנעלים ונועלים אותם. פעולה סמלית זו מביעה שמכאן ואילך מתחילים דיני האבלות[66].

נ. בערב שבת סמוך לשבת, אם התכוון לקבל אבלות, גם אם לא קיבל בפועל את האבלות (לא חלץ מנעלים, לא ישב על הארץ, לא נחמוהו), נחשב לו אותו יום למניין השבעה. אך אם לא היתה שהות או לא התכוונו לקבל אבלות, מונים מהשבת עצמה[67].

נא. שבעת ימי האבלות נמנים מגמר כיסוי הקבר – סתימת הגולל. לכן ראוי להזדרז בקבורה מבעוד יום כדי שיום הקבורה יכלל במניין שבעת ימי האבל. בדיעבד, גם אם הקבורה היתה מיד אחרי השקיעה (עד שלוש עשרה דקות אחרי השקיעה[68] ויש אומרים אפילו שבע עשרה דקות אחרי השקיעה[69]), אפשר עדיין להחשיב את אותו היום למניין אבלות. אבל אם כבר התפלל מעריב אפילו מבעוד יום, לא עולה לו אותו יום ומונה אבלות ממחרת[70].

נב. כיום שסוגרים בלבנים את הקבר לפני כיסויו בעפר, זו נחשבת סתימת הגולל, וכבר מאותו זמן מתחילה האבלות[71].

נג. קרוב שלא משתתף בלוויה, מתחיל את השבעה מזמן סיום הקבורה כמו שאר הקרובים. אך אם אינו יודע מתי הלוויה או שהלוויה נדחית ביום, יתחיל לשבת מיד[72]. יש מי שכתב

66 שלחן ערוך יורה דעה סימן שעו, ד.

67 גליון מהרש"א ופתחי תשובה יורה דעה סימן שעה, א. גשר החיים פרק כא, יב, ד. פני ברוך סימן ח, הערה ג. וראה עוד לקמן עמוד 172 שבת לאבלות.

68 צרור החיים פיסקה עה. כיון שכל עניין האבלות הוא מדרבנן, אפשר לסמוך להקל.

69 גשר החיים פרק יט, ד, א. פני ברוך סימן ח, י. ובילקוט יוסף (סימן טו, ב) כתב שאפילו נתאחרה הקבורה עד תוך 18 דקות אחר השקיעה, מונים מהיום שלפניו; וטעמו כיון שיש אומרים שהילוך מיל הוא 24 דקות, ממילא שלשת רבעי מיל הם 18 דקות. אבל אי אפשר להסתמך על דעת רבינו תם שמחשיב שלושה ורבע מיל אחר השקיעה כיום שלפניו, כיון שבארץ ישראל פשט המנהג שלא כרבינו תם, ואין אומרים הלכה כדברי המקל באבל במקום שהמנהג להיפך.

70 שלחן ערוך יורה דעה סימן שעה, יא וכן בסימן תב, יא. והטעם כתב הטורי זהב משום דהוי תרי קולי דסתרי אהדדי (שתי קולות הסותרות זו את זו, שאם התפלל מעריב כבר מחשיב זמן זה ליום המחרת ולכן לא יוכל למנותו כיום קודם לעניין האבלות).

71 ילקוט יוסף סימן טו, א.

72 שלחן ערוך יורה דעה סימן שעה, ב. גשר החיים פרק יט, ד, ח. צרור החיים פיסקה עו. ועיין עוד לקמן פרק "עיכוב בקבורה" מעמוד 242.

שאם מוליכים את הנפטר מארץ לארץ מתחילים לשבת מיד גם אם יודעים מתי תהיה הקבורה, כיון שהקבורה תהיה בריחוק מקום[73].

עמידה בשורה

נד. הגברים שבקרב המלווים עומדים בשתי שורות, והגברים האבלים חולצים את נעליהם או שמים בהם מעט עפר, ועוברים בין שתי השורות בתווך. העומדים בשורה אומרים להם – "המקום ינחם אתכם בתוך שאר אבלי ציון וירושלים, ולא תוסיפו לדאבה עוד". עדות המזרח אומרים – "מן השמים תנוחמו".

נה. נהגו לעשות שורה רק לגברים האבלים[74], והוא מדיני צניעות שהקפידו בהם, אפילו בבית הקברות. אך במקום שאין בו מנהג בעניין זה, וישנה בקשה לעשות שורה של נשים לנשים, והרב המקומי יסבור שיש מקום להתיר זאת בקהילתו, אפשר לעשות שורה של נשים לניחום הנשים האבלות[75].

נו. שורה נוהגת גם בראש חודש, בחנוכה ובפורים ואפילו בחול המועד[76].

נטילת ידיים

נז. ביציאה מבית העלמין נוטלים ידיים לסירוגין, שלוש פעמים על כל יד, כדי להעביר את רוח הטומאה שיש בבית הקברות[77]. נהגו לא לנגב את הידיים לאחר נטילתן (למרות שהדבר מותר[78]), כדי להשאיר את רושם הלוויה וזיכרון הנפטר לעוד זמן מה. זוהי מעין הצהרה על קושי הפרידה מהנפטר, ועל אי הסחת הדעת מהאבלות[79]. נהגו להקפיד שלא להיכנס לבית קודם נטילת הידיים[80].

נח. הנטילה לא חייבת להיעשות על ידי כלי[81].

נט. כשנוטלים ידיים בכלי נהוג שלא להעביר את הכלי מאדם לאדם. מקור המנהג כדי שלא יהיה כמושיט צרה לחברו. וכמו שנזכר לעיל (עמוד 90 הלכה מא) שאין מעבירים את המעדר בכיסוי הקבר מאדם לאדם, אלא מניחים אותו על הארץ וכל אחד נוטל בעצמו. יש שרוחצים גם את הפנים ואומרים "בִּלַּע הַמָּוֶת לָנֶצַח, וּמָחָה ה' אֱלֹהִים דִּמְעָה מֵעַל כָּל פָּנִים" (ישעיהו כה, ח).

---

73 אגרות משה יורה דעה חלק ב סימן קע. ועיין עוד כל בו על אבלות עמוד 269. **הערת הרב נבנצל שליט"א** – אבל אם עומדים בקשר טלפוני וכיוצא בזה, ונותנים הוראות באיזה כלי תקשורת לפרסם, ולאיזה מכרים להודיע וכיוצא בזה, עדיין נמשכת האנינות.

74 גשר החיים פרק טז, ז, ד. וטעמו כיון שנהגו שהנשים לא ילוו את המת לבית הקברות.

75 במראה הבזק חלק ה, צג.

76 גשר החיים פרק טז, ז, ב.

77 הגהות הרמ"א על שלחן ערוך יורה דעה סימן שעו, ד.

78 ילקוט יוסף סימן י, כו. **הערת הרב נבנצל שליט"א** – ואדמו"ר זללה"ה (הגרש"ז אויערבך זצ"ל), הורה שאם נטל פעם רביעית על כל יד, יכול לנגבן.

79 מעבר יַבֹּק מאמר שפתי רננות פרק יט.

80 שם סוף פרק כ. ילקוט יוסף שם.

81 צרור החיים פיסקה נח.

ס. יש נוהגים לתלוש עפר ועשבים ולהשליך אחריהם[82] ולומר "זָכוּר כִּי עָפָר אֲנָחְנוּ" (תהלים קג, יד), "וְיָצִיצוּ מֵעִיר כְּעֵשֶׂב הָאָרֶץ" (תהלים עב, טז). והטעם כדי להראות את האמונה בתחיית המתים. המים מסמלים את ראשית היצירה, העפר מסמל את המיתה ואת סיום החיים. העשבים מסמלים את תחיית המתים, כמו הצמחים שנבלעים בקרקע ולאחר מכן נובטים וצומחים. והדבר רמוז בפסוק שאומרים "וְיָצִיצוּ מֵעִיר כְּעֵשֶׂב הָאָרֶץ"[83]. הרמב"ן[84] כתב שיש בזה רמז לטהרת הטומאה שנעשית במים ואפר ואזוב (הכוונה לאפר פרה אדומה שיש בו אזוב ומערבים אותו במי מעיין). לכן נוטלים ידיים במים וזורקים עפר ועשבים. בזריקת העפר כלפי מעלה, יש ביטוי לצער ולאבלות, כמו שכתוב אצל רעי איוב "וַיִּזְרְקוּ עָפָר עַל רָאשֵׁיהֶם הַשָּׁמָיְמָה" (איוב ב, יב). יש מי שכתב שבזריקה כלפי מעלה יש ביטוי לכך שהמתים בתחיה יתעלו בגוף טהור וזך הרבה למעלה מהחומר כעת[85]. טעם נוסף, להורות כי הנפטר נסתלק מהמזון החומרי לנפשו הבהמית הנרמז בעשב מן הארץ, ונתעלה ללחם אבירים שהוא מזון עליון לנפש[86].

חזרה מהלוויה

סא. יש נוהגים שכשחוזרים מהלוויה הולכים בדרך אחרת[87]. הטעם הוא כדי שלא לפגוש בנשים המלוות את המת. ראה פירוט באוצר המושגים ערך **נשים, הליכתן ללוויה ולבית העלמין**. לכן כשאדם חוזר מביקור בבית העלמין שלא בזמן לוויה, מותר לו ללכת ולחזור באותה הדרך.

קבורת תינוקות, נפלים, חלקי גוף ואברים

קבורת תינוק היא טראומה למשפחה. כל פטירה היא חוויה קשה, אך קבורת תינוקות קשה באופן מיוחד בהיותה מנוגדת לטבע האנושי מכמה וכמה בחינות: הן מצד הגיל הצעיר כל כך. הן מחמת המצב שבו ההורים קוברים ילד – הפך הטבע שעל פיו הבנים אמורים לקבור את הוריהם. הן מצד השאלות האמוניות על כך שנפטר מי שלא הספיק לחטוא.

איננו יודעים חשבונותיו של בורא עולם: "כִּי לֹא מַחְשְׁבוֹתַי מַחְשְׁבוֹתֵיכֶם וְלֹא דַרְכֵיכֶם דְּרָכָי נְאֻם ה': כִּי גָבְהוּ שָׁמַיִם מֵאָרֶץ כֵּן גָּבְהוּ דְרָכַי מִדַּרְכֵיכֶם וּמַחְשְׁבֹתַי מִמַּחְשְׁבֹתֵיכֶם" (ישעיהו נה, ח – ט). אנו מאמינים בריבונו של עולם שכל דרכיו צדק ואמת, ולפיכך יש משמעות ותפקיד גם לחיים קצרים ביותר של תינוק בן יומו, וכל הורדת נשמה לעולם יש בה זכות להורים וזכות לנפטר. יש סודות של נשמות וגלגולי נשמות, שאין בנו יכולת לדעת ולהבין. לעתים נשמה היתה צריכה לבוא לתיקון מועט, וכשסיימה את תפקידה חזרה לצור מחצבתה.

דווקא בגלל הקושי הנפשי הגדול בקבורת תינוק, צריך להדגיש את החזרה להמשך החיים. ההלכה היהודית, עם כל הכבוד לנפטרים, ועם כל ההשתתפות בצער המשפחה, מעדיפה את החיים על פני המתים. מצבים פתולוגיים של התקשרות לנפטרים יתר על המידה, עלולים להפריע ולחבל בהמשך החיים התקינים. לכן

82 שלחן ערוך יורה דעה סימן שעו, ד.

83 מחזור ויטרי עמוד 247. טור יורה דעה סימן שעו.

84 תורת האדם עמוד קנו.

85 מעבר יַבֹּק מאמר שפתי רננות פרק כ. מנחם אבלים ערך מת.

86 טעמי המנהגים ומקורי הדינים עמוד תמ סימן תתרכט.

87 גשר החיים פרק יד, א, כ. צרור החיים פיסקה נז.

המטרה בקבורת תינוקות היא להמעיט בקשר בין ההורים והמשפחה לבין הנפטר, כדי לנסות ולצמצם את הזכרונות והחוויות הקשות, ולאפשר עד כמה שניתן המשך חיים טבעיים ונורמליים למשפחה. לכן קבורה של תינוק עד גיל שנה, מתבצעת בדרך כלל על ידי החברה קדישא, ללא נוכחות הורים ומשפחה. הקבורה מתבצעת בחלקה המיוחדת לכך; אין שם על המצבה, וגם לא נהגו לעלות לקבר. כל זאת מתוך הדגשת הצורך בהמשכיות החיים.

סב. תינוק מעל שלושים יום נקבר ככל אדם, ועומדים עליו בשורה, ואומרים צידוק הדין וקדיש, ונוהגים עליו אבלות.

סג. יש חובת קבורה גם לגבי תינוקות שנפטרו מתחת לשלושים יום, למרות שאין נוהגים עליהם אבלות[88].

סד. נפל שיש בו ריקום אברים יש לקבור באדמה. הן מצד איסור הנאה מהמת, הן מחשש טומאה לכהנים, והן מצד שעתיד לחיות בתחיית המתים. מטעם זה החברה קדישא נותנת שם לנפל לפני שקוברים אותו.

סה. יש מי שהגדיר את הצורך בקבורה לפי התפתחות העובר, שנפל בן חמישה חודשים שהוא שלם באבריו צריך קבורה, ונפל פחות משלשה חודשי הריון אין צריך קבורה[89].

סו. נפל זכר, או תינוק שנולד ונפטר קודם שהספיקו למול אותו, מלים אותו בלי ברכה בחדר הטהרה קודם הקבורה להסיר חרפתו ממנו שלא ייקבר בערלתו[90], ונותנים לו שם כדי שיזכרוהו וירחמוהו ויחיה בתחיית המתים[91]. גם לתינוקת שנפטרה נותנים החברה קדישא שם לפני הקבורה, אם לא הספיקו לתת לה שם קודם לכן[92].

סז. לא נהגו לקבור שליה[93].

ארבעה פתחו בנדרים. שלושה שאלו שלא כהוגן והשיבן הקב"ה כהוגן, ואחד שאל שלא כהוגן והשיבו הקב"ה שלא כהוגן. ואלו הן: אליעזר עבד אברהם וכלב ושאול ויפתח... יפתח היה נישול איברים איברים ונקבר במקומות הרבה, הכי הוא דכתיב "וַיָּמָת יִפְתָּח הַגִּלְעָדִי וַיִּקָּבֵר בְּעָרֵי גִלְעָד" (שופטים יב, ז). בעיר גלעד אין כתוב כאן אלא בערי גלעד, מלמד שהיה איבר נישול ממנו כאן ונקבר במקומו, ואיבר נישול ממנו במקום אחר ונקבר במקומו.

ויקרא רבה פרשה לז

סח. גם אברי אדם יש לקבור. גם כאן שייכים הטעמים של איסור הנאה וגם משום חשש טומאה. מלבד זאת, היהדות רואה בגוף האדם הקבלה לספר תורה. ספר התורה הוא כלי קיבול למסר האלוהי הרוחני שנמסר מריבונו של עולם לעם ישראל, ומשום כך נוהגים כבוד וקדושה בספר התורה; גם

88 שלחן ערוך יורה דעה סימן שנג, ד. שעד, ח.
89 נטעי גבריאל חלק א, פרק קלה, לב – לג.
90 פרישה על בית יוסף יורה דעה סימן רסג, ה.
91 שלחן ערוך יורה דעה סימן רסג, ה; שנג, ו.
92 גשר החיים פרק טז, ג, ב.
93 שם, ג.

הגוף הוא כלי קיבול לנשמה שהיא חלק אלוה ממעל, ועל כן יש לכבדו. כמו שבספר תורה יש קדושה לכל גויל וגויל, למרות שהוא חלקי. כך יש קדושה גם בחלקי הגוף[94].

לכן, כשנחתך חלק מגוף האדם בניתוח או בתאונה, קוברים את אותו אבר. נוהגים לרחוץ את האבר ולנקותו, לכרוך אותו בבד פשתן ולקברו. אם יש לאדם חלקת קבר מחיים, קוברים את האבר באותו מקום בו הוא עתיד להיקבר[95].

הרחבה נוספת מובאת באוצר המושגים לקמן, ערך **קבורת אברים**.

בקבורת נפלים או אברים אין צריך להעמיק כל כך את הקבר ואין מדקדקים בצורתו[96].

כיום יש בתי חולים מסודרים, שבהם מפנים וקוברים נפלים ואברים בנוהל קבוע ומכובד. אפשר לברר זאת אצל רב בית החולים, אם יש שם רב. אם לא, יש לפנות לחברה קדישא שיש לה הסדרי קבורה מיוחדים לכך.

פרחים על הקבר

סט. אמנם לכתחילה יש הסתייגות הלכתית מהנחת פרחים על הקבר, אך אין למחות ביד הנוהגים כן[97]. יש פוסקים המתנגדים לכך משום חוקות הגויים[98]. אך נראה שמעיקר הדין מותר, כיון שרק דבר שיש בו פריצת גדרי הצניעות או דבר שאין לו טעם כלל, נאסר משום חוקות הגויים[99]. וכיון שהנחת פרחים היא מדרכי כבוד המתים, אין בזה איסור משום חוקות הגויים.

ביחוד אין לאסור כיון שהיה מנהג קדום שנזכר בגמרא ובפוסקים[100], להניח הדסים על מיטת המת. לכן אין למחות בנוהגים להניח פרחים על הקבר[101].

אפר הנשרפים

ע. איסור חמור לשרוף את המת, והשורפו מבטל מצות עשה של קבורת המת. וגורם תקלה גדולה וביזיון למת[102]. אי קבורת המת נחשבת בתנ"ך לקללה (למשל בירמיהו ח, ב; יד, טז; טז, ד; שם ו), ושרפת המת נחשבת בתנ"ך לפשע – "עַל שְׁלֹשָׁה פִּשְׁעֵי מוֹאָב וְעַל אַרְבָּעָה לֹא אֲשִׁיבֶנּוּ עַל שָׂרְפוֹ עַצְמוֹת מֶלֶךְ אֱדוֹם לַשִּׂיד" (עמוס ב, א).

עא. מי שציוה לשרוף את גופו, אין שומעים לו. ואם שרפו את גופו, אין קוברים את אפרו בקברי ישראל. "והטעם, שאדם שבחייו לא רצה במצות וסגולת הקבורה, וכפר ביעוד תחיית

94 עיין מעבר יַבֹּק מאמר שפתי רננות פרק כה. ועיין עוד בילקוט יוסף סימן מה, ט; שכתב שאין חובה מעיקר הדין לקבור אברים או נפלים, אך טוב ונכון לעשות כן.

95 גשר החיים פרק טז, ב, ב.

96 שם, ה, ג.

97 **הערת הרב נבנצל שליט"א** – האשכנזים מקפידים שלא להניח.

98 למשל צרור החיים פיסקה נו. שלחן ערוך המקוצר עיני יצחק, יורה דעה סימן קצד, ו.

99 הגהת הרמ"א על שלחן ערוך יורה דעה קעח, א.

100 נידה לז, א וברש"י שם. שלחן ערוך אורח חיים תקכו, ד.

101 כל בו על אבלות עמ' 59. שו"ת יביע אומר חלק ג, יורה דעה כד. צרור החיים שם. שאילת שלמה חלק ו, קי.

102 שריפת המת חמורה מאשר קבורה אצל גויים. לכן בחוץ לארץ במקומות ששורפים את המתים, עדיפה קבורה אצל גויים מאשר שריפה. כך הורה לי הרב מרדכי אליהו שליט"א.

המתים, אין בקבורתו ההכשר ליעוד התחייה – סר מעליו צלם הקדושה, ואין באפרו מהקדושה, ואין בקבורתו ההכשר לתחייה"[103].

עב. מי שנשרף על ידי אסון, קוברים את אפרו באדמה. אף על פי שאין מצות קבורה על אפר, וגם אינו מטמא[104].

הטעמים לקבורת האפר:

- משום איסור הנאה מן המת.
- משום שאפר הנשרפים דומה לאפר הקרבנות, הטעון גניזה.
- משום שבאפר נשאר ה"**לוז**" – אותה נצחיות שממנה עתיד האדם לחיות בתחיית המתים.

עג. אפשר לקבור את האפר באדמה בתוך כלי, אך עדיף לקבור באדמה ממש.

עד. מעיקר הדין אין חובת לוויה באפר, וגם אין חובה לבנות מצבה. אין עומדים עליו בשורה, ואין אומרים ברכת אבלים.

עה. האבלות מתחילה מזמן השריפה, ולא מזמן קבורת האפר[105].

התייחסות לתרומת גוף למדע מובאת לעיל בעמוד 63. התייחסות לליקוט עצמות מובאת לקמן מעמוד 238.

103 גשר החיים פרק טז פיסקה ט. אמנם אם שרפו מתוך אי ידיעה כיון שכך הנהיגו השלטונות, יש שרצו להקל ולהתיר לקבור את האפר כיון שהם כתינוקות שנשבו (תשובה בעל פה מהרב יעקב רוז'ה שליט"א בשם הרב מרדכי אליהו שליט"א).

104 משנה אהלות פרק ב, ב.

105 גשר החיים פרק טז פיסקה ח.

ח. קריעה

וַיִּקְרַע יַעֲקֹב שִׂמְלֹתָיו וַיָּשֶׂם שַׂק בְּמָתְנָיו וַיִּתְאַבֵּל עַל בְּנוֹ יָמִים רַבִּים

בראשית לז, לד

קריעת הבגד היא סימן לצער ואבלות, כמו שלמדנו מיעקב אבינו שקרע שמלותיו בחשבו כי יוסף בנו מת. מלבד זאת מצאנו פעמים רבות בתנ"ך קריעת בגדים כסימן לאבלות – דוד על שאול ויהונתן; דוד על אבנר; דוד כשבאה השמועה שאבשלום הרג את כל בניו; אלישע על הסתלקות אליהו; איוב על בניו. יש דוגמאות רבות נוספות של קריעת בגדים כביטוי לצער ושמועות קשות – יהושע וכלב בפרשת המרגלים, יפתח על בתו.

הקריעה מסמלת את הצער ואת הקריעה הנפשית שעוברים האבלים, עד כדי כך שהנביא היה צריך להוכיח את העם "וְקִרְעוּ לְבַבְכֶם וְאַל בִּגְדֵיכֶם" (יואל ב, יג). הקריעה משמשת כביטוי מעשי לרגשות העזים הפוקדים את האבלים בזמן הקשה והטעון שבין המיתה והקבורה. ביטוי מעשי זה של רגשות האבל עלול לעורר, להתסיס ולהעלות אל פני השטח את רגשות הצער ביתר שאת. לכן, גם בתוך זמן הלוויה, פרק הקריעה נחשב לזמן קשה במיוחד. מאידך דווקא הביטוי המעשי יכול לשמש מעין פורקן לרגשות הבאים בכך לידי ביטוי, ולא נשארים מודחקים פנימה. גם בין המפרשים היו שכתבו שהקריעה באה לעורר את הצער, ויש שכתבו להפך – שהקריעה באה להטריד את מחשבת האבל שתהיה על הפסד הבגד, ולהסיח דעתו במקצת מאסון קרובו[1]. אפשר לשלב בין הטעמים ולומר שהאבלים זקוקים להביע במעשה את צערם ואבלם, והביטוי הסמלי – המעשי הוא בקריעת הבגד. קריעת הבגד מעוררת את הצער מחד גיסא, אבל גם מאפשרת לאבלים לפרוק באופן סמלי את רגשות האבל והיגון מאידך גיסא.

המקור לציווי על קריעת הבגד נלמד מהציווי שנאמר לאהרן ולבניו ביום חנוכת המשכן. באותו מעמד מתו שני בני אהרן נדב ואביהוא. אהרן ובניו קיבלו, באופן יוצא מן הכלל, ציווי שלא לנהוג אבלות – "וּבִגְדֵיכֶם לֹא תִפְרֹמוּ" (ויקרא י, ו). מכאן למדו חכמים שבמקרים רגילים האבלים מצווים לקרוע בגדיהם (מועד קטן כד, א; הלכות אבל לרמב"ם, פרק ח, א. שלחן ערוך יורה דעה סימן שמ).

חכמים החמירו מאוד בדין הקריעה, למרות שחיובה הוא רק מדרבנן (הרמב"ן בספר תורת האדם מעמוד סג ואילך, בית יוסף תחילת סימן שמ).

מי קורע ועל מי קורעים

א. כל מי שמת לו אחד משבעת קרוביו – אב, אם, בעל או אשה, אח, אחות, בן, בת, חייב לקרוע עליו.

ב. נשים חייבות בקריעה כמו אנשים.

ג. צריך לקרוע על רבו מובהק שלמד רוב חכמתו ממנו[2].

1 גשר החיים פרק ד, א.

2 שלחן ערוך יורה דעה סימן שמ, ז – ח.

ד. על תינוק בן פחות משלושים יום, אין קורעים ולא מברכים "דיין האמת" ולא מתאבלים עליו[3]. הטעם הוא כיון שתינוק נחשב לבר קיימא רק משעברו עליו שלושים יום. לפני כן אינו נחשב לבר קיימא ולכן אין קורעים ואין מתאבלים עליו.

ה. על תינוק שנולד בעל מום או שהושם באינקובטור, מפורט לקמן בפרק טז – על מי חלה האבלות, עמוד 145.

ו. קטן שמת לו מת אחרים קורעים לו מפני עגמת נפש כלומר כדי להרבות בצער ובהספד, ולא מצד עצם החיוב, כיון שאין קטן נוהג אבלות כלל. קטן שגדל מפורט דינו לקמן, עמוד 256.

ז. חולה שמת לו מת, אין מודיעים לו ואין קורעים לו כדי שלא תטרף דעתו עליו[4]. ועיין לעיל עמוד 44 בפיסקה "מה אומרים לחולה על מחלתו".

ח. חולה שנודע לו שמת לו מת, אם דעתו צלולה אלא שאינו יכול לקרוע מחמת חוליו, פטור אחר כך מלקרוע, אלא אם כן הוא בתוך השבעה. אך אם לא היתה דעתו צלולה, חייב לקרוע כשיחזור לבריאותו בתוך שלושים, שאז היא שעת חימום וצער שלו[5]. ויש מי שפסק שבכל מקרה חייב לקרוע כשיחזור לבוריו[6].

ט. חתן וכלה אינם קורעים, אף על פי שמברכים ברכת דיין האמת. יפורט לקמן בעמוד 253.

י. בן מאומץ יכול לקרוע על הוריו המאמצים, אך אינו חייב. אמנם יש שכתבו שיקרע בלי ברכה, אבל גם אם יברך, יש לו על מה שיסמוך, כיון שהברכה אינה על הקריעה אלא על הבשורה הרעה[7].

יא. יש מי שכתב שחובה על אדם לקרוע על אביו החורג שגידלו ותמך בו והחזיקו, כיון שכל קיומו הכלכלי והחינוכי בא ממנו[8].

לגבי קריעה על מת שאינו קרובו בשעת יציאת נשמה, ראה לעיל עמוד 53 הלכה כו.

3 שלחן ערוך יורה דעה סימן שעד, ח. הקריעה נוהגת רק במתים שראוי להתאבל עליהם – שם סימן שמ, א. וראה לקמן עמוד 145 בהערה 26.

4 שלחן ערוך יורה דעה סימן שלז, א.

5 טורי זהב יורה דעה סימן שצו, א.

6 שפתי כהן שם.

7 לגבי מי שאינם קרובים ומבקשים לקרוע, כגון חתנים וכלות של הנפטר, הבעייה ההלכתית היא של "בל תשחית". אך כיון שלהלכה נפסק שקורעים על אדם כשר, אם הנפטר מתאים להגדרה זו, מבחינה הלכתית מותר להם לקרוע (כך הורה לי הרב יעקב רוז'ה שליט"א). הרב יעקב אריאל שליט"א כתב שבקריעה על קרוב שאין מחויבים בקריעה עליו אין איסור בל תשחית, כיון שהיא נעשית מתוך צער עמוק אמיתי (בתוך "דרכה של היהדות במוות ובאבלות" עמוד 360).

8 הרב שלמה מן ההר. הובאו דבריו ביסודי הלכה עמוד קפז. לפי זה חובה גם על בן מאומץ לקרוע על הוריו.

מתי והיכן קורעים

יב. מצד עיקר הדין יש לקרוע בשעת יציאת נשמה או בשעת השמועה על הפטירה. אולם בדרך כלל נהגו לקרוע בתחילת הלוויה. עדות המזרח נהגו לקרוע לאחר הקבורה בבית העלמין או בבית האבל[9]. לגבי שבת ויום טוב יבואר לקמן.

יג. מצד הדין קורעים גם על שמועות רעות, ועל "ברכת" ה' (הכוונה לקללה), ועל ספר תורה שנשרף, ועל ראיית ערי יהודה וירושלים והמקדש שעומדים בחורבנם[10].

אופן הקריעה

יד. מותר להחליף לבגד פשוט לצורך הקריעה[11]. יש להביא בחשבון שבדרך כלל זה הבגד שעתידים ללכת בו במשך כל השבעה.

טו. קורעים בעמידה. לומדים זאת מדוד המלך שלאחר ששמע שמתו בניו – "וַיָּקָם הַמֶּלֶךְ וַיִּקְרַע אֶת בְּגָדָיו" (שמואל ב', יג, לא); ובתלמוד ירושלמי למדו מאיוב שנאמר עליו "וַיָּקָם אִיּוֹב וַיִּקְרַע אֶת מְעִלוֹ" (איוב א, כ).

טז. מי שקרע בישיבה חוזר וקורע באותו בגד בעמידה ללא ברכה. חולה או נכה שלא יכולים לעמוד, ישענו בזמן הקריעה, ואם אינם יכולים – קורעים בישיבה[12].

יז. קורעים מלפנים – בבית הצואר[13].

יח. האבל מברך – "**ברוך אתה ה' אלוקינו מלך העולם דיין האמת**", וקורע בידו טפח (כ 8 – 10 ס"מ) לאורך הבגד כלפי מטה. מנהג בני תימן לקרוע לרוחב הבגד[14]. הסבר על הברכה מובא לעיל עמוד 81.

יט. נוהגים שאחר מתחיל וחותך בסכין או במספריים[15] מעט מבגד האבל. יש בכך עגמת נפש גדולה יותר כשאחר קורע כסותו והוא שותק. יש בכך גם משום קבלת דינו של הקב"ה, מעין צידוק

---

9 בספר גשר החיים (פרק ד, ו) נתן כמה טעמים לדחיית הקריעה. א. כיון שאין כולם בקיאים בהלכות קריעה, דחו את הקריעה לזמן שנמצאים אנשי החברה קדישא שמדריכים את האבלים. ב. בדרך כלל אדם אחר מתחיל את הקריעה והאבל ממשיך, לכן ממתינים שיהיו בני אדם אחרים מלבד הקרובים כדי לסייע להם. ג. תחילת הלוויה היא זמן התגברות הצער ואז גם מתקבצים כל האבלים יחד, לכן הנהיגו שקודם הוצאת המת יקרעו כולם יחד.

10 מועד קטן כו, א. רמב"ם הלכות אבל פרק ט, ב. שלחן ערוך אורח חיים סימן תקסא ויורה דעה סימן שמ, לו – לח.

11 גשר החיים פרק ד, א. גליון מהרש"א על שלחן ערוך יורה דעה סימן שמ, ט. אמנם בהר צבי (סימן רסג) כתב שעל אביו ואמו לא יחליף אלא יקרע בבגד שלבוש בו, אך בחזון למועד (ו, ח) כתב שגם על אביו ואמו יכול להחליף. ובצרור החיים (פיסקה לג) כתב שמעיקר הדין יש לקרוע את אותו בגד שלובש, אבל למעשה נהגו להקל בזה ולהחליף בגדים יקרים לבגדים פשוטים.

12 ילקוט יוסף סימן ט, ד. צרור החיים פיסקה סג. פני ברוך סימן א, ח. וראה גם שלחן ערוך אורח חיים סימן צד, ו; ומשנה ברורה סימן קמא סעיף קטן ד.

13 שלחן ערוך יורה דעה סימן שמ, ב. טעם לכך על פי הקבלה מובא בספר מעבר יַבֹּק מאמר שפתי רננות פרק ט.

14 שלחן ערוך המקוצר עיני יצחק, יורה דעה סימן קעז, ב. באר לחי רואי סימן כו בשם ספר נפש כל חי ורבני תימן.

15 ברוב הספרים כתוב בסכין, אבל הרב מרדכי אליהו שליט"א אמר לי שאין הבדל ואפשר גם במספריים. וכן בשלחן ערוך המקוצר עיני יצחק, יורה דעה סימן קעז, ו.

הדין[16]. מנהג בני תימן שאין קורעים על ידי אחר, וכן לא מתחילים הקריעה על ידי אחר אלא האבל בעצמו[17].

כ. איש קורע לאיש, ואשה קורעת לאשה.

כא. אשה הקורעת, קורעת במקום ובאופן צנוע, ותסגור מיד את הקרע בסיכת ביטחון. אם אין אפשרות לסגור את הקרע באופן צנוע, תדחה את הקריעה[18].

כב. הקורע בבגד שאול לא יצא[19].

פירוט על סוגי הבגדים שקורעים מובא בפיסקה הבאה.

קריעה על אב ואם לעומת הקריעה על שאר קרובים

כג. על כל המתים קורע האבל מימין, על אביו ואמו קורע משמאל כנגד הלב; ואם טעה והחליף יצא ידי חובה[20].

כד. על כל המתים קורע בצנעה, על אביו ואמו קורע בחוץ בפני כל אדם[21], ואשה תמיד קורעת בצנעה. ומנהג בני תימן לקרוע בשעת יציאת נשמה או בשעת שמועה אף שאין שם אדם[22].

כה. על כל המתים קורע ביד או בכלי, על אביו ואמו קורע דווקא ביד. אך חותכים בשפת הבגד בכלי, כדי לאפשר את המשך הקריעה ביד.

כו. על כל המתים קורע בגד אחד, על אביו ואמו קורע כל הבגדים שעליו עד שמגלה את לבו. אין קורעים ציצית וגם לא גופיה[23], ולא פיג'מה או חלוק בית[24]. אין קורעים מעיל ולא סוודר[25]. לגבי חליפה יש מנהגים שונים: עדות המזרח לא קורעים[26], ואילו לפי מנהג האשכנזים יש ספק, ולכן יש מי שכתב שמוטב לא ללבוש באותו זמן את החליפה[27]. העיקרון הוא שקורעים את הבגד שלובשים בדרך כלל[28], ולא בגד עליון שלובשים מפני הגשם או הקור, או רק לאירועים מכובדים. לכן חלוי גם מה הוא המלבוש הרגיל לכל אדם. ולפי זה מי שהולך באופן קבוע עם חליפה או עם מעיל עליון – קורע, וכך נהגו האשכנזים.

16 חידושים ובאורים יד אפרים, הלכות קריעה סעיף ב.

17 באר לחי רואי סימן טז.

18 צרור החיים פיסקה סא.

19 חזון למועד פרק ו, ז, משפטי כהן יורה דעה סימן שמ, סעיף קטן נ.

20 חכמת אדם כלל קנב, ו. פני ברוך סימן א, יב.

21 שלחן ערוך יורה דעה סימן שמ, יג.

22 באר לחי רואי סימן כה.

23 רמב"ם הלכות אבל פרק ח, ג. אמנם בספר צרור החיים (פיסקה סד) כתב לקרוע גם גופיה.

24 ילקוט יוסף סימן ט, יט. מועד לכל חי סימן יא, טו, בשם הגר"ש פישר ויקרא דחיי.

25 ילקוט יוסף סימן ט, טז.

26 שלחן ערוך יורה דעה סימן שמ, י.

27 גשר החיים פרק ד, יד.

28 טורי זהב יורה דעה סימן שמ, סוף סעיף קטן ה.

קריעה על כמה קרובים

כז. מי שמתו לו שני קרובים בבת אחת, או ששמע על מיתתם בבת אחת, קורע קריעה אחת על שניהם.

כח. אם קרע על קרוב אחד שנפטר, ובתוך השבעה על המת הראשון נודע לו על קרוב אחר שמת; קורע מחדש על המת השני. ואם נודע לו על הקרוב האחר שנפטר, לאחר סיום השבעה על הראשון, יכול להוסיף על הקרע הראשון אפילו מעט.

כט. על אב ואם תמיד קורע עד שמגלה לבו ואי אפשר להסתפק בתוספת על קרע קודם[29].

קריעה בטעות

ל. אמרו לו בטעות שמת אביו וקרע עליו, ונתברר שמת בנו; או אם אמרו לו שמת אביו וקרע עליו, ונתברר שבאותו זמן היה חי, ונפטר רק לאחר מכן – צריך לקרוע שוב[30].

החלפת הבגד הקרוע

לא. בשאר קרובים יכול במקום צורך להחליף במשך השבעה את הבגד הקרוע ואין צורך לקרוע מחדש. על אב ואם צריך לקרוע גם בגד שמחליף במשך השבעה[31].

כיצד לנהוג בשבת ובחג

לב. בשבת וביום טוב אין קורעים. מי שקרע בטעות בשבת, אף על פי שחילל שבת, יצא ידי חובת קריעה[32].

לג. בחול המועד יש מנהגים שונים, ובמקום שאין מנהג ברור יש לקרוע על כל הקרובים[33]. מנהג ירושלים לקרוע בחול המועד רק על אב ואם, ועל שאר קרובים יקרעו רק במוצאי החג כשמתחילים לנהוג אבלות[34].

לד. כאשר הקריעה נידחת עד לאחר החג, מברכים ברכת דיין האמת מיד, אפילו בשבת וביום טוב, ואין ממתינים לתחילת האבלות. כיון שהברכה אינה על האבלות אלא על עצם השמועה[35], לכן מברכים מיד אף על פי שהאבלות מתחילה לאחר החג.

לה. אחרי הקריעה בחול המועד יש להחליף את הבגד הקרוע כיון שאין אבלות במועד. ובמוצאי החג ילבש שוב את הבגד הקרוע כדי שלא יצטרך לקרוע בגד נוסף.

---

29 שלחן ערוך יורה דעה סימן שמ, כא – כב.

30 שם, כד – כה. ואם תיקנו את ההודעה מיד תוך כדי דיבור, אין צריך לקרוע שוב.

31 שם, יד.

32 שם, כח, ולא.

33 הגהות הרמ"א על שלחן ערוך אורח חיים סימן תקמז, ו. יורה דעה סימן שמ, לא.

34 ילקוט יוסף סימן ט, כה. ואם מת ונקבר ביום טוב על ידי גויים, כיון שנדחתה הקריעה – שהרי אין קורעים ביום טוב – נדחית הקריעה עד למוצאי הרגל. משנה ברורה תקמז, סעיף קטן יא. גשר החיים פרק ד, כג, הערה 5.

35 גשר החיים פרק ד, כו.

לו. בני ארץ ישראל שבאו לחוץ לארץ, אפילו דעתם לחזור, נוהגים ביום טוב כבני חוץ לארץ כיון שהקריעה בפרהסיה. בני חוץ לארץ שבאו לארץ ישראל ודעתם לחזור, נוהגים כבני חוץ לארץ לעניין קריעה ואבלות[36].

מי שלא קרע ולא ברך דיין האמת

לז. אם לא קרע בזמנו יקרע בתוך השבעה, ואחר השבעה אינו קורע[37]. ואם היה חולה או אנוס ולא היה יכול לקרוע, קורע כשיוכל אפילו אחר השבעה[38]. אם שמע רק לאחר השבעה, עיין בדיני שמועה, לקמן עמוד 246.

לח. על אביו ואמו קורע לעולם[39].

לט. האשכנזים מברכים ברכת דיין האמת רק בתוך שלושת הימים הראשונים של השבעה[40]. לפי מנהג עדות המזרח מברכים רק ביום הראשון של השבעה.

מ. גם מי שמסרב לקרוע, יכול לברך ברכת דיין האמת[41].

איחוי הקרע

עֵת לִקְרוֹעַ וְעֵת לִתְפּוֹר

קהלת ג, ז

מא. איחוי הקרע – על כל הקרובים מותר לחבר לאחר השבעה את מקום הקרע בסיכה, וכן מותר לתופרו בתפירה לא ישרה, ולאחר שלושים מותר לתופרו כרגיל. על הורים מותר לחברו על ידי סיכה או לתופרו בתפירה לא ישרה רק אחרי שלושים, ולתפור כרגיל אסור לעולם[42].

מב. הדין של איחוי הקרע אינו מצוי כיום, כיון שבדרך כלל זורקים את הבגד הקרוע לאחר השבעה.

36 נטעי גבריאל חלק א, פרק סא, יא.
37 שלחן ערוך יורה דעה סימן שצו, א.
38 שפתי כהן על שלחן ערוך שם, א. וע"ע לעיל עמוד 101 הלכה ח.
39 שלחן ערוך יורה דעה סימן שמ, יח; שצו, א.
40 גשר החיים פרק ד סוף הלכה כו על פי החיד"א.
41 ילקוט יוסף סימן ט, יא.
42 שלחן ערוך יורה דעה סימן שמ, טו.

בבית האבל

טוֹב לָלֶכֶת אֶל בֵּית אֵבֶל
מִלֶּכֶת אֶל בֵּית מִשְׁתֶּה
בַּאֲשֶׁר הוּא סוֹף כָּל הָאָדָם
וְהַחַי יִתֵּן אֶל לִבּוֹ
קהלת ז, ב

ט. סעודת הבראה

סעודת הבראה היא הסעודה הראשונה שמאכילים את האבל בשובו מהקבורה. בתנ"ך מוזכר שהעם בא להברות את דוד אחרי שנהרג אבנר בן נר (שמואל ב', ג, לה). חכמים למדו שהאבל ביום הראשון אסור לאכול משלו מיחזקאל הנביא שמתה אשתו, והנביא הוזהר שלא להתאבל. ליחזקאל הנביא נאמר "וְלֶחֶם אֲנָשִׁים לֹא תֹאכֵל" דהיינו שלא יאכל סעודת הבראה. הנביא הוא היוצא מן הכלל, המלמד שהאבל בדרך כלל אוכל סעודת הבראה משל אחרים (מועד קטן כז, ב). בספר הושע (ט, ד) נזכר "לֶחֶם אוֹנִים" שלפי חלק מהמפרשים הוא לחם האבלים שנאכל בצער ובאנינות.

וטעם הדבר כי האבל דואג ונאנח על מתו, ואינו חרד לאכול, ולכן בתחילת תהליך האבלות מודגש דווקא הצורך הבסיסי ביותר של האדם החי – אכילה. ממד נוסף בסעודת ההבראה הוא השתתפות הקהילה והחברה סביב האבלים בצערם, ויש בה סוג מסוים של ניחום אבלים. יש שנתנו טעם בעל משמעות הפוכה, והוא מה שאמרו חז"ל שמי שמצפה וסמוך על שלחן אחרים עולם חשוך בעדו, ובמצב כזה הוא האבל.

מתי אוכלים

א. כששבים האבלים מבית הקברות, מצוה על השכנים או הקרובים שאינם מתאבלים, שיאכילום משלהם. סעודה זו היא הנקראת "סעודת הבראה"[1].

ב. אם לא האכילום השכנים, יכולים האבלים לאכול משל עצמם. ככלל, סעודת הבראה אינה חובה גמורה, אלא שהסעודה הראשונה ביום הקבורה צריכה להיות משל אחרים. מעיקר הדין מותר לאבל לא לאכול ביום הראשון עד הערב, ואז לאכול משלו[2].

1 שלחן ערוך יורה דעה סימן שעה. מנהג בני תימן שהאבלים עורכים בסוף היום השביעי סעודה גדולה משלהם ומזמינים אליה את כל המנחמים שבאו אליהם במהלך השבעה, והיא נקראת בפיהם "הבראה". וכן מנהגם שהמנחמים מביאים עמם צרכי מאכל ומשתה כל שבעת ימי האבל, ואוכלים יחד עמם. (שלחן ערוך המקוצר עיני יצחק, יורה דעה סימן קצד, ג; ושם קפז, יא. הליכות תימן, מנהגי קבורה ואבלות עמוד 332. הרב קאפח מעיר שם שעקב ריבוי ההוצאות ומיעוט הפרנסה, נתמעטו המנחמים אצל האבלים, כיון שלא יכלו להביא כיבוד. לפיכך עמדו רבני העדה ונכבדיה ותיקנו להמעיט בכיבוד שמביאים אצל האבלים. תקנות אלו החזיקו מעמד שנים ספורות בלבד, ועתה שוב ההוצאות עצומות).

2 שלחן ערוך יורה דעה סימן שעח, ג.

ג. אם היתה הקבורה בלילה מברים (מאכילים) אותם בלילה, ואם לא האכילום בלילה מברים אותם ביום שלמחרת[3].

ד. אם היתה הקבורה בין השמשות, נחשב הלילה ליום שני לאבלות, ואין בו סעודת הבראה. להגדרת בין השמשות ראה לעיל עמוד 94 הלכה נא.

ה. בערב שבת או חג, כשעתיים וחצי לפני הדלקת נרות, אין מברים את האבלים כלל מפני כבוד השבת, אלא ממתינים עד סעודת הערב[4].

ו. אם הסעודה מתעכבת, מותר לאבלים לשתות בינתיים תה או קפה משל עצמם.

מה אוכלים

"וַיָּזֶד יַעֲקֹב נָזִיד וַיָּבֹא עֵשָׂו מִן הַשָּׂדֶה וְהוּא עָיֵף" (בראשית כה, כט). אותו היום נפטר אברהם אבינו מן העולם, ועשה יעקב אבינו תבשיל של עדשים לנחם את יצחק אביו. ולמה של עדשים? אמרו במערבא (בארץ ישראל שהיא מערבית לבבל) משמו של רבה בר מרי: מה עדשה זו אין לה פה, אף אבל אין לו פה. דבר אחר: מה עדשה זו מגולגלת, אף אבלות מגלגלת ומחזרת על באי עולם.

בבא בתרא טז, ב

ז. עיקר סעודת הבראה בלחם[5]. ונהגו להאכיל פת או כעכים עם ביצים קשות או עדשים שהם מאכל אבלים[6]. המאכלים העגולים מסמלים את מעגל החיים ואת האבלות שהיא גלגל חוזר בעולם. למאכלים העגולים אין פה כמו האבל שאין לו פה, שיושב ודומם מחמת צערו ואבלותו. ונכון לתת לאבלים את הביצים כשהן קלופות כדי שלא יראה האבל כרעבתן. יש הנוהגים לשתות יין בסעודת הבראה כמו שכתוב "תְּנוּ שֵׁכָר לְאוֹבֵד וְיַיִן לְמָרֵי נָפֶשׁ" (משלי כא, ו)[7].

איך מברים (איך מאכילים)

בראשונה היו מוליכין לבית האבל. עשירים בקלתות של כסף ושל זהב ועניים בסלי נצרים של ערבה קלופה, והיו עניים מתביישים. התקינו שיהו הכל מביאין בסלי נצרים של ערבה קלופה, מפני כבודם של עניים.

3 פתחי תשובה יורה דעה סימן שעח, ב בשם נודע ביהודה.

4 שלחן ערוך יורה דעה סימן שעה, ה. גשר החיים פרק כ, ב, יא. אמנם בספר צרור החיים (פיסקה עא – עב) כתב שבזמן זה, יאכלו סעודת הבראה בקפה ועוגה ולא בפת. ואם לא הספיקו לאכול סעודת הבראה לפני שבת, יאכילום סעודת הבראה במוצאי שבת. ובילקוט יוסף (סימן יג, ט) כתב שאם לא הספיקו להברות בערב שבת, אין צריך להברות במוצאי שבת; וכך גם פסק בשמירת שבת כהלכתה (חלק ב, פרק סה, א) על פי דברי הרמ"א (יורה דעה סימן שעה, יא). ובילקוט יוסף שם הוסיף שאם נקבר בערב יום טוב, מברים אותו במוצאי יום טוב, כיון שאז מתחילה האבלות.

5 פת או עוגה – גשר החיים פרק כ, ב, ד. ובילקוט יוסף (סימן יג, ד) הצריך לכתחילה נטילת ידים ואכילת פת.

6 שלחן ערוך יורה דעה סימן שעח, ט.

7 אמר רבי חנן: לא נברא יין אלא לנחם אבלים... שנאמר "תְּנוּ שֵׁכָר לְאוֹבֵד וְיַיִן לְמָרֵי נָפֶשׁ" – סנהדרין ע, א; ילקוט החיים והשלום עמ' לז ועמ' נג.

בראשונה היו משקין בבית האבל. עשירים בזכוכית לבנה ועניים בזכוכית צבועה, והיו עניים מתביישים. התקינו שיהו הכל משקין בזכוכית צבועה מפני כבודן של עניים.

מועד קטן כז, ב

ח. אדם אחר בוצע את הפת, ונותן פרוסה ביד האבל. לומדים זאת מהפסוק ממגילת איכה (א, יז) "פֵּרְשָׂה צִיּוֹן בְּיָדֶיהָ", הוא רמז לפרוסה שנותנים ביד האבל. (לאדם שאינו אבל מניחים את הלחם לפניו ולא נותנים בידו).

ט. אנשים מברים לאיש, ונשים מברות לאשה. כשיש אבלים ואבלות באותו חדר, אין להקפיד בכך[8].

י. אשה נשואה אין לבעלה להברותה משלו. מאחר וחייב במזונותיה, נחשבת הסעודה שלה.

ברכת המזון

יא. בסעודת הבראה אין האבל מצטרף לזימון עשרה, ורצוי שגם לא ישבו שלושה כדי שלא להתחייב בזימון כלל[9]. בשאר הסעודות מזמן ומזמנים עליו.

יב. יש נוסח מיוחד לברכת המזון בבית האבל. יובא לקמן בעמוד 110.

בחול המועד ובפורים

יג. בחול המועד ובפורים אוכלים סעודת הבראה בעת שיושבים על כסאות רגילים, ואין אוכלים ביצים ועדשים אלא קפה ועוגה וכדומה.

יד. יש מי שכתבו שמנהג ירושלים להברות בחול המועד רק על אב ואם. ויש מי שכתב שכך מנהג ירושלים גם בפורים[10].

טו. מי שמת לו מת קודם הרגל ולא נהג עליו אבלות לפני הרגל, לפי מנהג עדות המזרח מקיימים סעודת הבראה כשמתחילים לשבת שבעה לאחר הרגל. ולפי מנהג האשכנזים אין מקיימים סעודת הבראה במקרה כזה[11].

---

8 ערוך השלחן יורה דעה סימן שעח, ג. גשר החיים פרק כ, ב, ז. ילקוט יוסף סימן יב, ב.

9 שפתי כהן על שלחן ערוך יורה דעה סימן שעט, סעיף קטן ו. גשר החיים חלק ב פרק יח, א. אמנם בילקוט יוסף (סימן יג, טו) כתב שהאבלים מצטרפים לזימון, כפשטות לשון השלחן ערוך שם.

10 ילקוט יוסף סימן יג, י, וכן בפני ברוך (סימן כח, יא) ובשמירת שבת כהלכתה (חלק ב, פרק סה, ד), הזכירו מנהג זה לגבי חול המועד. אמנם לפי גשר החיים (פרק כ, ב, י) מברים בחול המועד על כל הקרובים (בקפה ועוגה ולא בביצים ועדשים). ובספר גשר החיים (שם) הזכיר מנהג זה בשם ספר מזבח אדמה וכתב שלא נתברר לנו מנהג זה ואין לנו מקור על זה.

11 צרור החיים פיסקה עג.

י. מנהגים בבית האבל

היכן לשבת

א. בדרך כלל יושבים בבית הנפטר, ומצוה להתפלל שם במניין. ראה פירוט להלן עמוד 118.

ב. יש נוהגים בשבעת ימי האבלות לשבת שבעה בבית הכנסת מפני ריבוי המנחמים, והדירה צרה מלהכילם. ונראה שאין זה מנהג נכון כלל, שהרי אסור להיכנס לבית הכנסת מפני החמה והגשמים, ואין מספידים שם ואין אוכלים ושותים שם. ואף על פי כן אין למחות ולבטל המנהג בחזקה, ולהרבות בריב ומדנים ומחלוקות. אלא מענה רך ישיב חמה, דרכיה דרכי נועם וכל נתיבותיה שלום[1].

נר נשמה

ג. נהגו להדליק נר נשמה בבית האבל משעת הפטירה ובמשך כל השבעה, לפי הפסוק "נֵר ה' נִשְׁמַת אָדָם". מהדרים להדליק בנר שמן זית ואם לא ידליקו בשעווה, ובבתי כנסת נהגו להסתפק בנר חשמלי כדי להימנע מלכלוך. משמעות הנר בקשר לנפטר, מובאת לקמן באוצר המושגים ערך **נר נשמה**.

כיסוי מראות ותמונות

ד. נהגו לכסות את המראות בבית האבל, בפרט אם מתפללים שם. אין צורך לכסות תמונות, אולם בזמן התפילה יש לכסות את התמונות שמתפללים כנגדן. הטעם הפשוט לפי שעל פי רוב מתפללים בבית האבל, ומבואר שאסור להתפלל נגד המראה, שלא יאמרו לבבואה שלו הוא משתחוה[2]. טעם פשוט נוסף הוא שהמראה משמשת בדרך כלל ליפוי הגוף, ובבית האבל מתאבלים על הגוף העתיד להיפסד ולהרקב[3].

ברכות לעילוי נשמה

ה. המנהג, בעיקר אצל עדות המזרח, להגיש כיבוד קל למנחמים כדי שיברכו עליו לעילוי נשמת הנפטר[4]. אין זו חובה. הכיבוד בדרך כלל סמלי כדי לא להכביד על האבלים, וגם מפני שעיקר העניין היא הברכה ולא עצם האכילה.

ביאור המושג **ברכות לעילוי נשמה** וטעמו, מובא לקמן באוצר המושגים.

---

1 ילקוט יוסף סימן כט, ב.

2 שם סימן כח, ו, ובהערה שם הוסיף טעם על פי חקבלה, עיין שם.

3 כדבריו של רבי אליעזר על יופיו של רבי יוחנן שעתיד לבלות בעפר – "להאי שופרא דבלי בארעא", ברכות ה, ב. "והטעם הפשוט, לפי שהמראה נעשתה לשם קישוט, שמא ישכח האבל ויקשט עצמו במראה. או אולי יראה פניו הזועמים ויפחד ממראה פניו שנהפכו כשולי קדרה" (אור לארל עמוד 126, מתוך י' גליס – מנהגי ארץ ישראל).

4 **הערת הרב נבנצל שליט"א** – ואצל אשכנזים אין אוכלים בבית האבל.

ברכת המזון

ו. יש נוסח מיוחד לברכת המזון בבית האבל. בזימון אומרים – "נברך מנחם אבלים שאכלנו משלו", ועונים – "ברוך מנחם אבלים שאכלנו משלו ובטובו הגדול חיינו".

ז. בברכה שלישית מוסיפים:

נַחֵם ה' אֱלֹהֵינוּ אֶת אֲבֵלֵי יְרוּשָׁלַיִם וְאֶת הָאֲבֵלִים הַמִּתְאַבְּלִים בָּאֵבֶל הַזֶּה. נַחְמֵם מֵאֶבְלָם וְשַׂמְּחֵם מִיגוֹנָם, כָּאָמוּר "כְּאִישׁ אֲשֶׁר אִמּוֹ תְּנַחֲמֶנּוּ כֵּן אָנֹכִי אֲנַחֶמְכֶם וּבִירוּשָׁלַם תְּנֻחָמוּ" בָּרוּךְ אַתָּה ה' מְנַחֵם צִיּוֹן בְּבִנְיַן יְרוּשָׁלָיִם[5].

הקישור בין האבלות הפרטית של האבלים לבין האבלות הלאומית על חורבן המקדש וירושלים מופיע בכמה מקומות. בניחום האבלים אומרים את המשפט: "המקום ינחם אתכם בתוך שאר אבלי ציון וירושלים". הרחבה בעניין זה מופיעה לקמן בפרק יא (עמוד 114) העוסק בניחום אבלים.

ח. בברכה רביעית אחרי "הוא הטיב הוא מטיב הוא יטיב לנו", מוסיפים:

הַמֶּלֶךְ הַחַי הַטּוֹב וְהַמֵּטִיב, אֵל אֱמֶת דַּיַּן אֱמֶת, שׁוֹפֵט בְּצֶדֶק לוֹקֵחַ נְפָשׁוֹת בְּמִשְׁפָּט, שַׁלִּיט בְּעוֹלָמוֹ לַעֲשׂוֹת בּוֹ כִּרְצוֹנוֹ, כִּי כָל דְּרָכָיו מִשְׁפָּט וַאֲנַחְנוּ עַמּוֹ וַעֲבָדָיו, וּבַכֹּל אֲנַחְנוּ חַיָּבִים לְהוֹדוֹת לוֹ וּלְבָרְכוֹ, גּוֹדֵר פִּרְצוֹת יִשְׂרָאֵל הוּא יִגְדֹּר הַפִּרְצָה הַזּוֹ מֵעָלֵינוּ וּמֵעַל אֵבֶל זֶה לְחַיִּים וּלְשָׁלוֹם[6].

וממשיכים, "הוא גמלנו" וכו'. עדות המזרח ובני תימן נהגו לאמרו, ומנהג עדות אשכנז כיום לא לאמרו[7].

ט. גם האוכלים עם האבלים מברכים ברכת המזון בנוסח זה[8].

י. הנוהגים לומר, לא יאמרו בשבת כשיש אנשים נוספים בבית, כדי שלא תהיה אבלות בפרהסיה.

יא. מותר לאבלים לזמן, ומותר לזמן על כוס של יין ולשתות ממנו, אבל אין לשתות כמות מרובה של יין[9].

יב. יש מקומות שנוהגים לתת לאבל לזמן ולברך כל שנים עשר חודש, שהיא תועלת לנפטר. הטעם הפשוט הוא ההקבלה לקדיש. בקדיש האבל קורא לאנשים אחרים לברך ולשבח, לפאר ולרומם את רבונו של עולם. גם בזימון, המזמן קורא לאנשים סביבו לברך לרבונו של עולם. שבח גדול הוא לאבל המתגבר על צערו ומנשא ומהלל את מי שאמר והיה העולם, ומתוך כך גם מרבה זכויות עבור הנפטר[10].

5 והחותם "מנחם אבלים בבונה ירושלים" אין למחות בידו, ילקוט יוסף סימן יג, יז.

6 טור ושלחן ערוך יורה דעה סימן שעט על פי מסכת ברכות מו, ב.

7 גשר החיים פרק כ, ב, יג. צרור החיים עמ' 69.

8 צרור החיים פיסקה קכט.

9 שלחן ערוך יורה דעה סימן שעח, ח.

10 משנה ברורה סימן רא, סעיף קטן א. פתחי תשובה סימן שעה סעיף קטן ג. כל בו על אבלות עמוד 378. את הטעם שמעתי מהרב יעקב רוז'ה שליט"א.

התנהגות האבל

יג. אין האבל צריך לעמוד אף מפני אדם חשוב[11], אבל צריך לעמוד מפני ספר תורה.

יד. כשהאבל עומד אין לומר לו "שב", שעלול להישמע – שב באבלות שלך[12].

טו. אסור לאדם לפגוע בעצמו, לשרוט את גופו, למרוט שערותיו או לקרוח קרחה מתוך הצער על המת. יסוד האיסור הוא בציווי התורה "לֹא תִתְגֹּדְדוּ וְלֹא תָשִׂימוּ קָרְחָה בֵּין עֵינֵיכֶם לָמֵת" (דברים יד, א), לֹא יִקְרְחוּ קָרְחָה בְּרֹאשָׁם... וּבִבְשָׂרָם לֹא יִשְׂרְטוּ שָׂרָטֶת" (ויקרא כא, ה). גדידה היא חתך או שריטה בעור הנעשית מתוך הצער על המיתה, והיא מחוקות הגויים. חלק מקבלת דינו של הבורא היא הבעת הצער בגבולות סבירים, והימנעות מהפרזה העלולה לפגוע באדם עצמו. (עיין באוצר המושגים ערך **לא תתגודדו**).

העוסקים בהספד... הם עומדים ומתפללים והאבל עומד ומצדיק עליו את הדין, ואומר: ריבון העולמים, הרבה חטאתי לפניך ולא נפרעת ממני אחד מני אלף. יהי רצון מלפניך ה' אלקינו, שתגדור פרצותינו ופרצות כל עמך בית ישראל ברחמים.

אמר אביי: **לא צריך אדם לומר כך. שכך שנו משמו של רבי יוסי: לעולם אל יפתח אדם פיו לשטן.**

ברכות יט, א

רב שמואל בר יהודה מתה לו בתו. אמרו חכמים לעולא: עמוד ונלך לנחמו. אמר להם: מה לי אצל נחמת הבבליים, שאינה אלא גידוף. שהם אומרים: "מה אפשר לעשות". אבל אילו היו יכולים – היו עושים.

בבא קמא לח, א

טז. לא יאמר האדם – "לא נפרעתי כפי מעשי" (כלומר "מגיעים לי יסורים, בגלל מעשי הרעים"), או כיוצא בדברים אלו, שלא יפתח פה לשטן. גם לא יאמר "מה לעשות" שעלול להשמע כגידוף כלפי מעלה[13]. חלק מעקרונות האמונה הישראלית הוא קבלת דינו של ריבונו של עולם, שכל משפטיו צדק ואמת. גם במקרים שנדמה לנו שאנו מבינים את פעולות ה' בעולם, וגם ובפרט כשאין לנו את היכולת להבין זאת.

לקיחת חפצים מבית האבל

יז. יש נוהגים לא להוציא חפצים מבית האבל כל השבעה, מפני רוח רעה השורה שם. ויש שאין חוששים לכך כיון שאין למנהג זה שום עיקר[14].

11 רמ"א על שלחן ערוך יורה דעה סימן שעו, א. ובילקוט יוסף (סימן כא, ו) הביא ארבעה טעמים שונים לפטור זה: או מפני שהאבל טרוד בצערו ולכן פטרוהו; או מפני שאין זו קימה של הידור, שהאבל קרנו מעולל בעפר; או מפני שהאבל הוקש למלך, שמיסב בראש (כתובות סט, ב); או כדי למנוע מצב שבו יאמרו לאבל "שב" כמבואר בהלכה הבאה. אמנם לפי מסקנתו רשאי האבל לקום מפני תלמיד חכם או זקן.

12 הגהות הרמ"א על שלחן ערוך יורה דעה סימן שעו, ב.

13 רמ"א שם.

14 כל בו על אבלות עמוד 262. ילקוט יוסף סימן כח, ח. פני ברוך סימן י, ו.

יא. ניחום אבלים

אֶבְחַר דַּרְכָּם וְאֵשֵׁב רֹאשׁ וְאֶשְׁכּוֹן כְּמֶלֶךְ בַּגְּדוּד כַּאֲשֶׁר אֲבֵלִים יְנַחֵם

איוב כט, כה

אמר רבי חמא ברבי חנינא: מאי דכתיב "אַחֲרֵי ה' אֱלֹהֵיכֶם תֵּלֵכוּ"? וכי אפשר לו לאדם להלך אחר שכינה, והלא כבר נאמר "כִּי ה' אֱלֹהֶיךָ אֵשׁ אֹכְלָה הוּא"?! אלא הלך אחר מדותיו של הקדוש ברוך הוא ... הקדוש ברוך הוא ניחם אבלים דכתיב "וַיְהִי אַחֲרֵי מוֹת אַבְרָהָם וַיְבָרֶךְ אֱלֹהִים אֶת יִצְחָק בְּנוֹ", אף אתה נחם אבלים.

סוטה יד, א

כשמת בנו של רבן יוחנן בן זכאי, נכנסו תלמידיו לנחמו. נכנס רבי אליעזר וישב לפניו ואמר לו: רבי, רצונך שאומר דבר אחד לפניך? אמר לו: אמור. אמר לו: אדם הראשון היה לו בן ומת, וקיבל עליו תנחומין. ומנין שקיבל עליו תנחומין? שנאמר "וַיֵּדַע אָדָם עוֹד אֶת אִשְׁתּוֹ" (בראשית ד, כה), אף אתה קבל תנחומין. אמר לו: לא די לי שאני מצטער בעצמי, אלא שהזכרת לי צערו של אדם הראשון?!

נכנס רבי יהושע ואמר לו: רבי, רצונך אומר דבר אחד לפניך? אמר לו: אמור. אמר לו: איוב היו לו בנים ובנות ומתו כולם ביום אחד וקיבל עליהם תנחומין, אף אתה קבל תנחומין. ומנין שקיבל איוב תנחומין שנאמר "ה' נָתַן וַה' לָקָח יְהִי שֵׁם ה' מְבֹרָךְ" (איוב א, כא). אמר לו: לא די לי שאני מצטער בעצמי אלא שהזכרת לי צערו של איוב?!

נכנס רבי יוסי וישב לפניו, אמר לו: רבי, רצונך אומר דבר אחד לפניך? אמר לו: אמור. אמר לו: אהרן היו לו שני בנים גדולים ומתו שניהם ביום אחד וקיבל עליהם תנחומין שנאמר "וַיִּדֹּם אַהֲרֹן" (ויקרא י, ג). אין שתיקה אלא תנחומין, ואף אתה קבל תנחומין. אמר לו: לא די לי שאני מצטער בעצמי אלא שהזכרתני צערו של אהרן?!

נכנס רבי שמעון ואמר לו: רבי, רצונך אומר דבר אחד לפניך? אמר לו: אמור. אמר לו: דוד המלך היה לו בן ומת וקיבל תנחומין, ואף אתה קבל תנחומין. ומנין שקיבל דוד תנחומין? שנאמר "וַיְנַחֵם דָּוִד אֵת בַּת שֶׁבַע אִשְׁתּוֹ וַיָּבֹא אֵלֶיהָ וַיִּשְׁכַּב עִמָּהּ וַתֵּלֶד בֵּן וַתִּקְרָא אֶת שְׁמוֹ שְׁלֹמֹה וַה' אֲהֵבוֹ" (שמואל ב, יב, כד). אף אתה רבי קבל תנחומין. אמר לו: לא די שאני מצטער בעצמי אלא שהזכרתני צערו של דוד המלך?!

נכנס רבי אלעזר בן ערך. כיון שראהו אמר לשמשו טול כלי ולך אחרי לבית המרחץ לפי שאדם גדול הוא ואיני יכול לעמוד בו. נכנס וישב לפניו ואמר לו: אמשול לך משל למה הדבר דומה, לאדם שהפקיד אצלו המלך פיקדון. בכל יום ויום היה בוכה וצועק ואומר: אוי לי אימתי אצא מן הפיקדון הזה בשלום. אף אתה רבי, היה לך בן שקרא תורה מקרא נביאים וכתובים משנה הלכות ואגדות ונפטר מן העולם בלא חטא, ויש לך לקבל תנחומין כשהחזרת פקדונך שלם. אמר לו: רבי אלעזר בני, נחמתני כדרך שבני אדם מנחמין.

אבות דרבי נתן פרק יד

מצות ניחום אבלים מתחילה כבר בבית הקברות לאחר סתימת הגולל. המנחמים עומדים בשתי שורות ואומרים את מילות הניחום בזמן שהאבלים עוברים ביניהם. המשך המצוה הוא בביקור המנחמים בבית האבלים.

מצות ניחום אבלים היא מצוה חברתית. יש בה הבעת השתתפות בצער האבלים ובכך היא עשויה להקל על האבלים. הן מצד עצם ההגעה לבית האבלים וההתייחסות אליהם, המביעה הזדהות עם רגשותיהם. הן מצד ההתייחסות המכובדת לנפטר והדיבור בשבחו.

ההשתתפות החברתית והקהילתית סביב בית האבלים נותנת מסגרת של תמיכה נפשית ועידוד, המסייעים לאבלים לעבור את פרק האבלות. היחיד מרגיש שאינו נעזב לנפשו ושאינו מתמודד לבד עם צערו, הרגשה שהיא חיונית במיוחד בשעת משבר. בניחום אבלים יורדות מחיצות חברתיות של מעמד ושל כבוד, המכובד מנחם את הפשוט והפשוט מנחם את המכובד. גם אבלים שביקורי תנחומים מטרידים אותם בשעת מעשה, מגלים לאחר מעשה שהביקורים משמשים מקור לסיפוק ולכבוד.

התמיכה החברתית היא גם פיזית ממשית – יש קהילות שבהן החברים והמנחמים מביאים אתם אוכל, עוזרים בסידור הבית ובנקיונו, במיוחד כאשר הבית מלא מבקרים, דואגים לטפל בילדים, בקניות ובסידורים הכרחיים לאבלים שהאבלים לא יכולים לטפל בהם בעצמם.

בנוסף לתמיכה באבלים, גם הקהילה התומכת מקבלת הרגשה של אחדות, ליכוד חברתי וסיפוק[1].

התיחסות נוספת לניחום אבלים מובאת בפרק סו **החוכמה הנשכחת של הנחמה**.

כיצד מנחמים

דְּרָכָיו רָאִיתִי וְאֶרְפָּאֵהוּ וְאַנְחֵהוּ וַאֲשַׁלֵּם נִחֻמִים לוֹ וְלַאֲבֵלָיו

ישעיהו נז, יח

עיקר התנחומין הוא כשיתן החי אל לבו, שזה המת זכה לרב טוב הצפון לצדיקים, וכי הוא נעתק מן עולם האפל אל האור הנצחי

כלי יקר על בראשית לז, לה

לא תמיד פנוי האבל לשיחת רעים. לעתים רבות העומס הרגשי הרב מעיק עד כדי חוסר אפשרות לשיחה ספונטנית. לכן ממתינים שהאבל יפתח ראשון בשיחה. יזמתו של האבל מראה את רצונו ליצור קשר של שיחה עם המנחם. למעשה, גם אנחה או רמיזה מצד האבל כלפי המנחמים עשויה להספיק כדי להתחיל בשיחה.

א. **מצוה גדולה לנחם אבלים, והיא גמילות חסדים עם החיים ועם המתים[2].**

ב. **אין המנחמים רשאים לפתוח בדברים עד שיפתח האבל[3].** לומדים זאת מרעי איוב שבאו לנחמו, "וַיֵּשְׁבוּ אִתּוֹ לָאָרֶץ שִׁבְעַת יָמִים וְשִׁבְעַת לֵילוֹת וְאֵין דֹּבֵר אֵלָיו דָּבָר כִּי רָאוּ כִּי גָדַל הַכְּאֵב מְאֹד: אַחֲרֵי כֵן פָּתַח אִיּוֹב אֶת פִּיהוּ", רק לאחר מכן הרעים מדברים (איוב ב, יג)[4]. גם לשתיקה עשויה להיות משמעות חזקה של הזדהות והשתתפות בצער, באין מילים להביע את עומק הרגשות. **אם ניכר למנחמים שאין באפשרות האבל לפתוח בדיבור, מתחילים הם לדבר בשבח הנפטר[5].**

---

1 על פי ספר קץ החיים (מעמוד 213 ואילך).

2 לכן ניחום אבלים קודם לביקור חולים כשאי אפשר לקיים את שניהם. אבל כשאפשר לקיים שניהם, ביקור חולים קודם שעל ידי כך מחייה את החולה (רמ"א יורה דעת סוף סימן שלה ושפתי כהן שם).

3 שלחן ערוך יורה דעה סימן שעו, א.

4 מועד קטן כה, ב.

5 ילקוט יוסף סימן כו, ו. תשובת הרב וולדנברג שהביא גם מעשה רב מהחזון איש שהיה פותח בדברים כשהבחין שקשה לאבל לדבר מעוצר יגון ומיראת הכבוד (קונטרס אהל חנה בסוף ספר פני ברוך עמוד תעב).

ג. **אין אומרים "שלום" לאבל, לא בתחילת השיחה ולא בסופה**, שלום הוא לשון שלמות. אי אפשר לומר שלום לאבל כיון שהאבל אינו בשלום אלא בצער. הרחבה ופירוט בעניין זה מובאים לקמן מעמוד 160.

ד. **האבל יושב על שרפרף, כסא נמוך, או על מזרון ולא על כסא רגיל. והמנחמים יושבים על כסא כרגיל.** גם גילוי זה של צער מופיע בפסוק שצוטט לעיל לגבי איוב ורעיו: "וַיֵּשְׁבוּ אִתּוֹ לָאָרֶץ". ובאמת מצד עיקר הדין גם המנחמים צריכים היו לשבת על גבי קרקע, וכמו שמופיע בפסוק. אך אם אמר להם האבל לשבת על ספסלים, רשאים כיון שהאבל מחל על כבודו. ולכן כעת המנחמים לא יושבים על הקרקע, שמסתמא מחל להם האבל[6]. הרחבה ופירוט בעניין זה מובאים לקמן עמוד 167.

ה. **צריך להקפיד לא להכביד על האבלים, בפרט במצבים שבהם באים מנחמים רבים במשך היום והלילה. לכן מוטב להיות רגישים מתי לבוא ועד כמה להישאר. אם המבקרים מכבידים על האבל, אינם רשאים להישאר שם**[7]. ניחום אבלים מעודד ותומך, אך לעתים עלול להתיש. במיוחד כשיש הרבה מנחמים במשך היום וגם עד מאוחר בלילה. מותר לאבלים ללכת לנוח מדי פעם, ולעשות תורנות ביניהם מי יקבל את המנחמים. יש גבול עדין, בו מחד גיסא יש לכבד את המנחמים שטרחו ובאו במיוחד לנחם, ומאידך גיסא יש לאפשר לאבלים הפוגות הכרחיות למנוחה, מנוחת הנפש ומנוחת הגוף.

ו. **כשנפרדים מהאבלים, אומרים משפט נחמה. מנהג עדות המזרח לומר: "מן השמים תנוחמו". מנהג בני תימן לומר: "תנוחמו מן השמיח" ררויחה לרית האבל וגם ביציאה. האשכנזים נהגו לומר בפרידתם מהאבלים: "המקום**[8] **ינחם אתכם בתוך שאר אבלי ציון וירושלים" (ולא תוסיפו לדאבה עוד**[9]**)**[10]**. האבלים יכולים לענות "אמן".**

יש זיקה קבועה בין היחיד מישראל לבין הכלל. בשיא השמחה הפרטית של חתן וכלה, אנו מצהירים "אִם אֶשְׁכָּחֵךְ יְרוּשָׁלָם תִּשְׁכַּח יְמִינִי", ושוברים כוס לזכר החורבן.

גם באבלות היחיד אנו מעלים את זכר ירושלים – "המקום ינחם אתכם בתוך שאר אבלי ציון וירושלים".

יש יסוד סמלי עמוק בקישור בין הממד הלאומי בעם ישראל לבין הממד האישי. כל בניין אישי – כמו חופה וקידושין, נתפס כחלק ממימוש בניין הבית הלאומי – גאולה וקיבוץ גלויות. על כן אמרו חז"ל שכל המשמח חתן וכלה כאילו בנה אחת מחורבות ירושלים. כך הם דברי הגמרא[11] על פי פסוקי ירמיהו[12]:

---

6 דרישה על טור יורה דעה סימן שפז. מובא בשפתי כהן שם.

7 שלחן ערוך יורה דעה סימן שעו, א.

8 בפשטות "המקום" הוא אחד הכינויים לקב"ה. אך אפשר לבאר ש"המקום" הוא המקום הרוחני בו נמצא הנפטר בעולם העליון, המקום והמדרגה הרוחנית שהנפטר זכה להגיע אליהם בזכות מעשיו ופעולותיו הטובות; מקום זה הוא מקור הנחמה שיש לאבלים. (על פי ילקוט יוסף סימן כו הערה ג).

9 הכנסנו משפט זה בתוך סוגריים מפני **הערת הרב נבנצל שליט"א** שאין לזה מקור.

10 המנהג העממי לומר "שלא תדעו עוד צער", אין לו מקור. וראוי לומר את הניחום היהודי המזכיר שם שמים. כיון שיש מנחמים שאינם יודעים לומר את הנוסח ועלולה להגרם מבוכה, יש בתי אבלים שבהם כותבים את הנוסח באופן שבו המנחמים יוכלו לראותו ולאמרו.

11 ברכות ו, א.

12 ל"ג, י'- י"א.

כֹּה אָמַר ה' עוֹד יִשָּׁמַע בַּמָּקוֹם הַזֶּה אֲשֶׁר אַתֶּם אֹמְרִים חָרֵב הוּא מֵאֵין אָדָם וּמֵאֵין בְּהֵמָה בְּעָרֵי יְהוּדָה וּבְחֻצוֹת יְרוּשָׁלִַם הַנְשַׁמּוֹת מֵאֵין אָדָם וּמֵאֵין יוֹשֵׁב וּמֵאֵין בְּהֵמָה: קוֹל שָׂשׂוֹן וְקוֹל שִׂמְחָה קוֹל חָתָן וְקוֹל כַּלָּה קוֹל אֹמְרִים הוֹדוּ אֶת ה' צְבָאוֹת כִּי טוֹב ה' כִּי לְעוֹלָם חַסְדּוֹ מְבִאִים תּוֹדָה בֵּית ה' כִּי אָשִׁיב אֶת שְׁבוּת הָאָרֶץ כְּבָרִאשֹׁנָה אָמַר ה'.

הפסוק, ובעקבותיו גם חז"ל, קושרים בין הבניין הפרטי לבניין הלאומי.
לא רק בשמחה יש שיתוף, אלא גם באבלות. כל חורבן אישי הוא חלק מן החורבן הלאומי. ועל כן מנחמים את האבלים על מת פרטי – "המקום ינחם אתכם בתוך שאר אבלי ציון וירושלים". הקישור הוא קבוע, בעת שמחה ובעת צער.
במיוחד בא קישור זה לידי ביטוי אצל מי שנפל בקרב או נהרג באירוע על רקע לאומי, מפני היותו שייך לעם ישראל. האבלות נתפסת אז, לא רק בממד האישי – המשפחתי, אלא בהתייחסות לאומית רחבה וכוללת.

ז. **אמנם מצד עיקר הדין אין יוצאים ידי חובת ניחום בטלפון, במכתב או במברק. אך אם אי אפשר להגיע, הרי שעדיף לפחות להביע תנחומים באופנים אלו**[13].

ח. **לא ינחם אבל שהוא שונאו, שלא יחשוב ששמח לאידו**[14]. מאידך, יש לבחון כל מקרה לגופו. לעתים, לאחר הכנה מתאימה על ידי גורם שלישי שיברר מראש אצל האבל אם ניחא לו בניחום כזה, דווקא מחווה מצד המנחם עשויה לקרב לבבות. והדברים עדינים ומורכבים ויש לברר היטב מצבים כאלו.

ט. **מנחמים אבלים גויים מפני דרכי שלום**[15].

י. לעתים משפחות כותבות "נא להימנע מביקורי תנחומים", והמבוכה רבה. מחד גיסא, החברים רוצים לכבד את רצון המשפחה, ולא רוצים לכפות את עצמם על האבלים. מאידך גיסא, לרוב בני האדם ניחום בזמן האבלות הוא צורך חיוני, העשוי לסייע מאוד לאבלים להתגבר על כאבם וצערם, לנסות לחזור למסלול החיים התקין, ולא לשקוע באבל ובצער מעבר למידה. ככלל ניתן גם לומר, שלעתים דווקא אלו הכותבים להימנע מביקורי תנחומים, הם אלה הזקוקים לכך ביותר; וחוסר האפשרות הנפשית להתמודד עם המצב הקשה, בא לידי ביטוי גם בחוסר יכולת ורצון לפגוש מנחמים. ומכתיב בסופו של דבר את ההודעה להימנע מביקורי תנחומים. אך כשמגיעים המנחמים בכל זאת, מתברר שהביקור והניחום מתקבלים ברצון, באופן שהוא ממש חיוני לאבלים. לפעמים מצהירים להימנע מביקורי תנחומים, כדי לסנן מבקרים פחות מקורבים, ולראות מי בכל זאת יגיע. אפשר לגשש בזהירות וברגישות דרך המקורבים לאבלים, אם ניתן להתקרב אליהם בכל זאת. אולי לאחר יום או יומיים, האבלים נמלכו בדעתם, ואז חשוב מאוד לבקרם ולקיים מצות ניחום אבלים. ניתן גם לנסות ולבקר את האבלים באופן בלתי פורמלי לאחר שעברו ימי השבעה, כדי לחזקם ולתמוך בהם. אפשר גם לכתוב מכתב תנחומים קצר לאבלים כדי להביע הזדהות, כבוד ורגישות, השתתפות ותמיכה.

---

13 צרור החיים פיסקה קמה. ובילקוט יוסף (סימן כו, ט) כתב שאם הניחום הוא מדין יקרא דשכבי, לא יועיל ניחום דרך הטלפון, אבל אם הניחום הוא יקרא דחיי – מועיל. ולכן אם אינו יכול להגיע, לפחות ינחם את האבלים דרך הטלפון, ויקיים בזה יקרא דחיי.

14 רמ"א יורה דעה סימן שלה, ב.

15 שלחן ערוך יורה דעה סימן שסז, א. וראה באוצר המושגים ערך **דרכי שלום**.

זמן הניחום

יא. **יש נוהגים שאין מנחמים בשלושת הימים הראשונים[16], ויש שאין מקפידים בכך.** הטעם, שאז עיקר הצער בשיא עצמתו. והוא מעין מה שאמרו חכמים במסכת אבות (פרק ד, כג) "אל תרצה את חברך בשעת כעסו ואל תנחמהו בשעה שמתו מוטל לפניו". אמנם כבר אין מתו מוטל לפניו, אבל בגלל חריפות ועזות הרגש באותם הימים, יש הממתינים לאחר שיעברו שלושה ימים; ובאותם הימים מתיחדים האבלים עם עצמם ועם יגונם רק במחיצת אנשים קרובים ביותר או עם בני המשפחה. נראה שיש להתייחס לכל מקרה לגופו, ונודעת משמעות רבה גם לטיב הקשר בין האבלים לבין מי שרוצים לבוא ולנחמם. יש אבלים הזקוקים לתמיכה ולתנחומים דווקא בשעות הקשות ביותר, ובפרט מקרובי משפחה ומחברים קרובים.

יב. **לכתחילה לא נהגו לנחם בשבת וביום טוב, אך במקום צורך מותר לבוא לביקור אצל האבלים, כדי להרגיע את לבם בדברי נחמה[17]. בשבת אומרים "שבת היא מלנחם ונחמה קרובה לבוא".**

יג. **אם לא ניחמוֹ תוך שבעה יכול תוך שלושים, ועל אביו ואמו עד שנים עשר חודש. לאחר זמן זה אין מדבר עמו תנחומים כדרכו אלא רק אומר לו בקיצור "תתנחם"[18].** לרוב, כשנפגשים עם מי שלא ניחמוהו בשבעה פותחים בהתנצלות על אי ההגעה. אפשר במקום זאת לפתוח בדברי ניחומים, ולקיים תחילה מצות ניחום אבלים.

עצות למתנחמים

כדאי להכין מחברת למנחמים בה יוכלו לכתוב תנחומים וזכרונות. יש משפחות שירצו לשמור מכתבים, מברקים, מודעות אבל וקטעי עתונות למזכרת. יש כאלו שירצו להקליט סיפורים על הנפטר מפי חברים ומכרים. לעתים אין מודעות לכך בתוך השבעה, ולאחר השבעה מתעוררים לכך ומנסים לשחזר וללקט את שנאמר ונשלח. כאן גם המקום של החברים לחשוב ולסייע לאבלים בעניין זה.

כשנפטר בנו של ריש לקיש, הלכו לבית האבל לנחמו. אמר רב חייא בר אבא למתורגמן: קום אמור דברים כנגד שבחו של הקב"ה, פתח ואמר: האל הגדול ברוב גדלו, אדיר וחזק ברוב נוראות, מחיה מתים במאמרו, עושה גדולות עד אין חקר ונפלאות עד אין מספר, ברוך אתה ה' מחיה המתים.

אמר לו: קום אמור דברים כנגד האבלים, פתח ואמר: אחינו המיוגעים המדוכאין באבל הזה, תנו לבבכם לחקור את זאת, זאת היא עומדת לעד, נתיב הוא מששת ימי בראשית, רבים שתו רבים ישתו, כמשתה ראשונים כך משתה אחרונים, אחינו, בעל נחמות ינחם אתכם, ברוך מנחם אבלים.

---

16 גשר החיים פרק כ, ה, ה. **הערת הרב נבנצל שליט"א** – אדמו"ר זללה"ה (הגרש"ז אויערבך זצ"ל) אמר שאין לכך מקור. על כל פנים גם הנמנעים מלבוא סתם, באים לתפילות.

17 שלחן ערוך אורח חיים סימן רפז, על פי הגמרא במסכת שבת (יב, ב) "בקושי התירו לנחם אבלים בשבת". ילקוט יוסף סימן כו, ב. **הערת הרב נבנצל שליט"א** – נהגו שבשבת באים רק המקורבים.

18 שלחן ערוך יורה דעה סימן שפה, ב.

אמר לו: קום אמור דברים כנגד מנחמי אבלים, פתח ואמר: אחינו גומלי חסדים בני גומלי חסדים, המחזיקים בבריתו של אברהם אבינו. אחינו, בעל הגמול ישלם לכם גמולכם, ברוך אתה משלם הגמול.

אמר לו: קום אמור דברים כנגד כל ישראל, פתח ואמר: ריבון העולמים, פדה והצל, מלט, הושע את עמך ישראל מן הדבר ומן החרב ומן הביזה, ומן השדפון ומן הירקון, ומכל מיני פורעניות המתרגשות ובאות לעולם, טרם נקרא ואתה תענה, ברוך אתה עוצר המגפה.

כתובות ח, ב

יב. תפילה בבית האבל

המקור לתפילה בבית האבל נסמך על מה שאמר רב יהודה (מסכת שבת קנב, א-ב): מת שאין לו מנחמים, באים עשרה בני אדם ויושבין במקומו כל שבעת ימי האבלות. בהמשך הגמרא שם מסופר על אדם שהיה בשכנות לרב יהודה ונפטר, ולא היו לו מנחמים. כל שבעת ימי האבלות אסף רב יהודה עשרה אנשים וישבו במקומו. לאחר שבעה ימים נראה המת בחלום לרב יהודה ואמר לו: תנוח דעתך שהנחת את דעתי. וכתב בספר מעבר יַבֹּק[1] שמסתבר שאסף עשרה כדי להתפלל במניין. בפשטות, כיון שהאבל אינו יוצא מביתו כל שבעה, מתפללים בבית האבל.

כללים:

א. מצוה להתפלל במניין בבית שנפטר בו המת, והוא חסד עם הנפטר ועם האבלים. וכשאין אפשרות להתפלל שם כגון אם נפטר בבית החולים, נוהגים להתפלל במקום שהאבלים יושבים בו שבעה.

ב. מצוה לקיים מניין במקום שהאבלים יושבים כדי לאפשר להם להתפלל בציבור ולומר קדיש בלי שיצטרכו לצאת מביתם.

ג. אם אין אפשרות לקיים מניין בבית הנפטר, עדיף לשבת שבעה במקום אחר שבו יוכלו לקיים מניין[2].

ד. כיום נהגו האבלים שאין להם מניין בביתם, ללכת לבית הכנסת גם בימי חול[3], כדי להתפלל במניין ולומר קדיש[4].

ה. יש מי שכתב שבישוב קטן אין לקיים מניין בבית האבל אם הדבר יגרום לביטול המניין בבית הכנסת[5]. ויש מי שכתב שבכל זאת עדיף לקיים את המניין בבית האבלים[6].

ו. האבל מצטרף למניין גם ביום הראשון לאבלות למרות שאינו מניח תפילין.

פרטי הלכות לתפילת הציבור:

ברכת כהנים

ז. לפי מנהג האשכנזים, הכהנים אינם נושאים כפיהם בבית האבל. והטעם, כיון שהכהן המברך צריך להיות בשמחה כשמברך, ובית האבל הוא מקום צער ועצבות. והחזן אומר "אלהינו ואלהי אבותינו ברכנו בברכה המשולשת" וכו'. הכהנים יוצאים לפני "רצה"[7], ואם בכל זאת קראו להם "כהנים" – עולים לדוכן.

---

1 מאמר עתר ענן הקטרת פרק א.

2 צרור החיים פיסקה עט.

3 **הערת הרב נבנצל שליט"א** – וישתדלו לילך בצנעה ועם שומר.

4 ילקוט יוסף סימן כט, ג, בשם הריטב"א (מועד קטן כג, א).

5 צרור החיים פיסקה קמח.

6 חיים וחסד פרק י, יח, בשם רבי דוד פרדו.

ח. מנהג עדות המזרח שהכהנים נושאים את כפיהם בבית האבל, אבל האבל עצמו אינו נושא את כפיו[8].

ט. מנהג יש בירושלים שאפילו האבל עצמו עולה לדוכן לברך, אפילו ביום חול ובפרט בשבת. במיוחד יש לכך מקום אם אין כהן אחר שיברך והמצוה עלולה להתבטל, או במקרה שיש רק כהן אחד והאבל מצטרף אליו לברך, כיון שיש דעה שהמצוה מתקיימת רק כאשר שני כהנים מברכים[9].

תחנון

י. אין אומרים "תחנון" (וידוי) בבית האבל, גם אם האבלים לא מתפללים שם באותו זמן[10]. הטעם שאין אומרים תחנון, משום ששבעת ימי האבל הושוו לשבעת ימי החג, כמו שכתוב "וְהָפַכְתִּי חַגֵּיכֶם לְאֵבֶל" (עמוס ח, י). וכמו שאין אומרים תחנון בחג, כך אין אומרים בבית האבל[11]. טעם נוסף הוא כדי שלא לעורר את מידת הדין בבית האבל[12]. כלומר, יש בתפילה חלקים המסמלים חסד, כגון השבח לה' המוזכר בתפילה, וכן הבקשות בתפילה שהן בקשת חסד מריבונו של עולם. התחנון לעומת זאת, הוא וידוי של האדם על חטא או על שגיאות שעשה; והוא עלול לגרום לאדם הנמכה מסוימת, החיונית בזמנים רגילים לצורך בדיקה עצמית ותיקון המעשים. אך לאבלים, הנמצאים ממילא בזמן קשה של שפלות רוח, אין לעורר אצלם תחושות כאלה מעבר למידה.

יא. אם האבל בא לבית הכנסת בתוך השבעה, הציבור אומר תחנון והאבל אינו אומר[13]. ואם האבל שליח ציבור בבית הכנסת, גם הציבור אינו אומר תחנון[14].

יב. אין אומרים "אל ארך אפים" וכן "למנצח מזמור לדוד יענך ה' ביום צרה" בבית האבל, גם אין אומרים ב"ובא לציון" פסוק "ואני זאת בריתי". מהטעם הקודם שאין לעורר מידת הדין בבית האבל, לכן אין מזכירים "ביום צרה". אין מזכירים "ואני זאת בריתי" בבית האבל, שלא יראה ככורת ברית על הצער והאבלות. עוד כתבו שהטעם כיון שהאבל אסור בדברי תורה הנקראת בריח – "אם לא בריתי יומם ולילה", לכן אין אומרים פסוק זה[15]. ובשבת אומרים אותו כדי לא להראות אבלות בפרהסיה, והאבלים עצמם ידלגו בלחש[16].

יג. אומרים "יהי רצון" אחרי קריאת התורה.

קריאת התורה

יד. מותר להביא ספר תורה לבית האבל לצורך קריאת התורה. יש בתי כנסת שאפשר לשאול מהם ספר תורה, וצריך לבקש רשות מן הגבאים או מן הרב. יש לדאוג מראש למקום מכובד

---

7 ביאור הלכה על שלחן ערוך אורח חיים סימן קכח, מג, דיבור המתחיל יצא. אמנם בגשר החיים (פרק כ, ג, ה) כתב שיצאו לפני "הטוב שמך" (כלומר לפני שקראו להם "כהנים").

8 ילקוט יוסף סימן כט, ח.

9 גשר החיים שם; צרור החיים פיסקה קנא; שמירת שבת כהלכתה חלק ב, פרק סה, לא.

10 צרור החיים פיסקה קנד.

11 בית יוסף על אורח חיים קלא, (ד).

12 משנה ברורה סימן קלא, סעיף קטן כ.

13 משנה ברורה שם.

14 גשר החיים פרק כ, ג, יא. צרור החיים פיסקה קנה.

15 מעבר יַבֹּק מאמר עתר ענן הקטרת פרק א.

16 ילקוט יוסף סימן כט, יז.

ויציב, שאליו יובא הספר עוד לפני הקריאה ולשם יוחזר לאחר הקריאה, מיקום הספר יהיה גבוה לפחות עשרה טפחים (80 – 96 ס"מ) ועדיף להביאו בתוך ארון קודש נייד.

טו. אפשר להביא את הספר ביום הקריאה, וישהה שם הספר יום או יומיים[17], והמנהג לדקדק שיקראו בו לפחות שלוש פעמים[18]. יש להתנהג במקום שנמצא בו ספר התורה בכבוד ובאופן הולם.

טז. כשאין ספר תורה בבית האבל נהגו ללכת לאחר התפילה לבית הכנסת כדי להשלים את הקריאה בתורה, ואין האבל הולך עמהם[19].

סיום התפילה והוספות לתפילה

יז. נוהגים לומר "תתקבל צלותהון" וכו' בבית האבל, גם כאשר האבל הוא שליח הציבור[20].

יח. בסוף תפילת שחרית ומעריב (ויש הנוהגים אחרי שחרית ומנחה), נוהגים לומר מזמור מ"ט שבתהילים, במזמור זה מובאת התייחסות לגורל האדם לאחר מותו, והשתדלותו להגיע לחיי נצח. המשורר מנגיד את העשיר הבוטח ומתהלל בחילו וחושב שעושרו יצילנו לאחר מותו, לאדם המאמין הבוטח בה' ואינו מתירא מן המיתה, והוא מודה ומברך את ה' על כך.

לַמְנַצֵּחַ לִבְנֵי קֹרַח מִזְמוֹר: שִׁמְעוּ זֹאת כָּל הָעַמִּים הַאֲזִינוּ כָּל יֹשְׁבֵי חָלֶד: גַּם בְּנֵי אָדָם גַּם בְּנֵי אִישׁ יַחַד עָשִׁיר וְאֶבְיוֹן: פִּי יְדַבֵּר חָכְמוֹת וְהָגוּת לִבִּי תְבוּנוֹת: אַטֶּה לְמָשָׁל אָזְנִי אֶפְתַּח בְּכִנּוֹר חִידָתִי: לָמָּה אִירָא בִּימֵי רָע עֲוֹן עֲקֵבַי יְסוּבֵּנִי: הַבֹּטְחִים עַל חֵילָם וּבְרֹב עָשְׁרָם יִתְהַלָּלוּ: אָח לֹא פָדֹה יִפְדֶּה אִישׁ לֹא יִתֵּן לֵאלֹהִים כָּפְרוֹ: וְיֵקַר פִּדְיוֹן נַפְשָׁם וְחָדַל לְעוֹלָם: וִיחִי עוֹד לָנֶצַח לֹא יִרְאֶה הַשָּׁחַת: כִּי יִרְאֶה חֲכָמִים יָמוּתוּ יַחַד כְּסִיל וָבַעַר יֹאבֵדוּ וְעָזְבוּ לַאֲחֵרִים חֵילָם: קִרְבָּם בָּתֵּימוֹ לְעוֹלָם מִשְׁכְּנֹתָם לְדֹר וָדֹר קָרְאוּ בִשְׁמוֹתָם עֲלֵי אֲדָמוֹת: וְאָדָם בִּיקָר בַּל יָלִין נִמְשַׁל כַּבְּהֵמוֹת נִדְמוּ: זֶה דַרְכָּם כֵּסֶל לָמוֹ וְאַחֲרֵיהֶם בְּפִיהֶם יִרְצוּ סֶלָה: כַּצֹּאן לִשְׁאוֹל שַׁתּוּ מָוֶת יִרְעֵם וַיִּרְדּוּ בָם יְשָׁרִים לַבֹּקֶר וְצוּרָם לְבַלּוֹת שְׁאוֹל מִזְּבֻל לוֹ: אַךְ אֱלֹהִים יִפְדֶּה נַפְשִׁי מִיַּד שְׁאוֹל כִּי יִקָּחֵנִי סֶלָה: אַל תִּירָא כִּי יַעֲשִׁר אִישׁ כִּי יִרְבֶּה כְּבוֹד בֵּיתוֹ: כִּי לֹא בְמוֹתוֹ יִקַּח הַכֹּל לֹא יֵרֵד אַחֲרָיו כְּבוֹדוֹ: כִּי נַפְשׁוֹ בְּחַיָּיו יְבָרֵךְ וְיוֹדֻךָ כִּי תֵיטִיב לָךְ: תָּבוֹא עַד דּוֹר אֲבוֹתָיו עַד נֵצַח לֹא יִרְאוּ אוֹר: אָדָם בִּיקָר וְלֹא יָבִין נִמְשַׁל כַּבְּהֵמוֹת נִדְמוּ:

17 רמ"א אורח חיים סימן קלה, יד; ומשנה ברורה שם. ובילקוט יוסף (סימן כט, יב) כתב להקל להביאו אף באותו יום.

18 ערוך השלחן אורח חיים סימן קלה, לב. פני ברוך סימן י, כד. בקונטרס אהל חנה, בסוף ספר פני ברוך (עמוד תסה), כתב הרב הורוויץ שאין להקפיד לקרות שלש פעמים בספר התורה. אך יש להקפיד מאוד לנהוג בכבוד ספר התורה כראוי. גם בצרור החיים (פיסקה קנב) לא הצריך שיקראו בו שלש פעמים. אם כי לשיטתו צריך שילוו את ספר התורה עשרה אנשים ממקום למקום.

19 ילקוט יוסף סימן כט, יג. והוסיף שם שמי שיש לו אונס, כגון שממהר לעבודתו, פטור מלשמוע ספר תורה.

20 למרות שיש דעות שאם האבל שליח ציבור, לא יאמר תתקבל. גשר החיים פרק כ, ג, ח; ילקוט יוסף סימן כט, יא; פני ברוך סימן י, כג.

יט. בימים שאין אומרים תחנון אומרים במקומו מזמור ט"ז. המזמור מבטא את ביטחונו של האדם בה' גם לאחר פטירתו מן העולם. יש במזמור ביטויי שמחה: "לכן שמח לבי", "שובע שמחות"; ביטויים היכולים להאמר דווקא בימים שיש בהם ממד מסוים של שמחה, ימים שאין אומרים בהם תחנון.

מִכְתָּם לְדָוִד שָׁמְרֵנִי אֵל כִּי חָסִיתִי בָךְ: אָמַרְתְּ לַה' אֲדֹנָי אָתָּה טוֹבָתִי בַּל עָלֶיךָ: לִקְדוֹשִׁים אֲשֶׁר בָּאָרֶץ הֵמָּה וְאַדִּירֵי כָּל חֶפְצִי בָם: יִרְבּוּ עַצְּבוֹתָם אַחֵר מָהָרוּ בַּל אַסִּיךְ נִסְכֵּיהֶם מִדָּם וּבַל אֶשָּׂא אֶת שְׁמוֹתָם עַל שְׂפָתָי: ה' מְנָת חֶלְקִי וְכוֹסִי אַתָּה תּוֹמִיךְ גּוֹרָלִי: חֲבָלִים נָפְלוּ לִי בַּנְּעִמִים אַף נַחֲלָת שָׁפְרָה עָלָי: אֲבָרֵךְ אֶת ה' אֲשֶׁר יְעָצָנִי אַף לֵילוֹת יִסְּרוּנִי כִלְיוֹתָי: שִׁוִּיתִי ה' לְנֶגְדִּי תָמִיד כִּי מִימִינִי בַּל אֶמּוֹט: לָכֵן שָׂמַח לִבִּי וַיָּגֶל כְּבוֹדִי אַף בְּשָׂרִי יִשְׁכֹּן לָבֶטַח: כִּי לֹא תַעֲזֹב נַפְשִׁי לִשְׁאוֹל לֹא תִתֵּן חֲסִידְךָ לִרְאוֹת שָׁחַת: תּוֹדִיעֵנִי אֹרַח חַיִּים שֹׂבַע שְׂמָחוֹת אֶת פָּנֶיךָ נְעִמוֹת בִּימִינְךָ נֶצַח:

כ. עדות המזרח נהגו לומר צידוק הדין והשכבה לנפטר לאחר תפילת שחרית בכל יום שאומרים בו תחנון, ויש אומרים גם אחרי תפילת מנחה לפני השקיעה. יש שאומרים צידוק הדין גם ביום שלא אומרים בו תחנון, וכל מקום יעשה כמנהגו[21].

כא. נוהגים ללמוד משניות במשך ימי השבעה בבית האבל לעילוי נשמת הנפטר, בעיקר בין מנחה למעריב. נוהגים ללמוד פרקי משניות המתחילות באותיות שמו של הנפטר, ראה באוצר המושגים ערך **אלפא ביתא**. יש נוהגים ללמוד לאחר מכן ארבע משניות ממסכת מקוואות בפרק ז' (משניות ד – ה – ו – ז שסדרן אותיות נשמ"ה) לקמן עמוד 531, ואומרים תפילת "אנא" לקמן מעמוד 528, והאבל אומר קדיש דרבנן לקמן עמוד 274. ישנם ספרים מיוחדים עם משניות מסודרות לפי סדר א-ב לצורך לימוד בבית האבל. יש קהילות שבהן מחזיקים באופן קבוע ערכה של "גמ"ח ניחומים" עם ספרי המשניות וספרי הלכה בענייני אבלות, ומשאילים ערכות כאלו לבתי האבלים. אם קשה להם ללמוד פרקי משניות אלו, יכולים ללמוד משניות אחרות כי כולן מסוגלות לעילוי נשמה.

כב. כל לימוד תורה מסוגל לעילוי נשמה. לכן נהגו שאם בא תלמיד חכם לבית האבלים, יאמר דברי תורה לעילוי נשמת הנפטר.

בשבת ובמועדים

אמנם בארץ בדרך כלל לא נהגו לארגן מניין בשבת בבית האבל, כי אין אבלות בפרהסיה בשבת והאבלים יכולים לבוא לבית הכנסת[22]. אך בכל זאת הבאנו את ההלכות לצורך המקומות שנהגו להתפלל גם בשבת בבית האבל. אם האבל מתפלל בבית הכנסת, מובאות ההלכות לקמן, פרק 'שבת לאבלות', עמוד 172.

21 סידור קול אליהו עמוד 940.

22 הערת הרב יעקב אריאל שליט"א, בתוך "דרכה של היהדות במוות ובאבלות", עמוד 357.

כג. אומרים קבלת שבת גם בבית האבל. יש שנהגו שהאבל עצמו מתחיל רק מ"מזמור שיר ליום השבת"[23].

כד. אין אומרים ברכה מעין שבע בבית האבלים בערב שבת[24], ויש מי שכתב שבירושלים נהגו לאמרה[25].

כה. אחר קריאת התורה בבית האבל מזכירים נשמת הנפטר בתפילת "אל מלא רחמים" אפילו בשבת מברכים, שאז אין מזכירים נשמות שאר מתים [26].

כו. בשחרית אומרים שם "אב הרחמים" ובמנחה אומרים "צדקתך צדק"[27]. יש שבמנחה אין אומרים "ואני תפילתי".

כז. בשבת, בחול המועד ובפורים אין אומרים את המזמורים המיוחדים לבית האבל[28]. במוצאי שבת לאחר מעריב אומרים מזמור ט"ז.

כח. במוצאי שבת אומר "המבדיל בין קודש לחול" וחולץ מנעליו, ועובר לפני התיבה[29]. ויש נוהגים שחולץ אחר תפילת מעריב[30].

כט. בראש חודש לפי מנהג האשכנזים אין אומרים "הלל" בבית האבל. וטעם הדבר מפני שכל מהותו של ההלל היא הודאה על אותו הזמן, ולכן אומרים בהלל "זֶה הַיּוֹם עָשָׂה ה' נָגִילָה וְנִשְׂמְחָה בוֹ", והאבלים נמצאים בזמן שלא מתאים לומר בו הלל. טעם נוסף שמובא הוא בגלל הפסוק "לֹא הַמֵּתִים יְהַלְלוּ יָהּ", שלא ישמע כלעג לרש – למתים שלא יכולים להלל. המתפללים שאינם אבלים ישלימו את קריאת ההלל לאחר התפילה מחוץ לבית האבל, ועדיף להשלים בבית הכנסת[31]. מנהג עדות המזרח לומר הלל בראש חודש בבית האבל, חוץ מאשר האבל עצמו שאינו אומר[32].

ל. אם חל ראש חודש ביום השביעי לאבלות, יכולים לומר לאבל את פסוקי הנחמה לאחר חזרת הש"ץ, ויקום מאבלותו, ואז יוכל האבל לומר את ההלל כדרכו[33].

לא. בחנוכה אין אומרים הלל בבית האבל, אבל הציבור צריכים לאומרו אחר כך בביתם[34]. ויש אומרים שהציבור יאמרו בבית האבל חוץ מאשר האבל שאינו אומר[35]. ויש אומרים

23 גשר החיים פרק כ, ג, ט. פני ברוך סימן כג, ו. שמירת שבת כהלכתה חלק ב פרק סה, יג.

24 שלחן ערוך אורח חיים סימן רסח, י.

25 ילקוט יוסף סימן כט, טז.

26 מגן אברהם על שלחן ערוך אורח חיים סימן רפד, ז.

27 שמירת שבת כהלכתה שם, טז.

28 שם, יח.

29 רמ"א על שלחן ערוך אורח חיים סימן תקנג, ב; גשר החיים פרק כ, ג, ט; שמירת שבת כהלכתה שם, הלכה לג.

30 ילקוט יוסף סימן לד, ח.

31 צרור החיים פיסקה קנ.

32 ילקוט יוסף סימן כט, יד. והוסיף שם שלפי מנהג ירושלים, אם מתפללים במקום שנפטר המת, הציבור יוצא לחדר אחר לקרות את ההלל וחוזר לאחר מכן. ואם נפטר בבית חולים או בבית אחר, אינם צריכים לצאת כלל.

33 ילקוט יוסף שם.

34 מגן אברהם על שלחן ערוך אורח חיים סימן קלא, סעיף קטן י.

35 משנה ברורה סימן תרפג ושערי תשובה שם. ובגשר החיים (פרק כ, ג, ז) הביא דעות שגם האבל יאמר אחר כך לבדו את ההלל.

שגם האבל יאמר הלל בברכה כדרכו[36]. וטעם הדבר כיון שהלל בראש חודש הוא מנהג, אבל הלל בחנוכה הוא מעיקר הדין ולכן יש לאמרו גם בבית האבל.

לב. אומרים "אבינו מלכנו" בעשרת ימי תשובה, אף על פי שאין אומרים תחנון. בסליחות מקצרים ואין אומרים מ"זכור רחמיך" עד "שמע קולנו" ואומרים שלושה פסוקים ראשונים מ"שמע קולנו" ומפסיקים"[37].

פרטי הלכות לאבל עצמו

לג. האבל, אף על פי שאסור בנעילת הסנדל, מברך ברכת "שעשה לי כל צרכי".

לד. מעיקר הדין אבל כהן אינו נושא את כפיו בתוך השבעה, בין בחול בין בשבת, אלא יצא חוץ לחדר קודם ברכת כהנים[38]. ויש אומרים שבשבת נושא את כפיו כדי לא להראות אבלות בפרהסיה[39]. וכבר הוזכר לעיל עמוד 119 שמנהג ירושלים שיש כהנים אבלים הנושאים כפיהם גם בימי החול שבתוך השבעה.

לה. האבל אינו עולה לתורה גם אם הוא כהן או לוי ואין אחר[40], ואפילו אם קראו לו בשמו לעלות לא יעלה. ואינו צריך לצאת מהחדר אף אם הוא כהן יחיד[41].

לו. מותר לאבל להוציא ולהכניס ספר תורה, וכן מותר לכבדו בהגבהה או בגלילה. וכשמכבדים אותו בהגבהה מותר לו אחר כך לשבת על כסא עם ספר התורה.

לז. מותר לו לברך ברכת "הגומל", וכן מותר לו לברך ברכת "שהחיינו" על פרי חדש אם לא יוכל למצאו לאחר השבעה, וכן הדין לגבי ברכת "הטוב והמטיב"[42].

לח. אין לאבל לקדש את הלבנה אם יוכל לקדשה אחר ימי אבלו, קידוש לבנה בא לתאר את שמחת ההתחדשות בבריאה, והשמחה עלולה לבוא בניגוד גמור לרגשי האבלות וסיום החיים. לכן אם ניתן הדבר, ממתינים עד חלוף השבעה כדי לקדש את הלבנה. ואם לא ישאר זמן מותר לו לצאת מביתו ולקדש, אבל יאמר רק את הברכה ולא יאמר "שלום עליכם" ואת שאר התוספות[43], ויש אומרים שמותר לאחרים לומר "שלום עליכם" לאבל בקידוש לבנה[44].

36 ילקוט יוסף סימן כט, יד.
37 גשר החיים פרק כ, ג, ד.
38 שלחן ערוך אורח חיים סימן קכח, מג.
39 ילקוט יוסף סימן כט, ח.
40 שלחן ערוך יורה דעה סימן שפד, ב.
41 ילקוט יוסף סימן כב, יח.
42 כל בו על אבלות עמוד 281. ילקוט יוסף סימן לח, י.
43 משנה ברורה סימן תכו, סעיף קטן יא. שמירת שבת כהלכתה חלק ב, פרק סה, לו.
44 ילקוט יוסף סימן כג, ז. צרור החיים פיסקה קמט.

האבל כשליח ציבור

לט. האשכנזים וחלק מעדות המזרח נוהגים שאבל על אביו ואמו מתפלל כשליח ציבור במשך כל שנת האבל. גם על שאר קרובים יכול להיות שליח ציבור אם אין אחר שיתפלל[45].

מ. לפי מנהג האשכנזים, האפשרות המובחרת היא שאבל על אב ואם יעבור לפני התיבה ויתפלל כשליח ציבור[46]. אם אינו יודע לעבור לפני התיבה במשך כל התפילה, יכול לעבור לפני התיבה רק מ"אשרי" "ובא לציון" ואז יכול לומר קדיש תתקבל, בתנאי שיאמר בקול רם באופן שהציבור יענו אחריו יחד "קדוש קדוש קדוש" וגם "ברוך כבוד ה' ממקומו"[47].

מא. מצד הדין אין חובה על האבל להיות שליח ציבור. לכן אם קשה לו לכוון בתפילתו כשהוא שליח ציבור, או שאין לו כוח לעבור לפני התיבה, אינו מחויב בכך. מאידך, יש בכך מעלה גדולה אם הוא מסוגל לכך. ולכן ישקול כיצד הוא רוצה לנהוג. אפילו אם יזדמן לו מדי פעם, תבוא עליו ברכה[48].

מב. אם אינו עובר כלל לפני התיבה, מסתפק בקדיש יתום. גם מי שעובר לפני התיבה אומר קדיש יתום.

מג. כשיש כמה אחים אבלים בבית האבל, אין צורך לסדר מניין עבור כל אחד מהם כדי שיוכל לשמש כשליח ציבור, אלא יעשו ביניהם תורנות. כשיש שני אבלים בבית הכנסת, מותר לציבור להתחלק לשני מניינים באופן מכובד ומסודר, כדי לאפשר לשני האבלים לעבור לפני התיבה[49]. ואם רוצים, מותר לחלק את המניינים גם בבית האבל, כדי לאפשר לשני אבלים לשמש כשליחי ציבור[50].

מד. אין האבל צריך לשנות את מקום תפילתו הקבוע כדי לחזר אחר מקום שיוכל לעבור לפני התיבה, אלא יעבור לפני התיבה במניינו הקבוע כשיזדמן לו. חוץ מיום השנה שאז יחזור אחר מקום אחר שיוכל לעבור שם לפני התיבה. וכן אם כדי לעבור לפני התיבה יצטרך להתפלל במהירות ותיגרע כוונתו, יתפלל במתינות כהרגלו ולא יעבור לפני התיבה[51].

מה. סדר עדיפויות לעבור לפני התיבה לפי מנהג האשכנזים: אבל בתוך שבעה קודם לכל השאר. אבל בתוך שלושים קודם לאבל תוך השנה. בעל יארצייט (יום השנה) קודם

---

45 שלחן ערוך יורה דעה סימן שפד, ג. גשר החיים פרק כ, ג, ב. ילקוט יוסף סימן כט, ד; ובסימן לא, ו. פני ברוך סימן י, יט. בספר צרור החיים עמוד 75 ובפיסקה רטו כתב שמנהג עדות המזרח שאין האבל על אב ואם מתפלל כשליח ציבור, אלא אם כן אין אחר שיוכל לשמש כשליח ציבור, כפשטות לשון השלחן ערוך.

46 הגהות הרמ"א על שלחן ערוך יורה דעה סימן שעו, ד.

47 גשר החיים פרק ל, ח, ג.

48 על פי צרור החיים פיסקה רטו.

49 ילקוט יוסף סימן לא, ז – ח, בשם הגרש"ז אויערבך (הליכות שלמה, תפילה עמוד רכג ועמוד ס).

50 צרור החיים פיסקה קנג.

51 ספר הלכות אבלות פרק ג, רלח, בשם הגרש"ז אויערבך.

לאבל בתוך השנה[52]. מתפלל קבוע בבית הכנסת קודם לאורח, גם אם האורח בעדיפות מבחינת האבל (למשל אבל בתוך השנה קודם לאורח בתוך השלושים).

מו. מי שמתפלל בדרך כלל בנוסח אחד ומשמש כשליח ציבור בבית כנסת שמתפללים בו בנוסח אחר, יתפלל בלחש בנוסח שרגיל בו ובחזרת הש"ץ יתפלל מתוך הסידור בנוסח בית הכנסת ויש חולקים[53]. אבל הנכנס לבית כנסת שאינו מכיר, כדאי שיברר מראש מהו הנוסח ומהו הסידור לפיו מתפללים. כמו כן כדאי לברר, מהו מנהג המקום לגבי נוסחים שונים או שליחי ציבור הרגילים להתפלל בדרך כלל בנוסח אחר מהמקובל באותו בית כנסת. אם יש "מנהג המקום" שיש לו בסיס הלכתי, יש ללכת לפיו.

מז. יש להיזהר מאוד שלא להגיע לריב ומחלוקת בכלל, ולעניין קדיש ולעבור לפני התבה בפרט. שהרי מחלוקת וריב גורמים לחילול השם, ומטרת התפילה והקדיש היא לקדש את השם ולהוסיף בכבוד שמים.

מח. נהגו שאין האבל עובר לפני התיבה בשבת ויום טוב בתוך השנה, למרות שאין איסור בדבר[54] יפורט לקמן מעמוד 206, אבל אומר קדיש יתום. לפי מנהג עדות המזרח האבל יכול לעבור לפני התיבה גם בחגים ובשבתות[55].

מט. נהגו שהאבל עובר לפני התיבה במוצאי שבת הוא הזמן בו הנשמות חוזרות לגיהנום לאחר הפוגת השבת, וכשהבן מתפלל ומקדש שם ה' ברבים, יכול לפדות אביו ואמו מן הגיהנום.

נ. יש מי שכתב שיש להשתדל בכל תפילת מעריב לעבור לפני התיבה, שאז יש התגברות הדינים[56]. יש מי שכתב שאין לעבור לפני התיבה בכל שלוש התפילות של כל יום ויום, אלא די באחת מהן. ועדיף בתפילת מעריב מהטעם הנ"ל[57].

נא. יש שנהגו שהאבל ישתדל לעלות למפטיר בשנת האבל[58], אם יודע לקרוא בטעמים כראוי. ויש להיזהר ממחלוקות בשל כך, וראוי לוותר כדי למנוע מחלוקת[59].

---

52 גשר החיים פרק ל, י. ומשמע ממנו שבעל היארצייט קודם לאבל תוך שלושים. צרור החיים פיסקה רטז.

53 פני ברוך סימן לה, ג, בשם שו"ת שואל ומשיב והנצי"ב. ובאגרות משה (אורח חיים חלק ב, כט) כתב שאין לשליח הציבור לשנות בין הנוסח בלחש ובין מה שיתפלל בקול רם. עיין שם בפני ברוך בהערה.

54 רמ"א יורה דעה סימן שעו, ד.

55 צרור החיים פיסקה רטו.

56 קיצור שלחן ערוך סימן כו, א.

57 האדמו"ר ממונקץ' בספר נשמת ישראל דף תקעג. מצוטט באוצרות התורה חלק שני, מנהגי אבלות עמוד 1026.

58 רמ"א יורה דעה סימן שעו, ד. צרור החיים עמוד 88, סעיף 5. ובפיסקה רטו. בשמירת שבת כהלכתה (חלק ב, פרק סה הערה קלז*) נתן טעם שברכות ההפטרה יש בהן מעין צידוק הדין. **הערת הרב נבנצל שליט"א** – וגם מזכה את הציבור בעניית אמן.

59 ילקוט יוסף סימן מ, לז – לח.

יג. דיני אמירת הקדיש

תרגום הקדיש, הסברו, הקשר של הקדיש לאבלות, סוגי הקדישים השונים ומתי הם נאמרים – מובא לקמן בפרקי עיון והגות בעמוד 267. דיני הקדיש מפורטים בשלחן ערוך בעיקר בחלק אורח חיים סימנים נה – נו, כאן יובאו בעיקר ההלכות הקשורות לקדיש הנאמר על ידי האבלים.

אמנם הקדיש אינו תפילה על המת ולא בא להנציח את זכרו, אלא בא לשבח לפאר לרומם ולנשא את שמו הגדול של הבורא בעולם, ושייך לסדרי התפילה הקבועים. אולם אמירת הקדיש על ידי האבלים עושה נחת רוח גדולה לנפש הנפטר, ומלמדת עליו זכות, לכן מזכים את האבלים, ובעיקר יתומים, לומר את ה"קדיש דרבנן" הבא כחתימה ללימוד תורה, כדי שילמדו זכות על הנפטר (כמבואר בפרקי העיון דלקמן).

כמה קדישים אומרים והיכן

א. כל ציבור וכל יחיד צריך לשמוע בכל יום לפחות שבעה קדישים[1]. ובשם המקובלים והאר"י הביאו שצריך שנים עשר, וכיום נוהגים לומר שלושה עשר קדישים בכל יום[2].

ב. אין להרבות בקדישים מעבר למה שמוזכר בהלכה[3].

ג. האבלים נהגו לומר קדיש דרבנן בשחרית בתחילת התפילה לאחר "רבי ישמעאל אומר: בשלש עשרה מידות...". בנוסח אשכנז מוסיפים קדיש לאחר "מזמור שיר חנוכת הבית לדוד". לקראת סיום תפילת שחרית אומרים קדיש לאחר "שיר של יום", וקדיש דרבנן לאחר "אין כאלוהינו" ו"פיטום הקטורת". האשכנזים מוסיפים קדיש גם אחרי "עלינו לשבח".

ד. במנחה ובמעריב עדות המזרח אומרים קדיש לפני "עלינו לשבח", והאשכנזים אומרים אחרי "עלינו לשבח". האשכנזים המתפללים בנוסח ספרד מוסיפים קדיש במעריב גם לפני "עלינו לשבח". חלק מעדות המזרח מוסיפים חצי קדיש לאחר "עלינו לשבח".

ה. במקומות שאומרים שיר השירים בכניסת השבת, האבלים אומרים לאחריו קדיש.

ו. האבלים אומרים קדיש אחרי קבלת שבת. עדות המזרח ונוסח אשכנז מוסיפים קדיש דרבנן אחרי "במה מדליקין".

ז. בראש חודש אומרים קדיש אחרי "ברכי נפשי", ובשבת ובחג אחרי "אנעים זמירות". אומרים קדיש יתום אחרי קידוש לבנה.

במועדי השנה לא יפורט כאן עקב ריבוי הנוסחים והמנהגים, וינהג כל אדם לפי מנהג עדתו כפי שמופיע בסידורים ובמחזורים, ובהתאם לבית הכנסת שהוא מתפלל בו.

1 בית יוסף ריש סימן נה, בשם האגור ושבלי הלקט.

2 גשר החיים פרק ל, ז, א. וראה פירוט על כך לקמן בפרקי עיון והגות עמוד 272.

3 בערוך השלחן (אורח חיים סימן נה, ג) כתב: "יש מהמון בני ישראל שסוברים שמצוה להרבות בקדישים, וכמה טועים הם, וקורא אני עליהם "תשתפכנה אבני קדש בראש כל חוצות", ואין משתמשים בשרביטו של מלך מלכי המלכים הקב"ה רק כפי מה שהרשה אותנו, והמרבה בהם מזלזל בהדרת קדש...".

ח. אם האבל עלה אחרון לתורה, אומר חצי קדיש אחרי קריאת התורה בשחרית (אבל אחר קריאת התורה במנחה אין אומרים קדיש), ומצד עיקר הדין יכול לומר קדיש גם אם לא עלה לתורה[4].

ט. מותר לאבל לומר קדיש באמצע פסוקי דזמרה אם לא ימצא אחר כך מניין לומר קדיש[5].

י. אם האבל אינו שליח ציבור לכל התפילה, יכול לעבור לפני התיבה רק מ"אשרי ובא לציון" ואז יכול לומר קדיש תתקבל. במקרה כזה עליו להקפיד לומר בקול רם "וקרא זה אל זה ואמר" כדי שהציבור יענו יחד "קדוש קדוש קדוש". וכן יאמר בקול "ואשמע אחרי קול רעש גדול", כדי שהציבור יענו יחד "ברוך כבוד ה' ממקומו"[6].

יא. אם האבל אחר לבית הכנסת ואין לו שהות להתפלל קודם שיגיע הציבור ל"קדושא דסידרא" ("ובא לציון גואל"), יכול לעבור לפני התיבה ולומר "קדושא דסידרא" עם הציבור ולאחריו קדיש תתקבל[7] באופן שפורט בהלכה הקודמת.

יב. אבל הבא לבית הכנסת ומצא מניין ראשון בסוף התפילה, יוכל לומר קדיש גם במניין זה אף על פי שאינו מתפלל עמהם, וגם במניין השני שמתפלל בו[8].

יג. האבל אומר קדיש דרבנן לאחר לימוד אגדה. לכן נהגו לומר אחרי לימוד תורה את המשנה "רבי חנניא בן עקשיא אומר", שהיא מענייני אגדה, ולאחריה קדיש דרבנן הנקרא גם "יהא שמיה רבה דאגדתא"[9].

יד. לכתחילה צריך שכל העשרה ישתתפו בלימוד[10], אך בדיעבד ניתן לומר קדיש דרבנן גם אם לא היו עשרה בלימוד אלא רק בקדיש[11].

מקצת דיני הקדיש

טו. אומרים קדיש רק במניין עשרה. התחילו לומר בעשרה ויצאו מקצתם, אם נשארו שישה (רוב מניין) גומרים את הקדיש שהתחילו בו. מכל מקום עבירה היא לצאת ועליהם נאמר "ועוזבי ה' יכלו", אבל אם נשארו עשרה מותר לצאת[12]. אם אחד מהעשרה מתפלל ולא יכול לענות, בכל זאת מצטרף להשלים את המניין[13].

4 גשר החיים פרק ל, ח, ב. בצרור החיים (פיסקה רעו) כתב שהוא מנהג עדות המזרח, אך כאמור מופיע מנהג זה גם בגשר החיים.

5 פני ברוך סימן לד, יט, בשם אביו שהביא מהאורחות חיים.

6 גשר החיים פרק ל, ח, ג.

7 פני ברוך שם בשם פחד יצחק.

8 במראה הבזק חלק ד סימן קיז, בשם חלקת יעקב.

9 סוטה מט, א.

10 מגן אברהם על שלחן ערוך אורח חיים, תחילת סימן רלד.

11 טורי זהב על שלחן ערוך אורח חיים סימן נה, סעיף קטן ג. גשר החיים פרק ל, ח, יא.

12 שלחן ערוך ורמ"א, אורח חיים סימן נה, א – ב.

13 שלחן ערוך אורח חיים סימן נה, ו.

טז. אבל המאריך בתפילתו בדרך כלל, צריך להזדרז בתפילה כדי שיוכל לומר קדיש[14].

יז. יש לומר את הקדיש בקול רם. אולם אדם צרוד שקשה עליו הדבר, יכול לומר את הקדיש בלחש ולהצטרף לאחרים האומרים את הקדיש בקול רם[15].

יח. אומר קדיש מעומד, ויכוון רגליו כמו שמתפלל שמונה עשרה.

יט. בסוף הקדיש פוסע האומר שלוש פסיעות לאחריו, לאחר מכן אומר "עושה שלום במרומיו" (ולא תוך כדי הפסיעות)[16]. הטעם לפסיעות בסוף הקדיש מפני שהוא כתלמיד הנפטר מרבו דרך כבוד, ורק לאחר כמה פסיעות עם פניו כלפי רבו, נפנה והולך לו. זה הטעם גם לפסיעות בסוף תפילת שמונה עשרה.

כ. האבלים יכולים להתאמן בבית על אמירת הקדיש, כדי שיוכלו לאמרו כראוי, ובפרט קדיש דרבנן שבו עלולים לטעות יותר[17].

כא. עשרה יהודים לועזים, ואין מי שיודע לומר בלשון הקודש, להוציא אותם ידי חובתם, אחד מהם יכול להיות שליח ציבור ולומר קדיש וקדושה בלשון לע"ז[18]. למעשה נוהגים גם מי שאינם יודעים עברית לומר את הקדיש כלשונו, כשמילותיו כתובות בלועזית אך ההגייה היא כלשון הקדיש המקורית.

מי אומר ועל מי אומרים

כב. עיקר התועלת בקדיש היא על ידי בני הנפטר[19]. ואם אין לו בנים, יכולים לומר חתניו או בני הבנים לאחר שיקבלו רשות מהוריהם. ואם אין לו, יאמר אביו. ואם אין לו אב, יאמר אחיו או קרוב אחר. אם אין קרוב שיאמר, יכול לומר גם אדם אחר. רצוי שהאחר יאמר בשכר[20], גם משום שבשכר ישנה יותר מחויבות מצד אומר הקדיש, גם משום שזו זכות יתרה לנפטר וגם למשפחתו שמשקיעה מאמץ ומשאבים עבורו. כאשר ממנים אדם עני שיאמר בשכר, יש בזה גם מצות צדקה. בכל אופן, אם ישנם בנים, מצוה עליהם להתאמץ ולומר את הקדיש בעצמם ולא לפטור עצמם על ידי תשלום.

כג. אותו אדם שאומר בשכר, יאמר בבוקר קודם התפילה שכל הקדישים שיאמר במשך היום יהיו לעילוי נשמת פלוני בן פלוני. הכוונה היא שהקדישים הם לכבוד ה' יתברך, אלא שזכותם תהיה לפלוני בן פלוני.

יש מי שכתב[21] שיאמר נוסח זה:

14 צרור החיים פיסקה רעה.

15 ילקוט יוסף סימן ל, יד.

16 שלחן ערוך אורח חיים סימן נו, ה.

17 באגרות משה (אורח חיים חלק ב, נו) כתב שגם גדול הצריך להתלמד מותר לומר ברכות בשם ומלכות, כדי שלא יטעה. ומסתבר שהוא הדין בקדיש.

18 משנה ברורה סימן נה, א, בשם תשובת דבר שמואל.

19 רמ"א על שלחן ערוך יורה דעה סימן שעו, ד.

20 בית יוסף סוף סימן תג. גשר החיים פרק ל, ח, ז. ילקוט יוסף סימן ל, יט, כב.

21 כך מובא בספר הקדיש עמוד קסו, בשם כף החיים (אורח חיים סימן נה, ב), אך בכף החיים לא מצאתי נוסח זה, אלא כתוב שיאמר שהוא לעילוי נפש רוח ונשמה של פלוני, ויהי נועם וכו' (שם, סעיף ל).

יְהִי רָצוֹן מִלְּפָנֶיךָ ה' אֱלֹהַי וֵאלֹהֵי אֲבוֹתַי, שֶׁתָּחוּס וְתִמְחֹל וּתְרַחֵם בְּרֹב חֲסָדֶיךָ עַל נֶפֶשׁ רוּחַ וּנְשָׁמָה שֶׁל (פְּלוֹנִי בֶּן פְּלוֹנִי), וּלְמַעַן הַקַּדִּישִׁים שֶׁאָמַרְתִּי אֲנִי עַבְדְּךָ הַיּוֹם הַזֶּה, תְּבַטֵּל כָּל הַמְקַטְרְגִים וְהַמַּשְׂטִינִים וְיַעַמְדוּ מְלִיצֵי יֹשֶׁר לְהַמְלִיץ טוֹב עַל נַפְשׁוֹ רוּחוֹ וְנִשְׁמָתוֹ, וְיִלָּוֶה אֲלֵיהֶם הַשָּׁלוֹם וְיֵשְׁבוּ בִּמְנוּחַת שָׁלוֹם הַשְׁקֵט וָבֶטַח, וְתַגְבִּיר חַסְדְּךָ עַל מִדַּת הַדִּין וִימְתְּקוּ הַגְּבוּרוֹת הַקָּשׁוֹת עַל יְדֵי פֶּלֶא הָעֶלְיוֹן שֶׁהוּא חֲסָדִים גְּדוֹלִים וְרַחֲמִים גְּמוּרִים.

יִהְיוּ לְרָצוֹן אִמְרֵי פִי וְהֶגְיוֹן לִבִּי לְפָנֶיךָ ה' צוּרִי וְגֹאֲלִי.

כד. בהרבה מקומות נהגו שמי שיש לו אב ואם אינו אומר קדיש יתום. אבל אם ההורים לא מקפידים על כך אפשר לומר, וצריך לבקש מהם רשות.

כה. מי שנפטר בנו או בתו, מעיקר הדין אינו צריך לומר קדיש. אבל אם מרגיש צורך לומר קדיש, ובפרט אם נפטרו צעירים או שלא השאירו אחריהם בנים שיאמרו קדיש, יכול לומר עליהם קדיש במשך שנים עשר חודש. וכן הדין על אחיו שיכול לומר עליו קדיש, אם אביהם אינו מקפיד על כך[22].

כו. אחי הנפטר יכולים לומר קדיש יחד עם בניו של הנפטר. אביו ואחיו של הנפטר יכולים לומר קדיש יחד, אם האב אינו מקפיד[23].

כז. כיון שמצוה על הבן לומר קדיש לעילוי נשמת אמו, אין לאב למחות בבנו מלומר קדיש לעילוי נשמת האם. אם בכל זאת האב מקפיד, לא יאמר הבן קדיש יתום, ויוכל להיות שליח ציבור ולומר את הקדישים של שליח הציבור[24]. וירבה בלימוד תורה לעילוי נשמת אמו.

כח. מי שנפטרה אשתו אינו מחויב אך רשאי לומר עליה קדיש. ואם מתה בלא בנים שיאמרו עליה קדיש, נכון שיאמר הבעל קדיש על אשתו במשך שנים עשר חודש[25].

כט. נפטר אדם שהיו לו רק בנות, יכולים חתניו או נכדיו לומר עליו קדיש, אם הוריהם לא מקפידים על כך. אך יש לדאוג שמישהו יקבל על עצמו את אמירת הקדיש באופן מסודר[26].

ל. יתום קטן והוא בן יותר משש שנים, שהגיע לחינוך ויודע למי מברכים וגופו נקי[27], נכון לחנכו ולהרגילו לומר קדיש יתום על אביו ואמו. וכשיש ספק אם יודע למי מברכים, ימתינו עד שיגיע לגיל תשע. בקדישים שבתפילה נכון שהחזן יאמר עמו את הקדיש מלה במלה, אבל בקדיש של רשות יכול האבל הקטן לומר לבד[28]. פשוט שקטן לא יכול

22 ילקוט יוסף סימן ל, לה, לז.

23 צרור החיים פיסקה ערב – רעג.

24 רמ"א יורה דעה סימן שעו, ד. ובילקוט יוסף (סימן מא, א) כתב שישמע לאביו רק אם האב חושש לסכנת חייו, אך אם בגלל כעס על האם ציוהו שלא לומר קדיש, לא ישמע לו, שהרי זה כאומר לבנו לעבור על דברי תורה שאין שומעים לו ועיין עוד שם פרטי הלכות.

25 ילקוט יוסף סימן ל, לו.

26 צרור החיים פיסקה ער.

27 ילקוט יוסף סימן ל, יח.

28 כף החיים סימן נה, כא.

להיות שליח ציבור ולא יכול לומר קדישים של שליח הציבור. קטן שגדל מפורט דינו לקמן עמוד 256.

לא. אפשר לומר קדיש לעילוי נשמת כמה נפטרים[29]. לכן, במקום שאין מי שיאמר קדיש, אפשר לבקש ממי שכבר אומר קדיש, שיאמר ויתכוון גם לעילוי נשמת אדם נוסף.

לב. כיון שאפשר לומר קדיש לעילוי נשמת כמה נפטרים, מי שהתחיל לומר קדיש בשכר לעילוי נשמת אדם שנפטר, ולאחר מכן נפטר קרובו, יכול להמשיך ולומר קדיש אחד על שניהם[30].

לג. יש מי שכתב שהאומר קדיש בשכר עבור כמה נפטרים, יכול לומר באופן שלכל נפטר יהיה לפחות קדיש אחד בכל יום. וטוב שיאמר מראש לקרובי הנפטר שהתחייבותו היא על קדיש אחד ליום, משום שיותר לא צריך. שהרי במקומות שנהגו לחלק את הקדישים בין האבלים, היו מצבים בהם האבל היה אומר רק קדיש אחד ליום[31].

לד. אדם שיוצא למילואים או ישהה במקום שלא יוכל לומר קדיש. אם יש לו אחים נוספים שאומרים קדיש די בכך. אם הוא היחיד שאומר, ישכור אדם אחר שיאמר עבורו[32].

לה. אומרים קדיש גם על קטן שהיה בר דעת, ואפשר לומר קדיש גם על תינוק. אך אין אומרים קדיש על תינוק שנפטר בתוך שלושים יום וגם אין מתאבלים עליו. והטעם כיון שבתוך שלושים יום ללידתו לא נחשב התינוק כבר קיימא. כמובא לקמן בעמוד 145.

לו. בן מאומץ יכול וראוי שיאמר קדיש על הוריו המאמצים[33].

לז. גר צדק יכול לומר קדיש לזכר אביו או אמו הגויים, ונכון שינהג כך. למרות שחובת הקדיש היא רק על ישראל שנפטר, הרי כיון שהקדיש הוא שבח וקילוס לה', אין איסור לאמרו גם לזכר נשמת גוי. כמו כן יש בכך גם הכרת תודה מצד הבן הגר לאביו ולאמו שהביאוהו לחיי העולם הזה. וכן מותר לומר קדיש לנשמת גוי שהציל יהודים בשואה[34].

לח. אומרים קדיש גם על אדם רשע וגם על מי שאיבד עצמו לדעת[35]. כיון שגם באב רשע שייך הדין של "**ברא מזכה אבא**" – הבן מזכה את האב. ובן חייב בכבוד אביו הרשע, (כמו שמובא ברמב"ם – הלכות ממרים פרק ו, יא).

לט. אין אומרים קדיש על מומר, אולם אם נהרג המומר על ידי גויים, בניו אומרים עליו קדיש[36].

29 הגהות הרמ"א על שלחן ערוך יורה דעה שעו, ד. גשר החיים פרק ל, ח, ח.

30 ילקוט יוסף סימן ל, כג. והוסיף שם שיכול להמשיך ולקבל שכר עבור הקדיש לנפטר הראשון.

31 אגרות משה, יורה דעה חלק א, רנד.

32 צרור החיים פיסקה רעז.

33 ילקוט יוסף סימן ל, כד.

34 שם, כה – כו.

35 גשר החיים פרק ל, ח, י. בספר במראה הבזק (חלק ה, צב) כתבו לומר קדיש גם על מי שציוה לשרוף את גופתו לאחר מותו, על אף חומרת מעשהו.

36 רמ"א יורה דעה סוף סימן שע"ו. והטעם כתב בדרכי משה שם שהריגתו מכפרת עליו. ובנטעי גבריאל (חלק ב, פרק מ, ד) כתב לומר קדיש גם על מומר כדי לכפר על עוונו ולהצילו מרדת שחת.

מ. ממזר רשאי לומר קדיש על אביו ועל אמו, ויאמר גם בחודש השנים עשר[37].

מא. מי שציוה שלא לאמר עליו קדיש אחר פטירתו, בכל זאת יש לומר עליו קדיש[38].

מב. אפשר לומר קדיש גם על מי שספק אם נפטר. אך אם הוא אדם נשוי אין אומרים עליו קדיש יתום כל זמן שבית דין לא התיר את אשתו להינשא. העיקרון הוא שאין נוהגים אבלות ולא אומרים קדיש במקרים של ספק, מחשש שמא על ידי האבלות או הקדיש יצא קול שאדם זה נפטר בוודאות, ועל ידי כך אשתו תינשא בטעות. וע"ע לקמן בפרק על שבויים ונעדרים, מעמוד 251.

מג. אם הנפטר לא השאיר בן אלא בת, והיא קטנה מתחת לגיל שתים עשרה, היו קהילות שהתירו לה לומר קדיש יתום בבית הכנסת, והיו קהילות שלא התירו בבית הכנסת אלא רק במניין בבית פרטי[39], ויש שאסרו בכל מקרה[40]. ומנהג זה, שבנות יאמרו קדיש, לא נתפשט כלל בארץ ישראל[41].

אמירת קדיש על ידי כמה אבלים יחד

מד. במצב שיש כמה אומרי קדיש יתום, יש שלושה מנהגים: אחד מעולה, אחד טוב ואחד גרוע.

המנהג המעולה הוא לחלק את הקדישים בין האבלים, כך שבכל פעם אומר אבל אחד בלבד קדיש, וזה מועיל על כלל מתי ישראל. יש כללי קדימה המבוארים בפוסקים כיצד מחלקים את הקדישים בין האבלים[42]. גם על פי כללים אלו אי אפשר "לחטוף" קדיש מאדם אחר, כי כבר כתבו הפוסקים שמי שאמר קדיש המגיע לחברו, לא הועיל למי שהוא אמר בשבילו

---

37 נטעי גבריאל חלק ב, פרק מ, יא, בשם שו"ת דברי סופרים. הטעם כיון שיש עליו מצות כיבוד אב ואם, וכיון שנולד באיסור יאמר גם בחודש שנים עשר לכפר על הוריו.

38 ילקוט יוסף סימן מא, ג. אמנם בפתחי תשובה (יורה דעה סימן שמד, סעיף קטן א) הביא דעה שיש לציית לציווי האב. אולם כיון שעיקר הטעם לאמירת הקדיש הוא לקדש את שם ה' בעולם, אין סמכות לשום אדם לצוות להימנע מכך, ולכן יש לומר קדיש (ע"ע בפני ברוך סימן לד הערה ו).

39 גשר החיים פרק ל, ח, ה. מביא שם מקורות מבאר היטב אורח חיים סימן קלב, ומשו"ת חוות יאיר המובא בפתחי תשובה ליורה דעה סימן שעו, ג; ומשדי חמד אבלות סימן קס. ובספר אור לאבל (עמוד 148) הביא ממשפטי עוזיאל אורח חיים מהדורה תניינא סימן יב, ומהרב הענקין בהפרדס לח חוברת ו סימן מה.

40 ילקוט יוסף סימן ל, כא.

41 "לאחרונה הנושא מועלה על הפרק. בנות להורים שלא השאירו אחריהם בן זכר מעוררות את השאלה בדבר אמירת קדיש על ידן. אישה דתית מודרנית פעילה יותר בחיים הדתיים הקהילתיים והיא מרגישה גם מחויבות רבה יותר למורשתה הרוחנית של משפחתה. יש לכך שני היבטים. האחד – רצון כן ואמיתי להנציח את זכר האב או האם על ידי אמירת קדיש. השני – אינו נוגע כלל לזכר ההורים, אלא הוא נובע מעימותים חברתיים כלליים, והקדיש אינו אלא הזדמנות להשתמש בו ככלי לויגוח ראמצעותו את סדרי בית הכנסת. כידוע, קיימת בבית הכנסת הפרדה (גם ווקאלית) בין גברים לנשים, כדי שכל אחד יוכל להתייחד עם קונו, ללא נוכחותו של מין אחר. יש להבחין בין המניעים השונים. המניע הראשון ראוי להתחשבות, אך במסגרת ההלכה. דהיינו, אישה יכולה לומר קדיש בעזרת נשים, כאשר בו זמנית גברים אומרים קדיש בעזרת גברים. אולם המניע השני ראוי לו שיידחה למחוזות אחרים. אין לנצל את הנפטר למאבקים חברתיים שלא כאן מקומם". תשובת הרב יעקב אריאל שליט"א, בתוך "דרכה של היהדות במוות ובאבלות", עמוד 358.

42 כמפורט לעיל לגבי שליח ציבור (עמוד 124 הלכה מה), וביתר פירוט בהגהות הרמ"א יורה דעה סימן שעו, ד; בביאור הלכה לאורח חיים סימן קלב; בקיצור שלחן ערוך סימן כו; בגשר החיים פרק ל פיסקה י.

אלא למי שהיה באמת מגיע לו. מלבד זאת צריך לדעת שקדיש אחד עולה לכמה מתים, ואם כן אין מקום לתחרות או למחלוקת מי יאמר את הקדיש[43].

המנהג הטוב הוא, שכל האבלים אומרים יחד את הקדיש מילה במילה, באופן שכל הציבור יוכל לענות יחד "אמן" ו"אמן יהא שמיה רבא מבורך"[44].

המנהג הגרוע הוא שכולם אומרים יחד, כל אחד בקצב שלו, מבלבלים את הציבור, ואת אומרי הקדיש האחרים. על ידי כך מחטיאים את מטרת הקדיש – לשבח את שמו של הקדוש ברוך הוא בעולם.

לכן יש לחלק את הקדישים בין האבלים, או לאומרם יחד מילה במילה בקול רם ובמתינות. וישנם בתי כנסיות שכל האבלים עומדים יחד במקום אחד כדי שיוכלו לומר את הקדיש במתואם[45].

מה. בן עדות המזרח המתפלל במניין אשכנזי, או להיפך, לא ישנה מהנוסח שרגיל בו אם הוא היחיד האומר קדיש. אולם מותר לבן עדות המזרח המתפלל במניין אשכנזי, לקצר את נוסח "יהא שלמא" כפי האשכנזים, אם הוא אומר את הקדיש יחד עם מתפללים אשכנזים, כדי שיסיימו כולם ביחד[46].

למעשה נהגו לומר כל אדם בנוסח שלו ולהמתין למי שאומר נוסח ארוך יותר. על מנת להתאים את קצב הקדישים בין הנוסחים השונים של העדות, נציין שני מקומות עיקריים שיש להמתין בהם: בתחילת הקדיש יש להמתין לנוסח ספרד ולנוסח עדות המזרח האומרים "ויצמח פורקניה ויקרב משיחיה". ולקראת סיום הקדיש ב"יהא שלמא רבא" להמתין לנוסח עדות המזרח ששם הנוסח ארוך יותר.

מו. כשכמה אבלים אומרים קדיש יחד, והאחד מקדים את חברו, אם השומע ענה אמן לאחד תוך כדי דיבור של חברו, עולה האמן לשניהם. ואם ההפסק ביניהם יותר מתוך כדי דיבור, עונה על כל קדיש בנפרד[47].

מז. כשאומרים קדיש בבית האבל, מותר למנחמים לומר קדיש יחד עם האבלים.

כמה זמן נאמר

מח. האשכנזים אומרים קדיש לעילוי נשמת אב ואם במשך אחד עשר חודש[48], גם בשנה מעוברת, ויש יחידים שנהגו שנים עשר חודש פחות שבוע[49]. עדות המזרח אומרים קדיש אחד עשר חודש, מפסיקים מלומר במשך שבוע, וחוזרים לומר קדיש עד סיום שנים עשר חודש[50]. הטעם שנהגו לומר פחות משנים עשר חודשים מלאים, לפי שאמרו חז"ל "משפט רשעי ישראל בגיהנום שנים עשר חודש"[51], וכשאומר קדיש הוא זכות לנפטר לעילוי נשמתו

43 גשר החיים פרק ל, י, טו.

44 בגשר החיים (שם יב), ובילקוט יוסף (סימן ל, יג) כתבו שכן הוא מנהג הספרדים ועדות המזרח.

45 גשר החיים פרק ל, י, יב; שאילת שלמה חלק ה, עה.

46 ילקוט יוסף סימן ל, נז.

47 גשר החיים שם יד. ילקוט יוסף סימן ל, טו.

48 רמ"א יורה דעה סימן שעו, ד. יום ההפסקה הוא יום אחד קודם יום השנה בחודש הקודם. כגון, אם נפטר ביום ח' בחשון, יום ההפסק הוא ז' בתשרי, ובשנה מעוברת מפסיק בז' באלול; גשר החיים פרק לב, יג.

49 גשר החיים פרק ל, ט, ג.

50 ילקוט יוסף סימן ל, ה. צרור החיים פיסקה רסג.

ולהצילו מדין גיהנום. כיון שאין זה מכבוד אביו ואמו להחזיקם כרשעים, חלילה, זו הסיבה שאין אומרים קדיש שנים עשר חודשים שלמים. לכן, על מאבד עצמו לדעת יש לומר שנים עשר חודש שלמים. (ע"ע לקמן בפרק על מאבד עצמו לדעת) מעמוד 258.

מט. אם ההורים ציוו לומר במשך שנים עשר חודש, פשוט שיעשה כדבריהם[52]. שהרי כל הסיבה לומר פחות משנים עשר חודש היא כדי לא לפגוע בכבודם. ואם צוו לומר שנים עשר חודש, לעשות כדבריהם זהו כבודם.

נ. לאחר שנת האבל יכול הבן להמשיך לומר קדיש, אך רצוי לומר רק פעם בשבוע, ויגיד מראש "בלי נדר" כדי שלא יתחייב באמירת קדיש כנדר[53].

נא. את חשבון אחד עשר חודש ושנים עשר חודש מחשבים מיום הקבורה, כמו שאר מנהגי האבלות. את יום השנה מחשבים מיום הפטירה[54].

נב. קדיש דרבנן אומרים במשך שנים עשר חודש. קדיש זה יכול להאמר גם על ידי מי שיש לו אב ואם[55]. הטעם הוא שאמירת קדיש לאחר לימוד מדרש או אגדה היא מעיקר הדין[56], ולכן יש לאמרו גם אם אין יתום.

נג. קרובי הנפטר שאינם בניו אומרים עליו קדיש במשך שלושים יום[57]. אך אם נפטר ללא בנים, קרוביו אומרים עליו קדיש במשך שנים עשר חודש, למרות שמתאבלים רק שלושים יום[58]. במקרה כזה אפשר לומר שנים עשר חודש ממש ולא אחד עשר חודש כמו אצל אב ואם. שכל הטעם לומר אחד עשר חודש הוא משום כבוד אב ואם. ובשאר קרובים לא שייך טעם זה. בכל זאת יש שנהגו גם על שאר קרובים לומר רק אחד עשר חודש[59].

נד. אבל האומר קדיש על אב או אם, ובתוך השנה החל לומר קדיש גם על קרוב אחר, לפי מנהג עדות המזרח יפסיק למשך שבוע בתחילת החודש השנים עשר, וימשיך לאחר מכן[60]. ויש אומרים שלא יפסיק לעבור לפני התיבה ולומר קדיש לאחר אחד עשר חודש אפילו ליום אחד, אלא ימשיך לומר קדיש ללא הפסקה, כיון שזו גם תקופת האבלות למת הנוסף[61]. לפי האשכנזים, יש אומרים שיפסיק רק ביום הראשון והאחרון של החודש השנים עשר, ויש אומרים שיבקש או ישכור אדם אחר שיאמר במקומו חודש זה[62].

---

51 רש"י קידושין לא, ב, דיבור המתחיל "מכאן ואילך".

52 גשר החיים פרק ל, ט, ו.

53 צרור החיים פיסקה רסז. ילקוט יוסף סימן לט, ד.

54 גשר החיים פרק ל, ט, י.

55 שם, ג. צרור החיים פיסקה רסג.

56 רמב"ם סדר תפילות כל השנה, בסוף ספר אהבה: "קדיש דרבנן, כל עשרה מישראל או יתר שעוסקין בתלמוד תורה שעל פה, ואפילו במדרשות או בהגדות, כשהן מסיימין אומר אחד מהם קדיש ... הנקרא קדיש דרבנן". אמנם נוסח קדיש דרבנן לפי הרמב"ם שונה מנוסחנו, והוא הנקרא בפינו "קדיש הגדול", וכמו שיפורט לקמן בפרק נז.

57 **הערת הרב נבנצל שליט"א** – שאר הקרובים אינם אומרים קדיש, ולעניין זה הרי הם כשאר ישראל. אם רצונם לומר קדיש יכולים לעבור לפני התיבה או יאמרו קדיש דרבנן.

58 צרור החיים פיסקה רסה ופיסקה רעג.

59 גשר החיים פרק ל, ט, ד.

60 צרור החיים פיסקה רסד.

61 ילקוט יוסף סי' ל, ח. וכתב שכן הובא בספר הליכות שלמה (הלכות תפילה עמ' רכה) בשם הגרש"ז אויערבך.

62 גשר החיים פרק ל, ט, ח. צרור החיים שם.

נה. אם שמע שנפטרו הוריו זמן רב אחר פטירתם, בכל זאת יאמר קדיש רק עד אחד עשר חודש מפטירתם. אם שמע בחודש השנים עשר יאמר כל החודש חוץ מיום אחרון. אם שמע לאחר שנים עשר חודש, לא יאמר יותר[63].

הכוונה בקדיש

נו. יש לזכור שמטרת הקדיש הראשונה היא לשבח ולרומם את שמו הגדול של ה' יתברך בעולם, ולא לשום תכלית אחרת. אלא שיש בשבח שנאמר לכבוד ריבונו של עולם, זכות לנפטר שלמענו נאמר הקדיש.

נז. יש להשתדל לומר את הקדיש בדקדוק ובכוונה. מן הראוי לאמרו מן הכתוב כדי לא להשמיט תיבות וכדי להגות היטב את המילים.

נח. עיקר נחת רוח שאדם עושה להוריו אחר פטירתם הוא בלימוד התורה. לכן יש לאבלים להתחזק בלימוד תורה, ולהשתדל להשתתף בשיעורי תורה מדי יום, ובכל עת פנוי יעסקו בתורה לפי מדרגתם[64].

63 גשר החיים פרק ל, ט, ה. פני ברוך סימן לד, ד – ה. אמנם בכל בו על אבלות (עמוד 378) כתב שיאמר קדיש.

64 ילקוט יוסף סימן ל, יא.

מבוא להלכות אבלות

צריך האדם להתעשר בפרטים תחילה, כדי שיוכל לתן לרוחו חופש והרווחה לסקירות כלליות, שזהו כל עונג רוח האדם, השואף להרחבת הנהר של הבינה העליונה.
אחר שבא למדרגה הוגנת של רכישת פרטים, אז הולך הרוח ויוצר לו ערכים כלליים, שהם הולכים ומתנשאים מעל כל הפרטים. וכשהם משתלמים בצביונם, מרחפים הערכים של הבינה העליונה על הפרטים הרבים, כיונה זו שמרחפת על קנה, להוציא מן הכח אל הפועל את החיים והאור הגנוז בכל פרט ופרט, על ידי תבונה חודרת, השואבת מהבינה העליונה, ומענקת עושר לפרטים רבים, בהמון שינויי גווניהם.
אז מגיע תור הגדלות לאדם, שתובע ממנו שלא תהיינה פעולותיו מצות אנשים מלומדה, אלא שכל פעולה וכל הרגל, כל עבודה וכל מצוה, כל רגש וכל רעיון, כל תורה וכל תפילה, תהיה מוארה באור הגנוז, באור הכללי, הגנוז בנשמה העליונה, לפני הופעת פעולתם.
הראי"ה קוק, אורות הקדש חלק א, חכמת הקדש פיסקה לח

ההלכה היהודית מדריכה את האדם בכל צעד ושעל מחייו, עד לפרטי פרטים. הלימוד הכולל של הפרטים עשוי לגרום לאדם להתעלות ולהבין כיצד פרטי הפרטים מרכיבים יחד ערכים ועקרונות כלליים נשגבים. הבנה כוללת כזו של העקרונות עשויה לחזור שוב אל הפרטים שנלמדו ולהאירם מחדש באור נעלה ועליון, להעשיר את האדם מבחינה רוחנית, ולגרום לו להתייחס באופן שונה אל הפרטים, מתוך ההבנה המחודשת כיצד הפרטים משפיעים על העקרונות הגדולים והכוללים.

יד. תהליך האבלות מבחינה רעיונית

מעבר ללימוד הלכות אבלות, נודעת חשיבות רבה גם להבנת תהליך האבלות בכלל. המגמה הכללית כאן היא להראות שהאבלות היא תהליך הדרגתי, מהזמן הקשה מאוד של תחילת האבלות, ועד לחזרה למסלול חיים שגרתי ונורמלי במידת האפשר. יש להדגיש שתהליך האבל הוא אישי ומשתנה מאדם לאדם, אך בכל זאת יש תהליך כולל המשותף לכלל בני האדם.
לצורך העניין נעזר במודל גרפי פשוט:

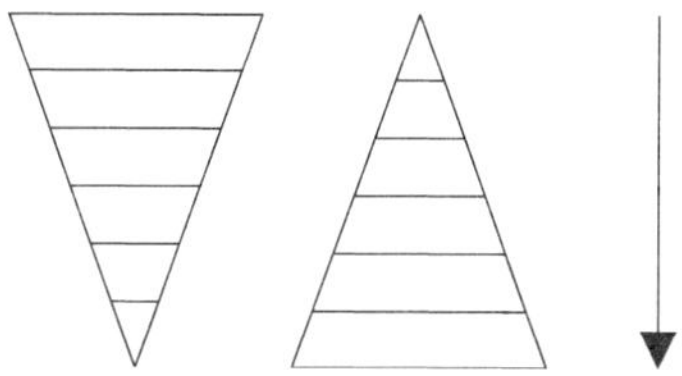

ציר הזמן אבלות חדשה אבלות ישנה

אבלות ישנה היא אבלות על חורבן המקדש וירושלים. אבלות חדשה היא על קרוב משפחה שנפטר. בשניהם יש תהליך מגמתי, אך התהליכים בשני המקרים מהופכים.

המודל בא לסמל את התהליכים. בסיס המשולש מסמל את המצב היומיומי הרגיל, ללא רגשות או אירועים מיוחדים. קדקוד המשולש מסמל את המצב הרוחני הטעון והרגשי ביותר, השיא הנפשי של התהליך. באבלות ישנה התהליך הוא מהיומיום אל השיא. באבלות חדשה התהליך הוא מהשיא אל היומיום.

באבלות ישנה אנו מעוניינים להכניס את האדם לתחושת אבלות אבדן וצער על החורבן. האדם הרגיל טרוד בדרך כלל בענייניו היומיומיים ואינו פנוי דיו להצטער על החורבן. כדי למנוע מצב של הגעה פתאומית לתשעה באב כשרגשות האדם אינם מופנים כלל לצער החורבן, תקנו חכמים הדרגתיות הלכתית שיש לה גם משמעות של הדרגתיות רגשית.

כך למשל זמן בין המצרים המתחיל בשבעה עשר בתמוז כולל בתוכו הגבלות הלכתיות ההולכות ומחמירות בראש חודש אב, בשבוע שחל בו תשעה באב ויותר מכך בערב תשעה באב. השיא מבחינה הלכתית ורגשית הוא כמובן ביום תשעה באב עצמו. המהלך מתוכנן מראש כך שאדם המגיע לתשעה באב עבר כבר תהליך הדרגתי שהכין אותו מבחינה הלכתית וגם רגשית לצער על החורבן, אותו רצו חכמים להדגיש.

תהליך הפוך לחלוטין מייצגות ההלכות באבלות חדשה, כאן מתחילים מהשיא. הצער והכאב הקשים ביותר, המלווים פעמים רבות ברגשות עזים של תסכול הלם וכעס, הם בשיאם מיד לאחר המיתה. גם מבחינה הלכתית ההגבלות והכללים החמורים ביותר הם דווקא בתחילת התהליך.

האנינות אינה חלק מהמודל שתיארנו. האונן הוא מי שמתו מוטל לפניו, והוא פטור מכל המצוות. הטעמים שנאמרו בעניין זה הם מפני כבודו של המת וגם כדי שיוכלו לעסוק בצרכי הקבורה. בזמן האנינות עדיין אין כלל התחלה של תהליך האבלות, וממילא גם לא שייכים תנחומי אבלים. רק לאחר הקבורה אפשר להתחיל תהליך – הלכתי ונפשי – של ניחום אבלים.

המגמה בהדרכה כאן היא לנסות ולהגיע לתהליך נפשי פנימי של צעידה איטית ומדורגת, מתוך הזעזוע הראשוני, לקראת השלמה עם המצב החדש. בפרט אמורים הדברים באנשים צעירים שנפטרו או נרצחו בפתאומיות, שם עלולות להווצר תופעות קשות שתדרושנה לעתים גם התערבות מקצועית. אולם גם במקרים של קרובים אהובים שהלכו לעולמם בשיבה טובה ובמיעוט יסורים, גם אז יש רגשות עזים וצורך משמעותי בהדרכה בליווי ובתמיכה.

חמשת סוגי זמני האבלות

את האבלות עצמה ניתן לחלק לחמשה זמנים, השונים זה מזה בדיניהם ובחומרתם[1]:

1. יום ראשון לאבלות, עיקרו מהתורה[2]. אין מניחים בו תפילין אף לאחר הקבורה, ואינו אוכל משלו סעודה ראשונה.
2. שלושה ימים ראשונים הנקראים שלושה ימים לבכי, שבהם האבלות חמורה יותר[3].

1 גשר החיים פרק כא, א; וחלק ב פרק כח.

2 אמנם בשלחן ערוך (יורה דעה סימן שצח) מביא גם דעה שאבלות מדרבנן. יש גם משמעות על מי נוהגים אבלות, יפורט לקמן בפרק "על מי חלה האבלות", מעמוד 142 ואילך.

3. שבעת ימי אבלות (דהיינו ארבעה נוספים על השלושה הנ"ל), הם הידועים והמפורסמים, הקבועים לכל דיני האבלות[4].
4. השלושים, בהם נוהג בקצת דיני אבלות[5].
5. שנים עשר חודש הנוהגים אך ורק על אביו ואמו, שנים עשר חודש ולא שנה.

כיום למעשה עיקר המושגים הידועים והמשמעותיים הם השבעה, השלושים ושנים עשר חודש, בפרט השבעה לעניין מה שנקרא בפי העם "לשבת שבעה", שלושים לגילוח ותספורת, ושנים עשר חודש על אב ואם. סקירה של כל הזמנים שהוזכרו לעיל יכולה לתאר תהליך שלם, ארוך טווח, מובנה ומדורג, שתכליתו אפשרות להגיע חזרה למצב הנורמלי, לחיי היומיום.

ניתן להשוות את האבלות החדשה למכה גופנית פתאומית קשה וכואבת, הגורמת לפצע עמוק בגוף. הטיפול הראשוני הוא תחבושת גדולה ומסורבלת המתחלפת עם הזמן בתחבושת קטנה יותר, ולאחר מכן ברטייה מינימלית. כך גם העוצמה ההלכתית המקבילה לעוצמה הרגשית, אמורה ללכת בכיוון של פוחת והולך. אבל יש להדגיש, שגם בסופו של התהליך כשכבר מורידים את כל התחבושות – עדיין נשארת צלקת. כך גם מבחינה רגשית, גם לאחר התהליך הממושך של האבלות שמטרתה להחזיר את האבל לסדר יום רגיל, לכאורה כמו המצב שהאבל היה נתון בו לפני פטירת האדם היקר והאהוב לו, גם כאן תשאר צלקת נפשית. לעולם לא תהיה חזרה מוחלטת למצב הקודם. אך כמו שתהליך של ריפוי נכון יכול לסייע באופן משמעותי מבחינה גופנית, כך גם תהליך נכון של אבלות יכול לסייע בצורה משמעותית לאבלים להגיע למצב של חזרה לשיגרה. מודעות עצמית לתהליך נפשי זה, יכולה לסייע לעצם התהליך ולהצלחתו.

חכמים התייחסו לעניין גם במדרש המתאר את מידת הדין המתוחה על האבלים, המעבירה מסר של צורך בזהירות ושמירה יתרה מצד האבלים על עצמם, ועל התהליך של חזרה הדרגתית למצב הרגיל והנורמלי:

> כל שבעה החרב שלופה, עד שלושים היא רופפת, לאחר שנים עשר חודש היא חוזרת לתערה.
> למה הדבר דומה? לכיפה של אבנים, כיון שנתערערה אחת מהן, נתערערו כולן[6].

ובגירסה אחרת:

> כל שלושה ימים יראה האבל כאילו חרב מונחת לו בין כתפיו, משלושה ועד שבעה כאילו זקופה נגדו בקרן זוית, משבעה ועד שלושים כאילו עוברת

3 כגון איסור מלאכה בעצמו, ושאינו משיב שלום גם למי שאמר לו, ושלא יוצא מביתו כלל. בירושלמי (מועד קטן פרק ג, ה) כתוב ששלושה ימים ראשונים הנפש מרחפת על הגוף וסוברת לחזור לתוכו, כיון שרואה שנשתנה פרצוף הפנים שלו, היא מניחתו והולכת לה.

4 היינו – איסור מלאכה ומשא ומתן. רחיצה וסיכה. תספורת. כיבוס וגיהוץ. תלמוד תורה. שאילת שלום. שמחה. נישואין. נעילת הסנדל. חיי אישות. ואינו יושב על כסא.

5 תספורת. גיהוץ. נישואין. שמחה. לילך לסחורה ממדינה למדינה.

6 ירושלמי מועד קטן פרק ג הלכה ג.

לפניו בשוק[7], וכל אותה שנה מידת הדין מתוחה כנגד אותה משפחה, ואם נולד בן זכר – נתרפאת כל המשפחה כולה[8].

לא רק על משפחת האבלים מוטלת האחריות לכובד ראש ולזהירות, גם הקהילה והחבורה סביב הנפטר אמורה לקבל מהמוות הסתכלות אחרת על החיים. לעתים רבות ההתייחסות לאירועים בחיים משתנה בעקבות פטירה של אדם קרוב. היחס והפרופורציה מתאזנים, ופתאם לומדים להעריך דברים באופן אחר; לומדים שדברים רבים בחיים לא מובנים מאליהם, אפילו עובדת היותנו חיים. דברים פשוטים כמו בריאות, משפחה ופרנסה מקבלים משמעות אחרת. הרהורים אלו עשויים להאיר באור אחר את האנשים הקרובים לנו שאנו חולקים אתם את חיינו, להוסיף אליהם אהבה והערכה. גם מחשבות והרהורי תשובה עשויים לעלות – האם אנו מנהלים את חיינו באמת לפי העקרונות בהם אנו מאמינים? האם אנו מקדישים את הזמן הראוי ומתייחסים באופן נכון ואמיתי לאנשים ולעקרונות החשובים לנו?

חז"ל ביטאו את הצורך בהרהורים ובמחשבות אלו במשפט קצר ותמציתי:

"אחד מהחבורה שמת, תדאג כל החבורה כולה"[9].

אין הכוונה לדאגה במובנה השלילי, המשתק והמדאיב, אלא במובן של הסתכלות וחשבון נפש העשוי להביא לעשייה ולהתחדשות, וכדאמרן לעיל.

המיון הראוי לאבלות

על פי השקפת היהדות, עם כל הצער על הפטירה, אין להתקשות ולבכות על המת יותר מן המידה שקבעו חז"ל. חז"ל מביאים מעשה נורא בהקשר זה:

> אמר רב יְהודה אמר רב: כל המתקשה על מתו יותר מדי, על מת אחר הוא בוכה. אשה אחת היתה בשכונתו של רב הונא. היו לה שבעה בנים, מת אחד מהם. היתה בוכה עליו יותר מדי. שלח לה רב הונא: לא תנהגי כך. לא השגיחה בו. שלח לה: אם תשמע – מוטב, ואם לא – (עלולה להגיע למצב בו) תתקן תכריכים לשאר בניה, ומתו כולם. היתה בוכה. לבסוף שלח לה: תתקן תכריכים לעצמה, ומתה[10].

חכמים נתנו את השיעור החיוני והמדורג, בהתאמה לתהליך הנפשי שעוברים האבלים:

"אַל תִּבְכּוּ לְמֵת וְאַל תָּנֻדוּ לוֹ"[11]. אל תבכו למת – יותר מדי, ואל תנודו לו – יותר מכשיעור. הא כיצד? שלושה ימים לבכי, ושבעה להספד, ושלושים לגיהוץ ולתספורת. מכאן ואילך אמר הקדוש ברוך הוא: אין אתם רחמנים יותר ממני[12].

7 מועד קטן כז, ב.

8 ירושלמי מועד קטן פרק ג הלכה ז. שלחן ערוך יורה דעה סימן שצד, ד.

9 שבת קו, א. שלחן ערוך יורה דעה סימן שצד, ה.

10 מועד קטן כז, ב.

11 ירמיהו כב, י.

12 מועד קטן, שם.

כך גם נפסק להלכה:

אין מתקשים על המת יותר מדי, וכל המתקשה עליו יותר מדי – על מת אחר הוא בוכה. אלא שלושה ימים לבכי, שבעה להספד, שלושים לגיהוץ ולתספורת[13].

כאשר האדם מצטער יתר על המידה, עלולה להשתמע מכך התרסה ועלבון כלפי שמיא. האמונה היהודית העמוקה בהישארות הנפש גם היא גורם העשוי למתן את הצער[14], שהרי הנשמה לא אובדת אלא עוברת לעולם רוחני.
מאידך, חכמים הצריכו את האדם להתאבל ולהצטער על פטירת קרובו. וכל מי שאינו מתאבל הרי זה אכזר[15]. כליון החיים הוא סיבה לצער לאבל ולחשבון נפש, ומי שאינו מצטער נחשב לאכזרי.

כל מי שאינו מתאבל כמו שצוו חכמים הרי זה אכזרי, אלא יפחד וידאג ויפשפש במעשיו ויחזור בתשובה[16].
כל המוריד דמעות על אדם כשר, הקדוש ברוך הוא סופרן ומניחן בבית גנזיו[17].
והבוכה ומתאבל ומוריד דמעות על קרובים, וכל שכן על אדם כשר, מידת חסידים ונביאים ואנשי מעשה היא, ומורה על טהרת נפשו והכנעת לבו לפני קונו[18].
בכל אסון שקורה לאדם, עליו להרהר בתשובה ולתקן דרכיו ומדותיו. אין זאת אומרת שעליו להאשים את עצמו במה שקרה, אלא שעליו להתעמק בתוכן חייו[19].

תנו רבנן: כשחרב הבית באחרונה רבו פרושים בישראל שלא לאכול בשר ושלא לשתות יין. נטפל להם ר' יהושע בן חנניא, אמר להם: בני מנין לכם? אמרו לו: נאכל בשר שהיו מקריבין על גבי המזבח ועכשיו בטל?! נשתה יין שהיו מנסכין ע"ג המזבח ועכשיו בטל?! אמר להם: אם כן לחם לא נאכל שכבר בטלו מנחות? אמרו לו: אפשר בפירות. אמר להם: פירות לא נאכל שכבר בטלו בכורים? אמרו לו: אפשר בפירות אחרים. אמר להם: מים לא נשתה שכבר בטל נסוך המים? שתקו. אמר להם: בני בואו ואומר לכם, שלא להתאבל כל עיקר אי אפשר שכבר נגזרה גזרה. להתאבל יותר מדאי אי אפשר שאין גוזרין גזרה על הציבור אלא אם כן רוב הציבור יכולין לעמוד בה. אלא כך אמרו חכמים: סד אדם את ביתו בסיד ומשייר בה דבר מועט – אמה על אמה וכנגד הפתח. עושה אדם כל צרכי סעודה ומשייר בה דבר מועט... עושה אשה תכשיטיה ומשיירת דבר מועט... שנאמר "אִם אֶשְׁכָּחֵךְ יְרוּשָׁלָם תִּשְׁכַּח יְמִינִי, תִּדְבַּק לְשׁוֹנִי לְחִכִּי אִם לֹא אֶזְכְּרֵכִי אִם לֹא אַעֲלֶה אֶת יְרוּשָׁלַם עַל רֹאשׁ שִׂמְחָתִי"[20].

13 שלחן ערוך יורה דעה סימן שצד, א.
14 רמב"ן על התורה, דברים יד, א.
15 רמב"ם פרק יג מהלכות אבל הלכה יב.
16 שלחן ערוך יורה דעה סימן שצד, ו.
17 שבת קה, ב.
18 שו"ת הרדב"ז חלק ג, סימן תקנ"ה.
19 שאילת שלמה חלק שביעי עמ' 236.
20 בבא בתרא ס, ב.

טו. אבלות – המקור והטעם

וַיְהִי דְבַר ה' אֵלַי לֵאמֹר: בֶּן אָדָם הִנְנִי לֹקֵחַ מִמְּךָ אֶת מַחְמַד עֵינֶיךָ בְּמַגֵּפָה וְלֹא תִסְפֹּד וְלֹא תִבְכֶּה וְלוֹא תָבוֹא דִּמְעָתֶךָ: הֵאָנֵק דֹּם מֵתִים אֵבֶל לֹא תַעֲשֶׂה פְּאֵרְךָ חֲבוֹשׁ עָלֶיךָ וּנְעָלֶיךָ תָּשִׂים בְּרַגְלֶיךָ וְלֹא תַעְטֶה עַל שָׂפָם וְלֶחֶם אֲנָשִׁים לֹא תֹאכֵל: וָאֲדַבֵּר אֶל הָעָם בַּבֹּקֶר וַתָּמָת אִשְׁתִּי בָּעָרֶב וָאַעַשׂ בַּבֹּקֶר כַּאֲשֶׁר צֻוֵּיתִי:

יחזקאל כד, טו – יח

מנהגי האבלות הם צורך אנושי בסיסי לאבלים, הן מההיבט האנושי והן מהצד החברתי. מנהגי אבלות מקיפים את האדם באשר הוא עוד מימי קדם. להלן נתייחס למנהגי אבלות יהודיים, למקורם ולטעמם.

המקור:

יש רמז לאבלות שבעת ימים מהתורה, שנאמר ביוסף "וַיַּעַשׂ לְאָבִיו אֵבֶל שִׁבְעַת יָמִים" (בראשית נ, י). גם דרשו על הפסוק "וַיְהִי לְשִׁבְעַת הַיָּמִים וּמֵי הַמַּבּוּל הָיוּ עַל הָאָרֶץ" (בראשית ז, י) – אלו שבעת ימי אבלותו של מתושלח הצדיק שהקב"ה המתין ולא הוריד את המבול, ללמדך שהספדן של צדיקים מעכב את הפורענות מלבוא[1]. אסמכתא נוספת הביאו מהפסוק "וְהָפַכְתִּי חַגֵּיכֶם לְאֵבֶל" (עמוס ח, י) – מה חג שבעה, אף אבלות שבעה[2]. במדרש[3] דרשו "וּמִפֶּתַח אֹהֶל מוֹעֵד לֹא תֵצְאוּ שִׁבְעַת יָמִים" (ויקרא ח, לג), אמר להם משה לאהרן ולבניו: שמרו אבלות שבעת ימים עד שלא יגיע בכם[4].

אף על פי שאבלות מהתורה נוהגת רק יום אחד[5], משה רבנו התקין שבעת ימי אבלות[6]. ניתן לומר שמשה רבנו נתן את התוקף ההלכתי למנהג הקדום עוד מימי האבות ומימי עולם.

הלכות רבות בדיני אבלות נלמדות מהפסוקים המצוטטים לעיל מספר יחזקאל. ליחזקאל נאמר שאשתו תמות, וכהוראת שעה נצטווה ש ל א להתאבל. מתוך פרטי האבלות שנאמרו אצל יחזקאל, למדו חכמים מקורות להלכות אבלות כפי שיפורט לקמן.

טעם האבלות:

יש מי שכתב שהוא כדי לעורר את האדם לתשובה ולהתבוננות, וכדי למנוע את המחשבה המוטעית כי מות האדם כמות הבהמה ומקרה אחד להם[7]. ויש מי שכתב שהטעם הוא כדי להשריש את חשיבות חיי האדם, חיי רצון ובחירה, שאפשר לרכוש על ידם חיים עצמיים.

---

1 סנהדרין קח, ב

2 מועד קטן כ, א.

3 תנחומא תחילת פרשת שמיני.

4 אוצר דינים ומנהגים ערך אבלות עמוד 4.

5 הרמב"ם (הלכות אבל א, א) למד ממה שאמר אהרן "וְאָכַלְתִּי חַטָּאת הַיּוֹם הַיִּיטַב בְּעֵינֵי ה' ?!" שאדם חייב להתאבל על מיתת קרובו כל היום, גם לאחר קבורתו, ואסור לו לאכול קדשים כל אותו היום. בספר המצוות (עשין לז) כתב הרמב"ם – מצות עשה להיות הכהנים מטמאים לקרוביהם ומתאבלים עליהם כשאר קרובים שהן מצווים להתאבל. ולמד זאת מהפסוק "לָהּ יִטַּמָּא". לפי הרמב"ם, הרמב"ן והגאונים עיקר דין אבלות מן התורה. ואילו לפי רבנו תם, ר"י והרא"ש אין אבלות מן התורה כלל אלא מדרבנן. וע"ע בטור יורה דעה סי' שצח.

6 ירושלמי כתובות פרק א, הלכה א.

7 ספר החינוך מצוה רסד.

ולהבחין בין מיתת בהמה שאינה אלא הפסד ממון, לבין מיתת האדם שהיא הפסד בעצמיות היצירה[8].

עיקר הטעם לנוח מעסקיו שבוע אחד כדי לתת כבוד למת ולזכור אותו. והחי יתן אל לבו כי זה סוף כל האדם ויפשפש במעשיו. שאם היה הולך לעסקיו ולמלאכתו היה שוכח את מתו ויום המר, ולכן התירה התורה טומאה לכהנים, כדי שיתעסקו בקרוביהם שמתו ויתאבלו עליהם[9].

8 גשר החיים פרק יט פיסקה ב.

9 ילקוט יצחק מצוה רסד, מובא באוצר דינים ומנהגים שם.

טז. על מי חלה האבלות – מי מתאבל ועל מי מתאבלים

אבלות נוהגת בשבעת סוגי הקרובים שיכולים להיות לאדם. קרובים אלו מוזכרים בפסוקים הבאים:

וַיֹּאמֶר ה׳ אֶל מֹשֶׁה אֱמֹר אֶל הַכֹּהֲנִים בְּנֵי אַהֲרֹן וְאָמַרְתָּ אֲלֵהֶם לְנֶפֶשׁ לֹא יִטַּמָּא בְּעַמָּיו:
כִּי אִם לִשְׁאֵרוֹ הַקָּרֹב אֵלָיו לְאִמּוֹ וּלְאָבִיו וְלִבְנוֹ וּלְבִתּוֹ וּלְאָחִיו:
וְלַאֲחֹתוֹ הַבְּתוּלָה הַקְּרוֹבָה אֵלָיו אֲשֶׁר לֹא הָיְתָה לְאִישׁ לָהּ יִטַּמָּא:

ויקרא כא, א – ג

כללים לגבי שבעת הקרובים

א. בפרק הדן בדיני הכהנים (ויקרא כא) אנו למדים על שבעת סוגי הקרובים, שעליהם גם הכהן חייב להיטמא כדי לעסוק בקבורתם ולהתאבל עליהם. והם: איש על אשתו[1] ואשה על בעלה, אב ואם, בן ובת, אח ואחות מאב – אחות רווקה בלבד. ומדברי סופרים החיוב להתאבל הוא גם על אח ואחות מאם, וגם על אחות נשואה, אף על פי שאין הכהן נטמא להם[2].

לפי הכללים דלעיל, יוצא שלא נוהגים דיני אבלות על סבא וסבתא, לא על נכדים; לא על דודים ולא על אחיינים.

> רמז לשבעה קרובים אלו מצאו חכמים במלה "**אבל**"
>
> **א** – אב, אם, אח, אחות, אשה;
>
> **ב** – בן, בת, בעל;
>
> **ל** – בגימטריה שלושים, כלומר שלושים ימי אבלות.
>
> אמנם על אב ואם תקופת האבלות נמשכת שנים עשר חודש.

ב. בן שמעולם לא הכיר את אביו או את אמו, אף על פי כן כשנודע לו על פטירת אחד מהם, חייב להתאבל עליהם.

דיני בן מאומץ יפורטו לקמן.

ג. על אחיו ואחותו ועל בנו ובתו מתאבל אפילו אם הם פסולים מלבוא בקהל, בתנאי שהם יהודים[3].

ד. קטנים שלא הגיעו למצוות אינם חייבים להתאבל, אבל נוהג בהם דין קריעה. ומנהג בני תימן שקטן שהגיע לחינוך נוהג אבלות, וכל שכן כשהגדיל בימי השבעה[4].

---

1 על פי דרשת הגמרא "כִּי אִם לִשְׁאֵרוֹ" – שארו זו אשתו. וכתיב "לֹא יִטַּמָּא בַּעַל בְּעַמָּיו לְהֵחַלּוֹ" (לכאורה סתירה בין שני המקורות). הא כיצד? מיטמא הוא לאשתו כשרה ואינו מיטמא לאשתו פסולה (יבמות כב, ב).

2 שלחן ערוך יורה דעה סימן שעד, ד; וכך היא שיטת הרמב"ן (תורת האדם עמוד ריג). אבל לפי הרמב"ם (הלכות אבל פרק ב, א) אבלות של איש על אשתו ואשה על בעלה היא מדרבנן (ע"ע לעיל עמוד 140 הערה 5). **הערת הרב נבנצל שליט"א** – ויש אומרים שכל אבלות היא מדרבנן.

3 אבל רבתי פרק ד, יז. שלחן ערוך שם.

4 שלחן ערוך המקוצר עיני יצחק, יורה דעה סימן קפו, יג. באר לחי רואי סימן ו – ז.

התייחסות מיוחדת לקטן שהגיע למצוות תוך כדי תקופת האבל, מובאת לקמן בעמוד 256.

ה. מי שנפטר קרובו שחייב להתאבל עליו, ולא נודע לו על כך, לא חלה עליו אבלות כלל. ומותר מעיקר הדין להזמינו לסעודת נישואין וכיוצא בזה[5].

איש ואשתו

תנא: אין איש מת אלא לאשתו, ואין אשה מתה אלא לבעלה.
אין איש מת אלא לאשתו – שנאמר וַיָּמָת אֱלִימֶלֶךְ אִישׁ נָעֳמִי (רות א, ג),
ואין אשה מתה אלא לבעלה – שנאמר וַאֲנִי בְּבֹאִי מִפַּדָּן מֵתָה עָלַי רָחֵל (בראשית מח, ז).

סנהדרין כב, ב

ו. מתאבל על אשתו הנשואה לו כהלכה. אבל בארוסה, או בנשואה שלא כדין אינו צריך להתאבל[6].

ז. בני זוג הנמצאים בהליכי גירושין, נחשבים עדיין כקרובים וצריכים לנהוג אבלות זה על זו[7], ויש אומרים שאין צריכים לנהוג אבלות זה על זו[8].

ח. אשה שמת בעלה ונתיאשו מלקברו, ונישאה שוב ולאחר מכן ניתן הראשון לקבורה, אינה מתאבלת עליו כיון שנישואי השני הפקיעו את קירבת הראשון[9].

ט. מי שנפטר בלי ילדים, ואשתו המתינה ליבום או לחליצה ובתוך זמן זה נפטרה, מעיקר הדין היבם חייב בקבורתה ומתאבל עליה[10]; אך יש פוסקים שאין היבם חייב להתאבל עליה, ובפרט בארץ ישראל שפשט המנהג להקל בזה[11].

כשאינם משבעת הקרובים

י. על רבו שלימדו חוכמה מתאבל יום אחד[12].

יא. בן מאומץ מעיקר הדין אינו חייב לנהוג אבלות על הוריו המאמצים, אך יראה עצמו בצער על פטירתם. וראוי שיאמר קדיש על הוריו המאמצים, במיוחד אם אין בנים

5 שלחן ערוך יורה דעה סימן תב, יב. ולפי זה מותר לאיש ולאשתו לשמש יחד, אם אחד מהם אבל, ולא ידוע לו על כך, למרות שלבן הזוג ידוע. חידושי הגרשוני שם בשם ספר חסידים, וכן בילקוט יוסף סימן לח, יג בהערה.

6 שלחן ערוך יורה דעה סימן שעד, ד.

7 צרור החיים פיסקה ג. ילקוט יוסף סימן יד, כ. כל בו על אבלות עמוד 314. (אמנם שם בעמוד 315 הביא דעות והוכחות שלא לנהוג אבלות).

8 הגהות רבי עקיבא איגר על שלחן ערוך יורה דעה סימן שעד, דיבור המתחיל "ונשואה" בשם ים של שלמה. גשר החיים פרק ו, ה, ד. ילקוט יוסף סימן יד, כ. נטעי גבריאל חלק א, פרק קכו, ב – ג. בספר פני ברוך (סימן ט, ד) הביא את שתי הדעות.

9 ילקוט יוסף סימן יד, יט, בשם חתם סופר.

10 שלחן ערוך יורה דעה סימן שעג, ד; בשם תשובת הרשב"א.

11 ילקוט יוסף סימן יד, ד. בספר פני ברוך (סימן ט, ג) הביא את שתי הדעות.

12 מועד קטן כה, ב. רמב"ם פרק ט, יב. שלחן ערוך יורה דעה שעד, י.

13 ילקוט יוסף סימן יד, יח; ובסימן ל, כד.

אחרים שיאמרו[13]. ויש שכתבו שיש לעודדו לנהוג אבלות על הוריו המאמצים מדין הכרת טובה, אך לא יקל בשל כך להיבטל מלימוד תורה[14].

יב. קרוב משפחה שאינו בכלל שבעת הקרובים, המרגיש צורך להתאבל ולנהוג חלק ממנהגי אבלות, רשאי לנהוג חלק ממנהגי האבלות[15]. ברם, אסור לו לשבת ממש שבעה ולנהוג בכל האיסורים[16], אבל יכול לומר קדיש אם הוריו מסכימים[17]. כך למשל ילדים מאומצים על הוריהם המאמצים, וכן גם אדם על חמיו וחמותו.

יג. ישנו כלל הלכתי "**כל שמתאבל עליו מתאבל עמו**"[18]. העיקרון הוא שמשום כבוד שבעת קרוביו נוהג בפניהם אבלות כשהם נוהגים באבלות. כגון שמת בן בנו שאינו חייב לנהוג עליו אבלות, בכל זאת קורע בפני בנו ונוהג אבלות בפניו. אבל שלא בפניו אינו נוהג אבלות. באשתו נוהג אבלות בפניה רק על אביה ואמה משום כבוד חמיו וחמותו ולא בשאר קרוביה, וכן האשה נוהגת אבלות בפני בעלה רק על חמיה וחמותה ולא על שאר קרובי בעלה.

הרמ"א[19] מעיר שכעת נוהגים להקל באבלות זו שאין זה אלא משום כבוד המתאבלים, ועכשו נהגו כולם למחול. ונוהגים כעת שלא להתאבל כלל עם המתאבלים, וכל המחמיר בזה אינו אלא מן המתמיהים. ומכל מקום נהגו שקרובי המת, מראים לו קצת אבלות בעצמם כל שבוע הראשונה, דהיינו עד אחר שבת הראשונה; שאין רוחצים ואין משנים קצת בגדיהם כמו בשאר שבת, ואין הולכים לסעודת מצוה[20]. ומי שרוצה להחמיר על עצמו להתאבל על מי שאינו צריך, אין מוחים בידו. ובדברים אלו הולכים אחר המנהג[21]. ויש מי שכתב שהיום אין נוהגים באבלות זו[22].

גרים

יד. גר או גיורת שהתגיירו עם קרוביהם, מצד עיקר הדין אינם חייבים להתאבל כיון שגר שהתגייר דומה לקטן שנולד, ולכן הקירבה הביולוגית לא נחשבת לקורבה[23]. אף על פי כן נהגו להחמיר ולהתאבל. מכל מקום לא נאסרים בלימוד תורה בזמן האבלות, וכן לא יברכו "דיין האמת" וראה כאן בהערה[24].

---

14 במראה הבזק חלק ה, צא, בשם הרב שטרנבוך (תשובות והנהגות חלק ג, שעד) ונשמת אברהם (חלק ה, עמוד קמא).

15 רמ"א יורה דעה סימן שעד, ו.

16 פתחי תשובה שם סעיף קטן ז.

17 צרור החיים פיסקה ב. פני ברוך סימן ט, י. ובילקוט יוסף סימן יד, ג, כתב שמנהג עדות המזרח שהחתן משתתף בתפילות בלימודים ובאזכרות לעילוי נשמת חמיו, ואם אין לחמיו ולחמותו בן יאמר עליהם קדיש אם הוריו אינם מקפידים. ומנהג ישראל תורה הוא.

18 מועד קטן כ, ב. נפסק להלכה ברמב"ם הלכות אבל ב, ד – ה. תורת האדם לרמב"ן עמוד קמא – קמד. שלחן ערוך יורה דעה שעד, ו. ראה באוצר המושגים ערך **כל שמתאבל עליו מתאבל עמו.**

19 בשלחן ערוך שם.

20 בית חדש שם, מובא גם בשפתי כהן ובטורי זהב.

21 שפתי כהן שם סוף סעיף קטן ז.

22 פני ברוך סימן ט הערה כו, בשם הרב צבי פסח פראנק. אך לא ברור לו אם רק בירושלים לא נהגו, או בכל מקום.

23 שלחן ערוך יורה דעה סימן שעד, ה.

24 צרור החיים פיסקה ה. **הערת הרב נבנצל שליט"א** – לענ"ד אם מצטער יכול לברך.

טו. גויים שקיבלו עליהם דת ישראל ומתו קודם שהספיקו לטבול, נספדים ונקברים כישראלים[25].

על תינוק שנפטר

טז. אין נוהגים אבלות על תינוק שנפטר בתוך שלושים יום ללידתו. ואם ידוע שהשלים תשעה חודשי הריון גמורים מתאבלים עליו, אפילו הוא תינוק בן יומו[26].

יז. תאומים שאחד נפטר בתוך שלושים יום, והשני לאחר שלושים, על הראשון אין מתאבלים, ועל השני חייבים להתאבל כיון שיצא מכלל נפל[27].

יח. תינוק שנולד בזמנו וחי יותר משלושים יום על ידי מכשירי הנשמה, יש לנהוג עליו אבלות כיון שיצא מכלל נפל[28]. וכן הדין בתינוק שנולד עם מום המסכן את חייו ההגדרה ההלכתית היא "טריפה" ונפטר לאחר שלושים, שמתאבלים עליו, למרות שהאריכו את חייו באופן מלאכותי[29]. ויש אומרים שאין לנהוג עליו אבלות במקרה כזה[30].

יט. תינוק שנולד טרם זמנו ושהה באינקובטור למעלה מחודש, ונפטר, יש הסוברים שיש למנות לו שלושים יום מלידתו ולכן יש להתאבל עליו. ויש שכתבו שאין להתאבל עליו כיון שנתברר שמראש לא היה בן קיימא, והלכה כדברי המקל באבל[31].

הפורשים מדרכי ציבור

כ. בזמן הזה מתאבלים כרגיל על מחללי שבתות ומי שאינם שומרי תורה[32].

כא. עבריין פוקר מפורסם שפרש מדרכי ישראל ושפרק מעליו כל עול ישראל – אין מתאבלים עליו, ואין אוננים עליו, ואין קורעים עליו, ואין קרוביו משנים בגדיהם, ואין

---

25 כל בו על אבלות עמ' 190. **הערת הרב נבנצל שליט"א** – צריך עיון לענ"ד, כיון שכל עוד לא טבלו, אינם יהודים.

26 שלחן ערוך יורה דעה סימן שעד, ח. וכתבו בתוספות יבמות (לו, ב) שאפילו נפל מהגג או אכלו ארי (כלומר שמת בתאונה) אין מתאבלים עליו, ולא הולכים בזה אחר הרוב (שרוב התינוקות נולדים לתשעה חודשים שלמים), כיון שלענין אבלות כל זמן שלא חי שלושים יום, ולא ידוע לנו שכלו לו חודשיו, מקילים לא להתאבל. והרמב"ן (מועד קטן כ, א) כתב שאפילו למאן דאמר אבלות יום ראשון מדאורייתא – פטור, כיון שכל ספק בן קיימא אין לבו של אדם דוה עליו, ולכן אין מתאבלים עליו. והובאו דבריהם בפני ברוך סימן ט, הערה יא. כך גם הורה לי הרב יעקב רוז'ה שליט"א (הרב הפנה לספר זכרון מאיר על אבלות, המביא מחלוקת אחרונים בענין), והוסיף שלמעשה גם לא נוהגים אנינות וקריעה בתינוק שמת מתאונה בתוך שלושים ללידתו.

27 ילקוט יוסף סימן יד, ו.

28 שם, ז.

29 **הערת הרב נבנצל שליט"א** – אדמו"ר זללה"ה (הגרש"ז אויערבך זצ"ל) פסק שגם על טריפה מתאבל אם חי שלושים יום לאחר שיצא מהאינקובטור.

30 צרור החיים פיסקה ד.

31 הדיון מובא בילקוט יוסף סימן יד, ח. ובהערה שם פירט את הדעות למנות מלידתו, כיון שהאינקובטור נחשב כמכשיר עזר לרפואת התינוק ולא כהמשך ההריון. והרב עובדיה יוסף עצמו סובר שאין להתאבל על תינוק כזה כיון שנתברר מראש שלא היה בר קיימא, וכן פסק בשבט הלוי, וכן כתב בנטעי גבריאל חלק א, פרק קכו, ה. **הערת הרב נבנצל שליט"א** – וכן פסק אדמו"ר זללה"ה (הגרש"ז אויערבך זצ"ל).

32 ילקוט יוסף סימן יד, טז. והטעם כיון שדינם כתינוקות שנשבו ואינם כופרים ברבונו של עולם.

מראים עליו עצבות ואין צריך לחלוק לו כבוד. אבל צריכים להתעסק בקבורתו ונקבר בקבר ישראל מן הצד[33].

כב. קרוביו של מי שמסר את גופו למדע, וצווה שלא לקברו, אינם צריכים לנהוג אבלות עליו. כיון שאז נכלל בגדר "הפורשים מדרכי ציבור" שפרק מעליו כל עול מצוות, ואין מתאבלים עליו כלל[34]. ויש אומרים שמי שציוה למסור גופו למדע, צריך לנהוג עליו אבלות, אף על פי שעשה מעשה חמור מאוד[35].

כג. מי שהיה נשוי לגויה ונפטר בלי שיחזור בו, או מי שהיתה נשואה לגוי, אין לקרוביהם לשבת עליהם שבעה, אלא יישבו עליהם שעה אחת בלבד[36]. אך נקברים בקברי ישראל ומתעסקים בקבורתם[37].

כד. מומר אין לקברו בקברי ישראל ויבואר דינו לקמן עמוד 261.

33 גשר החיים פרק כה, ד, א.

34 כך אמר לי הרב יעקב רוז'ה שליט"א בשם הרב מרדכי אליהו שליט"א, על פי שלחן ערוך יורה דעה סימן שמה, ה.

35 ילקוט יוסף סימן יד, יג.

36 ילקוט יוסף שם, יב. הרב יעקב אריאל שליט"א הורה לא להתאבל עליהם כלל, ולא לומר עליהם קדיש כיון שפרשו מעם ישראל. (בתוך "דרכה של היהדות במוות ובאבלות" עמוד 358).

37 במראה הבזק חלק ג, סימן סה.

יז. כיצד מחשבים את ימי האבלות

האבלות מתחילה מיד בסיום הקבורה. לכן מונים שבעה, שלושים, ושנים עשר חודש על אב ואם, מהקבורה ולא מהפטירה.

אבלות היום הראשון נמשכת מסיום הקבורה ועד הערב. אף אם נקבר סמוך לשקיעת החמה, אם הספיקו האבלים לחלוץ מנעלים לפני השקיעה, נחשב כיום שלם, כיון שמקצת היום ככולו. (וכבר הזכרנו לעיל שנהגו להחשיב את יום הקבורה כאחד מימי השבעה, אפילו אם הקבורה היתה אחרי שלוש עשרה וחצי דקות מהשקיעה ויש אומרים עד שבע עשרה דקות מהשקיעה).

הדין של מקצת היום ככולו נוהג גם בסוף השבעה, וגם בסוף השלושים[1]. לכן אבלות השבעה מסתיימת בבוקר היום השביעי, והשלושים מסתיימים בבוקר יום השלושים. הדין של מקצת היום ככולו אינו נוהג לגבי אבלות שנים עשר חודש. הטעם מבואר באוצר המושגים ערך **מקצת היום ככולו**.

1 שלחן ערוך יורה דעה סימן שצה, א.

אבלות בתוך השבעה

יח. תפילין ביום הראשון

איסור הנחת תפילין למדנו מיחזקאל הנביא שנאמר לו "פְּאֵרְךָ חֲבוֹשׁ עָלֶיךָ" (כד, יז). ולמדו שדווקא ליחזקאל הנביא נאמרה הוראת שעה כזו, אבל שאר אבלים אסורים בהנחת תפילין[1]. וכמה הסברים נאמרו בעניין זה: משום כבוד התפילין, שהאבל מעולל בעפר קרנו, ואין זה פאר לתפילין[2]. או שלפי שכשמתפאר בתפילין, מראה בעצמו שאינו אבל[3]. דהיינו, התפילין מסמלים חירות כבוד והדר, ועומדים בניגוד גמור לצער וליגון העוטפים וכורכים את האבלים. חז"ל גם התייחסו לניגוד בין "פאר" ובין "אפר", המורכבים מאותן אותיות ויש ביניהן ניגוד משמעויות. התפילין הן פאר לעומת האבל המסומל באפר. כך על פי הפסוק בישעיהו (סא, ג) – "לָשׂוּם לַאֲבֵלֵי צִיּוֹן לָתֵת לָהֶם פְּאֵר תַּחַת אֵפֶר שֶׁמֶן שָׂשׂוֹן תַּחַת אֵבֶל מַעֲטֵה תְהִלָּה תַּחַת רוּחַ כֵּהָה". ויש אומרים שהטעם מפני שאין האבל יכול לכוון דעתו למצות תפילין בתחילת אבלו לפי שהוא טרוד באבל, ואסור להניח תפילין כשלא מכוון דעתו. ומאידך אינו יכול לכוון דעתו לתפילין שהרי מצוותו להתאבל[4].

א. האבל ביום הראשון אסור להניח תפילין[5].

ב. היום הראשון הוא יום הקבורה, אף על פי שאינו יום המיתה, כיון שהוא היום הראשון לאבלות.

ג. ביום קבורה שאינו יום המיתה, מנהג ירושלים שהאבל מניח בו תפילין בצנעה בלי ברכה[6].

ד. אם נקבר בלילה, האבל לא מניח תפילין ביום שלמחרת. אם נקבר בין השמשות (תוך שלוש עשרה וחצי דקות מהשקיעה), האבל מניח למחרת תפילין בברכה[7].

ה. אם נפטר בשבת ונקבר במוצאי שבת, האבל לא מניח תפילין ביום ראשון[8].

---

1 מועד קטן טו, א.

2 רש"י כתובות ו, ב.

3 רש"י סוכה כה, א.

4 מלא הרועים. מובא באנצקלופדיה תלמודית ערך אבלות הערה 93.

5 שלחן ערוך אורח חיים סימן לח, ה.

6 ילקוט יוסף סימן כה, א. וכעין זה בצרור החיים פיסקה קכה. פני ברוך סימן יב הערה ח בשם הגרש"ז אויערבך (כך פסק מהריט"ץ בחידושיו לפרק איזהו נשך, בלי קשר למנהג ירושלים. והובאו דבריו בבאר היטב לשלחן ערוך אורח חיים סימן לח סעיף קטן ד). **הערת הרב נבנצל שליט"א** – וחולץ את התפילין מיד לאחר שהניחן.

7 ילקוט יוסף סימן כה, ג. ובפני ברוך (סימן יב, ו) כתב שיניחם בלי ברכה.

8 **הערת הרב נבנצל שליט"א** – כמדומני שיש חולקים וסוברים שגם במקרה זה מניח תפילין בצנעה ביום ראשון, וחולצן מיד.

ו. מי שקובר את מתו במועד, מניח תפילין ביום הראשון שלאחר המועד, כיון שכבר ניחמוהו במועד, וכבר הוציא צערו במועד[9].

ז. שמועה קרובה נחשבת כיום הקבורה ואסור להניח תפילין, ואפילו היה עטור תפילין ושמע שמועה קרובה – חולצן. אם שמע בלילה, לא מניח תפילין ביום שלמחרת[10].

ח. מי שלא התחיל לנהוג אבלות בזמן, בשוגג או במזיד, או קרוב שבא לבית האבלים ונגרר עמם באבל, ואינו יום שמועה, מניח תפילין כדרכו ביום הראשון שהתחיל לנהוג אבלות[11].

ט. בשמועה רחוקה מותר להניח תפילין, ואם על ידי השמועה בא לידי בכי – חולצן מיד.

י. אבל שדרכו להניח תפילין של רבינו תם, מניחן גם בשבעת ימי אבלו כדרכו[12].

יא. אבל מתעטף בטלית כדרכו גם ביום הראשון[13].

9 ילקוט יוסף סימן מב, יז.

10 טורי זהב על שלחן ערוך יורה דעה סימן תב, א בשם הרמב"ן. גשר החיים פרק יח, ד, ח.

11 כל בו על אבלות עמוד 275. מועד לכל חי סי' יז, ו – ז.

12 ילקוט יוסף סימן כה, ה.

13 דרכי משה יורה דעה שפח, א, בשם המרדכי.

יט. עשיית מלאכה

חלק מהלכות אבלות הוא האיסור על עשיית מלאכה. אין הכוונה לאיסור מלאכה כמו בשבת ויום טוב, אלא הכוונה היא שלא הולכים לעבודה, ואין עושים מלאכה וסחורה בזמן האבלות. אמנם מלאכת "דבר האבד" התירו כמו שיפורט לקמן. המשמעות היא שבירת רצף השגרה שהאדם נוהג בה בדרך כלל, ונתינת הפוגה המאפשרת לאדם את הפנאי והמחשבה על הנפטר, על החיים בכלל ומשמעותם, ועל חייו בפרט. כמו כן חיונית הפוגה זו כחלק מתהליך נפשי של ניחומים (המבואר בפרוטרוט בפרק י"ד – 'תהליך האבלות מבחינה רעיונית').

איסור מלאכה לאבלים נלמד מהפסוק "וְהָפַכְתִּי חַגֵּיכֶם לְאֵבֶל" (עמוס ח,י). חז"ל למדו מההשוואה שכשם ששבעת ימי החג אסורים בעשיית מלאכה, כך גם שבעת ימי האבלות אסורים במלאכה[1].

דבר האבד

א. ככלל, אין עושים מלאכה בשבעת ימי האבלות. דהיינו, האבלים לא הולכים לעבודתם בימי השבעה. גם אין עושים מלאכתם על ידי אחרים וגם לא על ידי גוי[2].

ב. עם זאת, יש התחשבות ורגישות לנזקים העלולים להיגרם לאבלים כתוצאה מאי עשיית מלאכה. לכן אם יש חשש מנזק שייגרם המוגדר בהלכה כ"דבר האבד", יש אפשרות שתיעשה המלאכה בשלושת הימים הראשונים[3] על ידי אחרים, אפילו אם יש בה טירחה, ולאחר[4] שלושה ימים מותר גם בעצמו. ואם אי אפשר על ידי אחרים, ובהפסד מרובה, יש מקילים גם בשלושת הימים הראשונים בעצמו, ובצנעה[5].

ג. "דבר האבד" מוגדר כחשש מנזק ולא מניעת רווחים. אם יש הזדמנות מיוחדת לרווחים (למשל סוף עונה או לפני חגים) מותר למכור ולקנות על ידי אחרים.

ד. מקילים בנזק המוגדר כ"דבר האבד" לא רק של האבלים, אלא גם אם ייגרם נזק ב"דבר האבד" של אנשים אחרים.

ה. מותר לאבל לערוך את חשבונותיו ההכרחיים כדי למנוע שכחה והפסד. אם יש צורך מותר לברר בטלפון את היתרה בבנק, ומותר לשלם חשבונות בטלפון באמצעות כרטיס אשראי[6].

1 מועד קטן כ, א; כא, ב. שלחן ערוך יורה דעה סי' שפ.

2 שלחן ערוך שם. ילקוט יוסף סימן טז, ה.

3 לפי הרמ"א (שלחן ערוך יורה דעה סימן שצג, א) מקצת היום השלישי ככולו. בילקוט יוסף (סימן טז, ג) ובפני ברוך (סימן יג, ב) הביאו דעות חולקות המצריכות לעניין מלאכה שלושה ימים שלמים, וכך פסק למעשה בילקוט יוסף.

4 צרור החיים (פיסקה פו) כתב שהאבל יכול להשתתף בפגישות חשובות בענייני פרנסה הנערכות בביתו אם נחשבות לדבר האבד. לדבריו, לפי מנהג האשכנזים יש להחמיר בשלושת הימים הראשונים ולכן כדאי לדחות את הפגישות לאחר שלושה ימים, אך לפי מנהג עדות המזרח אין הבדל בין שלושת הימים הראשונים לשאר הימים.

5 הגהות הרמ"א על שלחן ערוך סימן שפ, ה.

6 ערוך השלחן יורה דעה סימן שפ, י. צרור החיים פיסקה פז.

ו. מותר לתבוע חוב אם חושש שלאחר השבעה לא ימצאנו[7].

ז. בעל מלאכה המחזיק פועלים ומשלם להם, נחשב "דבר האבד" ויכולים הפועלים להמשיך ולעסוק במלאכתם.[8]

שותפים

ח. שותפים שאחד מהם אבל, סוגרים את העסק או החנות לשבעת הימים, והשותף יכול לעשות מלאכה בביתו ובצנעה. כיום, בעיקר במקרים של חשש להפסד ממון, נהגו להקל לשותף שימשיך את הפעילות העסקית כבר לאחר שלושה ימים[9], ויש מי שמתיר אם ייגרם הפסד ממון, לפתוח את החנות מיד[10].

ט. האפשרות המועדפת היא שהחנות תימכר בזמן האנינות בקניין סודר, לשותף או לאדם אחר למשך ימי האבל או שהאבל יסלק עצמו מהעסק. אם אפשר, יש לבצע מכירה כזו עוד לפני הפטירה. במקרה כזה יש לרשום בחזית החנות שהחנות נמכרה ומנוהלת על ידי אחר. למעשה יש לפנות למורה הוראה כדי להתייעץ בכל מקרה לגופו[11].

י. אם לשותפים יש שתי חנויות וכל אחד יושב בחנותו והם שותפים ברווח, מותר לשותף לפתוח את חנותו אפילו ביום הראשון[12].

יא. אם השותף עצמו נפטר הרי במיתתו בטלה השותפות, ומעיקר הדין מותר לשותפו לפתוח את העסק[13]. למעשה, מדין דרך ארץ, כדאי לתאם את הדבר מראש ברגישות הנדרשת עם משפחת הנפטר.

מלאכה בקבלנות, צורך מצוה וצורך רבים

יב. אם האבל נתן לאחרים לבצע דבר בקבלנות עוד לפני האבלות, ואין המלאכה ניכרת שהיא של האבל, מותר לקבלן לעשות המלאכה בביתו אך לא בבית האבל.

יג. מותר לאבל להשכיר מונית שלו לנהג אחר תמורת אחוזים[14].

יד. מותר לאבל לעשות מלאכה במקום שהוא צורך מצוה וצורך רבים. לכן מותר לאבל לתקן ספר תורה, אם אין ספר תורה אחר ואין סופר אחר. וכן הדין ברופא, במוהל או

7 שלחן ערוך יורה דעה סימן שפ, ח.

8 גשר החיים פרק כא, ב, ג בשם ערוך השלחן.

9 גשר החיים שם, ז.

10 צרור החיים פיסקה צ – צא.

11 גשר החיים פרק כא, ב, יד. כל בו על אבלות עמוד 324. ילקוט יוסף סימן טז, ד. למעשה הורה לי הרב רוז'ה שליט"א שאם לא הספיקו למכור לפני הפטירה, יש למכור את העסק בזמן האנינות, מפני שלאחר תחילת האבלות קשה מאוד להתיר. אמנם אם מדובר בצורכי רבים, מתירים בדוחק למכור את העסק ביום השלישי בבקר, שמקצת היום ככולו.

12 גשר החיים פרק כא, ב, ח.

13 שם, י, על פי שלחן ערוך חושן משפט סי' קעו, יט.

14 בשלחן ערוך יורה דעה סימן שפ, טו, הביא מתירים ואוסרים. אך כיון שכיום המנהג שמשכירים מוניות, והשוכר עושה כן לצורך עצמו – מותר. ילקוט יוסף סימן טז, כב.

בשוחט במקום שאין אחר. ומותר במקום הצורך גם לצאת מביתו לצורך כך, ולקבל החזר הוצאות (בלבד) על עבודתו[15].

טו. כשיש חנות ביישוב קטן, זו סיבה נוספת להתיר לפתוח אותה בגלל צרכי רבים. כפי שפורט לעיל, על ידי מכירה של החנות לאדם אחר.

טז. מותר לאבל לקבל משכורת על הימים שנעדר בהם מחמת אבלותו, כיון שהאיסור הוא על עשיית מלאכה ולא על קבלת שכר.

יז. מותר לברר מחירי מצבות, כיון שיש עניין גדול להזדרז בהקמת המצבה[16].

עבודות בבית

יח. מותר לאבלים לבצע את עבודות הבית הנצרכות, כגון הכנת האוכל, סידור הבית ושטיפתו[17]. לגבי כיבוס וגיהוץ יפורט לקמן בפרק כו.

יט. אין לבצע עבודות מלאכת יד במשך השבעה, כגון סריגה, תפירה ותיקון בגדים.

---

15 ילקוט יוסף סימן טז, יט – כ.

16 צרור החיים פיסקה פח.

17 שלחן ערוך יורה דעה סימן שפ, כב.

כ. רחיצה, סיכה ואיפור

ההימנעות מרחיצה וסיכה כסימן לאבלות מופיעה כבר בתנ"ך. יואב שר צבא דוד אמר לאשה החכמה מתקוע: "הִתְאַבְּלִי נָא וְלִבְשִׁי נָא בִגְדֵי אֵבֶל וְאַל תָּסוּכִי שֶׁמֶן וְהָיִית כְּאִשָּׁה זֶה יָמִים רַבִּים מִתְאַבֶּלֶת עַל מֵת" (שמואל ב', יד, ב). הרחיצה והסיכה הן רעננות והתחדשות של הגוף. האבל המתאבל על גופו של המת העתיד להתבלות ולחזור לעפר, מנוע מהטיפול והחידוש בגופו שלו.

א. אסור לאבל לרחוץ את כל גופו, אפילו בצוננים. אבל חלקים מגופו, בחמין אסור ובצונן מותר. מים פושרים הרי הם בכלל צונן, כיון שאין נהנים מחום המים[1].

ב. מותר לצחצח שיניים.

ג. האיסור הוא רק ברחיצה של תענוג, לכן מותר להתרחץ כדי להעביר לכלוך. וכן מי שהוא איסטניס הרגיל להתרחץ, ואם לא יתרחץ יש לו צער גדול – מותר לו לרחוץ אפילו בחמין, ובצנעה. אך אין מתירים לכל מי שאומר "איסטניס אני"[2]. כל שכן שהקלו ביולדת או בחולה – גם בחולה שאין בו סכנה – אם הרופא או החולה אומרים שהרחיצה תחזק את בריאותו[3]. ואם אין צורך כל כך, יש להחמיר ביום הראשון.

ד. יש מתירים למי שרגיל לטבול לכבוד שבת או לטבול לקריו, לטבול גם בתוך השבעה, בצוננים ובצנעה ובקצרה, ובזמן שאין בני אדם מצויים במקוה, כיון שאין הטבילה לתענוג אלא לטהרה[4].

ה. אשה אבלה יכולה לרחוץ חלקים מגופה לצורך הפסק טהרה, אבל לא תטבול בתוך השבעה[5]. אם עברה וטבלה, אינה צריכה לטבול שוב לאחר השבעה[6].

ו. אשה שבעלה אבל והיא לא אבלה, יכולה לטבול כדרכה בזמנה למרות שאסורים בחיי אישות.

ז. מי שאירעו לו שתי אבלויות רצופות, מותר לו לרחוץ כל גופו בצונן כבר בסיום האבלות הראשונה[7].

ח. סיכה לשם תענוג אסורה, אבל לשם רפואה או ניקיון מותר. לכן מותר להשתמש בקרמים למניעת יובש, לצורך ניקיון או לרפואה. מותר להשתמש בדאודורנט לא מבושם.

1 פסקי תשובות סימן תקנא, מח, בשם שערים המצוינים בהלכה.
2 שלחן ערוך יורה דעה סימן שפא, ג.
3 גשר החיים פרק כא, ג, א.
4 נטעי גבריאל חלק א, פרק קה, ב, ובפרק קיד, ז.
5 שלחן ערוך יורה דעה סימן שפא, ה.
6 כל בו על אבלות עמ' 295.
7 שלחן ערוך יורה דעה סימן שפא, ד. ובערוך השלחן (יורה דעה שפא, ז) הוסיף שלאחר שלושים לאבלות הראשונה מותר לרחוץ גם בחמין.

ט. אשה אבלה לא תתאפר בשבעת ימי האבל. לכלה במשך שלושים יום לאחר נישואיה, ולבחורה בגיל שידוכים, התירו להתאפר אפילו בתוך שבעת ימי האבלות[8].

8 שלחן ערוך יורה דעה סימן שפא, ו. והטעם הוא כיון שעומדת להינשא. כלומר שדווקא בימי השבעה יכנסו הרבה מבקרים ומבקרות לבית האבלים ויראוה, כיון שכך צריך שתהיה נאה. מסתבר שאין להגזים באיפור שהרי מדובר על זמן אבלות.

כא.נעילת הסנדל

איסור נעילת הסנדל נלמד מיחזקאל הנביא, שנאמר לו כהוראת שעה "וּנְעָלֶיךָ תָּשִׂים בְּרַגְלֶיךָ" (כד, יז) ולא לנהוג אבלות, מכלל שלאבלים אסור. הליכה יחף מסמלת אבלות וצער – "וְדָוִד עֹלֶה בְמַעֲלֵה הַזֵּיתִים עֹלֶה וּבוֹכֶה וְרֹאשׁ לוֹ חָפוּי וְהוּא הֹלֵךְ יָחֵף" (שמואל ב׳, טו, ל; בברחו מפני אבשלום בנו).

וַיֹּאמֶר אַל תִּקְרַב הֲלֹם שַׁל נְעָלֶיךָ מֵעַל רַגְלֶיךָ כִּי הַמָּקוֹם אֲשֶׁר אַתָּה עוֹמֵד עָלָיו אַדְמַת קֹדֶשׁ הוּא

שמות ג, ה

הזכיר 'של' מלשון 'שלילה', הזהירו שישלול ממנו החומריות שהמשילם לנעליים, לפי שהחומר דבק בגוף כמו שהמנעל דבק ברגל.

רבנו בחיי שם

על דרך הקבלה יש למנעלים משמעות של חיבור, הן במשמעות הפשוטה של חיבור האדם לקרקע ולמציאות, וגם במשמעות של נעילה – סגירה חיבור וחיתום. ממגילת רות (ד, ז) אנו למדים שנתינת מנעל סימלה קיום והסכמה – "וְזֹאת לְפָנִים בְּיִשְׂרָאֵל עַל הַגְּאוּלָּה וְעַל הַתְּמוּרָה לְקַיֵּם כָּל דָּבָר, שָׁלַף אִישׁ נַעֲלוֹ וְנָתַן לְרֵעֵהוּ וְזֹאת הַתְּעוּדָה בְּיִשְׂרָאֵל".

בחליצה, כשהיבם ממאן לייבם את יבמתו, מתבצע תהליך הפוך – היבמה חולצת את נעלו, כעין מחאה על שהלה ממאן להתחבר ולהקשר בה. גם הציווי "שַׁל נְעָלֶיךָ" שנאמר למשה רבנו, מלמד על מגמה של ניתוק מהחומריות ומעבר לממד הרוחני של הנבואה. חליצת המנעל מסמלת ניתוק, הפך נעילת המנעל או מסירתו המסמלת חיבור.

אצל הנפטר התבצע הניתוק מן החיים, הוא נפטר מן העולם. על פי הסבר זה, הפטירה והניתוק באים לידי ביטוי גם אצל קרובי הנפטר שהולכים יחפים ללא מנעל.

א. אסור לאבלים לנעול נעלי עור, אבל מותר לנעול נעלי גומי, בד, עץ או פלסטיק. יש מקילים לנעול סנדל (שאינו עשוי עור) אף על פי שהרצועה המחזקת את הרגל עשויה מעור[1]. על פי חכמת הנסתר אין לאבל ללכת יחף, ולכן יגרוב גרביים או ינעל נעלי גומי[2], ויש מי שכתב שבארץ ישראל שעפרה קדוש מותר ללכת יחף[3].

ב. כבר נכתב לעיל בסדר הלוויה, שהאבל חולץ מנעליו מיד בסיום הקבורה. בדרך כלל בסיום הלוויה חולצים את הנעליים ונותנים בהן מעט עפר, והולכים בהן עד למקום שיושבים בו שבעה. יש שמביאים ללוויה נעלי גומי ומחליפים במקום.

ג. יולדת בתוך שלושים יום ללידתה או חולה שקשה לו, מותרים לנעול נעלי עור אם יש צורך בכך. כמו כן התירו גם למי שצריך ללכת ברחוב לעניין נחוץ, וקשה לו ומצטער בלי נעליים. וכל שכן כשיש סכנת עקרב וכדומה, התירו לנעול נעלי עור. כיון שיש כיום

1 גשר החיים פרק כא, ד, א; ילקוט יוסף סימן כ, ב.
2 צרור החיים פיסקה קיד.
3 ילקוט יוסף סימן כ, ד.

נעליים טובות מגומי, יש להימנע מנעילת נעלי עור במידת האפשר; ואם בכל זאת נועל נעלי עור, ראוי שיתן קצת עפר במנעליו ומיד כשיוכל יחלצם.

ד. בברית מילה או בפדיון הבן מותר להורים לנעול נעלי עור[4], ויש מחמירים ואוסרים[5].

ה. מותר לקנות נעלי בד או גומי לצורך השבעה, אם אין לו, וילבשם אדם אחר תחילה זמן מועט[6].

ו. מותר לצחצח נעליים בתוך השבעה[7].

ז. האבל מברך "שעשה לי כל צרכי" למרות שאינו נועל מנעליו[8].

ח. בשבת אין אבלות בפרהסיה ולכן נועלים נעלי עור, וכן בחול המועד ובשני ימי פורים.

לגבי שימוש בנעלי הנפטר, ראה באוצר המושגים ערך **חפצי הנפטר**.

4 גשר החיים פרק כא, ח, ח.

5 ילקוט יוסף סימן כ, ז. צרור החיים פיסקה קכג.

6 ילקוט יוסף סימן כ, ג. מועד לכל חי סימן יז, נ, בשם יקרא דחיי ונטעי גבריאל. **הערת הרב נבנצל שליט"א** – צריך עיון אם יש בזה שמחה כיון שנעלי הבד עצמן מעוררות את זיכרון האבל והצער, ולכן יתכן שאין צורך באדם אחר שילבשם תחילה.

7 ילקוט יוסף סימן יז, יג. צרור החיים פיסקה פה.

8 משנה ברורה סימן תקנד סעיף קטן לא, לעניין תשעה באב. **הערת הרב נבנצל שליט"א** – ויש נמנעים בתשעה באב וביום הכיפורים, כשכל עם ישראל חלוץ נעליים.

כב. תלמוד תורה

איסור תלמוד תורה נלמד מיחזקאל הנביא, שנאמר לו " הֵאָנֵק דֹּם" (כד, יז). בירושלמי (מועד קטן פ"ג, ה"ה) למדו ממה שנאמר באיוב (ב, יג) "וְאֵין דֹּבֵר אֵלָיו דָּבָר" – אפילו דבר של תורה. הכלל הוא שלימוד תורה אסור, אך יש היתרים שונים כפי שיפורט לקמן.

א. אסור לאבלים לעלות לתורה או ללמוד תורה במשך השבעה, מפני שלימוד תורה משמח את הלב, כמו שכתוב – "פִּקּוּדֵי ה' יְשָׁרִים מְשַׂמְּחֵי לֵב" (תהלים יט, ט), וכמו כן מתוך הלימוד וההתעמקות בו, עלול האבל להסיח דעתו מן האבלות.

ב. האיסור ללמוד תורה חל גם על הנשים האבלות.

ג. אין לאבל ללמוד גם שאר דברים כדי שלא יסיח דעתו מהאבלות[1].

ד. התירו לאבלים ללמוד עניינים שלא מוסיפים שמחה ללומד, כגון ספר איוב או נבואות החורבן שבירמיהו ודיני אבלות. ההיתר הוא דווקא בלימוד פשוט ולא בפלפול המביא לידי שמחה. ויש מי שהתיר לימוד מוסר ואפילו פרקי אבות[2].

ה. האבלים יכולים וצריכים ללמוד ענייני אבלות בכלל והלכה למעשה בפרט. לכן האבל מברך ברכות התורה גם בשבעת ימי האבלות.

ו. אמנם מצד עיקר הדין אין לומר דברי תורה בבית האבל גם על ידי אנשים אחרים[3]. אבל כבר נהגו להקל ולומר דברי תורה בבית האבל ואין למחות בידם, וכל שכן כשהוא לעילוי נשמת הנפטר[4]. מנהג תימן שלומדים ודורשים בבית האבל רק בענייני אבלות, (מלבד מה שקוראים תהלים או זוהר)[5].

ז. מותר לומר מזמורי תהלים שאין בהם שמחה, ובמקום צורך מותר לומר גם שאר מזמורים, דרך תפילה והתעוררות[6].

ח. מותר לאבל לומר פרשת התמיד ומשנת 'איזהו מקומן' ומדרש רבי ישמעאל שבסדר תפילת שחרית[7], אבל אינו אומר פרשת הקרבנות ופיטום הקטורת[8]. ויש שנהגו לומר הכל ללא דילוג[9].

1 ערוך השלחן יורה דעה סימן שפד, ט.

2 ילקוט יוסף סימן כב; ב, ה.

3 שלחן ערוך יורה דעה סימן שעח, ז; ממסכת מועד קטן כג, א.

4 ילקוט יוסף סימן כב, יב.

5 הליכות תימן, מנהגי קבורה ואבלות עמוד 331 – 332.

6 ילקוט יוסף סימן כב, ו. **הערת הרב נבנצל שליט"א** – אין זה פשוט כיון שאמירת תהלים היא גם תלמוד תורה. גם התהלים שאומרים על החולה יש בהם בחינה של לימוד תורה, שמבקשים להעניק לחולה ולזכות אותו.

7 שלחן ערוך אורח חיים סימן תקנד, ד, ומשנה ברורה שם סעיף קטן ז; ובסימן א, סעיף קטן יז.

8 הגהות הרמ"א על שלחן ערוך אורח חיים סימן תקנט, ד.

9 ילקוט יוסף סימן כט, ז.

ט. אדם המפורסם בשקדנותו בתורה ולהוט אחר לימודה, יש מקום להתיר לו ללמוד כדרכו[10]. משום שהימנעות מתלמוד תורה במקום שלבו חפץ גורמת לו צער גדול, הקלו לו.

י. מעיקר הדין, תלמיד חכם המורה הוראה ודורש לרבים, יכול לענות תשובות הלכתיות לשואלים; ואפילו ללמד בזמן אבלותו אם הרבים צריכים לו, כדי למנוע מהרבים ביטול תורה[11]. מקור הדברים בגמרא (מועד קטן כא, א) "תנו רבנן: אלו דברים שהאבל אסור בהם... ואסור לקרות בתורה ובנביאים ובכתובים, ולשנות במשנה, במדרש ובהלכות ובהש"ס ובאגדות, ואם היו רבים צריכים לו אינו נמנע. ומעשה ומת בנו של רבי יוסי בצפורי, ונכנס לבית המדרש ודרש כל היום כולו...". יש שלמדו מכאן שגם מלמד תורה לילדים יכול ללמדם בזמן אבלותו כיון שנחשב שרבים צריכים לו[12].

יא. מחנך כיתה היושב שבעה ומתעוררות שאלות חינוכיות בכיתתו, מותר להתייעץ עימו כשיש צורך חיוני בכך. אך אסור לו לבדוק מבחנים או להכין שיעורים בזמן השבעה[13].

יב. לגבי שבת מובא פירוט לקמן עמוד 172.

10 ילקוט יוסף סימן כב, יג; בשם ירושלמי מועד קטן פרק ג.

11 שלחן ערוך ורמ"א, יורה דעה שפד, א; וראה ילקוט יוסף סימן כב, יד בהערה שציין שכך נהג למעשה הרב עובדיה יוסף שליט"א באבלותו על אביו ז"ל, שלימד את שיעורו הקבוע במוצאי שבת בנוכחות כחמש מאות איש, בהלכות אבלות.

12 שפתי כהן וטורי זהב על שלחן ערוך יורה דעה שפד, א. ומסתבר שדווקא אם אי אפשר למצוא מלמד אחר, ילקוט יוסף סימן כב, כט. כיום למעשה ב"ה יש הרבה מלמדי תורה, ולכן קשה להתיר ללמד. אמנם אם מדובר באדם שאין אחר כמותו, מותר. לכן מסתבר שהרב עובדיה יוסף עצמו נתן את שיעורו ברבים, כיון שאין אחר כמותו (כמו שהובא בהערה הקודמת), אך למעשה גם הרב עובדיה יוסף נתן את שיעורו בהלכות אבלות.

13 צרור החיים פיסקה פט.

כג. דברים שבצנעה

איסור חיי אישות נלמד מדוד, שנאמר "וַיְנַחֵם דָּוִד אֵת בַּת שֶׁבַע אִשְׁתּוֹ וַיָּבֹא אֵלֶיהָ וַיִּשְׁכַּב עִמָּהּ" (שמואל ב', יב, כד), מכלל שקודם לכן כשהיו אבלים על מות בנם, היו אסורים בחיי אישות.

א. אבלים בתוך שבעה אסורים ביחסי אישות, אבל מותרים בשאר קריבות. וראוי להחמיר בחיבוק ונישוק ושלא לישון באותה מיטה[1]. סמך לזה נמצא בתרגום קהלת על הפסוק "עֵת לַחֲבוֹק וְעֵת לִרְחֹק מֵחַבֵּק" – "עידן בחיר לגפפא אתתא ועידן בחיר לרחקא מגפפא בשבעת ימי אבלא"[2]. אך אין להחמיר בדיני הרחקות[3].

ב. אם חלה טבילתה של אשה בימי אבלה, אינה טובלת. ואם בעלה חולה, ואין מי שיטפל בו, מותרת לטבול רק לצורך הטיפול בו[4].

ג. אשה שבעלה יושב שבעה מותר לה לטבול, אך אסורים ביחסי אישות כנזכר לעיל.

ד. איסור חיי אישות חל גם בשבת.

ה. לגבי חיי אישות ביום השביעי ובלילה שלפניו, מובא לקמן בעמוד 177 בפרק **ככלות השבעה**, ובאוצר המושגים ערך **מקצת היום ככולו**.

---

1 שלחן ערוך ורמ"א, יורה דעה סימן שפג, א.

2 מובא בחידושי ר' עקיבא איגר בשלחן ערוך שם.

3 דרכי טהרה עמוד ריד.

4 ילקוט יוסף סימן יח, י.

כד. שאילת שלום ורֵעות

איסור שאלת שלום נלמד מיחזקאל הנביא שנאמר לו "הֵאָנֵק דֹּם". שלום הוא לשון שלמות. האבלים אינם בשלמות אלא בחסרון, ולכן אין מברכים אותם בשלום וגם הם לא אומרים שלום. זו גם הסיבה שלעתים משאירים בבית האבל את הדלת הראשית פתוחה, כדי להימנע מאמירת שלום לאבלים בכניסה לבית.

חז"ל אשר הקפידו ללמד כי על כל אדם להקדים ברכת שלום לזולתו כל אימת שהוא פוגש את חברו או את שכנו או כל אדם אחר ברחוב, השכילו להבין כי אין מקום להתנהגות כה נימוסית במצבו של האבל בזמן השבעה, כשהוא שרוי בצער על אבדן יקירו. לכן אסרו על המבקר לברך בשלום את האבל, וכן פטרו את האבל מלברך את אלה שבאים לנחמו. הרי זה נראה כאבסורד לשאול אבל שזה עתה איבד את יקירו: "שלום, איך אתה מרגיש". דחיית ברכת השלום בזמן כזה אינה צריכה להתפרש כדחייה של המוסכמות החברתיות בנוגע לנימוס ולהתנהגות נאותה בין אנשים, להיפך – היא באה להסביר את ההבנה והרגישות של המנחמים למצבו הכואב והמיוחד של האבל[1].

א. אבל אסור בשאילת שלום.

ב. מעיקר הדין ההימנעות היא דווקא מלומר את המילה "שלום" שהיא אחד משמותיו של ה'. ולכן יש מהפוסקים שהתירו לומר "בוקר טוב" וכו', אם לא מזכירים את המלה "שלום" עצמה[2], ויש שאסרו אף באופן זה[3]. לכל הדעות מותר לנענע בראשו במקום שאילת שלום.

ג. גם בשיחות טלפון אין מסיימים במילה "שלום", אלא "להתראות", "כל טוב" וכדומה, או במילות ניחומים.

ד. בשלושת הימים הראשונים לא שואל בשלום וגם לא משיב למי שדרש בשלומו, אלא יודיענו שהוא אבל. משלושה ועד שבעה אינו שואל, אבל משיב, ובשפה רפה. משבעה ועד שלושים שואל בשלום אחרים, אבל אין אחרים שואלים בשלומו. ואם בשאלת שלום נאסר, קל וחומר שלא ירבה דברים ושלא ישחוק[4].

ה. האבל מותר לברך אדם אחר ומותר לאחרים לברך אותו. אבל שיש לו שמחה מותר לומר לו "מזל טוב".

ו. מותר להושיט יד בשעה שמברכים[5]. אמנם יש שאסרו כיון שהושטת יד נחשבת לשאילת שלום[6]. אבל לכל הדעות, אם הושיטו לאבל יד, יכול להושיט חזרה.

---

1 דרכה של היהדות במוות ובאבלות, עמוד 123.

2 באר היטב סימן שפה, ב. ילקוט יוסף סימן כג, א, ח. צרור החיים פיסקה קפה. יסודי הלכה עמוד קפח בשם הרב שלמה מן ההר.

3 גשר החיים פרק כא, ז, ה; כתב לא לומר "צפרא טבא" אבל התיר בלשונות אחרים.

4 שלחן ערוך יורה דעה סימן שפה, א.

5 פני ברוך סימן טז, יד; על פי שו"ת הר צבי סימן ר"צ. ילקוט יוסף סימן כג, יא.

6 צרור החיים פיסקה צב.

ז. אין לאבל לקדש את הלבנה אם ישאר זמן לקדש אחר ימי אבלו, ואם לא ישאר זמן מותר לו לצאת מביתו ולקדש, אבל יאמר רק את הברכה ולא יאמר "שלום עליכם" ואת שאר התוספות[7], ויש אומרים שמותר לאחרים לומר "שלום עליכם" לאבל בקידוש לבנה[8].

ח. מותר לאבל לומר "שבת שלום" כיון שבשבת אין אבלות בפרהסיה. לגבי אמירת "שבת שלום" לאבל, תלוי במנהג המקום, יש מקומות שאומרים ויש שאין אומרים[9].

ט. האבל לא משתתף בסעודת מרעים בתקופת אבלותו. הפרטים יבוארו לקמן בעמוד 186 – **מנהגי אבלות בתוך השלושים** – ביקורי חברים.

י. אין נותנים מתנה לאבל בזמן האבל, כיון שנתינת המתנה מוגדרת מבחינה הלכתית כאמירת שלום[10]. הפוסקים השוו בין אמירת שלום לבין משלוח מנות שהוא כעין דרישת שלום בין חברים. הלכות משלוח מנות מפורטות לקמן עמוד 203-204.

7 משנה ברורה סימן תכו, יא. שמירת שבת כהלכתה חלק ב, פרק סה, לו.

8 ילקוט יוסף סימן כג, ז.

9 צרור החיים פיסקה קס. שמירת שבת כהלכתה שם, הלכה יב. בגשר החיים (פרק כא, יב, ב) כתב שיש מחמירים בתוך שלושים לא לשאול בשלום האבל בשבת. המחמירים נמנעים מלפגוש את האבל כדי שלא יראה כאבלות בפרהסיה. בילקוט יוסף (סימן כג, ו) כתב לומר שבת שלום לאבלים, כרמב"ם, שהוא מכלל דברים שבפרהסיה, וכך המנהג בירושלים.

10 רמ"א יורה דעה סימן שפה, ג. צרור החיים פיסקה ריא.

כה. שמחה ונישואין

א. האבל אסור בשמחה בתוך השבעה ואפילו בדברים העלולים להביאו לידי שמחה, כגון להחזיק תינוק בחיקו ולשחק עמו[1]. מותר להורים לטפל בילדיהם.

ב. בהבדלה בבית האבל לא אומרים פסוקי שמחה, אלא מתחילים מברכת בורא פרי הגפן.

ג. ראוי לא לברך שהחיינו על פרי חדש בתוך השבעה, אלא אם כן לא יוכל למצאו לאחר השבעה. אבל בברית מילה או בפדיון הבן, אבי הבן מברך שהחיינו גם בתוך השבעה. כלומר, נמנעים מברכת שהחיינו על שמחת חידוש (פרי או בגד חדש), אבל מברכים שהחיינו על שמחה של מצוה שקבוע לה זמן כגון מילה, פדיון הבן, נר חנוכה וכיוצא בזה.

ד. בברית מילה או פדיון הבן מותר להורים ללבוש בגדי שבת ולנעול נעלי עור[2], ויש מחמירים ואוסרים נעלי עור[3].

ה. מותר לאבי הבן לעלות לתורה ביום הברית, ויש מעדיפים שישתמט מלעלות לתורה[4].

ו. מותר לאבי הבן לערוך את סעודת המצוה בביתו ולהשתתף בה אפילו בתוך השבעה[5]. אם אין מקום בבית מותר לערוך את הסעודה בבית הכנסת.

ז. גם מילה שלא בזמנה יש לקיים בתוך השבעה, ואין לדחותה עוד עקר הארלוח[6]

ח. סבא וסבתא אבלים יכולים להשתתף בברית אך לא בסעודה, וראה עוד בהערה[7].

ט. אחר המילה או הפדיון, דיניו ככל אבל.

י. מותר לאבל להיות מוהל או סנדק אפילו בתוך השבעה, ואם הוא כהן יכול לפדות בכור (פדיון הבן). ומותר לו לצאת לצורך זה למקום השמחה, אבל לא ילבש בגדי שבת ולא נועל מנעליו בתוך השבעה וראה כאן בהערה[8]. אבל אינו יכול לצאת מביתו כדי להכניס את התינוק לברית (הנקרא קוואטר)[9]. טעם החילוק הוא שלהיות מוהל או סנדק או לפדות

---

1 שלחן ערוך יורה דעה סימן שצא, א.

2 גשר החיים פרק כא, ח, ח.

3 הרב עובדיה יוסף בשו"ת יביע אומר חלק ט, יורה דעה סימן מב; ובילקוט יוסף סימן כ, ז. ובספר צרור החיים (פיסקה קכג) כתב שמותר לאבי הבן ללבוש בגדי שבת (לא מכובסים) אך לא ינעל נעלי עור ולא ישתתף בסעודה.

4 גשר החיים פרק כא, ח, ח. ובנטעי גבריאל (חלק ב, פרק כד, ד) כתב שאינו רשאי לעלות לתורה.

5 הגהות הרמ"א על שלחן ערוך יורה דעה סימן שצא, ב. גשר החיים פרק כא, ח, ו. וכבר הזכרנו שבצרור החיים (פיסקה קכג) אסר להשתתף בסעודה בתוך שבעה.

6 ילקוט יוסף סימן לח, כב.

7 צרור החיים פיסקה קכד. **הערת הרב נבנצל שליט"א** – אולי לדעת אדמו"ר זללה"ה (הגרש"ז אויערבך זצ"ל) מותרים להשתתף בסעודה. (בתשובה לשאלתי הורה לי הרב נבנצל שליט"א הלכה למעשה, להקל לסבא וסבתא אבלים להשתתף גם בסעודה, כיון שהוא יום טוב שלהם).

8 ברכי יוסף סימן שצא, א; מובא בפני ברוך סימן כ, ו. ילקוט יוסף סימן לח, כג. **הערת הרב נבנצל שליט"א** – גם כאן יש לו אותו דין כמו אבי הבן (לעיל הלכה ד) שיש אוסרים ויש מתירים בנעילת הסנדל.

בכור נחשב למצוה, ואם צריכים את האבל לקיום המצוה התירו לו לצאת מביתו[10]. אבל להכניס את התינוק לא נחשב למצוה ולכן לא התירו לאבל לצאת מביתו, לכן אם הברית בביתו אפשר להתיר. באבלות על אב ואם לא יכול להחליף את בגדו הקרוע, אבל על שאר קרובים יכול להחליף בגד.

יא. בר מצוה שהגיע למצוות ואביו או אמו יושבים שבעה, מקיימים את העלייה לתורה והנחת תפילין בזמנה, ואם אין ספר תורה בבית האבל ילכו לכבודו לבית הכנסת, ואת סעודת המצוה יקיימו אחר השבעה[11].

יב. התירו להורים אבלים של חתן או של כלה להשתתף בחופת ובחתונת ילדיהם, אפילו בתוך השבעה אחר היום הראשון, אבל לא התירו להם לאכול שם[12]. התירו רק לאב ואם ולא לשאר קרובים. האבל יכול ללבוש בגדי שבת, ולגבי בגד חדש יפורט בפרק הבא.

יג. ככלל, נישואין אסורים לאבל אפילו בתוך השלושים.

יד. אירוסין[13] , מעיקר הדין מותר לעשות אפילו בתוך השבעה. ללא מסיבות ושמחה אלא כדי שלא תתפרד החבילה (המכונה "וורט").

טו. דין חתן וכלה שאירעה להם אבלות מפורט לקמן מעמוד 253.

---

9 פני ברוך סימן כ, ז; בשם שדי חמד.

10 הגהות הרמ"א על שלחן ערוך יורה דעה סי' שצג, ג.

11 מועד לכל חי סימן יז, קכא, בשם זכרון יצחק ונטעי גבריאל.

12 אגרות משה יורה דעה חלק ב סימן קסט. והטעם בגלל שצער גדול הוא להם אם לא יוכלו להשתתף בחופת בנם או בתם. היתר זה מוגבל לאב ואם בלבד. בילקוט יוסף (סימן לח, יז) כתב שלאחר החופה יש לחזור לבית להמשך השבעה. הרב יעקב רוז'ה שליט"א הורה לי שלמעשה יכולים להישאר כל החתונה, אך לא יאכלו במקום המכובד המיועד להורי החתן והכלה אלא ישבו במקום צדדי ויאכלו שם.

13 הכוונה בימינו בדרך כלל לשידוכים שאינם מחייבים הלכתית, אלא נותנים תוקף פומבי על ההחלטה להינשא. אמנם מצד עיקר הדין יש מתירים אירוסין גמורים שנהגו בהם בזמן המשנה אפילו ביום המיתה, אך למעשה כיום האירוסין והנישואין נעשים ברצף אחד, כך שבדרך כלל אין משמעות מעשית לכך. (שלחן ערוך ורמ"א, יורה דעה סימן שצב, א).

כו. כיבוס ובגדים חדשים

איסור כיבוס נלמד מהפסוק "וַיִּשְׁלַח יוֹאָב תְּקוֹעָה וַיִּקַּח מִשָּׁם אִשָּׁה חֲכָמָה וַיֹּאמֶר אֵלֶיהָ הִתְאַבְּלִי נָא וְלִבְשִׁי נָא בִגְדֵי אֵבֶל וְאַל תָּסוּכִי שֶׁמֶן וְהָיִית כְּאִשָּׁה זֶה יָמִים רַבִּים מִתְאַבֶּלֶת עַל מֵת" (שמואל ב', יד, ב). משמע שלא היו נאים אלא מנוולים משאר בגדים (מועד קטן טו, ב).

כיבוס

א. אסור לאבל בתוך השבעה לכבס בגדיו אפילו כיבוס פשוט, ואסור לו ללבוש בגדים מכובסים.

ב. במקום צורך מותר להחליף לבנים וגרביים בתוך השבעה, וכן אפשר להחליף בגדים שהתלכלכו או שספוגים בזיעה באופן שמפריע לאבל[1], שלא אסרו אלא כשמחליף לתענוג.

ג. אבל על אביו ואמו אמור לשבת בבגד קרוע כל השבעה, ואם מחליף חולצה צריך לקרוע גם את החולצה האחרת. על שאר קרובים אין צריך לקרוע שוב[2].

ד. אשה אבלה מותרת ללבוש בגד נקי לספירת שבעה נקיים.

ה. בגד שהתלכלך בכתם מותר להסיר את הלכלוך במים.

ו. אם מסר בגדיו למכבסה קודם שנעשה אבל, מותר להם לכבסם[3].

ז. מותר לכבס בגדי ילדים קטנים שמתו הוריהם[4].

ח. אשה אבלה לא תכבס את בגדי ילדיה.

ט. בני ביתו של האבל (שאינם אבלים) מותרים לכבס בגדיהם, וכן מותרים ללבוש בגדים מכובסים.

י. עדות המזרח נהגו באיסור כיבוס רק במשך השבעה[5]. האשכנזים נהגו להחמיר מללבוש בגדים שכובסו בסבון עד השלושים, אלא אם כן לבשם אדם אחר לזמן מה, או שהניחם על גבי קרקע עולם (לא מקום מרוצף), כדי לקלקל מעט את קיפולי הגיהוץ[6]. הרעיון הוא שכיון שהאבלות עדיין חלה בתוך השלושים, שחלק ממנה היא ההגבלה על כיבוס; לכן לובשים בגדים מכובסים רק אם "קלקלו" באופן סמלי את הכיבוס והגיהוץ[7].

---

1 ערוך השלחן שפט, ז. גשר החיים פרק כא, י, א בשם פתחי תשובה סימן שפט, ב. צרור החיים פיסקה קיט.

2 צרור החיים פיסקה קיט.

3 שלחן ערוך יורה דעה סימן שפט, ד.

4 שם, ב.

5 שם, א.

6 הגהות הרמ"א על שלחן ערוך יורה דעה סימן שפט, א. ובפני ברוך סימן יח הערה יח הביא בשם הכרם שלמה שכך הדין גם אם מניח על גבי קרקע או מקלקל מעט את הקיפולים. וכן בנטעי גבריאל חלק ב, פרק י, ה. וכן התיר בשלחן ערוך המקוצר עיני יצחק יורה דעה סימן קצ, ה; אם נתלכלך הבגד מעט על גבי קרקע.

7 **הערת הרב נבנצל שליט"א** – סבורני שאדמו"ר זללה"ה (הגרש"ז אויערבך זצ"ל) היה מחמיר בזה.

בגדים חדשים

יא. אין קונים ואין לובשים בגדים חדשים. אם צריך, מותר ללבוש בגד חדש לאחר שאדם אחר ילבשנו במשך יומיים שלושה[8].

יב. מותר לקנות כלים ורהיטים חדשים רק לאחר השלושים, ויש מתירים גם בתוך השלושים[9].

יג. מותר לסייד את הבית אפילו בתוך שלושים[10].

יד. לגבי שבת יפורט לקמן בפרק "שבת לאבלות" (עמוד 172).

8 גשר החיים פרק כא, י, ג.

9 כך הורה לי הרב נבנצל שליט"א, כיון שהחמירו רק בבגדים ולא בכלי בית.

10 ילקוט יוסף סימן יז, יד. פני ברוך סימן יח, יב בשם מורי הוראה.

כז. תספורת, גילוח ונטילת ציפורניים

איסור תספורת נלמד ממה שהוזהרו בני אהרן "רָאשֵׁיכֶם אַל תִּפְרָעוּ" (ויקרא י, ו). מכלל שכל המתאבל אסור לספר שערו אלא מגדל פרע (מועד קטן יד, ב).

גידול שיער והאיסור על גילוח ותספורת נחשב כסימן לאבלות, ויכולים לסמל הזנחה מסוימת בטיפוח הגוף. עיקרון זה חוזר בכמה צורות ומשמעויות בהלכות אבלות. פחות התייחסות לגוף שסופו לכלות ולבלות בעפר ויותר התמקדות בנשמה הנצחית. גם בהתייחסות לנפטר שגופו נקבר ואינו עמנו, אנו מעוניינים להתרכז ולשים דגש על הצד הרוחני שבו.

תספורת וגילוח

א. אבל אסור לגלח שערו ולהסתפר כל שלושים, שער ראשו, זקנו ובכל גופו. לכן גם אם יחול חג בתוך השבעה, לא יבטל איסור תספורת. על אב ואם – לקמן עמוד 188.

ב. שער השפם שמפריע לאכילה, נהגו להקל אפילו בתוך שבעה[1].

ג. מותר להסתרק בתוך השבעה, גם אם נושר שיער עקב כך[2].

ד. תספורת לאחר שבעה – לקמן מעמוד 179.

ציפורניים

ה. אין קוצצים ציפורניים בכלי כל שלושים, אבל התירו בשינוי – בידיים, בשיניים, בפצירה או בסכין, אפילו בתוך השבעה. מותר לעשות סדק קטן בכלי כדי לסיים בידיים[3].

ו. ציפורן שנשברה או נסדקה ומפריעה, מותר לגוזרה.

1 שלחן ערוך יורה דעה סימן שצ, א.

2 ילקוט יוסף סימן לז, ב. ובצרור החיים (פיסקה קיב) כתב שמותר להסתרק, אך הגברים נהגו לא להסתרק.

3 ילקוט יוסף סימן לז, ח.

כח. ישיבה על כסא

איסור ישיבה על כסא נלמד מאיוב שנאמר בו "וַיֵּשְׁבוּ אִתּוֹ לָאָרֶץ" (ב, יג), או מדוד המלך שנאמר בו "וַיָּקָם הַמֶּלֶךְ וַיִּקְרַע אֶת בְּגָדָיו וַיִּשְׁכַּב אָרְצָה" (שמואל ב', יג, לא).

א. האבל בתוך השבעה יושב על גבי קרקע[1], מזרון או כסא נמוך עד גובה שלושה טפחים[2]. זקן או חולה שקשה להם הדבר, יכולים להקל ולשבת כדרכם על כסא[3], ויש מי שכתב שכך ראוי לנהוג לכתחילה לגבי נשים, אם הישיבה הנמוכה עלולה לפגוע בצניעותן[4].

ב. האבל אינו חייב לשבת כל היום אלא רק בשעה שנמצאים אצלו המנחמים, ובשאר היום יכול לעמוד ולהסתובב בבית.

ג. אם האבל בא לבית הכנסת לאזכרה או לתפילה, הקלו שישב על כסא[5].

ד. אף שמעיקר הדין ראוי היה לאבל לישון על מזרון או על גבי קרקע, נהגו להקל לאבל לישון במיטה, כיון שהכל נחשבים כחולים לגבי שינה על הקרקע[6].

ה. לגבי ישיבת המנחמים, ראה לעיל עמוד 114 הלכה ד.

1 בילקוט יוסף (סימן כא, א) כתב להקל לשבת על קרקע מרוצפת ואין בזה משום חשש המקובלים שלא לישב על גבי קרקע משום רוח רעה, ומכל מקום טוב להפסיק בבגד בינו לבין הקרקע.

2 לדעת הבן איש חי עדיף שיהיה בגובה טפח אחד בלבד (צרור החיים עמוד 60).

3 צרור החיים פיסקה קב.

4 שאילת שלמה חלק ראשון עמוד 410.

5 ילקוט יוסף סימן כא, ג.

6 גשר החיים פרק כ, ה, יא. ילקוט יוסף סימן כא, ה. אמנם בפתחי תשובה (יורה דעה שפז, ר) הביא דעה האוסרת על האבל לישון על גבי מטה. וגם בספר צרור החיים (עמ' 60) כתב שהאבל ישן על גבי מזרון נמוך ולא כדרכו.

כט. יציאה מביתו

תנו רבנן: אבל שבת ראשונה (שבוע ראשון) אינו יוצא מפתח ביתו. שנייה יוצא ואינו יושב במקומו. שלישית יושב במקומו ואינו מדבר. רביעית הרי הוא ככל אדם.

מועד קטן כג, א

א. ככלל אבל אינו יוצא מביתו כל שבעה, ובמיוחד הקפידו שלא יצא מביתו בשלושת הימים הראשונים של השבעה. הטעם הוא כדי שלא יתערב בין האנשים ויסיח דעתו מהאבלות. גם אין לאבל בעצם למה לצאת, כיון שאסור במלאכה ובטיול[1].

ב. אין לאבל לצאת גם לצורך מצוה כגון ברית מילה או נישואין או לוויה[2], ויכול ללכת ללוויה לאחר שעברו שלושת הימים הראשונים מהשבעה[3].

ג. המנהג הוא שהאבל אינו יוצא מביתו גם לצורך ניחום אבלים. אמנם בגמרא מופיע שאחר שלושה ימים הולך לבית האבל, ואינו יושב במקום המנחמים אלא במקום המתנחמים; אך בזמננו לא נהוג לצאת לצורך כך[4].

ד. התירו לאבל לצאת לצורך מצוה שחייב בה בגופו, כגון למול את בנו או להשתתף בלוויה של קרובו שנפטר; או לצורך גדול, כגון "דבר האבד" או ללוות את אשתו בלידתה. אבל אם אין צורך גדול, כגון תור לרופא כשמדובר בחולה שאין בו סכנה, יש לדחות[5].

ה. אבל שחש לא בטוב, עדיף להזמין רופא הביתה מאשר לצאת מביתו, על אף ההוצאה הכספית הכרוכה בכך[6].

ו. בשעת הצורך, מותר לאבל לשבת בבית האבלים עם משפחתו, ולחזור בערב לישון בביתו[7]; ומותר לו לנסוע בצנעה בערב שבת לביתו כדי לעשות את השבת עם בני ביתו[8].

ז. אשה היושבת שבעה בבית הנפטר, יכולה בשעת הצורך ללכת לביתה כדי לטפל בילדיה הזקוקים לה, ועדיף לעשות זאת בצנעה[9].

---

1 בערוך השלחן (יורה דעה סימן שצג, א – ד) הדגיש שאין מדובר באיסור, ולכן יש מקום להקל במקום הצורך.

2 גשר החיים פרק כא, יג , ד. על פי הרמ"א יורה דעה שצג, א.

3 שלחן ערוך יורה דעה סימן שצג, א. אמנם בצרור החיים (פיסקה צט) כתב שרק לפי מנהג עדות המזרח אפשר לצאת אחר שלושה ימים, אבל גם בגשר החיים (פרק כא, יג, ד) כתב שכך המנהג, אלא שילך ארבע אמות בלבד ולא בין המלווים אלא בריחוק מהם.

4 גשר החיים פרק כא, יג, א בהערה. אמנם בשלחן ערוך (יורה דעה סימן שצג, א) פסק כגמרא שיוצא לאחר שלושה ימים, אך הרמ"א בהגהותיו כתב שאין נוהגים כך ושב ואל תעשה עדיף.

5 צרור החיים פיסקה צח.

6 שם פיסקה צז.

7 כל בו על אבלות עמוד 262. ובצרור החיים (פיסקה צג) התיר דווקא בשעת הדחק, כגון שיש צפיפות ורעש במקום שבו יושבים.

8 ילקוט יוסף סימן לג, א – ג. צרור החיים פיסקה צה.

9 צרור החיים פיסקה צד.

ח. יש מי שהתיר לאבל לעבור באמצע השבעה ממקום למקום, כדי לחסוך מהמנחמים נסיעות ארוכות[10].

ט. גם כשהתירו לו, יצא בצנעה ככל שאפשר, ולכן עדיף שיצא בלילה או באופן שלא יפגוש בני אדם. האבל צריך שימור ולכן עדיף שלא ילך יחידי. ראה באוצר המושגים ערך **שמירה לאבל**.

י. מתפללים במניין בבית האבל גם כדי שלא יצטרך לצאת מביתו להתפלל ולומר קדיש. ואם אין לו מניין בביתו, מקילים לו לצאת לבית כנסת קרוב. ואם בית הכנסת לא קרוב, יכול לצאת לשם אחר שלושה ימים בצנעה. ואם צריך לעבור בין הרבה בני אדם, לא יצא כלל[11]. ויש מתירים בכל אופן לצאת מביתו כדי להתפלל במניין ולומר קדיש[12].

יא. בשבת נוהגים ללכת לבית הכנסת.

10 צרור החיים פיסקה צו. שאילת שלמה חלק ה, עב. **הערת הרב נבנצל שליט"א** – ואדמו"ר זללה"ה (הגרש"ז אויערבך זצ"ל) התנגד לזה.

11 גשר החיים פרק כא, יג, ו.

12 ציץ אליעזר חלק ה, אבן יעקב סימן נז, ח.

ל. שינוי מקום בבית הכנסת

ראה שלמה שמידת גמילות חסדים גדולה לפני הקדוש ברוך הוא, לפיכך כשבנה בית המקדש בנה שני שערים: אחד לחתנים, ואחד לאבלים ומנודים. והיו ישראל הולכים בשבתות ויושבים בין השערים הללו. הנכנס בשער חתנים היו יודעים שהוא חתן, והיו אומרים לו: השוכן בבית הזה ישמחך בבנים ובבנות. הנכנס בשער אבלים ושפמו מכוסה היו יודעים שהוא אבל ואומרים לו: השוכן בבית הזה ינחמך.

משחרב בית המקדש, התקינו חכמים שיהו חתנים ואבלים הולכים לבתי כנסיות ובתי מדרשות, ואנשי המקום רואים את החתן ושמחין עמו; ואת האבל ויושבים עמו לארץ, כדי שיצאו כל ישראל ידי חובתן בגמילות חסדים. ועליהן הוא אומר: ברוך נותן שכר טוב לגומלי חסדים.

מדרש פרקי דרבי אליעזר פרק שבעה עשר

א. האבל משנה מקומו בבית הכנסת[1] בתוך השלושים. לפי מנהג האשכנזים אבל על אביו ואמו משנה מקומו כל שנים עשר חודש. ניתן להשוות זאת באופן סמלי לכעין גלות, שהאדם גולה ממקומו הקבוע שיש לו בו ביטחון ורגילות, ועוקר למקום אחר. השינוי נחשב כסימן נוסף לאבלות. האבל מתנהג באופן שונה גם כדי להביע את צערו וגם כדי להסב את תשומת לב הסובבים אותו לעובדת היותו אבל, כך יוכלו להשתתף בצערו ולנחמו. מקור לכך מצינו כבר במשנה (מדות ב, ב) בה מתוארת התקנה שהאבל הולך כנגד כיוון התנועה של ההולכים:

> כל הנכנסים להר הבית נכנסין דרך ימין, ומקיפין ויוצאין דרך שמאל,
> חוץ ממי שארעו דבר (שהוא אבל) שהוא מקיף לשמאל.
> - "מה לך מקיף לשמאל"?
> - "שאני אבל"
> - "השוכן בבית הזה ינחמך".

ב. שיעור השינוי ארבע אמות, ואם אי אפשר – אין קפידה על כך[2]. ויש מי שכתב להקל גם אם רק ניכר ששינה מקומו משום אבלותו[3].

ג. השינוי לא יהיה למקום חשוב יותר[4].

ד. בשבת אין נוהגים אבלות בפרהסיה, ולכן לפי מנהג עדות המזרח ובני תימן לא ישנה מקומו, ולפי האשכנזים ישנה מקומו רק בתוך השלושים[5].

1 דווקא בבית הכנסת ולא בביתו, גשר החיים פרק כב, ג. בספר צרור החיים (עמוד 69) כתב לשנות גם בביתו.

2 גשר החיים שם.

3 ציץ אליעזר חלק ה, אבן יעקב סימן נח, ב. גם בנטעי גבריאל (חלק ב, פרק יב, ט) כתב בשם מהר"ם שיק שאין צריך להרחיק ארבע אמות, אלא העיקר הוא לשנות ממקומו הקבוע המיוחד לו.

4 נטעי גבריאל (שם, י) בשם מהר"ם שיק.

5 גשר החיים שם על פי שלחן ערוך ורמ"א, יורה דעה שצג, ד. ובשמירת שבת כהלכתה (חלק ב, פרק סה, כד) כתב שמשנה מקומו כל שנים עשר חודש, וכן כתב בצרור החיים (פיסקה קסא) שכך הוא מנהג האשכנזים. ומנהג בני תימן הובא בספר באר לחי רואי סימן קלה, מספר ענף עץ אבות ומספר נפש כל חי.

ה. מותר לבן לשבת במקומו של אביו לאחר פטירתו, ואף על פי שיש מי שהחמירו בכך יש להקל, שמסתמא האב מוחל, וזהו כבודו של האב שהבן ישב במקומו לאחר מותו[6].

ו. רב קהילה, ששינוי מקומו יורגש בעליל, אין צריך לשנות מקומו בשבת[7]. ויש מי שכתב שכך הדין גם לגבי גבאי או אדם חשוב[8].

ז. המשנה מקומו עקב האבלות, יכול להישאר שם גם לאחר תום תקופת האבלות.

ח. מנהג בני תימן שלא ישב שום אדם במקומו של הנפטר בבית הכנסת במשך שלושים יום או שלושה חודשים. ואם היה אדם חשוב, יש נוהגים כך עד שנים עשר חודש[9].

6 ציץ אליעזר חלק טו, סימן מא, ב. ילקוט יוסף סימן כא, י.

7 ציץ אליעזר חלק ה, אבן יעקב סימן נח, ו. ובנטעי גבריאל (חלק ב, פרק יב, יב) הביא דעה שישנה מקומו מעט, כדי שהמון העם ילמדו ממנו.

8 במראה הבזק חלק ג סימן סז.

9 שלחן ערוך המקוצר עיני יצחק, יורה דעה סימן קצג, ה.

לא. שבת לאבלות

רבי יוסי בן חלפתא היה משבח את רבי מאיר לפני אנשי ציפורי, שאדם גדול וקדוש וצנוע הוא. פעם אחת ראה רבי מאיר אבלים בשבת ושאל בשלומם. אמרו לרבי יוסי: הזה האיש שהפלגת בשבחו?! אמר להם: מה עשה? אמרו לו. אמר להם רבי יוסי: רוצים אתם לדעת במה כוחו, בא להודיענו שאין אבלות בשבת. שכתוב "בִּרְכַּת ה' הִיא תַעֲשִׁיר וְלֹא יוֹסִף עֶצֶב עִמָּהּ" (משלי י, כב). ברכת ה' היא תעשיר – זו ברכת שבת, ולא יוסיף עצב עמה – זו אבלות (שאינה נוהגת בשבת).

ירושלמי מועד קטן פרק ג הלכה ה

השבת מוגדרת "עונג" – "וְקָרָאתָ לַשַּׁבָּת עֹנֶג" (ישעיהו נח, יג), בשונה מהחגים שמוגדרים כזמן של "שמחה" – "וְשָׂמַחְתָּ בְּחַגֶּךָ... וְהָיִיתָ אַךְ שָׂמֵחַ" (דברים טז, יד – טו). השינוי במינוחים משמעותי לעניין האבלות.

החגים הם שבירה של השיגרה, הם מסמלים התפרצות של שמחה, ולכן הם קוטעים את רצף האבלות או דוחים אותו. אי אפשר לחג ולאבלות לדור בכפיפה אחת. לכן בחגים אין אבלות, ואם ישנה – היא נפסקת או נדחית, כמו שיבואר לקמן.

השבת לעומת זאת היא אמנם פסגת ימי השבוע, ויש בה אתנחתא והתעלות משׁשת ימי המעשה. אך כיון שהיא חלק קבוע ברצף ימי השבוע, אין בה את אותה מידה של התנתקות מחיי היומיום כמו בחגים. לכן האבלות ממשיכה לנהוג בשבת, אבל רק בצנעה.

כללים

א. שבת לא מפסיקה את האבלות ונכללת בימי השבעה. שהרי בכל שבעה יש שבת אחת, ואם היתה השבת מפסיקה את האבלות, הרי שלעולם לא היו שבעה ימים. מלבד זאת, כיון שנוהגים בה מקצת דיני אבלות; היא נכללת ונספרת במניין השבעה[1].

ב. אם נקבר בערב שבת והספיקו לנהוג אבלות אפילו זמן מועט, מונים מיום שישי. אבל אם לא היתה שהות לנהוג אבלות לפני כניסת השבת, או שלא ידעו שאפשר לקבל אבלות ביום שישי ולכן לא נהגו אבלות, השבת נמנית לראשון מהשבעה וקמים ביום שישי[2]. הטעם כיון שגם בשבת נוהגים אבלות בצנעה ולכן נמנית לשבעה וכדאמרן לעיל.

ג. אם ידעו שנקבר מבעוד יום והתכוונו לקבל אבלות, מונים מיום שישי גם אם לא נהגו אבלות בפועל. אם לא השתתפו בלוויה ולא ידעו מתי נקבר, אך נהגו מספק מנהג אבלות (כגון חליצת הנעליים), ונתברר שנקבר מבעוד יום, מונים מיום שישי[3].

ד. בשבת לא נוהגים אבלות בפרהסיה, אבל נוהג אבלות בדברים שבצנעה בין איש לאשתו, וברחיצה, ולצורך שבת התירו רק לרחוץ פניו ידיו ורגליו. וכבר הזכרנו לעיל בדיני רחיצה, שהרחיצה שנאסרה היא רחיצה של תענוג. אבל אם האבל מזיע או איסטניס התירו לו לרחוץ רחיצה קצרה בצונן או בפושרים כדי להעביר את הזיעה ומשום כבוד הבריות.

1 שלחן ערוך יורה דעה סימן ת, א.
2 גשר החיים פרק כא, יב, ד.
3 גשר החיים שם. גליון מהרש"א ופתחי תשובה יורה דעה סימן שעה, א.

ה. האבל נועל מנעליו, מחליף לבנים[4] ולובש בגדי שבת לכבוד שבת.

מתי קמים

ו. האבל קם שעה ורבע קודם השקיעה[5]. אמנם יש מקילים שעתיים וחצי לפני השקיעה שהוא זמן מנחה קטנה, ויש שהחמירו עד סמוך להדלקת נרות[6]. (הדלקת הנרות היא בדרך כלל עשרים וחמש דקות או חצי שעה לפני השקיעה, ובירושלים בדרך כלל ארבעים דקות לפני השקיעה, ויש לחשב בהתאם).

הדלקת נרות

ז. אשה שרגילה להדליק נרות שבת כמניין אנשי הבית ונפטר אחד מבני הבית, תמשיך להדליק את אותו מספר נרות שהדליקה קודם הפטירה[7].

בבית הכנסת

אם מתפללים בבית האבל, מפורטים הכללים לעיל מעמוד 118.

ח. האבל הולך לבית הכנסת ויושב על כסא כדרכו. לפי מנהג עדות המזרח ובני תימן לא ישנה מקומו בשבת, ולפי האשכנזים משנה מקומו רק בתוך שלושים[8].

ט. המנהג בקהילות האשכנזים, שמקבלים את פני הארל בערב שבת בבואו לבית הכנסת לפני "מזמור שיר ליום השבת", באמירה "צאו כנגד האבל". אמירה זו היא ניחום אבלים וגם אזכור לכך שבקבלת השבת פוסקת האבלות שבפרהסיה. למעשה מתאים לנהוג כך רק במקומות שמקבלים שבת באמירת "מזמור שיר ליום השבת", אולם בפועל בחלק ניכר ממנייני התפילה שבת נכנסת עוד לפני כן. כנראה הסיבה שמנהג זה לא נוהג כיום למעשה במניינים אלו, היא כדי לא לנהוג אבלות בפרהסיה בשבת[9].

י. יש אומרים שהאבל אינו אומר מזמורי קבלת שבת ו"במה מדליקין", ומתחיל מ"מזמור שיר ליום השבת", ויש אומרים לומר קבלת שבת כרגיל[10].

4 גליון מהרש"א יורה דעה סימן שפט, א. ובילקוט יוסף (סימן לד, ב) כתב לא להחליף לבנים.

5 פלג המנחה, כהכרעת גשר החיים פרק כא, יב, ג.

6 ילקוט יוסף סימן לד, א. וכן מנהג בני תימן, באר לחי רואי סימן קנז בשם בית מועד ונפש כל חי. **הערת הרב נבנצל שליט"א** – כן דעת אדמו"ר זללה"ה (הגרש"ז אויערבך זצ"ל).

7 צרור החיים פיסקה רצב.

8 גשר החיים פרק כב, ג; על פי שלחן ערוך יורה דעה סימן שצג, ד. ובשמירת שבת כהלכתה (חלק ב, פרק סה, כד) כתב שמשנה מקומו כל שנים עשר חודש. ומנהג בני תימן הובא בספר באר לחי רואי סימן קלה, מספר ענף עץ אבות ומספר נפש כל חי.

9 טורי זהב אורח חיים סימן תקכו, א.

10 גשר החיים פרק כ, ג, ט. שמירת שבת כהלכתה חלק ב, פרק סה, יג. צרור החיים פיסקה קסב. ובילקוט יוסף (סימן כט, טו) ובנטעי גבריאל (חלק א, פרק קטו, ה) כתבו לומר לכתחילה כדרכו. ובנטעי גבריאל כתב עוד שמי שרגיל בכל ערב שבת מותר לו לומר שיר השירים לאחר שקיבל עליו שבת.

יא. הכהנים עולים בשבת לדוכן לברך ברכת כהנים[11], ויש שגם בשבת אינם עולים. אם אין כהן אחר או שיש רק כהן אחד, ראוי שהאבל יעלה לדוכן ויברך[12].

יב. האבל לא עולה לתורה, אלא אם כן הוא כהן או לוי ואין אחר, או שקראוהו בטעות לעלות לתורה[13], או שהוא חתן בתוך שבעת ימי המשתה[14]. ויש אומרים שעולה לתורה גם אם יש לו יארצייט[15].

יג. אבל שנולד לו בן, והמנהג להעלות את אבי הבן לתורה בשבת, מותר לו לעלות לספר תורה כדי שלא יראה כאבלות בפרהסיה, ויש מי שכתב שיקצרו בשירה לכבודו[16].

יד. אבל שהוא בעל קורא קבוע, מותר לו לקרוא בשבת שבתוך השבעה[17].

טו. אם יום שביעי שלו חל בשבת, נהגו האשכנזים שלא עולה בשחרית אלא במנחה. ולפי מנהג עדות המזרח יש הנוהגים כמנהג עיר הקודש חברון, שקודם ברוך שאמר ניגשים החזן והגבאים אל האבל ואומרים לו את פסוקי הקימה מאבלות "לֹא יָבוֹא עוֹד שִׁמְשֵׁךְ" וכו' והשכבה, והאבל יוצא מגזרת שבעה ויכול לעלות אפילו בשחרית[18].

טז. אחר קריאת התורה מזכירים נשמת הנפטר בתפילת "אל מלא רחמים" אפילו בשבת מברכים שאין מזכירים נשמות שאר מתים [19].

יז. מותר לו להגביה ולגלול, וכן להוציא ולהחזיר את ספר התורה.

יח. מותר לעשות לאבל "מי שברך"[20]. אם האבל גבאי, מותר לו להעלות אנשים לתורה ולומר "מי שברך" כדרכו.

יט. מותר לאבל לומר "שבת שלום" בשבת כיון שאין אבלות בפרהסיה. לגבי אמירת "שבת שלום" לאבל, תלוי במנהג המקום, יש מקומות שאומרים ויש שאין אומרים[21].

---

11 ילקוט יוסף סימן כט, ח. צרור החיים פיסקה קסה.

12 גשר החיים פרק כ, ג, ה.

13 שלחן ערוך יורה דעה סימן ת, א.

14 פני ברוך סימן כג, כז בשם שדי חמד, ובמקום שנוהגים לקרוא לחתן פרשת ואברהם זקן, יעשו לו ככל החתנים. והעיר על כך הרב נבנצל שליט"א שאז אינו אבל, אבל אולי אסור בתלמוד תורה.

15 פני ברוך שם, כה, כתב שאין לעלות במקרה זה, אבל יש מתירים.

16 חיים וחסד פרק יג, כז.

17 שו"ת יביע אומר חלק ט סימן מה. אמנם יש שהעדיפו שלא יקרא ואפילו שילך לבית כנסת אחר; פני ברוך סימן כג, כג.

18 צרור החיים פיסקה קסד. ילקוט יוסף סימן לד, ז.

19 מגן אברהם על שלחן ערוך אורח חיים סימן רפד, ז. חלק מההלכות פורטו כבר לעיל בפרק "תפילה בבית האבל – שבת ומועדים", מעמוד 121.

20 גשר החיים פרק כא, ז, ז. שמירת שבת כהלכתה חלק ב, פרק סה, הערה נא.

21 צרור החיים פיסקה קס. שמירת שבת כהלכתה שם, הלכה יב. בגשר החיים (פרק כא, יב, ב) כתב שיש מחמירים בתוך שלושים לא לשאול בשלום האבל בשבת. המחמירים נמנעים מלפגוש את האבל כדי שלא יראה כאבלות בפרהסיה. בילקוט יוסף (סימן כג, ו) כתב לומר שבת שלום לאבלים, כרמב"ם, שהוא מכלל דברים שבפרהסיה; וכך המנהג בירושלים.

סעודות שבת

כ. האבל אומר "שלום עליכם" בליל שבת בביתו, מברך את הבנים ואומר זמירות שבת כדרכו, גם אם אין אנשים נוספים בבית מלבד האבלים[22], הטעם הפשוט הוא כיון שאין אבלות בפרהסיה בשבת. יש מי שנהגו לא לומר שלום עליכם ולא לברך הבנים בשבת שבתוך השבעה[23].

תלמוד תורה

כא. האבל אסור בדברי תורה, אבל מי שרגיל לומר שניים מקרא ואחד תרגום, התירו לו[24]. ויש מי שהתיר בכל קביעות ללימוד או שיעור קבוע שיש לאדם בשבת[25].

כב. מעיקר הדין האבל אינו אומר פרקי אבות אחרי מנחה וגם לא "ברכי נפשי". ויש מתירים לומר פרקי אבות אפילו בחול באופן שמעורר למוסר ויראת שמים[26].

מוצאי שבת

כג. במוצאי שבת אומר "המבדיל בין קודש לחול" וחולץ מנעליו, ועובר לפני התיבה[27]; ויש נוהגים שחולץ אחר תפילת מעריב[28].

כד. בהבדלה מדלג פסוקי השמחה ומתחיל מהברכות. יש מי שכתב שהאשכנזים אין מברכים על הבשמים[29]. הטעם, שהרי התקינו לברך ולהריח בשמים במוצאי שבת, כיון שבשבת ישנה לאדם נשמה יתרה מחמת קדושת השבת, המרוממתו ומשמחתו. במוצאי שבת עוזבת הנשמה היתרה את האדם, והאדם מיצר על הסתלקות הנשמה היתרה, וכמעט עלולה להסתלק ממנו גם נפשו. לכן, כדי לעודד ולהשיב את רוחו של האדם המצטער, התקינו חכמים להריח בשמים במוצאי השבת, ומתוך כך נמצא האדם נושם ומתעודד ומתחזק.

האבל טרוד ומצטער מחמת אבלו. גם בשבת, למרות שאין ביטויים חיצוניים לאבלות, הרי שבתוך תוכו עלול האבל להיות ללא שמחה וללא נשמה יתרה. הדעות שאין לאבל לברך על הבשמים במוצאי שבת, מתייחסות להרגשת האבל שכביכול לא הצליח לקבל בשבת נשמה יתרה מחמת

22 כל בו על אבלות עמוד 281. שמירת שבת כהלכתה שם, טו. צרור החיים פיסקה קסו. ילקוט יוסף סימן כב, י. (והעירני ידידי הרב שמואל קדר שליט"א שהמקור למתירים לומר זמירות שבת בשלחן הוא בשבולי הלקט, ושם כתב לומר בשבת זמירות בהקשר של פסוקי דזמרא ולא של זמירות שבת. וכיון שזמירות שבת בשלחן הן שמחה ואינן מצוה מסתבר שאין לאמרן בשבת).

23 גשר החיים פרק כא, יב, א. פני ברוך סימן כג, יא – יב.

24 שלחן ערוך יורה דעה סימן ת, א. גשר החיים פרק כא, יב, א. ילקוט יוסף סימן כב, ח. אך בספר צרור החיים פיסקה קסח כתב שלפי מנהג עדות המזרח לא יקרא, וישלים לאחר האבלות.

25 ערוך השלחן יורה דעה סימן ת, ו; ובסימן שפד, ג – ה. ונסמך על הירושלמי במועד קטן שאם היה להוט אחר התורה מותר לו ללמוד, עיין שם באריכות. **הערת הרב נבנצל שליט"א** – לא כל שומע שיעור להוט אחר התורה. להוט הוא מי שאינו מבטל זמן בכלל.

26 ילקוט יוסף סימן כב, ה.

27 רמ"א על שלחן ערוך אורח חיים סימן תקנג, ב. גשר החיים פרק כ, ג, ט.

28 ילקוט יוסף סימן לד, ח.

29 צרור החיים פיסקה קע.

צערו. ומנהג העולם שהאבל מברך על הבשמים במוצאי שבת[30] לפי הדעות שיש לברך, הרי שלכל אדם יש נשמה יתרה בשבת. כוח סגולת השבת מרומם את האדם באשר הוא, ולכן יש לברך על הבשמים במוצאי שבת.

כה. אם האבלות נסתיימה בשבת בבוקר, פשוט שאין צורך לשבת במוצאי שבת.

30 גשר החיים פרק כ, ג, י. ילקוט יוסף סימן כו, יד. פני ברוך סימן כג, לה.

אבלות לאחר השבעה

לב. ככלות השבעה

א. מנהג עדות המזרח לערוך סעודה ולימוד לעילוי נשמת הנפטר בלילה אור ליום השביעי. מותר לאבלים לצאת אז מביתם כדי ללכת לבית הכנסת לשמוע הדרשות, ומותר להם לשבת שם על כסא ואינם חייבים לשבת על גבי קרקע[1]. אם היום השביעי חל בשבת, מקדימים ליום חמישי בלילה.

ב. ביום השביעי בבוקר אחר התפילה יושבים האבלים שעה קלה ומנחמים אותם, ולאחריה אומרים להם "קומו". לפי מנהג עדות המזרח אומרים את הפסוק "לֹא יָבוֹא עוֹד שִׁמְשֵׁךְ וִירֵחֵךְ לֹא יֵאָסֵף, כִּי ה׳ יִהְיֶה לָּךְ לְאוֹר עוֹלָם וְשָׁלְמוּ יְמֵי אֶבְלֵךְ" (ישעיהו ס, כ), וכן את הפסוק "כְּאִישׁ אֲשֶׁר אִמּוֹ תְּנַחֲמֶנּוּ כֵּן אָנֹכִי אֲנַחֶמְכֶם וּבִירוּשָׁלִַם תְּנֻחָמוּ" (שם סו, יג).

ג. מיד לאחר שהאבלים קמים, הם מותרים בכל הדברים שהיו אסורים להם במשך השבעה (מלבד גילוח, תספורת ושמחה, כמו שיפורט לקמן בפרק הבא), ומותר להם להחליף את **הבגד הקרוע**.

העיקרון ההלכתי הוא "**מקצת היום ככולו**". עיקרון זה נאמר גם בתחילת ימי השבעה וגם בסופם. בתחילת השבעה, גם אם נקבר זמן מועט לפני השקיעה או אפילו בין השמשות, והאבלים הספיקו לנהוג אבלות אפילו זמן מועט, נחשב ליום הראשון מהשבעה. גם בסוף השבעה, יושבים זמן מועט לאחר התפילה וקמים, שמקצת היום ככולו[2].

כלומר שאם התחילו את האבלות ביום ראשון, אפילו סמוך לפני השקיעה, האבלות נפסקת בשבת בבוקר ואין צורך לשבת במוצאי שבת.

ד. גם לגבי יחסי אישות אומרים מקצת היום ככולו, ויש אוסרים עד הלילה[3].

ה. יש אומרים שלצורך גדול גם ליל יום השביעי יכול להחשב "מקצת היום ככולו"[4].

---

1 ילקוט יוסף סימן לה, ח.

2 שלחן ערוך יורה דעה סימן שצה, א.

3 טורי זהב על שלחן ערוך אורח חיים סימן תקנה, וכן ביורה דעה סימן תב, ה. ערוך השלחן יורה דעה סימן שצה, ג. שמירת שבת כהלכתה חלק ב, פרק סה, י. יש לציין בהקשר זה שאין לשמש ביום אלא לצורך גדול ובבית אפל (שולחן ערוך אורח חיים סימן רמ, יא, ובאבן העזר סימן כה, ה).

4 הרמב"ן בתורת האדם (עמוד רטו), מובא בטור יורה דעה סימן שצה. בשלחן ערוך לא פסק כרמב"ן אלא כמהר"ם מרוטנבורג שצריך דווקא מקצת היום, אלא שבשעת הדחק מסתמכים על הדעה המקילה. מפאת אריכותם יפורטו הדברים לקמן באוצר המושגים ערך "**מקצת היום ככולו**". למעשה גם בגשר החיים (פרק כא, יד, ג) כתב להקל בדברים שבצנעה בלילה שלפני היום השביעי. אבל בצרור החיים (פיסקה קסט) כתב לאסור בליל היום השביעי כיון שעדיין חלה האבלות.

ו. מי שאין לו מנחמים וכן בשבת שאין באים לנחם, נפסקת האבלות בזמן שהיה אפשר לנחם, דהיינו אחר זמן התפילה הרגיל באותו מקום, או כשרגילים לצאת מבית הכנסת. לפי עדות המזרח האבלות מסתיימת ביום השביעי אחרי הזריחה.

ז. ביום השביעי שחל להיות בשבת, יש שנהגו שלא עולה לתורה בשחרית אלא במנחה. ומי שיעלה בשחרית, יש לו על מה שיסמוך. ועיין לעיל מנהג חברון, בעמוד 174 הלכה טו.

ח. חשוב לסיים את השבעה בבית הנפטר, שבו ישבו שבעה. אך בשעת הצורך כגון כאשר היום השביעי חל בשבת, וביום שישי רוצים האבלים לחזור לביתם ולהיות עם משפחתם – מותר להם לעזוב את בית הנפטר, ולסיים את השבעה בביתם[5].

ט. נוהגים לעלות ביום השביעי לקבר[6]. סדר האזכרה בבית העלמין מובא לקמן מעמוד 216. מותר לאבלים לאכול לפני העלייה לקבר, ומותר להם גם להחליף בגדים[7].

י. אם חל היום השביעי בשבת, עולים לקבר ביום ראשון, ואין מקדימים ליום שישי. ואם יש אבלים שצריכים לחזור לביתם בחוץ לארץ מיד ביום ראשון בבוקר, יכולים לעלות לקבר ביום שישי[8]. הלכות העלייה לקבר מפורטות לקמן מעמוד 214.

יא. מנהג בני תימן שבפעם הראשונה שעולה האבל לתורה לאחר שקם מאבלו, אומר אחר הברכה האחרונה את הפסוק "אוֹדְךָ ה' כִּי אָנַפְתָּ בִּי יָשֹׁב אַפְּךָ וּתְנַחֲמֵנִי"[9].

יב. דיני הקמת מצבה מפורטים לקמן מעמוד 225.

5 צרור החיים פיסקה עז.
6 **הערת הרב נבנצל שליט"א** – ויש שאין עולים.
7 ילקוט יוסף סימן לה, ה.
8 ילקוט יוסף סימן לה, ג.
9 שלחן ערוך המקוצר עיני יצחק, יורה דעה סימן קצד, ב.

לג. מנהגי אבלות בתוך השלושים

וַיִּבְכּוּ בְנֵי יִשְׂרָאֵל אֶת מֹשֶׁה בְּעַרְבֹת מוֹאָב שְׁלֹשִׁים יוֹם וַיִּתְּמוּ יְמֵי בְכִי אֵבֶל מֹשֶׁה

דברים לד, ח

מדברי סופרים שיהיה האבל נוהג במקצת דיני אבלות כל שלשים יום. ומנין סמכו חכמים לשלשים יום? שנאמר "וּבָכְתָה אֶת אָבִיהָ וְאֶת אִמָּהּ יֶרַח יָמִים" (דברים כא, יג). מכלל שהאבל מצטער כל שלשים יום.

רמב"ם הלכות אבל פרק ו, א

אמנם יש בדברים שלפנינו חזרה מסוימת על מה שנכתב לעיל, אך כדי להקל על המעיינים העדפנו לרכז את מנהגי האבלות בתוך השלושים ובתוך שנים עשר חודש. כאן הובאו בעיקר הכללים, ויתכן שפרטים שאינם מופיעים כאן מפורטים לעיל. לגבי חגים החלים בתוך תקופת האבלות, יובא פירוט נוסף מעמוד 192 ואילך.

א. לאחר שבעת ימי האבלות עודנו אבל עוד עשרים ושלושה יום עד תום שלושים יום, ונוהג בהם מקצת מנהגי אבלות[1].

ב. כשם שביום השביעי אומרים "מקצת היום ככולו", כך גם ביום השלושים.

ג. גם את השלושים מחשבים מיום הקבורה ולא מיום המיתה.

תספורת וגילוח

ד. אין להסתפר ולהתגלח בתוך שלושים.

ה. לפי מנהג עדות המזרח, אשה מותרת להסתפר אחר שבעה. לפי האשכנזים דין איש ואשה שוה לעניין תספורת[2].

ו. על אב ואם חל האיסור גם אחרי השלושים, עד שיגערו בו חבריו. משמעות הגערה היא שכלפי חוץ כבר ניכר גידול השיער באופן מוגזם, עד כדי כך שחבריו מוצאים לנכון לגעור בו שצריך כבר להסתפר ולהתגלח. יפורט בפרק הבא.

ז. מותר לחתן וכלה להסתפר בתוך שלושים, אפילו באבלות על אב ואם.

ח. סנדק, מוהל ואבי הבן, אסורים להסתפר בתוך שלושים, ויש מתירים לאבי הבן[3].

1 הרמב"ן (תורת האדם עמוד קמה) הביא ירושלמי שלמד זאת מהפסוק "רָאשֵׁיכֶם אַל תִּפְרָעוּ" (ויקרא י, ו) ומהשוואה לנזיר "גַּדֵּל פֶּרַע שְׂעַר רֹאשׁוֹ" וסתם נזירות שלושים יום. ובירושלמי שלפנינו לא נמצא לשון זה.

2 שלחן ערוך יורה דעה סימן שצ, ה. יש מי שרצה לחלק בין צביעה ועיצוב שיער במספרה שיאסר בתוך שלושים, לבין חפיפה וסידור שיער במספרה שניתן להתיר בתוך שלושים (דרכה של היהדות במוות ובאבלות, עמוד 128).

3 ילקוט יוסף סימן לז, ז.

ט. אם צריך להתגלח ולהסתפר לטובת הכלל, יש מתירים לאחר השבעה. למשל רופא או נושא תפקיד ציבורי, שבו הופעה של אדם לא מגולח היא בלתי נסבלת; ויסתפר בצנעה[4].

י. אין להקל בגילוח לצורך שמחה בתוך שלושים. אולם כיון שיש מתירים בגילוח לצורך שמחה בתוך השלושים, מי שיקל כמותם בצורך גדול מאוד, יש לו על מי שיסמוך[5].

יא. יש מי שכתב שלמרות שמחמירים בתספורת וממתינים שיעור גערה, יש מקום להקל בגילוח הזקן כיון שמצער ומנוול הרבה את האבלים. לפי דעות אלה יש מקום להקל ולהתגלח כבר לאחר שבועיים – שלושה[6].

יב. לצורך רפואי כגון שיש לו כינים וכדומה, מותר להתגלח ולהסתפר[7].

יג. אם צריך להסתיר את הפטירה והאבלות מקרוב חולה, מחשש שידיעה על הפטירה עלולה להזיק לו ולסכנו, מותר לו להסתפר ולהתגלח לצורך כך[8].

יד. אם יום השלושים חל בשבת, יש מתירים לאבל על שאר קרובים (חוץ מאב ואם), להסתפר בערב שבת, ויש אוסרים[9].

טו. אם חל חג בתוך שלושים, יכול האבל על שאר קרובים (חוץ מאב ואם), להסתפר בערב חג, כיון שהחג מבטל ממנו גזרת תספורת.

טז. אם יום שלושים חל בערב חג, מותר גם לאבל על אביו או אמו להסתפר לאחר שיגערו בו חבריו[10]. ויש מי שהתיר לאבל על אב ואם להסתפר בערב החג, אפילו אם החג חל ביום שלושים עצמו, ואפילו ללא גערה[11].

יז. אם נשלמו השלושים יום בימים שבין י"ז תמוז לשבוע שחל בו תשעה אב מותר להתגלח[12]. אבל אם נשלמו בתוך השבוע שחל בו תשעה באב, גוזז מקצת שערו בתער ולא במספריים[13].

יח. אם נשלמו ימי השלושים בין ראש חודש אייר לל"ג בעומר מותר להסתפר, ויש חולקים ואוסרים[14].

---

4 שאלות ותשובות דברי אהרן של סבי זקני ז"ל, יורה דעה סימן מד.

5 במראה הבזק חלק ה, צד.

6 כל בו על אבלות עמוד 352, על פי סברת הנודע ביהודה (קמא, אורח חיים סימן יד) כיון שכיום מגלחים זקנם, הרי נמאסים כבר אחרי שבועיים – שלושה, ועל כן נחשב אז "ראוי לגערה". אלא שכתב שגם בראוי לגערה לא התירו אלא לאחר שלושים יום. החתם סופר סמך על סברת הנודע ביהודה בתכפה עליו אבלות של רבים בתוך שלושים.

7 נטעי גבריאל חלק ב, פרק ג, יג.

8 נטעי גבריאל שם, יז.

9 שמירת שבת כהלכתה חלק ב, פרק סה, מג.

10 ילקוט יוסף סימן לז, ג. וכתב שבמקרה כזה גם האשכנזים יכולים להקל, אף במקומות שנהגו להמתין בדרך כלל עד יום שלושים ואחד.

11 צרור החיים פיסקה קפ. פרטים נוספים מובאים לקמן בדיני המועדים עמוד 200.

12 משנה ברורה סימן תקנא סעיף קטן פז. אך יש דעות המתירות רק לפני ראש חודש אב, ובשער הציון כתב להקל בשעת הדחק.

13 שלחן ערוך אורח חיים סימן תקנא, טו.

14 פני ברוך סימן יט, יח; ראה שם מקורותיו.

נטילת ציפורניים

יט. אין ליטול ציפורניים בכלי. מותר ליטול ציפורניים בשינוי – בסכין, בידיים או בשיניים. יש שהקלו גם בפצירה[15]. מותר להתחיל בכלי ולסיים ביד[16].

כ. מותר לאשה לגזור ציפורניה לצורך טבילה לאחר שבעה על ידי אשה אחרת, ואם אין אחרת מותר לה ליטול בעצמה[17].

כא. אם חל יום שלושים בשבת, מותר ליטול ציפורניים בערב שבת, אפילו באבלות על אב ואם[18].

כב. אם הציפורניים גדולות, מותר לגוזזן לכבוד שבת[19].

כג. מותר לחתן וכלה ליטול ציפורניים בתוך שלושים, אפילו באבלות על אב ואם.

רחיצה

כד. רחיצה מותרת לאחר השבעה. האשכנזים נוהגים לא להתרחץ רחיצה של תענוג כל השלושים למשל הליכה לבריכת שחייה, אבל רחיצה להסיר הזיעה מותרת גם במים חמים[20], וכל שכן לצורך רפואי[21]. יש מי שכתב שבארץ ישראל נוהגים גם האשכנזים להקל להתרחץ לאחר השבעה, ובפרט בקיץ[22].

כה. אשה מותרת לטבול טבילה של מצוה, ומותר לה לחפוף ולהתכונן לטבילה כדרכה.

כו. אשה נשואה מותרת לרחוץ כדרכה במקום צורך, כדי שלא תתגנה על בעלה[23].

בגדים מכובסים וחדשים

כז. לפי מנהג עדות המזרח מותר ללבוש בגדים מכובסים לאחר שבעה, מלבד בגד לבן שהחמירו בו כיון שהכיבוס יפה לו. לפי האשכנזים, כשלובשים בגדים מכובסים צריך לתת אותם מקודם לאחר ללובשם זמן מה, ואחר כך מותר לו ללובשם. יש נוהגים להניחם על גבי האדמה ואז נחשב כאילו לבשם אחר, ומותר אז ללובשם[24].

---

15 צרור החיים פיסקה קעד. מועד לכל חי סימן כא, כ, בשם רב פעלים.

16 ילקוט יוסף סימן לז, ח. פני ברוך סימן יט, ה, בשם שו"ת שבות יעקב.

17 שלחן ערוך יורה דעה סימן שצ, ז. בצרור החיים (פיסקה קעה) כתב שמותר לה ליטול צפרניים כדרכה לצורך הטבילה.

18 ילקוט יוסף סימן לז, ט.

19 גשר החיים פרק כא, יא, ט. שמירת שבת כהלכתה חלק ב, פרק סה, מד.

20 גשר החיים פרק כב, א, ז. נטעי גבריאל חלק ב, פרק ח, ב. בשמירת שבת כהלכתה (שם, מב) כתב להקל לרחוץ בצונן לכבוד שבת.

21 ערוך השלחן יורה דעה סימן שפא, ה.

22 צרור החיים פיסקה קעב.

23 שלחן ערוך יורה דעה סימן שפא, ו.

24 גשר החיים פרק כב, א, ג. צרור החיים פיסקה קעג (אך כתב שזו עצה דחוקה). ילקוט יוסף סימן יז, ה. פורט לעיל בהלכות כיבוס בתוך השבעה (עמוד 164). **הערת הרב נבנצל שליט"א** – אדמו"ר זללה"ה (הגרש"ז אויערבך זצ"ל) לא היה מתיר זאת.

כח. אין לקנות או ללבוש בגדים חדשים, אלא אם כן אדם אחר לבש את הבגד יומיים שלושה[25]. יש הנוהגים איסור רק בבגד לבן מגוהץ ומתירים בשאר בגדים חדשים[26].

כט. מותר ללבוש לבנים וגרביים חדשים כיון שאינם בגדי כבוד.

כלים חדשים

ל. מותר לאבל לקנות כלי חשמל או ריהוט חדש הנצרך, אם קשה לו להמתין עד אחר השלושים[27].

שאילת שלום ושינוי מקום

לא. מעיקר הדין לא שואלים בשלומו בתוך שלושים, אבל הוא שואל בשלום אחרים. אמנם למעשה נהגו להקל כרמ"א[28] שאמירת שלום שלנו (כגון "מה שלומך" "מה נשמע") אינה נחשבת שאילת שלום[29]. במיוחד יש להקל במקום שיש לחוש שהאבל אינו יודע הלכה זו, ועלול להפגע כשיפגוש אדם מוכר שאינו אומר לו "בוקר טוב", "מה שלומך" וכדו'[30].

לב. אין נותנים מתנה לאבל בזמן האבל, כיון שנתינת המתנה מוגדרת הלכתית כאמירת שלום[31].
פירוט מובא לקמן בדיני שנים עשר חודש בעמוד 189.

לג. לפי מנהג עדות המזרח אבל משנה מקומו בבית הכנסת בתוך שלושים. לפי האשכנזים אבל על אביו ואמו משנה מקומו בבית הכנסת במשך כל שנת האבל[32].

שמחה

נישואין לאבלים

לד. ככלל אין לקבוע חתונה בתוך שלושים לחתן או לכלה[33]. אך אם קבעו את מועד החתונה קודם שנעשו אבלים, לא ידחו אותה, ואפילו באבלות על אב ואם. מותר להסתפר ולהתגלח ביום חופתו, וכן בתוך שבעת ימי המשתה[34]. מותר לקנות את כל הדרוש לחתונה. בחתונה מותר לשמוח כרגיל, עם ריקודים ומוסיקה[35].

---

25 גשר החיים פרק כא, י, ג.

26 ילקוט יוסף סימן לח, ג.

27 ילקוט יוסף שם, ד.

28 הגהות הרמ"א לשלחן ערוך יורה דעה סימן שפה, א.

29 **הערת הרב נבנצל שליט"א** – "מה נשמע" נראה פשוט שמותר, שהרי גם בבית האבל נשמעים דברים, ורק בשלום אינו שרוי.

30 צרור החיים פיסקה קפה. (שיניתי את הנוסח הכתוב שם, על פי **הערת הרב נבנצל שליט"א**).

31 רמ"א יורה דעה סימן שפה, ג. צרור החיים פיסקה ריא.

32 שלחן ערוך ורמ"א, יורה דעה סימן שצג, ב. צרור החיים פיסקה ריד. ילקוט יוסף סימן לח, ה.

33 עיין גשר החיים פרק כא, ט, הערה 10. בנטעי גבריאל (חלק ב, פרק טו, ד) כתב שאפשר לקבוע את החתונה בליל שלושים.

34 ילקוט יוסף סימן לז, ו.

35 צרור החיים פיסקה קפב. ילקוט יוסף סימן לח, טו.

לה. נישואין לאחר שלושים מותר אפילו באבל על אביו ואמו. ומי שלא קיים פריה ורביה התירו לו אפילו אחרי שבעה[36].

לו. להחזיר גרושתו מותר אפילו בתוך שלושים, אך אין לערוך סעודת נישואין[37].

לז. מתה אשתו, מעיקר הדין לא ישא אשה אחרת עד שיעברו עליו שלושה רגלים. הטעם הוא כדי ששמחת הרגל תעביר את הצער ואת זיכרון אשתו הראשונה, ויוכל לפנות לבו לאהבת אשתו השנייה. ואם יש לו בנים קטנים או שאין לו מי שתשמשנו מותר לקדש מיד ולכנוס אחר שבעה, אבל לא יבוא עליה עד לאחר שלושים יום, אלא אם כן לא קיים פריה ורביה שאז מותר לבוא עליה אחר שבעה[38]. ובזמן הזה רבים מקילים לאבל שמתה אשתו לישא אשה אחרת כבר לאחר שלושים יום[39].

לח. אשה שמת בעלה מותרת להינשא לאחר שלושה חודשים. הטעם אינו מדין אבלות, אלא כדי להבחין בין זרע הבעל הראשון לזרע הבעל השני. דין זה קיים גם בגרושה[40]. ואם יש לה תינוק מעיקר הדין אסורה להינשא עד מלאת לו עשרים וארבעה חודש[41].

לט. שידוכים, מעיקר הדין מותר לעשות אפילו בתוך השבעה. ללא מסיבות ושמחה אלא כדי שלא תתפרד החבילה.

השתתפות בחתונות ובשמחות

מ. אבל אסור בשמחה כל שלושים, ועל אב ואם כל שנים עשר חודש. לכן בזמנים אלו הוא מנוע מלהיכנס לבית המשתה, למסיבת מרעים או להשתתף בשמחות.

מא. מותר לאבל להיות נוכח בחופה ולשמוע את הברכות, אך אסור לו להשתתף בסעודה. השמחה המתפרצת בחתונה עומדת בסתירה לרגשות הצער המתמשכים של האבלות. אי ההשתתפות בשמחה היא אחד הביטויים לאבלות. מכיון שהגבלה זו גורמת לעתים צער לחתן ולכלה שקרוביהם מנועים מלהשתתף בשמחתם, בנוסף לצערם של הקרובים המעוניינים להשתתף בשמחות המשפחתיות, לכן במקום הצורך יש מתירים לאבל בתוך שלושים, או בתוך שנים עשר חודש על אביו ואמו, להיות משמש בסעודה (כעין מלצר), ולאכול בשלחן צדדי[42]. כך יוכל להשתתף באירוע של שמחה ואפילו בחתונה, אך לא בריקודים. היתר זה ניתן

36 שלחן ערוך יורה דעה סימן שצב, ב. ולכתחילה גם אם לא קיים פריה ורביה אין לקבוע נישואין בתוך השלושים כיון שיש דעות המתירות רק לאחר שלושים. טור יורה דעה סימן שצב.

37 ערוך השלחן יורה דעה סימן שצב, א. והטעם כתב כיון שאין בזה שמחה, שהרי מותר אפילו בחול המועד ואין חשש שאין מערבין שמחה בשמחה.

38 שלחן ערוך יורה דעה סימן שצב, ב.

39 רמ"א שם. ילקוט יוסף סימן לח, יד. **הערת הרב נבנצל שליט"א** – לא נהגו כן, אלא אם כן זקוק למי שתשמשנו.

40 שלחן ערוך אבן העזר סימן יג, א.

41 שם יג, יג.

42 רמ"א יורה דעה סימן שצא, ג. ערוך השלחן שם יג. אמנם בספר צרור החיים (פיסקה קצב) הסתייג וכתב שעצה זו אינה מועילה כיום, ובוודאי אם מגיש רק באופן סמלי – אין הדבר מועיל. **הערת הרב נבנצל שליט"א** – וכן סבר אדמו"ר זללה"ה (הגרש"ז אויערבך זצ"ל).

לקרובי משפחה[43]. אם מדובר באחים לחתן או כלה, התירו אפילו בתוך שלושים על אביו ואמו. אם האבלים הם הורי החתן והכלה, התירו להם להשתתף גם אם לא יהיו "משמשים בסעודה". ההורים יכולים גם להיות שושבינים, דהיינו להוליך את החתן והכלה לחופה[44], אך לא ירקדו בחתונה אם היא בתוך שלושים יום לאבלותם[45].

מלבד זאת יש מקרים נוספים בהם ניתן להקל בשעת הצורך:

- אם יש צורך חיוני שהאבל ישתתף בשמחה, כגון שהעדרותו תגרום צער גדול לחתן ולכלה ושמחתם תיפגע[46].
- מותר לסבא וסבתא להשתתף בשמחת נכדיהם, אפילו בתוך אבלות שלושים על אב ואם[47].
- אם צריך את האבל להשלים מניין לחתונה או לשבע ברכות או לפנים חדשות[48].
- מותר לערוך סעודת שבע ברכות בביתו, אם בלעדיו היא עלולה להתבטל, גם בשבת וגם בחול[49].
- אם האבל עורך סעודת שבע ברכות בביתו, יש מחמירים ויש מקילים[50].
- למרות שאין האבלים רשאים להשתתף בסעודת שבע ברכות מחוץ לביתם, בכל זאת התירו לקרובים שחסרונם ניכר (כגון אחי הכלה והחתן) להשתתף בסעודה זו בשבת, כדי שלא יראה כאבלות בפרהסיה[51].

גם במקרים אלו לא ישתתף בריקודים, ויאכל במקום צדדי, וישמש בסעודה. אם עורך שבע ברכות בביתו, לא ינגנו בכלי זמר.

מב. אין איסור לשלוח הזמנות לאבלים, למרות שידוע שלא יוכלו להשתתף בשמחה מחמת אבלם.

בר מצוה

מג. אב או אם אבלים בתוך שלושים העורכים בר מצוה לבנם, יכולים ללבוש בגדים חגיגיים ולהשתתף בסעודה, אך לא ישבו בסעודה כדרכם אלא ישמשו את האורחים[52]; ויערכו את החגיגה ללא מוסיקה, ויש מקילים שמותר גם להשמיע מוסיקה[53].

---

43 בגשר החיים (פרק כא, ח, יא) כתב להתיר רק לקרובי החתן והכלה. אך בנטעי גבריאל (חלק ב, פרק כ, ד) כתב שאין הבדל בין קרובים לשאינם קרובים, ואם משמש את האורחים כראוי או שימוש שאינו לפי כבודו בדרך כלל, מותר לכל אדם.

44 גשר החיים פרק כא, ח, יא.

45 צרור החיים פיסקה קפג.

46 ערוך השלחן יורה דעה שצא, ה.

47 ערוך השלחן יורה דעה שצא, י, מביא שם דעות המקילות בכלל בסעודת מצוה, ושכל ההגבלות הן בסעודות רשות. ערוך השלחן כתב כהוראה כללית שיש לסמוך על הדעות המקילות במקום ההכרח, שהלכה כדברי המקל באבל.

48 גשר החיים כא, ח, ז. פני ברוך סימן כ, כא. **הערת הרב נבנצל שליט"א** – אך אין מכבדים את האבל בברכה משבע ברכות.

49 על פי הוראת הרב נבנצל שליט"א.

50 רמ"א יורה דעה סימן שצא, ב, כתב להחמיר, ובפני ברוך (סימן כ הערה ל) כתב ששמע מגדולי הוראה להקל בכך.

51 גשר החיים פרק כא, ח, יב. פני ברוך סימן כ, טז.

52 כלבו על אבלות עמוד 360 הלכה כז.

53 כך הורה לי למעשה הרב נבנצל שליט"א. וכן הורה שמותר להורים לשבת בסעודה כיון שיום טוב שלהם הוא, וממילא כיון שהם המארחים, גם ישמשו את האורחים.

סעודות מצוה

מד. מותר לאבל להשתתף באירועים של מצוה שאין בהם כלי זמר, כגון ברית מילה, פדיון הבן, חנוכת בית ואירוסין, שלא בשעת הסעודה[54], ומותר לטעום שם כיבוד קל; ויש שהתירו להשתתף גם בסעודה, ובמקום הצורך אפשר לסמוך על דבריהם[55]. אך אם יש שם ריקודים או תזמורת יש להימנע מלהשתתף[56].

מה. בסעודות שיש בהן תזמורת כגון בר מצוה, אפשר לבוא בשעת הדרשה, לומר מזל טוב ולצאת. אפשר לבוא בקבלת הפנים בראשיתה שאז האוירה עדיין לא של שמחה[57].

מו. האבל לא משתתף בסעודת סיום מסכת, אלא אם הוא מסיים בעצמו. ולהשתתף בלי לאכול בוודאי מותר[58]. ואם מגישים כיבוד קל, לא נחשב לסעודה[59]. ואם עושים סיום מסכת או משניות לכבוד הנפטר, מותר לו להשתתף גם אם לא סיים עמהם.

מז. בסעודות שהאבל אסור להשתתף בהן, אם עורכים שלחן בצד לאבלים שיאכלו שם, נחשב שאוכלים בסעודה לעצמם[60].

אירוח בשבת

מח. בשבת ויום טוב מותר להזמין אורחים לסעודה, ומותר להתארח לסעודה אצל חברים.

מט. מותר להשתתף בקידוש שעורכים בבית הכנסת בשבת בבקר אחרי התפילה.

נ. מותר ללכת לשלום זכר או להשתתף בעונג שבת שאומרים בו דברי תורה ושרים שירי שבת, ויש מתירים רק אם היעדרותו של האבל תבלוט כדי שלא תהיה אבלות בפרהסיה בשבת[61].

נא. מותר לעבור בסעודת שבע ברכות כדי לאחל מזל טוב, כיון שאינו אוכל ואינו שוהה שם בריקודים.

נב. מותר להשתתף בסעודה שלישית אף אם היא נמשכת לתוך הלילה.

---

54 רמ"א יורה דעה שצא, ב. גשר החיים פרק כא, ח, א. פני ברוך סימן כ, כג. צרור החיים פיסקה קצא. ובפיסקה קצה החמיר אפילו לסבא על נכד, להשתתף רק בברית ולא בסעודה. גם למחמירים, אין להימנע מלהשתתף בשבת בברית, שלום זכר, סעודת חתן תורה וכו' אם ההעדרות תבלוט, כיון שעלול להיראות כאבלות בפרהסיה (שם פיסקאות קצו – קצז). לסנדק ולמוהל התירו גם להשתתף בסעודה לאחר שבעה על שאר קרובים ולאחר שלושים על אב ואם. גשר החיים פרק כא, ח, י. פני ברוך סימן כ, יד.

55 ערוך השלחן יורה דעה סימן שצא, י. ילקוט יוסף סימן לח, ז, אמנם בסעיף כה כתב שיש רבים שנהגו להחמיר לא להשתתף בסעודה, ובשבע ברכות כתב שם להחמיר ולא להשתתף כלל.

56 **הערת הרב נבנצל שליט"א** – צריך עיון כנ"ל (כמו בהערה 53). וכן העיר להקל גם בסיום הלכה זו. (שיטת הרב להקל לאבלים להשתתף בסעודות מצוה לאחר שבעה גם אם יש כלי זמר, אך האבלים לא ירקדו ולא ישירו).

57 שאילת שלמה ה, עד.

58 נטעי גבריאל חלק ב, פרק כט, א.

59 מגן אברהם סימן תקנא, י.

60 צרור החיים פיסקה קצג.

61 צרור החיים פיסקה קצו. בשמירת שבת כהלכתה (חלק ב, פרק סה, סה) הביא דעה מחמירה ומקילה. טל לברכה חלק ב, קו.

ביקורי חברים

נג. לפי מנהג האשכנזים, סעודת מרעים אסורה, לכן יש לאבל להימנע מלהזמין אנשים לסעוד אצלו במשך שנת האבלות על אביו ואמו או בתוך שלושים על שאר קרובים[62]. אם אחרים הזמינו אותו, יש מתירים לו ללכת[63], ויש מי שאוסר[64].

נד. הזקוקים לתמיכה נפשית על ידי חבריהם, מותר להם להזמין חברים לסעודה[65].

נה. ביקורי חברים לא נחשבים שמחת מֵרעות.

נו. כבר צוין לעיל שבשבת מותר להזמין אורחים לסעודה, ומותר גם להתארח לסעודה.

נז. לפי מנהג עדות המזרח אין הגבלה בסעודת מרעים שאין בה שמחה[66].

מסיבות כינוסים וטקסים

נח. מסיבות שמחות אסורות. מסיבות של גן הילדים, או מסיבות של בית ספר עם תוכנית רצינית מותרות.

נט. מותר להשתתף בכנסים מקצועיים וגם להשתתף בסעודות, כיון שהן חלק מהכינוס ונחשבות כחלק מעבודתו[67].

ס. מותר להשתתף בטקס קבלת דרגות או סיום קורס של בן בצבא, כיון שהולך לכבוד הבן ולא כדי ליהנות מהמופע[68].

טיולים

סא. טיול משפחתי לחיק הטבע מותר. טיול לאתר שעשועים הומה אסור. כך גם לגבי הליכה למסעדה – מקום שקט וצנוע אפשר. מקום ציבורי הומה אסור[69].

סב. מותר לצאת לחופשה לצורך רפואי, לצורך משפחתי, לצורך לימודי או לצורך מנוחה, אבל לא לצורך תענוג[70].

סג. מדריך טיולים או מורה שצריך לצאת לטיול במסגרת עבודתו, מותר להם להשתתף בטיול[71].

---

62 הגהות הרמ"א יורה דעה סימן שצא, ב.

63 צרור החיים פיסקה קפד ופיסקה ר. שאילת שלמה ה, עד.

64 פני ברוך סימן לא, יד. תשובת הגרש"ז אויערבך בקונטרס אהל חנה (שם עמוד תנט).

65 צרור החיים פיסקה ר.

66 החיד"א בברכי יוסף, הובאו דבריו בילקוט יוסף סימן לח, כד.

67 צרור החיים פיסקה רג.

68 שם פיסקה רב.

69 שם פיסקה רה. שאילת שלמה ה, עג.

70 צרור החיים פיסקה קצט.

71 שם פיסקה רה.

מוסיקה

סד. משפחת האבל לא חייבת להתנזר ממוסיקה בגלל האבל, וכן עובדים במקום העבודה, חברים לחדר או הנוסעים ברכב עם האבל. האבל אינו חייב לאטום את אזניו, אך צריך להתאמץ לא ליהנות מן המוסיקה ולא ללכת בכוונה למקום שמנגנים אלא רק אם יש צורך. למרות שמותר לבני ביתו של האבל לשמוע מוסיקה, בוודאי שראוי שלא ישמיעו מוסיקה בקולי קולות[72]. מותר לאבל לשמוע מוסיקה תוך כדי נהיגה אם הדבר יועיל לו לשמור על ערנות[73].

סה. סטודנט ומורה למוסיקה יכולים להמשיך ללמוד וללמד מוסיקה לאחר השבעה. ההיתר אינו להרחבת הדעת, אלא להמשך לימודים סדיר לתלמיד, ולפרנסה למורה[74].

---

72 שם פיסקה רח. שאילת שלמה ה, עד.

73 צרור החיים פיסקה רז. **הערת הרב יצחק יוסף שליט"א** – אך עדיף להמנע ממוסיקה ועדיף שיסתפק בשמיעת הרצאה וכדומה. ורק כשאין ברירה ויש חשש שירדם, יש להקל.

74 כך הורה לי הרב מרדכי אליהו שליט"א. ומסתבר שהטעם הוא מפני שמוסיקה גורמת שמחה ולכן נאסרה לאבלים. אבל לימוד מוסיקה או נגינה לצורך פרנסה אינם לתענוג ושמחה, ולכן במקום הצורך אפשר להתיר.

לד.מנהגי אבלות עד שנים עשר חודש

אמר רב: אין המת משתכח מן הלב
אלא לאחר שנים עשר חודש
ברכות נח, ב

על אב ואם עדיין נחשבים הבנים והבנות כאבלים עד שנים עשר חודש, מפני כיבוד אב ואם.

ישנו גדר של כיבוד אב ואם בחייהם וישנו גדר של כיבוד אב ואם לאחר מיתתם. האבלות הממושכת על אב ואם דווקא, קשורה לכבוד המיוחד שאדם מחויב כלפי הוריו. פרק זה עוסק במנהגי האבלות ואינו כולל את מנהגי אמירת הקדיש במשך אחד עשר חודש ואת מנהג קהילות אשכנז שהאבל עובר לפני התיבה. פרטים על מנהגים אלו פורטו במקומם לעיל.

כמה מדיני השלושים ממשיכים לנהוג גם אחרי השלושים:

תספורת

א. אבל על אביו ואמו אסור בתספורת גם אחרי שלושים, עד שיגערו בו חבריו שצריך להסתפר[1]. גם אשתו ובני ביתו יכולים לגעור בו שצריך להסתפר, ואף האבל יכול לרמוז שיגערו בו[2].

ב. הגערה מועילה רק מיום השלושים ואילך. אם לא גערו בו, ממתין שיעור גערה ומותר בתספורת וגילוח[3]. ויש מי שהצריך שיגערו בו בפועל[4].

ג. שיעור גערה – נהגו שלושים יום לגילוח[5], אבל לתספורת נהגו להמתין שלושה חודשים מאז התספורת האחרונה, ויש מחמירים שלושה חודשים מתחילת האבלות[6]. ויש הממתינים שנים עשר חודש[7]. לפי מנהג עדות המזרח די בהמתנת שני חודשים[8]. ויש מי שהתיר לעדות המזרח וגם לאשכנזים לאחר שלושים ואחד יום, וכשגערו בו[9].

בגדים וחפצים חדשים

ד. אין קונים בגדים חדשים לאחר שלושים עד שיגיע החג ויגערו בו חבריו, והאשכנזים נהגו איסור בבגדים חדשים כל שנים עשר חודש[10]. אך בגדים חדשים שחייבים לקנות מותר ומברך שהחיינו. למשל מי שבלו בגדיו או מעונין לקנות בגד חדש לחג. גם אשה

---

1 שלחן ערוך יורה דעה סימן שצ, ד.

2 ילקוט יוסף סימן לז, א. צרור החיים פיסקה קעו.

3 גשר החיים פרק כב, ב, א.

4 צרור החיים פיסקה קעח.

5 תשובת חתם סופר מובאת בפתחי תשובה בשלחן ערוך שם, סעיף קטן ד, וראה עוד לעיל בפרק הקודם, דיני גילוח בתוך השלושים. **הערת הרב נבנצל שליט"א** – צריך עיון לענ"ד (על שלושים יום לגילוח).

6 גשר החיים פרק כא, יא, ג.

7 הגהות הרמ"א על שלחן ערוך סימן שצ, ד.

8 ילקוט יוסף סימן לז, ד.

9 צרור החיים פיסקה קעו. אמנם לשיטתו צריך גערה ממש ולא מספיק שיעבור זמן שיעור גערה.

10 שלחן ערוך ורמ"א יורה דעה סימן שפט, ג, ה.

אבלה יכולה לקנות בגדים אם היא מרגישה שאין לה מה ללבוש[11]. ההגבלה היא רק בבגדים חשובים, אבל בגדים פשוטים כמכנסיים וכיוצא בזה, מותר. אם אדם אחר ילבש את הבגד זמן מה, מותר גם בבגדים חשובים[12].

ה. במקום צורך מותר לקנות נעליים חדשות לאחר שלושים[13].

ו. תשמישי מצוה כגון טלית, מותר לקנות; כי מצוות לאו ליהנות ניתנו.

ז. קניות של מותרות – אסורות, וקניות שיש בהן צורך אמיתי – מותרות. למשל מותר להחליף רכב ברכב יותר בטיחותי או מרווח יותר, כדי שיוכל להסיע את משפחתו[14].

ח. מותר לאבל לקנות מתנה לאדם אחר ולתת לו אותה, אבל לא ישלח דברים של שמחה. דברים אחרים מותר, אף שעצם הנתינה גורמת לו שמחה[15].

ט. אין נותנים מתנה לאבל בשנת האבל, כיון שנתינת המתנה מוגדרת הלכתית כאמירת שלום[16]. אך מותר לתת מתנה לאבל כשמתחתן בתוך שנים עשר חודש לאבלותו, ומותר לחתן לשלוח מתנות לכלתו כשהיא בתוך שנים עשר חודש לאבלותה[17]. מותר וראוי שהבעל יקנה לאשתו האבלה מתנה לכבוד יום טוב, לשם קירוב הדעת ושלום הבית.

י. מותר לשפץ את הבית במהלך שנת האבל אם יש צורך בדבר: לבנות, להחליף ריצוף וכו'. אך אין לשפץ לצורך מותרות[18].

יא. מותר לעבור דירה ואפילו לעבור לבית חדש אם יש צורך בדבר. מותר לערוך סעודה לחנוכת הבית ללא מוסיקה[19].

יב. מותר לטעת עצי נוי ועצי פרי[20].

שמחות

יג. לגבי השתתפות בשמחה, במסיבות ובטיולים, ככלל פורטו הדינים לעיל בדיני אבלות בתוך השלושים.

יד. מותר להשתתף בסעודת בר מצוה אם אין שם תזמורת וריקודים[21].

---

11 צרור החיים פיסקה רט.

12 ערוך השלחן יורה דעה סימן שפט, יא.

13 נטעי גבריאל חלק ב, פרק י, יז.

14 צרור החיים פיסקה רי. **הערת הרב נבנצל שליט"א** – מעיקר הדין אין לאסור אפילו קניות של מותרות. אולי רק מדין למעט בעסקיו.

15 שלחן ערוך אורח חיים סי' תרצו, ו, ומגן אברהם שם.

16 רמ"א יורה דעה סימן שפה, ג. צרור החיים פיסקה ריא.

17 ילקוט יוסף סימן כג, יז – יח.

18 צרור החיים פיסקה ריב. **הערת הרב נבנצל שליט"א** – לענ"ד נראה שיש להקל. (ראה בהערה 14).

19 ילקוט יוסף סימן לח, ד. חיים וחסד פרק יד, יב; בשם שו"ת אמרי יציב לאדמו"ר מצאנז.

20 צרור החיים פיסקה ריג.

21 תשובת הגרש"ז אויערבך, קונטרס אהל חנה בסוף ספר פני ברוך עמוד תנט.

טו. אסור להשתתף בחתונות אבל יכול להשתתף בחופה כשאינה בבית החתונה. מותר לו לאכול שם רק אם ישמש בסעודה[22].

טז. מותר לאבל בתוך השנה להשתתף כרגיל בחתונת בנו או בתו, וכן בשבע ברכות. גם לאחי החתן והכלה מותר להשתתף בחתונה אם העדרותם תגרום צער לחתן ולכלה[23].

יז. אין לדחות חתונה של בן או בת בגלל שאחד ההורים נמצא בתוך אבלות שנים עשר חודש; ואדרבה, יש לזרז את מועד החתונה[24].

יח. לכתחילה אשה אבלה אינה יכולה להצטרף לבעלה כדי ללכת לחתונה, אך כשיש חשש לשלום בית מותר לה ללכת איתו לחתונה[25].

יט. מותר לרב אבל לערוך חופה בתוך שנת האבל, אולם לא התירו לו להשתתף בסעודה, בריקודים ובשמחה שלאחר החופה[26].

כ. אב ואם שציוו את בניהם לא להימנע משמחה במשך שנים עשר חודש, מותר לבנים לנהוג כפי שהורו להם, לאחר השלושים[27]. הטעם הוא שאבלות שנים עשר חודש מיוחדת לאב ואם משום כבודם, ואם מחלו על כבודם, מצוה לקיים דבריהם. וראה לקמן באוצר המושגים ערך **מצוה לקיים דברי המת** עמוד 431. ראוי שיציינו שכך אמרו להם הוריהם, משום מראית העין.

כא. מותר לאבל להזמין אורחים לשבת[28], וגם מותר להתארח בשבת אם הזמינוהו[29].

כב. מותר להשתתף ב"**שבת מחזור**" (**שבת** בוגרים של מוסד חינוכי) בתוך **שנת האבלות**.

כג. מותר לתלמיד בבית ספר להשתתף בפעילות ספורט ובטיולים. אך לא ישתתף בפעילות הכוללת שירים, ריקודים ושמחה[30].

שינוי מקום

כד. לפי מנהגי האשכנזים אבל משנה מקומו כל שנים עשר חודש, אך בשבתות לאחר השלושים לא משנה מקומו[31].

הגדרת זמן האבלות

כה. הגדרת האבלות על אב ואם היא שנים עשר חודש ולא שנה. לכן גם בשנה מעוברת נוהגים אבלות רק שנים עשר חודש.

---

22 גשר החיים פרק כב, ב, ו.

23 צרור החיים פיסקאות קפז – קפט.

24 ילקוט יוסף סימן לח, יח.

25 אגרות משה יורה דעה חלק א סימן רנה.

26 צרור החיים פיסקה קצ. וראה גם בילקוט יוסף סימן לח, כא.

27 שפתי כהן יורה דעה סימן שמד, סעיף קטן ט. ילקוט יוסף סימן מא, ג.

28 **הערת הרב נבנצל שליט"א** – אינו נראה לענ"ד, אלא אם כן לארח אנשים הזקוקים לאירוח. גם לגבי להתארח בשבת צריך עיון לענ"ד.

29 צרור החיים פיסקה רא.

30 צרור החיים פיסקה רד.

31 כהכרעת גשר החיים פרק כב, ג.

כו. את שנים עשר החודשים מונים מיום הקבורה[32] ויש אומרים מיום הפטירה[33]. אין אומרים בהם "מקצת היום ככולו", ולכן מונים עד סוף היום האחרון של שנים עשר חודש[34]. הטעם מפני שבשבעה ובשלושים מונים ימים, ובהם נוהג הכלל "**מקצת היום ככולו**". אבל בשנים עשר חודש מונים חודשים, ובחודשים לא מתאים הכלל שנקבע על הימים[35].

כז. מנהג האשכנזים להמשיך לנהוג מנהגי אבלות גם ביום השנה הראשון (יארצייט) וגם בשאר השנים ביום השנה [36].

כח. נהוג שכל שנים עשר חודש כשמזכיר שם אביו או אמו אומר "הריני כפרת משכבו / משכבה", וגם בכתיבה מציין זאת בראשי תבות – "הכ"מ". טעם והסבר לכך מובא באוצר המושגים לקמן ערך **הריני כפרת משכבו**. לאחר שנים עשר חודש אומר עליהם "זכרונם לברכה"[37]. גם בתוך שנים עשר חודש יכול לומר "זכרונם לברכה", אבל לאחר שנים עשר חודש לא יאמר "הריני כפרת משכבו". הטעם כיון שמשפט רשעים בגיהנום רק שנים עשר חודש[38].

כט. נקבע זמן מוגדר לאבלות ולניחום אבלים. חכמים הביעו הסתייגות ממי שמביע תנחומים לאחר שנים עשר חודש:

> **אמר רבי מאיר: המוצא את חברו אבל לאחר שנים עשר חודש, ומדבר עמו תנחומין, למה הוא דומה? לאדם שנשברה רגלו וחיתה (נתרפאה). מצאו רופא ואמר לו: כלך אצלי, שאני שוברה וארפאנה, כדי שתדע שסממנים שלי יפים.**
>
> מועד קטן כא, ב

32 משנה ברורה, סימן תקסח, ח (כדעת השפתי כהן ומשאת בנימין). ילקוט יוסף סימן מ, ד.

33 צרור החיים עמוד 88 (כדעת הטורי זהב).

34 שלחן ערוך יורה דעה סימן שצה, ג.

35 טורי זהב שם סעיף קטן ב, בשם תרומת הדשן.

36 רמ"א יורה דעה סימן שצה, ג. וכן בסוף סימן שצא.

37 שלחן ערוך יורה דעה סימן רמ, ט.

38 שפתי כהן שם אות יג. ובילקוט יוסף (סימן לט, ד) כתב שרשאי להחמיר ולומר גם לאחר שנים עשר חודש.

אבלות בחגים ובמועדי השנה

לה.חגים ומועדי השנה – הפסקת האבלות אם הספיקו לנהוג מנהגי אבלות קודם החג

פרק זה עוסק באבלים שקברו את מתם קודם לחג והספיקו לנהוג מקצת מדיני אבלות, אפילו זמן מועט וסמלי בלבד[1].

אמרו חז"ל **"מעבירים את המת מלפני הכלה"** (כתובות יז, א). חכמים רצו ללמד עיקרון ונתנו דוגמא כדי להמחיש זאת. כגון שבאה לוויה מצד אחד וכלה מצד שני, באותו הרחוב ממש, ובאותו זמן. אי אפשר שיעברו שניהם יחד, מפני שבלתי אפשרי לעמת באותו מקום ובאותו זמן רגשות קוטביים כאלו. שיאים של צער ויגון מחד עם מצהלות חתנים, גילה רינה דיצה וחדוה מאידך. אחד הצדדים מוכרח לפנות את מקומו ולהשאיר את הבמה לזולתו באופן בלעדי. יש קושי נפשי עצום לעשות זאת כיון שלכל אחד מהארועים יש משמעות רגשית עמוקה ביותר. ונשאלת השאלה: במצב כזה, מי צריך לפנות את מקומו? למי יש זכות קדימה?

הכלל שקבעו חכמים הוא "מעבירים את המת מלפני הכלה". הלוויה עוברת לרחוב אחר כדי לאפשר את שמחתה המלאה של הכלה באופן מושלם.

מעבר להתייחסות הנקודתית למקרה המסוים דלעיל, חכמים גם באו לקבוע עיקרון כולל: צריך להגביר ולחזק את רגשות השמחה, גם כשיש רגשות צער ואבלות. החיים צריכים להימשך, ובשמחה.

גם באבלות של כלל ישראל חכמים לימדונו שאדם סד את ביתו כדי שיהיה יפה ומקושט, ומשאיר אמה על אמה לא מסוידת כנגד הפתח זכר לחורבן. אותו העיקרון – ממשיכים ומתחתנים ובונים בתים יפים ומקשטים ומסיידים אותם. בתוך כל זה משאירים את הפינה של זכר לחורבן במקום בולט, כדי שלא נשכח. אבל הכלל הוא להמשיך בחיים מתוך בניין של שמחה.

כבר הזכרנו לעיל בהקדמה להלכות אבלות בשבת, את ההבדל בין שבת לחגים לעניין אבלות. החגים הם ביטוי להתפרצות של שמחה – "וְשָׂמַחְתָּ בְּחַגֶּךָ... וְהָיִיתָ אַךְ שָׂמֵחַ" – ולכן הם קוטעים גם את האבלות, ואם הפטירה והקבורה היו בחג עצמו, האבלות נדחית ומתחילה רק לאחר תום החג.

מצות השמחה בחג דוחה את האבלות. הן מפני שההלכה מעדיפה להעצים ולחזק את השמחה על פני הצער במקרה של התנגשות ביניהם, כמו שביארנו לעיל. והן מפני שמצות השמחה בחג היא ציבורית וכוללת, וההלכה מעדיפה אותה על פני צער היחיד. על דרך הסוד הוסיפו שהטעם שהחג מבטל גזרת שבעה ושלושים, הוא כיון שהחג מבטל דין שמים מהנשמה ואינה חוזרת לדין אחר החג[2].

---

1 במסכת מועד קטן (יט, א – ב) ובאבל רבתי (פרק ז, א) מובאות דעות שונות כמה זמן יש לנהוג אבלות לפני הרגל כדי שתתבטל. להלכה נפסק כחכמים (באבל רבתי כתוב בית הלל) שאפילו נהגו זמן מועט אבלות, הרגל מפסיקה. טור ושלחן ערוך יורה דעה סימן שצט.

2 שו"ת חתם סופר יורה דעה סימן שמח (מובא בפני ברוך סימן כז הערה א). צרור החיים עמוד 98.

הגדרת החגים

א. "יום טוב" נאמר על המועדים הנזכרים בתורה, והם שלושת הרגלים: פסח שבועות וסוכות, וכן ראש השנה ויום הכיפורים שדינם כרגלים לעניין אבלות[3]. יש להבדיל בינם לבין חנוכה ופורים – חגים מדרבנן – שדינם שונה, ועליהם יפורט בנפרד.

חג לעומת שבת

ב. חג שונה משבת לעניין אבלות בכמה דברים:

- החג מפסיק ומבטל אבלות שבעה, אם נהג אבלות קודם לחג. ביאור הדברים: מי שמת לו מת קודם החג ונקבר בערב החג, והספיקו להתחיל ולנהוג אבלות אפילו זמן מועט, או לעשות איזו שהיא פעולה של אבלות כגון חליצת מנעל, הרי שהחג מפסיק ומסיים את השבעה.
- החג מפסיק ומבטל אבלות שלושים, אם כבר נסתיימו השבעה קודם לחג.
- החג דוחה את האבלות לאחר החג, אם הפטירה היתה בחג או שלא הספיקו להתחיל לשבת שבעה קודם לחג. במקרה זה ימי החג לא נמנים למניין השבעה אבל נמנים לשלושים[4].

מה נחשב "נהג אבלות"

ג. אם לא הספיק לנהוג אבלות קודם לחג, וכל שכן אם נפטר בחג – אין החג מפסיק האבלות, אלא נוהג בחג דברים שבצנעה[5], ומתחיל למנות שבעה לאחר החג. ויפורט לקמן בפרק הבא. וראה גם בעמוד 247 הלכה יא.

ד. אפילו אם נהג האבל רק דברים שבצנעה, כגון ששמע שמועה קרובה בשבת ערב החג, שאז נוהג רק דברים שבצנעה, מבטל את השבעה[6].

ה. מי שלא היה יכול לנהוג אבלות מחמת חולשה או אונס, כגון חולה או יולדת, כיון שנודע להם על מיתת המת בטלה מהם אבלות שבעה[7].

ו. אשה שקיבלה עליה קדושת החג מבעוד יום ונודע לה שמת לה קרוב משפחה ונקבר, יכולה לשבת באבלות כמה רגעים ולהפקיע ממנה את שבעת ימי האבלות[8].

ז. מת לו מת בערב יום טוב ונתיירא שמא לא יספיק לקברו מבעוד יום, ומסרו לגויים שיוליכוהו לקבורה. כיון שהוציאוהו מן העיר ונתכסה מעיני הקרובים חלה עליו אבלות, ואם הוא שעה אחת כלומר זמן קצר קודם החג, ונהג בה אבלות; בטלה ממנו אבלות שבעה אף על פי שנקבר בחג[9].

---

3 שלחן ערוך יורה דעה סימן שצט, ו.

4 שלחן ערוך אורח חיים סימן תקמח, א. גשר החיים פרק כג, א, א – ב.

5 **הערת הרב נבנצל שליט"א** – לדעת הרמב"ם אינו נוהג בחג דברים שבצנעה.

6 שלחן ערוך יורה דעה סימן שצט, א. תב, י.

7 משנה ברורה סימן תקמח סעיף קטן נג.

8 ילקוט יוסף סימן מב, ג.

9 שלחן ערוך יורה דעה סימן שצט, יד.

ח. אם הוא בארץ ומת לו קרוב בחוץ לארץ, והקבורה תהיה בחוץ לארץ בערב יום טוב; אם קיבל עליו אבלות שעה אחת קודם יום טוב פטור מהשבעה, למרות שבחוץ לארץ לא קברו עדיין[10]. וראה עוד לקמן בפרק "עיכוב בקבורה" עמוד 242.

מתי מפסיקים

ט. כדי שהאבלים יוכלו להיכנס לחג, מפסיקים את מנהגי אבלות השבעה שעה קודם כניסת החג[11]. דהיינו: רחיצה מותרת גם במים חמים אחר תפילת מנחה סמוך לערב, וכן מפסיקים את שאר מנהגי האבלות[12]; ומעדות המזרח יש שנהגו להמתין עד חשכה אלא אם כן הוא בערב שבת שאז התירו לרחוץ סמוך לחשכה.

י. בערב פסח מותר הכל מחצות היום כיון שאז הוא כחג לכל דבר.

יא. בערב יום כיפור מותר לרחוץ ולטבול סמוך לערב גם קודם תפילת מנחה[13], ומותר לו ללכת לבית הכנסת לתפילת מנחה[14], וכן מותר לו לאכול סעודה מפסקת על כסא וספסל[15].

יב. אבל שאין מי שיבנה לו סוכה, מותר לו לבנותה בעצמו, וכן לגבי קניית ארבעת המינים[16].

חגים סמוכים

יג. אם באמצע השבעה חל חג ובתוך השלושים חל חג נוסף, החג הראשון מבטל גזרת שבעה והחג השני מבטל גזרת שלושים[17]. כמו שמפורט לקמן מעמוד 199. באבלות על שאר קרובים מסתיימת האבלות, על אב ואם נשארות ההגבלות של שנים עשר חודש.

שבת בערב החג

יד. מת לו מת בערב שבת ואותה שבת היא ערב יום טוב, יש מתירים לרחוץ בערב שבת סמוך לחשיכה לכבוד החג[18].

10 נטעי גבריאל חלק א, פרק קלג, טו.

11 משנה ברורה תקמח, סעיף קטן מב. גשר החיים פרק כג, ג, א. צרור החיים פיסקה רכח. רל.

12 שלחן ערוך ורמ"א, יורה דעה סימן שצט, ה. שפתי כהן שם סעיף קטן יד. גשר החיים פרק כג, ג, א. שמירת שבת כהלכתה חלק ב, פרק סה, מה.

13 משנה ברורה סימן תרו, סעיף קטן כה.

14 דרכי משה יורה דעה סימן שפד, ג.

15 פתחי תשובה סימן שפז, א.

16 נטעי גבריאל חלק א, פרק קכב, ב.

17 אמנם בטור יורה דעה שצט הביא דעות שלא מקילים שתי קולות באבלות אחת, דהיינו שרגל אחד יבטל גזרת שבעה ורגל שני יבטל גזרת שלושים, אך להלכה נפסק להקל שתי פעמים באבלות אחת, וכך נוהגים למעשה – בית יוסף ושלחן ערוך שם.

18 שפתי כהן שם סעיף קטן טז.

טו. באבלות על שאר קרובים, אם נתבטל ממנו דין שלושים ולא התגלח ערב החג, אסור לו להתגלח בחול המועד כיון שיכול היה להתגלח קודם החג. אבל אם חל שביעי שלו בשבת ערב החג, מותר להתגלח בחול המועד כיון שלא יכול היה להתגלח ערב החג[19].

כיבוס

טז. כשחל רגל באמצע השבעה, מותר לכבס בצנעה בחול המועד כיון שלא יכלו לכבס קודם המועד עקב האבלות[20].

הקדמת אזכרה

יז. הנוהגים לערוך אזכרה בליל השבעה, וימי השבעה התקצרו עקב החג; יקדימו את האזכרה ללילה שלפני סיום השבעה (אור לערב חג).

תענית בכורות

יח. בכור אבל בתוך השבעה לא יצא מביתו כדי להשתתף בסיום מסכת להיפטר מתענית בכורות, אלא יפדה התענית בצדקה[21].

נר נשמה

יט. אף על פי שהחג מבטל את השבעה, משאירים נר דולק לזכר הנפטר שבעה ימים מלאים[22].

19 שלחן ערוך אורח חיים סימן תקמח, ח. גשר החיים פרק כג, ג, ד.

20 צרור החיים פיסקה רכח.

21 ילקוט יוסף סימן מג, ד. ובחזון למועד (פרק יג,כט) כתב שמותר למסיים המסכת לבוא לבית האבל. **הערת הרב נבנצל שליט"א** – ויש אומרים שיצום.

22 משנה ברורה סימן תקמח סעיף קטן ג. **הערת הרב נבנצל שליט"א** – אבל לא ישאירוהו במקום שאוכלים.

לו. חגים ומועדי השנה – דחיית האבלות אם נפטר בחג, או שלא הספיקו לנהוג מנהגי אבלות לפני החג

אם נפטר בחג, או שלא הספיקו לנהוג אבלות קודם לחג, מתחילים לנהוג מנהגי אבלות רק אחרי החג.

נפטר ביום טוב

א. ככלל ההלכות מקבילות לנפטר בשבת. כדלעיל עמוד 60. הלכות אנינות בשבת וביום טוב מובאות בעמוד 71.

קבורה בחג

הלוויה

ב. ככלל לא קוברים ביום טוב עצמו[1].

ג. בחול המועד קוברים. קודם צאת הלוויה מחליף האבל בגדיו לבגדי חול וקורע בהם כמבואר לקמן, ולאחר הלוויה מחליף שוב בגדיו לבגדי חג.

ד. אין מספידים בחול המועד[2].

ה. אין אומרים צידוק הדין ועדות המזרח נהגו לומר צידוק הדין[3].

ו. אחרי הלוויה עומדים ב"שורה" כרגיל, אלא שהאבל אינו חולץ מנעליו.

קריעה

ז. אין קורעים ביום טוב אלא במוצאי יום טוב. יש קהילות שנוהגות שכל הקרובים קורעים בחול המועד, ומנהג ירושלים שרק אבלים על הוריהם קורעים, ושאר הקרובים קורעים רק לאחר החג[4].

ח. כל הקרובים מברכים ברכת "דיין האמת" בחול המועד.

1 שלחן ערוך אורח חיים סימן תקכו, א. אמנם מצד הדין אפשר לקברו על ידי גויים אבל מציאות זו נדירה כיום בארץ ישראל. בחוץ לארץ יש לברר את המציאות בכל מקום ומקום.

2 שלחן ערוך יורה דעה סימן תא, א. **הערת הרב נבנצל שליט"א** – ועל חכם בפניו יש מתירים, כדלעיל.

3 שלחן ערוך ורמ"א, יורה דעה סימן תא, ו. ועיין עוד לעיל בפרק על סדרי הלוויה והקבורה בפיסקה על צידוק הדין מעמוד 84 ובהערה שם. וכן בעמוד 91.

4 בגשר החיים (פרק ד, כד) מביא ארבע שיטות שונות במנהגי הקריעה בחול המועד. ולמעשה כתב שבמקום שאין מנהג יש לקרוע על כל הקרובים. (ע"ע שלחן ערוך אורח חיים סימן תקמז, ו).

סעודת הבראה

ט. אין אוכלים סעודת הבראה ביום טוב[5]. לפי מנהג עדות המזרח עורכים סעודת הבראה במוצאי הרגל, כיון שאז מתחילה האבלות; ולפי מנהג האשכנזים אין עורכים סעודת הבראה כלל במוצאי הרגל כיון שנדחתה האבלות[6].

י. בחול המועד אוכלים סעודת הבראה בישיבה על כסאות רגילים[7], ואין אוכלים ביצים קשות כמו שנוהגים בדרך כלל, אלא רק מיני מזונות וכדומה. יש אומרים שמנהג ירושלים שרק אבלים על הורים אוכלים סעודת הבראה, אבל לא על שאר קרובים[8].

מנהגי אבלות הנוהגים בחג

יא. נוהגים בחג אבלות בצנעה – אין רוחצים לתענוג ונמנעים מחיי אישות. יש מי שהתיר בשעת הדחק, לאשה אבלה שחל ליל טבילתה בחול המועד, לטבול ולשמש לפני תחילת אבלותה[9]. מנהג בני תימן על פי הרמב"ם שאין נוהגים אבלות כלל בחול המועד, אפילו דברים שבצנעה, זולת הניחום בעמידה בשורה לאחר הקבורה[10].

יב. מעיקר הדין כהן אבל אינו נושא כפיו[11]. וכבר הוזכר לעיל עמוד 118 שיש כהנים הנושאים כפיהם בשבת בתוך השבעה, ומנהג ירושלים שיש כהנים הנושאים כפיהם אפילו בימי החול בתוך השבעה.

יג. יש להקל בתלמוד תורה[12] ריון שאין לך דבר האבד גדול מזה. למרות שיש פוסקים שהחמירו בכך. בליל הושענא רבה נהגו שגם האבלים לומדים, כדי שלא יראה כאבלות בפרהסיה[13].

יד. מותר להתרחץ לכבוד יום טוב אחרון ולהחליף לבנים[14].

טו. מלאכת "דבר האבד" המותרת במועד מותרת גם לאבל[15].

טז. לאחר שעברו שבעה ימים מהקבורה, אף על פי שעדיין לא נגמרה האבלות, מותר לעשות מלאכה על ידי אחרים בבתיהם אפילו אינו "דבר האבד". ולפי מנהג בני תימן נאסרים במלאכה כל שבעת ימי האבלות, כיון שלא נהגו אבלות כלל במועד[16].

---

5 שלחן ערוך יורה דעה סימן תא, ד.

6 שלחן ערוך ורמ"א, יורה דעה סימן שעה, יא. גשר החיים פרק כ, ב, יא. ילקוט יוסף סימן יג, יג. צרור החיים פיסקה עג.

7 שלחן ערוך אורח חיים סימן תקמז, ח. יורה דעה סימן תא, ד.

8 עיין באוצר המושגים ערך **מנהג ירושלים**.

9 ילקוט יוסף סי' יט, א; וסי' מב, ח, על פי דעת הרמב"ם שאין אבלות נוהגת כלל ברגל, אפילו דברים שבצנעה. והתיר דווקא בשעת הדחק כגון שבעלה עלול להיכשל בהוצאת זרע לבטלה. וכן הדין גם אם הבעל באבלות.

10 באר לחי רואי סימן קמד בשם ספר שתילי זיתים ומהרי"ץ, בית מועד ונפש כל חי.

11 מגן אברהם סימן קכח, סעיף קטן סו.

12 גשר החיים פרק כג, א, ד. ילקוט יוסף סימן מב, ט.

13 צרור החיים פיסקה רכד. ילקוט יוסף שם י, בשם רבני ירושלים.

14 גליון מהרש"א יורה דעה סימן שפט, א.

15 גשר החיים פרק כג, א, ד. אמנם בשמירת שבת כהלכתה (חלק ב, פרק סה, לח) התיר לאבל, רק אם אין אדם אחר שיוכל למכור במקומו.

16 באר לחי רואי שם.

ניחום אבלים

יז. אף על פי שאין יושבים שבעה בחול המועד, באים הקרובים והחברים לנחם את האבלים[17].

תפילה

יח. אומרים הלל בבית האבל אם מתפללים שם כיון שאין נוהג אבלות. גם האבל אומר הלל[18].

יט. האבל לא משנה מקומו בחג בבית כנסת, אפילו במקום שנהגו לשנות מקומם בשבת.

נר נשמה

כ. מדליקים נר נשמה בחול המועד למרות שמתחילים אבלות רק לאחר המועד[19].

כא. ביום טוב עצמו אין להדליק נר נשמה אלא אם כן משתמש בו[20]. ההיתר להדליק אש ביום טוב הוא לצורך בישול או הנאה אחרת שיש לאדם. נר נשמה אינו לצורך הנאה לאדם, לכן ביום טוב אי אפשר להדליק נר נשמה, אלא אם כן יהנה ממנו גם באופן אחר. לכן מי ששכח להדליק בערב יום טוב, ידליק ביום טוב במקום שלומדים בו או שאוכלים בו כדי להוסיף אורה. ונכון להדליקו בבית הכנסת שמצוה להרבות שם אור[21].

לאחר החג

כב. מי שמת לו מת בחג ומתחיל למנות שבעת ימי אבלות לאחר החג, מניח תפילין ביום הראשון לאבלות כיון שעיקר צערו על המת היה כבר בתוך המועד[22], וכבר נהג אבלות בצנעה במועד, ויום הראשון לאבלות אינו היום המר של תחילת הצער[23].

כג. אם שביעי של פסח חל בערב שבת, והאבלים יושבים שבעה לאחר הפסח. השבת עולה למניין שבעה וקמים מהשבעה ביום שישי בבוקר[24].

יום טוב שני של גלויות

כד. פשט המנהג שלא להתאבל ביום טוב שני של גלויות על שום מת, אפילו הוא יום מיתה וקבורה[25].

כה. יום טוב שני של גלויות נמנה למניין שבעה למרות שאין נוהגים בו אבלות.

---

17 שלחן ערוך יורה דעה שצט, א. צרור החיים עמוד 100.

18 פני ברוך סימן כח, כ; בשם משמרת שלום.

19 גשר החיים פרק כ, א, ב.

20 שלחן ערוך אורח חיים סימן תקיד, ה. ביאור הלכה שם דיבור המתחיל "נר של בטלה".

21 ילקוט יוסף סימן מ, מה.

22 שם סימן מב, יז.

23 גשר החיים פרק יח, ד, יא.

24 ילקוט יוסף סימן מב, יח.

25 שלחן ערוך יורה דעה סימן שצט, יג; בשונה ממה שפסק באורח חיים סימן תקמח, ג. ילקוט יוסף סימן מב, כה. וראה טעם לכך באוצר המושגים ערך **אבלות מהתורה או מדרבנן**.

לז. חישוב ימי השלושים כשהחג הפסיק את השבעה

עקרונות החישוב

א. אדם הקובר את מתו בחול המועד, ימי המועד נמנים למניין השלושים אף על פי שהחל לשבת שבעה רק לאחר המועד. והטעם כיון שנוהג במועד חלק ממנהגי אבלות כגון דברים שבצנעה, גיהוץ, תספורת, בגדים חדשים ושמחה[1].

ב. אם כבר סיימו האבלים את השבעה קודם החג, החג מבטל מהם גזרת שלושים. גם אם היום השביעי לאבלות היה בערב החג, כיון שמקצת היום ככולו – עולה לכאן ולכאן, נחשב המשך היום כיום שלושים והחג מבטל גזרת שלושים[2].

חישוב לגבי כל חג וחג

ג. הזמן שיושבים בו לפני פסח נחשב לשבעה ימים אפילו ישבו זמן מועט ביותר. הטעם הפשוט הוא שפרק זמן זה הוא בעצם זמן השבעה, שהרי הרגל הפסיק את השבעה. יחד עם שבעת ימי הפסח הם ארבעה עשר יום למניין השלושים, ואחר הפסח צריך להשלים רק שישה עשר יום לתשלום השלושים, כלומר שמסיים את השלושים בז׳ באייר בבוקר, שמקצת היום ככולו[3].

ד. גם בשבועות צריך להשלים אחר החג רק שישה עשר יום, כיון שהזמן שלפני חג השבועות נחשב לשבעה ימים וחג השבועות עצמו נחשב כשבעה ימים, ומסיים בכ״ב בסיון בבוקר.

ה. אם נהג אבלות אפילו זמן מועט לפני ראש השנה, צריך לנהוג אבלות שלושים רק עד יום כיפור, ויום כיפור מבטל אבלות שלושים[4]. גם אם קבר את מתו בג׳ בתשרי – צום גדליה – יום כיפור מבטל גזרת שלושים, שהיום השביעי עולה לכאן ולכאן.

ו. אם נהג אבלות זמן מועט לפני יום כיפור, נוהג אבלות שלושים עד חג הסוכות, וחג הסוכות מבטל אבלות שלושים.

ז. אם נהג אבלות זמן מועט לפני חג הסוכות, יחד עם ימי החג נחשב לארבעה עשר יום, ושמיני עצרת נחשב שבעה הרי עשרים ואחת, ואסרו חג עשרים ושתים. ומשלים עוד שמונה ימים, ומסיים בא׳ במרחשוון בבוקר.

---

1 שלחן ערוך יורה דעה שצט, א.

2 שלחן ערוך שם, ג.

3 בשלחן ערוך (יורה דעה סימן שצט, ז) חישב לפי חוץ לארץ ששם נוהגים יום טוב שני של גלויות. אבל בארץ משלימים שישה עשר יום. גשר החיים פרק כג, ב, ז.

4 שלחן ערוך שם. גשר החיים שם. וראה לעיל עמוד 194 הערה 17 בפיסקה 'חגים סמוכים'.

ח. אם הקבורה היתה בחול המועד סוכות, שמיני עצרת לא מבטל את האבלות. לפי מנהג עדות המזרח שמיני עצרת נחשב ליום אחד מתוך השלושים, חלק מהפוסקים האשכנזים מקילים להחשיבו כשבעה ימים מתוך השלושים[5].

נסתיימו השבעה לפני החג

ט. אם נסתיימו שבעת ימי האבלות קודם החג, אפילו נסתיימו בערב החג בבוקר, החג מבטל את כל הנהגות אבלות שלושים. לכן כל האבלים מותרים ברחיצה, בכיבוס, בגיהוץ ובנטילת ציפורניים[6]. במקרים אלו יכול אבל על שאר קרובים (לא על אב ואם) להסתפר ולהתגלח ולהתרחץ סמוך לערב אחר תפילת מנחה, וכשיש צורך גדול אפשר מחצות היום. בערב פסח עדיף להסתפר ולהתגלח קודם חצות היום[7].

י. באבלות על שאר קרובים, כאשר חל היום השביעי בערב שבת והחג חל ביום ראשון, התירו להסתפר ולהתגלח בערב שבת לכבוד החג שיחול ביום ראשון. במקרה זה אם לא הסתפר בערב שבת או בערב החג, אסור לו להסתפר בחול המועד כיון שיכול היה להסתפר לפני המועד, אבל מותר להסתפר אחרי החג כיון שבטל ממנו דין שלושים[8].

יא. אם חל היום השביעי לאבלות בשבת החלה בערב חג, אסור להסתפר בערב שבת. במקרה זה מותר לו להסתפר בחול המועד כיון שלא היה יכול היה להסתפר קודם החג[9].

יב. אבל על אביו ואמו אסור להסתפר ולהתגלח עד שיעברו שלושים יום מהקבורה, ולאחר שלושים יום צריך שיגערו בו חבריו שעליו להסתפר ולהתגלח, ואין החג מבטל ממנו איסור תספורת אפילו לאחר שלושים עד שיגערו בו[10]. יש מי שמקל גם לאבל על אב ואם לאחר שלושים להסתפר בערב החג, אפילו ללא גערה[11]. ולעיל כתבנו שאם כבר שהה שיעור שראוי לגעור בו דהיינו ששערותיו ארוכות ונראה מנוול, יכול לגלח ולהסתפר אף על פי שלא גערו בו. ויש מי שכתב להקל בגילוח הזקן כשיש צורך גדול, לאבל על אביו ואמו אפילו בתוך שלושים, בערב יום טוב ולאחר שיגערו בו[12].

5 שלחן ערוך יורה דעה סימן שצט, ב; ובשפתי כהן וטורי זהב שם. במשנה ברורה (סימן תקמח סעיף קטן ד) כתב ששמיני עצרת נחשב ליום אחד בלבד. בגשר החיים (פרק כג, ב, יב) כתב להקל רק בשעת הדחק להחשיבו כשבעה ימים. ילקוט יוסף סימן מב, יט.

6 ערוך השלחן יורה דעה סימן שצט, יג. וכל זה גם לדעת הרמ"א שהחמיר ברחיצה לאחר שבעה (סימן שפא, א), ולדעת השלחן ערוך שם ממילא מותר ברחיצה לאחר שבעה.

7 שלחן ערוך ורמ"א, יורה דעה סימן שצט, ג. משנה ברורה סימן תקמח סעיף קטן לא.

8 שלחן ערוך יורה דעה סימן שצט, ג. גשר החיים פרק כג, ב, ה.

9 שלחן ערוך שם.

10 שלחן ערוך אורח חיים סימן תקמח, ט. יורה דעה סימן שצט, ד.

11 צרור החיים פיסקה קפ.

12 ילקוט יוסף סימן מב, כב. וטעם לכך הביא ביביע אומר חלק א, יורה דעה סימן כה.

יג. אבל על אביו ואמו ששלמו שלושים יום לאבלותו בחול המועד וגערו בו חבריו, מותר לו להסתפר ולהתגלח בחול המועד[13].

13 ילקוט יוסף סימן מב, כג.

לח. דיני האבל במועדי השנה

ראש השנה ויום הכיפורים

א. אבל בתוך שבעה לא יוצא מביתו לאמירת סליחות ויאמר ביחידות או יאסוף מניין בביתו. חוץ מאשר בערב ראש השנה שמרבים בסליחות שאז מותר לצאת מביתו לבית הכנסת[1].

ב. אבל תוך שלושים או תוך שנים עשר חודש, לכתחילה אין ממנים אותו לבעל תוקע או לשליח ציבור בימים נוראים, אלא אם כן הוחזק לכך או שאין הגון כמותו לכך[2]. ומנהג בני תימן שהאבל יכול להתמנות לבעל תוקע או לשליח ציבור בשבתות ובימים טובים בזמן אבלות שנים עשר חודש[3].

סוכות ושמיני עצרת

ג. האבל חייב בסוכה[4].

ד. לפי האשכנזים אבל על אב ואם תוך שנים עשר חודש (או תוך שלושים על שאר קרובים) לא מקיף בלולבו את הבימה בחול המועד[5], והטעם כיון שכתוב "וּשְׂמַחְתֶּם לִפְנֵי ה' אֱלֹהֵיכֶם שִׁבְעַת יָמִים" והוא בשעת ההקפה[6]. אבל יכול להקיף ביום טוב ובהושענא רבא. ומי שיקיף בכל יום יש לו על מה שיסמוך[7]. ויש מי שכתב שהאבל חייב להקיף עם הלולב כדרכו, ושאין לחלק בזה בין אשכנזים למנהג עדות המזרח[8].

ה. בשמחת בית השואבה יכול להשתתף באמירת שיר המעלות ולא בריקודים.

ו. האבל יכול להשתתף בלימוד ליל הושענא רבה כדרכו, אפילו אם נפטר קרובו בחג הסוכות[9].

ז. בשמחת תורה לפי עדות המזרח מותר לאבל לאחר שבעה ימים מהפטירה, להשתתף כרגיל בריקודים. לפי מנהג האשכנזים רשאי האבל להקיף עם ספר התורה, אבל אינו משתתף בריקודים[10].

ח. מותר לכבד את האבל בתוך שנים עשר חודש להיות חתן תורה או חתן בראשית, וכן מותר לו להיות חתן תורה או חתן בראשית, אם כבר הזמינוהו לכך ונפטר לו קרוב ברגל

---

1 שלחן ערוך אורח חיים סימן תקפא, א. ובצרור החיים (פיסקה קא) כתב שהאבל צריך לצאת מביתו לסליחות, ולא חילק.

2 גשר החיים פרק כג, ד, א – ב. ובילקוט יוסף (סימן מג, פורים, ג) כתב שמנהג עדות המזרח להקל בזה. ואסור שהאבל יתקע בשופר ואחר יברך שהחיינו, כיון שנראה כאבלות בפרהסיה.

3 שלחן ערוך המקוצר עיני יצחק, יורה דעה סימן שצ, ו.

4 שלחן ערוך אורח חיים סימן תרמ, ה.

5 הגהות הרמ"א על שלחן ערוך אורח חיים תרס, ב.

6 משנה ברורה שם, סעיף קטן ט.

7 גשר החיים פרק כג, ג, ז.

8 צרור החיים פיסקה רלד, שלא כרמ"א.

9 ילקוט יוסף סימן כב, כד, בשם רבני ירושלים.

10 גשר החיים פרק כג, ג, ז. צרור החיים פיסקה רלה.

כדי שלא ייראה כאבלות בפרהסיה ברגל[11]. ויש דעות שאם אירע לו אבל בחג, עדיף שילך לבית כנסת אחר וימנו חתן אחר תחתיו[12].

חנוכה ופורים

ט. חנוכה ופורים לא מפסיקים את האבלות. ימי החנוכה והפורים נמנים למניין אבלות השבעה. אך יש הבדל בין חנוכה ופורים כפי שיפורט לפנינו.

חנוכה – ההלכות דלהלן מתייחסות לאבלות שבעה

י. בחנוכה נוהגים כל דיני אבלות. האבל מברך "שהחיינו" בלילה הראשון בביתו, אבל לא בבית הכנסת כיון שברכה זו היא לצורך הציבור בלבד שהרי בביתו צריך לברך שוב.

יא. האבל יכול לשמש כשליח ציבור בחנוכה, אך לא ישמש כחזן באמירת הלל. אין אומרים הלל בבית האבל בחנוכה אך הציבור צריכים לאומרו אחר כך בביתם[13]. ויש אומרים שהציבור יאמרו בבית האבל חוץ מאשר האבל שאינו אומר[14].

פורים- ההלכות דלהלן מתייחסות לאבלות שבעה

יב. בשני ימי הפורים לא נוהגים אבלות בפרהסיה, אלא רק דברים שבצנעה – בין איש לאשתו ורחיצה[15]. ומנהג בני תימן שכל מנהגי אבלות נוהגים בפורים[16].

יג. האבלים חייבים לקיים את כל מצוות היום: קריאת המגילה, משלוח מנות, מתנות לאביונים וסעודת פורים.

יד. כל הקרובים קורעים בפורים, ואחר הלוויה מחליפים בגדים לבגדי חג כדי שלא להראות אבלות בפרהסיה.

טו. אוכלים סעודת הבראה, אבל לא ביצים קשות כנהוג, אלא מיני מזונות וכדומה[17].

טז. מותר להחליף בגדים לבגדי חג, ומותר לנעול נעלי עור, אבל צריך למעט במיני שמחה שעושים.

יז. האבל חייב במשלוח מנות, ונהגו ששולח רק משלוח פשוט אחד לקיום המצוה.

---

11 ילקוט יוסף סימן כב, כג. שם לח, כז.

12 ראה בפני ברוך סימן כט, יא.

13 מגן אברהם על שלחן ערוך אורח חיים קלא, סעיף קטן י.

14 משנה ברורה סימן תרפג ושערי תשובה שם. ובגשר החיים (פרק כ, ג, ז) הביא דעות שגם האבל יאמר לבדו את ההלל.

15 אמנם בשלחן ערוך (אורח חיים תרצו, ד) כתב שכל דברי אבלות נוהגים בפורים. אבל בחלק יורה דעה (סימן תא, ז) פסק שבפורים נוהגים רק דברים שבצנעה. כך פסק גם הרמ"א בהגהותיו בחלק אורח חיים וכן פסק במשנה ברורה שם. כך גם פסק בגשר החיים פרק כג, ג, ט; ובצרור החיים סימן רלו.

16 כשיטת הרמב"ם (הלכות אבל פרק יא, ג), באר לחי רואי סימן קנז ממהרי"ץ ובית מועד ושם טוב.

17 בילקוט יוסף (סימן מג, פורים, א) כתב שמנהג ירושלים להברות בפורים רק על אב ואם, כמו בחול המועד. ועיין לעיל עמוד 108 הערה 10 שבספר גשר החיים (פרק כ, ב, י) כתב שאין מקור למנהג זה.

יח. על פי מנהגי האשכנזים אין שולחים לאבל משלוח מנות, אבל מותר לשלוח לאשתו של האבל ולילדיו. אם שלחו לו, יכול לשלוח חזרה[18]. יש שנהגו לשלוח לאבל לאחר שלושים, אפילו בתוך שנים עשר חודש על אביו ואמו[19]. עדות המזרח נהגו לשלוח מנות לאבל כרגיל[20].

יט. אם האבל הוא עני, ברור שמותר ואף מצוה לשלוח לו מתנות לאביונים בפורים.

כ. בליל פורים אם יכול האבל לסדר מניין בביתו לתפילה ולקריאת המגילה, יתפלל ויקרא המגילה בביתו, ואם אי אפשר מותר לו ללכת לבית הכנסת. ביום מותר ללכת לבית הכנסת לקריאת מגילה אף אם הוא יכול לסדר מניין בביתו. אבל ביום י"ד בירושלים וביום ט"ו בפרזים, אינו יוצא מביתו כדי להתפלל בבית הכנסת.

כא. מעיקר הדין האבל יכול לקרוא את המגילה בציבור כדי להוציאם ידי חובה, ובודאי שיש להתיר אם יש צורך בכך לציבור[21], ואדם אחר יברך הברכות משום ברכת שהחיינו; ויש מתירים לאבל לברך שהחיינו שהרי ברכה זו היא גם בשבילו, כי גם אם היה קורא לעצמו היה מברך שהחיינו[22].

כב. אף על פי שאין אבלות בפרסיה נוהגת בפורים, אפשר לבוא ולנחם את האבלים[23].

כג. דיני פורים המשולש בירושלים, מובאים כאן במקורות[24].

כד. אם חל פורים ביום השביעי לאבלות, עולים לקבר האבלים לבדם ולא מוסיפים אנשים למניין[25].

כה. נגן שהוא אבל בתוך שנים עשר חודש, מותר לנגן לכבוד פורים או בסעודת מצוה[26].

פסח

כו. אין מברים את האבל בערב פסח מזמן איסור חמץ ואילך.

כז. אבל חייב בהסיבה, ומכל מקום יסב בשינוי קצת.

כח. בליל פסח אומר הלל כדרכו.

18 צרור החיים פיסקה רלז.

19 גשר החיים פרק כא, ז, י. על פי הרמ"א ביורה דעה סוף סימן שפה, שבמקום שנהגו לשאול בשלום אבל בשבת שולחים מנות לאחר שלושים. **הערת הרב נבנצל שליט"א** – ויש שלא נהגו כן.

20 ילקוט יוסף סימן כג, טז.

21 משנה ברורה תרצו, סעיף קטן יב.

22 משנה ברורה תרצב, סעיף קטן ב. פני ברוך סימן כט, כא ובהערה שם.

23 שהרי אפילו במועד התירו לנחמם, שלחן ערוך יורה דעה שצט, א.

24 ביום שישי, לדעת הסוברים שבכל שנה אין דיני אבלות נוהגים בפורים, כך הדין גם בשנה זו. ולגבי יום ראשון בירושלים, יש אומרים שדינו כפורים ממש ואין בו אבלות בפרהסיה (הגרש"ז אויערבך). ויש אומרים שכל דיני אבלות נוהגים בו (הגרי"ש אלישיב והגרב"צ אבא שאול). ויש אומרים שנוהג דיני אבלות מלבד ישיבה על הקרקע (הגרח"ז גרוסברג). ויש מי שכתב שנוהג אבלות במשך היום מלבד זמן הסעודה (הגר"מ שטרנבוך). וראה בפירוט בספר מקראי קודש (הרב הררי) פרק טו, י, כו.

25 גשר החיים פרק כג, ג, ט.

26 ילקוט יוסף סימן מג, פורים, ח.

יום העצמאות

כט. ביום העצמאות נוהגים כל דיני האבלות[27].

שבועות

ל. בליל שבועות יכול לומר תיקון ליל שבועות אם רגיל לקרותו כל שנה.

תשעה באב

לא. בתשעה באב התירו לאבל לצאת לבית הכנסת ביום, ולאחר שלושה ימים גם בלילה. ולא צריך לשנות מקומו כיון שאז כולם אבלים[28].

לב. מעיקר הדין מותר לאבל לעלות למפטיר בתשעה באב בשחרית כיון שההפטרה בשחרית היא מדברים הרעים שבירמיהו, אך לא במנחה. אך למעשה עדיף שלא יעלה[29].

27 הרב משה מימון, מתוך "הלכות יום העצמאות ויום ירושלים" עמוד שמא.

28 שלחן ערוך אורח חיים תקנט, ו; ומשנה ברורה שם. **הערת הרב נבנצל שליט"א** – הישיבה על הארץ היא עצמה שינוי מקום. אבל במנחה, כשכבר אין יושבים על הארץ, נראה שהאבל צריך לשנות מקומו.

29 ילקוט יוסף סימן כב, כ – כב.

לט. האבל כשליח ציבור במועדים

א. המנהג הוא שאין האבל נעשה שליח ציבור בשבת ויום טוב[1], גם לא בראש השנה ויום כיפור, אפילו במנחה ומעריב, אפילו בפסוקי דזמרה[2]. הטעם, כיון שמידת הדין מתוחה על האבל. ואם אין אחר כמותו, מותר[3]. ומנהג עדות המזרח שהאבל עולה כשליח ציבור גם בראש השנה וביום הכיפורים[4].

ב. אם האבל הוא שליח הציבור הקבוע, התירו לו לעבור לפני התיבה בשבת ויום טוב ובימים נוראים. אם אין אחר מוכשר כמוהו גם כן יכול לשמש כשליח ציבור. במקרים אלו התירו לו אפילו אם מת לו קרוב בתוך החג והאבלות נדחתה לאחר החג. אמנם יש שהקפידו לאפשר לאבל לשמש כחזן רק אם כבר פגע בו החג אחר השבעה וביטל את השלושים[5].

ג. דין חול המועד לעניין זה כדין יום טוב.

ד. בראש חודש, בחנוכה ובפורים[6], נהגו האשכנזים שהאבל שליח ציבור במנחה ובמעריב במשך כל התפילה, ואילו בשחרית האבל שליח ציבור עד הלל, והלל ומוסף מתפלל אחר; ולפי מנהג עדות המזרח יכול להיות שליח ציבור גם בהלל[7]. יש שנמנעו בראש חודש גם בשחרית[8]; ויש שנמנעו לגמרי בימים אלו[9].

ה. לפי מנהג האשכנזים מותר לאבל לשמש כשליח ציבור בסליחות, אפילו בתוך השבעה. לפי מנהג עדות המזרח, בתוך השבעה לא ישמש כשליח ציבור בסליחות וגם לא בתפילה, אלא אם כן אין אחר הראוי כמותו[10]. ויש מי שכתב שבתוך השבעה גם לפי האשכנזים אין לאבל להיות שליח ציבור בסליחות, וכל שכן בערב ראש השנה, כיון שמידת הדין מתוחה עליו, ואין מתאים שהוא יהיה שליח הציבור[11].

ו. אבל לאחר השבעה יכול להיות שליח ציבור בסליחות[12].

ז. המנהג שהאבל עובר לפני התיבה בימים שאין אומרים תחנון[13].

---

1 הגהות הרמ"א על שלחן ערוך יורה דעה סימן שעו, ד. שמירת שבת כהלכתה חלק ב, פרק סה, כז.

2 גשר החיים פרק כג, ד, א.

3 מגן אברהם על שלחן ערוך אורח חיים סימן תקפא, סעיף קטן ד. משנה ברורה שם סעיף קטן ז. שפתי כהן יורה דעה סימן שעו סעיף קטן יד.

4 ילקוט יוסף סימן כט, ה.

5 גשר החיים שם הלכה ג.

6 **הערת הרב נבנצל שליט"א** – אדמו"ר זללה"ה (הגרש"ז אויערבך זצ"ל) נקט שאין האבל עובר לפני התיבה ביום הפורים של אותו מקום כלל.

7 צרור החיים פיסקה ריז.

8 משנה ברורה סימן תקפא סעיף קטן ז.

9 קונטרס מאמר קדישין מובא בביאור הלכה אורח חיים סימן קלב.

10 צרור החיים פיסקה קנז.

11 פני ברוך סימן כט, ב, בשם מטה אפרים. אמנם בהערה שם הביא את דעת הנודע ביהודה, שאין שום סמך למחות ביד האבל מלהיות שליח ציבור בעשרת ימי תשובה גם בתוך השבעה.

12 משנה ברורה סימן תקפא, סעיף קטן ז.

13 קונטרס מאמר קדישין הנ"ל.

ח. אבל שדרכו להיות שליח ציבור ביום השנה על אחד מקרוביו, והוא אחר השבעה לאבלות על קרוב אחר, ויום השנה חל בשבת יכול להיות שליח ציבור בשבת כיון שאין אבלות בפרהסיה בשבת אפילו חל היום השביעי בשבת[14].

14 גשר החיים פרק כג, ד, ח.

עלייה לקבר ואזכרה

מ. יום השנה – "יארצייט"

"טוֹב שֵׁם מִשֶּׁמֶן טוֹב וְיוֹם הַמָּוֶת מִיּוֹם הִוָּלְדוֹ".
נולד אדם מונים לו למיתה.
מת – מונים לו לחיים.

קהלת רבה פרשה ז, ד

זמנו

א. יום הזיכרון הוא ביום המיתה ולא ביום הקבורה גם בשנה הראשונה[1]. אמנם מנהגי האבלות נמנים מיום הקבורה שאז החלה האבלות, אבל מנהגי יום השנה (כגון אזכרה, תענית ועלייה לקבר) נוהגים ביום המיתה.

ב. גם בשנה מעוברת יום השנה הוא יום המיתה, למרות שהאבלות הפסיקה אחרי שנים עשר חודש.

ג. אם נפטר באדר בשנה פשוטה, לפי מנהג עדות המזרח ובני תימן יום הזיכרון בשנה מעוברת הוא באדר שני. ולפי מנהג האשכנזים באדר ראשון, ויש אשכנזים המחמירים לקבוע בשניהם[2]. יסוד המחלוקת הוא מה נקרא סתם אדר בפי בני אדם, ולפי מנהג האשכנזים נוסף גם הטעם שאין מעבירים על המצוות[3].

ד. החודשים חשון וכסלו לעתים מלאים (שלושים יום) ולעתים חסרים (עשרים ותשעה יום). לכן אם נפטר בל' בחשון או בל' בכסלו, הולכים אחר יום השנה הראשון – אם היה החודש מלא, יקבע תמיד בראש חודש; ואם היה החודש חסר, יקבע לעולם בכ"ט בחודש[4]. ויש אומרים שיקבע בא' שלאחריו[5].

ה. אם נפטר בל' באדר ראשון שהוא ראש חודש אדר שני, יקבע את יום השנה בשנה רגילה בל' בשבט שהוא ראש חודש אדר, כיון שאדר הרגיל הוא אדר השני. ויש אומרים שיקבע בא' בניסן[6] (בחודש אדר רגיל יש רק 29 יום).

1 ואם נתאחרה קבורתו אחר שלושה ימים או יותר, יש מהאשכנזים הנוהגים בשנה הראשונה לקבוע את יום הזיכרון הראשון ביום הקבורה, ובשנים שלאחריו ביום המיתה (משנה ברורה תקסח, סעיף קטן מד. שפתי כהן יורה דעה תב, סעיף קטן י . צרור החיים פיסקה רמא).

2 שלחן ערוך ורמ"א, אורח חיים סימן תקסח, ז. רמ"א יורה דעה סימן תב, יב. גשר החיים פרק לב, י.

3 משנה ברורה שם סעיף קטן מא.

4 גשר החיים פרק לב, יא; כמגן אברהם וכמשנה ברורה שם סעיף קטן מב.

5 אגרות משה יורה דעה חלק ג סימן קנט. וטעמו שבכ"ט היה עדיין חי ואי אפשר לקבוע אז, אבל בא' כבר נפטר.

6 אגרות משה הנ"ל.

ו. אם יש לו ספק לגבי יום השנה כגון שנפטר בין השמשות, יאמר קדיש בשניהם וגם ישתדל לעבור לפני התיבה בשני הימים, ואת העלייה לקבר והאזכרה יעשו ביום הראשון[7].

ז. קובעים את יום השנה לפי מקום הנפטר ולא לפי מקום הקרובים. למשל אם נפטר בחוץ לארץ בזמן שבארץ ישנו כבר תאריך שונה[8].

ח. אם יודע באיזה חודש נפטר אבל לא יודע באיזה יום בחודש, יקבע את יום השנה ביום האחרון של החודש, כיון שמעמידים אותו בחזקת חי כל זמן שלא ידוע שנפטר. ויש אומרים שיקבע ביום הראשון של החודש כדי להקדים את הקדיש והלימוד לעילוי נשמה, לפני יום הפטירה[9].

ט. אם אי אפשר לדעת את יום הפטירה, יש לבחור יום ולקבעו כיום השנה[10]. כמו שקבעו את יום עשרה בטבת למי שנרצחו בשואה ולא ידוע תאריך פטירתם.

י. יש אומרים שאדם צריך לשמור את מנהגי יום השנה לפטירת קרוביו, עד חמישים שנה מהפטירה. ויש אומרים שלעולם צריך לשמור[11].

יא. יש מעלה גדולה לקיים את יום השנה דווקא בזמנו, לכן אין לדחותו. עיקר העניין הוא לעבור לפני התיבה ולומר את הקדישים. גם את העלייה לקבר עדיף לקיים באותו היום, אך ניתן להקדימה אם יש צורך בכך[12].

שבת שלפניו

כתוב בשם האר"י, היות שביום השבת עולות כל הנשמות לגן עדן, והיות וביום השנה יש עילוי לנשמה, אם כן בשבת שלפני כלות שנים עשר חודש עולה ואינה יורדת. זמן זה מסוגל יותר לעלייה אם הבן מתפלל.

יב. בשבת שלפני יום השנה עולה לתורה. לפי מנהג עדות המזרח עולה לעליית משלים (שביעי שאומר קדיש) ולפי האשכנזים לעליית "מפטיר".

יג. יש נוהגים לומר קדיש אחר "מזמור שיר ליום השבת" בליל שבת שלפני יום השנה. לפי מנהג עדות המזרח מתחילים לומר קדיש מליל שבת קודם יום השנה אחרי "במה מדליקין", בכל התפילות, עד יום השנה ועד בכלל. ואם חל יום השנה בשבת, מתחילים לומר קדיש מליל שבת שלפניו[13].

7 גשר החיים פרק לב, יב. ילקוט יוסף סימן ל, לג. ובסימן מ, ה, כתב שיש לקבוע את היום הראשון כדי לעורר זכויות על נפש הנפטר קודם יום הפטירה. גם בצרור החיים (פיסקה רמב) כתב שיום השנה ביום הראשון.

8 גשר החיים שם, סעיף יד.

9 כף החיים סימן תקסח סעיף קטן עח, מביא את הדעה הראשונה בשם חכמת אדם וסובר כדעה השניה. גם בילקוט יוסף (סימן ל, לד) הביא את שתי הדעות, ולמסקנתו יקבע ביום הראשון של החודש.

10 משנה ברורה שם סעיף קטן מב.

11 בילקוט יוסף (סימן מ, לא) הביא בשם האדמו"ר מצאנז ובעל הקהילות יעקב, שלאחר יובל שנים הגיעה הנשמה למקומה ואין יותר תועלת בעלייה לקבר. אך על פי האריז"ל יש עלייה לנשמה בכל שנה ושנה, ויש להמשיך את כל מנהגי יום השנה אפילו מאה שנה.

12 צרור החיים פיסקה רנא.

13 ילקוט יוסף סימן ל, ט. צרור החיים עמ' 105 סעיף 5.

יד. יש נוהגים לעבור לפני התיבה בשבת בכל התפילות, ויש הנוהגים להתפלל כשליח ציבור בתפילת מוסף ואומרים קדיש דרבנן קודם עלינו.

טו. האבל מתפלל כשליח ציבור במעריב במוצאי שבת שאז הוא זמן שחוזרות הנשמות לגיהנום לאחר ששבתו בשבת, לכן צריך אז יותר זכויות לנפטרים[14]. לפי עדות המזרח יש הנוהגים להמשיך כשליחי ציבור ממוצאי שבת שלפני יום השנה עד יום השנה[15].

ממנהגי יום השנה

טז. ביום הזיכרון של המנוח מתפללים לעילוי נשמתו. והוא יום דין לנפטר. על פי קבלת האר"י, הקדיש שאומרים הבנים כל שנים עשר חודש הוא כדי להעלות אביהם מגיהנום לגן עדן, וביום השנה הוא להעלותו בגן עדן למדרגה יותר מעולה.

יז. נוהגים שהבן מתפלל כשליח ציבור ביום הזיכרון להורים בכל התפילות ואומר כל הקדישים. אם שכח ולא אמר קדיש ביום הזיכרון, יאמר מיד ביום שייזכר, כי קדיש ולימוד ומצוה שיעשה הבן בכל זמן, עושה בכך נחת רוח לאביו ולאמו[16].

יח. לכתחילה לא יצא הבן לדרך סמוך ליום השנה אם יודע שבאופן זה לא יוכל להשתתף במניין לאמירת הקדיש, אלא בשעת דחק והפסד[17]. אם נמצא הבן במקום שלא יכול להשיג מניין בשום אופן, יבקש מקרוב משפחה או ישכור מי שיאמר במקומו.

יט. נוהגים לעלות לתורה, ואם חל יום הזיכרון ביום שאין קוראים בהם בתורה, יש נוהגים לעלות לתורה בימים שלפניו, ואומרים אל מלא רחמים[18].

כ. נוהגים לעלות לקבר ומתפללים שם לעילוי נשמת הנפטר. יש מי שכתב שאם לא יכול לעלות לקבר קרוביו, ילך לבית קברות סמוך ויתפלל שם. הלכות העלייה לקבר מפורטות מעמוד 214 ואילך.

כא. יש הנוהגים להתענות ביום השנה לפטירת ההורים, ויפורט לקמן.

כב. נוהגים לקיים אזכרה ביום השנה כמפורט לקמן עמוד 220.

כג. יש נוהגים לערוך סעודה לכבוד הנפטר ביום השנה, ולומר בה דברי תורה ולברך לעילוי נשמתו. ואם הבן הוא בן תורה, נכון שיסיים מסכת או סדר משניות ביום השנה לעילוי נשמת הנפטר. ומלבד עילוי נשמה לנפטר, גם הסעודה היא סעודת מצוה, גם הברכות שמברכים בה הן לעילוי נשמה לנפטר, וגם אומר קדיש הגדול בסיום המסכת[19].

14 **הערת הרב נבנצל שליט"א** – ויש נמנעים, כדי שלא להניח שנשמות ההורים בגיהנום ח"ו.

15 ילקוט יוסף סימן ל, ט.

16 שם סימן מ, לו.

17 פני ברוך סימן לט, ד; בשם מטה אפרים ומשמרת שלום.

18 גשר החיים פרק לב, א, ב.

19 ילקוט יוסף סימן ל, מג.

כד. בעדות המזרח נוהגים לערוך סעודה ואזכרה בלילה אור ליום השנה, ולומר השכבה. בשנה הראשונה נהגו גם לאחר אחד עשר חודש וגם ביום השנה. בשנה מעוברת יש הנוהגים לערוך פעם נוספת לאחר שנים עשר חודש, כך שיש שלוש אזכרות[20].

כה. כל הסעודות שעורכים הן מצד מנהג ואינן חיוב. לכן אם יש קושי לקיימן, אין להקפיד על כך, כיון שהעיקר הוא לומר קדיש. לכן גם אין להפריז בהוצאות כספיות לסעודות גדולות[21].

כו. מותר לקיים את הלימוד והאזכרה והסעודה בבית הכנסת, בתנאי שינהגו בכובד ראש ובצניעות.

הדלקת הנר

כז. מנהג קדמונים להדליק נר "יארצייט" שיהיה דלוק בכל היממה של יום הזיכרון. אין מכבים אותו גם אם כבר עבר היום.

כח. עדיף להדליק בשמן זית, פחות ממנו נר שעוה, ופחות ממנו נר חשמל[22].

כט. יש מדליקים את הנר בבית, ויש מדליקים בבית הכנסת.

ל. יש להדליק נר נשמה לפני כניסת יום טוב, ואם שכחו אפשר להדליקו במקום שאוכלים כדי שיהיה אפשר גם ליהנות מאורו, ויותר טוב להדליקו בבית הכנסת אם ניתן[23].

לא. אפשר להדליק נר נשמה אחד עבור שני נפטרים[24].

לב. אשה שיש לה יארצייט על בעלה הראשון לא תדליק נר זיכרון עבורו ובפרט לא בפני בעלה השני, וכן הבעל לא ידליק נר זיכרון עבור אשתו הראשונה בפני אשתו השנייה[25].

תענית

לג. מצוה להתענות ביום השנה של פטירת אביו או אמו[26]. והטעם כיון שביום ההוא איתרע מזלו של הבן וכמו שאמרו חז"ל שמגלגלים חובה ליום חייב. גם כיון שההורים נידונים שוב בכל יום שנה. מעבר לכך, הבנים יכולים לתת ליום זה משמעות של זיכרון וגעגועים, התבוננות ומחשבה.

---

20 צרור החיים פיסקה רמג על פי בן איש חי. ובילקוט יוסף (סימן ל, ז) כתב שאין צורך לערוך אזכרה שלישית ביום הפטירה, כיון שבשנה הראשונה המשמעות היא לחודשים ולא ליום השנה. וגם לשיטתו, המחמיר לערוך אזכרה נוספת גם ביום הפטירה, תבוא עליו ברכה. והוסיף שהאזכרה העיקרית היא בסיום שנים עשר חודש (סימן מ, ג).

21 ילקוט יוסף במבוא, עמוד ז. ובסימן מ, ג.

22 גשר החיים פרק כ, א, א.

23 ביאור הלכה לשלחן ערוך אורח חיים תקיד, ה. ילקוט יוסף סימן מ, מה. ובגשר החיים (פרק לב, א, ד) כתב בלילה להדליק בבית וביום להדליק רק בבית הכנסת. הטעם נתבאר לעיל בעמוד 198 ומובא גם באוצר המושגים.

24 ואין בזה משום "אין עושין מצוות חבילות חבילות", ילקוט יוסף סימן מ, לד. צרור החיים פיסקה רסב.

25 כל בו על אבלות עמוד 404.

26 רמ"א יורה דעה סימן שעו, ד. תב, יב.

צום עשוי לטהר ולזכך את האדם, לפנותו מעט מענייני החומר אל עבר הממדים הרוחניים והמחשבתיים.

לד. אף על פי שיש עניין גדול ומצוה לצום ביום השנה של ההורים, אם הצום פוגע מאוד בתפקוד היומיומי – אין צורך לצום. שכיר או עובד ציבור יכול להקל ולא להתענות אם הצום יפגע בתפקידו המקצועי או בשירות לציבור[27]. מלמד תינוקות לא יתענה כדי שלא ימעט בלימוד תורה ובמלאכת שמים[28].

לה. תלמיד חכם שהצום עלול לפגוע בלימודו לא יתענה, אלא ירבה בלימוד תורה ביום זה. ואם אפשר ילמד ביום זה תוך כדי תענית דיבור[29].

לו. בתענית יחיד צריך לקבל את התענית במנחה של היום שלפניו[30]. אבל מי שרגיל להתענות ביום השנה, אין קבלת התענית מעכבת.

לז. אם חל יום השנה בשבת או בראש חודש, ואפילו ביום שאין אומרים בו תחנון, נהגו לא להתענות כלל[31], וירבו בתורה ובתפילה ובצדקה ביום זה. אם חל בשבת יש המחמירים להתענות למחרת, ואין מקדימים[32], ויש שכתבו שעדיף להקדים ליום חמישי[33].

לח. אם חלה תענית ציבור בתוך שבוע מיום השנה, אין מתענים ביום השנה וירבו בתורה בתפילה ובצדקה ביום זה[34].

לט. חתן בתוך שבעת ימי המשתה או חתן בר מצוה ביום שנעשה בר מצוה, פטורים מהתענית. אם הוא בעל ברית – אבי הבן או מוהל או סנדק, אינו מתענה. וכן בפדיון הבן, אבי הבן והכהן הפודה לא מתענים.

מ. רבים מקילים שאם מסיים מסכת לא מתענה[35]. כבר הוזכר לעיל שמנהג יפה הוא לסיים מסכת או סדר משניות לעילוי נשמת הנפטר. הסעודה שבסיום מסכת היא סעודת מצוה וגם הברכות שמברכים בה הן לעילוי נשמה. סעודת המצוה פוטרת מהתענית.

מא. אם התענה ביום השנה הראשון ולא אמר "בלי נדר", נחשב שקיבל עליו מעתה ואילך להתענות ביום השנה, וצריך התרת נדרים אם ירצה להפסיק[36]. לכן טוב שהמתענה יתנה מראש שתעניתו בלי נדר ובלי קבלה, ויועיל לו להקל אם תקשה עליו התענית או

---

27 צרור החיים פיסקה רמה.

28 בן איש חי שנה שניה, פרשת כי תצא, כג.

29 ילקוט יוסף סימן מ, טו.

30 שלחן ערוך אורח חיים תקסב, ה.

31 רמ"א יורה דעה סימן תב, יב.

32 שלחן ערוך אורח חיים תקסח, ט.

33 ילקוט יוסף סימן מ, כד, על פי דברי האריז"ל. והטעם כתב שם בהערה כדי להרבות זכות לנפטר עוד לפני הבאתו לדין ביום השנה לפטירתו, כדי להעלותו ממדרגה למדרגה בגן עדן, ואם ידחה ליום ראשון – מה שהיה כבר היה.

34 צרור החיים פיסקה רמז.

35 גשר החיים פרק לב, ז.

36 רמ"א יורה דעה סוף סימן תב. ועיין עוד פתחי תשובה שם בסעיף קטן ח. ובילקוט יוסף (סימן מ, יז) כתב שאם נהג שלוש פעמים ורוצה לבטל מנהגו לגמרי צריך התרת נדרים. אך אם רוצה לבטל מנהגו באופן חד פעמי

אם ירצה לא להשלים תעניתו כשתחול ביום שישי, או כשירצה להקל בסעודת סיום מסכת.

מב. יש פוסקים המקילים בתענית ביום השנה בפרט בזמננו שהדור חלוש ואין בכוחו להתענות. על כן תיקנו להוסיף בלימוד תורה, בצדקה ומעשים טובים. ונהגו לאחר התפילה לתת משקה ומזונות בבית הכנסת לברך לעילוי נשמה[37].

מנהגי אבלות

מג. יש מחמירים לא לשמוע מוסיקה ביום השנה[38].

מד. האשכנזים נוהגים לא להשתתף בשמחת נישואין ביום השנה או בלילו[39], ויש אומרים שהמנהג להחמיר הוא רק בשנה הראשונה[40]. עדות המזרח נוהגים להחמיר גם בשאר שמחות, ואם תיגרם אי נעימות כתוצאה מכך, אפשר ללכת לחתונה כדי לאחל מזל טוב ולתת מתנה, ולאחר מכן לצאת[41]. ויש אומרים שעדות המזרח מעיקר הדין מותרים להשתתף בשמחות, אך טוב שיחמירו בזה במקום שאפשר. ואם יש צער לחתן ולכלה מהיעדרותו, מותר להשתתף[42].

יום השנה שחל בשבת

מה. עלייה לקבר – עדות המזרח מקדימים והאשכנזים מאחרים.

מו. תענית – פורט לעיל הלכה לז.

מז. עלייה לתורה – נהגו לעלות לתורה בשבת שלפני כן[43] ויש שנהגו גם באותה שבת. לפי מנהג עדות המזרח העלייה המובחרת היא משלים (שביעי שאומר קדיש). האשכנזים נהגו לעלות למפטיר, ויש גם מעדות המזרח שהעדיפו עליית מפטיר מאשר משלים; וברור שיש להתרחק ממחלוקת, אף אם יצטרך בשל כך להימנע מלעלות לתורה[44].

מח. קדיש – אומר באותה שבת. עדות המזרח מתחילים לומר כבר מהשבת הקודמת ליום השנה[45].

מט. אם חל יום השנה בחג או בחול המועד, ראה עמוד 214 הלכה ד.

מסיבת חולי, אין צריך התרה.

37 פני ברוך סימן לט, לד.

38 צרור החיים פיסקה רנז. ילקוט יוסף סימן מ, ב.

39 רמ"א יורה דעה סוף סימן שצא, ופתחי תשובה שם אות ח.

40 ערוך השלחן יורה דעה סימן שצא, יד. וכתב שם דברי בעל הלבוש שלא ראה מנהג זה כלל, וזהו סניף נוסף להקל במקום הצורך.

41 צרור החיים פיסקה רנז.

42 ילקוט יוסף סימן מ, ב.

43 פני ברוך סימן לט, א. והטעם כדי לזכות את נשמת הנפטר קודם שתגיע לדין ביום השנה.

44 ילקוט יוסף סימן מ, לז – לח.

45 ילקוט יוסף סימן ל, ט. וגם בצרור החיים (פיסקה

מא. עלייה לקבר

"יָבוֹא שָׁלוֹם יָנוּחוּ עַל מִשְׁכְּבוֹתָם הֹלֵךְ נְכֹחוֹ" (ישעיהו נז, א). על גופן של צדיקים אומר: "יָבוֹא שָׁלוֹם יָנוּחוּ עַל מִשְׁכְּבוֹתָם", ועל נשמתן הוא אומר: "וְהָיְתָה נֶפֶשׁ אֲדֹנִי צְרוּרָה בִּצְרוֹר הַחַיִּים אֵת ה' אֱלֹהֶיךָ" (שמואל א' כה, כט).

שבת קנב, ב

המקור

המקור הראשון להשתטחות על קברים מצאנו במדרש אצל יוסף כשהורד מצרימה, שהשתטח על קבר רחל אמו ובכה, ואמו ענתה לו שה' יציל אותו מכל צרה.

גם את הפסוק "וָאֶקְבְּרֶהָ שָּׁם בְּדֶרֶךְ אֶפְרָת הִוא בֵּית לָחֶם" (בראשית מח, ז) מפרש רש"י שקברה שם על פי הדיבור, שתהא לעזרה לבניה כשיַגלה אותם נבוזראדן ויהיו עוברים דרך שם, יוצאת רחל על קברה ובוכה ומבקשת עליהם רחמים, שנאמר "קוֹל בְּרָמָה נִשְׁמָע נְהִי בְּכִי תַמְרוּרִים רָחֵל מְבַכָּה עַל בָּנֶיהָ" (ירמיהו לא, יד). והקדוש ברוך הוא משיבה: "כִּי יֵשׁ שָׂכָר לִפְעֻלָּתֵךְ נְאֻם ה' וְשָׁבוּ מֵאֶרֶץ אוֹיֵב: וְיֵשׁ תִּקְוָה לְאַחֲרִיתֵךְ נְאֻם ה' וְשָׁבוּ בָנִים לִגְבוּלָם" (שם, טו – טז).

גם אצל כלב בן יפנה נאמר "וַיָּבֹא עַד חֶבְרוֹן" (במדבר יג, כב) וחז"ל למדו שפרש מהמרגלים והלך ונשתטח על קברי האבות, אמר להם: בקשו עלי רחמים שאנצל מעצת המרגלים (מסכת סוטה לד, ב).

גם מדברי ברזילי הגלעדי שאמר "וְאָמֻת בְּעִירִי עִם קֶבֶר אָבִי וְאִמִּי" (שמואל ב', יט, לח) למדו שיש הנאה למתים שבניהם ואוהביהם ילכו על קברם לתפילה ולהשכבה, שהנפש מרחפת על הקבר (מעבר יַבֹּק מאמר שפתי רננות פרק כג).

מתי עולים לקבר

א. נוהגים לפקוד קברי אבות וקברי קרובים, במיוחד ביום כלות השבעה או שלושים או שנים עשר חודש, וביום השנה (יארצייט).

ב. אם חל יום השביעי בשבת עולים לקבר ביום א' שלאחריו. אם חל יום השלושים או יום השנה בשבת, עדות המזרח מקדימים ליום חמישי ומהאשכנזים יש המקדימים ויש המאחרים ליום א'[1]. ואם ראש חודש חל בערב שבת או ביום ראשון, מעדיפים לעלות ביום שאינו ראש חודש. ואם הקבורה היתה למחרת יום המיתה, וחל יום השנה בשבת, דוחים את העלייה ליום ראשון[2].

ג. אם חל יום השביעי בתוך החג, הולכים ביום שלאחר החג, אפילו אם עדיין לא עברו שבעה מהפטירה[3].

ד. אם יום השנה חל בחג או בחול המועד, מנהג עדות המזרח להקדים ומנהג האשכנזים לאחר[4].

רנח) כתב שטוב לנהוג כך.

1 צרור החיים פיסקה קפו.

2 גשר החיים פרק לב, ה.

3 גשר החיים פרק כט, ו. וכתב שם שלאחר פסח או

ה. מותר להקדים את העלייה לקבר בכמה ימים לפני יום השנה אם הדבר יותר נוח למשפחה, ולמרות שאינו יום השנה יש לומר קדיש אם ישנם עשרה, וכן יאמרו המזמורים כרגיל. את הקדיש יאמרו כרגיל ביום השנה וכן את התפילות בבית הכנסת מהשבת לפני כן לפי מנהגם[5].

ו. מי שהוא זקן או חולה או חלוש והעלייה לקבר אבותיו קשה לו, או שהוא לומד תורה והעלייה לקבר תגרום לו לביטול תורה, רשאי להימנע מלעלות לקברי אבותיו. ויאמר קדיש וינהג בשאר מנהגי יום השנה – השכבה או "אל מלא רחמים", ולימוד לעילוי נשמה. כיון שהעלייה לקבר היא מנהג ואינה חובה מעיקר הדין[6].

ז. יש שנהגו ללכת גם בערב ראש השנה ובערב יום הכיפורים ובתשעה באב. עדות המזרח נהגו לעלות לקבר בערב ראש חודש ניסן ובערב ראש חודש אלול.

ח. יש נוהגים לבקר קברי אבות וקרובים וקברי צדיקים להתפלל שם על חולים ועל כל צרה שלא תבוא. ראה **קברי אבות וקברי צדיקים** באוצר המושגים.

ט. בימים שהיו גוזרים תענית על הציבור היו יוצאים לבית הקברות. כלומר הרי אנו חשובים לפניך כמתים, או כדי שיבקשו עלינו המתים רחמים (תענית טז). ראה ערך **דורש אל המתים** באוצר המושגים.

זמנים שאין עולים בהם לבית העלמין

י. אין עולים לבית הקברות בחול המועד ובפורים. אם חל יום השנה בחול המועד, עדות המזרח מקדימים לפני החג והאשכנזים מאחרים[7], ויש שדוחים לגמרי את הביקור[8]. הטעם שאין עולים בחול המועד הוא כדי שלא יבואו לידי בכי. לכן אם אחרי כמה שנים רוצים להראות לקרובים או לילדים היכן קבור הסבא וכדומה, מותר לעלות, אם וכאשר אין חשש לצער ובכי[9].

יא. אם חל יום השביעי או השלושים בראש חודש או בחנוכה, יש שדוחים לאחריהם את העלייה לקבר ויש שעולים לקבר ואומרים את המזמורים וקדיש, אבל לא אומרים אל מלא רחמים[10]. ועדות המזרח נהגו לא לעלות בראש חודש ובחנוכה אלא להקדים לעלות לפני כן[11].

סוכות יש הממתינים עד לאחר השלושים.

4 צרור החיים פיסקה רנב. ובגשר החיים (שם, ז) כתב לאחר, אלא אם כן חל ביו"ט ראשון של סוכות או פסח, שאז מקדימים.

5 צרור החיים פיסקה רנא.

6 ילקוט יוסף סימן מ, י. נטעי גבריאל חלק ב, פרק עו, ג בשם החזון איש. ובצרור החיים (פיסקה רמח) כתב שהעניין חשוב מספיק כדי לבטל תורה, אך אם מלמד תורה לרבים ובית הקברות רחוק, ירבה בלימוד תורה לעילוי נשמת הנפטר במקום לנסוע.

7 צרור החיים פיסקה רנב. ילקוט יוסף סימן לו, ה.

8 גשר החיים פרק לב, ה; פרק כט, ז.

9 ילקוט יוסף סימן מ, כה.

10 גשר החיים פרק כט, ה. וראה לקמן הלכה כב.

11 צרור החיים פיסקה רנג. ובילקוט יוסף (סימן לה, י) כתב שאם חל היום השביעי לאבלות בראש חודש, ראוי לדחות את העלייה עד לאחר ראש חודש, כיון שבדרך כלל מתגבר עליהם הבכי. אבל אם האבלים יוכלו לשמור על איפוק ולא לבכות בעלייה לקבר, יכולים לעלות בראש חודש. ואם חל היום השביעי בחנוכה, יש לדחות

יב. אף על פי שביום השנה יש מקום להקל ולעלות לקבר גם בחנוכה ובפורים כיון שגזרה על המת שישתכח מן הלב לאחר שנים עשר חודש, מוטב גם ביום השנה להקדים את העלייה לקבר[12].

יג. בחודש ניסן נהגו לא לילך לבית הקברות. אולם ביום השבעה, ביום השלושים וביום השנה עולים גם בחודש ניסן[13], ואומרים את המזמורים וקדיש, אבל לא אומרים אל מלא רחמים.

יד. על פי הקבלה אין מבקרים את הקבר בשנה הראשונה כדי להתפלל על חולה או שאר דברים, כיון שנשמת המת נידונת אז בבית דין של מעלה, אלא רק מתפללים לעילוי נשמתו. ורבים נוהגים למעט ולבקר את הקבר בשנה הראשונה גם אם הביקור נועד להתפלל לעילוי נשמה. ואם נוסע למקום רחוק ולא יוכל לבוא אחר כך, אפשר לבקר גם בתוך השנה הראשונה. המנהג הפשוט אצל עדות המזרח הוא שמותר לבקר את הקבר גם בשנה הראשונה[14].

טו. אין הולכים פעמיים באותו יום על קבר אחד[15].

טז. יש נמנעים מללכת בכלל לבית הקברות אלא לצורך הלוויה בלבד. בכתבי האר"י מובא שיש להימנע מללכת לבית העלמין למי שהוא בעל קרי ולא טבל, מפני שכוחות הטומאה נידבקים בו[16]. וכן מובא באגרת הגר"א לבני ביתו. וכן נמנעים מללכת לקברי רשעים. גם לפי דעות אלה מותר לילך לקברי צדיקים או לעלות לקבר אביו או אמו לכבודם[17].

יז. על פי הקבלה אין לנשים בזמן נידותן ללכת לבית הקברות[18], אבל לצורך מצווה מותר להן ללכת[19]. לכל הדעות מותר לנשים ללכת לקברי צדיקים (כגון מערת המכפלה, קבר רחל, קבר רבי שמעון בר יוחאי וכדו') אם אינם בתוך בית קברות[20]. פירוט נוסף מובא באוצר המושגים ערך **נשים – הליכתן ללוויה ולבית העלמין**.

סדר האזכרה בבית העלמין – (פרקי התהלים והתפילות מפורטים לקמן עמוד 507).

יח. נהגו לומר שם לעילוי נשמה שבעה מזמורי תהלים אלו: ל"ג, ט"ז, י"ז, ע"ב, צ"א, ק"ד, ק"ל. יש במזמורים אלו התייחסות לחיי האדם ומותו, ולנצחיות נשמתו. כמו למשל "כִּי לֹא תַעֲזֹב נַפְשִׁי לִשְׁאוֹל לֹא תִתֵּן חֲסִידְךָ לִרְאוֹת שָׁחַת", "תֹּסֵף רוּחָם יִגְוָעוּן וְאֶל עֲפָרָם יְשׁוּבוּן: תְּשַׁלַּח רוּחֲךָ יִבָּרֵאוּן

את העלייה לקבר עד לאחר חנוכה.

12 ילקוט יוסף סימן לו, ד.

13 גשר החיים פרק כט, ה. צרור החיים פיסקה רנד.

14 צרור החיים פיסקה ריח.

15 המקור לכך הוא מצוואת רבי יהודה החסיד, סעיף יב. והטעם לכך כתב בדמשק אליעזר שבזה שהולך מגלה שבפעם הראשונה לא התפלל המת בעבורו, ויש ביזיון למת שמחשיבו לאכזר. ולכן אם התחדש לאדם צורך מסוים, יכול ללכת פעם נוספת, אפילו באותו היום; או אם חשב מראש ללכת פעמיים באותו יום, מותר (צרור החיים עמוד 129, ב). טעם נוסף הוא כדי שלא להטריד את מנוחת המת.

16 מגן אברהם על שלחן ערוך אורח חיים סוף סימן תקנט.

17 ילקוט יוסף סימן י, כה.

18 פתחי תשובה על שלחן ערוך יורה דעה סימן קצה, סעיף קטן יט. גשר החיים פרק כט, יג בשם האר"י. וכתב שאין לנשים לילך לבית העלמין בטרם טבלו. ובילקוט יוסף (סימן י, כד) כתב שהמניעה דווקא בזמן נידותן, אבל בימי ליבונה מותר אף בטרם טבלה.

19 **הערת הרב נבנצל שליט"א** – אין כולם מסכימים לזה, ואדרבה יש שמונעים אף כשאינן נידות.

וּתְחַדֵּשׁ פְּנֵי אֲדָמָה", מזמור צ"א כולו המביע את בטחונו של האדם בה' המציל אותו. הצלה בחיים אך גם שמירה על הנשמה לאחר המיתה.

יט. אחר כך אומרים ממזמור קי"ט את האותיות משמו הפרטי של הנפטר ואותיות נשמ"ה. מזמור קי"ט בנוי לפי סדר הא' – ב'. שמונה פסוקים הפותחים באות א', שמונה פסוקים הפותחים באות ב' וכן הלאה. נוהגים לומר את הפסוקים הפותחים באותיות שמו של הנפטר. לאחר מכן אומרים את הפסוקים הפותחים באותיות נשמ"ה הנוסח מופיע לקמן בעמוד 511. ראה ערך **אלפא ביתא** באוצר המושגים.

כ. אומרים תפילת "אנא" (עמוד 528) עבור נשמת הנפטר וקדיש יתום. לאחר כך מזכירים נשמתו בתפילת "אל מלא רחמים" (עמוד 522). עדות המזרח אומרים השכבות (עמוד 525).

כא. בימים שאין אומרים תחנון, האשכנזים לא נוהגים לומר תפילת "אנא" ו"אל מלא רחמים", כדי לא לעורר צער ובכי[21]. ויש שכתבו לומר "אל מלא רחמים" בתוך השבעה שלא בשעת הלוויה[22], או ביום השנה[23].

כב. יש להשתדל לקבץ מניין כשעולים לקבר. אך גם אם אין מניין, יש בהחלט עניין לעלות לקבר. ויש מי שכתב שאין צורך לטרוח כדי שיהיו עשרה אנשים דווקא[24].

כג. כשיש מניין אומרים קדיש, אך אם אין מניין אין לומר קדיש. אם אין מניין אפשר להתאסף בכניסה לבית העלמין עם אנשים אחרים ולומר שם קדיש[25]. את מזמורי התהלים, תפילת "אנא" ו"אל מלא רחמים", אפשר לומר ליד הקבר גם אם אין מניין.

הנהגות על הקברים

כד. נוהגים להניח יד שמאל על הקבר ואומרים פסוק:

וְנָחֲךָ ה' תָּמִיד וְהִשְׂבִּיעַ בְּצַחְצָחוֹת נַפְשֶׁךָ וְעַצְמֹתֶיךָ יַחֲלִיץ וְהָיִיתָ כְּגַן רָוֶה וּכְמוֹצָא מַיִם אֲשֶׁר לֹא יְכַזְּבוּ מֵימָיו:
וּבָנוּ מִמְּךָ חָרְבוֹת עוֹלָם מוֹסְדֵי דוֹר וָדוֹר תְּקוֹמֵם וְקֹרָא לְךָ גֹּדֵר פֶּרֶץ מְשֹׁבֵב נְתִיבוֹת לָשָׁבֶת: (ישעיהו נח, יא- יב)
'תשכב בשלום עד בא מנחם משמיע שלום'

כה. נוהגים להניח על הקבר אבן או עשב כדי להראות שהיה על קברו. טעם נוסף – יש לקחת בחשבון שבעבר כשלא היו מצבות אבן, היו מקימים גלי אבנים על הקבר. גלי האבנים היו מתפזרים עם הזמן. חלק מפקידת הקבר היא גם הדאגה לציון הקבר על ידי הוספת אבנים על הקבר.

20 צרור החיים פיסקה רצא.
21 רמ"א יורה דעה סימן תא, ו. כל בו על אבלות עמ' 104.
22 מגן אברהם על שלחן ערוך אורח חיים סימן תרצו, סעיף קטן ה.
23 משנה ברורה סימן תקמז, סעיף קטן ח.
24 ספר הלכות אבלות פרק ו, לו.

כו. יש הנוהגים להדליק נר נשמה ליד הקבר. יש הבונים מראש את המצבה עם מקום מיוחד להצבת הנר באופן שלא יכבה.

כז. ישנו מושג של **"לֹעֵג לָרָשׁ"** שבגללו אסור ללמוד תורה סמוך לקבר. שהרי הנפטר לא יכול ללמוד תורה ולקיים מצוותיה לאחר פטירתו. מסיבה זו גם אסור ללכת עם תפילין בבית העלמין או כשהציציות גלויות בתוך ארבע אמות של קבר[26]. אף על פי שאין ללמוד תורה בתוך ארבע אמות לקבר, מותר לומר ליד הקבר מזמורי תהלים ודברי תורה לכבוד הנפטר אפילו סמוך לקבר. שהרי אמירת התהלים ודברי התורה שאומרים שם הם לכבוד הנפטר ולעילוי נשמתו[27].

כח. כשמתפלל על קברי אבותיו או על שאר קברים, אל יתפלל למתים ואל יבקש מהם ואל ישים מגמתו כנגד המתים כדי שלא יהיה בכלל דורש אל המתים, אלא יתפלל לקב"ה. וכשמתפלל על קברי צדיקים יבקש מה' שיתן עליו רחמים בזכות הצדיקים שוכני עפר. אמונת היחוד בה' כוללת מחויבות לפנות לה' לבדו ולא דרך "מתווכים". לכן אין להתפלל למלאכים או לצדיקים או לנפטרים שיעזרו לאדם. התפילות הן לה' בלבד, אלא שיתכנו זכויות יתר שנותנים לאדם כדי שתתקבל תפילתו. כך למשל תפילת הציבור מתקבלת יותר מאשר תפילת היחיד. התפילה בימי הסליחות והרחמים מתקבלת יותר מאשר בשאר זמנים. כך גם יכולה תפילה על קברי צדיקים ללמד זכות על האדם המתפלל שם. אולם העיקרון של אמונת היחוד בה' שאין זולתו, חייב להשמר בכל מקרה. האלילות העתיקה החלה כתוצאה מטעות כזאת[28]. אמנם יש שהתירו לבקש מהמתים להיות מליצי יושר עבור החיים, וכן עמא דבר. ראה ערך **דורש אל המתים** באוצר המושגים.

כט. מי שהזהירו אביו שלא **ילך על קבר** אביו עשר שנים, **שוב לא ילך על קברו**[29]. יש מי שכתב שאין להקפיד על כך[30].

ל. אין איסור לנשק את המצבה[31].

לא. אלמן או אלמנה שנישאו בשנית, לא יעלו לקבר בן הזוג הראשון. ביום השנה יעלו לקבר רק הילדים ושאר בני המשפחה[32]. העיקרון הוא שאין לזיכרון העבר לעכב את בניין העתיד. לכן, עם כל הצער, זיכרון המתים נדחה מפני ההתמקדות החיונית בהמשך בניית החיים. ואף על פי כן ניתן לבחון את המצב המשפחתי בכלל, ואת היחס של בן/בת הזוג בפרט. ישנם זוגות שהסכימו מראש כיצד לנהוג, וככלל אם ישנה הסכמה בין בני הזוג שלא מעיבה על מערכת היחסים ביניהם – לא

---

25 צרור החיים פיסקה רמט.

26 שלחן ערוך אורח חיים סימן כג וסימן מה, יורה דעה סימן שסז, ב – ג. בצרור החיים (פיסקה נ) הוסיף שאין ללכת עם ספר קודש בבית הקברות או בתוך ארבע אמות של מת אף על פי שלא קורא בו.

27 שלחן ערוך יורה דעה סימן שדמ, יז; שסז, ג.

28 עיין ברמב"ם הלכות עבודה זרה א, א.

29 ישנו מושג של כיבוד אב ואם בחייהם ויש כיבוד אב ואם לאחר מותם, כגון אמירת הקדיש ועשיית מצוות ומעשים טובים לאחר מותם מתוך כוונה לזכותם ולעילוי נשמתם. ביקור קברם נתפש כחלק מכבוד הצאצאים כלפי אבותם. התפיסה במנהג זה היא שעלולה להיות הקפדה על מי שלא הלך על קברם לכבדם פרק זמן כה ממושך. גם לפי תפיסה זו נראה שאם היה אנוס לא יקפידו עליו ויוכל לעלות לקברם גם אחרי הרבה שנים. פני ברוך עמוד תב, הערה מז. וראה עוד בילקוט יוסף סימן מ, יד בהערה, שהאריך בזה.

30 גשר החיים פרק כט, טז. כל בו על אבלות עמוד 180.

31 צרור החיים פיסקה רנה.

אמורה להיות מניעה מלבצעה. אך יש לבחון מראש בעדינות וברגישות אם בכלל ניתן להעלות את הנושא, ואם הדבר מקובל ורצוי. במקרים של ספק, נראה ש"שב ואל תעשה – עדיף".

לב. גם כהנים נוהגים לעלות לבית הקברות באזכרות. אך כבר נזכר לעיל בדיני הכהנים, שאסור לכהנים להיטמא למתים באזכרות ובעלייה לקבר. הפירוט מובא לעיל מעמוד 75.

נטילת ידיים

לג. כשמבקרים בבית העלמין נוטלים ידיים קודם שמתפללים על הקברים ונוטלים שוב ביציאה משם, ויש רוחצים גם הפנים[33]. טעם לדבר מובא לעיל בפרק על הלוויה עמוד 95.

32 צרור החיים פיסקה ש. ובגשר החיים (פרק כט, ח) כתב שאם יודעת שאין זה נגד רצון בעלה יש להקל שתבקר את קבר בעלה הראשון, ואם אין זה לרוחו לא תבקר. וכך יש לנהוג באלמן לגבי עלייה לקבר אשתו הראשונה.

מב. סדר האזכרה

א. ביום השלושים וביום השנה נוהגים לקיים אזכרה לנפטר. מנהג עדות המזרח לערוך סעודה ולימוד לעילוי נשמת הנפטר גם בלילה שלפני סיום השבעה.

ב. האזכרה כוללת עלייה לקבר כמפורט בפרק הקודם.

לימוד משניות

ג. נוהגים ללמוד משניות לעילוי נשמת הנפטר. ביאור לעניין מובא באוצר המושגים ערך **לימוד משניות**.

ד. המנהג הוא ללמוד פרקי משניות המתחילים באותיות שמו של הנפטר. רשימה של פרקי משניות לפי סדר א"ב מובאת לקמן בעמוד 533. אחר כך נהגו ללמוד את ארבע המשניות האחרונות בפרק שביעי ממסכת מקוואות, המתחילות באותיות נשמ"ה, לקמן עמוד 531.

ה. אם קשה ללמוד פרקי משנה לפי סדר אותיות שם הנפטר, אפשר ללמוד משניות אחרות כי כולן מסוגלות לעילוי נשמה. אם רוצים אפשר ללמוד לימוד תורני אחר, עם לימוד המשניות או בלעדיו.

ו. אחרי הלימוד אומרים תפילת "אנא" כמובא בעמוד 528 – חוץ מאשר בימים שאין אומרים בהם תחנון[1]. עדות המזרח אומרים השכבה לעילוי נשמה. ענייני השכבה והלכותיה מובאים בפרק הבא.

ז. לאחר הלימוד אומרים את המשנה:

> ר' חנניה בן עקשיא אומר: רצה הקדוש ברוך הוא לזכות את ישראל לפיכך הרבה להם תורה ומצוות שנאמר: "ה' חָפֵץ לְמַעַן צִדְקוֹ יַגְדִּיל תּוֹרָה וְיַאְדִּיר"[2].

פירושים רבים נכתבו על משנה זו. לצורך ענייננו ניתן לומר שנהגו לומר משנה זו בסיום לימוד לפני קדיש דרבנן, היות והקדיש נאמר על לימוד אגדה, לכן נקרא הקדיש "על ישראל" גם בשם קדיש דאגדתא. כיון שמשנה זו עוסקת בדברי אגדה, היא נאמרת לאחר הלימוד, לפני הקדיש.

קדיש

ח. הבנים אומרים "קדיש דרבנן" מובא לקמן עמוד 274. כשאין בנים, אומרים את הקדיש קרובים אחרים.

---

1 פני ברוך סימן לט, יג.

33 משנה ברורה סימן ד, סעיף קטן מב.

ברכות לעילוי נשמה

ט. לאחר הלימוד והתפילה נהגו להגיש כיבוד קל כדי שיברכו לעילוי נשמת הנפטר כמבואר לקמן באוצר המושגים ערך **ברכות לעילוי נשמה**.

שילוב מנחה ומעריב, האבל שליח ציבור

י. בדרך כלל משתדלים לקבוע את הלימוד לשעות אחר הצהרים. כך אפשר לשלב בלימוד גם תפילת מנחה או מעריב או שתיהן, והאבל משמש כשליח ציבור ואומר קדיש.

בשבת ובחג

יא. גם אם חל יום השבעה או יום השלושים או יום השנה בחג או בשבת, מותר לעשות סעודה ולימוד ולומר שם דברי תורה ומוסר לעילוי נשמת הנפטר. כלומר, אף על פי שאין עולים לבית העלמין בשבת ובחג, מכל מקום אם רוצים ניתן לערוך את הלימוד והסעודה בשבת או בחג.

סמוך לפני חגים

יב. חכמים התקינו שאין לתכנן אזכרות בתוך שלושים הימים שלפני החג. הטעם הוא כדי לא לעורר מחדש את הצער על הנפטר, צער העלול להימשך ולהשפיע גם בחג[3]. אף על פי שאין לתכנן אזכרות בתוך שלושים הימים שלפני החג, אם יום השלושים או יום השנה חלו בתוך תקופה זו, מותר[4].

יג. אם הרגל ביטל את השבעה, מקיימים את האזכרה והלימוד לפי מנהג עדות המזרח, בלילה שלפני סיום האבלות.

סיכום ההכנות לאזכרה:

- קביעת עיתוי – יום ושעה, בתיאום מראש עם קרובי משפחה אחרים.
- להביא בחשבון את זמן השקיעה ואת משך השיעור, אם רוצים להתפלל מנחה לפני האזכרה ומעריב לאחריה.
- בעלייה לבית העלמין לקחת את הספרונים עם פרקי התהלים שנהגו לומר בבית העלמין.
- מיקום האזכרה. אם המיקום בבית כנסת, יש לתאם עם הגבאים.
- לקבוע מראש מי ילמד את המשניות או את השיעור.
- כיבוד. שתיה. כלים.
- הודעה לקרובים ולחברים.

2 ישעיהו מב, כא; סיום פרקי אבות.

3 משנה מועד קטן ח, א. שלחן ערוך אורח חיים סימן תקמז, ג. יורה דעה סימן שמז.

4 שלחן ערוך יורה דעה סימן שמז, ג. פני ברוך סימן ג,

מג.הזכרת נשמות והשכבה, יזכור

מנהג זכירת המתים בשבת, אין ספק שזכירתם ביום המנוחה מועיל להם מאד מפני שהם נחים ועל ידי הזכירה נשמתם מתחדשת, שיש תלייה לשם עם הנשמה... שכל שם מורה על מהות ועצמות האדם... והנה בהזכרת שמו מתחדשת שם מנוחתו ויהיה עתה במנוחה ודיוקן נשמתו מאירה.

וכשמזכיר שמו במנוחה אחר מיתתו צריך כוונה מפני שדיבור התחתונים פועל בעליונים מאד בסוד הבל פה העולה, ובפרט אם יזכר המת מבנו או מקרובו ובבית הכנסת שהיה רגיל להתפלל בו וכל שכן אם בנה אותה או הקדיש בה הקדשות, שהכל מסייע להשכין נשמתו בענג שמתגלה באותו היום הקדוש על הנשמות הקדושות. וכמו שהקדוש ברוך הוא מקדש נשמות הצדיקים החיים, כל שכן שנשמות המתים יקבלו גם כן מנוחה וענג ובפרט על ידי התעוררות המזכירים אותם.

מעבר יַבֹּק מאמר שפתי רננות פרק כג

עיקרון יסודי בהזכרת נשמות הוא שהחיים יכולים להיטיב עם נשמות הנפטרים, עיקרון זה משותף גם לאמירת הקדיש. בתוך נוסח "יזכור" מופיעה ההתחייבות לנתינת צדקה, מפני שהתפילות הן חלק ממכלול של מעשי צדקה וחסד שמטרתם לגרום לעילוי נשמת הנפטר. כבר הוזכר לעיל שעל פי האמונה היהודית, כל מעשה טוב שהקרוב עושה לזכותו של הנפטר, מלמד עליו זכות בעולם האמת.

הזכרת נשמות והשכבה

א. נוהגים להזכיר נשמות בתפילת "אל מלא רחמים" בשנה הראשונה בשבתות של כל השנה, ובשאר השנים בשבת שלפני יום הזיכרון.

ב. עיקר התועלת הוא בנתינת הצדקה לעילוי הנשמה. יש להקפיד מאוד לתת את הצדקה שנדבו, ועדיף מייד[1], והמובחר לתת תחילה ולומר "בעבור שנתתי"[2]. עדיף לומר "בעבור שמשפחתו נודבת" ולא "נודרת", כדי לא להתחייב התחייבות חמורה של נדר. מאידך, אין להימנע מעשיית השכבה לנפטר אפילו אם אין נודבים צדקה[3].

ג. בימים שאין אומרים בהם תחנון אין אומרים הזכרת נשמות, וכן אם יש חתן או ברית מילה בבית הכנסת.

ד. אין מזכירים נשמות בשבת מברכים אלא רק למי שחל יום השנה שלו באותו שבוע[4]; וכן אין מזכירים בארבע פרשיות[5].

ה. האשכנזים ובני תימן[6] נוהגים להזכיר את שם הנפטר (או הנפטרת) בשמו ושם אביו. עדות המזרח נוהגים להזכיר שם הנפטר בשמו ושם אביו, ואשה בשמה ושם אמה;

ט. **הערת הרב נבנצל שליט"א** – צריך עיון לענ"ד.

1 פני ברוך סימן לט, יז.

2 גשר החיים פרק לא, ב, ג.

3 ילקוט יוסף סימן לב, א.

4 מגן אברהם על שלחן ערוך אורח חיים סימן רפד סעיף קטן ז.

5 משנה ברורה סימן תרפה סעיף קטן יח.

6 שלחן ערוך המקוצר עיני יצחק, יורה דעה סימן

ויש הנוהגים להזכיר תמיד שם האם, ואין דברים אלו מעכבים, ובכל מקום ינהגו כמנהגם[7].

ו. יש להזכיר את שם הנפטר כפי שהיה נקרא בפי רוב העולם. ולכן אפילו היה לו שם עברי ונשתקע, וקראו לו בשם הלועזי, גם בהשכבה יש להזכיר את השם הלועזי[8].

נוסח הזכרת נשמות מובא לקמן עמוד 522.
נוסחי השכבה מובאים לקמן עמוד 525.

לכך רגילים להזכיר המתים בשבת, שלא ישובו לגיהנום. שכן כתוב בתורת כהנים: "כַּפֵּר לְעַמְּךָ יִשְׂרָאֵל" (דברים כא, ח) – אלו החיים, "אֲשֶׁר פָּדִיתָ" – אלו המתים. מכאן שהחיים פודים את המתים. לכך אנו נוהגים להזכיר את המתים ביום הכפורים ולפסוק עליהם צדקה.

מדרש תנחומא פרשת האזינו

יזכור

ז. האשכנזים נוהגים להתפלל תפילת "יזכור" כל אחד לעילוי נשמת הוריו וקרוביו בארבעה פרקים בשנה: ביום הכיפורים, בשמיני עצרת, בשביעי של פסח ובחג השבועות. עדות המזרח נהגו לעשות השכבות בליל יום הכיפורים[9] ושבוע לפני יום השנה.

ח. אומרים יזכור גם בשנה הראשונה לפטירה[10].

ט. מזכירים נשמות גם ברגלים וביום הכיפורים כשחלו בשבת.

י. נוהגים שכל מי שיש לו אב ואם יוצאים מבית הכנסת בזמן שאומרים יזכור, לכן נהגו שהשמש מכריז קודם לכן "יזכור".

יא. עיקר אמירת יזכור והזכרת נשמות הוא בציבור, אבל גם יחיד יכול לאמרה בביתו או בבית הקברות כשאין מניין[11].

יב. אפשר לומר הזכרת נשמות גם לקטנים[12].

יג. מותר לאדם להזכיר נשמת אשתו הראשונה גם כשנשא אשה אחרת, וכן אשה נשואה על בעלה הקודם. למרות שיש הסתייגות והגבלה לאדם שלא יעלה לקבר אשתו הראשונה לאחר שנישא בשנית, וגם לא ידליק נר נשמה ביום פטירתה בפני אשתו השנייה, בהזכרת נשמות התירו.

קפז, יד.

7 גשר החיים פרק לא, ב, י. ילקוט יוסף סימן לב, ג. ויש מי שכתב שבעדות המזרח מזכירים שם אביו ושם אמו (ספר הלכות אבלות פרק ו, יח).

8 ילקוט יוסף שם, ה. **הערת הרב נבנצל שליט"א** – צריך עיון לענ"ד; בני ישראל נגאלו ממצרים כיון שלא שינו את שמם.

9 ילקוט יוסף סימן לב, ח.

10 גשר החיים פרק לא, ב, ז. ואף שיש שנתנו טעם לא להזכיר נשמות בשנה ראשונה, כבר נמנו וגמרו שהמנהג שלא להזכיר נשמות בשנה הראשונה אין לו טעם ויסוד, ואדרבה בשנה הראשונה יש יותר צורך בהזכרת נשמותיהם. כל בו על אבלות עמוד 404.

11 פני ברוך סימן לח, טז.

הטעם הוא כיון שעלייה לקבר והדלקת הנר הן פומביות, ויש לאדם להתמקד בבניין ביתו הנוכחי, גם אם במידה מסוימת הדבר בא על חשבון זכרונות העבר. אבל הזכרת נשמות נאמרת ביחידות בין אדם לבוראו, ובאופן צנוע ואישי כזה היא לא אמורה להשפיע על בניין המשפחה הנוכחי.

יד. חייל דרוזי שנפל על משמרתו בצה"ל, מותר לומר השכבה לעילוי נשמתו בבית הכנסת. וכן מותר לומר השכבה לעילוי נשמת גוי שהציל יהודים בשואה[13].

טו. נוהגים להדליק נרות לעילוי נשמת ההורים והקרובים שמזכירים נשמותיהם בארבעה פרקים אלו.

התייחסות מפורטת **לנר נשמה** מובאת לקמן באוצר המושגים.

נוסח יזכור מובא לקמן עמוד 522.

12 גשר החיים פרק לא, ב, ח.

בית הקברות

מד. המצבה

אמר רבי שמעון בן פזי: רמז לציון קברות מן התורה מנין? תלמוד לומר "וְרָאָה עֶצֶם אָדָם וּבָנָה אֶצְלוֹ צִיּוּן" (יחזקאל לט, טו).

מועד קטן ה, א

הקמת מצבה

מימות עולם נהוג להקים מצבה על הקבר.

שלושה שמות יש – מצבה, ציון, נפש.

בתורה מצאנו שם "מצבה" – "וַיַּצֵּב יַעֲקֹב מַצֵּבָה עַל קְבֻרָתָהּ הִוא מַצֶּבֶת קְבֻרַת רָחֵל עַד הַיּוֹם" (בראשית לה, כ).

בנביאים מצאנו שם "ציון" – "וַיֹּאמֶר מָה הַצִּיּוּן הַלָּז אֲשֶׁר אֲנִי רֹאֶה וַיֹּאמְרוּ אֵלָיו אַנְשֵׁי הָעִיר הַקֶּבֶר אִישׁ הָאֱלֹהִים אֲשֶׁר בָּא מִיהוּדָה" (מלכים ב', כג, יז).

במשנה ובגמרא שם "נפש" – "בונים לו נפש על קברו" (משנה מסכת שקלים, פרק ב, ה).

הטעמים להקמת המצבה –

- לזיכרון המת שלא ישתכח מן הלב. אמנם חז"ל אמרו שאין עושים נפשות (מצבות) לצדיקים, כיון שדבריהם הם זכרונם[1] וכך פסק הרמב"ם[2]. אך האריז"ל כתב[3] שהמצבה היא צורך גדול ויש בה תיקון לנפש. והרשב"א כתב[4] שהוא כבוד למת. וכן נוהגים עתה לעשות מצבות גם לרבנים גדולים.
- לדעת את מקום הקבר כדי לבקרו ולהתפלל עליו.
- לציין את מקום הטומאה ולהזהיר את הכהנים.
- כבוד לנפש המרחפת שם.

יש הקבלה בין שלושת השמות לטעמים. השם מצבה על שם התייצבות, בא להבליט את הקבר שיהיה ניכר כדי שיוכלו לבקרו, ולזיכרון המת שלא ישכח. השם ציון בא לציין את מקום הקבר כדי להזהיר מטומאה. והשם נפש על שם נפש הנפטר המרחפת שם, כמו שמוזכר בספר הזוהר[5].

13 ילקוט יוסף סימן ל, כו – כז.

1 ירושלמי שקלים ב, ה.

2 הלכות אבל ד, ד.

3 שער המצוות פרשת ויחי.

4 שו"ת הרשב"א סימן שע"ה.

5 על פי גשר החיים פרק כח, א א.

מתי מעמידים (גילוי מצבה[6])

א. טוב להעמיד את המצבה כבר בסוף השבעה[7] ויש נוהגים לקראת השלושים. יש שמאחרים עד לאחר שנים עשר חודש.

ב. אם חל רגל בתוך השלושים, עדיף להקדים את הקמת המצבה קודם לכן.

ג. מנהג להספיד את המת בשעת הקמת המצבה. לכן יש שכתבו שאין להעמיד את המצבה בימים שאין מספידים בהם[8].

מה כותבים

ד. נוהגים לכתוב את שם הנפטר על המצבה. האשכנזים מציינים את שמו ושם אביו, ועדות המזרח מציינים את שמו ושם אמו[9]. כיום נהגו לכתוב את שמות ההורים. אם ההורים בחיים מוסיפים ליד שמם הי"ו (ה' ישמרם ויחיים), ואם כבר הלכו לעולמם כותבים ז"ל[10].

ה. אין לכתוב שבחים גדולים על הנפטר אם באמת לא היו בו שבחים אלו[11].

ו. אם מחליפים מצבה, אין למעט בשבחים במצבה החדשה ממה שהיה כתוב במצבה הקודמת[12].

ז. מי שהוסיפו לו שם בחוליו וקם מחוליו והוחזק שלושים יום בשמו החדש, כותבים על המצבה גם את שמו החדש. אבל אם לא קם מחוליו, אין כותבים את שמו החדש על המצבה.

ח. כותבים על המצבה את יום פטירתו בתאריך העברי, ואל לנו לכתוב תאריך לועזי[13].

ט. בארץ ישראל יש לכתוב על המצבה בכתב עברי, ולא בלועזית[14].

---

6 בארץ אין מנהג כזה בפועל אלא רק שימוש מילולי בשם זה. גם בהלכה אין איזכור לטקס כזה, לכן אין צורך בהסרת כיסוי כלשהו מעל המצבה. (הערת הרב יעקב אריאל שליט"א בתוך "דרכה של היהדות במוות ובאבלות" עמוד 360).

7 גשר החיים פרק כח פיסקה ב. הקונטרס היחיאלי דף נה. כל בו על אבלות עמוד 379. ילקוט יוסף סימן נ, א. פני ברוך סימן לו, ב. בצרור החיים כתב שמנהג עדות המזרח להעמיד את היסודות כבר בשבעה, ולהעמיד את המצבה מיד לאחר מכן ולא ממתינים לשלושים. ואילו האשכנזים נוהגים לערוך גילוי מצבה ביום השלושים.

8 שו"ת מנחת יצחק חלק ג, נא.

9 גשר החיים פרק כח, ג, א. פני ברוך סימן לו, ג.

10 צרור החיים פיסקה רפב.

11 ילקוט יוסף סימן נ, ג. והוסיף שם שאם סבל יסורים לפני מותו טוב לכתוב על המצבה שסבל יסורים, שהיסורים מכפרים עוון ואשרי מי שיסורים באו עליו.

12 אגרות משה יורה דעה חלק א סימן רכח.

13 גשר החיים פרק כח, ג, ד. היו פוסקים שחששו לאיסור תורה בכתיבת תאריך לועזי, משום "וְשֵׁם אֱלֹהִים אֲחֵרִים לֹא תַזְכִּירוּ" (שו"ת מהר"ם שיק יורה דעה סימן קעא וחושן משפט סימן נו), או משום "וּבְחֻקֹּתֵיהֶם לֹא תֵלֵכוּ" (רבי יצחק פלאג'י בספרו יפה ללב חלק חמישי סימן קעה). ובילקוט יוסף (סימן נ, ו - ז) כתב שאין לכתוב תאריך לועזי אף שמעיקר הדין אין בכך איסור, ואם כתבו - יש לטוח התאריך הלועזי בטיט. ובכל בו על אבלות (עמוד 380) כתב שאם נהגו לכתוב באותו מקום תאריך לועזי, אין לעשות מחלוקת בשל כך מכיון שאין מתכוונים לדבר רע. ואם כותבים את שני התאריכים,

י. בסוף המצבה נהגו לכתוב תנצב"ה – תהא נשמתו צרורה בצרור החיים[15]. ראה באוצר המושגים ערך **צרור החיים**.

יא. מי שהורה לא לבנות מצבה על קברו, אין שומעים לו. אך אם ציוה שלא לכתוב תארים על מצבתו, שומעים לו[16].

יב. יש להקפיד שהכתב על המצבה יהיה שקוע בתוך המצבה ולא בולט, כיון שעל פי תורת הסוד צריכים להיזהר שלא לקרוא כתב בולט שעל הקבר[17].

יג. אין לחקוק את תמונת הנפטר על המצבה[18].

צורת המצבה ומחירה

בראשונה היתה הוצאת המת קשה לקרוביו יותר ממיתתו, עד שהיו מניחים אותו ובורחים. עד שבא רבן גמליאל ונהג קלות ראש בעצמו והוציאוהו בכלי פשתן. ונהגו כל העם אחריו להוציא בכלי פשתן.

אמר רב פפא: וכעת נוהג העולם אפילו בצדרא בן זוז (בארִיג זול ופשוט שמחירו זוז אחד).

כתובות ח, א

יד. יש שכתבו להעדיף מצבה שוכבת. אולם גם לשיטה זו, אם בבית הקברות המצבות עומדות, אין איסור לנהוג כמנהג המקום[19].

טו. יש הנוהגים מראש לבנות את המצבה עם מקום להדלקת נר באופן שלא יכבה.

טז. יש להשתדל לבנות מצבה כמנהג אותה העיר, שלא תהיה פחותה מדי כדי לכבד את הנפטר, ומאידך מוטב לא להוציא ממון רב מדי על המצבה. במיוחד יש להימנע מבזבזנות ראוותנית ומנקרת עיניים. אם יבנו מצבה רגילה במקום להוציא ממון רב מדי על מצבה מפוארת, ואת יתרת הכסף יעבירו לעניים הנצרכים לכך, יוכלו לגרום נחת רוח יתרה לנשמת הנפטר ולזכותו.

ככלל ניתן לומר (במחירים של זמן הוצאת הספר) שעלות מינימלית למצבה פשוטה היא 1500 – 2000 ₪. המצבה הפשוטה היא משיש חברוני בהיר. שינוי גוון עלול לייקר מאוד את מחיר המצבה. אבן גרניט שחורה או אדומה יקרה אף יותר. אותיות חרוטות או צבועות הן הסטנדרט. אותיות מובלטות יקרות יותר וגם בעייתיות מבחינה הלכתית. מקובל שבמחיר המצבה כלולות 60 – 70 אותיות. כמובן, מדובר בהערכה כוללנית ביותר העשויה להשתנות ממקום למקום ומזמן לזמן.

ודאי שפיר דמי.

14 ילקוט יוסף שם בשם מהר"ם שיק.

15 יש הכותבים ת.נ.צ.ב.ה. אך מבחינה לשונית יש לכתוב בראשי תיבות – תנצב"ה, שכן השימוש בניקוד במקום בראשי תיבות לקוח מן הלועזית.

16 ילקוט יוסף סימן נ, ז. פני ברוך סימן לו, י.

17 צרור החיים פיסקה רפג.

18 צרור החיים פיסקה רפו.

19 צרור החיים פיסקה רפז. הטעם אינו הלכתי, אלא שמחיר מצבה עומדת עלול להיות גבוה, ויש להשתדל לא לייקר את העלות כמו שיבואר לקמן. לכן במקום חדש כשכותבים תקנון לחברה קדישא, מצבות שוכבות

הביטוח הלאומי אינו משלם את ההוצאות לבניית היסוד למצבה ולבניית המצבה, אלה יחולו על המשפחה. הביטוח הלאומי מממן הקמת מצבה לנפטר גלמוד, שאין לו בישראל קרוב משפחה שנמנה על אחד מאלה: הורה, בן זוג, בן או בת של הנפטר. את המצבה תקים החברה קדישא שטיפלה בקבורה. המצבה תוקם 12 חודשים לאחר יום הקבורה. אם קרובי הנפטר חיים מהבטחת הכנסה, הם יכולים להגיש בקשה למענק עבור הקמת המצבה. הביטוח הלאומי אינו מחזיר תשלומים לקרוב משפחה שהקים מצבה.

מה. דיני בית הקברות

כבוד בית הקברות

בית הקברות נקרא "בית מועד לכל חי" (על פי איוב ל, כג), ובשם "בית עולם" (על פי קהלת יב, ח), ובלשון חז"ל נקרא "בית עלמין" (למשל בסנהדרין יט). גם נקרא בשם "בית החיים" (על שם מעבר החיים ממצב למשנהו).

א. אף על פי שאין לבזבז סכומי כסף גבוהים על מצבות מפוארות ויקרות, יש להקפיד על ניקיון וכבוד בית העלמין. צריך שיהיו הקברים מסודרים שורות שורות, ושיהיו שבילים מסודרים כדי שלא יאלצו לדרוך על קברים.

ב. ברוב הקהילות בארץ ובחוץ לארץ נוטעים בבית הקברות אילנות ופרחים לכבוד המתים. בנטיעה יש להקפיד שהעצים לא יאהילו על הקברים וגם על השטח מחוץ לבית הקברות, כדי לא להכשיל כהנים באיסור טומאת אהל המת. כמו כן יש להקפיד ששורשי העצים לא יונקים מהקברים עצמם[1].

ג. אין בנטיעת עצים איסור של "וּבְחֻקֹּתֵיהֶם לֹא תֵלֵכוּ"[2] כיון שהאיסור חל רק על דברים שנזכרו במפורש בגמרא[3].

ד. בערים העתיקות – ירושלים, צפת, טבריה וחברון יש שנהגו לא לטעת עצים בבית הקברות. הטעם מפני מה שנהגו משנים קדמוניות שהיו נזהרים בטהרה לא לנטוע אילנות כדי שלא יאהילו על הקברים ועל הכהנים או מי שנזהרים מטומאה, וכיון שמקום אילנות מושך יותר לבוא לשם טיול, נמנעו מנטיעת אילנות בבתי הקברות[4]. יש מי שכתב שגם בשאר מקומות אין לנטוע אילנות ופרחים בבתי הקברות[5].

ה. אין ללכת בבית הקברות כשתפילין בראשו, וכן אין ללכת כשהציציות גלויות אלא מכוסות. הטעם משום "**לועג לרש**" (מבואר באוצר המושגים דלקמן). אין ללמוד או להתפלל בתוך בית הקברות אלא אם כן הוא לעילוי נשמת המתים. יש מקילים בלימוד ותפילה בתוך בית הקברות אם הוא במרחק ארבע אמות מהנפטר ומהקברים[6].

ו. אין נוהגים קלות ראש בבית הקברות, כגון לאכול ולשתות שם או לחשוב חשבונות, או לקצר משם את הדרך[7]. אין לעשן שם[8]. כמו כן מכבוד המקום להיכנס בו בלבוש צנוע ובכיסוי ראש.

עדיפות.

1 שפתי כהן על שלחן ערוך יורה דעה סימן שסח, סעיף קטן ד.

2 ויקרא יח, ג.

3 שו"ת הרשב"א חלק א סימן תתכה. וראה גם במראה הבזק חלק ה, צז.

4 דעת כהן סימן ריב. גשר החיים פרק כז, א, ב.

5 ילקוט יוסף סימן יב, ג.

6 שלחן ערוך יורה דעה סימן שסז, ג, ו; גשר החיים פרק כז, ב, ב. וראה באור הלכה אורח סימן מה, שהביא שלוש שיטות כיצד להגדיר את המקום שבו אין להיכנס עם תפילין. בפועל, כשרוצים להתפלל בבית העלמין, אפשר באזור המשרדים ששם לא הוקדש לקברים, או לפחות ארבע אמות מחוץ לאזור שהוקדש לקבורה.

7 שלחן ערוך יורה דעה סימן שסח, א.

ז. מותר ומומלץ לנקות ולצחצח את המצבות, ולבצע עבודות שימור ואחזקה, גם אם עבודה זו נועדה לצורך תיעוד ומחקר הסטורי. יש לשמור את העפר בתוך בית הקברות, ואין לחפור מתחת למצבות[9].

ברכה כשרואים קברי ישראל

ח. מי שלא ראה קברי ישראל בתוך שלושים יום, כשבא לבית הקברות מברך[10]:

בָּרוּךְ אַתָּה ה' אֱלֹהֵינוּ מֶלֶךְ הָעוֹלָם אֲשֶׁר יָצַר אֶתְכֶם בַּדִּין וְזָן אֶתְכֶם בַּדִּין וְכִלְכֵּל אֶתְכֶם בַּדִּין וְהֵמִית אֶתְכֶם בַּדִּין וְיוֹדֵעַ מִסְפַּר כֻּלְּכֶם וְהוּא עָתִיד לְהַחֲיוֹתְכֶם וּלְקַיֵּם אֶתְכֶם בַּדִּין. בָּרוּךְ אַתָּה ה' מְחַיֵּה הַמֵּתִים.
אַתָּה גִּבּוֹר לְעוֹלָם ה' מְחַיֵּה מֵתִים אַתָּה רַב לְהוֹשִׁיעַ מְכַלְכֵּל חַיִּים בְּחֶסֶד מְחַיֵּה מֵתִים בְּרַחֲמִים רַבִּים סוֹמֵךְ נוֹפְלִים וְרוֹפֵא חוֹלִים וּמַתִּיר אֲסוּרִים וּמְקַיֵּם אֱמוּנָתוֹ לִישֵׁנֵי עָפָר מִי כָמוֹךָ בַּעַל גְּבוּרוֹת וּמִי דּוֹמֶה לָּךְ מֶלֶךְ מֵמִית וּמְחַיֶּה וּמַצְמִיחַ יְשׁוּעָה וְנֶאֱמָן אַתָּה לְהַחֲיוֹת מֵתִים.

תחילת הברכה מבוססת על המשנה בפרקי אבות (סוף פרק רביעי):

> על כרחך אתה נוצר, ועל כרחך אתה נולד, ועל כרחך אתה חי, ועל כרחך אתה מת, ועל כרחך אתה עתיד ליתן דין וחשבון לפני מלך מלכי המלכים הקדוש ברוך הוא.

תחילה מדגישה המשנה את שלטונו המוחלט של הבורא באדם:

> לידע להודיע ולהוודע שהוא אל, הוא היוצר הוא הבורא, הוא המבין הוא הדיין, הוא עד הוא בעל דין הוא עתיד לדון.

שלטון כה מוחלט עלול לעורר באדם חששות לגבי מידת הצדק שבו. לכן מדגישה המשנה שם באופן חד משמעי:

> ברוך הוא, שאין לפניו עולה ולא שכחה, ולא משוא פנים ולא מקח שוחד, שהכל שלו. ודע שהכל לפי חשבון.

יש במשנה את היסודות שעליהן נבנתה הברכה: הכרה באדנות הבורא ובשלטונו המוחלט בעולם, העומד בניגוד גמור לכורח האנושי להוולד, לחיות בעולם, ולהיפטר מן העולם. המשנה מדגישה את מידת הצדק המוחלט שיש בדינו של הבורא. אותה מידת צדק המאפשרת לאדם להצדיק את דינו של הקדוש ברוך הוא, למרות שאי אפשר לו לאדם לעמוד בסוד ה' ולהבין את עומק דינו.

המשך הברכה מבוסס על ברכת גבורות שבתפילת שמונה עשרה[11], המסתיימת בברכת מחיה המתים. תחיית המתים היא אחד משלושה עשר עיקרי האמונה על פי הרמב"ם, וגם בברכה

8 ילקוט יוסף סימן מ, יא.

9 במראה הבזק חלק ג, סימן עד.

10 שלחן ערוך אורח חיים רכד, יב.

11 על פי הקבלה אומרים חלק זה לאחר הלוויה, כדי להבריח את כוחות הטומאה בכח שמות הקדושים שיש בברכה זו. הפירוט והביאור מובאים בספר מעבר יַבֹּק

מודגש נושא האמונה – "ונאמן אתה להחיות מתים". יש משמעויות רבות לתחיית המתים. אחת המשמעויות שניתן ללמוד לצורך ענייננו היא, שלמרות שהאדם הוא זמני בעולם ולמרות שחייו קצובים ומסתיימים. בכל זאת בסופו של דבר ישנה משמעות נצחית לנפש האלוקית שניתנה בו, אותו חלק אלוה ממעל שיש בו יסוד שאינו מתכלה. חלק זה עתיד לגרום לתחייה מחודשת של החלק הגופני שהוא זמני וכלה, ולתת בו את היסוד של חיי נצח.

בעצם גם בזמן שהאדם חי, בכל רגע ורגע הוא מקבל את חיותו מריבונו של עולם. תשומת לב יתרה שלנו היתה מסייעת לנו לראות שבכל רגע ורגע מתקיימת בנו תחיית המתים. לכן בברכות השחר מופיעה ברכת "המחזיר נשמות לפגרים מתים", שבאה לעורר ולחדד את התודעה על התחדשות הגוף מדי יום ביומו, ובעצם בכל רגע ורגע.

הברכה קושרת בין תחיית המתים שלעתיד לבוא, ובין גבורותיו של ה' – סומך נופלים ורופא חולים ומתיר אסורים; פעולות המאפשרות את המשך החיים האנושי בעולם. מתחיית המתים שיש בנו בכל יום ויום, אנו למדים על תחיית המתים שלעתיד לבוא.

ט. **מותר לברך את הברכה גם בתוך ארבע אמות לקבר[12].**

י. **מברכים גם אם רואים את הקברים בשבת או ביום טוב[13].** כיון שאין ברכה זו נחשבת לצידוק הדין, אלא מתארת את פעולותיו של הקדוש ברוך הוא עם כל בריותיו. אמנם אין נכון להיכנס לבית הקברות בשבת מפני הרוח הרעה השורה שם[14].

יא. **נכון שאונן לא יברך ברכה זו. ואם ברך, יש לו על מה שיסמוך[15].**

יב. **אף על פי שכתבו שאין לברך בלוויה ברכה זו[16]**, כיון שבזמן הלוויה עוסקים במצות הקבורה ופטורים מלברך, וגם מפני שלרוב לא עוברים שלושים יום מבלי שאנשי החברה קדישא יראו את הקברים, **בכל זאת יש לקיים את המנהג שחזן החברה קדישא מברך בבית הקברות בכל לוויה ברכת "אשר יצר אתכם בדין", אף על פי שהוא בתוך שלושים יום מאז שראה קברי ישראל.** הטעם מפני שבכל תוספת קבר יכול לברך על התוספת[17], וכן כוונתו לפטור אחרים שלא ראו קברי ישראל שלושים יום ולהוציאם ידי חובת הברכה[18].

קניין קבר

יג. **טוב לאדם שייקבר בקבר הקנוי לו[19].** אברהם אבינו הקפיד לרכוש את מערת המכפלה קודם קבורת שרה – "וַיָּקָם שְׂדֵה עֶפְרוֹן אֲשֶׁר בַּמַּכְפֵּלָה אֲשֶׁר לִפְנֵי מַמְרֵא הַשָּׂדֶה וְהַמְּעָרָה אֲשֶׁר בּוֹ וְכָל הָעֵץ אֲשֶׁר בַּשָּׂדֶה אֲשֶׁר בְּכָל גְּבֻלוֹ סָבִיב: לְאַבְרָהָם לְמִקְנָה לְעֵינֵי בְנֵי חֵת בְּכֹל בָּאֵי שַׁעַר עִירוֹ: וְאַחֲרֵי כֵן קָבַר אַבְרָהָם אֶת שָׂרָה אִשְׁתּוֹ אֶל מְעָרַת שְׂדֵה הַמַּכְפֵּלָה עַל פְּנֵי מַמְרֵא הִוא חֶבְרוֹן בְּאֶרֶץ כְּנָעַן" (בראשית כג, יז). גם יעקב אבינו הדגיש את הקניין של מערת המכפלה – "קִבְרוּ אֹתִי אֶל אֲבֹתָי... בַּמְּעָרָה אֲשֶׁר

מאמר שפתי רננות פרק כ.

12 גשר החיים פרק כט, יז.

13 כל בו על אבלות עמ' 165. ילקוט יוסף סימן י, לג.

14 כל בו שם בשם הדרת קדש. את הטעם אמר לי הרב יעקב רוז'ה שליט"א.

15 ילקוט יוסף סימן י, לד. וראה לעיל עמוד 68 הלכה כ.

16 גשר החיים פרק כט, יז.

17 כל בו על אבלות עמ' 166.

18 ילקוט יוסף סימן י, לו.

19 גשר החיים פרק טז, א, ד.

בִּשְׂדֵה הַמַּכְפֵּלָה אֲשֶׁר עַל פְּנֵי מַמְרֵא בְּאֶרֶץ כְּנָעַן אֲשֶׁר קָנָה אַבְרָהָם... " (שם מט, ל). גם בקבורת יוסף מודגש – "וְאֶת עַצְמוֹת יוֹסֵף אֲשֶׁר הֶעֱלוּ בְנֵי יִשְׂרָאֵל מִמִּצְרַיִם קָבְרוּ בִשְׁכֶם בְּחֶלְקַת הַשָּׂדֶה אֲשֶׁר קָנָה יַעֲקֹב" (יהושע כד, לב). ולצורך כך התירו אפילו לפנותו מקבר שנקבר בו לקברו הקנוי לו כמו שיתבאר לקמן.

יד. לכן ישנם הרבה שרוכשים קבר עוד בחייהם. אם לא קנה מחיים, היורשים קונים את הקבר, ועדיף לפני הקבורה. אם אין ליורשים לשלם, עדיף שישלמו אפילו סכום סמלי, כדי שעל ידי כך ייקנה הקבר למשפחת הנפטר. אם אין מי שיקנה קבר עבור הנפטר, אזי הציבור מקנה לו את קברו[20].

טו. הקונה קבר בחייו, יש הנוהגים לחפרו, להכין את האהל בתוכו ולכסותו.

טז. כשחופרים קבר מראש, יש להיזהר לא להניחו פתוח אלא לכסותו באותו יום[21]. לעתים אנשי החברה קדישא מקילים וחופרים קברים מראש כדי להיות מוכנים, ולא מסיימים את החפירה ואז אין הקפדה בעניין; ובאותו יום שרוצים לקבור, משלימים את החפירה[22]. ומותר במקום הצורך גם לחפור ולכסות בנסרים[23].

קבר משפחה

יז. אם יש אפשרות, יש לקבור אדם אצל משפחתו[24]. מצאנו במקרא הקפדה על קבורה בקברי משפחה: אברהם אבינו קנה את מערת המכפלה בחברון כדי לקבור את שרה, ושם גם נקבר אברהם. שם נקברו יצחק ורבקה. שם קבר יעקב את לאה וציוה על יוסף "וּקְבַרְתַּנִי בִּקְבֻרָתָם". על פי המדרש יעקב התנצל בפני יוסף על כך שלא הצליח לקבור את רחל אמו בחברון (ראה רש"י בראשית מח, ז). אלעזר בן אהרן הכהן נקבר בגבעת פנחס בנו (סוף ספר יהושע). גדעון נקבר בקבר אביו יואש (שופטים ח, לב). את עצמות שאול המלך ויהונתן בנו קברו בארץ בנימין, בקבר קיש אבי שאול (שמואל ב', כא, יד). את עשהאל קברו בקבר אביו (שמואל ב', ב, לב). רחבעם נקבר בקברי אבותיו (מלכים א', יד, לא), וכן מלכים נוספים. נחמיה מכנה את ירושלים "הָעִיר בֵּית קִבְרוֹת אֲבֹתַי" (נחמיה ב, ב).

והטעם הוא כיון שנוח לו לאדם שיהיה קבור אצל אבותיו, ניתן ללמוד זאת מדברי ברזילי הגלעדי שאמר "וְאָמֻת בְּעִירִי עִם קֶבֶר אָבִי וְאִמִּי " (שמואל ב', יט, לח).

יח. עד כדי כך חשוב הדבר, שהתירו לפנות נפטר מקברו כדי לקברו אצל אבותיו[25].

---

20 כיום על פי המצב המשפטי במדינת ישראל, רכישת הזכות להיקבר במקום מסוים אינה מקנה זכות קניינית של 'בעלות', כי אם 'זיקת הנאה' באותם מקרקעין. מכל מקום, לאחר רכישת אותה הזכות, הרי שהזכות להיקבר באותו מקום שמורה לאדם שבעבורו נרכשה זכות זו, כל עוד לא נקבר במקום אחר. (על פי מכתב מהלשכה המשפטית של המשרד לענייני דתות לעו"ד יהודה אלרם).

21 הגהות הרמ"א על שלחן ערוך יורה דעה סימן שלט, א; בשם רבינו ירוחם, מצוואת רבי יהודה החסיד (אות ב).

22 גשר החיים פרק כז, ח, ב.

23 ילקוט יוסף סימן ה, ז.

24 שלחן ערוך יורה דעה סימן שסו.

25 שם סימן שסג, א.

יט. אם האב נקבר במקום אחד והאם במקום אחר, קוברים אצל האב[26].

כ. אין חיוב הלכתי לקבור בני זוג זה ליד זה, אך טוב לנהוג כן[27]. לכן אשה קוברים אצל בעלה, אך גרושה קוברים אצל אבותיה ומשפחתה.

כא. אשה שהיתה נשואה פעמיים, אומדים היכן היתה מעדיפה להיקבר. אם היו לה בנים מאחד מהם בלבד, מסתבר שהוא עדיף. ואם היו לה או לא היו לה בנים משניהם ואין יודעים דעתה, נקברת אצל הראשון[28].

כב. אשה שקנתה חלקת קבר ליד בעלה, אך שינתה דעתה ורוצה להיקבר במקום אחר, מותר לה לשנות את מקום קבורתה[29].

קבורה בארץ ישראל

וַיִּקְרְבוּ יְמֵי יִשְׂרָאֵל לָמוּת, וַיִּקְרָא לִבְנוֹ לְיוֹסֵף וַיֹּאמֶר לוֹ אִם נָא מָצָאתִי חֵן בְּעֵינֶיךָ שִׂים נָא יָדְךָ תַּחַת יְרֵכִי, וְעָשִׂיתָ עִמָּדִי חֶסֶד וֶאֱמֶת אַל נָא תִקְבְּרֵנִי בְּמִצְרָיִם: וְשָׁכַבְתִּי עִם אֲבֹתַי וּנְשָׂאתַנִי מִמִּצְרַיִם וּקְבַרְתַּנִי בִּקְבֻרָתָם, וַיֹּאמַר אָנֹכִי אֶעֱשֶׂה כִדְבָרֶךָ:

בראשית מז, כט – ל

כג. זכות גדולה להיקבר בארץ ישראל. אמרו חכמים שכל הקבור בארץ ישראל כאילו קבור תחת המזבח[30]. ואשרי האדם הזוכה שארץ ישראל קולטתו מחיים ונשמתו יוצאת במקום הטהור המכוון **לשער השמים**[31]. אבל מי שמת ונקבר בחוץ לארץ, ישנה זכות להיקבר בארץ ישראל.

חכמים מנו יתרונות למי שנקבר בארץ ישראל[32]:

- הקבורה בארץ ישראל מכפרת, כמו שכתוב "וְכִפֶּר אַדְמָתוֹ עַמּוֹ" (דברים לב, מג),
- התחיה בארץ ישראל ללא גלגול מחילות[33],
- ניצל מחיבוט הקבר[34],
- אינו נעשה רימה ותולעה[35],
- הנשמה עולה דרך שער השמים באופן ישר, וכמו שכתוב בספר הזוהר שכל הנשמות עוברות דרך ירושלים. ובמקום אחר בספר הזוהר[36] מובא שבצאת נשמת האדם מעולם הזה, באה תחילה אל מערת המכפלה.

אמנם חז"ל גינו את מי שמתו בחוץ לארץ ובאו להיקבר בארץ ישראל, עד שאמרו עליהם: "אני קורא עליהם 'וְנַחֲלָתִי שַׂמְתֶּם לְתוֹעֵבָה' – בחייכם, 'וַתָּבֹאוּ וַתְּטַמְּאוּ אֶת אַרְצִי' – במיתתכם"[37], אך בכל זאת לימדו זכות על המנהג להיקבר בארץ, כגון שהגינוי היה רק על מי שיכלו לבוא לארץ ולא באו. או

26 גשר החיים פרק כז, ז, א.
27 צרור החיים פיסקה רפט.
28 גשר החיים שם ב.
29 במראה הבזק כרך ב עמוד 137.
30 כתובות קיא, א.
31 על זה אמרו חכמים (שם במסכת כתובות) שאינו דומה קולטתו מחיים לקולטתו לאחר מיתה.
32 על פי גשר החיים פרק כז, ט, א.
33 עיין באוצר המושגים ערך **גלגול מחילות**.
34 עיין באוצר המושגים ערך **חיבוט הקבר**.
35 **הערת הרב נבנצל שליט"א** – צריך עיון לענ"ד.
36 זהר חדש פרשת נח.
37 ירושלמי כלאים פרק ט סוף הלכה ד, על פי פסוקי

שזכותה של ארץ ישראל מכפרת עליהם – "וְכִפֶּר אַדְמָתוֹ עַמּוֹ", ומצינו להרבה מגדולי ישראל שציוו לקברם בארץ למרות שנפטרו בחוץ לארץ.

כד. מעיקר הדין אין להוליך נפטר מעיר אחת כדי לקברו בעיר אחרת, משום כבוד המתים הקבורים באותה העיר שלא לבזותם כשלא נקבר עמהם. אלא אם כן מחוץ לארץ לארץ ישראל, או שמוליכים אותו להיקבר בקברות אבותיו, או שציוה לקברו במקום אחר[38]. למעשה בארץ ישראל לא נהגו להקפיד על כך, ומעבירים את הנפטרים לקבורה בעיר אחרת, ולא חוששים לביזיון המת. אמנם יש שהקפידו שלא להוציא את הנפטר מירושלים ומחברון מפני מעלתן אלא לקבור שם, ויש שהקפידו על כך גם בצפת ובטבריה[39].

כה. אין מוציאים נפטרים מארץ ישראל לחוץ לארץ. לפי הכלל של "**הכל מעלין לארץ ישראל ואין הכל מוציאין**", ראה ביאורו באוצר המושגים. דהיינו, ישנה זכות קדימה לארץ ישראל על פני חוץ לארץ. כך למשל בויכוח בין בני זוג, שאחד מהם רוצה להישאר בארץ והשני רוצה לרדת לחוץ לארץ, ידו של מי שרוצה להישאר בארץ על העליונה. כך גם לגבי בן חוץ לארץ שנפטר בארץ ובן ארץ ישראל שנפטר בחוץ לארץ – מעלים את הנפטר מחוץ לארץ לארץ, ואין מוציאים את מי שנפטר בארץ לחוץ לארץ[40].

כו. בקבורה בחוץ לארץ, יש הנוהגים לתת מעפר ארץ ישראל בקבר, ויש למנהג זה על מה שיסמוך[41].

כז. רשאים לפנות קבר כדי להעלותו מחוץ לארץ לקבורה בארץ ישראל.

איסור הנאה מקברים

כח. בניין הקבר אסור בהנאה[42], לכן אין לדרוך על קברים, אין להישען על קבר ולא לשבת עליו. לצורך מצוה מותר לדרוך על הקבר לפי שעה (למשל נושאי המת בלוויה)[43], ונהגו לבקש מחילה מהנפטר כשמוכרחים לדרוך שם.

כט. גם המצבה ואפילו עפר בית הקברות אסורים בהנאה[44], אבל קרקע עולם אינה נאסרת בהנאה[45]. כלומר שהקרקע שפינו ממנה קבר אינה נאסרת בהנאה, כיון שאי אפשר לאסור קרקע

ירמיהו ב, ז.

38 שלחן ערוך יורה דעה סי' שסג, ב, ושפתי כהן שם.

39 גשר החיים פרק כז, ט, ג. **הערת הרב נבנצל שליט"א** – אין מוציאים נפטר מעיר לעיר, משום כבוד המתים בעיר הראשונה, שלא יאמרו שאין כבודו לנוח איתם. מותר להוציא מחוץ לארץ לארץ ישראל, או מעיר אחרת לקברי משפחה.

40 תייר שהגיע לביקור בארץ ונפטר ונקבר בארץ, ובני משפחתו מחוץ לארץ מבקשים להעבירו לקבר המשפחה בחוץ לארץ, אין להתיר לפנות את הנפטר אשר זכה להיקבר בארץ ישראל, אף אם גילה דעתו בחייו ובקש לקברו בחוץ לארץ. ויש להסביר הדברים לבני המשפחה שהם מרי נפש ולדבר על לבם כי מאת ה' היתה זאת לטובתו ולהנאתו, ויש זכות לנפטר שזכה להיקבר בארץ ישראל (ילקוט יוסף סימן נב, ז).

41 הגהות הרמ"א על שולחן ערוך יורה דעה סי' שסג, א.

42 שלחן ערוך יורה דעה סימן שסד, א.

43 טורי זהב על שלחן ערוך שם סעיף קטן א.

44 הגהות הרמ"א על שלחן ערוך יורה דעה סימן שסח, א. נהגו לקחת מעפר הר הזיתים כדי לשלוח לחוץ לארץ, ולצרכי המתים התירו. גשר החיים פרק כז, ד, ד.

45 שלחן ערוך יורה דעה סימן שסד, א; על פי הכלל העקרוני המופיע בגמרא (סנהדרין מז, ב).

46 גשר החיים פרק כז, ג, יא.

בהנאה. זהו כלל עקרוני גם בתחומים אחרים כגון קרקע שעבדו בה עבודת כוכבים, שאינה נאסרת, למרות שעבודת כוכבים עצמה אסורה בהנאה.

ל. קבר שפינו ממנו מת, מותר לקבור שם מת אחר[46]. אם היה הקבר מיועד לאביו וקברו במקום אחר, לא ייקבר בו עולמית משום כבוד אביו, אבל אדם אחר מותר להיקבר בו[47].

לא. אם מחליפים את המצבה אסור להשתמש במצבה הישנה, למכרה או לקבל עבורה תמורה או הנחה. מותר לתתה עבור מת אחר ללא תמורה[48].

לב. ככלל, ארון מתים שפינו המת ממנו אסור בהנאה. וכן הדין בדברים אחרים שהשתמשו בהם לצורך המת. אמנם יש מי שכתב שהרוצה ליהנות מארון שנשלח בו המת מחוץ לארץ לארץ ישראל, ונקבר המת בארץ ללא הארון, יש לו על מה שיסמוך, ובפרט כשיש הפסד מרובה[49].

לג. צמחים ופירות האילנות שגדלו על הקברים עצמם – אסורים. אבל מותר להשתמש בהם או למכרם לצורך בית הקברות עצמו.

לד. אילנות שנוטעים בבית הקברות שאינם על הקברים עצמם, מותר ללקט פירותיהם[50].

קניין בית קברות חדש

לה. כשמייעדים שטח לבית קברות חדש, או כשמוסיפים שטח לבית קברות קיים, אומרים בעת קניית הקרקע שקונים אותה על מנת שיבולע המות לנצח. כדי שלא ליתן פתחון פה.

לו. יש מקומות שנוהגים שלפחות מניין מאנשי החברה קדישא, מקיפים את השטח המיועד לבית הקברות שבע הקפות. מקיפים מקרן מזרחית דרומית כלפי ימין (כל המזרח, הצפון, מערב ודרום). לפני ההקפות אומרים מזמורי תהלים ובתוכם "ויהי נעם" ו"יושב בסתר עליון" (מזמור צ"א), פרשת הקטורת והברייתא שעוסקת בקטורת (לקמן עמוד 500), ו"אנא בכח". תוך כדי ההקפות אומרים שוב "ויהי נעם" ו"יושב בסתר" ו"אנא בכח". אחרי שבע ההקפות אומרים את שם העיר מתוך פסוקי א – ב שבמזמור קיט (מובא לקמן עמוד 511). וכן פסוקי האותיות קר"ע שט"ן.
חלק מהקהילות מוסיפות תפילות מיוחדות ופסוקים נוספים[51]. ראה גם באוצר המושגים ערך **חינוך בית הקברות**.

47 שלחן ערוך יורה דעה סימן שסד, ז.

48 שם יד – טו. ובקשר לשימוש בגדר בית העלמין ראה שם הלכה יט.

49 ילקוט יוסף סימן נא, א. והטעם כיון שהשולחים מחוץ לארץ סמכו על דעת החברה קדישא בארץ, וכיון שבארץ לא נהגו לקבור עם הארון, לא הוקדש הארון להיאסר. ואף אם נאמר שלא ידעו ממנהג הארץ, הוי הקדש בטעות ואינו הקדש. והוסיף שיש לברר את דעת השולחים, ואם דעתם היתה על מנת שהארון יקבר עמו, אין להקל.

50 שלחן ערוך יורה דעה סימן שסח, ב. גשר החיים פרק כז, ה, ב. פני ברוך סימן לז, כז.

51 הפירוט מובא בספר גשר החיים פרק כז, יא; וכתב שם שבירושלים ובשאר הערים העתיקות שבארץ ישראל לא נהגו בהקפות הללו. ועיין עוד כל בו על אבלות עמוד 163.

אופן הקבורה

לז. נהגו לקבור את הנפטר על גבו[52] כשפניו כלפי מעלה באופן שרגליו כלפי ירושלים. ובחוץ לארץ כלפי ארץ ישראל. עם זאת, גם אם לא הקפידו על כך, אין ליחיד לשנות את הכיוון הכללי הקיים בבית העלמין[53].

לח. אין לקבור רשע אצל צדיק. שנאמר "אַל תֶּאֱסֹף עִם חַטָּאִים נַפְשִׁי" (תהלים כו, ט).

לט. שניים שהיו שונאים זה לזה, אין לקברם זה ליד זה[54].

מ. יש מקומות שנהגו לכתחילה לקבור איש ליד איש ואשה ליד אשה. אך אין קפידה – במקום שנוהגים כך – לקבור איש ליד אשה[55].

על אופני קבורה שונים בבית הקברות – קבורת שדה, קבורת רמה, כוכים, קבר משפחתי / זוגי; ראה באוצר המושגים ערך **קבורה בקומות**.

מידות הקברים וההרחקות ביניהם

מא. העיקרון הוא שמידות הקבר צריכות להיות באופן שהנפטר יהיה מונח בתוכן ברווח. יתכנו הבדלים בין מקום למקום. אך ככלל נהגו 2.00 מטר אורך, 0.70 רוחב. עומק הקבר 1.20 מטר. (על פי הקבלה היו שרצו להעמיק יותר, אפילו כקומת אדם). בתוך הקבר בונים מסגרת מבלוקים או לבנים בגובה 40 ס"מ. לאחר הקבורה של הנפטר בתוך המסגרת, מניחים על המסגרת לוחות כיסוי באופן שישאר חלל של טפח (8 ס"מ) מעל הנפטר.

מב. המרחק בין קבר לקבר צריך להיות שישה טפחים. כשיש סלע או בהפרדה של מלט בין קברים אפשר להקל בהפסק של שש אצבעות (קצת יותר מ12 ס"מ). היו מקומות שמפני דוחק המקום הקלו בשש אצבעות גם כשלא היה סלע, אולם ראוי להרחיק שישה טפחים. בדרך כלל המרחק בין קבר לקבר 55 – 65 ס"מ. זה מה שנהוג בחלק גדול מהמקומות, והדברים עשויים להשתנות ממקום למקום ומזמן לזמן.

מג. בקבר משפחה אפשר להרחיק רק שש אצבעות (קצת יותר מ12 ס"מ) בין קבר לקבר[56].

מד. אם נתמלא בית הקברות ואי אפשר להשיג עוד קרקע זמינה לקבורה, מצד עיקר הדין מותר למלא עפר על הקברות הישנים בגובה שישה טפחים (כשישים ס"מ) כדי להכין

52 מנהג בני תימן להניח את הנפטר על צידו, אלא שפניו כלפי מעלה (שלחן ערוך המקוצר עיני יצחק, יורה דעה סימן קפא, א, בהערה). המנהג בתימן היה לחפור כוך בצד חפירת הקבר ולהכניס את המת בתוכו, וסותמים הכוך באבנים ומכסים את החפירה בעפר. (שם, וכך כתב גם הרב קאפח בספר הליכות תימן, מנהגי קבורה ואבלות עמוד 328).

53 כל בו על אבלות עמ' 177 – 178.

54 שלחן ערוך יורה דעה סימן שסב, ה – ו.

55 כל בו על אבלות עמוד 179. כך אמר לי גם חנניה שחור מנהל חברה קדישא קהִלת ירושלים בשם הרב קוליץ.

56 גשר החיים פרק כז, ז, ב.

למעלה קברים חדשים[57]. למעשה כיום כשישנה מצוקת מקום לקבורה, נהגו לקבור בקומות על פי הגדרים ההלכתיים המאפשרים זאת. במיוחד במקומות הרריים שישנם הפרשי גובה, כגון הר המנוחות בירושלים. עיין לקמן באוצר המושגים ערך **קבורה בקומות**. יש מי שכתב להימנע מקבורה באופן זה כשמדובר באיש ואשה, גם אם הם בעל ואשתו[58].

מה. במקרה אסון חלילה, כשמוכרחים לקבור רבים בבת אחת, עושים לפחות מחיצה דקה בין נפטר לנפטר[59].

57 שלחן ערוך יורה דעה סימן שסב, ד. אמנם בבית יוסף כתב בשם הרמב"ן בתורת האדם שדי בשלושה טפחים. גם ר' עקיבא איגר (שם) כתב שדי בשלושה טפחים. גם בפתחי תשובה (שם ג) כתב שבמקום שאי אפשר ניתן להסתפק בפחות משישה טפחים. אבל בגשר החיים (פרק כז, ו, ו) פסק שיש להקפיד על רווח שישה טפחים, ושאין להקל בפחות. גם בצרור החיים (פיסקה רצ) כתב שיש להתיר קבורה בקומות במקום שאין ברירה, והצריך שישה טפחים בין קבר לקבר.

58 הרב שאול ישראלי במראה הבזק כרך ב עמוד 136.

מו. פינוי קברים

הטעם לאיסור

א. איסור פינוי מת הוא מפני "ניוול המת", שגופו של המת מוזז ממקומו ועלול להתפרק או להראות באופן בלתי מכובד; ומפני "חרדת הדין", שעל ידי התעסקות בגופתו, מטרידים את המת ממנוחתו. זכר למנוחת המתים, מה שאמר איוב על שאיפתו למות "יָשַׁנְתִּי אָז יָנוּחַ לִי" (ג, יג), ומה שאמר שמואל הנביא לשאול "לָמָּה הִרְגַּזְתַּנִי לְהַעֲלוֹת אֹתִי" (שמואל ב׳, כח, טו) [1].

מתי מותר לפנות

ב. ככלל אין מפנים נפטר מקברו, אלא מאחת הסיבות הבאות[2]:

- כדי לקברו בקברי אבותיו ומשפחתו.
- להעבירו מקבר שאינו שלו לקבר שלו.
- אם קבור בין הגויים או ליד גוי.
- אם נקבר בקבר גזול, דהיינו שלא ברשות בעליו.
- אם הקבר מזיק את הרבים, כגון שהוא סמוך לדרך.
- כדי להביאו מחוץ לארץ לארץ ישראל.
- אם קבור במקום שאינו משתמר, ויש חשש שהקבר ינזק.
- אם קברוהו על דעת לפנותו משם. או שהוא ציוה לפני מותו לפנותו מקברו למקום אחר.

ג. ברור שאסור לפנות עצמות מתים לצורך מחקרים. גם במקרה שמותר להעביר עצמות מתים מקברם, יש לקברם מייד בכבוד הראוי.

ד. אם כבר נקבר בארץ ישראל, אין מוציאים אותו מקברו כדי להעלותו לירושלים. בדומה לכלל "הכל מעלין לארץ ישראל", יש כלל הלכתי מקביל – "הכל מעלין לירושלים ואין הכל מוציאין". אולם הכלל "הכל מעלין לירושלים" תקף רק בחיים ולא לאחר מיתה. לכן אף על פי שרשאים לפנות נפטר מחוץ לארץ כדי לקברו בארץ, אין לפנות נפטר בארץ כדי להעלותו לירושלים. פירוט על כללים אלו מובא באוצר המושגים ערך **הכל מעלין לארץ ישראל ואין הכל מוציאין**.

ה. מצד עיקר הדין מת מצוה קנה מקומו ואין מפנים אותו[3], ובזמן הזה אין נוהג דין זה ויש לפנותו לבית הקברות[4]. הגדרות ופירוט יובאו באוצר המושגים ערך **מת מצוה**.

---

59 גשר החיים פרק כז, ו, ד.

1 שפתי כהן על שלחן ערוך יורה דעה סימן שסג, סעיף קטן א.

2 שלחן ערוך יורה דעה סימן שסג, א.

3 שם סימן שסד, ג. על פי הגמרא בבא קמא פא, ב.

4 חזון איש יורה דעה סימן רט, יג. ילקוט יוסף

ו. המוצא קבר בתוך שדהו ואינו יודע אם נקבר שם מדעת בעל השדה הקודם, מותר לפנותו ומקומו טהור. אבל אם מדעת בעל השדה נקבר שם, אסור לפנותו ואם פינהו מקומו טמא ואסור בהנאה[5].

ז. קבר המזיק את הרבים כגון שהוא סמוך לדרך, אפילו נקבר שם מדעת בעל השדה מותר לפנותו ומקומו טהור. הקרקע אינה נאסרת בהנאה[6].

ח. אם קבר או בית קברות נמצאים בביזיון גדול, התירו לפנות את הקברים. אך יש לבדוק היטב קודם לכן שמוצו כל האפשרויות לשמור על כבוד הקברים, ויש לשאול שאלת חכם המכיר את כל הנתונים[7].

כיצד מפנים באופן המותר

ט. גם כשמפנים מת באופן המותר, צריך להשתדל לחכות עד שיתעכל הבשר ויפנו רק את העצמות. ואם מפנים ארון, אין פותחים אותו.

י. בפינוי מת צריך ליטול גם את העפר שהיה מונח שם ובלע מהמת, ולקבור עמו במקום החדש. והשיעור הוא 3 אצבעות (6 ס"מ) בעומק ומכל צד.

יא. המוליך עצמות, עליו לעשות זאת באופן היותר מכובד שאפשר, מתוך רגישות וכבוד לצלם אלוקים שהיה באדם זה שאלו עצמותיו. בגמרא (ברכות יח, א) מובא: "המוליך עצמות ממקום למקום הרי זה לא יתנם בדסקיא (תיק עור) ויתנם על גבי החמור וירכב עליהם, מפני שנוהג בהם מנהג ביזיון. ואם היה מתיירא מפני נכרים ומפני לסטים – מותר". כלומר שהיחס לעצמות נמדד לפי תנאי המציאות, והעיקרון המנחה הוא כבוד המת.

מנהגי אבלות בפינוי קבר

יב. אם קברו את המת על דעת לפנותו בתוך השבעה, מתחילים להתאבל רק מהקבורה השנייה.

יג. אם קברו את המת על דעת לפנותו משם לאחר שבעה, מתחילים למנות אבלות מיד לאחר הקבורה הראשונה. אם פינוהו בתוך שבעה חוזרים ומונים מהקבורה השנית. אם פינוהו לאחר שבעה אין מתאבלים עליו שוב.

יד. אם קברו את המת על דעת שלא לפנותו, אף על פי שנמלכו ופינוהו אין מונים לו אבלות מחדש אלא נוהגים כדין ליקוט עצמות[8].

סימן יד, כג.

5 לשון הטור יורה דעה סימן שסד, וכך גם נפסק להלכה בשלחן ערוך שם סעיף ב. ע"ע באוצר המושגים ערך **קבר הנמצא**.

6 שלחן ערוך יורה דעה סימן שסד, ה. שפתי כהן שם סעיף קטן יב, על פי הגמרא בסנהדרין מז, ב – "קרקע עולם אינה נאסרת".

7 אגרות משה יורה דעה חלק א, רמו. וראה גם במראה הבזק חלק ה, צה.

8 שלחן ערוך יורה דעה סימן שעה, ג. גשר החיים פרק

איסור פתיחת קבר

טו. אחרי סתימת הגולל אין לפתוח את הקבר, גם אם אין מזיזים את המת, גם במת קטן[9].

טז. האיסור הוא בפתיחת הכיסוי הפנימי הסמוך מעל הנפטר – "האהל". לכן אם יש צורך אפשר לחטט בעפר שמעל האהל אם נפל שם דבר. קודם סתימת הגולל מותר לפתוח את כיסוי האהל אם הוא לצורך.

יז. אם נזכרו אחר סתימת הגולל שהנפטר ציוה לקבור עמו דבר מסוים, יקברו בתוך העפר שמעל האהל ולא יפתחו את האהל עצמו.

יח. מותר לפתוח את הקבר לזהות אדם, כדי להתיר את אשתו מעיגון[10].

יט. תינוק שלא נימול ושכחו למולו על קברו, מותר בתוך יום או יומיים לפתוח הקבר כדי למולו. אבל לאחר מכן אין לפתוח הקבר, משום ניוול המת.

כ. אם שכחו להלביש את המת באחד מתכריכיו, פותחים ומלבישים בתוך יום או יומיים רק במת קטן פחות משלוש עשרה שנה. אבל לא במת גדול, כדי למנוע ממנו חרדת הדין.

כא. אם לא הניחוהו כראוי או שלא ישרו את אבריו כראוי בקבר, מותר לפתוח הקבר בתוך יום או יומיים גם במת גדול.

ליקוט עצמות

בזמן התלמוד היו קוברים בכוכים לפי שעה, ולא היו מפנים את המת עד שנתעכל הבשר, ואז היו מלקטים את העצמות וקוברים אותן במקום אחר. בעת ליקוט העצמות היו נוהגים אבלות יום אחד (מסכת שמחות פרק יב). כיום דין זה נוהג רק בהבאה לקבורה מחדש.

כב. מיד כשמתחילים ללקט את העצמות, נוהג הקרוב אבלות – קורע שוב, יושב על הארץ, חולץ מנעליו ונוהג אבלות עד הערב. משחשך היום מפסיק אבלותו גם טרם שנקברו העצמות[11]. למחרת אינו נוהג אבלות כלל, גם אם ממשיכים אז ללקט העצמות וגם אם קוברים אותן אז. לפיכך אין מלקטים סמוך לחשכה כדי שלא יצא שלא התאבל על ליקוט העצמות כלל[12].

יט, ד, ט. פני ברוך סימן ח, ב.

9 שלחן ערוך יורה דעה סימן שסג, ז.

10 ילקוט יוסף סימן נב, ט.

11 גשר החיים פרק כו, ד, ח. קודם לכן (סעיף ה) כתב שלדעתו אין איסור "לא תלין" בליקוט עצמות אלא רק כשהבשר קיים.

12 שלחן ערוך יורה דעה סימן תג, א. לפי החזון איש (יורה דעה סימן ריג, ד) נוהג אבלות מגמר הליקוט. לפיכך אם ליקט ביום וסיים בלילה נוהג אבלות כל יום המחרת.

כג. בשעת ליקוט העצמות אין מספידים, אבל אומרים דברי שבח וקילוסין על הנפטר ועל הקב"ה שהוא ממית ומחיה.

כד. דין אבלות בליקוט עצמות נוהג גם אם הבשר קיים.

כה. אין אנינות בליקוט עצמות, לכן מותר לאכול בשר ולשתות יין[13].

כו. אם לא נהג אבלות ביום ליקוט העצמות, אינו נוהג אבלות למחרת.

כז. הקרובים נוהגים אבלות באותו יום גם אם לא נכחו בליקוט העצמות אלא רק שמעו באותו יום על כך, אבל אם שמעו על כך למחרת אין נוהגים אבלות.

כח. אין חובה להודיע לקרובים על ליקוט העצמות, ויש אומרים שעדיף לא להודיעם כדי לא להצריכם להתאבל שוב[14].

כט. יש לנהוג כבוד בעצמות שנלקטו, ולשמרן ולשאת אותן כדרך שנושאים מת.

ל. אין מלקטים עצמות במועד, כדי שלא לעורר את הצער.

לא. כשמלקטים עצמות של שני מתים או יותר, מקפידים שלא לערבב בין העצמות. מותר לקבור בקבר אחד גדול, בארון נפרד לכל נפטר[15].

לב. אין הבן מפנה בידיו עצמות אביו ואמו, וכל שכן אם הגוף קיים שאז אסור מדינא. הטעם משום כבוד אביו ואמו.

לג. אם הבן כהן אסור לו להיטמא לקרוביו, שמא חסר מהגוף, ואין הכהן רשאי להיטמא לגוף שאינו שלם[16].

לד. אם נקבר באופן זמני על דעת לפנותו, ופינהו תוך שבעה – מתחיל שבעה מחדש. ואם פינהו אחר שבעה, נוהג יום אחד.

לה. דין ליקוט עצמות נוהג פעם אחת בלבד, ואין ליקוט אחר ליקוט.

לו. העברה מארון לאדמה או מאדמה לארון נחשבת ליקוט עצמות. העברת ארון בשלמותו ממקום למקום לא נחשבת ליקוט עצמות[17].

13 שלחן ערוך שם.

14 בילקוט יוסף (סימן נט, ב) כתב שבמקרה של העברת חללי המלחמה לקבורת קבע ולמנוחת עולמים, יפה נהגו שלא להודיע על מועד הפינוי למשפחות החללים כדי לא להצריכם לשבת שוב באבלות.

15 ילקוט יוסף סימן נב, יב.

16 שפתי כהן יורה דעה סימן תג, סעיף קטן א.

17 גשר החיים פרק כו, ו, יב. שו"ת יביע אומר חלק ט סימן מח. אמנם באגרות משה (יורה דעה חלק א, רס) כתב להחמיר ולנהוג אבלות במקרה כזה. וראה עוד במראה הבזק כרך ב עמוד 139.

מצבים מיוחדים באבלות

מז. עיכוב בקבורה

א. אם הקבורה מתעכבת לזמן קצוב שיש בו אפשרות וצורך לטפל בנפטר ובקבורתו, עדיין יש דין אנינות על הקרובים[1]. אם אין אפשרות או צורך לטפל בנפטר, אין דין אנינות[2].
ראה לעיל בפיסקה "חלות האנינות", עמוד 65.

ב. אם שלחו את המת לעיר אחרת ולא ידוע מתי ייקבר, ככלל, הנשארים בבית מתחילים לנהוג אבלות מיד כשחוזרים מהלוויה[3], ואלו שנסעו עם המת לקברו מתחילים אבלות לאחר הקבורה[4]. פירוט והתייחסות נוספת להלכה זו תובא בפרק הבא.

ג. אם קיבל ידיעה שמת לו מת בעיר אחרת והקבורה מתעכבת ואינו נוסע למקום הקבורה, האבלות חלה רק מזמן הקבורה[5] ויש אומרים שחלה מיד. לפי זה אם הוא בארץ ומת לו קרוב בחוץ לארץ, והקבורה תהיה בחוץ לארץ בערב יום טוב, אם קיבל עליו אבלות שעה אחת קודם יום טוב פטור מהשבעה, למרות שבחוץ לארץ לא קברו עדיין[6].

ד. מי שהחל וסיים את אבלות השבעה קודם לשאר קרוביו, מסיים גם את השלושים קודם לשאר קרוביו. בכל אופן את העלייה לקבר יעשו רק לאחר שלושים יום מהקבורה[7].

ה. אם נתנו את המת בארון והניחוהו בחדר אחר ולא קברוהו לפי שהיתה העיר במצור, מונים לו מיד שבעה ושלושים לאבלות אף על פי שדעתם לקברו בבית הקברות אחר המצור. וסתימת הארון נחשבת לגביהם כקבורה וחלה עליהם אבלות מיד[8].

---

1 יד אפרים הלכות אונן, א.

2 כל בו על אבלות עמוד 118. בזמנו היו תקנות ממשלתיות במקומות מסוימים שאין לקבור נפטר בתוך 48 שעות מפטירתו, כדי לוודא שאמנם מת. מצב זה עורר את השאלה לגבי גדר אנינות באותו זמן על הקרובים. ראה למשל שם (מעמוד 119), התייחסויות הלכתיות לכך.

3 **הערת הרב נבנצל שליט"א** – אם עומדים בקשר טלפוני וכיוצא בזה, ונותנים הוראות היכן לקבור וכו', עדיין הם אוננים.

4 שלחן ערוך יורה דעה סימן שעה, ב. גשר החיים פרק יט, ד, ח. ועיין עוד לעיל בפיסקה על תחילת האבלות, עמוד 94.

5 גשר החיים פרק יט, ד, י. פני ברוך סימן ח, יא. במראה הבזק חלק ב עמוד 144. אמנם כששלחו את המת לקבורה בעיר אחרת נוהגים אבלות מיד כיון שגמרו את הטיפול בו, אבל כשמקבל אבלות על פי ידיעה והידיעה אומרת שיקבר למחר, נוהג אבלות מהקבורה. אמנם יש שדחו סברה זו ולכן לדעתם גם במקרה זה נוהג אבלות מיד ולא צריך להמתין לקבורה. גם לפי הדעה שצריך להמתין עד הקבורה, מסתבר שאינו נוהג אנינות כיון שאינו טרוד בקבורה (פני ברוך שם הערה כג). **הערת הרב נבנצל שליט"א** – אלא אם כן מעביר הנחיות.

6 נטעי גבריאל חלק א, פרק קלג, טו.

7 כך הורה לי הרב יעקב רוז'ה שליט"א, כיון שהאבלות קשורה בקרובים ונמדדת לפי הזמן שבו הם החלו לנהוג אבלות, ואילו העלייה לקבר קשורה בעניינים של עליית הנשמה, ועניינים אלו נקבעים לפי הקבורה.

8 שלחן ערוך יורה דעה סימן שעה, ד.

ו. הרוגי מלכות שאין מניחים אותם לקברם, מתחילים להתאבל עליהם ולמנות שבעה ושלושים משעה שנתיאשו לקברם ברשות המלכות[9].

ז. מי שנהג אבלות על קרובו שמת כיון שהיה סבור שכבר נקבר, ונודע לו לאחר מכן שטעה, אותה אבלות שנהג לא עולה לו וצריך לנהוג שוב מזמן שנקבר או משעה שנתייאשו לקברו[10].

ח. אם שלחו את המת לעיר אחרת והחלו לנהוג אבלות, ולאחר מכן עיכבו את הקבורה זמן ארוך, אין צריכים להפסיק אבלותם וגם לא צריכים לחזור ולהתאבל מאחר שנהגו כדין[11].

ט. אם הקבורה מתעכבת ואין אפשרות להקדימה, מותר לכבודו של הנפטר להקפיא את הגופה או להזריק לה חומרים משמרים[12].

9 שם סעיף ה.

10 רמ"א שם סעיף א, שלחן ערוך שם סעיף ו.

11 רמ"א יורה דעה סימן שעה, ז. פני ברוך סימן ח, ט.

12 כך הורה לי הרב מרדכי אליהו שליט"א. (וכעין זה משמע מהרמ"א יורה דעה סימן שסג, ב. אמנם שם מדובר על זירוז תהליך וכאן על עיכובו, אך העיקרון

מח. מי שנודע לו על המיתה רק לאחר שקרוביו כבר החלו לשבת שבעה

א. קרוב שלא ידע שמת קרובו ובא באמצע השבעה לבית האבלים, או שידע אבל לא החל לנהוג אבלות קודם שבא אצל שאר הקרובים היושבים שבעה, לעתים מתחיל למנות לעצמו שבעה, ולעתים מצטרף למנות שבעה עם שאר האבלים.

ב. מושג משמעותי בהלכה זו הוא "**גדול הבית**". גדול הבית הוא הדמות המרכזית במשפחה, האבל שענייני המת וקבורתו נחתכין על פיו, לאו דווקא הגדול בשנים.

ג. אם יושב עם האבלים גם גדול הבית – מצטרף הקרוב לאבלים ויושב רק את מספר הימים שהם משלימים, וקם מהשבעה יחד אתם.

ד. ישנם ארבעה תנאים כדי שיוכל הקרוב להצטרף אל האבלים:

- כשלא ידע שמת, או אפילו ידע אבל לא התחיל לנהוג אבלות עד שבא למקום האבלים. אבל אם התחיל למנות לעצמו, לא מצטרף אפילו אם בא אליהם.
- כשגדול הבית בין האבלים (אפילו אם רק ישב שם וכבר הלך).
- כשהאבלים יושבים בעיר שמת או שנקבר שם.
- שהקרוב היה בזמן הקבורה לא רחוק יותר ממהלך יום אחד ממקום הקבורה[1].

אם לא מתקיימים כל ארבעת התנאים, מונה הקרוב שבעה ימים לעצמו מהזמן שנודע לו.

ה. גם אם אין גדול הבית במשפחה, כגון אחים השוים ביניהם, מחשיבים את רוב האחים כגדול הבית, ונהגו להקל שהקרוב יצטרף עם שאר האבלים.

ו. אפילו בא ביום השביעי, אם עדיין לא קמו – יושב אתם שעה קלה וקם יחד אתם, ולאחר שקם אתם מניח תפילין בברכה[2]. אם כבר קמו מאבלותם – מתחיל למנות שבעה לעצמו.

ז. אם האבל מצטרף לקרוביו ויושב אתם, אפילו חזר אחר כך לביתו נגרר אחרי גדול הבית, וקם בזמן שגדול הבית קם.

ח. גדול הבית עצמו שבא למקום האבלים ואז נודע לו על המיתה, לא מצטרף אתם, ויש מי שמקל שמצטרף עמם[3].

המשותף הוא כבוד הנפטר).

1 בשלחן ערוך (יורה דעה סימן שעה, ח) נפסק שאם היה במקום קרוב, שהוא כשיעור מהלך עשר פרסאות, שאפשר שיבוא ביום אחד – מצטרף עם שאר האבלים. נחלקו האחרונים אם אפשר כיום להחשיב מהלך יום אחד ברכבת או במטוס. למעשה כיום שאפשר להגיע בעזרת מטוסים למרחקים גדולים, מחשיבים לפיהם מרחק של יום אחד. סיכום הדעות מובא בילקוט יוסף סימן טו, הערה ג. ועוד הוסיף (שם הלכה ו) שאם יש אפשרות עקרונית להגיע תוך 12 שעות, למרות שבפועל הזמן מתארך בגלל חניות ביניים, עדיין נחשב מהלך יום אחד, ומצטרף עמהם.

2 ילקוט יוסף סימן נח, יד.

3 שם סימן טו, ח.

ט. גדול הבית שהתחיל אבלות ובא והודיע לקרוביו, מתחילים למנות לעצמם ולא מצטרפים איתו. שאין הנמצא נגרר אחרי הבא, אלא הבא נגרר אחרי הנמצא.

י. כשמוליכים את המת מעיר לעיר, וחלק מהקרובים נשארים וחלקם מלווים את הנפטר לעיר האחרת, ככלל, אלו שאינם מלווים את המת מונים שבעת ימי אבלות משיחזירו פניהם מהמת, ואלו שהולכים עמו מונים מסתימת הגולל. אבל כשגדול הבית הולך עם הנפטר ללוותו, ולא עתיד לחזור לשאר האבלים, כולם נגררים אחריו ומונים משעה שייקבר, ודווקא כשמקום הקבורה אינו רחוק יותר משלושה ימי הגעה. אבל אם מקום הקבורה רחוק יותר משלושה ימי הגעה, מתחילים למנות מיד. ואם גדול הבית עתיד לחזור בתוך שבעה לבית האבלים, מונים הנשארים שבעה משיחזירו פניהם מהמת, והחוזרים מצטרפים אליהם וקמים יחד אתם[4].

יא. אדם ששמע שמת לו קרוב בעיר אחרת, ואין בכוונתו להשתתף בלוויה, אם יודע שהלוויה תתקיים באותו יום – ימתין ויתחיל לשבת שבעה מזמן סיום הקבורה. אם הקבורה מתאחרת, ולא תתקיים באותו יום – יתחיל לשבת מיד ולא ימתין לקבורה. אם אינו יודע מתי תהיה הלוויה, יתחיל באבלות מרגע ששמע על הפטירה[5].

יב. מי שקיבל הודעה על קרובו שנפטר בחוץ לארץ, אינו מניח תפילין ביום ההודעה. לכתחילה יתחיל לנהוג אבלות רק לאחר הקבורה, ויש אומרים שיכול לנהוג אבלות מיד, ובפרט אם לא ידוע מתי ייקבר. ואם החל לנהוג אבלות מיד ונתברר לו שנקבר קרובו רק לאחר שלושה ימים, אינו צריך להשלים שלושה ימים נוספים באבלות[6].

4 שלחן ערוך יורה דעה סימן שעה, ב. גשר החיים פרק יט, ה, ו. חכמת אדם כלל קסב, טו.

5 צרור החיים פיסקה עו.

6 ילקוט יוסף סימן טו, י. ובהערה שם דן אם יש מציאות של אבלות קודם הקבורה.

מט. דיני שמועה

שמועה קרובה

כללו של דבר: יום שמועתו הקרובה כיום הקבורה.

רמב"ם הלכות אבל, פרק ז, א

א. קרוב שנודע לו על פטירת קרובו בתוך השלושים למיתה או ביום השלושים עצמו, נקראת שמועתו "שמועה קרובה"[1].

ב. בשמועה קרובה האבל לא מניח תפילין, וחייב לקרוע, ואוכל סעודת הבראה, וחייב לנהוג אבלות שבעה ושלושים מיום השמועה.

ג. מברכים דיין האמת מיד כששומעים, גם בשבת וביום טוב מברכים[2].

ד. דין שמועה קרובה יתכן גם לפני הקבורה. לדוגמא: לפי הדעה שיתחיל לנהוג אבלות מיד מזמן השמועה, כאשר שמע על פטירת קרובו, ולא עתיד להשתתף בלוויה. וראה עוד בפרק הקודם הלכה יא – יב.

בשבת ובחג

ה. אם שמע שמועה קרובה בשבת, השבת מצטרפת לשבעה כיון שנוהג אבלות בצנעה וקם ביום שישי בבוקר[3].

ו. אם שמע שמועה קרובה בערב החג, גם אם ערב החג חל בשבת, החג מבטל את השבעה[4].

ז. אם שמע שמועה קרובה ביום טוב, מברך דיין האמת. במוצאי יום טוב קורע רק כשחל בחול ולא בחול המועד, כיון שאין זו שעת חימום וצער וגם לא שעת שמועה[5]. אין החג עולה לו למניין "שבעה" אלא מתחיל לשבת לאחר החג, אבל ימי הרגל עולים למניין שלושים.

ח. מי ששמע אחרי הרגל שקרובו נפטר קודם הרגל, כיון שלא נהג כלל אבלות קודם הרגל, צריך להתחיל לנהוג אבלות שבעה מיום השמועה[6].

ט. אין אוכלים סעודת הבראה בשבת וביום טוב[7]. אך אם שמע שמועה קרובה בשבת או בחג, לפי מנהג עדות המזרח עורכים סעודת הבראה במוצאי שבת ויום טוב, כיון שאז

1 שלחן ערוך יורה דעה סימן תב, א.
2 שמירת שבת כהלכתה חלק ב, פרק סה, מט.
3 שלחן ערוך יורה דעה סימן תב, ז.
4 שם סימן שצט, א; תב, י. שמירת שבת כהלכתה שם, נ.
5 משנה ברורה סימן תקמז, סעיף קטן יא.
6 שלחן ערוך אורח חיים סימן תקמח, כ; יורה דעה סימן תב, ח.
7 שלחן ערוך יורה דעה סימן תא, ד.

מתחילה האבלות; ולפי מנהג האשכנזים אין עורכים סעודת הבראה כלל במוצאי שבת ויום טוב כיון שנדחתה האבלות[8].

י. אם שמע שמועה קרובה בחול המועד, דינו כמת בחול המועד. ואם תהיה רחוקה לאחר המועד, קורע בחול המועד על כל אחד מקרוביו[9].

יא. סופרים שלושים יום מהמיתה וגם אם חל חג בינתיים אין מחשבים בו קיצורי ימים. כך למשל, אם שמע עשרה ימים אחרי סוכות שמת לו מת ערב החג, אף על פי שאם היינו מחשיבים שעה לפני החג לשבעה ימים, ובצירוף שבעת ימי החג ושמיני עצרת שגם הוא נחשב לשבעה ימים נקבל עשרים ואחת יום, ובצירוף עשרה ימים שעברו נגיע לשלושים ואחת, אין לזה דין שמועה רחוקה אלא שמועה קרובה. שאין החג עולה למי שלא נהג אבלות קודם לחג, וכל שכן למי שלא ידע שמת לו מת[10].

אם לא נהג אבלות כששמע

יב. אם שמע שמועה קרובה ולא נהג אבלות, עדיין יש עליו חיוב להתחיל ולמנות שבעה ושלושים, כל זמן שלא עברו שלושים יום מיום השמועה. הטעם הוא כיון שיום השמועה כיום הקבורה, ודינו כמי שלא נהג אבלות שבתוך שלושים חייב להשלים. ואם עברו שלושים יום גם מיום השמועה ולא נהג אבלות, אינו יכול להשלים יותר[11]. ויש אומרים שאם עברו שלושים יום מהמיתה, אינו צריך להתאבל[12].

יג. חתן או כלה ששמעו שמועה קרובה בתוך שבעת ימי המשתה, ולאחריהם תהיה רחוקה, נוהגים אבלות בצנעה עד תום ימי המשתה, ולמוצאי ימי המשתה נוהגים באבלות זמן קצר כדין שמועה רחוקה[13].

עיתוי האזכרה

יד. אף על פי שדיני השבעה והשלושים נוהגים מיום השמועה, את האזכרה בשלושים עורכים בליל או ביום השלושים מהקבורה[14].

---

8 שלחן ערוך ורמ"א, יורה דעה סימן שעח, יא. גשר החיים פרק כ, ב, יא. ילקוט יוסף סימן יג, יג.

9 גם לפי המנהג שבחול המועד קורעים רק על אב ואם. שלחן ערוך יורה דעה סימן שמ, לב; תא, ג. גשר החיים פרק ד, כה.

10 שלחן ערוך אורח חיים סימן תקמח, כ; יורה דעה סימן תב, ח.

11 גשר החיים פרק כד, א, ז.

12 נטעי גבריאל חלק ב, פרק לח, יג, בשם החיד"א.

13 שם, טז.

14 ילקוט יוסף סימן לו, ו.

שמועה רחוקה

אבל אם הגיעה לו השמועה אחר השלשים יום, הרי זו שמועה רחוקה ואינה נוהגת אלא יום אחד ואינו קורע, וכאילו יום השמועה הוא יום שביעי ויום שלשים, ומקצת היום ככולו.

שם ברמב"ם

עיתוי

טו. אם הגיעה אליו השמועה אחר שלושים למיתה אפילו בליל שלושים ואחד נקראת שמועתו "שמועה רחוקה".

טז. שמועה רחוקה מונים מיום המיתה ולא מיום הקבורה[15].

יז. אפשר לנהוג את האבלות הקצרה גם בלילה[16].

אופן הבעת האבלות

יח. בשמועה רחוקה נוהג אבלות רק שעה קלה, וגם אז אינו נוהג כל דיני האבלות אלא די במעשה אחד שניכר בו שעושהו משום אבלות, כגון חליצת הנעליים או להתיישב בכסא נמוך, ומיד אחר כך הוא יכול לנעול נעליו או לקום מהכסא[17].

יט. אם היה עוסק בתורה או במלאכה או ברחיצה ושמע שמועה רחוקה, פוסק, אך אינו צריך לחלוץ תפילין. בכל מקרה צריך שיעשה מעשה בפועל שניכר שעושהו משום אבלות.

כ. בשמועה רחוקה אין סעודת הבראה[18].

דיין האמת

כא. צריך לברך "דיין האמת" על כל הקרובים. אם לא ברך וכבר עברו 24 שעות מאז ששמע, כבר פג עיקר הצער הראשוני ולא יברך[19].

---

15 שלחן ערוך יורה דעה סימן תב, א. אמנם יש דעות המחמירות להחשיב רק מיום הקבורה, אך בגשר החיים (פרק כד, א, א) כתב שהרוצה להקל יש לו על מה שיסמוך, וגם בילקוט יוסף (סימן נח, ד), ובפני ברוך (סימן כו, ג) כתבו להקל.

16 שלחן ערוך יורה דעה סימן שצה, ב. אמנם לגבי השבעה יש מחלוקת אם אומרים מקצת היום ככולו גם בלילה. אבל לגבי שמועה רחוקה לכל הדעות אומרים מקצת היום ככולו גם בלילה (טור שם). וכן שם סימן תב, א.

17 שלחן ערוך יורה דעה סימן תב, ב.

18 שם סימן שעח, יב.

19 גשר החיים פרק כד, ב, ג. למרות שמי שיושב באבלות ולא ברך יכול לברך תוך שלושה ימים, שם מדובר במי שיושב בפועל באבלות והצער מורגש יותר, ולכן יכול לברך עד שלושה ימים.

קריעה

כב. אין קורעים על שאר קרובים אלא רק על אב ואם, ועליהם לעולם קורע[20], וקורע כל בגדיו כמו שפורט לעיל בדיני קריעה על אב ואם.

כג. בחול המועד אין קורעים בשמועה רחוקה על אביו ואמו, וקורע רק לאחר המועד[21]. אבל מברכים ברכת דיין האמת מיד, אפילו בשבת ויום טוב[22].

שבעה, שלושים ושנים עשר חודש

כד. שמועה רחוקה לאחר שנהג אבלות שעה קצרה, מבטלת דיני שבעה ודיני שלושים. אבל על אב ואם ממשיכים לחול הדינים המיוחדים הנוהגים גם לאחר שלושים: אסור בתספורת עד שיגערו בו חבריו, אינו מחדש בגדים וחפצים, נמנע משמחות וכו' (כמו שפורט מעמוד 188). הגבלות אלה נמנות מיום הפטירה ולא מיום השמועה, לפיכך אם שמע שמועה על אביו ואמו לאחר שנים עשר חודש מהפטירה, קורע ונוהג רק שעה קלה ודיו[23].

כה. שמע שמועה רחוקה על אביו ואמו ונהג אבלות שעה קלה, ופגע בו החג בתוך שלושים יום לאבלו, מותר לו להסתפר בערב יום טוב לכבוד החג[24].

כו. אם שמע בשבת או ביום טוב אינו נוהג בהם שום מנהג אבלות, גם לא דברים שבצנעה. וינהג במוצאי שבת שעה קצרה כאמור לעיל[25].

כז. שמועה קרובה שנעשית רחוקה – אם שמע בשבת או ביום טוב שהם יום שלושים, ולמוצאי שבת או מוצאי יום טוב נעשית שמועה רחוקה. אף על פי שנוהג בשבת וביום טוב אבלות בצנעה, נחשבת במוצאי שבת או מוצאי יום טוב כשמועה רחוקה[26]. יש אומרים שהוא הדין בפורים, אם שמע שמועה קרובה בפורים ולמוצאי פורים נעשתה רחוקה דינו כשמועה רחוקה[27].

כח. שמועה שעוברת מארץ לארץ, מחשיבים לפי המקום של השומע ולא לפי מקום הנפטר. כך למשל אם הגיעה שמועה מארצות הברית ששם הוא בתוך שלושים אבל בארץ כבר יום שלושים ואחד, נחשבת שמועה רחוקה. ולהפך – אם נפטר בארץ וכאן כבר ליל שלושים ואחד אבל שם עדיין יום שלושים, נחשבת שמועה קרובה[28].

---

20 שלחן ערוך יורה דעה סימן שמ, יח. סימן תב, ד.

21 משנה ברורה סימן תקמז, סעיף קטן יד. גשר החיים פרק ד, כד.

22 כיון שהברכה נתקנה על שמועות רעות. בגשר החיים (פרק ד, כו) כתב שאלו הנוהגים לסמוך את הברכה לקריעה, דוחים את הברכה למוצאי שבת ויום טוב שאז קורעים, אבל דווקא בהמתנה קרובה כזאת ולא בהמתנה ארוכה מחול המועד ועד לאחר המועד.

23 שלחן ערוך יורה דעה סימן תב, א. גשר החיים פרק כד, ב, ד.

24 ילקוט יוסף סימן נח, ג.

25 שלחן ערוך אורח חיים סימן תקמח, יח. יורה דעה סימן תב, ו.

26 שלחן ערוך יורה דעה סימן תב, ה.

27 פני ברוך סימן כו, טו.

28 ילקוט יוסף סימן נח, י.

כט. שמועה ספק קרובה ספק רחוקה, יש להקל שלא לקרוע על שאר קרובים, ויושב שעה אחת ודיו[29].

ל. חכם שבאה שמועתו לאחר שנים עשר חודש, אין סופדים אותו.

שמועה על שני קרובים

לא. אם שמע על שני קרובים, שמועה קרובה או רחוקה, נוהג אבלות בבת אחת על שניהם.

לב. אם שמע על קרוב אחד ולאחר יום או יותר שמע על קרוב נוסף, מתחיל לנהוג אבלות מחדש על הקרוב השני והימים נחשבים לו גם לראשון[30]. פירוט מובא לקמן בפרק נג – מת קרוב נוסף בתוך זמן האבלות.

טעות בשמועה

לג. אם שמע שמועה ומספק החשיבה לרחוקה ולאחר שלושים נודע לו שהיתה קרובה, או שהטעו אותו על שמועה קרובה ואמרו לו שהיא רחוקה, או שטעה בעצמו ונהג אבלות בשמועה קרובה כאילו היתה שמועה רחוקה, אינו צריך לנהוג שוב אבלות[31].

לד. שמע שמת לו מת ונהג שבעת ימי אבלות, ולאחר מכן נודע לו שמת רק כעת, צריך לישב שוב שבעת ימי אבלות. וכן הדין אם נהג [illegible] שבעה על קרובו שנפטר ולאחר מכן נתברר שלא אותו קרוב נפטר אלא קרוב אחר נפטר, צריך לשבת שבעה שוב[32].

אם לא נהג אבלות כששמע

לה. אם לא נהג אבלות בשעת שמועה, צריך להשלימה אחר כך[33].

29 אמנם יש דעות שחייב להתאבל כיון שנותנים חזקת חיים לאדם שנפטר ואומרים שרק לאחרונה מת (בית חדש, יורה דעה שצז). והטורי זהב חלק עליו מטעם שאין אומרים חזקת חיים למי שכבר נפטר, ולכן אין להתאבל במקרה של ספק כזה, בפרט שאנו אומרים שהולכים באבל להקל. וכן פסק בגשר החיים פרק כד, ב, ז; ובילקוט יוסף סימן נח, ח. ובפני ברוך (סימן כו, ד) הביא בשם שבט הלוי (יורה דעה סימן ריג) שבזמננו שאפשר לברר בקלות בטלפון וכדומה, יש להחמיר עד שיברר.

30 שלחן ערוך יורה דעה סימן תב, ט.

31 ילקוט יוסף סימן נח, ט. פני ברוך סימן כו, ו. ועיין עוד גשר החיים פרק כד, ב, ט.

32 פני ברוך שם ז – ח.

33 ציץ אליעזר חלק ז, סימן מט, פרק י.

נ. ספק אבלות

במקרים של ספק אבלות, הכלל היסודי שנפסק להלכה הוא: כל עדות שמשיאים את האשה על פיה, מתאבלים על פיה. כלומר, שאם זו עדות שניתן להסתמך עליה כדי להשיא אשה של אדם שנעדר, ניתן גם להסתמך עליה כדי להחיל דין אבלות על הקרובים[1].

דיני היתר עגונה מורכבים ביותר. ככלל ניתן לומר שחכמים הקלו והתירו להסתמך על עדויות שבאופן רגיל אין מסתמכים עליהן, כדי לשחרר את האשה מעגינותה ולאפשר לה להינשא. הסיבות שחכמים אפשרו להסתמך על עדויות לא מוצקות הן: האשה תדייק היטב לפני שתינשא בשנית, ולא תינשא כל עוד יש אפשרות שבעלה חי עדיין (הביטוי ההלכתי – "אשה דייקא ומינסבא"). טעם נוסף – עדים לא ישקרו בדבר העתיד להתגלות (הביטוי ההלכתי – "מילתא דעבידא לאיגלויי, לא משקרי אינשי").

אמנם בעדות לאבלות מתאים רק הטעם השני. אך ההכרעה ההלכתית בסופו של דבר היא להסתמך גם על עדויות פחות מבוססות, שבאופן רגיל אין מסתמכים עליהן.

עדות לאבלות

א. מתאבלים על פי עד אחד או עדה אחת או עד מפי עד שהעידו שקרובו מת, ועל גוי המסיח לפי תומו[2]. כלומר שלא בא מתוך מגמה ורצון להעיד שאז יש חשש שמא יש לו אינטרס בעדותו, ועדותו לא תתקבל. אלא כשהוא מסיח לפי תומו – מספר עובדות ללא כוונה מיוחדת להעיד או להשפיע בדבריו.

ב. עד אומר מת ועד אומר לא מת, או שניים אומרים מת ושניים אומרים לא מת – אין מתאבלים. כיון שיש לאדם חזקת חיים כל זמן שלא נודע לנו שמת. כשהעדות שקולה אנו משאירים את האדם בחזקתו – חזקת חיים.

ג. מונים שבעה ושלושים מיום שהודיעו להם. הודיעו לקרובים שמת קרובם, והם אינם יודעים אם הוא בתוך שלושים ואז צריך לשבת שבעה כדין שמועה קרובה, או לאחר שלושים ואז אין צריך לשבת כי אם זמן מועט כדין שמועה רחוקה; יש דעות לכאן ולכאן. ובמקום שיש מחלוקת, הלכה כדברי המקל באבל ואין צריך לשבת שבעה[3]. וכן אם הורו לו שלא יתאבל, ואחר כך נודע שהיה בתוך שלושים כשהודיעוהו, אין צריך להתאבל אחר השלושים[4].

1 רמב"ן בתורת האדם (עמוד רלט).

2 שלחן ערוך יורה דעה סימן שצז, א. אמנם יש פוסקים שכתבו שאין לסמוך על גוי מסיח לפי תומו (טורי זהב שם בשם אור זרוע ורש"ל), אבל בגשר החיים (פרק יט, ט, א) כתב שיש לנהוג כשלחן ערוך ולהסתמך גם על גוי מסיח לפי תומו כדי לנהוג אבלות.

3 טורי זהב סימן שצז, ב. ערוך השלחן יורה דעה סוף סימן שצז.

4 טורי זהב שם. אמנם בשפתי כהן שם כתב שצריך להתאבל, אך בגשר החיים (יט, ט, ד) כתב שאין לנהוג אבלות (ובשפתי כהן נפלה טעות סופר וגם לדעתו אין לנהוג אבלות, כמו שמובא בנקודות הכסף שם).

ד. אדם נשוי שיש ספק אם נפטר, אין מתאבלים עליו ואין אומרים עליו קדיש עד שבית דין יתירו את אשתו להינשא[5].

שבויים ונעדרים

ה. מי שנפל בשבי ולא יודעים אם הוא עדיין בחיים, או אם ידוע שמת או נהרג ולא נמצאה גופתו, אין מתאבלים עליו כל עוד לא נתייאשו ויש סיכוי למצוא את הגופה ולהביאה לקבר ישראל[6]. אם עבר זמן ואפסו הסיכויים יש לשאול שאלת חכם.

ו. אם נתייאשו מלמצאו מתחילים להתאבל עליו ולומר עליו קדיש מזמן שנתייאשו[7]. מונים אחד עשר או שנים עשר חודש מהזמן שנתייאשו מלמצאו, אפילו אם מצאוהו לאחר מכן וקברוהו[8].

ז. אם נתייאשו מלמצאו ונהגו עליו אבלות וישבו עליו שבעה, ואחר כך נמצאה גופתו, אין נוהגים עליו אבלות שוב. אם המת הוא אביו או אמו קורע עליהם כדין שמועה רחוקה. אם הוא במקום שנמצא המת נוהג אבלות אותו היום בלבד[9].

---

5 שלחן ערוך אבן העזר סימן יז, ה. שפתי כהן על שלחן ערוך יורה דעה סימן שעה סעיף קטן ז, ומקורו בתשובת הרי"ף המובאת בבית יוסף שם. העיקרון הוא שכל זמן שלא התירו את אשתו להינשא הריהו בגדר חי ואין מתאבלים עליו. זאת עקב החשש שאם יתאבלו עליו ללא הוכחות מספקות, עלולה לצאת מכך תקלה חמורה שאשתו תחשוב בטעות שכבר יכולה להינשא ותלך ותינשא.

6 שלחן ערוך יורה דעה סימן שעה, ה. הגדר של "נתייאשו" הוא על מי שבידם לחפש. אם מדובר בחיילים, ההגדרה בדרך כלל היא על הממשלה האחראית. במקרים מסוימים, אזרחיים ואפילו צבאיים, המשפחה לוקחת אחריות ומחפשת בעצמה, ואז ההגדרה של נתייאשו מוסבת על המשפחה.

7 שם סעיף ז.

8 גשר החיים פרק ל, ט, יא.

9 שלחן ערוך יורה דעה סימן שעה, ז.

נא. חתן וכלה

בחתן וכלה שאירעה אצלם אבלות, יש התנגשות קשה בין שיא של שמחה מחד, עם צער האבלות מאידך. ההתייחסות ההלכתית להתנגשות זו היא באותם כלים רעיוניים כמו במפגש של חג עם אבלות (כמובא באוצר המושגים **מעבירים את המת מלפני הכלה**).

פטירת קרוב מיד אחרי החתונה

א. העיקרון הוא ששבעת ימי הנישואין של חתן וכלה דינם כחג. לכן אם מת לחתן או לכלה קרוב לאחר החתונה, בתוך שבעת ימי המשתה, קודם משלימים את שבעת ימי השמחה, ואחר כך נוהגים את ימי האבלות[1].

ב. ההשוואה לחגים אינה מוחלטת, כיון שבחגים נוהגים איסור חיי אישות וגם איסור תספורת וגיהוץ. לעומת זאת בימי הנישואין נוהגים רק איסור חיי אישות, אבל מלבד זאת אין הגבלות הקשורות לאבלות. לכן מי שמת לו מת בחג, מונה שלושים מיום הקבורה, כיון שנהג מקצת אבלות; ואילו בחתן וכלה מתחילים למנות את השלושים רק מסיום שבעת ימי הנישואין.

אנינות וטומאה

ג. חתן וכלה לא נוהגים אנינות[2].

ד. החתן מניח תפילין גם ביום הראשון, ומותר בבשר וביין[3].

ה. יש אומרים שחתן כהן לא נטמא לקרוביו, אפילו לא לאביו ואמו[4], ויש אומרים שמחויב להיטמא לקרוביו[5].

קריעה וברכת דיין האמת

ו. לעניין קריעה, לפי רוב הפוסקים חתן וכלה אין קורעים כלל[6].

ח. אף על פי שחתן וכלה אינם נוהגים אבלות, אבל מברכים ברכת דיין האמת.

1 גשר החיים פרק יט, ז, יא. ועיין עוד בשלחן ערוך יורה דעה סימן שמב.

2 גשר החיים סוף פרק יח. אמנם בילקוט יוסף (סימן ז, נ) כתב שאנינות נוהגת בחתן, והתירו רק בעילת מצוה. ולמעשה נראה שאם יש קרובים אחרים שיטפלו בלוויה ובקבורה, לא ינהגו החתן והכלה אנינות. אך אם אין קרובים שיטפלו בכך, הרי זה כמת מצוה וצריכים לטפל בו, ואז נוהגים החתן והכלה אנינות.

3 גשר החיים פרק יח, ד, יב. חלק שני סוף פרק טו.

4 גשר החיים פרק יט, ז, ט. כל בו על אבלות עמוד 70.

5 מנחת שלמה תנינא, סימן פט. אמנם למעשה נשאר בצריך עיון.

6 אמנם יש פוסקים שעל אב ואם מחליפים בגדים וקורעים בצנעה, ומיד חוזרים ולובשים בגדי חתן וכלה, אולם עדיף לא לקרוע כלל. גשר החיים עמוד קצ פיסקה ה. כך פסק גם בילקוט יוסף סימן טו, ט.

השתתפות בלוויה

ט. חתן וכלה יכולים ללוות את הנפטר כמה צעדים, אך לא ילכו לבית העלמין כדי שלא להשבית שמחתם. ולעתים עדיף לדחות את ההודעה על הפטירה. ויש מי שכתב שמצוה עליהם ללכת ללוויה[7].

ניחום אבלים

י. סברה פשוטה היא שאין מנחמים חתן וכלה בשבעת ימי המשתה[8]. אך ברור שמותר ומצוה לבקרם ולשמחם.

יא. מותר לחתן וכלה לנחם אבלים אחרים.

שבעת ימי המשתה

יב. בשבעת ימי הנישואין לא אומרים מקצת היום ככולו (כמו שאומרים באבלות), אלא שבעה ימי שמחה שלמים.

יג. החתן והכלה אינם רשאים למחול על שמחתם ולנהוג אבלות בשבעת ימי המשתה[9].

חג בתוך שבעת ימי המשתה

יד. אם פגע חג בתוך שבעת ימי הנישואין, אין החג מבטל שבעה, כיון שחג מבטל שבעה רק אם נהגו אבלות קודם החג. בשבעת ימי הנישואין לא התחילו אבלות ולכן החג לא מבטלה[10]. אך יש פוסקים שהחג מפסיק את האבלות כיון שנוהגים דברים שבצנעה[11].

הצטרפות לשאר האבלים

טו. אם אירעה לחתן או לכלה האבלות בתוך ימי השמחה, באופן שיתחילו לשבת שבעה כששאר קרוביהם כבר יושבים, הרי הם נגררים אחר קרוביהם, ויושבים אתם שבעה, וקמים מהשבעה יחד אתם (כמפורט לעיל מעמוד 244 ובערך **גדול הבית** באוצר המושגים). ואפילו אם מצטרפים החתן או הכלה רק בסוף היום השביעי לפני שקמו שאר האבלים – קמים אתם[12]. אולם אם לא היו יכולים להצטרף עמהם, כיון ששאר האבלים קמו לפני סיום שבעת ימי הנישואין, מתחילים לשבת ומונים שבעה ימי אבלות לעצמם.

---

7 בגשר החיים (פרק יט, ז, ז) כתב להימנע מללכת לבית העלמין, ובילקוט יוסף (סימן י, ט) כתב שמצוה להשתתף, ובסימן טו, ט, כתב שרשאי מעיקר הדין להשתתף בלוויה.

8 גשר החיים פרק יט, ז, ה.

9 ילקוט יוסף סימן טו, ט.

10 עיין גשר החיים פרק יט, ז, ב.

11 ילקוט יוסף סימן מד, ה. כל בו על אבלות עמוד 66.

12 גשר החיים פרק יט, ז, ד.

נישואין שניים

טז. בנישואין שניים לשני בני הזוג (כגון אלמן שנשא אלמנה), חל אותו עיקרון של השלמת ימי השמחה לפני ימי האבלות, אך בהבדל אחד – בנישואין שניים כאלו נוהגים שלושה ימים בלבד לשמחה.

תאריך החופה בתוך השבעה או לאחריה

יז. אם נפטר אחד משבעה קרובים לחתן או לכלה עוד לפני שנכנסו לחופה, ומועד החתונה היה מתוכנן בתוך השבעה, דוחים את החופה. נוהגים תחילה שבעת ימי אבלות, וביום השביעי מותרים להיכנס לחופה.

יח. כלה אבלה יכולה לבצע הפסק טהרה בתוך שבעת ימי האבל, כדי שתוכל לטבול מיד לאחריהם לקראת חתונתה.

יט. אם מועד החתונה הוא לאחר סיום השבעה, אין דוחים את החופה ומקיימים את החתונה כרגיל עם מוסיקה וריקודים.

נב. מי שלא נהג אבלות

א. מי שלא נהג אבלות כלל כל שבעה, בשוגג או במזיד, מונה שבעה אחר כך, כל זמן שלא עברו שלושים יום מהקבורה. לאחר שלושים הוא מעוות שלא יוכל לתקון[1].

ב. אם נהג אבלות רק בחלק מהימים, אין לו אפשרות להשלים את הימים שהחסיר.

ג. קריעה יכול לקרוע רק בתוך השבעה, ועל אביו ואמו קורע לעולם.

ד. אם לא נהג אבלות כל שבעה מחמת שהיה חולה, והיתה דעתו להתאבל אלא שלא היה באפשרותו להתאבל מחמת מחלתו, נחשבים לו ימי השבעה ואין צריך להשלימם[2].

ה. אם נהג אבלות שבעה אבל לא נהג אבלות שלושים, אין צריך להשלים[3].

אבלות לקטן שגדל

ו. ילד או ילדה קטנים שגדלו והגיעו למצוות תוך כדי השבעה, פטורים מעיקר הדין מלשבת שבעה כיון שבתחילת השבעה לא היו בני חיוב[4], אבל נהגו שמשלימים מזמן שגדלו[5]. אם גדלו אחר השבעה אינם צריכים לנהוג מנהגי אבלות כלל מפני שבזמן הפטירה היו פטורים לגמרי, שהרי אין חינוך לקטן לאבלות[6]. ומנהג בני תימן שקטן שהגיע לחינוך נוהג אבלות, וכל שכן כשהגדיל בימי השבעה[7].

---

1 שלחן ערוך יורה דעה סימן שצו, א. על פי קהלת א, טו.

2 גשר החיים פרק כא, טו, ד; על פי ערוך השלחן שצו, ב. אמנם בפני ברוך (סימן כה, ג) הביא דעות שצריך להשלים את ימי האבלות, אולם גם מסקנתו שלו בסופו של דבר להקל. גם בילקוט יוסף (בסוף הספר עמוד תשעט) כתב להקל בזה.

3 כל בו על אבלות עמוד 351.

4 שלחן ערוך יורה דעה סימן שצו, ג.

5 גשר החיים פרק יט, ג, ג.

6 צרור החיים פיסקה רצג. אמנם יש פוסקים שהחמירו שאם הגדיל בתוך שלושים הרי שצריך למנות שבעה ושלושים (מהר"ם). ויש מי שכתב שיתכן שיש לנהוג אבלות שנים עשר חודש, שהיא משום כבוד אביו ואמו (חכמת אדם כלל קסח, ו) אבל בגשר החיים (פרק יט, ג, ג) כתב שהמקל יש לו על מה שיסמוך כפשטות לשון השלחן ערוך.

7 שלחן ערוך המקוצר עיני יצחק, יורה דעה סימן קפו, יג. באר לחי רואי סימן ו – ז.

נג. מת קרוב נוסף בתוך זמן האבלות

המינוח ההלכתי נקרא "**תכפוהו אבליו**", דהיינו שהאבלויות באו עליו בתכיפות, ובטרם סיים האבל תקופת אבלות אחת, צריך להתחיל אבלות מחדש על קרוב אחר שנפטר.

א. מי שמתו לו שני מתים ביום אחד, נוהג אבלות בבת אחת על שניהם[1].

ב. מי שמת לו קרוב נוסף בתוך שבעת ימי אבלותו, מתחיל למנות מחדש שבעה למת האחרון ועולים לו גם לשבעה של המת הראשון[2].

ג. יש כמה הקלות בהלכה למי שתכפוהו אבליו. אם הכביד שערו יכול להסתפר בשינוי – על ידי תער ולא במספריים. לאחר שעברו השבעה מהאבלות הראשונה יכול לכבס כסותו במים (בלבד) אף על פי שממשיך את השבעה על המת השני; וכן הדין אם ארעה לו אבלות סמוך לשבוע שחל בו תשעה באב, רוחץ בצונן ולא בחמין[3].

ד. כבר נזכר לעיל בהלכות קדיש שאבל האומר קדיש על אב או אם, ובתוך השנה החל לומר קדיש גם על קרוב אחר, לפי מנהג עדות המזרח יפסיק למשך שבוע בתחילת החודש השנים עשר, וימשיך לאחר מכן[4]. ויש אומרים שלא יפסיק לעבור לפני התיבה ולומר קדיש לאחר אחד עשר חודש אפילו ליום אחד, אלא ימשיך לומר קדיש ללא הפסקה. כיון שזו גם תקופת האבלות למת הנוסף[5]. לפי האשכנזים יש אומרים שיפסיק רק ביום הראשון והאחרון של החודש השנים עשר, ויש אומרים שיבקש או ישכור אדם אחר שיאמר במקומו במשך חודש זה[6].

1 שלחן ערוך יורה דעה סימן תב, ט.

2 שם סימן שעה, י.

3 מועד קטן יז, ב. רמב"ם הלכות אבל פרק ו, יג. שלחן ערוך אורח חיים סימן תקנא, טו. שלחן ערוך יורה דעה סימן שפט, א. שצ, ג.

4 צרור החיים פיסקה רסד.

5 ילקוט יוסף סימן ל, ח. וכתב שם שכן הובא בספר הליכות שלמה (הלכות תפילה עמוד רכה) בשם הגרש"ז אויערבך.

6 גשר החיים פרק ל, ט, ח.

נד. מאבד עצמו לדעת

אָנָה אֵלֵךְ מֵרוּחֶךָ וְאָנָה מִפָּנֶיךָ אֶבְרָח:
אִם אֶסַּק שָׁמַיִם שָׁם אָתָּה וְאַצִּיעָה שְּׁאוֹל הִנֶּךָּ:
אֶשָּׂא כַנְפֵי שָׁחַר אֶשְׁכְּנָה בְּאַחֲרִית יָם:
גַּם שָׁם יָדְךָ תַנְחֵנִי וְתֹאחֲזֵנִי יְמִינֶךָ:
וָאֹמַר אַךְ חֹשֶׁךְ יְשׁוּפֵנִי וְלַיְלָה אוֹר בַּעֲדֵנִי:
גַּם חֹשֶׁךְ לֹא יַחְשִׁיךְ מִמֶּךָּ
וְלַיְלָה כַּיּוֹם יָאִיר כַּחֲשֵׁיכָה כָּאוֹרָה:

תהלים מזמור קלט

ההלכה היהודית התייחסה בחומרה רבה למאבד עצמו לדעת. ההשקפה היהודית גורסת, שכיון שאין הנשמה של האדם עצמו, אלא של ריבונו של עולם שנתנה בקרבו, לכן אין רשות לאדם לנתק את הקשר בין הגוף לבין הנשמה. כך לגבי אדם אחר – לא תרצח, וכך גם לגבי האדם עצמו. לכן המאבד עצמו לדעת מוגדר כרוצח לכל דבר.

מבחינה הלכתית רעיונית, מבחינות מסוימות גדול עוון הרוצח עצמו, יותר מאשר רוצח נפש אחרת. המאבד עצמו לדעת מדגיש במעשהו את הכפירה בריבונו של עולם שנתן לו את נשמתו, ושרק לו יש את הרשות ליטלה מהאדם. האדם השולח יד בנפשו, כביכול לוקח מריבונו של עולם את האדנות על הנשמה שנתן בקרבו, ומכחיש את הידיעה הפשוטה שהוא – האדם – לא היה שותף כלל ביצירה שלו עצמו.

מעבר לכך, המות נחשב לכפרה על האדם החוטא. ובמקרה של המאבד עצמו לדעת, לא רק שהמיתה אינה מכפרת על האדם, אלא אדרבה – היא המרשיעתו בעבירה החמורה של רצח.

מלבד זאת, המאבד עצמו לדעת כופר בהישארות הנפש. ההתאבדות מבטאת בריחה מהחיים, אך לפי האמונה היהודית הנשמה היא נצחית, ואי אפשר לברוח מריבונו של עולם. האדם יצטרך לתת דין וחשבון על מעשיו גם לאחר מיתתו.

גם מבחינה מוסרית וחברתית התאבדות היא בריחה מאחריות, בגידה והפקרה של בני המשפחה והחברים, לכן מכל בחינה שהיא יש לשלול אותה מכל וכל.

למרות התייחסות עקרונית חמורה זו, חכמים ניסו לרכך מעט את ההתייחסות המעשית למי ששלחו יד בנפשם, כפי שיפורט בהמשך.

ההתייחסות העקרונית

א. את ההתייחסות העקרונית למאבד עצמו לדעת ביטאו חז"ל במשפט:

כללו של דבר: כל שהוא כבוד החיים מתעסקים.
וכל שאינו לכבוד החיים (אלא כבוד המת),
אין הרבים מתעסקים עמו לכל דבר[1].

1 מסכת שמחות פרק ב, א.

דיני המאבד עצמו לדעת

ב. אין נוהגים אנינות עליו, ויש חולקים וסוברים שיש אנינות על קרוביו[2]. יש שני טעמים לדיני אנינות הפוטרים את קרוביו של הנפטר מכל המצוות עד הקבורה: הטעם האחד הוא הצורך המעשי לטפל בקבורה, והטעם האחר הוא כבודו של הנפטר, שמחשבת קרוביו תהיה מרוכזת בו. במאבד עצמו לדעת חל רק הטעם המעשי, כיון שיש להביאו לקבורה, אך לא קיים הטעם של כבוד הנפטר.

ג. אין קורעים עליו, אם כי יש מהפוסקים שלפיהם שבעת קרוביו קורעים עליו.

ד. קרוביו לא מברכים דיין האמת, כי טרף נפשו בכפו נגד רצון ה' ואין מקום לומר "דיין האמת". ומכל מקום קרוב הרוצה לברך יש לו על מה שיסמוך, כיון שאין הברכה על האבלות אלא על עצם השמועה הרעה והצער[3].

ה. אין מספידים אותו ולא חולקים לו כבוד.

ו. קוברים אותו בריחוק ארבע אמות משאר הקברים.

ז. קרובו הכהן לא נטמא לו[4].

ח. עומדים עליו בשורה ומנחמים את האבלים, כיון שזה כבוד החיים.

ט. כעיקרון אין מתאבלים עליו. אולם כיון שיש פוסקים המחשיבים את האבלות ככבוד החיים (ולא ככבוד המת), לכן המשפחה החפצה בכך יכולה להתאבל עליו. למעשה נוהגים להתאבל גם על מאבד עצמו לדעת[5].

י. אומרים קדיש גם על מאבד עצמו לדעת, ואומרים שנים עשר חודש שלמים. בדרך כלל אומרים קדיש רק אחד עשר חודש, כיון שמשפט רשעי ישראל בגיהנום שנים עשר חודש, וכדי לא להחזיק אביו ואמו כרשעים אומר הבן קדיש רק אחד עשר חודש. אבל על עבירה חמורה כזאת של מאבד עצמו לדעת קשה ללמד זכות, וכדי לתת לו יותר זכויות אומרים עליו קדיש שנים עשר חודש שלמים.

יא. פשוט וברור שאין בעל תשובה רשאי לאבד עצמו לדעת כדי לכפר על עוונותיו הרבים, וזהו איסור חמור ביותר. ומכל מקום אם עבר ועשה כן מתאבלים עליו כיון שלבו היה לשמים[6].

2 לפי גשר החיים (פרק כה, ב, ו) אין נוהגים אנינות, ולפי הציץ אליעזר (חלק ה, אבן יעקב סימן ב) יש דיני אנינות. בכל בו על אבלות (עמוד 142) מסתפק לגבי דין אנינות על הקרובים, עיין שם.

3 ילקוט יוסף סימן נו, א.

4 שלחן ערוך יורה דעה שעג, ח.

5 בצרור החיים פיסקה רצד כתב שבספר בן איש חי הביא שבעה נימוקים להקל ולהתאבל עליו, ושכך יש לנהוג למעשה.

6 ילקוט יוסף סימן נו, ג. וראה שם בהערה את ההתייחסות ליקים איש צרורות שקיים בעצמו ארבע מיתות בית דין כדי לכפר על עוונותיו.

מי נחשב למאבד עצמו לדעת

מעשה בבנו של גורגוס בלוד שברח מבית הספר, והראה לו אביו באזנו, ונתיירא מאביו והלך ואיבד עצמו בבור. ובאו ושאלו את רבי טרפון ואמר: אין מונעים ממנו כל דבר.

אבל רבתי פרק ב, ד

יב. ברוב המקרים של מאבד עצמו לדעת, משתדלים בדיעבד לא לדון אותו בהגדרה חמורה זו[7]. לכן בכל מקרה שניתן לומר שנהרג בתאונה, או על ידי אחר, או שלא היה שפוי בדעתו, או שהיה מבולבל, או שלאחר ששלח יד בנפשו התחרט על מעשהו; מנסים בדיעבד ללמד עליו זכות ולהקל ולא להחשיב אותו כרוצח נפשו. אפילו אם אמר או השאיר מכתב על כונתו לשלוח יד בנפשו והיה רווח של זמן עד המעשה, מנסים ללמד עליו זכות שמא חזר בו לאחר מכן.

יג. אדם ששלח יד בנפשו והוא אנוס, כגון שאול המלך שפחד שהפלשתים יתעללו בו, או ילד קטן ששלח יד בנפשו, אין להם דין מאבד עצמו לדעת.

יד. יש שרצו ללמד זכות על מי ששלח יד בנפשו מרוב צרותיו, שאין לו גדר מאבד עצמו לדעת. ויש שדחו זאת, כיון שכל מאבד עצמו עושה זאת מרוב צרות[8].

7 **הערת הרב נבנצל שליט"א** – צריך עיון אם כדאי להקל, או שמא עדיף להחמיר כדי להרתיע אחרים.

8 גשר החיים פרק כה, ג, ד; בשם בשמים ראש. **הערת הרב נבנצל שליט"א** – שהוא ספר מפוקפק, כידוע. (הספר היה מיוחס לרבנו הרא"ש, ויצאו על כך עוררין).

נה. מומר

א. מומר – יהודי שהמיר את דתו, אף על פי שבכל זאת נשאר עליו שם ישראל, מעיקר הדין אין קורעים עליו ואין מתאבלים עליו ואין קוברים אותו בקברי ישראל ואין אחריות על קרוביו לקברו[1]. בכל זאת כתבו הפוסקים שלמעשה יש על קרוביו חובה לקברו[2].

ב. בשעת מיתתו אין צורך לקרוע ולא להתאבל.

ג. מומר שנהרג על ידי גויים, יש אומרים שמתאבלים עליו, וכן ילד קטן שהמיר עם אביו או אמו, כיון שנחשב כאנוס[3].

ד. מומר שחזר בו, וקיבל עליו לעשות תשובה ולשוב לדת ישראל, ולא הספיק, ומת, נחשב כישראל לעניין קבורה ואבלות[4].

ה. מתאבלים על מומר מזמן שהמיר דתו[5]. יושבים בשעת השמועה על ההמרה יום אחד[6], ויש שכתבו שמנהג ירושלים להתאבל ארבע עשר יום[7]. וקורעים כדין שמועה רעה, ומברכים ברכת דיין האמת.

1 הגהות הרמ"א על שלחן ערוך יורה דעה סי' שמ, ה.

2 שו"ת חתם סופר, יורה דעה סימן שמא.

3 הגהות הרמ"א על שלחן ערוך יורה דעה סימן שמ, ה. למרות שמסקנת הרמ"א שם היא שאין להתאבל עליהם, בשפתי כהן שם (סעיף קטן ט) כתב שמתאבלים עליהם, כיון שמיתתם על ידי גויים היא כפרתם.

4 במראה הבזק חלק ד סימן קכג, על פי הרמ"א בחושן משפט סימן לד, כב.

5 גשר החיים פרק כה, ד, ג.

6 **הערת הרב נבנצל שליט"א** – ויש אומרים שבעה, ורבנו גרשום מאור הגולה נהג ארבע עשר יום.

7 ציץ אליעזר חלק ה, אבן יעקב סימן ד.

נו. קבורה בחוץ לארץ בשעת הדחק

לכתחילה יש לעשות כל מאמץ אפשרי, להביא כל יהודי מכל מקום בעולם לקבר ישראל. את כל מנהגי הטהרה, הלוויה והקבורה יש לקיים על פי כללי ההלכה ומנהגי ישראל. בדרך כלל יש אפשרות לכך, גם אם הדבר מחייב מאמץ מרובה. אם אי אפשר לשמור על כל הכללים, יש לנסות לקיים את כל מה שמתאפשר. ההוראות דלהלן הן בדיעבד ומיועדות לשעת הדחק בלבד, כשלאחר כל המאמצים לא ניתן לקבור את המת על פי כל כללי מסורת ישראל. ההוראות נכתבו בעקבות התייעצות עם הרב מרדכי אליהו שליט"א.

טהרה ותכריכים

א. החוק הבינלאומי ברוב המקומות מחייב את שטיפת הנפטר בהעברה מארץ לארץ[1]. כלומר שאמורה להיות מערכת אזרחית לא יהודית המבצעת פעולה המקבילה לטהרה. יש להתאמץ כדי לאפשר טהרה בכל מקום בו נמצאים, ואם ניתן יש להיעזר במערכת האזרחית המקומית.

ב. אמנם מצד עיקר הדין אין איסור בשעת הדחק להיעזר בגויים בטהרת המת[2], ואולם לכתחילה יש להשתדל ולהקפיד שלא יגעו במת לא גויים ולא בעלי קרי ולא נידה[3]. אם נעזרים בגויים, לאחר שיסיימו הגויים את הטהרה ויסלקו את ידיהם, ישליך היהודי מים על כל גופו של הנפטר, כך שסוף טהרתו תהא על ידי ישראל[4].

ג. כשאין אפשרות לבצע טהרה, יש לנקות מבחוץ על ידי משקה ערק או חומר חיטוי וניקוי אחר[5].

ד. אם אין תכריכים בנמצא, יש לכרוך את הנפטר בבד לבן.

כשאין מקום בבית קברות יהודי

ה. כשבית הקברות היהודי מלא עד אפס מקום, מותר לקבור מעל קבר קיים בתנאים הבאים[6]:

- שעת הדחק, אין מקום אחר.
- רווח של שישה טפחים (שישים ס"מ) עפר בין קבר לקבר.
- אבד זכרו של התחתון – המשפחה לא פוקדת את הקבר.
- עדיף לצלם את המצבה הישנה, ולכתוב על צד המצבה החדשה גם את שם האדם הקבור מתחת.

---

1 כך אמר לי חנניה שחור, מנהל חברה קדישא קהילת ירושלים.

2 "מת ביום טוב ראשון, יתעסקו בו עממים" – ביצה ו,, א; וכך נפסק להלכה בשלחן ערוך אורח חיים סימן תקכו, א.

3 גשר החיים פרק יב, א, ב; על פי פרק מעשה המת להלל הזקן.

4 במראה הבזק חלק ג, סימן סו.

5 תשובה במכתב מהרב מרדכי אליהו שליט"א.

6 עיין באוצר המושגים ערך **קבורה בקומות**.

ו. בשעת הדחק אפשרית קבורה עילית, מעל פני הקרקע. דהיינו ישימו עפר על יציקת בטון ובתוך העפר ייקבר הנפטר.

אצל גויים

ז. אין לקבור יהודי אצל גויים, אך אם יש חשש שישרפו את גופת הנפטר, עדיפה קבורה אצל גויים מאשר שריפה.

ח. כשקוברים בדלית ברירה בבית קברות של גויים:
- יש להרחיק ארבע אמות מקבר הגוי (כשני מטרים), ולכתחילה שמונה אמות[7].
- אם לא ניתן להרחיק ארבע אמות, יעשו מחיצה בגובה עשרה טפחים (כמטר), אפילו גדר רשת.
- אם אי אפשר, יעמיקו את הקבר במטר נוסף.
- ישתדלו לקנות את הקרקע לצמיתות כדי שלא יבואו לפנות את הקברים ממקומם.

ט. גם כשנאלצים לקבור אצל גויים, כל פעולה בטהרה, בלוויה ובקבורה, יש לבצע במידת האפשר על ידי יהודים בלבד.

קבורה בארון

י. אם נקבר בארון, עדיף שיהיו חורים בארון מתחתיו או לפחות מצידיו, לפחות בגודל של כמוציא שורש (קוטר 4 ס"מ, ויש שנהגו כמטבע של 5 ₪). התיחסות לקבורה בארון ראה באוצר המושגים ערך **ארון המת**.

קבורה בשבת וביום טוב

הלכות אלו לא מיוחדות לחוץ לארץ. אבל כיון שלמעשה בארץ אין קוברים ביום טוב, עיקר המשמעות היא לחוץ לארץ.

יא. אין קוברים בשבת וביום הכיפורים, אפילו על ידי גויים[8].

יב. ביום טוב מותר לחפור קבר ולבצע את ההכנות על ידי גויים, ולקברו על ידי ישראל. וביום טוב שני של גלויות ואפילו ביום טוב שני של ראש השנה, מותר לבצע גם את כל ההכנות על ידי ישראל, שיום טוב שני לגבי מת עשאוהו חכמים כיום חול[9].

יג. ביום טוב שני מותר להסיע את הנפטר לקבורה על ידי נהג גוי. ומותר לאחדים מהחברה קדישא לנסוע כדי לקברו. ואם אין נהג גוי, יסיע נהג ישראל[10].

---

7 מנחת אלעזר, מובא בכל בו על אבלות עמוד 163.

8 שלחן ערוך אורח חיים סימן תקכו, ג.

9 שלחן ערוך שם ד. והרמ"א שם כתב שלכתחילה יעשו מלאכות על ידי גויים, ובגשר החיים (פרק יז, ב, ב) כתב שהיום גם הספרדים נוהגים לחפור ביו"ט שני של ראש השנה על ידי גויים.

10 גשר החיים פרק יז, ב, ד.

יד. נפטר בשבת ולמחרת חל יום טוב, ויש חשש לניוול המת, יש מי שהתיר למתי מספר מהחברה קדישא לנסוע על ידי נהג גוי כדי לקבור, אפילו ביום טוב ראשון[11].

טו. אין להשהות מת מיום טוב ראשון ליום טוב שני כדי שיתעסקו בו ישראל.

טז. יום טוב שני של גלויות נמנה למניין שבעה למרות שאין נוהג בו אבלות[12].

יז. אם נקבר בשבת נגד רצונם, אין להשתתף בלוויה כיון שבהכרח ייגרם מזה חילול שבת. אולם יכול להגיד קדיש בבית הכנסת. במקרה כזה מונה את שבעת ימי האבלות משבת.

אבלות בנישואין אזרחיים

יח. מבחינה הלכתית אין שום משמעות לנישואין ולגירושים אזרחיים לעניין שבעה ומנהגי אבלות.

11 הרב צבי פסח פראנק. מובא בגשר החיים שם, ה.

12 טור יורה דעה סימן שצט. שלחן ערוך אורח חיים סימן תקמח, ב. גשר החיים פרק כג, ב, טו, הכריע להקל גם בראש השנה.

מֵעוֹלָם וְעַד עוֹלָם

ג

עיון והגות

בפרקים הבאים נתייחס לנושאים עקרוניים שיש בהם מקום להרחבה ופירוט, אך לא היה מקום להאריך בהם בתוך מסגרת הספר.

נז. הקדיש

הקדיש היא תפילה מוכרת וידועה, אפילו למי שאינם בקיאים במסורת ישראל. הקדיש מופיע בהקשר העממי בדרך כלל בהקשר לתפילות, לאבלות, לימי זיכרון, ליתמות לשכול ולאבדן.

הקדיש מביע תהילה לה', עם תפילה ובקשה שיתגדל שמו של הקדוש ברוך הוא בעולם.
לכאורה, מה הקשר בין הקדיש לבין אבלות?

תרגום הקדיש

ראשית נתרגם, כדי להבין את מילות הקדיש (נוסח אשכנזי):

יִתְגַּדַּל וְיִתְקַדַּשׁ שְׁמֵהּ רַבָּא	יתגדל ויתקדש שמו הגדול
בְּעָלְמָא דִּי בְרָא כִרְעוּתֵהּ	בעולם שברא כרצונו
וְיַמְלִיךְ מַלְכוּתֵהּ	וימליך מלכותו
(וְיַצְמַח פֻּרְקָנֵהּ	(ויצמיח ישועתו
וִיקָרֵב מְשִׁיחֵהּ[1])	ויקרב ביאת משיחו)
בְּחַיֵּיכוֹן וּבְיוֹמֵיכוֹן	בחייכם וביומיכם
וּבְחַיֵּי דְכָל בֵּית יִשְׂרָאֵל	ובחיי כל בית ישראל
בַּעֲגָלָא וּבִזְמַן קָרִיב	במהרה ובזמן קרוב
וְאִמְרוּ אָמֵן	ואמרו אמן
יְהֵא שְׁמֵהּ רַבָּא מְבָרַךְ	יהא שמו הגדול מבורך
לְעָלַם וּלְעָלְמֵי עָלְמַיָּא	לעולם ולעלמי עולמים
יִתְבָּרַךְ וְיִשְׁתַּבַּח וְיִתְפָּאַר וְיִתְרוֹמַם	יתברך וישתבח ויתפאר ויתרומם
וְיִתְנַשֵּׂא וְיִתְהַדָּר וְיִתְעַלֶּה וְיִתְהַלָּל	ויתנשא ויתהדר ויתעלה ויתהלל
שְׁמֵהּ דְּקֻדְשָׁא בְּרִיךְ הוּא	שמו של הקדוש ברוך הוא
לְעֵלָּא מִן כָּל בִּרְכָתָא וְשִׁירָתָא	למעלה מכל הברכות והשירות
תֻּשְׁבְּחָתָא וְנֶחֱמָתָא	התשבחות והנחמות
דַּאֲמִירָן בְּעָלְמָא	הנאמרות בעולם
וְאִמְרוּ אָמֵן	ואמרו אמן

1 רק בנוסח ספרד ולא בנוסח אשכנז, וכן בנוסח הקדישים דלקמן

יְהֵא שְׁלָמָא רַבָּא מִן שְׁמַיָּא	יהי שלום רב מן השמים
וְחַיִּים (טוֹבִים[2])	וחיים (טובים)
עָלֵינוּ וְעַל כָּל יִשְׂרָאֵל	עלינו ועל כל ישראל
וְאִמְרוּ אָמֵן	ואמרו אמן
עֹשֶׂה שָׁלוֹם בִּמְרוֹמָיו	עושה שלום במרומיו
הוּא[3] יַעֲשֶׂה שָׁלוֹם עָלֵינוּ	הוא יעשה שלום עלינו
וְעַל כָּל יִשְׂרָאֵל	ועל כל ישראל
וְאִמְרוּ אָמֵן	ואמרו אמן

מקור הקדיש והקשרו לאבלות

מתוך קריאה פשוטה של הקדיש, עולה הקריאה לשבח את ריבונו של עולם. ונחזור לשאלתנו הראשונה – מה לקדיש ולאבלות?

כדי לענות על שאלה זו נניח תחילה כמה הנחות יסוד. ההנחה הראשונה היא שיש לעם ישראל תפקיד בעולם.

וְעַתָּה אִם שָׁמוֹעַ תִּשְׁמְעוּ בְּקֹלִי וּשְׁמַרְתֶּם אֶת בְּרִיתִי וִהְיִיתֶם לִי סְגֻלָּה מִכָּל הָעַמִּים כִּי לִי כָּל הָאָרֶץ: וְאַתֶּם תִּהְיוּ לִי מַמְלֶכֶת כֹּהֲנִים וְגוֹי קָדוֹשׁ[4].

עם ישראל נועד להיות עם נבחר ומקודש, ויש משימות ואתגרים המיוחדים לו, מעבר למשימות שהוטלו על כלל האנושות. יותר מצוות ויותר דרישות מוסריות ניתנו לעם החיוול לעמוד בדרישות תובעניות אלו. עם סגולה לא כגזענות שתלטנית ועושקת, חלילה וחלילה. אלא כעם שקיבל עליו לא רק שבע מצוות בני נח, אלא תרי"ג מצוות, ונוסף להן אינספור תקנות ומנהגים טובים וישרים שהוסיף עם ישראל במשך הדורות.

רְאֵה לִמַּדְתִּי אֶתְכֶם חֻקִּים וּמִשְׁפָּטִים כַּאֲשֶׁר צִוַּנִי ה' אֱלֹהָי לַעֲשׂוֹת כֵּן בְּקֶרֶב הָאָרֶץ אֲשֶׁר אַתֶּם בָּאִים שָׁמָּה לְרִשְׁתָּהּ: וּשְׁמַרְתֶּם וַעֲשִׂיתֶם כִּי הִוא חָכְמַתְכֶם וּבִינַתְכֶם לְעֵינֵי הָעַמִּים אֲשֶׁר יִשְׁמְעוּן אֵת כָּל הַחֻקִּים הָאֵלֶּה וְאָמְרוּ רַק עַם חָכָם וְנָבוֹן הַגּוֹי הַגָּדוֹל הַזֶּה: כִּי מִי גוֹי גָּדוֹל אֲשֶׁר לוֹ אֱלֹהִים קְרֹבִים אֵלָיו כַּה' אֱלֹהֵינוּ בְּכָל קָרְאֵנוּ אֵלָיו: וּמִי גּוֹי גָּדוֹל אֲשֶׁר לוֹ חֻקִּים וּמִשְׁפָּטִים צַדִּיקִם כְּכֹל הַתּוֹרָה הַזֹּאת אֲשֶׁר אָנֹכִי נֹתֵן לִפְנֵיכֶם הַיּוֹם[5].

מטרת המצוות – שנרבה טוב ומוסריות בעולם, שנוכל להנחיל לעצמנו – ומתוך כך גם לעולם כולו – את ערכי היושר הצדק המוסר האהבה והאחווה. זו המשימה המיוחדת שהקדוש ברוך הוא הטיל עלינו. כדי שנוכל להצליח במשימה עצומה זו, קיבלנו מהקדוש ברוך הוא הדרכה מפורטת בתורה שנתן לנו.

2 רק בנוסח ספרד ולא בנוסח אשכנז, וכן בנוסח הקדישים דלקמן.

3 **הערת הרב נבנצל שליט"א** – בבית האבל יש המוסיפים "ברחמיו"

4 שמות יט, ה – ו.

5 דברים ג, ה – ט.

סגולה – כעין אבן יקרה שהכל צופים ומתבוננים בה. כך התנהגותו של עם ישראל נבחנת בקפידה על ידי אומות העולם. ואם אנו זוכים להתנהג כראוי, אנו יכולים לקוות שאומות העולם תלמדנה ממעשינו הטובים. הדרישה מאיתנו היא שנהיה כל כך מוסריים, כל כך ישרים, עד שאומות העולם יעמדו בתור מתוך רצון ללמוד ממעשינו, שהודרכו על ידי ריבונו של עולם, כפי שציונו בתורתו. על פי זה, התנהגות ראויה מצד עם ישראל יכולה בהחלט להקרא בשם קידוש שם שמים. שהרי היא עשויה לשמש מודל חיובי להזדהות ולחיקוי על ידי אומות העולם. והוא אותו האופן הראוי להתנהגות שריבונו של עולם היה חפץ שיתקיים בעולמו.

לפי הנחת יסוד זו, כל יהודי בעולם נושא את שמו של ריבונו של עולם. כל יהודי הוא נציג יחודי ומיוחד לבטא את גילוי אור ה׳ בעולם. כל יהודי יכול לבטא זאת במעשים טובים, בעיון בתורה ובקיום מצוותיה בין אדם לחברו ובין אדם למקום, במידות טובות של אהבה ורחמים, עדינות חמלה וטוהר, ישרות ואמת, פשטות וענוה. שלוש תכונות יש באומה זו – ביישנים, רחמנים וגומלי חסדים.

"העומד על אדם מישראל בשעה שנפטר, קורע בגדיו. הא למה זה דומה? לרואה ספר תורה שנשרף[6]". כל אדם מישראל הוא כספר תורה, המסמל את דבר ה׳ בארץ. אפשר ללמוד מוסר ומידות טובות מתוך עיון בספר התורה, וצריך שתהיה אפשרות כזאת ללמוד מהסתכלות על מעשיו המתוקנים והישרים של אדם מישראל. אין ספר תורה דומה למשנהו. כל ספר תורה, אף על פי שאותיותיו זהות לאלו של ספר תורה אחר, הוא יחודי ומיוחד. כל אדם מישראל יש בו את היחודיות שלו, שאין למצוא אותה בשום אדם אחר. בכל אדם מישראל קיימת האפשרות לגילוי שכינה כאן בארץ, באופן שאי אפשר לו לאדם אחר להביא לידי ביטוי.

בשעה שאדם מישראל מסתלק מן העולם, צער גדול יש לפני ריבונו של עולם. "יָקָר בְּעֵינֵי ה׳ הַמָּוְתָה לַחֲסִידָיו[7]". פירש רש"י – "הראני הקדוש ברוך הוא שדבר קשה וכבד הוא בעיניו להמית את חסידיו". שהרי כל אדם מישראל הוא חלק מהשראת שכינה בארץ. ובהסתלק אדם מישראל מן העולם, כביכול גם השכינה מסתלקת קימעא מן העולם, באותו חלק מיוחד שאותו אדם מישראל היה יכול לבטא בעולם. נוצרת פגימה כביכול בשמו של ריבונו של עולם, באותה משמעות החסרה כעת, עם פטירתו של אותו אדם מישראל.

את אותה פגימה בשמו של הקב"ה, בא הקדיש לתקן. הקדיש בא לגדל ולקדש את שמו הגדול של ריבונו של עולם, שנפגם על ידי מיעוט השראת השכינה, בעקבות פטירתו של אותו אדם מישראל. במקום שנוצר חלל ופגיעה רוחנית בעולם, שם בא הקדיש כגורם מאזן, המוסיף ומתקן.

ומכאן אתה למד על גדלותם של ישראל. עומד לו אדם מישראל, אדם אבל שלבו קרוע ומורתח על מות קרובו היקר והאהוב. ואותו אדם מישראל אומר קדיש – עוסק בהגדלת שמו של הקדוש ברוך הוא בעולם. כביכול מניח לשעה את צערו, ועוסק בצער השכינה ובהתמעטותה, וברצון לתקן את הפגם שנוצר בשמו של הקדוש ברוך הוא בעולם, לגדל שם שמים בעולם, לעטרו לפארו ולרוממו – יתברך וישתבח ויתפאר ויתרומם ויתנשא ויתהדר ויתעלה ויתהלל שמו הגדול בעולם.

6 מועד קטן כה, א.
7 תהלים קטז, טו.

כל תוספת במעשים טובים וישרים על ידי האבלים לזכר הנפטר, בין אדם למקום ובין אדם לחברו, וכל תוספת בקידוש שם שמים, במידות טובות ישרות ומתוקנות, היא חלק מאותו עיקרון הבא לידי ביטוי בקדיש. היא המלמדת זכות על הנפטרים, היא המלמדת זכות על החיים, והיא הגורמת להשראת שכינה בעם ישראל.

לימוד הזכות על הנפטר יש בו גם צד נוסף. חשבון מעשיו של האדם נמדד לפי מה שהצליח לעשות בחייו. אולם יש פעולות הממשיכות מכוחו וממעשיו גם לאחר פטירתו. כאשר ישנם מעשים חיוביים הממשיכים מכוחו לאחר פטירתו, בפרט על ידי בניו שבאו ממנו באופן הישיר ביותר; יש בכך לימוד זכות על הנפטר גם לאחר פטירתו.

המקור הקדום ביותר לקדיש מופיע בתרגום הירושלמי לתורה[8], והוא מיוחס ליעקב אבינו. בשעה שברך יעקב את בניו לפני פטירתו, ביקש לגלות להם את הקץ, ונסתלקה ממנו שכינה. אמר: שמא חס ושלום יש במיטתי פסול, כאברהם אבי אבא שיצא ממנו ישמעאל, וכיצחק אבי שיצא ממנו עשו? אמרו לו בניו: "שמע ישראל, ה' אלהינו ה' אחד". כשם שאין בלבך אלא אחד, כך אין בלבנו אלא אחד. ענה יעקב אבינו ואמר: "יהא שמיה רבה מברך לעלמי עלמין"[9].

מעשה ברבי עקיבא שהיה מהלך בבית הקברות בדרך, ופגע באדם אחד שהיה ערום ושחור כפחם, והיה טעון משאוי (משא) גדול של קוצים על ראשו. כסבור היה רבי עקיבא שהוא חי, והיה רץ כסוס. גזר עליו רבי עקיבא והעמידו. אמר לו: מה לאותו האיש לעשות עבודה קשה כזאת? אם עבד אתה [ואדונך] עושה לך [כך], אני אפדה אותך מידו, ואם עני אתה ובני אדם באים עליך בעקיפין, אני מעשיר אותך. אמר לו: בבקשה ממך, אל תעכבני, שמא ירגזו בי הממונין עלי. אמר לו: מה זו ומה מעשיך? אמר לו: אותו האיש מת, ובכל יום שולחים אותי לחטוב עצים. אמר לו: בני, מה היתה מלאכתך בעולם שבאתה ממנו? אמר לו: גבאי המכס הייתי, והייתי נושא פנים לעשירים והורג את העניים. אמר לו: כלום שמעת מאותם הממונין עליך לפורענות איזו דבר שיש לו תקנה? אמר: בבקשה ממך, אל תעכבני, שמא ירגזו עלי בעלי פורענות, שאותו האיש אין לו תקנה. אלא שמעתי מהם דבר שלא היה יכול להיות, שאלמלא היה לו לעני זה בן שהוא עומד בקהל, ואומר "ברכו את ה' המבורך" והם עונים אחריו "יהא שמיה רבה מברך", מיד מתירין אותו מן הפורענות. ואותו האיש לא היה לו בן מעולם, והניח את אשתו מעוברת, ואיני יודע אם ילדה זכר, ואם ילדה זכר – מי מלמדו תורה? שאין לאותו האיש אוהב מעולם.

מיד קיבל עליו רבי עקיבא לילך לחפש אם הוליד לו בן זכר כדי ללמדו תורה ויעמידנו לפני הציבור. אמר לו: מה שמך? אמר לו: עקיבא. ושם אשתך? אמר לו:שושניבא. ושם עירך? לודקיא. מיד נצטער רבי עקיבא צער גדול, והלך ושאל עליו. כיון שבא לאותו מקום שאל עליו. אמרו לו: ישחקו עצמותיו של אותו האיש. שאל על אשתו. אמרו לו: ימחה זכרה מן העולם. שאל על בנו. אמרו לו: הרי ערל הוא, אפילו מצות מילה לא עסקנו בו. מיד מלו רבי עקיבא, והושיבו בספר לפניו, ולא היה מקבל התורה עד שישב ארבעים יום בתענית. יצתה בת קול ואמרה לו: לזה אתה מתענה? אמר לפניו: רבונו של עולם,

8 בראשית מט, א.

9 הגירסה בגמרא פסחים (נו, א) וברוב המדרשים היא שיעקב אמר "ברוך שם כבוד מלכותו לעולם ועד". אולם לפי גירסת התרגום הירושלמי ענה יעקב אבינו כגירסת הקדיש, ויש הקבלה בין לשונות אלה המברכות ומשבחות ומפארות את שם ה' הגדול בעולם.

והלא לפניך ערכתי אותו! מיד פתח הקטן את לבו ולימדו תורה וקריאת שמע וברכת המזון, והעמידו לפני הקהל ואמר "ברכו", והם ענו אחריו "ברוך ה' המבורך". באותה שעה התירו אותו מן הפורענות. מיד בא אותו האיש לרבי עקיבא בחלום, ואמר: יהי רצון מלפני הקדוש ברוך הוא שתנוח דעתך בגן עדן שהצלת אותי מדינה של גיהנום. מיד פתח רבי עקיבא ואמר: ה' שִׁמְךָ לְעוֹלָם ה' זִכְרְךָ לְדֹר וָדֹר (תהלים קלה, יג). ועל כן נהגו לעבור לפני התיבה במוצאי שבת אדם שאין לו אב או אם, לומר ברכו או קדיש.

מחזור ויטרי סימן קמד

מקור לאמירת הקדיש על ידי האבל כדי לזכות את הנפטר, מצאנו כבר במקורות קדומים. שם הובא המעשה דלעיל, שראה רבי עקיבא (ולגירסאות אחרות רבן יוחנן בן זכאי) דמות משונה ומעונה מאוד; וסיפר לו שהוא מת מזה חודשים אחדים, ובחייו היה עבריין ידוע ונידון באופן קשה. רק לאחר שלימד ר' עקיבא את בנו של המת לומר קדיש, ניצל אותו מת מדינה של גיהנום[10].

טעם נוסף לאמירת הקדיש על ידי האבלים דווקא, הוא כיון שיש באמירתו גם סוג מסוים של צידוק הדין. האבל, מתוך מרירות לבו, עלול חס ושלום להתרעם על ריבונו של עולם ועל מידת הדין שלקחה ממנו כביכול את יקירו. לעומת זאת, באמירת הקדיש, האבל מקבל עליו את הדין, ומשבח לריבונו של עולם שכל משפטיו צדק ואמת.

הקדיש כולל בתוכו שבחים לקדוש ברוך הוא, וכן בקשות ותפילות לישועת עם ישראל, את עיקרי האמונה היהודית – בריאת העולם, משיח וגאולה. בקדיש הגדול – גם תחיית המתים, בניין ירושלים ובית המקדש.
בגמרא, בספר הזהר ובפוסקים, מובאת המעלה הגדולה שיש כשאומרים קדיש וכשעונים אמן, ועד כמה צריך להשתדל לכוון באמירתו ובענייתו. מצינו באגדה על רבי יוסי בן חלפתא שפגש את אליהו באחת מחורבות ירושלים, ואמר לו אליהו:

> בשעה שישראל נכנסים לבתי כנסיות ובתי מדרשות ועונים יהא שמיה הגדול מבורך, הקדוש ברוך הוא מנענע בראשו ואומר: אשרי המלך שמקלסים אותו כך[11].

זכויות רבות יש למי שעונה אמן בכל כוחו:

> אמר ר' יהושע בן לוי: כל העונה אמן יהא שמיה רבא מבורך בכל כוחו, קורעים לו גזר דינו. אמר ריש לקיש: כל העונה אמן בכל כוחו פותחים לו שערי גן עדן,

10 תנא דבי אליהו זוטא סוף פרק יז. מסכת כלה רבתא פרק ב. מחזור ויטרי סימן קמד. עיין בספר גשר החיים פרק ל, א, שכתב פירוש למילות הקדיש ומשמעותן, מדוע נאמר בארמית וכיצד יש לכוון בו. מקורות מוקדמים יותר מופיעים בטור אורח חיים סימן נו וברמ"א יורה דעה סימן שעו, ד. הרב דוד אסף כתב ספר הקדיש, מקורו, משמעותו ודיניו, העוסק בהרחבה בקדיש ומביא מקורות רבים. פירוש ראשוני מתומצת מובא גם בספר הסידור והתפילה של הרב שטיינזלץ (כרך א' מעמוד 293 ואילך). ספרים רבים נוספים נכתבו בעניין ואין כאן המקום לפרטם.

11 ברכות ג, א.

שנאמר "פִּתְחוּ שְׁעָרִים וְיָבֹא גוֹי צַדִּיק שֹׁמֵר אֱמֻנִים[12]"; אל תקרי 'שֹׁמֵר אֱמֻנִים' אלא 'שאומרים אמן'. מאי אמן? אמר רבי חנינא: אל מלך נאמן[13].

בתקופת התלמוד נהגו להתכנס בשבת ובמועד בבתי כנסיות ובבתי מדרשות לשמיעת דרשות, ונהגו לומר אחרי סיום דרשתו של הדרשן "יהא שמיה רבה". האמורא רבא מסביר את החשיבות הגדולה של עניה זו:

ואלא עלמא אמאי מקיים? אקדושא דסדרא ואיהא שמיה רבא דאגדתא. פירוש: ואלא העולם על מה עומד? על קדושא דסדרא (קדוש, קדוש, קדוש שאומרים לאחר "ובא לציון") ועל "יהא שמיה רבא" שלאחר לימוד האגדה ברבים[14].

לשון הקדיש בארמית

הנימוק ההיסטורי הוא משום שבתחילה נהגו לומר את הקדיש לאחר שמיעת הדרשה, "והיו שם עמי ארצות ולא היו מבינים כולם לשון הקודש, לכן תקנוהו בלשון התרגום (ארמית) שהיו הכל מבינים שזה היה לשונם"[15]. טעם היסטורי נוסף המובא בעניין זה: "לפי שבימיהם גזרו שלא יאמרו שמו הגדול מבורך, לכך הנהיגו לאמרו בלשון ארמי שלא היו האויבים מכירים בו; ואף על פי שבטלה הגזרה לא רצו להחזיר הדבר ליושנו לאמרו בלשון עברי, כדי שלא ישתכחו הניסים והנפלאות וכדי לעשות פומבי לדבר"[16].
נימוקים נוספים המבוססים על סודות התורה, מופיעים בהקשר זה: "לפי שתפילה נאה ושבח גדול הוא, על כן נתקן בלשון ארמי, שלא יבינו המלאכים ויהיו מתקנאים בנו"[17] [18].

סוגי הקדישים ומיקומם בתפילות

המשותף לכל הקדישים הוא הקריאה לקדש את שמו של ה' בעולם, כפי שנאמר לעיל. והוא הקטע הראשון המופיע בכל הקדישים.
לקדישים יש סיומות שונות, ועל פיהן נקרא הקדיש בכינויים שונים – "חצי קדיש", "קדיש שלם" הנקרא גם "קדיש יתום", "קדיש תתקבל", "קדיש דרבנן", ויש גם נוסח מיוחד הנקרא "הקדיש הגדול".
כל ציבור וכל יחיד צריך לשמוע בכל יום לפחות שבעה קדישים[19]. ארבעה בשחרית: לפני "יוצר אור", אחרי חזרת הש"ץ, אחרי "ובא לציון גואל", ולאחר "עלינו לשבח". שניים במנחה: אחרי "אשרי"

12 ישעיהו כו, ב.
13 שבת קיט, ב.
14 סוטה מט, א. (מעובד על פי אור לאבל עמוד 151).
15 תוספות ברכות ג, א; דיבור המתחיל "ועונין".
16 ספר תניא רבתי (איטליה המאה הי"ד) פרק ב, מו. מובא באור לאבל עמוד 158.
17 תוספות ברכות שם מביא דעה זו ודוחה אותה.
18 לדעת רש"י, הסיבה שהקדיש מתחיל בעברית (יתגדל ויתקדש) וממשיך בארמית (שמיה רבא), "לפי שעכשיו לא כשנכתב הוא נקרא, כי הוא נקרא באל"ף דל"ת; לפי שהשם המיוחד (שם המפורש הנכתב ביו"ד ה"א) הוא בלשון ארמי, ואין אנו רשאים להזכיר ככתיבתו, דכתיב "זה שמי לעלם". וכך אנו אומרים אמן יהא שמיה רבא בארמית, ולעולם הבא יקרא בכתיבתו כדכתיב "ביום ההוא יהיה ה' אחד ושמו אחד" (ספר הפרדס עמוד שכג, מובא בספר הקדיש עמוד סה). ולא זכיתי להבין דברי רש"י.
19 בית יוסף ריש סימן נה, בשם האגור ושבלי הלקט. הפירוט הוא לפי גשר החיים (פרק ל, ז, א).

ואחרי חזרת הש"ץ. ואחד במעריב: קודם שמונה עשרה. ובשם המקובלים והאר"י הביאו שצריך שנים עשר[20], שישה בשחרית: ארבעה המפורטים לעיל, אחד קודם "הודו", ואחד אחרי "פיטום הקטורת". ועוד שישה במנחה ומעריב. (לפי עדות המזרח שניים במנחה וארבעה במעריב, ולפי האשכנזים שלושה במנחה ושלושה במעריב). מיקום הקדישים הוא במעבר בין החלקים השונים בתפילה, ועל פי המקובלים הם חובה לצורך עליית העולמות:

> מה שתקנו חז"ל קדישים בשחרית עניינם הוא כך, שהתפילה היא לצורך תיקון ועילוי עולמות אבי"ע (אצילות, בריאה, יצירה, עשייה). והוא כי מהתחלת התפילה עד ברוך שאמר הוא בעולם העשייה. ומשם עד יוצר אור בעולם היצירה. ומשם עד תפילת שמונה עשרה בעולם הבריאה. ותפילת שמונה עשרה היא באצילות. ואחר כך יורדים מעילא לתתא... (כלומר שגם הירידה היא הדרגתית).
>
> ולכן תיקנו קדיש בין כל עולם ועולם, שעל ידי הקדיש המתוקן על פי הסוד במספר התיבות והאותיות שבו, תהיה שלמות עליית העולמות למעלה ממדרגתם[21].

ואנו נוהגים שלושה עשר קדישים בכל יום[22], ומוסיפים קדיש לאחר שיר של יום, שאינו חובה.

"**חצי קדיש**" – הוא חציו הראשון של הקדיש, עד "דאמירן בעלמא ואמרו אמן". זהו בסיס הקדישים כולם (למעט הקדיש הגדול), ועליו מוסיפים לפי העניין חלקים נוספים[23]. קדיש כזה לעצמו נאמר במקומות מסוימים בתפילה, כהקדמה לסדר תפילות בתוך התפילה, וכסיום לקריאת התורה. האבלים בדרך כלל אינם אומרים חצי קדיש, אלא כאשר הם משמשים כחזנים שליחי ציבור. חלק מקהילות עדות המזרח אומרים חצי קדיש בסוף התפילה.

"**קדיש שלם**" – "**קדיש יתום**" – הוא הקדיש המופיע לעיל[24]. זה הקדיש שאומרים האבלים בדרך כלל. הוא נאמר בסיום חלקים מסוימים בתוך סדר תפילת הציבור, וכן לאחר אמירת פרקי תהלים. נאמר הרבה פעמים על ידי יתומים, או לעילוי נשמות נפטרים.

"**קדיש תתקבל**" – הוא הקדיש הנאמר אחרי תפילת העמידה, ונוספת בו פיסקה המביעה בקשה שתתקבל תפילתם ובקשתם של כל בית ישראל לפני אביהם שבשמים:

תִּתְקַבֵּל צְלוֹתְהוֹן וּבָעוּתְהוֹן	תתקבל תפילתם ובקשתם
דְּכָל בֵּית יִשְׂרָאֵל	של כל בית ישראל
קֳדָם אֲבוּהוֹן דִּי בִשְׁמַיָּא וְאִמְרוּ אָמֵן	לפני אביהם שבשמים ואמרו אמן

20 כף החיים סימן נה, יט.

21 בן איש חי שנה ראשונה פרשת ויחי, א. וראה שם סעיף יב שהתייחס לקדישים שקודם "הודו", וקודם "יוצר אור", וכן לקדישים לאחר תפילת העמידה קודם "אשרי", וקודם "תפילה לדוד" (קדיש תתקבל אחר "ובא לציון"), ולפני פיטום הקטורת; שהם נתקנו לצורך העולמות. וכנראה שדבריו מכוונים גם לעליית העולמות וגם לירידה ההדרגתית. משל למי שמתקרב למלך באופן מדורג, וגם כשמתרחק ממנו לאחר שיא המפגש – תפילת שמונה עשרה, עושה זאת באופן הדרגתי.

22 גשר החיים פרק ל, ז, א.

23 **הערת הרב נבנצל שליט"א** – הוא הקדיש האמיתי. השאר הן הוספות מצד המנהגים.

24 נקרא גם קדיש "יהא שלמא".

בשחרית בימי חול נאמר קדיש זה אחרי "ובא לציון גואל", בשבתות ובחגים נאמר קדיש זה לאחר תפילת שחרית, לפני קריאת התורה; ופעם נוספת אחרי תפילת מוסף.

"קדיש דרבנן" – הוא הקדיש הנאמר אחרי לימוד תורה שבעל פה. יש בקדיש זה תוספת, ובה תפילה לכבוד החכמים ותלמידיהם, וברכה ללומדי התורה בישראל. האבלים נוהגים לומר קדיש זה אחרי לימוד משניות או לימוד אחר מתורה שבעל פה.

עַל יִשְׂרָאֵל וְעַל רַבָּנָן	על ישראל ועל רבותינו
וְעַל תַּלְמִידֵיהוֹן וְעַל כָּל תַּלְמִידֵי	ועל תלמידיהם ועל כל תלמידי
תַלְמִידֵיהוֹן וְעַל כָּל מָאן דְּעָסְקִין	תלמידיהם ועל כל מי שעוסקים
בְּאוֹרַיְתָא	בתורה
דִּי בְאַתְרָא קַדִּישָׁא הָדֵין	אשר במקום קדוש זה
וְדִי בְכָל אֲתַר וַאֲתַר	ואשר בכל מקום ומקום
יְהֵא לְהוֹן וּלְכוֹן שְׁלָמָא רַבָּא	יהי להם ולכם שלום רב
חִנָּא וְחִסְדָּא וְרַחֲמֵי וְחַיֵּי אֲרִיכֵי	חן וחסד ורחמים וחיים ארוכים
וּמְזוֹנֵי רְוִיחֵי	ומזונות מרווחים
וּפֻרְקָנָא מִן קֳדָם אֲבוּהוֹן דִּי בִשְׁמַיָּא	וגאולה מלפני אביהם שבשמים
וְאִמְרוּ אָמֵן	ואמרו אמן

"הקדיש הגדול" – נקרא גם בשם "קדיש דאגדתא"[25]. הקדיש עוסק בתחיית המתים לעתיד לבוא ובבניין המקדש. הקדיש נאמר רק במקרים מיוחדים – אחר צידוק הדין בבית העלמין, ובסיום לימוד מסכת מהתלמוד. עדות תימן אומרים את הקדיש גם בבית האבל וגם אחרי לימוד תורה שבעל פה.

יִתְגַּדַּל וְיִתְקַדַּשׁ שְׁמֵהּ רַבָּא	יתגדל ויתקדש שמו הגדול
בְּעָלְמָא דִּי הוּא עָתִיד לְאִתְחַדָּתָא	בעולם שהוא עתיד להתחדש
וּלְאַחֲיָאָה מֵתַיָּא וּלְאַסָּקָא יַתְהוֹן לְחַיֵּי	ולהחיות המתים ולהביאם לחיי
עָלְמָא וּלְמִבְנְא קַרְתָּא דִּי יְרוּשְׁלֵם	עולם ולבנות את העיר ירושלים
וּלְשַׁכְלְלָא הֵיכְלֵהּ בְּגַוַּהּ	ולשכלל המקדש בתוכה
וּלְמֶעֱקַר פּוּלְחָנָא נוּכְרָאָה מִן אַרְעָא	ולעקור פולחן נכרי מהארץ
וּלְאָתָבָא פּוּלְחָנָא דִּי שְׁמַיָּא לְאַתְרָהּ	ולהחזיר עבודת ה' למקומה
וְיַמְלִיךְ קוּדְשָׁא בְּרִיךְ הוּא	ולהמליך את הקדוש ברוך הוא
בְּמַלְכוּתֵהּ וִיקָרֵהּ	במלכותו ובכבודו
בְּחַיֵּיכוֹן וּבְיוֹמֵיכוֹן וּבְחַיֵּי דְכָל בֵּית	בחייכם וביומיכם ובחיי כל בית
יִשְׂרָאֵל בַּעֲגָלָא וּבִזְמַן קָרִיב וְאִמְרוּ אָמֵן	ישראל במהרה ובזמן קרוב ואמרו אמן

(מכאן ממשיך הקדיש כרגיל)

25 נזכר במסכת סופרים סוף פרק יט, ובתורת האדם לרמב"ן עמוד קנה.

יְהֵא שְׁמֵהּ רַבָּא מְבָרַךְ	יהא שמו הגדול מבורך
לְעָלַם וּלְעָלְמֵי עָלְמַיָּא	לעולם ולעלמי עולמים
יִתְבָּרַךְ וְיִשְׁתַּבַּח וְיִתְפָּאַר וְיִתְרוֹמַם	יתברך וישתבח ויתפאר ויתרומם
וְיִתְנַשֵּׂא וְיִתְהַדַּר וְיִתְעַלֶּה וְיִתְהַלָּל	ויתנשא ויתהדר ויתעלה ויתהלל
שְׁמֵהּ דְּקֻדְשָׁא בְּרִיךְ הוּא	שמו של הקדוש ברוך הוא
לְעֵלָּא מִן כָּל בִּרְכָתָא וְשִׁירָתָא	למעלה מכל הברכות והשירות
תֻּשְׁבְּחָתָא וְנֶחֱמָתָא	התשבחות והנחמות
דַּאֲמִירָן בְּעָלְמָא	הנאמרות בעולם
וְאִמְרוּ אָמֵן	ואמרו אמן
יְהֵא שְׁלָמָא רַבָּא מִן שְׁמַיָּא	יהי שלום רב מן השמים
וְחַיִּים טוֹבִים	וחיים טובים
עָלֵינוּ וְעַל כָּל יִשְׂרָאֵל	עלינו ועל כל ישראל
וְאִמְרוּ אָמֵן	ואמרו אמן
עוֹשֶׂה שָׁלוֹם בִּמְרוֹמָיו	עושה שלום במרומיו
הוּא יַעֲשֶׂה שָׁלוֹם עָלֵינוּ	הוא יעשה שלום עלינו
וְעַל כָּל יִשְׂרָאֵל	ועל כל ישראל
וְאִמְרוּ אָמֵן	ואמרו אמן

נח. תרומת אברים והשתלות

תרומת אברים והשתלות אברים, מלבד חשיבותם הרפואית וההלכתית, משמשים גם סמל ודוגמא ליכולת השילוב בין הלכה לרפואה בכלל. שילוב זה מתבקש ואף הכרחי בקרב העוסקים בריפוי ובהדרכה, בעצה ובעידוד, בתמיכה ובהטבת איכות החיים האנושית. היכולת לשלב בין ההלכה לרפואה תלויה בראש ובראשונה במי שהקדישו את חייהם ועוסקים בנושאים אלו – הפוסקים והרופאים, והציבור מצפה לאמירות ברורות ובהירות בנושא כה רגיש ומשמעותי. להלן תובא עמדתה הרשמית של הרבנות הראשית לישראל, וכן שתי עמדות מנוגדות של פוסקי זמננו, הנובעות בין השאר גם כתוצאה מחוסר שיתוף הפעולה הראוי בין המערכת הרפואית למערכת ההלכתית. לכן יש לעודד ולקדם בברכה כל הידברות ושיתוף פעולה בין הרופאים לבין הפוסקים, שיתוף פעולה שאינו בגדר מותרות אלא הוא נצרך וחיוני להצלת חיים.

השתלות לב – עמדת הרבנות הראשית לישראל[1]

הנוסח המלא של החלטת מועצת הרבנות הראשית בנושא ההשתלות:
מועצת הרבנות הראשית בישיבתה היום, א' דראש חודש מרחשון תשמ"ז, אישרה פה אחד את המלצות ועדת ההשתלות כדלקמן:

1. הרבנות הראשית לישראל נתבקשה על ידי משרד הבריאות לקבוע את עמדת ההלכה ביחס להשתלות לב בישראל. לשם כך מינתה הרבנות הראשית ועדה משותפת של רבנים ורופאים, אשר למדה בעיון את ההיבטים הרפואיים וההלכתיים הנוגעים לשאלה. הועדה נעזרה בייעוץ וחוות דעת של גדולי הרופאים בתחום זה בבתי החולים הדסה ושערי צדק בירושלים.

2. בתחילת עידן השתלות הלב (לפני 17 שנה) נפסק על ידי הגאון הרב משה פיינשטיין זצ"ל והרה"ר לישראל הגרא"י אונטרמן זצ"ל לאסור השתלת לב מדין רציחה כפולה של התורם והמושתל כאחד.
בעשר השנים האחרונות חל שינוי יסודי בנתונים העובדתיים והרפואיים הנוגעים להשתלות לב כדלקמן:
א. הצלחת הניתוח אצל המושתל מגיעה לכ80% של "חיי עולם" (הוותרות בחיים לפחות שנה אחרי ההשתלה) וכ70% נשארים בחיים חמש שנים.
ב. ניתן כיום לקבוע באופן אמין ובטוח שהפסקת הנשימה של הנפטר היא סופית ובלתי ניתנת לחזרה.

1 חשוב לציין שיש פוסקים הסוברים שהפטירה נקבעת לפי הלב ולא לפי המוח, ולדעתם קיים איסור מוחלט להוציא איבר מאדם שמוגדר כמת מוות מוחי כל זמן שלבו פועם, כיון שאדם זה מוגדר כחי. לשיטתם אין אפשרות לבצע השתלת לב או כבד בשום מקרה. ראה סיכום הדעות ומקורות באנציקלופדיה הלכתית רפואית כרך ב, ערך השתלת אברים עמוד 224.

ג. הובאו לפנינו עדויות שאף הגר"מ פיינשטיין זצ"ל התיר בזמן האחרון ביצוע השתלת לב בארה"ב. וכן ידוע לנו על רבנים גדולים המיעצים לחולי לב לעבור השתלת לב.

3. מאחר והשאלה נוגעת לפיקוח נפש ממש, חובה עלינו להכריע בשאלה זו באופן ברור בבחינת יקוב הדין את ההר.

4. **בהסתמך על יסודות הגמרא ביומא (פ"ה) ופסק החתם סופר חלק יורה דעה סימן שלח, נקבע המות על פי ההלכה בהפסקת הנשימה (וראה שו"ת אגרות משה חלק יורה דעה חלק ג' סימן קלב).** לכן יש לוודא שהנשימה פסקה לחלוטין באופן שלא תחזור עוד. זאת ניתן לקבוע ע"י הוכחת הרס המוח כולו שהוא הוא המפעיל את הנשימה העצמית באדם.

5. המקובל בעולם הרפואה שקביעה כנ"ל (בסעיף 4) דורשת 5 תנאים:

א. ידיעה ברורה של סיבת הפגיעה.

ב. הפסקה מוחלטת של הנשימה הטבעית.

ג. הוכחות קליניות מפורטות שאכן גזע המוח הרוס.

ד. הוכחות אוביקטיביות על הרס גזע המוח באמצעות בדיקה מדעית כגון BEAR.

ה. הוכחה שהפסקת הנשימה המוחלטת ואי פעילות גזע המוח נשארים בעינם למשך 12 שעות לפחות, **תוך רדי טיפול מלא ומקובל.**

6. לאחר שעיינו בהצעה לקביעת המוות כפי שהוצעה על ידי רופאי בית החולים הדסה בירושלים בתאריך ח' בתמוז תשמ"ה והוגשה לרה"ר בתאריך ה' בתשרי תשמ"ז, אנו מוצאים אותה כיכולה להיות מקובלת על פי ההלכה אם תתוסף לה בדיקה אוביקטיבית מדעית (BEAR) של גזע המוח.

7. לאור האמור, הרבנות הראשית לישראל מוכנה להתיר השתלת לב (מנפגעי תאונה) במרכז הרפואי הדסה בירושלים בתנאים הבאים:

א. קיום כל התנאים לקביעת מותו של התורם כפי שאמור למעלה.

ב. שיתוף נציג הרבנות הראשית לישראל כחבר מלא בצוות הקובע את מותו של התורם. נציג זה ימונה על ידי משרד הבריאות מתוך רשימה שתוגש למשרד הבריאות ע"י הרבנות הראשית, פעם בשנה.

ג. תנתן מראש הסכמה בכתב של התורם או משפחתו למתן תרומת הלב.

ד. הקמת ועדת מעקב עליונה מטעם משרד הבריאות בשיתוף הרבנות הראשית (COMMITTEE REVIEW) לבדיקת כל מקרי השתלות הלב בישראל.

ה. משרד הבריאות יקבע בתקנות ארציות את כל הנהלים הנ"ל.

8. עד לקבלת התנאים המפורטים בסעיף 7 אין עדיין שום היתר לבצוע השתלות לב בישראל.

9. אם ינתן היתר על פי התנאים המפורטים בסעיף 7, אזי תוקם ועדת מעקב של הרבנות הראשית שתפקידה לוודא מילוי של תנאי ההיתר.

נספחים:

א. הקריטריונים לקביעת מוות מוחי לפי הצעת הדסה ירושלים.

ב. פרוטוקול לביצוע BEAR.

• • •

התייחסות הלכתית מעשית לתרומת אברים ולנשיאת כרטיס תורם

השתלת אברים

הרב יעקב אריאל, הרב הראשי לרמת גן

לפי ההלכה, מצוה לתרום אברים חיוניים להשתלה, הן מאדם חי והן מאדם מת.

כידוע, מצוות פיקוח נפש דוחה את כל התורה, אפילו שבת ויום כיפור וכדומה. מותר ואף מצוה, אפוא, לכאורה, להשתמש באבריהם של נפטרים כדי להציל חיים. אולם יש שלוש עברות חמורות שאינן נדחות מפני פיקוח נפש והן: עבודה זרה, גילוי עריות ושפיכות דמים. לענייננו, אסור לקטוע חיי אדם כדי להציל אדם אחר. חיים אינם נערכים במדד כמותי או איכותי. חיים הם ערך מוחלט. אסור להציל, למשל, צדיק במחיר חייו של רשע, בריא במחיר חייו של חולה, צעיר במחיר חייו של זקן וכדו'. לכל רגע של חיים ערך משלו. נטילת אברים מגופו של אדם, לצורך הצלת חייו של אחר מותרת, אפוא, רק לאחר שהוברר מעל לכל ספק שהוא מת מוות ודאי.

המוות אינו רק הגדרה ביולוגית, אלא הגדרה אתית-משפטית. כי המוות הוא תהליך, הוא מתחיל עוד במה שנחשב בעינינו חיים. מאידך חלק מהחיים נמשך גם אחרי מה שמכונה אצלנו מוות. יש אפוא צורך לקבוע נקודה מוחלטת בתהליך המוות שממנה ואילך אין האדם נחשב עוד לחי. קביעה זו אינה רפואית אלא משפטית. עליה להתחשב בנתונים הרפואיים, אולם עליה להכריע במדויק באיזה רגע בתוך התהליך הארוך ייקבע המוות.

הבעיה קיימת בעיקר כאשר פעילות מסוימת ממשיכה בגוף, האם יש להחשיב פעילות זו כחיים או לא?

בתלמוד (חולין כ"א, א) מובאת דוגמא מאלפת:

"הותזו ראשיהן – אף על פי שמפרכסין – טמאים, כזנב הלטאה שמפרכסת".

כלומר, זנב הלטאה אמנם מפרכס, אך אלו אינם חיים, כי הזנב מנותק מהגוף. והוא הדין לגוף המנותק מהראש. כלומר, לב הפועם ללא ראש, אינו לב חי. השאלה היא מה דינו של מוות מוחי?

לדעת הגר"ש ישראלי זצ"ל, הגר"א שפירא, והגר"מ אליהו יבדל"א; החיים מתמצים בעיקרון בנשימה, שנאמר: "כל אשר נשמת רוח חיים באפיו" (בראשית ז' כ"ב). ולכן בדורות הקודמים, כשלא היו מכשירי החייאה, נקבע המוות על פי הנשימה בלבד (יומא פ"ה, א,

רמב"ם הל' שבת פ"ב הי"ט). אולם כאשר הנשימה היא מלאכותית וברור כשמש שאין נשימה עצמונית כל שהיא, ואין שום סיכוי שתהיה נשימה כזאת, כי פיקוד הנשימה במוח נהרס לחלוטין – נחשב האדם למת, כי אם פיקוד הנשימה לא קיים, ממילא אין כאן נשימה.

משום כך כדי להתיר השתלת אברים יש לעמוד על כמה תנאים:

א. הוכחות קליניות מפורטות שגזע המוח נהרס לחלוטין.

ב. הוכחות אובייקטיביות על הרס גזע המוח, כגון בדיקת BEAR.

ג. הוכחה שהנשימה העצמונית נפסקה לגמרי ולא חל כל שינוי במשך 12 שעות.

ד. לרופאים הקובעים את המוות אין שום קשר ישיר או עקיף לרופאים המשתילים את האברים בחולה.

ה. שיתוף נציג הרבנות הראשית בצוות הקובע את המוות. נציג זה יכול להיות רופא המכיר את ההלכה, שיקוליה ודרך חשיבתה.

(החלטות הרה"ר, מא' מרחשון תשמ"ז, פורסמו ב"ברקאי" ד' עמ' 11).

לכשיתמלאו התנאים האמורים, תתאפשר השתלת אברים על פי ההלכה, בעידודה ובתמיכתה. לצערנו, כרגע טרם נתמלאו כל התנאים ולכן נמנעת עזרתה של ההלכה במצוות פיקוח נפש החשובה כל כך. שיתוף פעולה בין הרופאים לבין הרבנים יכול להביא להצלת חיים ולהרמוניה בין רפואה לבין הלכה, ואולי לשמש דוגמא טובה לחיי חברה תקינים והרמוניים גם בתחומים אחרים.

אך על אף שעברו שנים ארוכות מאז ההחלטה הנ"ל, בתי החולים ומשרד הבריאות לא עשו די כדי לממש אותה. (יתרה מזאת, בחוזר המנכ"ל מי"א באייר תשנ"ו, ניתנו הוראות ברורות באשר לקביעת המוות, תוך התעלמות מדרישות הרבנות: אין הוראה חד משמעית לבצע בדיקות מעבדתיות, כגון:BEAR , אלא במקרים שיש ספק באשר לבדיקות הקליניות. כמו כן קוצרה תקופת ההמתנה מ 6 שעות ל 2 שעות. ואין שום אזכור לנציג הרבנות בוועדה).

הכדור נמצא אפוא בידי בתי החולים ומשרד הבריאות, ועליהם מוטלת האחריות הכבדה לכך שהשתלות רבות אינן מתבצעות מחוסר תורמים.

ראיותיהם של המתירים לאדם לשאת כרטיס המתיר לקחת ממנו אברים להשתלה גם בזמן שבתי החולים אינם פועלים על פי הקריטריונים הללו, ידועות מכבר בעולם ההלכה, אך רובן דחויות. (הכוונה ל"כרטיס תורם" – כלומר, אדם שמעוניין לתרום את אבריו במקרה של מוות פתאומי, מצטייד בכרטיס שמעיד על הסכמתו לתרומה).

אין להקיש ממקרה של מניעת הצלה, או גרם מיתה, להפסקה אקטיבית וישירה של חיי אדם.

לדוגמא, המנחת חינוך (מצוה רצו ס"ק כח) מסתפק במקרה שגויים דורשים מסיעה של ישראל שימסרו להם אחד למיתה, ולא – יהרגו את כולם, שמותר למסור להם אדם המוגדר כ"טרפה" (חולה שאבר חיוני שלו נפגע ללא תקנה). שם מדובר במסירה לגויים, לא בהריגה בידיים. המנחת חינוך לא התיר לרצוח טרפה בידיים כדי להציל את היתר.

וכן המקרה המפורסם בתלמוד (בבא מציעא סב, א) בעניין שניים שהלכו במדבר ורק לאחד יש קיתון של מים, ובו נפסקה ההלכה כר' עקיבא שחייך קודמין לחיי חברך. אף על פי כן כתבו הפוסקים (פתחי תשובה יו"ד סי' רנב ס"ק א; משפט כהן סי' קמד אות טו) שמותר לבעל הקיתון לוותר על שלו למען חברו. אך לא מדובר במעשה בידיים. אין היתר לאדם

להתאבד בידיים כדי להציל את חברו. (רק במקרה של ספק, התירו הפוסקים לאדם להיכנס לחשש סכנה כדי להציל את חברו מסכנה ודאית: עי' סמ"ע חו"מ סי' תכו ס"ק ב; פתחי תשובה שם ס"ק ב; שו"ת ציץ אליעזר חלק ט סי' יז פרק ה).

וכן המקרה במסכת נדרים (כב, א), שבו היה עולא בסכנת חיים, שהרגו את חברו והוא נאלץ לומר לרוצח: פרע לו את בית השחיטה. כלומר, הרוג אותו לגמרי. אם לא היה אומר כן, היה הדבר עולה לו בחייו. גם שם הוא רק אמר לרוצח את מה שאמר, אך לא עשה שום מעשה בידיים. (אם כי התפארת-ישראל, סוף יומא, בועז ד"ה ונ"ל, מסתפק שמא מותר היה לעולא לפרוע את בית השחיטה של חברו כדי להציל את עצמו. אולם אין ספקו של התפארת ישראל, מוציא מידי ודאותם של רוב הפוסקים).

נשארה רק מחלוקתם של הר"י פיק והנודע ביהודה (מהדורה תנינא חו"מ סי' נ"ט). המקרה שבו נחלקו לגבי עובר המסכן את אמו והוא טרפה. לדעת הר"י פיק עדיף להרוג את העובר ולהציל את האם, ולדעת הנודע ביהודה הדבר אסור. אולם מחלוקת זו לא הוכרעה. וגם לדעת הר"י פיק, המתיר, הקשר בין הריגת הטרפה להצלת המסוכן הוא ישיר, מה שאין כן בנידון דידן: יש חולה אנוש הזקוק לאבר חיוני, ויש גוסס שניתן להשתמש באבריו להצלת החולה. האיום על חיי החולה אינו ישיר, הקשר בין התורם לחולה נוצר בגלל ידיעתנו את הנתונים כיום, באמצעות מחשב המאתר את השניים, ואין לדמות את הדברים. (סיכום לכל הנ"ל ראה בנשמת אברהם, יו"ד סי' רנב ס"ק ב).

אמנם גם המתירים לשאת כרטיס זה, מודים שאין בדבריהם היתר לכתחילה לרופאים הנוטלים את האברים, אלא רק "ריכוך" חומרת הרציחה, לדעתנו אין ברך רחרון לרזניה אלא אדרבה החרפתה. כי כרגע אין אמון בין המשפחות לבין הרופאים. רק קבלת תנאיה של הרבנות תגביר את מידת הסכמתן של המשפחות לנטילת אברי יקירם לשם השתלה בחולה הזקוק לכך.

חלק מהרופאים מתנגד בעיקר להשתתפותו של נציג הרבנות בוועדה הקובעת את המוות (כאמור, נציג זה יכול להיות רופא המתמצא בהלכה). קשה להם לעכל את מה שנראה כ"השגחת כשרות" כביכול מטעם הרבנות. הם רואים בכך הטלת דופי וחוסר אמון, ולא היא. המטרה היא לשמור על קשר צמוד בין הפסיקה ההלכתית לבין הוצאתה לפועל. יש דינמיקה ברפואה. יש מצבים משתנים. גם ההוראות ההלכתיות צריכות להתיישב בהתאם. חייב להיות היזון חוזר בין העשייה היום יומית לבין הפסיקה ההלכתית. נציג הרבנות בוועדה מונע את הנתק שעלול להיווצר בין ההלכה התאורטית לבין יישומה בחיי המעשה. לדוגמא, כיום התגלתה בדיקה לקביעת המוות מדויקת יותר מהBEAR, שאין בה צורך להזיז את החולה (דבר שיאפשר לפוסקים נוספים להסכים לקביעתה), מידע זה יש בו בכדי לשנות את הדרישה ההלכתית.

אנו עוסקים בבעיה ציבורית קשה שפתרונה פשוט: על ידי מתן הנחיה נכונה לבתי החולים לפעול בתיאום עם הרבנות, ועל פי הנחיותיה יש לפעול כדי להציל חיים בישראל.

מתוך עלון "מעייני הישועה" תנועה לתרבות ישראל. גליון קח – קט – קי.

יש לציין שרוב רבני ישראל המתירים השתלות מצדדים בעמדת הרב יעקב אריאל.

הרב שלמה אבינר, רב הישוב בית אל וראש ישיבת עטרת כהנים

שאלה: האם מצוה היא לתרום אברים? האם ראוי למלא כרטיס תורם?

תשובה: אכן, תרומת אברים כרוכה בבעיות הלכתיות קשות. הלא הן: מצות הקבורה של אותם אברים, כבוד המת, ניוול המת בחיתוך הבשר, ועוד.

אולם השתלת אברים היא פיקוח נפש, כפשוטו. מצילים אדם ממות, או מאיכות חיים נוראה של יסורים וסבל כגון מי שיש לו כליה מלאכותית. פיקוח נפש דוחה אותם איסורים. לפעמים אדם מציל שבע נפשות: לאחד נתן לב, לשני כליה, לשלישי ריאה וכיוצא בזה – גדול הוא במותו מאשר בחייו. הבעייה הכבדה היא שמא התורם לא ממש מת, אלא הוא גוסס. אסור לרצוח אדם א׳ כדי להציל אדם ב׳, גם אם אדם א׳ גוסס ונראה חסר כל סיכוי.

על כך יש כמה תשובות:

א. הרופאים אינם רוצחים, אלא אנשים טובים המוסרים את נפשם להציל את הזולת, והם לא יעשו כדבר הזה. הם אנשים מוסריים וישרים ולא יעברו על ההנחיות שהן גם הנחיות הרבנות הראשית לישראל וגם הנחיות של משרד הבריאות.

ב. גם אם יש רופא מושחת, ובשביל מוניטין ההצלחה הוא נכון לעשות כעוולה הזאת – הרי אנשים מושחתים יש בכל מקצוע, בכל פלג חברה ובכל מקום – הנה גם אותו רופא מושחת לא יעיז לקחת סיכון זה, כי אם זה יתגלה, הוא ישלם ביוקר, הוא וכל בית החולים, זה יהיה סוף הקריירה שלו.

ג. אך אם בכל זאת יעיז אותו רופא לעשות דבר נגד ההלכה ונגד החוק, אין זו עבירה של התורם אלא של הרופא, שהרי התרומה אינה זקוקה לאותה עבירה. משל למה הדבר דומה? אם אדם תורם כסף לעניים ביום שישי כדי שיחולק עוד באותו יום, אבל המקבל נוסע ברכב ומחלק בשבת. היש עבירה לתורם? לא, לתורם יש מצוה ולמחלק יש עבירה. כך לענייננו, אם הרופא יעבור על ההנחיות, לתורם יש מצוה ולרופא עבירה.

זו באמת שערוריה, שטרם סודר על ידי מוסדות הרפואה פיקוח רבנים, או פיקוח רופאים מטעם רבנים. זה מעכב רבים מלתרום, הן דתיים והן חילוניים. יש הרבה יהודים שהנם חילוניים בחייהם, אבל במותם אינם רוצים לעשות דבר נגד הדת.

אני מכיר אישית מקרים של אנשים שנהרגו בתאונה, ואבריהם הצילו אנשים רבים.

זו מצוה גדולה לרכוש כרטיס תורם ולתרום את כל האברים, כולל קרנית עין. גם לי הדל יש כרטיס כזה. נקווה שבעתיד תהיה חקיקה מתאימה ויתרבה מספר התורמים. אך בינתיים גם במציאות העכשווית מצוה גדולה לתרום.

כמובן, גם מי שלא מלא בחייו כרטיס תורם, יוכלו בני משפחתו לתרום אברים, כי היא מצוה גדולה.

יש מי שחושש שמא יחסרו לו אותם אברים בתחיית המתים. ודאי יהיו לו, גם לחולים וגם לאלו שנפצעו במלחמה, יהיו לו אותם אברים לעילא ולעילא.

גם מי שלא יזדמן לו לתרום ויחיה עד מאה ועשרים, ויש לו כרטיס כזה בכיס, הריהו צדיק גדול.

מתוך "באהבה ובאמונה" עלון שבועי בהוצאת מכון מאיר, עלון מספר 284.

נט. העולם הבא – מהו? התייחסות הרמב"ם לעולם הבא

משנה תורה לרמב"ם – הלכות תשובה פרק ח'

הלכה א

הטובה הצפונה לצדיקים היא חיי העולם הבא והיא החיים שאין מות עמהן והטובה שאין עמה רעה, הוא שכתוב בתורה למען ייטב לך והארכת ימים, מפי השמועה למדו למען ייטב לך לעולם שכולו טוב והארכת ימים לעולם שכולו ארוך, וזה הוא העולם הבא. שכר הצדיקים הוא שיזכו לנועם זה ויהיו בטובה זו, ופרעון הרשעים הוא שלא יזכו לחיים אלו אלא יכרתו וימותו. וכל מי שאינו זוכה לחיים אלו הוא המת שאינו חי לעולם אלא נכרת ברשעו ואבד כבהמה. וזהו כרת הכתובה בתורה שנאמר הכרת תכרת הנפש ההיא, מפי השמועה למדו הכרת בעולם הזה תכרת לעולם הבא. כלומר שאותה הנפש שפירשה מן הגוף בעולם הזה אינה זוכה לחיי העולם הבא אלא גם מן העולם הבא נכרתת.

הלכה ב

העולם הבא אין בו גוף וגויה אלא נפשות הצדיקים בלבד בלא גוף כמלאכי השרת. הואיל ואין בו גויות אין בו לא אכילה ולא שתייה ולא דבר מכל הדברים שגופות בני אדם צריכין להן בעולם הזה, ולא יארע דבר בו מן הדברים שמארעין לגופות בעולם הזה, כגון ישיבה ועמידה ושינה ומיתה ועצב ושחוק וכיוצא בהן, כך אמרו חכמים הראשונים העולם הבא אין בו לא אכילה ולא שתייה ולא תשמיש אלא צדיקים יושבים ועטרותיהם בראשיהן ונהנין מזיו השכינה. הרי נתברר לך שאין שם גוף לפי שאין שם אכילה ושתייה, וזה שאמרו צדיקים יושבין דרך חידה אמרו, כלומר הצדיקים מצויין שם בלא עמל ובלא יגיעה, וכן זה שאמרו עטרותיהן בראשיהן כלומר דעת שידעו שבגללה זכו לחיי העולם הבא מצויה עמהן והיא העטרה שלהן כעניין שאמר שלמה בעטרה שעטרה לו אמו, והרי הוא אומר ושמחת עולם על ראשם ואין השמחה גוף כדי שתנוח על הראש כך עטרה שאמרו חכמים כאן היא הידיעה. ומהו זהו שאמרו נהנין מזיו שכינה? שיודעים ומשיגין מאמתת הקב"ה מה שאינם יודעים והם בגוף האפל השפל.

הלכה ג

כל נפש האמורה בעניין זה אינה הנשמה הצריכה לגוף, אלא צורת הנפש שהיא הדעה שהשיגה מהבורא כפי כחה והשיגה הדעות הנפרדות ושאר המעשים, והיא הצורה שביארנו ענינה בפרק רביעי מהלכות יסודי התורה היא הנקראת נפש בעניין זה. חיים אלו לפי שאין עמהם מות שאין המות אלא ממאורעות הגוף ואין שם גוף נקראו צרור החיים שנאמר והיתה נפש אדוני צרורה בצרור החיים, וזהו השכר שאין שכר למעלה ממנו והטובה שאין אחריה טובה והיא שהתאוו לה כל הנביאים.

הלכה ד

וכמה שמות נקראו לה דרך משל, הר ה', ומקום קודשו, ודרך הקודש, וחצרות ה', ונועם ה', ואהל ה', והיכל ה', ובית ה', ושער ה', וחכמים קראו לה דרך משל לטובה זו המזומנת לצדיקים סעודה, וקורין לה בכל מקום העולם הבא.

הלכה ה

הנקמה שאין נקמה גדולה ממנה שתכרת הנפש ולא תזכה לאותן החיים שנאמר הכרת תכרת הנפש ההיא עונה בה, וזה האבדון הוא שקורין אותו הנביאים דרך משל באר שחת ואבדון ותפתה ועלוקה וכל לשון כלייה והשחתה קוראין לו לפי שהיא הכלייה שאין אחריה תקומה וההפסד שאינו חוזר לעולם.

הלכה ו

שמא תקל בעיניך טובה זו ותדמה שאין שכר המצות והיות האדם שלם בדרכי האמת, אלא להיותו אוכל ושותה מאכלות טובות ובועל צורות נאות ולובש בגדי שש ורקמה ושוכן באהלי שן ומשתמש בכלי כסף וזהב ודברים הדומים לאלו, כמו שמדמין אלו הערביים הטפשים האוילים השטופים בזמה. אבל החכמים ובעלי דעה ידעו שכל הדברים האלו דברי הבאי והבל הם ואין בהם תועלת ואינה טובה גדולה אצלנו בעולם הזה אלא מפני שאנו בעלי גוף וגויה וכל הדברים האלו צרכי הגוף הם ואין הנפש מתאוה להם ומחמדתן אלא מפני צורך הגוף, כדי שימצא חפצו ויעמוד על בוריו, ובזמן שאין שם גוף נמצאו כל הדברים האלו בטלים. הטובה הגדולה שתהיה בה הנפש בעולם הבא אין שום דרך בעולם הזה להשיגה ולידע אותה, שאין אנו יודעים בעולם הזה אלא טובת הגוף ולה אנו מתאוין. אבל אותה הטובה גדולה עד מאד ואין לה ערך בטובות העולם הזה אלא דרך משל. אבל בדרך האמת שנערוך טובת הנפש בעולם הבא בטובות הגוף בעולם הזה במאכל ובמשתה אינו כן, אלא אותה הטובה גדולה עד אין חקר ואין לה ערך ודמיון, הוא שאמר דוד מה רב טובך אשר צפנת ליראיך וגו'.

הלכה ז

וכמה כמה (כ' קמוצה) דוד והתאוה לחיי העולם הבא שנאמר לולא האמנתי לראות בטוב ה' בארץ חיים. כבר הודיעונו החכמים הראשונים שטובת העולם הבא אין כח באדם להשיגה על בוריה ואין יודע גדלה ויפיה ועצמה אלא הקב"ה לבדו, ושכל הטובות שמתנבאים בהם הנביאים לישראל אינן אלא לדברים שבגוף שנהנין בהן ישראל לימות המשיח בזמן שתשוב הממשלה לישראל. אבל טובת חיי העולם הבא אין לה ערך ודמיון ולא דמוה הנביאים כדי שלא יפחתו אותה בדמיון, הוא שישעיהו אמר עין לא ראתה אלהים זולתך יעשה למחכה לו, כלומר הטובה שלא ראתה אותה עין נביא ולא ראה אותה אלא אלהים, עשה אותה האלהים לאדם שמחכה לו, אמרו חכמים כל הנביאים כולן לא ניבאו אלא לימות המשיח אבל העולם הבא עין לא ראתה אלהים זולתך.

הלכה ח

זה שקראו אותו חכמים העולם הבא לא מפני שאינו מצוי עתה וזה העולם אובד ואחר כך יבא אותו העולם, אין הדבר כן, אלא הרי הוא מצוי ועומד שנאמר אשר צפנת ליראיך פעלת וגו', ולא קראוהו עולם הבא אלא מפני שאותן החיים באין לו לאדם אחר חיי העולם הזה שאנו קיימים בו בגוף ונפש וזהו הנמצא לכל אדם בראשונה.

התייחסויות רבות נוספות יש לעולם הבא ולתחיית המתים. מתוכן נציין הפניה לספרו של רבי סעדיה גאון "הנבחר באמונות ודעות", מאמר שביעי העוסק כולו בעניין תחיית המתים. בשער הגמול לרמב"ן (בסוף תורת האדם) מובאת התייחסות לשכר ועונש ולעולם הבא.

ס. מיתה ותחיית המתים – השקפת הראי"ה קוק

הפסקאות דלקמן מלוקטות מספרו של הרב אברהם יצחק הכהן קוק "אורות הקדש" חלק ב', בקובץ הנקרא "החיות העולמית" מפיסקה לח עד פיסקה מב. הפיסקאות עמוקות, מורכבות וקשות להבנה, אך לימודן נותן הסתכלות שונה ומקורית על החיים והמוות.

הטל העליון

אותו הטל של תחיית המתים הוא עצמו אותו הנושא שמלאכי השרת חיים ומתקימים ממנו, חיים איתנים, חיים שאין עמם מות ושפע החיים הללו הולך הוא ופועל את פעולתו, עובד הוא את עבודתו התדירית, להביא את העולם לידי מעמדו. ואין לך כל הטבה והארה שבעולם, מקטנה ועד גדולה, מחיצונה עד פנימית, שאינה עשויה דרגה של סולם לאושר החותם העליון, של תחיית המתים, של נצחון הטוב המוחלט, לא רק במובן החברותי לבד בצמצומו, כי אם במובן הכללי של כל העולמים, ובמובן הפרטי של כל בריה, מגדולה ועד קטנה.

ואותו הטל העליון, שסיגיו ומותרותיו הם הם הנותנים כח לכל מרץ החיים, עקרו ופנימיותו הוא הוא הגנוז בתורה, והתורה בהתגלמותה, גם בהסתעפות ההבטאה היותר חיצונה ומפוצלת, לכל ערכי החיים, והדמיונות המתוארים, היא היא התגלמות עצמית של אותו הטל העליון, שמחיה את המתים. וכל המשתמש בטל תורה טל תורה מחייהו, כי טל אורת טלך.

אור החיים

התענוג הנפלא של תחיית המתים, באור החיים, של עדן העליון, של טל אורות טלך, הוא משעשע את הצדיקים ומשמחם בשמחה עליונה תמיד, עד שכל ההפסקה שבין ההוה להעתיד הגדול הזה, וההרפתקאות שבינתים, אינה נחשבת אצלם למאומה, ובטלים הם ממש כניצוץ קטן לפני גלגל חמה.

וכל אור גדול זה הושיטו לנו אבותינו בתיקון ברכת תחיית המתים בתפלה. ועם כל גדלו וזהרו של תענוג עליון זה, כלא הוא נחשב לגבי ציור התענוג והשלמות של דעת עליון שבעליונים, זהו סוד חפץ ד' ואהבתו, שצדיקים קשורים בו. וכל נשמת ישראל בו דבקה, וכל התמצית של האורה האלהית, המחיה את כל הבריות, ומתקנתם לסעודה העליונה, שם היא שרויה.

ואלו הצחצחות מתמלאים תמיד שעשועים נפלאים, מלאי הוד ועדנים, גוונים מגוונים שונים זה מזה, ומשפיעים ומופיעים בשפעת נחלים גדולים וימים רבים ואדירים זה על זה, וזכרם מתוק ונעים, מתוקן ומקובל, פותח שערי חסד ורחמים, אורה וישועה לעד.

חזיון המות

המות הוא חזיון שוא, טומאתו היא שקרו, מה שבני אדם קוראים מות הרי הוא רק תגבורת החיים ותעצומתם. ומתוך השקיעה התהומית בקטנות, אשר יצר לב האדם השקיע אותו בה, הרי הוא מצייר את תגבורת החיים הזאת בצורה מדאיבה וחשוכה, שהוא קורא מות.

מתעלים הם הכהנים בקדושתם מהקשבה שקרית זו, שאי אפשר להמלט ממנה כל זמן שהממשל הכזבי כל כך שולט בעולם, כי אם בהעברת העינים מהמחזה המביא את רשמי ההטעאה הללו אל הנפש, על כל נפשות מת לא יבא, לנפש לא יטמא בעמיו.

השחרור מיראת המות

יראת המות היא מחלת האדם הכללית, הבאה בעקב החטא. החטא יצר את המות, והתשובה היא התרופה האחת להכחיד אותו מן העולם. כל עמל האדם סובב והולך הוא להנצל מן המות, ולא יבא למטרתו כי אם בהגדילו את נשמתו, ממקורה הפנימי. השיקוע בעפר החומריות, וההתלהבות הנפשית בכל ערכיה, הוא רק מגדיל את המות, וממילא הוא מוסיף יראה על יראתו, וכל מה שיתאמץ האדם שלא להתירא מפניו לא יועיל לו כלום, מאחר שהוא משקיע את כל הויתו בתוכנים כאלה, שמות שולט בהם, והוא מהרסם ומכלה אותם. איך לא יתפלץ הלב על יופי הנהפך לכיעור ועל חמדה שמתהפכת לבחילה. באין לחיים מטרה, המות מוכרח להיות מאוים, המלחמה נגדו לשוא היא, העזות מאומה לא תועיל.

התרופות האמתיות שבהן העולם הולך ומשתחרר משעבוד המות הן גנוזות באוצר חיים, בנשמתא דאורייתא, המתגלה בכל גילוייה, והולכת ומסתתרת בחביון עזה.

ראש לכל התרופות היא אריכות ימים, אריכות ימים בכדי השעור המספיק לטבעו של אדם, הרוחני והחמרי, האישי והמשפחתי, העולמי והמדיני. כשברכה זאת מתפשטת בעולם, הולכת היא צורת המות, המטלת אימה, ומתבטלת, ותחתיה באה צורה של חזיון הויה, הראוי להערך בערכו האמתי. ואז איננו עוד משבש את הדעות, והבינה חוזרת להתגלות, איך שלא יש כאן מות כלל, על פי אותו הציור המדכא וההרוס, שהוא שוכן בלב החיים לדכאם, ומסתכלים ביום המיתה ואומרים שירה, ד' אלהי גדלת מאד הוד והדר לבשת.

אריכות הימים באה על ידי תיקון החיים, בכל מובנם, וביחוד בהמובן המוסרי ההולך ומתרחב, הולך ומתעמק בכל השבילים, שהם מתפצלים ממנו. רוח המוסר העליון, הממדד את החיים בערכם, חי הוא ושוכן בנפש, על פי אותה המידה שהחיים מושקפים ממנו באורם, ולא יוכלו החיים להשקף באורם המלא, כי אם בדעת אל חי, מקור חכמה, חסד וגבורה, המאוחדים.

מועיל הוא גם כן פתוחו של הרוח הלאומי, במה שהאדם מרגיש את אושר הקיבוץ הכללי בהרגשה חיה פנימית, ושמח בשמחת האומה, בתור אבר מאבריה, שבזה פחד המות מצד מראה הכליון החמרי שלו מתקלש, שהרי נשארה היא האומה בדורותיה, שבה כל מעיניו. אבל אין זאת עצמותה של ההצלה מיראת המות, שהרי סוף כל סוף העצמיות הפרטית מתבהלת משידוד מהותה.

עצם ההדרכה להסרת יראת המות צריכה לבוא על ידי ההתרגלות של אהבת החיים בערכם האמיתי. כל זמן שהכל מדומדם, וחשבון החיים בא רק במהומה, אי אפשר להמדות

שתזוקקנה, וממילא אי אפשר שהחיים יהיו נאהבים. כל עניין אהבת החיים בא רק על ידי הפחד הדמיוני מהמות, ואי אפשר כלל לדבר על דבר הסרת יראה זו, שהיא מלח החיים.

אמנם לא תמיד צריכים החיים לעמוד במדרגה זו הפחותה, עד שאין ערכם נמצא בעצמם, כי אם ביראת הפכם. על ידי קדושת החיים בתכנם העליון, אפשר לבא לאהבת החיים העצמותית. לזה אמנם צריך שיגלה בנפש ערכו של הכלל, כלומר המציאות בכל היקפה, האדם ונשמתו, ערך הרצון הטוב, והמוסר המוחלט, בתכונת הנצח, ערכה של ההרמוניה הרוחנית עם החיים וההויה המגושמת. וזה כבר כולל חלק חשוב מהתוכן של חכמת האלהות והכרותיה הפנימיות.

היסוד מונח בעילוי הרצון והתעמקותו במעמקה של ההכרה, זיווגו עמה והתאחדותו המוחלטת בקרבה.

סוד הסרת הערלה הוא עליית חפץ החיים למידה העליונה המגמתית, עד שכל הנטיה ההולדית, וכל סעיפיה הרוחניים, המקושרים עמה, כל המון הרומנטיקה וכל ענפיה, כולם הם סעיפי הקודש של חוסן חפץ החיים, עד כדי להמציאו מתוך ההעדר במרום עז וטהרת חשק, המטביע את נעימת האהבה בכל היקום.

החיים כשהם מוכרים בערכם הטוב, הם בעצמם מסירים הם את התבלול מעיני ההכרה, המעכב בעד הבירור של ידיעת המהות הרוחנית וערכי חייה המוחלטים. אז מתחיל העולם הרוחני להשתרע בכל הוד מילואו, מרגיש הוא אז בקרבו את עצמו וחופשו, והחיים הנשמתיים מתגלים, לא רק בתור איזה שריד של חיים גופניים, שהם הנראים כהמלאים, אלא בתור גודל עצמי, שרק ניצוץ וצל של חיים הנם החיים של קישור הגוף ותנאיו החיים לעומתו. באופן זה כשהאמצעיים הצדדיים גם כן עוזרים, כשהמעמד האיקונומי, המשפחתי, הלאומי, ועצם שביעתם של החיים הטבעים, בא עמו, סר פחד המות לגמרי, ונהפך הוא למקור שמחה ובטחון וחסה במותו צדיק. וכשתכונת חיים כזאת מתפשטת בעולם, בא השחרור ממלאך המוות, במרום מילואו.

ומעמד חיים כמו אלה, אפשר להכשיר את העולם אליהם. אבל לא היחיד יעצר כח לזה כי אם האומה, אומה בין האומות אומה קדושה מופתית, אומה נבחרה, הסגולה מכל העמים, שבניה בנים לד' אלהיהם הם, הם הם המצווים על לא תתגדדו ולא תשימו קרחה בין עיניכם למת, כי עם קדוש אתה לד' אלהיך ובך בחר ד' אלהיך להיות לו לעם סגלה מכל העמים אשר על פני האדמה, ולהעביר המות, שהוא חרפה לעם קדוש, וכל מוראיו ועצבונותיו, שהיא תחלת התרבות המכוננת, המאשרת את החיים בכל תפקידיהם.

לזה הננו נקראים, ובשביל כך אנו נלחמים, וכל הנפילות אשר נפלנו לא יתיקו רגלינו מהמטרה העליונה, הנשואה בנשמתנו, בא נבא אליה, דרך כל השלבים, ודרך כל השבילים המסובכים, אבל בא נבא לאותה החירות אשר עבורה הננו חיים.

חיים עד העולם

המות בא בעקב החטא, לולא החטא הקדמון, לולא הלך האדם אחרי תאותיו הבהמיות, היתה התחושה הרוחנית מופיעה עליו ברוב אורה.

אין אנו מתחילים את התולדה האנושית מהגשמתו הגלויה של האדם, שבאה אחרי נפילה עמוקה. יסוד המציאות מתחיל באדם בהויתו העליונה, בהיותו מואר הארה רוחנית לפי תכונת עצם נשמתו. והנשמה במילוי החיים מוארה היא חוצה לגויתו ופנימה, היצירה הגופנית המרתקת את מאורה של הנשמה אל הגוף, והיא פועלת בו את פעולתה.
לולא נפל האדם ברשת השכחה, ושאיפתו אל הגדולה העליונה, שהיא העבודה האלהית, עבודת גן עדן לעבדה ולשמרה, לא חדלה, והיא רק היא היתה מכשרת את המשכת החיים, אז החיים בעצמם, בהתאימם אל המטרה הנשאה הכללית, של הויתו של האדם האצילית, אינם צריכים להפסק.
מדוע זה לא תתקשר הנשמה בגויה להחיותה תמיד, מדוע לא תמצא את כל מרחביה, בהיותה מנצחת על עבודתה החיה במרכזה הנשא, הגויה וכליה. רק מפני שכרע הרצון תחת המחשך של השעבוד השפל של העבדות הבהמית הגופנית, ורפש זה נטבע בו האדם עד אין מנוס. לא שאיפה רוממה ונצחית של יצירת חיים נשאים פועל בהעלאת נר החיים ביצירות גופיות, אלא כח אחר מעורב, יצר סוכן, והתעוררות שפלה סמויה, על כן אין הקישור אמיץ, והמחשכים רבו.
כפי ערכו של הזיכוך הרעיוני, תעלה יקרת הנשמה המופעת, ושלטונה על הגוף יגדל, אבל לנצח את המות לא תוכל, עטיו של נחש מפעפע ומחלחל, עד אשר יפוח היום, והשאיפה העליונה תלך ותתגשם, הרצון הנשגב, של שכלול חיים שלמים ונשאים, יגדל ויגבר על כל נטיה, וההשפלה העבדותית, אשר לחומר ותנאיו הנלחצים, לא תהיה מעורבת בכח היצירה. הנשמות שבגוף תכלינה, נשמות חדשות, שהן למעלה מן הגוף, יוצרות אותו, מתרכזות בו, ושואפות ממנו ועל ידו למרומים נשאים מאד, הן יופעו, והתולדה שהקריאה אל חייה נובעת בפועל מחפץ רומם זה של שאיפת יקיצה לחיים עליונים, היא תהיה המנצחת בעולם, לפניה יכרע המות ברך, ולא יזכר ולא יפקד, ובולע לנצח.
המות מום הוא ביצירה, ישראל נועד להעבירו, חרפת עם הוא לנו, וחרפת עמו יסיר מעל כל הארץ, כי ד' דבר.

סא. טומאה וטהרה – מה זו טומאה? מה הקשר בין טומאה למיתה?

(המאמר כתוב כמאמר עצמאי בהקשר של טעמי מצוות בכלל ולא של דיני אבלות, אבל הובא כאן כיון שהוא מתייחס לקשר בין טומאה למיתה)

א. רוחניות נצחית לעומת חומריות זמנית
ב. חלל
ג. אי היווצרות חיים גורמת לטומאה
ד. טומאת הצרעת בעור החיצוני כביטוי לחסרון החיות הפנימי
ה. זנות כגורם לצרעת
ו. צרעת כתמרור אזהרה
ז. היכן לא חלה הטומאה
ח. הכהן כמטהר הצרעת
ט. פיגול ונותר
י. המשלח את השעיר לעזאזל
יא. טומאת עבודת אלילים
יב. ידיים
יג. טומאת אוכל ומשקה, וטומאת כלים
יד. מים חיים

כשאנו נכנסים לתוך אותה החלקה הרחבה, להמקצוע הגדול של דרישת טעמי המצוות, לא נוכל להפטר מהשתוממות על דלות ההפריה בחלק הספרותי החשוב מאד הזה, שלפי תכנו היה ראוי להיות דשן ורחב הרבה יותר משאר מצוותיה של דרישת התורה. בדורנו הזה הננו מרגישים הרבה את חסרון החקירה במחקר הזה החשוב מאד; הדאגה על דבר חיזוק היהדות, העיונית והמעשית, מקפת את החלק היותר נכבד מבעלי הכשרון שבקרבנו, העומדים במעמד מוצק וקיים על בסיס היהדות ונכונים להקריב את נפשם עליה. ולכאורה דבר פשוט הוא, שיסוד התחיה ותגבורת החיים ואפילו העמדת החיים במצבם ההווה, צריך הוא להמשך מהזלת אור חיים פנימיים, מלח טל של דעה ורגש, הגורם לחבב ולהעמיד את המעשים הנסמכים עליהם. ולתכלית זו הלא העבודה היותר נצרכה היא: הרחבת הדרישה בטעמי מצוות באופן עמוק, המלא חיים מקוריים.
המקום היותר עלול לקבל בתוכו את שפעת כל הזרמים כולם, האלהי, המוסרי, האמוני והלאומי, בתכלית החיים והאורה, אשר פריו יוכל להיות נכר בקרוב בימינו, ושרשיו יכו בעומק להיות למחיה לדור דורים – הוא החלק הנעזב כמעט של דרישת טעמי מצוות אשר יזריח אור גדול על העולם המדעי של היהדות, לשובב את נתיבותיה.

הראי"ה קוק
טללי אורות – השקפה על טעמי המצוות
מאמרי הראיה חלק א

הדרישה הנשמעת היום יותר ויותר היא לדעת ל מ ה ו מ ד ו ע לקיים מצוות, ולא רק איך וכמה. הדרישה על טעמי המצוות עולה בכל חריפותה, ומכריחה אותנו להעמיק ולברר לעצמנו את הצווים האלוקיים. העמקה ועיון בדברי תורה ובטעמי מצוותיה, עשויים להביא לנו ברכה גדולה ועצומה, הן מבחינת העמקת הרצון לקיום המצוות והן מבחינת הדקדוק בהן.

קודם שננסה לברר לעצמנו טעמי מצוות, יש לתת כמה הגבלות.

ראשית, ברור שאין אנו מתיימרים לדעת לומר מהם הטעמים שכוון בהם ריבונו של עולם יתעלה. "כִּי לֹא מַחְשְׁבוֹתַי מַחְשְׁבוֹתֵיכֶם וְלֹא דַרְכֵיכֶם דְּרָכָי נְאֻם ה׳: כִּי גָבְהוּ שָׁמַיִם מֵאָרֶץ כֵּן גָּבְהוּ דְרָכַי מִדַּרְכֵיכֶם וּמַחְשְׁבֹתַי מִמַּחְשְׁבֹתֵיכֶם"[1]. צריך להגדיר שכל דברינו הם בגדר ניסיון בלבד, לדעת ללמוד ולהבין, מפני שתורה היא ולימוד היא צריכה. ויתכן שאם ננסה להבין, אולי נזכה במידה מסוימת לכוון לאמיתה של תורה. אם אמנם נזכה, יתכן שגם קיום המצוות על ידנו יהיה בצורה מעמיקה ונכונה יותר.

שנית, דבר פשוט ומובן מאליו, שמחויבותנו לקיום המצוות לא תלויה באיזו שהיא הבנה, כזאת או אחרת. המחויבות לקיום המצוות היא מעצם הציווי האלוקי, אם נבין אותו ואם לאו.

זהירות מופלגת זו כבר נדרשה על ידי רבותינו[2]:

> אמר רבי יצחק: מפני מה לא נתגלו טעמי תורה – שהרי שתי מקראות נתגלו טעמן, ונכשל בהן גדול העולם. כתיב "לא ירבה לו נשים ולא יסור לבבו", אמר שלמה: אני ארבה ולא אסור, וכתיב "ויהי לעת זקנת שלמה נשיו הטו את לבבו" וכתיב "לא ירבה לו סוסים ולא ישיב את העם מצרימה", אמר שלמה: אני ארבה ולא אשיב, וכתיב "ותצא מרכבה ממצרים בשש מאות כסף וסוס בחמשים ומאה".

בתוך התחום המורכב של טעמי מצוות, ענייני טומאה וטהרה הם התחום הנסתר והרחוק ביותר. ענייני טומאה וטהרה הם בבחינת חוקה חקקתי, גזרה גזרתי, ואין לך רשות להרהר אחריהם. אם לגבי טעמי מצוות בכלל צריך זהירות, קל וחומר לגבי ענייני טומאה וטהרה:

> דבר ברור וגלוי שהטומאות והטהרות גזרות הכתוב הן, ואינן מדברים שדעתו של אדם מכרעתו והרי הן מכלל החוקים. וכן הטבילה מן הטומאות מכלל החוקים הוא, שאין הטומאה טיט או צואה שתעבור במים אלא גזרת הכתוב היא[3].
>
> הטומאה היא מושג רוחני שרק התורה תוכל להגבילו על פי עצת עליון, לא על פי ארחות החוש הטבעי הפשוט. וההגבלה הזאת היא נעלה מכל הגבלה טבעית, ואין הטבעית כי אם טפילה לה ובטילה אליה, בתור אחורי כל כלי המתבטל לערך גופו ותוכו ופנימיותו של הכלי, כן ההגבלה הטבעית היא גם כן נכללת בתוך המון ההשלמות הגדולות הנכללות בתורה לטובת האנושיות המציאות בכללה, אבל

1 ישעיהו נה, ח – ט.
2 סנהדרין כא, ב.
3 רמב"ם הלכות מקוואות פרק יא הלכה יב

הפנים עצמם בתורה הם גנוזים. על כן ההבדל שבין טמא לטהור על פי ארחות התורה צריך שיקח את המעמד היותר גדול בחיים, וממילא תוכלל בה ההדרכה הטבעית, כי דרכיה דרכי נעם וכל נתיבותיה שלום[4].

בשורות הבאות ננסה להציע בזהירות התייחסות רעיונית לענייני טומאה וטהרה. העיקרון שלפיו ננסה ללכת הוא, שהטומאה מסמלת את הסתלקות החיים. לפי אותו עיקרון, הטהרה היא תוספת חיים.

א. רוחניות נצחית לעומת חומריות זמנית

יש בחיים הרוחניים ממד של נצחיות שלא קיים בממד החומרי, שהרי כל דבר חומרי סופו כליה. העצמיות האנושית רוחנית היא, ורק בה לבדה יש נצחיות. המערכות החומריות שבאדם מתחלפות עם הזמן. שערות וציפורניים גדלות ונגזזות. התאים שבגוף – תאי הדם, העצמות השרירים והגוף, מתחלפים ללא הרף, ואת מקום התאים המתים תופסים תאים חדשים, במערכה תמידית שאינה פוסקת. הנקודה הנצחית האינסופית שבאדם היא נשמתו הרוחנית – חלק אלוה ממעל.

הטהרה מסמלת את האפשרות והרצון לנסות ולהידבק באור אינסוף, על ידי הכלים החומריים הזמניים והסופיים. הטומאה מסמלת את ההחמצה ואת חוסר היכולת להעפיל מהממד החומרי, הכלה, הסופי והמצומצם, אל עבר הרוחני העליון הנצחי והאינסופי[5].

הדוגמא הבולטת ביותר היא המת – אבי אבות הטומאה. הגוף שהיה כלי קיבול לרוחניות האינסופית, הפך להיות בשר עור ועצמות. הנצחי הפך לזמני, האינסופי לסופי, ההויה להעדר. בהעדר הממד הרוחני הופך החומר האנושי לרימה ותולעה.

> וגוף האדם המת פירשו חכמים שהוא אבי אבות הטומאה, כלומר: שיש לו טומאה חזקה עד מאד למעלה מכל טומאה. והעניין הוא, כי בהפרד מעליו צורת השכל החיה הטובה וישאר הוא לבדו, בשגם הוא בשר פחות וגרוע ומשתוקק אל הרעות, וגם ברעתו רבה החטיא הנפש היקרה בעודה שוכנת אצלו, על כן ראוי שיטמא כל סביביו בהתפשט מעליו כל הודו שזהו נפשו ולא נשאר בו כי אם החומר הרע[6].
>
> "מים חיים אל כלי" – שהמת אבי אבות הטומאה, וזה מצד הגוף העומד למיתה. והטהרה מצד הנשמה הבאה משורש הנשמות, בחינת חי החיים... וכפי התגברות

4 עין איה מסכת שבת פרק ראשון, ס.

5 הטהרה – תכונתם של ישראל.
תכונתם המיוחדת של ישראל, היא הדבקות הנפשית בד' אלקים חיים ומלך עולם – מתוך דעת אמת ובר אמונה של שייכות פנימית עצמית. "הדבקים בה' אלקיכם חיים כולכם היום".
וכן הטהרה, המכשירה ומבססת את הקדושה, היא שייכת לתכונת עצמיותם של ישראל. כמו שברית קדש החתומה בבשרנו קובעת זהות מהותם של ישראל, וכל ישראל נקראו מולים, כן שלילת הברית מזדהה עם הטומאה – "ערל וטמא".
(לצניעות ולטהרה בישראל, הרב צבי יהודה קוק. אורות הטהרה, תדפיס מתוך נר ליחזקאל, לזכר יחזקאל עזרא בצלאל הי"ד, ירושלים תשל"ב).

6 ספר החינוך אמור, מצוה רסג.

> הנשמה על הגוף זוכים לטהרה... וזהו שורש כל המצוות לדבק הגוף לחיות הנשמה, כמו כתוב וחי בהם, שנעשה הגוף כלי על ידי המצוות, ואז הנשמה מים חיים אל כלי. וזהו רמז המים והאפר, התקשרות הנשמה בגוף, שמזה באה הטהרה. זאת חקת התורה, שהתורה היא משיבת נפש והעוסק בתורה יוכל להחזיר הנפש לבחינת נשמת חיים כבראשונה, ואז נעשה טהור כהשקה המטהרת המים[7].

גם בטומאות שרץ ונבלה ישנה הסתלקות החיים, אך כיון שבבעלי חיים דרגת החיים היא נמוכה יותר, גם הסתלקותה של אותה חיות מסמלת טומאה בדרגה נמוכה יותר. לכן טומאות שרץ ונבלה, חמורות פחות מאשר טומאת מת[8].

ב. חלל

מלת מפתח שאפשר להזכיר בהקשר זה היא המלה "**חלל**". למלה "חלל" כמה משמעויות: אדם הרוג, כהן שנתחלל מכהונתו או מי שנולד לפסולי כהונה, וכן משמעות של מקום ריק וחלול[9]. למלה חלל יש גם זיקה למשמעות של חולין, בניגוד לקודש. המשמעויות השונות של המלה "חלל" יכולות להתקשר לענייננו – מותו של אדם יוצר חלל במציאות. סילוק הקדושה והחיות הפנימית שהיתה צפונה בו באופן בלעדי ומיוחד, שרק אותו אדם היה יכול להוציא אותה מן הכוח אל הפועל.

> אדוני אבי ז"ל הגיד בפרשת פרה שמטהר מטומאת מת, שהיא הסתלקות החיות הפנימית, והעצה [illegible] להיות [illegible] אל חיות ח' יתברך, ועל ידי זה מתחדשת החיות. לכך פרשת החודש אחר כך. עד כאן דברי פי חכם חן[10].

---

7 שפת אמת שמות פרשת פרה תרס"ד.

8 רש"ר הירש בפירושו לתורה מסביר בצורה שונה את משמעות הטומאה. עיין למשל בראשית ז, ב. שמות כח, לח. ויקרא ז, יט.

9 אין לנו עסק בנסתרות, אבל לצורך ענייננו נצטט מעט ממה שמוזכר בספרים הפנימיים הקדושים (עץ חיים היכל א, היכל א"ק [אדם קדמון] שער א ענף ב דרוש עיגולים ויושר):

דע כי טרם שנאצלו הנאצלים ונבראו הברואים, היה אור עליון פשוט ממלא כל המציאות ולא היה שום מקום פנוי בבחינת אויר ריקני וחלל, אלא הכל היה ממולא מן אור אינסוף ... וכאשר עלה ברצונו הפשוט לברוא העולמות ולהאציל הנאצלים, להוציא לאור שלימות פעולותיו ושמותיו וכינוייו ... צמצם את עצמו אין סוף בנקודה האמצעית ... ואז נשאר מקום פנוי ואויר וחלל ריקני.

כלומר שבתחילה היה אור אינסוף ממלא כל עלמין. רק לאחר הצמצום, נבראו העולמות ובהם נבראים ויצורים לאין מספר.

לצורך ענייננו אפשר לומר, שהצמצום גרם לירידת המציאות העליונה והמושלמת של אור אינסוף, אל מציאות נמוכה של נבראים. הצמצום ויצירת החלל הפנוי ממנו יתברך, היא בעצם כעין ירידה וטומאה יחסית למציאות העליונה שקדמה לה. יצירת החלל הפנוי היא זו שמאפשרת לנבראים את פעולתם במאמץ האנושי לנסות ולהתעלות אל הממד הרוחני האינסופי. רק במקום שיש סיכוי ופוטנציאל לעלייה, רק שם תיתכן טומאה, אבל שם הוא סוד האפשרות לעלייה. מי שאין בו האפשרות להתעלות, לא שייכת בו טומאה וטהרה. אולי רק טומאה תיתכן בו מפני שיש בו את יסוד סילוק החיוניות. הטהרה מסומלת ביכולת להתעלות מעל כבלי החומר אל עבר הרוחני העליון האינסופי. והדברים עמוקים ומי ישורם.

וראה עוד בשם משמואל (ויקהל תרע"ז) – "דכל התהוות עניין הטומאה הוא מחמת צמצום והעדר אור אלקי, שהיה מוכרח למען יהיה העולם יכול להבראות ולא יתבטל במציאות...".

מציאות החלל גורמת לסילוק שכינה מהארץ, כעין חלל הפנוי מכבוד ה':

> ועניין הטומאה שתהיה הארץ טמאה, ולא ישכון בה כבוד ה' בהיות בה דם נקי, שלא נתכפר בדם שופכו[11].

הביטוי חלל נאמר גם על כהן שנתחלל מכהונתו, או על כהן שהביא לעולם צאצאים שאינם יכולים להביא לידי ביטוי את הקדושה, ועל כן הוא מסמל את סילוק הפן הרוחני העליון, ואת אי המימוש של האפשרות לעלייה הרוחנית והקדושה. זו גם המשמעות של חולין כניגוד לקודש. חול כהסתפקות בפן החומרי שבעולם, ללא המיקוד של הקדושה המאפשרת העפלה והתקדמות אל הרוחני האינסופי.

הרשעים בחייהם קרויים מתים – "ואתה חלל רשע נשיא ישראל"[12]. עצם החלל שנוצר כתוצאה מסילוק הקדושה, יוצר את הטומאה ואת המיתה. למרות מציאותם הפיזית הקיימת של הרשעים, הרי שהחלל שנוצר עקב סילוק הממד הרוחני מהם, גורם לכך שייחשבו כמתים עוד בחייהם. סילוק הממד הרוחני בא באופן הדרגתי. ככל שהאדם מדגיש פחות ממד זה, ממילא התייחסותו לרוחניות פוחתת, וחוזר חלילה. אור ה' אינו שוכן בו כתוצאה מכך, והוא הופך מת מבחינה רוחנית:

> תנא דבי ר' ישמעאל, עבירה מטמטמת לבו של אדם. שנאמר "ולא תטמאו בהם ונטמתם בם", אל תקרי ונטמתם אלא ונטמטם.
> תנו רבנן, אל תטמאו בהם ונטמתם בם, אדם מטמא עצמו מעט, מטמאין אותו הרבה. מלמטה מטמאין אותו מלמעלה. בעולם הזה מטמאין אותו לעולם הבא[13].

בניגוד גמור לכך, צדיקים אינן מטמאים במיתתם:

> וטעם טומאת המת בעטיו של נחש[14], כי הנפטרים בנשיקה לא יטמאו מן הדין. והוא שאמרו – צדיקים אינן מטמאין[15].

---

10 שפת אמת פרשת פרה תרל"א.

11 רמב"ן על התורה במדבר לה, לג.

12 יחזקאל כא, ל.

13 יומא לט, א.

14 בבא בתרא יז, א.

15 רמב"ן על התורה, "זאת חקת התורה", במדבר יט, א.
ודברי הרמב"ן יבוארו על פי לשון הרקנאטי:
סיבת טומאת המת הוא מצד מלאך המות שהטיל בו זוהמא והמטמא בו צריך טהרה. ואולם מי שמת בנשיקה, מת על פי ה' כפי הדבקה בשכינה ואין רוח הטומאה שורה במיתתן. ולפיכך אין האויר נפסד לפי ששמרו נשמתן, ולא נתפתו ביצר הרע, ונשארו טהורות ולבנות כמו שנופחו מפי ה' יתברך. ומקורו מהזהר בראשית (הערת הרב שעוועל).
דברי רבינו מבוארים על פי מה שמופיע בזהר וישלח (קסח, א):
ר' אלעזר אמר כל מאן דאישתדל באורייתא לשמה לאו מיתתיה על ידא דיצר הרע, בגין דהוא נחש והוא מלאכא דמותא, אלא מיתתהון בנשיקה וכו'. ובגין כך צדיקיא דמשתדלי באורייתא לא מסתאבי גופא דילהון אלא הוא דכי, כגון אליהו בבי קברי דאשכחוהו רבנן ושאילו ליה ולאו כהן הוא, אמר לון צדיקיא לא מסאבי במיתתהון דלא שרא עלייהו רוח מסאבא.
הערת הרב נבנצל שליט"א – לא נוקטים כך להלכה.

ג. אי היווצרות חיים גורמת לטומאה

טומאות נוספות שניתן להסביר על פי מהלך זה הן הטומאות הקשורות לזב וזבה, נידה, יולדת ובעל קרי. כל אדם נוצר מדם הנידה ומזרע האיש. אשה יודעת שהיא לא הרה, כאשר מתחיל המחזור החודשי שלה. משמעות המחזור היא שאותו דם שיכול היה להפוך להיות אדם, נפש חיה, רוח ממללא – לא הצליח להתעלות מעל הממד החומרי הזמני, אל עבר הממד הרוחני האינסופי. כך גם לגבי זרע האיש המכיל פוטנציאל של מיליוני נשמות. בעל קרי מסמל את אי מימוש אותו פוטנציאל עצום. לכן נידה, בעל קרי או אשה הפולטת שכבת זרע, נחשבים טמאים.

חמורה מטומאת בעל קרי ונידה היא טומאת הזב והזבה. הזב והזבה נמצאים במצב של חולי ממשי באברי ההולדה, וזהו מצב חמור במידה מסוימת מאי מימושה של האפשרות להביא חיים. מכיון שהבעייה של חוסר האפשרות להביא את כוחות החיים שבהם לידי ביטוי, חמורה יותר, הרי שהזב צריך שבעה נקיים כדי להיטהר, בעוד שבעל קרי טמא טומאת ערב. גם הזבה צריכה לישב שבעה נקיים, בעוד שנידה יכולה מדין תורה לטבול בליל שמיני, זמן קצר אחרי שפסק דמה. העיקרון בטומאות החמורות יותר הוא שככל שהפגם בחוסר האפשרות לנתינת החיים חמור יותר, כך גם הטומאה חמורה יותר.

> זה נראה בטבע המציאות, שכל כח שנמצא בכל דבר וטבעו לפעול הוא פועל בהכרח. וכיון שהוא פועל, אם יזדמנו לו מצבים שפעולתו תהיה מסודרת לו אל השלמות ותכלית הנרצה, יפעול טוב; ואם לא יתנהג כפי הסדר והתכלית, יפעול הריסות ורע על ידי תנועתו. זה נוהג בין בדבר שנמצא בו כח לפעול גדול ומסודר ונעשקו ממנו האמצעים קודם שהגיע לתכליתו, ובין במה שהכח כבר שלט והוציא פעולות גדולות והגונות ואחר כך נעשקו ממנו האמצעים להתמדת פעולתו. ויש לזה שורש גדול בדרכי הרע וההפסד של טומאת מת ונבילות וטומאות היוצאות מגופו של אדם[16].

לפי זה טומאת היולדת נראית במבט ראשון בלתי מובנת, שהרי היא המעניקה חיים באופן המשמעותי היותר. היולדת הופכת את הפוטנציאל הגלום בזרע האיש ובדם הנידה לאדם – כלי קיבול לחיוניות ולאור אינסוף. אבל דווקא נתינת החיים באופן נשגב זה, היא הסיבה לטומאה שכן הלידה הפסיקה את התהליך. כל זמן הריונה האשה לא אמורה להיטמא, שהרי היא עסוקה בנתינת חיים. דווקא הפסקת התהליך של נתינת החיים על ידי פעולת הלידה, היא המטמאת את האשה. לכן פעולת הלידה שהיא שיא נתינת החיים מחד, אבל גם[17] הפסקת התהליך מאידך – מסומלת על ידי טומאת הלידה[18].

ד. טומאת הצרעת בעור החיצוני כביטוי לחסרון החיות הפנימי

טומאה נוספת שניתן להסביר על דרך זו, היא טומאת הצרעת. ההשוואה הראשונית היא לטומאת מת, שהרי המצורע חשוב כמת:

16 מוסר אביך עמוד פג – "פיתוח הכוחות באדם ובאומה הישראלית".

ארבעה הם חיים וקראם הכתוב מתים, ואלו הן: האביון והמצורע והעוור ומי שאין לו בנים. המצורע מנין שנאמר "בשנת מות המלך עוזיהו", ולמה כנהו הכתוב מת? אלא שנצטרע שנאמר "בשנת מות המלך עוזיהו" – כשנצטרע[19].

יתכן כי הצרעת והזיבות תלויות בטומאת המת. כי המות הוא ההפסד הכללי לגוף, והאבר המצורע דומה למת. וכן הזרע הנפסד, כי יש בו רוח חיים טבעי ובו ההכנה להיות לטפת דם ממנה יתהוה האדם. הפסדו של זרע זה הוא, אם כן, ניגוד לתכונת החיות ורוח החיים[20].

הצרעת מסמלת עור חולה, עור שהחיוניות שבו נסתלקה. אבל מלבד משמעות פשוטה זו, ישנה גם משמעות פנימית לצרעת. ישנו קשר פנימי בין צרעת לבין חטא. חטא – כשמו כן הוא – החטאת המטרה. ובהקשר שבין צרעת לחטא, הצרעת מביעה את ההחמצה של היכולת להתקרב למציאות הרוחנית הנעלה. צרעת מסמלת את הסתלקות החיוניות הפנימית, אותו צלם אלוקים באדם, שבא לידי ביטוי בעקרונות הרוחניים האמורים להדריך את האדם. אדם הזונח עקרונות רוחניים ובמקום זאת חוטא והולך בשרירות לבו אחרי יצריו הגופניים בלבד, עלול להווכח שהחומר שלו חולה. הסימן לחומרו החולה עקב החטאת דרכו ועקב הניתוק מהרוחניות, היא הצרעת.

ומראה הנגע וגו' – עניין זה יגיד סוד אמרו "אך בצלם יתהלך איש", והוא מראה הבשר החי, וכשישלוט בחינת הרע באדם ירשום בבשר האדם הסתלקות זהרת החיוני, ולזה יראה חסרון המראה ויהיה עמוק מהעור[21].

---

17 וכעין זה כתב הרמב"ן לגבי הנזיר הנדרש להביא קרבן חטאת ביום מלאת ימי נזרו (נשא ו, יא):
'טעם החטאת שיקריב הנזיר ביום מלאת ימי נזרו לא נתפרש, ועל דרך הפשט, כי האיש הזה חוטא בנפשו במלאת הנזירות, כי הוא עתה נזיר בקדושתו ועבודת ה', וראוי היה לו שיזיר לעולם ויעמוד כל ימיו נזיר וקדוש לאלוקיו... **והנה הוא צריך כפרה בשובו להיטמא בתאוות העולם.**

הערת הרב נבנצל שליט"א – אמנם ההשוואה אינה מלאה כיון שהיולדת אינה יכולה להמשיך בהריון, וגם אין בזה תועלת.

18 יתכן גם שעקב כך יש מציאות של דם טוהר אצל היולדת, שלא קיים באשה במצבים אחרים. ואפשר להציע, שעצם פעולתה של האשה כנותנת חיים, הופך את הדימום לאחר פרק זמן מסוים לדם טוהר – אותה הטהרה המסמלת את נתינת החיים בעצמם. אצל זבה שתראה דם ימים רבים, דימום זה מסמל שיבוש במערכות של נתינת החיים ולכן הטומאה אצלה חמורה. אצל היולדת אמנם עצם הפסקת נתינת החיים מטמאת, כדאמרן לעיל, אבל לאחר פרק זמן מסוים הדם הופך להיות דם טוהר, שהרי אלו ספיחים של אותו דם שהיה ברחם כתוצאה מהענקת החיים לעובר וגידולו, ולא כתוצאה של שיבוש המערכות כמו בזבה.

ילוד זכר נכנס ביומו השמיני בבריתו של אברהם אבינו. הברית עצמה מסמלת את התחברותו של התינוק למערכת החיים העליונה של כלל ישראל. מבחינה רעיונית ניתן לומר, שהתחברותו זו של התינוק מאפשרת לדם אמו להפוך לדם טוהר ביום שבנה נכנס בברית.

הערת הרב נבנצל שליט"א – גם אם אין התינוק נימול, הופך הדם לדם טוהר. ואולי מפני שהתורה ניתנה לפי המצב הרגיל.

19 מדרש תנחומא (ורשא) פרשת צו סימן יג, דיבור המתחיל זאת תורת.

20 ספר הכוזרי מאמר שני, ס.

21 אור החיים על התורה, ויקרא יג, ג.

אמר ר' יהודה הלוי בן ר' שלום: על אחד עשר[22] דברים הצרעת באה – על קללת השם, ועל גילוי עריות, ועל שפיכות דמים, ועל האומר על חבירו דבר שאינו בו, ועל גסות הרוח, ועל הנכנס בתחום שאינו שלו, ועל לשון שקר, ועל הגניבות, ועל שבועת שקר, ועל המחלל שם שמים, ועל עבודת כוכבים. רבי יצחק אמר על עין רעה, ורבותינו אומרים על מי שמנאץ בדברי תורה.

על דעתיה דרבי יצחק דאמר על עין הרע כשאדם צר עין ואינו משאיל את כליו, הקב"ה משלח צרעת בביתו ומוציא כליו לחוץ, והבריות אומרים – פלוני שלא היה משאיל כליו ואומר שלא היו לו כלים, הרי שהיו לו כלים.

ועל שפיכות דמים מקין שנאמר "וישם ה' לקין אות", אמר ר' נחמיה זו הצרעת. נאמר כאן אות ונאמר בחזקיהו אות. מה אות האמור בחזקיהו שחין, אף כאן שחין. ואם אין, את למד מיואב ששפך דמים, מה כתיב בו- "ואל יכרת מבית יואב זב ומצורע".

ועל האומר דבר לחבירו שאינו בו, זה משה. בשעה שאמר לו האלהים שילך אצל ישראל, אמר לו – רבוני, והרי אינן מאמינין אותי שנאמר – "והן לא יאמינו לי" וגו'. אמר לו האלהים – הא משה הא משה, כבר את יודע שאינן מאמינין אותך?! מאמינין בני מאמינין הם. אמרת לי "והן לא יאמינו לי" הבא נא ידך בחיקך וגו'. מיד – "ויוציאה והנה ידו מצורעת כשלג".

ועל גסות הרוח זה נעמן שנאמר "ונעמן שר צבא מלך ארם היה איש גדול". מהו גדול? שהיתה רוחו גסה מפני שהיה גבור חיל, ועל ידי כך נצטרע.

ועל הנכנס בתחום שאינו שלו, זה עוזיהו שביקש להיכנס בתחום הכהונה. ומה כתיב בו "והצרעת זרחה במצחו".

ועל לשון שקר זו מרים, שנאמר "ותדבר מרים ואהרן במשה". ומה כתיב אחריו – "ויפן אהרן אל מרים והנה מצורעת".

ועל הגנבות ועל שבועת שקר דכתיב "ובאה אל בית הגנב ואל בית הנשבע בשמי לשקר". אי זו היא מכה שהיא מכלה את העצים ואת האבנים, הוי אומר זו הצרעת. שנאמר "ונתץ את הבית את אבניו ואת עציו".

ועל המחלל שם שמים, זה גיחזי שרץ אחר נעמן ליטול ממנו ממון. שנאמר "וירדוף גיחזי אחרי נעמן" וגו'. אלישע קידש שמו של הקב"ה שלא רצה ליטול מנעמן כלום, וגיחזי רדף אחריו ונשבע לו לשקר ששלח אצלו שישלח לו ממון. נמצא זה מחלל שם שמים מה שקידש אלישע. אמר לו הקב"ה לגיחזי – רשע, אתה אמרת "חי ה' כי אם רצתי אחריו ולקחתי מאתו מאומה", נשבעת בשמי כדי לחללו. חייך, מאומה אמרת, ומומו אתה נוטל – "וצרעת נעמן תדבק בך".

22 המספר אחד עשר בעצמו מסמל את היתר שהופך לחסר. את הניסיון לחרוג מהמידה הרצויה והנכונה (המסומלת במספר עשר) אל ההשתלטות אל מעבר למידה בבחינת תפסת מרובה לא תפסת. הצורך בתיקון לפגם זה בא לידי ביטוי באחד עשר סממני הקטורת. ואכמ"ל.

ועל עבודה זרה, אלו ישראל. כשעשו אותו מעשה נעשו מצורעים. שנאמר "וירא משה את העם כי פרוע הוא" ואומר (ישעיה יז) "וכאב אנוש". לפיכך אמר אלהים למשה הפרש המצורעים שביניכם ממחנה ישראל שהם עשו אותו המעשה, "וישלחו מן המחנה כל צרוע"[23].

אין כאן המקום לנתח בפרוטרוט את כל התופעות השליליות המתוארות לעיל, המלמדות על פגמים מוסריים. הגורם המשותף לכולן הוא שהצרעת היא רק הביטוי החיצוני לפגמים רוחניים פנימיים אלו. פגם רוחני מלמד על צמצום הממד הרוחני העליון שבאדם, על נפילה ברשת של תכונות חומריות מגושמות; ועל הצורך החיוני לנסות ולהתעלות אל הממד הרוחני העיקרי שבאדם[24].

תופעת הצרעת מיוחדת לעם ישראל ולארץ ישראל, דווקא מפני מעלתם הרוחנית. במקום המסוגל להתעלות מבחינה רוחנית, ופוטנציאל החיים שבו אינו ממומש – שם קיימת הסתלקות החיים, שם מקום הטומאה:

"**והבגד כי יהיה בו נגע צרעת**": זה אינו בטבע כלל ולא הווה בעולם, וכן נגעי הבתים. אבל בהיות ישראל שלמים לה' יהיה רוח ה' עליהם תמיד להעמיד גופם ובגדיהם ובתיהם במראה טוב. וכאשר יקרה באחד מהם חטא ועון, יתהוה כיעור בבשרו או בבגדו או בביתו להראות כי ה' סר מעליו. ולכך אמר הכתוב 'ונתתי נגע צרעת בבית ארץ אחוזתכם', כי היא מכת ה' בבית ההוא. והנה אינו נוהג אלא בארץ שהיא נחלת ה', כמו שאמר שם 'כי תבאו אל ארץ כנען אשר אני נותן לכם לאחזה'. ואין הדבר מפני היותו חובת קרקע, אבל מפני שלא יבוא העניין ההוא אלא בארץ הנבחרת אשר ה' הנכבד שוכן בתוכה[25].

וזה השינוי האמור בבגדים ובבתים שקראתו תורה צרעת בשותפות השם אינו ממנהגו של עולם אלא אות ופלא היה בישראל כדי להזהירן מלשון הרע, שהמספר בלשון הרע משתנות קירות ביתו. אם חזר בו יטהר הבית, אם עמד ברשעו עד שהותץ הבית, משתנין כלי העור שבביתו שהוא יושב ושוכב עליהן. אם חזר בו יטהרו, ואם עמד ברשעו עד שישרפו, משתנין הבגדים שעליו. אם חזר בו יטהרו, ואם עמד ברשעו עד שישרפו, משתנה עורו ויצטרע ויהיה מובדל ומפורסם לבדו, עד שלא יתעסק בשיחת הרשעים שהוא הליצנות ולשון הרע. ועל עניין זה מזהיר בתורה ואומר השמר בנגע הצרעת, זכור את אשר עשה ה' אלהיך למרים בדרך. הרי הוא אומר התבוננו מה אירע למרים הנביאה, שדיברה באחיה שהיתה גדולה ממנו בשנים וגידלתו על ברכיה וסיכנה בעצמה להצילו מן הים. והיא לא דברה

23 במדבר רבה (וילנא) פרשה ז.

24 ההשוואה בין הצרעת לפגמים רוחניים בהקשר לטומאה, עולה ממדרש העוסק בפרה אדומה הבאה לטהר מטומאה. המדרש משוה בין פרה אדומה למצורע מחד, ולמת מאידך:

... ולמה ציוה בפרה לעשות כמו במצורע, לפי שמעשה פרה אדומה לא נעשית אלא לכפר על מעשה העגל שהוא **צרעת הרוח** לפיכך דינם שוה. ולמה ציוה בפרה לעשות בטומאת מת ולא בטומאה אחרת, לפי שהמצורע לטומאת מת איתקש שנאמר אל נא תהי כמת. (אוצר המדרשים – אייזנשטיין, עמוד תעד, דיבור המתחיל כי תבואו).

25 רמב"ן על התורה ויקרא יג, מז.

בגנותו אלא טעתה שהשוותו לשאר נביאים, והוא לא הקפיד על כל הדברים האלו שנאמר והאיש משה ענו מאד, ואע"פ כן מיד נענשה בצרעת; קל וחומר לבני אדם הרשעים הטפשים שמרבים לדבר גדולות ונפלאות. לפיכך ראוי למי שרוצה לכוין אורחותיו להתרחק מישיבתן ומלדבר עמהן, כדי שלא יתפס אדם ברשת רשעים וסכלותם. וזה דרך ישיבת הלצים הרשעים, בתחילה מרבין בדברי הבאי כעניין שנאמר וקול כסיל ברוב דברים, ומתוך כך באין לספר בגנות הצדיקים כעניין שנאמר תאלמנה שפתי שקר הדוברות על צדיק עתק, ומתוך כך יהיה להן הרגל לדבר בנביאים ולתת דופי בדבריהם, כעניין שנאמר ויהיו מלעיבים במלאכי האלהים ובוזים דברים ומתעתעים בנביאיו, ומתוך כך באין לדבר באלהים וכופרין בעיקר כעניין שנאמר ויחפאו בני ישראל דברים אשר לא כן על ה' אלהיהם, והרי הוא אומר שתו בשמים פיהם ולשונם תהלך בארץ. מי גרם להם לשית בשמים פיהם? לשונם שהלכה תחילה בארץ, זו היא שיחת הרשעים שגורמת להן ישיבת קרנות וישיבת כנסיות של עמי הארץ וישיבת בתי משתאות עם שותי שכר. אבל שיחת כשרי ישראל אינה אלא בדברי תורה וחכמה, לפיכך הקדוש ברוך הוא עוזר על ידן ומזכה אותן בה, שנאמר אז נדברו יראי ה' איש אל רעהו ויקשב ה' וישמע ויכתב ספר זכרון לפניו ליראי ה' ולחושבי שמו[26].

ה. זנות כגורם לצרעת

לעיל הזכרנו את טומאת בעל קרי ונידה שלא הביאו לידי ביטוי את היכולת ליצור חיים. באופן חמור יותר באה לידי ביטוי טומאה זו בנגעי צרעת, במקרים בהם מראש החומריות הבהמית היא המטרה הבלעדית, ללא מגמה רוחנית כלשהי של הוספת חיים:

"אדם כי יהיה בעור בשרו" – על מה הנגעים באים? על הזנות. וכן אתה מוצא בירושלים לפי שהיו שטופין בזנות לקו בצרעת. מה כתיב שם "ויאמר ה' יען כי גבהו בנות ציון" וגו', ואומר "ושפח ה' קדקד בנות ציון", ואין ספח (שפח) אלא צרעת שנאמר שאת או ספחת, ואומר ולשאת ולספחת[27].

הפגם והענישה בזנות באו לידי ביטוי חמור יותר, עקב החמרת התופעה של התמעטות החיים. הן מבחינת החטא של אי הבאת חיים חדשים לעולם, אבל בעיקר בגלל הפגם המוסרי שבזנות, המחמיצה את הקשר הרוחני המיוחד בין בני זוג, והדרדרות לחומריות בצורתה השפלה והמאוסה. על הסוטה דרשו חכמים – "כשם שמעשיה מעשה בהמה, כך קרבנה מאכל בהמה"[28]. עקב הורדת החומר האנושי לדרגות נחותות, משל כבהמות נדמו; מופיעה הטומאה בצורה חריפה ואגרסיבית יותר.

26 רמב"ם הלכות טומאת צרעת פרק טז הלכה י. 27 מדרש תנחומא (בובר) פרשת תזריע סימן טו.

חומרה מיוחדת מצינו בדברי חכמים על טומאת עריות:

> ולא תטמאו בהם, מלמד שכל העריות קרויות טומאה, ולא תטמאו בהם ונטמתם בם, אם מטמאים אתם בהם נפסלים אתם מאחרי, מה הנאה יש לי בכם, ואתם מתחייבים לי כלייה. לכך נאמר "אני ה' אלהיכם"[29].

הביטוי החריף בטומאת עריות – "מה הנאה יש לי בכם, ואתם מתחייבים לי כליה", יכול להתבאר על פי דברנו דלעיל. שהרי כל אדם מישראל יכול להיות מקום להשראת שכינה, אם מעשיו ישרים ומתוקנים. טומאת עריות מסלקת את הקדושה והחיוניות מהאדם הישראלי ולכן גם לא מאפשרת לאותו אדם להיות מרכבה לשכינה. על כך בא הביטוי – מה הנאה יש לי בכם. כיון שהממד הרוחני באותו אדם מסתלק, ממילא גם מתחייב אותו אדם כלייה, לא כעונש אלא כתוצאה ישירה ממעשיו. סילוק שכינה משמעותו כליה.

ו. צרעת כתמרור אזהרה

את הרעיון שהצרעת מלמדת על פגם רוחני, ושהיא תמרור אזהרה לאדם ותפקידה לכוון את האדם לתיקון מעשיו, מצינו במדרשים מפורשים:

> כך אמר הקב"ה "נכונו ללצים שפטים". אמר הקב"ה עד שלא בראתי את האדם התקנתי לו חמשה מגלבין – שאת ספחת בהרת שחין ומכוה, ואית דאמרי צרעת[30].
>
> "אדם כי יהיה בעור בשרו", זה שאמר הכתוב "איום ונורא הוא, ממנו[31] משפטו ושאתו יצא". שבשעה שאדם חוטא הרי מביא עליו הקב"ה יסורין בגופו. למה? שאין מדותיו של הקב"ה כבשר ודם. מידת בשר ודם כשסרח עליו עבדו מביא עליו את הכבלים וכובלו, מביא את המגלבין ומכהו. והקב"ה אינו כן, אלא מגופו של אדם רודה אותו. ומנין? ממה שכתוב בעניין "אדם כי יהיה בעור בשרו"[32].
>
> "אדם כי יהיה בעור בשרו" – קשה לפני הקב"ה לפשוט ידו באדם זה, אלא מתרה בו ומלקה ביתו, שנאמר "ונתתי נגע צרעת בבית ארץ אחוזתכם". חזר בו יפה, ואם לאו מלקה את בגדו, שנאמר "והבגד כי יהיה בו נגע צרעת", חזר בו יפה, ואם לאו באין על גופו, שנאמר "אדם כי יהיה בעור בשרו"[33].
>
> "ונתתי נגע צרעת בבית ארץ אחוזתכם", ארץ מה חטאת שהיא לוקה, אלא בעון בני אדם הארץ לוקה, שנאמר "ארץ פרי למלחה מרעת יושבי בה". למה מרעת? כדי

28 סוטה טו, ב.

29 ספרא, אחרי מות פרק יג.

30 במדבר רבה (וילנא) פרשה יג, דיבור המתחיל 'המקריב'.

31 הדגש בפסוק בחבקוק (א, ז) **ממנו** משפטו ושאתו יצא. כלומר שהמשפט והשאת – הצרעת – יוצאים מהאדם עצמו. הענישה אינה חיצונית לאדם, אלא כיון שהאדם גרם שחמריותו תתקלקל על ידי קלקול מדותיו. אותה החמריות המקולקלת באדם שניתק עצמו ממקור חיותו, באה לידי ביטוי בנגע בשאת ובצרעת, והם המורים לו על הצורך בתשובה ובתיקון מעשים, שיגרמו להחזרת החיות לגופו. אותה חזרת החיות, אנו מסמלים בטהרה.

32 תנחומא תזריע, ח.

33 מדרש תנחומא (בובר) פרשת תזריע סימן יד.

שיראו הבריות וילמדו, וכן הוא אומר "כי כאשר משפטיך לארץ, צדק למדו יושבי תבל", מפני מה היסורין באין לעולם? מפני הבריות כדי שיראו ויסתכלו ויאמרו – מי שחטא לוקה ומי שלא חטא אין לוקה. ולמה העצים והאבנים והכותלים לוקין? כדי שיראו בעליהם ויעשו תשובה[34].

ז. היכן לא חלה הטומאה

הטומאה מופיעה דווקא במקומות שיש בהם דינמיות ויכולת להתעלות מבחינה רוחנית. שם יש משמעות לחוסר הניצול של אפשרות העלייה. במקומות שאין אפשרות להתעלות מבחינה רוחנית, תופעת הטומאה חסרת משמעות. לכן למשל אין הגויים נטמאים בנגעים.

אין מטמאים בנגעים אלא ישראל, שנאמר "אדם כי יהיה בעור בשרו", ונאמר "ואתנה צאני צאן מרעיתי אדם אתם"[35]. אתם קרוים אדם ואין הגויים קרוים אדם[36].

"ואנכי עפר ואפר" – בשכר שאמר אברהם אבינו "ואנכי עפר ואפר", זכו בניו לשתי מצוות: לאפר פרה ועפר סוטה[37]. פירוש, היסודות אינם מקבלים טומאה, כי כל הנבראים מוכרחים בפעולתם, והטומאה רק באדם והקרוב לו מצרכו מצד התנגדות רצונו, וכוחותיו ורצונו המכריחים בדרך בה יבחר. וה' הבדיל את עמו ישראל והזהירם על טהרת הנפש, והרחיק דברים הללו שהם סיבה לטומאתם. וכל מי שיש בו שלמות יותר, עלול יותר לטומאה. על כן הזרו"ח אינם מקבלים טומאה שלא נצרפו באש התורה[38].

לכן גם אין בתי עובדי כוכבים נטמאים בצרעת:

ונתתי נגע צרעת בבית ארץ אחוזתכם – ארץ אחוזתכם מטמאה בנגעים, ואין בתי עובדי כוכבים מטמאין בנגעים[39].

רעיון זה של "לפי חיבתן טומאתן" מופיע במשנה מפורשת[40]:

אומרים צדוקים: קובלין אנו עליכם פרושים. שאתם אומרים כתבי הקודש מטמאין את הידיים וספרי הומרוס אינם מטמאים את הידיים. א"ר יוחנן בן זכאי וכי אין לנו על הפרושים אלא זו בלבד?! הרי הם אומרים: עצמות חמור טהורים ועצמות יוחנן כהן גדול טמאים! אמרו לו: לפי חבתן היא טומאתן, שלא יעשה אדם עצמות אביו ואמו תרוודות. אמר להם: אף כתבי הקודש לפי חבתן היא טומאתן, וספרי הומרוס שאינן חביבין אינן מטמאין את הידיים.

34 מדרש תנחומא (ורשא) פרשת מצורע סימן ד, דיבור המתחיל (ד) ילמדנו רבינו.

35 יחזקאל לד, לא.

36 מדרש החפץ כת"י. מובא בתורה שלמה להרב כשר, תזריע יג, א.

37 סוטה יז, א.

38 משך חכמה בראשית יח, כז.

39 גיטין פב, א.

40 מסכת ידיים פרק ד משנה ו.

באותו כיוון מחשבה ניתן אולי לומר, שנבראים פשוטים ביותר אין בהם היכולת להתעלות, ולכן ממילא לא יוכלו לקבל טומאה. כלי אבן למשל לא מקבלים טומאה, בניגוד לכלים שנוצרו מחומרים מורכבים יותר. המורכבות מאפשרת עלייה, אך יש בה סיכון גדול יותר לקלקול.
מאידך ישנם מקומות שורשיים שדרגתם הרוחנית קביעא וקיימא, ואין יכולת ביד האדם לקלקל ולדרדר את מצבם העליון:

> ירושלים אינה מטמאה בנגעים – דכתיב: "ונתתי נגע צרעת בבית ארץ אחוזתכם", וירושלים לא נתחלקה לשבטים[41].

חכמים סימלו את השמים כממד רוחני שלא תיתכן בו טומאה – "אין דבר טמא יורד מן השמים"[42]. גם המחובר לקרקע לא מקבל טומאה – "אך מעין ובור מקוה מים יהיה טהור"[43].
דברי תורה מסמלים את קישור האדם עם מושגי החיים האלוקיים. לכן נפסק להלכה שטמא מותר בלימוד תורה:

> תניא ר' יהודה בן בתירא היה אומר, אין דברי תורה מקבלין טומאה... שנאמר הלא כה דברי כאש נאם ה', מה אש אינו מקבל טומאה, אף דברי תורה אינן מקבלים טומאה[44].

כלומר, ישנם גדרים שהם קבועים ואין אפשרות לשנותם. בין אם הם מראש ברמה נמוכה ללא יכולת התעלות; או מאידך בדרגה רוחנית שורשית גבוהה וקבועה. אבל במצבים שבהם הגדרים מאפשרים יכולת השתנות, שם תבוא הטומאה והטהרה. שם יכולה לבוא לידי ביטוי באופן המשמעותי ביותר, יכולת הבחירה של האדם, בהשראת שכינה וכביטוי לממד הרוחני אלוקי הצפון בו.

ח. הכהן כמטהר הצרעת

כיון שהצרעת מלמדת על פגם רוחני שמסמל סילוק חיים. וכיון שתיקונו מתאפשר על ידי תוספת חיים. לכן רפואתו של המצורע היא בקשר עם מי שמסמל חיים. "נֶגַע צָרַעַת כִּי תִהְיֶה בְּאָדָם וְהוּבָא אֶל הַכֹּהֵן"[45]. דמות הכהן המסמלת אהבה בין בני האדם, כאהרן הכהן שהיה משכין שלום בין אדם לחברו. ומי שמסמל את הקשר עם עבודת המקדש, עם לימוד תורה, ועם אור אינסוף – "כִּי שִׂפְתֵי כֹהֵן יִשְׁמְרוּ דַעַת וְתוֹרָה יְבַקְשׁוּ מִפִּיהוּ כִּי מַלְאַךְ ה' צְבָאוֹת הוּא"[46].

---

41 בבא קמא, פב, ב.
42 סנהדרין נט, ב.
43 ויקרא יא, לו. ופירש רש"י שם – המחוברים לקרקע אין מקבלים טומאה. והוא מהמשנה בריש מקואות (א, ד) "נפל לתוכן מת או שהלך בהן הטמא, ושתה טהור – טהור". והטעם מפני שלא נתלשו מן הקרקע.
44 ברכות כב, א.
45 ויקרא יג, ט. בפרשיות המצורע מוזכרת ההבאה לכהן והקשר עמו פעמים נוספות.
46 מלאכי ב, ז.

על פי זה מובן מדוע לכהן אסור להיטמא למתים – "מה לכהן בבית הקברות?!". מי שכל מהותו היא תוספת חיים, אסור לו להתקרב למה שמסמל יותר מכל את הסתלקות החיים[47].

ט. פיגול ונותר

קרבן – כשמו כן הוא, מכשיר להתקרב לריבונו של עולם, לאור אינסוף. ניסיון להיעזר בבהמה גשמית נמוכה וירודה, בעוף או במנחה, כדי להביע רעיונות רוחניים[48]. רעיונות של תודה לה', בקשת מחילה, התרוממות רוח וחגיגה במועדים, או כקשר יומיומי קבוע עם הקב"ה – שאין לו גוף ואין לו דמות הגוף, שאין בו יסוד חומרי כלל. הקרבן מבטא רצון וניסיון להפוך את הסופי לאינסופי, להשתמש בחומר כדי להגיע לרוחניות.

הפיגול והנותר המטמאים, מסמלים את סילוק החיוניות שהיתה גנוזה בקרבן. הקרבן שהיה בו הפוטנציאל והסיכוי להתקרב לה', ולא נתממש. המפגל עקב הכנסת מחשבות זרות שפגמו בקרבן החומרי ולא אפשרו את הפיכתו מגורם חומרי לביטוי של מהלך רוחני. הנותר גם כן מסמל את החמצת השעה והסיכוי. גם כאן, עקב אי מימוש הסיכוי, בסופו של דבר נותר החומר בלבד. סילוק הממד הרוחני והשארות החומר בלבד, הם עצם הטומאה בהתגלמותה.

י. המשלח את השעיר לעזאזל

וְנָתַן אַהֲרֹן עַל שְׁנֵי הַשְּׂעִירִם גֹּרָלוֹת גּוֹרָל אֶחָד לַה' וְגוֹרָל אֶחָד לַעֲזָאזֵל:

וְהִקְרִיב אַהֲרֹן אֶת הַשָּׂעִיר אֲשֶׁר עָלָה עָלָיו הַגּוֹרָל לַה' וְעָשָׂהוּ חַטָּאת:

וְהַשָּׂעִיר אֲשֶׁר עָלָה עָלָיו הַגּוֹרָל לַעֲזָאזֵל יָעֳמַד חַי לִפְנֵי ה' לְכַפֵּר עָלָיו לְשַׁלַּח אֹתוֹ לַעֲזָאזֵל הַמִּדְבָּרָה:

וְסָמַךְ אַהֲרֹן אֶת שְׁתֵּי יָדָיו עַל רֹאשׁ הַשָּׂעִיר הַחַי וְהִתְוַדָּה עָלָיו אֶת כָּל עֲוֹנֹת בְּנֵי יִשְׂרָאֵל וְאֶת כָּל פִּשְׁעֵיהֶם לְכָל חַטֹּאתָם וְנָתַן אֹתָם עַל רֹאשׁ הַשָּׂעִיר וְשִׁלַּח בְּיַד אִישׁ עִתִּי הַמִּדְבָּרָה:

47 הראי"ה קוק התייחס לאיסור הכהנים להיטמא: המות הוא חזיון שוא, טומאתו היא שקרו, מה שבני האדם קוראים מות הרי הוא רק תגבורת החיים ותעצומתם. ומתוך השקיעה התהומית בקטנות, אשר יצר לב האדם השקיע אותו בה, הרי הוא מצייר את תגבורת החיים הזאת בצורה מדאיבה וחשוכה, שהוא קוראה מות.

מתעלים הם הכהנים בקדושתם מהקשבה שקרית זו, שאי אפשר להמלט ממנה כל זמן שהממשל הכזבי כל כך שולט בעולם, כי אם בהעברת העינים מהמחזה המביא את רשמי ההטעאה הללו אל הנפש, על כל נפשות מת לא יבא, לנפש לא יטמא בעמיו. (אורות הקדש חלק ב, החיות העולמית פיסקה מ').

48 למחשבתו וכוונתו של האדם יש משמעות רבה בהקרבת הקרבן:

כי בעבור שמעשי בני אדם נגמרים במחשבה ובדבור ובמעשה, ציוה ה' כי כאשר יחטא ויביא קרבן, יסמוך ידיו עליו כנגד המעשה, ויתודה בפיו כנגד הדיבור, וישרוף באש הקרב והכליות שהם כלי המחשבה והתאוה, והכרעים כנגד ידיו ורגליו של אדם העושים כל מלאכתו. ויזרוק הדם על המזבח כנגד דמו בנפשו; כדי שיחשוב אדם בעשותו כל אלה, כי חטא לאלקיו בגופו ובנפשו, וראוי לו שישפך דמו וישרף גופו, לולא חסד הבורא שלקח ממנו תמורה וכפר הקרבן הזה שיהא דמו תחת דמו, נפש תחת נפש. וראשי אברי הקרבן כנגד ראשי אבריו, והמנות [חלקי הקרבן המתחלקים לכהנים] להחיות בהם מורי התורה שיתפללו עליו (רמב"ן על התורה, ויקרא א, ט).

החלק שמגיע למזבח ומכפר הוא הדם. הגורם היותר רוחני שיש בעוף ובבהמה – "כי הדם הוא הנפש". תמצית הנפש מסומלת בדם.

וְנָשָׂא הַשָּׂעִיר עָלָיו אֶת כָּל עֲוֹנֹתָם אֶל אֶרֶץ גְּזֵרָה וְשִׁלַּח אֶת הַשָּׂעִיר בַּמִּדְבָּר:
וְהַמְשַׁלֵּחַ אֶת הַשָּׂעִיר לַעֲזָאזֵל יְכַבֵּס בְּגָדָיו וְרָחַץ אֶת בְּשָׂרוֹ בַּמָּיִם וְאַחֲרֵי כֵן יָבוֹא אֶל הַמַּחֲנֶה[49].

שעיר אחד זכה לכפר על ידי קירבה לפני ה׳, והוא מסמל מיצוי מלא של האפשרות לתיקון רוחני על ידי ביטוי חומרי, ההתקרבות והתיקון שבו מתבצעים על ידי הכהן הגדול המסמל את שיא הטהרה. לעומת זאת המשלח את השעיר לעזאזל נטמא. השעיר המוקרב מסמל את היכולת להתקרב לה׳, ואילו השעיר לעזאזל מסמל את החמצתה של יכולת זו[50]. אי היכולת להתקשר לה׳ היא בעצמה סילוק החיוניות[51].

יא. טומאת עבודת אלילים

שש טומאות הן מדרבנן, ורובן הן חומרות יתר לטומאות מן התורה (מת, נבלה, יולדת, נידה, זב וזבה). לעומת זאת, טומאת עבודה זרה היא טומאה חדשה שגזרו עליה[52]. גם כאן ההליכה אחרי עבודה זרה היא הסתלקות משורש החיים. עבודה זרה אינה רק טעות דתית – תיאולוגית גרידא, אלא בעייה מוסרית חריפה ביותר.

לריבונו של עולם יש שמות וכינויים רבים המלמדים על מידותיו השונות. שם אלוקות מלמד על היותו בעל הכוחות כולם. איילות היא כוח, גבורה, וגם כינוי כבוד לאלקים שהוא מקור הכוח: "אילותי לעזרתי חושה"[53].

אבל ריבונו של עולם אינו רק בעל הכוחות. יש כינויים רבים לריבונו של עולם – רחום וחנון, ארך אפים ורב חסד ואמת, דיין אלמנות ואבי יתומים. אלו תכונות טובות וחשובות, מעולות ותרומיות כל כך, עד שהתורה צותה אותנו לנסות ולאמץ אותן:

49 ויקרא טז, ח – י; כא – כב, כו.

50 הרב יוסף דוב הלוי סולוביצ׳יק התייחס לסמליות זו: בפסוק זה של ׳ונתן אהרן על שני השעירים גורלות, גורל אחד לה׳ וגורל אחד לעזאזל׳, גילה הקב״ה את הסוד הגדול של מידת החסד המופעלת ביום הכיפורים.
צא וראה את כל רגשות הצער, האכזבה, התיסכול ועגמת הנפש שאדם מתנסה בהם – לא מחמת מסירות נפש להקב״ה, אלא מחמת החמדנות האנושית הקטנה, חמדת ממון או תאוות כבוד. צא וראה את האדם כאשר הוא מגיע למצב של בדידות נוראה, כשהחברה מתנכרת לו, בניו מזלזלים בו, נכדיו זרים לו, כשהוא חש מדולדל ועני, עזוב ומוזנח – ואין זה בדרך כלל תוצאה מעבודת ה׳. אדם העוסק כל ימיו בתורה ועובד את ה׳ באמונה, גם אם יזקין לא ירגיש עזוב ומנודה. הרגשה נוראה זו של עזובה ובדידות אינה באה על האדם אלא מחמת רדיפה יתרה אחרי הבלי הבלים, יסורי הנפש של אכזבה ותיסכול הבאים על האדם אינם תוצאה של הגורל לה׳ – אלא של הגורל לעזאזל.
(על התשובה, הרב יוסף דוב הלוי סולוביצ׳יק, עמ׳ 290 – 291).

51 אמנם יש להעיר שאין יכולת בידנו להסביר מדוע דווקא המשלח את השעיר נטמא ולא הנוגע בשעיר. כך מובא במשנה (מסכת פרה ח, ג): השורף פרה, ופרים, והמשלח את השעיר – מטמא בגדים.
פרה ופרים ושעיר המשתלח עצמן – אין מטמאים בגדים.
הרי זה אומר: מטמאיך לא טמאוני, ואתה טמאתני?!
ברור שכל דברינו הם בגדר ניסיון לגשש ולנסות למצוא מהלך שיסביר את ענייני טומאה וטהרה באופן כוללני. ירידה לפרטים בלתי אפשרית במסגרת זו. כמו כן לא נתייחס לטומאת מי חטאת המטמאה את הטהורים ומטהרת את הטמאים, שעל פי חז״ל, רק למשה רבנו נתגלה טעמה, וכבר שלמה המלך אמר עליה "אמרתי אחכמה והיא רחוקה ממני".

52 שבת פב.

53 תהלים כב, כ.

> כך למדו בפירוש מידה זו[54]. מה הוא נקרא חנון אף אתה היה חנון. מה הוא נקרא רחום אף אתה היה רחום. מה הוא נקרא קדוש אף אתה היה קדוש. ועל דרך זו קראו הנביאים לאל בכל אותן הכינויים – ארך אפים ורב חסד, צדיק וישר, תמים גבור וחזק וכיוצא בהן; להודיע שהן דרכים טובים וישרים. וחייב אדם להנהיג עצמו בהן ולהדמות אליו כפי כחו[55].

בניגוד גמור לקב"ה שהוא בעל מדות חיוביות רבות ומגוונות, הרי שהאלילים מציינים רק את תופעת הכוח. השם היחיד של עבודה זרה מסמל את כוחניותם ותו לא. חלק מהאלילים נחשבו גם על ידי עובדיהם ומעריציהם כמושחתים מבחינה מדותית, מה שלא מנע מהם את הפולחן לאלילים מושחתים אלו. העובדה שעובדי האלילים לא ציינו את האלילים כטובים דווקא או כבעלי תכונות נאצלות, ושסגדו והשתעבדו להם רק עקב כוחם; היא הנקודה שבה אנו מאתרים את הבעייה המוסרית הנוראה שיש בעבודה זרה.

כוח יכול להיות יתרון עצום כשהוא ניתן בידי גורם צדיק, ישר דרך ואחראי. בעולם יש צורך מתמיד בשיפור ותיקון המציאות. כדי לתקן צריך משאבים וכוחות רבים. כוחות כאלו מצויים בעולם והשאלה היא לאן הם מופנים. מנהיג חזק היודע לנתב כוחות אלו כראוי הוא ברכה גדולה לעולם. היפוכו של דבר עלול לקרות כשהכוח ניתן ביד רשע. "תחת שלש רגזה ארץ ותחת ארבע לא תוכל שאת: תחת עבד כי ימלך ..."[56]. אצל העבד הכוח אינו אמצעי לקידום עקרונות נעלים אלא משמש כמטרה עצמאית שתכליתה בדרך כלל אינה טובה וחיובית. גרוע ממנו הרשע, העלול להשתמש בכוח למטרות שליליות והרסניות.

העובדה שהכוח אצל הרשעים הוא מטרה לעצמה, בניגוד שאצל הצדיקים הכוח הוא רק אמצעי לתכליות ומטרות נעלות, גורמת לכך שהכוח הופך לגורם נערץ ונחשק על הרשעים דווקא, יותר מאשר אצל הצדיקים. משום כך הכוח עלול להימצא אצל הרשעים דווקא. כוחניות מושכת אחריה כוחניות נוספת, והתוצאה של ריכוז כוחות אצל הרשעים דווקא עלולה להיות קשה עוד יותר.

בהשקפה התורנית כוחניות לשמה אינה ערך העומד בפני עצמו, אלא היא חייבת להיות אמצעי למטרה שהיא ערך עצמאי ונעלה. על פי ערכי התורה הוטלו על החזקים המשימות של התחשבות והצורך לסייע לחלש – לגר ליתום ולאלמנה. מצוות רבות ואזהרות רבות נאמרו בתורה כדי לבסס גישה חינוכית זו, שמטרתה לעדן את הכוח ולחנך את בעלי הכוחות להשתמש בהם אך ורק על פי עקרונות ישרים צודקים ונעלים.

העיקרון האלילי מנוגד בתכלית לעקרונות התורה. בעבודת האלילים הכוח הוא הערך עצמו. הסגידה היא לכוח, והכוח הוא הסיבה הבלעדית לפולחן ולהערצה. במצב כזה עלולים עובדי האלילים להגיע למצבים המנוגדים בתכלית למוסר לצדק ליושר ולמשפט, פשוט מפני שמושגים אלו אינם משמעותיים כלל בתרבות האלילית, או ליתר דיוק מפני שמושגים אלו בכלל לא קיימים בתרבות האלילית. המושג היחיד הוא כוח, והערכים נמדדים אך ורק על פיו. אם יש גורם בעל כוח יש להתחשב בו, מתוך חשש או מתוך כדאיות גרידא, כדי שלא יפריע לעובד האלילים ואולי גם כדי שיוכל לנצל אותו לצרכיו. גורם שאינו בעל כוח אינו

54 "והלכת בדרכיו".
55 משנה תורה לרמב"ם. פרק א מהלכות דעות הלכה ו'.
56 משלי ל, כא – כב.

גורם שיש להתחשב בו. כחלש הוא עלול להיות מנוצל עד גמירא, ואז להפוך לגורם חסר משמעות באין יותר יכולת להפיק ממנו תועלת כלשהי.

הגישה הכוחנית עלולה לחנך את עובד האלילים להפוך לדמות גרועה ביותר של מתרפס ומשתחווה לפני החזק ממנו, ומאידך למשעבד אכזרי בחלשים ממנו. מכאן לא ארוכה הדרך להפוך עיקרון מושחת זה לאידיאולוגיה שלמה, שלפיה החזק מותר וראוי לו להשתמש בעריצות בחלשים ממנו עד כדי התיאוריות הנאציות המפלצתיות שהפכו את הרצח של חלשים ונכים לאידיאל.

ברור שדרך חיים מושחתת כזו היא הסתלקות ממקור החיים. דרך הכוחניות האלילית סוגדת לכוחות חומריים חולפים, תוך התעלמות מערכים רוחניים נצחיים. אם נכונים דברינו, יתכן שכך אפשר להסביר את דברי חכמינו שגזרו טומאה על עבודת האלילים.

יב. ידיים

> וכשמקיץ משנתו ונשמתו חוזרת אליו, בכל מה שיגע בידיו יטמא הכל, משום שרוח הטומאה שורה עליהם[57].
>
> שכבר הוכן בסדרי ההנהגה, שבהיות האדם ישן, חלקי נשמתו העליונים מסתלקים ממנו, וטועם טעם מיתה במקצת, ונמצא שאז מתגבר בגופו החושך יותר, בהעדר אור הנשמה המזכך אותו, על כן נמצא שם בית כניסה יותר אל הטומאה לשרות עליו, והוא עניין רוח הרעה שפירשו חכמינו ששורה על הידיים[58].

שינה היא אחד משישים ממיתה. האדם הישן מסתלקת ממנו מידה מסוימת של חיותו הפנימית. אשר על כן צריך האדם להחזירה לעצמו בקומו בבוקר:

> וירחץ בנקיון כפיו ויברך ברוך אתה ה' אלקינו מלך העולם אשר קדשנו במצוותיו וצונו על נטילת ידיים[59].

המים המסמלים חיים באים לטהר את האדם בקומו משנתו בבוקר. המחזיר נשמות לפגרים מתים.

יג. טומאת אוכל ומשקה, וטומאת כלים

האוכלין, המשקין והכלים הם אמצעים. אפשר להשתמש באמצעים אלו כדי להתעלות, ואפשר חלילה להתגנות על ידיהם:

57 זהר בראשית ב, שכב.
הערת הרב נבנצל שליט"א – טומאת הידיים שגזרו עליה חז"ל היא גם בהקיץ. שעשו סתם ידיים שניות לטומאה.

58 רמח"ל מאמר העקרים בתורה ובמצוות.

59 טור אורח חיים ריש סימן ד, הלכות הנהגת אדם בבוקר.
הערת הרב נבנצל שליט"א – זו מחלוקת הראשונים אם בגלל השינה או בגלל התפילה.

צריך האדם שיכוון לבו וכל מעשיו כולם לידע את השם ברוך הוא בלבד, ויהיה שבתו וקומו ודבורו הכל לעומת זה הדבר. כיצד, כשישא ויתן או יעשה מלאכה ליטול שכר, לא יהיה בלבו לקבוץ ממון בלבד, אלא יעשה דברים האלו כדי שימצא דברים שהגוף צריך להם מאכילה ושתייה וישיבת בית ונשיאת אשה. וכן כשיאכל וישתה ויבעול לא ישים בלבו לעשות דברים האלו כדי ליהנות בלבד, עד שנמצא שאינו אוכל ושותה אלא המתוק לחיך ויבעול כדי ליהנות, אלא ישים על לבו שיאכל וישתה כדי להברות גופו ואיבריו בלבד. לפיכך לא יאכל כל שהחיך מתאוה ככלב וחמור אלא יאכל דברים המועילים לגוף אם מרים אם מתוקים, ולא יאכל דברים הרעים לגוף אע"פ שהן מתוקים לחיך.

המנהיג עצמו על פי הרפואה, אם שם על לבו שיהיה כל גופו ואבריו שלמים בלבד ושיהיו לו בנים עושין מלאכתו ועמלין לצורכו אין זו דרך טובה, אלא ישים על לבו שיהא גופו שלם וחזק כדי שתהיה נפשו ישרה לדעת את ה', שאי אפשר שיבין וישתכל בחכמות והוא רעב וחולה או אחד מאיבריו כואב, וישים על לבו שיהיה לו בן אולי יהיה חכם וגדול בישראל. נמצא המהלך בדרך זו כל ימיו עובד את ה' תמיד, אפילו בשעה שנושא ונותן ואפילו בשעה שבועל, מפני שמחשבתו בכל כדי שימצא צרכיו עד שיהיה גופו שלם לעבוד את ה', ואפילו בשעה שהוא ישן, אם ישן לדעת כדי שתנוח דעתו עליו וינוח גופו כדי שלא יחלה ולא יוכל לעבוד את ה' והוא חולה, נמצאת שינה שלו עבודה למקום ברוך הוא. ועל עניין זה צוו חכמים ואמרו וכל מעשיך יהיו לשם שמים, והוא שאמר שלמה בחכמתו בכל דרכיך דעהו והוא יישר אורחותיך[60].

כשם שהחכם ניכר בחכמתו ובדעותיו והוא מובדל בהם משאר העם, כך צריך שיהיה ניכר במעשיו במאכלו ובמשקהו ובבעילתו ובעשיית צרכיו ובדבורו ובהילוכו ובמלבושו ובכלכול דבריו ובמשאו ובמתנו, ויהיו כל המעשים האלו נאים ומתוקנים ביותר. כיצד, תלמיד חכם לא יהיה גרגרן אלא אוכל מאכל הראוי להברות גופו, ולא יאכל ממנו אכילה גסה, ולא יהא רודף למלאת בטנו כאלו שמתמלאין ממאכל ומשתה עד שתיפח כריסם, ועליהם מפורש בקבלה וזריתי פרש על פניכם, אמרו חכמים אלו בני אדם שאוכלין ושותין ועושין כל ימיהם כחגים, והם האומרים אכול ושתה כי מחר נמות, וזהו מאכל הרשעים, ושלחנות אלו הם שגינה הכתוב ואמר כי כל שלחנות מלאו קיא צואה בלי מקום. אבל החכם אינו אוכל אלא תבשיל אחד או שנים ואוכל ממנו כדי חייו ודיו, הוא שאמר שלמה – צדיק אוכל לשובע נפשו[61].

אבל המסבות לשתיית המשכרים תהיה חרפתם בעיניך יותר גדולה מהתקבצות בני אדם עירומים חשופי שת הנפנים ביום במקום אחד[62].

---

60 משנה תורה לרמב"ם, פרק ג מהל' דעות הלכה ב – ג.

61 שם, פרק חמישי הלכה א.

62 מורה נבוכים לרמב"ם, חלק שלישי פרק ח, תרגום הרב קאפח.

מי שזוכים להעלות את הכלים, האוכלים והמשקים ולהשתמש בהם לשם שמים, מוסיפים חיות בעולם. גם כאן החומריות מקבלת משמעות רוחנית, כדאמרן לעיל. גם כאן החמצת ההזדמנות גוררת עמה טומאה[63].

ככל שדרגת הרוחניות יכולה להיות גבוהה יותר, כך גדלה הרגישות לטומאה. לכן יש בתרומה חומרה יתרה מאשר בחולין, ובקודש יתר מבתרומה, ובמי חטאת יתר מבקודש[64]. ככל שהסיכוי להתעלות גדול יותר, כך גם הסיכון להחמצה גדול יותר, וכדאמרן לעיל. מאידך, הזוכה לטהר מעשיו יכול להגיע להישגים עדינים ומעולים יותר, באמצעות אותן דרגות הקפדה של טהרה עליונה. לשם כך אין די בחכמה, אלא יש צורך בדעת:

> **ודעת, זה סדר טהרות.** כשם שהאדם צריך למעשים שירוממו את נפשו להתנשא אל המושכלות העליונות בידיעת ה' יתברך ודרכי טובו, שהם גבוהים ונעלים הרבה מדרכי החיים החומריים, שהיא החכמה מצד עצמה שמקומה בקודש, בהנהגה נבדלת מהמון החיים של חול המתעלים לקודש, כן צריך גם כן השפעה מעשית המיוסדת על חוקי דעה מעשית, איך לנהל את כל דרכי החיים החומריים ותוצאותיהם, באופן שהמה יהיו שלמים ומאושרים ומכל מקום לא יתפרצו מגבולם להמשיך את האדם מגבול הקודש, למען תשאר נפשו טהורה גם בהיותה עסוקה עם כל חמדות החיים וכל חליפותיהם המרובים והמסובכים. זהו כח הדעת, שנבדל מכח החכמה המופשטת העסוקה בענייני קודש. אבל הדעת דרך חול לה לשמור את אורח האדם בהיותו עסוק בכל עסקי חיי הגופות לכל ירידותיהם, שלא חוזרת נפשו מטהרה, שהגדרים הרחבים המתגדרים על פי עצת ה' הגדולה בתורת חיים, הם הלימודים אשר בסדר טהרות. דעת היא החכמה המעשית המצטרפת עם הנהגת החיים, ההולכת עם החיים ושוכנת אתם בכל טומאותם ומשמרת את הגבול הראוי ומיעצת איך להטהר ממה שהחיים החמריים מטמאים בהכרח. כל אלה המה ענייני הדעת, שכולם גנוזים בסדר טהרות. **ודעת, זה סדר טהרות**[65].

יד. מים חיים

ציינו לעיל שהטומאה מסמלת את הסתלקות החיים עקב תכונות מגונות שבכללן גאוה וגסות רוח. לעומת זאת טהרת הטמאים היא על ידי מים **חיים** דווקא[66], המסמלים בשמם

63 יתכן שגם הטומאה שגזרו על הידיים עשויה להתקשר לטומאת אוכלין. רוב הפעולות שאדם עושה, בידיו הן, לטוב ולמוטב. ממש כמו האוכלין המסמלים את החמריות שאפשר לכוון אותה לאפיקים שונים, כך גם הידיים. האכילה והידיים שניהם דברים אלמנטריים יומיומיים שמקשרים בין האדם לחומר. טהרת הידיים מסמלת מגמה של שאיפה לרוחניות גם בחיים בעצמותם. כמובן, צריך להיזהר שהרחיצות תהיינה בעלת משמעות פנימית ולא להסתפק ברחיצה חיצונית גרידא.

64 **הערת הרב נבנצל שליט"א** – אין מי חטאת קדושים יותר מהקודש. אדרבה, פרה כשרה בטבול יום. אבל מפני שזלזלו בה להוציא מלבם של צדוקים, גזרו עליה גזרות רבות שאין בקודש.

65 עין איה מסכת שבת פרק שני, קנח.

66 אמנם לא כל הטמאים זקוקים למים חיים דווקא, אך זו דרגת טהרה גבוהה המועילה בכלל הטומאות.

ובמהותם את החיים. המים מהוים את הניגוד לתכונות הגאוה של המצורע; אותם המים המביאים חיים לחי ולצומח, הם המים המסמלים גם מבחינה רוחנית ענוה וצניעות:

> דברי תורה נמשלו כמים שנאמר הוי כל צמא לכו למים, לומר לך מה מים אינם מתכנסין במקום מדרון אלא נזחלין מעליו ומתקבצים במקום אשבורן. כך דברי תורה אינם נמצאים בגסי הרוח ולא בלב כל גבה לב אלא בדכא ושפל רוח[67].

לא רק לגבי טומאת הצרעת אלא ככלל, המים הם הגורם המטהר:

> דבר ברור וגלוי שהטומאות והטהרות גזרות הכתוב הן, ואינן מדברים שדעתו של אדם מכרעתו והרי הן מכלל החוקים. וכן הטבילה מן הטומאות מכלל החוקים הוא, שאין הטומאה טיט או צואה שתעבור במים אלא גזרת הכתוב היא והדבר תלוי בכוונת הלב, ולפיכך אמרו חכמים טבל ולא הוחזק כאילו לא טבל. ואעפ"כ רמז יש בדבר, כשם שהמכוין לבו לטהר כיון שטבל טהור ואע"פ שלא נתחדש בגופו דבר, כך המכוין לבו לטהר נפשו מטומאות הנפשות שהן מחשבות האון ודעות הרעות, כיון שהסכים בלבו לפרוש מאותן העצות והביא נפשו במי הדעת – טהור. הרי הוא אומר וזרקתי עליכם מים טהורים וטהרתם מכל טומאותיכם ומכל גלוליכם אטהר אתכם[68].

יש במים תכונות מושיעות לעולם. העולם כולו עלול בדרך כלל להגיע למעגל של ירידה ונפילה. כאשר אדם נקי הנוגע באדם מלוכלך, המלוכלך לא הופך נקי אלא הנקי מתלכלך. אדם טהור וטמא הנוגעים זה בזה, הטמא לא נטהר אלא הטהור נטמא[69]. העולם שואף לאי סדר. קל מאוד לקלקל, וצריך מאמץ כדי לתקן ולסדר. הנפילה והבלבול, הבערות הלכלוך והטומאה, הם בטבע העולם. בתוך מעגל זה של ירידה ונפילה, המים הם היוצא מן הכלל. אפשר להשיק מים טמאים וטהורים, והמים הטמאים יטהרו. אדם או כלי טמא או מלוכלך, יטהרו ויתנקו בטבילה במים. אילולא האנומליה יוצאת הדופן של המים, לא היתה לעולם תקומה, באין אפשרות לצאת ממעגל הנפילה. המים הם סוד התיקון העלייה וההטהרות. מעבר לטבילה הפיזית, נדרשת מן האדם הטובל גם כוונה וחשיבה על המשמעות הרוחנית של הטבילה. ההדבקות בריבונו של עולם היא בעצמה מקוה טהרה:

> אמר ר' עקיבא: אשריכם ישראל, לפני מי אתם מטהרין ומי מטהר אתכם? אביכם שבשמים. שנאמר "וזרקתי עליכם מים טהורים וטהרתם", ואומר "מקוה ישראל ה' ". מה מקוה מטהר את הטמאים, אף הקב"ה מטהר את ישראל[70].

---

67 רמב"ם הלכות תלמוד תורה פרק ג הלכה ט.

68 רמב"ם הלכות מקוואות פרק יא הלכה יב.

69 ומקרא מפורש הוא בספר חגי (ב, יב -יג). אמנם חכמים דרשוהו לגבי ענייני רביעי וחמישי לטומאה, ונחלקו אי אשתביש כהני או לא אשתביש כהני (פסחים טז – יז), אבל פשוטו של מקרא כדאמרן, וכך פירש אבן עזרא.

70 משנה אחרונה במסכת יומא.

אמר הקב"ה: בעולם הזה, מפני העוונות הייתם מתיסרין ומטהרין, וחוזרין ומתייסרין. לעתיד לבוא אני הוא שמטהר אתכם, שנאמר "וזרקתי עליכם מים טהורים וטהרתם מכל טומאותיכם ומכל גילוליכם אטהר אתכם[71].

הקיום שבא בלא הכרה פנימית והכשר עצמי לאורה של תורה וטעמי מצוותיה, המלאים – אף במה שנגלה מהם לכל דורשי אמת – זיו חיים יושר וצדק, הולך הוא דווקא על פי עצם סדרה של תורה. רק כפי המבואר בתורה יוכל אדם כזה לעשות רצון קונו, אבל לא יוכל לחדש ולדון דבר מדבר בחידושי אמת, באופן שיהיו כל הרעיונות והדעות המתילדים בלבבו מצד קדושתה של תורה, הולכים ומצטרפים, הולכים ומתרבים, עד אין קץ. לא כן הוא חלק האדם שכבר התעלה להכשר השכלתה של תורה, שבא למידה זו שיודע את קונו, ומשיג את החפץ העליון המבוקש בכללותה של תורה, והכח הגנוז המתפרט בפרטיה מאור העליון, הוא משתמש בכל ענייני התורה והמצוות וכוונותיהם כשימוש האותיות הכוללים כל הצירופים שבעולם, להביע בהם המון מחשבות ורגשות לאין תכלית. אלה הם דבקים בתורה בעצמם ובבשרם, אצלם מאירה אורה של תורה אפילו באור פניהם החיצוני, אצלם עומדת התורה כולה במדרגת אותיות הכוללים כל המבטאים, והמבטאים נולדים מהם חדשים בכל עת ורגע, "כי עדותיך שיחה לי". סידורה של תורה וערכה נערכת אצלם כערך כלל האותיות, שהם אבות כל מה שמצורף ושעתיד להצרף, כך כל מה שנולד ושיולד לטובה, לאמת, ליושר ולחכמה, הכל נובע מאורה של תורה, והדרכת מצוותיה למימינים בה, ובכל עת מצטרפים הרעיונות הפזורים לדברים שלמים, המפיעים דברים מלאים לכל עניין וכל חפץ[72].

יסוד הדרישה בטעמי מצוות בנוי על פי ידיעת אמת בסוד החכמה האלוקית, איך שכל מה שהוה בעולם אף על פי שיוצא הוא מצד סיבות שונות, ואפילו אותן היוצאות מסיבות מנהגים אנושיים מונהגים ברצון או בהסכמה, או כל דרכים של חידוש שמקבלת החברה האנושית, הכל מונהג מטעם ההשגחה האלוקית להוציא לאור את תכלית הטוב של החפץ האלוקי. ואותם האורות השכליים שיוצאים על ידי פגישת השכל האנושי עם משפטי התורה, הם תולדות נאמנות שהונחו לכך כדי להוציאם אל הפועל על ידי הפגישה הזאת. על כן אם יש לכל אחת מן המצוות דרכים רבים, שכולם מושגים להיות נכונים לתכליות וטעמים אליה, אל יחשוב החושב כי די לייחס רק אחד מן הטעמים, שכבר מספיק הוא ליתן למצוה מציאות, כי לא כן הדבר. כי כל מה שאנו רואים שיש לו התלות ויחס למצוה כבר הוא מאוחד עמה מטעם החכמה העליונה שהכל גלוי וצפוי לפניה, וה' חפץ למען צדקו יגדיל תורה ויאדיר[73].

71 תנחומא ישן, מצורע סימן ח.

72 עין איה מסכת שבת פרק חמישי, לד.

73 עין איה מסכת שבת פרק שני, כו.

מֵעוֹלָם וְעַד עוֹלָם

ד

הדרכה למלווים ולתומכים

סב. איך מודיעים למשפחה על אסון

דרש רבי שמלאי: תורה תחילתה גמילות חסדים וסופה גמילות חסדים. תחילתה גמילות חסדים דכתיב "וַיַּעַשׂ ה' אֱלֹהִים לְאָדָם וּלְאִשְׁתּוֹ כָּתְנוֹת עוֹר וַיַּלְבִּשֵׁם". וסופה גמילות חסדים דכתיב "וַיִּקְבֹּר אֹתוֹ בַגַּיְ".

סוטה יד, א

המסורת היהודית הדגישה והחשיבה מאז ומעולם את התמיכה החברתית, והעניקה לה מקום מרכזי. דווקא בעיתות משבר יש משמעות יתר לקהילה ולחברה מלווה ותומכת, וניתן לומר שבמקרים רבים יש לחברה שסביב האבלים השפעה מכרעת על אופן הרגשתם והתנהגותם.
לעתים קרובות יש מצבים שבהם החברה סביב האבלים רוצה מאוד לעזור, אך אין בידה את הכלים והידע כיצד לסייע. תופעה זו גורמת לעתים למבוכה ולחשש מהתקרבות אל האבלים, שדווקא בזמן זה זקוקים מאוד לתמיכה. השורות הבאות מנסות לתת הדרכה והכוונה לחברה התומכת שסביב האבלים.
הפרק שלפנינו מיועד לחברה שסביב האבלים בכלל, ולצוות שצריך להודיע למשפחה על אסון או על פטירה בפרט. פרק זה נכתב בעזרתה הרבה של יהודית בר דור העוסקת שנים רבות בתחום קשה וכואב זה. ברצוני להביע כאן את תודתי והערכתי אליה.

מבוא

אסון משפחתי, ובפרט שכול פתע בלתי צפוי, מהווה זעזוע עצום, ששום ביטוי מילולי לא יוכל לתארו. בני המשפחה והקרובים מוטחים בבת אחת למציאות חדשה, קשה, כואבת ומאיימת, עם עוצמת רגשות עזה ביותר; פעמים רבות, ללא יכולת להתכונן מראש, וללא כלים מתאימים להתמודדות. הודעת אסון מזעזעת את כל המערכות האנושיות: הרגשית, הגופנית, ההכרתית והתפקודית, וגורמת לקריסת הנורמות הרגילות, עד שכמעט כל תגובה תהיה נכון בשלב ההלם הראשון.
מציאות זו תובעת מבני המשפחה אנרגיות רגשיות עצומות, והתארגנות מעשית בקבלת החלטות, בביצוע פעולות ובהתנהגות.
דווקא בקושי הנפשי הגדול ביותר, נדרשות תעצומות הנפש הגדולות ביותר, ולא תמיד יש את הכוחות לכך. הודעת האסון גורמת לעתים להרגשת חידלון ואפיסת כוחות מוחלטת מצד המשפחה, ומאידך, הרגשת כורח לבירור המציאות – מה צריך לעשות? ממה מתחילים? למי פונים?
בעת כזאת, זקוקים בני המשפחה, כפרטים וכיחידה משפחתית, לתמיכה חברתית שתסייע להם לעמוד אל מול האסון, לקלוט אותו באופן ראשוני, ולגייס כוחות להתמודדות.
גם מבחינה מעשית, נדרשת דווקא בשעות הקשות ביותר קבלת החלטות משמעותיות שאין חזרה מהן: למי להודיע קודם, ואיך בכלל מודיעים; מקום הקבורה, ומועדה – לחכות או לא לחכות, ולמי; סדרי הלוויה – מי משתתפים בלוויה (ילדים, כן או לא, מאיזה גיל. מי יתמוך בהם וילווה אותם), מי ישא דברים בלוויה, מה אומרים; זיהוי הנפטר – מי ילך, מי מסוגל

לעמוד בכך; היכן יושבים שבעה. החלטות שיש הכרח לקבלן בזמן אמת מחד גיסא, ומאידך הן טעונות במטענים רגשיים עצומים, לעתים תוך כדי חילוקי דעות בתוך המשפחה.

לעתים יש מחשבה מוטעית, שעקב העוצמה הקשה של האסון, קטנה המשמעות של הפרטים סביב ההודעה למשפחה ושל הליווי הראשוני לאחר האסון, ואין הדברים כן. רוב האנשים שקיבלו הודעות אסון זוכרים לפרטי פרטים מי הודיע להם, וכיצד; אלו דברים נאמרו, וכיצד חשו אז. אופן התנהגות המלווים והדברים שנאמרים על ידם, חשובים ומשמעותיים ביותר בעיני בני המשפחה. לעתים קרובות, רגעים אלו נצרבים בתודעתם של בני המשפחה, הנוטים לחזור ולהיזכר בהם שוב ושוב עקב משמעותם הרבה.

רבים מבטאים הערכה, או לחילופין ביקורת, בדבר אופן מסירת הבשורה המרה. חריקות וכשלים באופן מסירת ההודעה במעמד שהוא כה רגיש ופגיע, גורמים לתחושה קשה וכואבת, להגברת בלבול ולתחושת כעס ואין אונים או לתחושת ניכור, ומותירים משקעים קשים. לעומת זאת, ליווי ותמיכה נכונים מסייעים באופן כל כך משמעותי, שלעתים קשה לתארו במילים. המשפחה מרגישה שקיבלה כוחות ותמיכה שמאפשרים לה להתמודד עם המשבר, והיא אסירת תודה על כך.

לכן יש חשיבות עצומה לאופן מסירת ההודעה הראשונית למשפחה, ולליווי המשפחה, ביחוד בשלב הראשוני אל מול האסון, בסמוך לקבלת ההודעה. מסירת ההודעה על ידי אדם רגיש ואחראי, הנכון ומסוגל לבצע את התפקיד, מקלה על המשפחה לקלוט באופן ראשוני את הבשורה המרה, ומסייעת להסתגלותה הראשונית למצבה הטראגי החדש.

כמו כן, מסירת הודעה באופן נכון ומותאם עשויה לתרום (בסיוע גורמים נוספים) לצמצום הסיכון להתפתחות תגובות פתולוגיות בשלבים מאוחרים יותר לאחר קרות האסון (כמו: אבל פתולוגי ודיכאון, ועד לניסיונות אובדניים).

מצב פתולוגי הוא מצב של התכנסות לאורך זמן; אי התעניינות בזולת; חוסר יכולת לחזור לשיגרה; אי יכולת להתנתק מהאסון ולהתרחק ממנו; שום דבר אינו מעורר עניין; אין שמחה; אין ציפייה לשום דבר; הרגשת חוסר משמעות; התנהלות טכנית של המשך החיים.

לעתים רגשות אשמה עלולים לגרום להחמרת המצב. תופעות של מרירות, ביקורתיות ותובענות כלפי חוץ, עלולים לגרום להתרחקות מצד הסביבה, שהיא לעתים חיונית כל כך למשפחה האבלה.

התייחסות וליווי נאותים לאבלים, במיוחד בשלבים הראשונים, עשויים לסייע ולהשפיע באופן חיובי על תהליך נפשי נכון, שמטרתו – כאמור לעיל – חזרה לחיים נורמליים במידת האפשר. (כמו שנתבאר לעיל בפרק יד ויבואר עוד לקמן גם בפרק סד – "תהליך האבלות").

המטרה בליווי ובתמיכה היא להחיל תהליך אבל שלם, שיאפשר בסופו חזרה הדרגתית לשיגרה ולחיים נורמליים ככל שניתן, ללא לפיתה קבועה משתקת ומתמשכת של תחושת האסון; חיים בהם ניתן לחוות לצד הכאב והשכול הנשארים תמיד, גם תחושת שליטה בחיים, עניין, סיפוק ושמחה.

להלן יובאו התוויות אחדות למי שמלווים את המשפחה בשעותיה הקשות ביותר. יש להדגיש כמובן שמדובר בהתוויות ובראשי פרקים בלבד. יש מקום רב לרגישות ולמחשבה בכל מפגש ובכל מקרה לגופו[1].

חשיבות הצוותים המודיעים והמלווים

האדם, כל אחד מאיתנו, הוא יצור חברתי, הזקוק לקשרים בין אישיים משמעותיים, לשיתוף ברגשות, מחשבות ולבטים, להיתמך ולהישען בעת מצוקה, ולהתייעץ בעת הצורך.

אל מול אסון, במיוחד בעת קבלת הודעה על דבר אסון ובשלבים הראשונים לאחריה, רבה חשיבותה של נוכחות זולת בעל אישיות וכלים מתאימים, בנוסף לסביבה הטבעית של המשפחה, הקרובים והידידים. המודיע והמלווים נערכים רגשית ומעשית למפגש עם המשפחה באסונה, והם בעלי יכולת רבה יותר לשמור מרחק אובייקטיבי מהמצב, **ללא סתירה לאכפתיות ולהבעת אמפתיה כלפי המשפחה הכואבת והמתייסרת** (בהבדל מניכור ומריחוק רגשי). שמירת מרחק יחסי ללא מעורבות רגשית יתרה, מאפשרת למודיע להבין את תגובות בני המשפחה, לזהות את צרכיהם השונים והמשתנים, ולהגיב אליהם בעיתוי ובאופן המתאימים.

כפי שכבר הזכרנו, המסורת וההלכה היהודית מדגישות ביותר את הצורך בתמיכה החברתית והקהילתית. הנוהג הוא שדמויות בעלות משמעות בקהילה – רב או אדם הנושא בתפקיד ציבורי, מגיעים לבית המשפחה כדי להודיע על אסון. מסירת ההודעה על דבר אסון היא באופן אישי, וככל שניתן – פנים אל פנים. (להבדיל, למשל, מארצות בהן נהוג להודיע במברק על נפילת חייל במלחמה).

מזה שנים קיים בצה"ל מערך של צוותי מודיעים במסגרת קצין העיר. הצוותים מורכבים מחיילי מילואים ולפי הצורך באנשי קבע ביחידות קצין העיר, שהביעו נכונות ונטלו על עצמם תפקיד רגיש וקשה זה. המודיעים עוברים הכשרה והשתלמויות המקנות להם ידע וכלים על מנת לבצע את תפקידם באופן המותאם ביותר עבור המשפחה.

גם העיריות והמועצות המקומיות ערוכות למסירת הודעות על דבר אסון, ללוות את המשפחה ולתת סיוע מקצועי במידת הצורך, במיוחד בעשרים וארבע השעות הראשונות לאחר האירוע, באמצעות צוותי רווחה המיומנים בתחום זה. (אמור לגבי נפגעי פעולות איבה ואסונות אזרחיים).

בד בבד, נערכים ארגונים נוספים (ענף נפגעים בצה"ל, עובדי שיקום במשרד הביטחון ובביטוח הלאומי) לליווי ולמתן סיוע למשפחה בתקופה שלאחר עשרים וארבע שעות מעת הודעת האירוע למשפחה.

הגדרת תפקידים

למודיעים ולמלווים יש כמה תפקידים:

- משמעות חברתית.
- תפקיד רגשי – "אנחנו אתכם".
- ייעוץ מעשי וסיוע בקבלת החלטות.

1 **הערת הרב נבנצל שליט"א** – כדאי שיתלווה למודיע גם רופא, שבשעת צורך ח"ו יוכל להזריק משהו, או ליתן טיפול אחר.

משמעות חברתית

המודיע הוא נציג החברה / הארגון שאליו השתייך הנפטר או משתייכת המשפחה. בעצם הגעתו של המודיע לבשר על האסון מבוטא מסר: לנפטר ולכם – בני המשפחה – משמעות עבורנו. אסונכם הוא גם אסוננו, כאבכם כאבנו, אכפת לנו ואנחנו אתכם.

תפקיד רגשי – "אנחנו אתכם"

כאמור, לעצם נוכחות הזולת, כשהיא מתקיימת באופן נכון, יש ערך ומשמעות רבה עבור המשפחה. באופן זה מועברת למשפחה, תכופות גם ללא מילים, התחושה והמסר "אנחנו כאן אתכם ולרשותכם".

רבות מהלכות האבלות ורבים ממנהגיה מקפלים בתוכם ומבטאים את המשמעות שהיהדות נותנת לתמיכה זו. ראה פירוט במבוא לפרק יא – ניחום אבלים, מעמוד 112. עצם נוכחות הזולת משרה בדרך כלל תחושת ביטחון (יחסית למצב הנורא) ומקנה למשפחה תחושה שהיא מחוזקת אל מול ההצפה הרגשית, תחושת הבלבול וחוסר האונים הפוקדות אותה בזמן זה. נוכחות זו, מספקת נוגדן כלשהו לתחושות ולתפיסות של "אין טעם", "הכל קרס", "אין עתיד", ולהרגשת הבדידות, ביחוד כשלמתבשר או לקרובים אין קרובים ורשת חברתית, או כשסביבתו הטבעית אינה יכולה לשמש גורם תמיכה, מסיבות שונות.

תפקידו של המודיע / המלווה ברמה הלא מילולית:

להטות אוזן קשבת ולב חם – לאפשר לבני המשפחה לבטא את רגשותיהם, לקבלם ולהכילם, מבלי להסות, להצטדק, לשפוט או להתווכח, גם בתגובה להאשמות המופנות כלפי המודיע או כלפי הארגון אליו משתייכים הנפטר או בני המשפחה.

לשדר חמימות – גם בהתנהגות ובדיבור. במידת הצורך ובמסגרת ההלכה, גם באופן גופני – מגע יד או חיבוק (לא באופן אוטומטי, אלא על פי התרשמות והבנה של המודיע).

להיות נוכח, מבין ואמפתי – ואם יש צורך למשפחה – בשתיקה ללא דיבור. כמו שכתוב על רעי איוב:

> וַיִּשְׁמְעוּ שְׁלֹשֶׁת רֵעֵי אִיּוֹב אֵת כָּל הָרָעָה הַזֹּאת הַבָּאָה עָלָיו וַיָּבֹאוּ אִישׁ מִמְּקֹמוֹ, אֱלִיפַז הַתֵּימָנִי וּבִלְדַּד הַשּׁוּחִי וְצוֹפַר הַנַּעֲמָתִי, וַיִּוָּעֲדוּ יַחְדָּו לָבוֹא לָנוּד לוֹ וּלְנַחֲמוֹ: וַיִּשְׂאוּ אֶת עֵינֵיהֶם מֵרָחוֹק וְלֹא הִכִּירֻהוּ וַיִּשְׂאוּ קוֹלָם וַיִּבְכּוּ וַיִּקְרְעוּ אִישׁ מְעִלוֹ וַיִּזְרְקוּ עָפָר עַל רָאשֵׁיהֶם הַשָּׁמָיְמָה: וַיֵּשְׁבוּ אִתּוֹ לָאָרֶץ שִׁבְעַת יָמִים וְשִׁבְעַת לֵילוֹת וְאֵין דֹּבֵר אֵלָיו דָּבָר כִּי רָאוּ כִּי גָדַל הַכְּאֵב מְאֹד:

איוב ב, יא – יג

להימנע בשלב זה מדברי ניחומים – כמו שלימדונו חכמים "אל תנחם את חברך בשעה שמתו מוטל לפניו" (פרקי אבות ד, כג). יש להימנע מאמירות עידוד (כמו: "אתה תתגבר", "יהיה טוב").

ייעוץ מעשי וסיוע בקבלת החלטות

העברת מידע הלכתי ראשוני: שמירת המת, הלנתו, הגדרת "אנינות" ומשמעויותיה. מידע לגבי רישוי מנהלי. הצבת האפשרויות השונות לגבי לוויה, קבורה, עיתוי, גורמי סיוע וכיוצא בזה בפני המשפחה. הפרטים המעשיים מובאים בפרק הראשון שבספר.

מעבר לסיוע באינפורמציה, נודעת חשיבות גם להדרכת המשפחה בצורך בקבלת החלטות בין האפשרויות השונות. בהקשר זה יש להדגיש כמה נקודות:

קבלת ההחלטות אינה באה בשלב הראשון. השלב הראשון הוא עצם ההודעה למשפחה. אי אפשר לקבל מיד החלטות, אלא צריך קודם כל לשמוע ולקבל את הבשורה הקשה.

הצורך המיידי להתמודד עם האסון, והמחויבות המיידית לטפל בנושא הלוויה והקבורה, יוצרים לחץ ומועקה, בנוסף על סערת הרגשות והבלבול מעצם האסון. עצם נכונותם של אנשים נוספים לשאת בנטל עשויה להקל מאוד על המשפחה.

אין זה מתפקידנו להחליט בשביל המשפחה, אלא לפרוס לפניהם בצורה ברורה ופשוטה ככל שניתן, את האפשרויות השונות העומדות בפניהם. זאת כדי לאפשר להם החלטה נכונה ומתאימה לרצונותיהם ולצרכיהם. יש גם מסר סמוי בהעברת הצורך לקבלת החלטות אל המשפחה – למרות האסון, המשפחה ממשיכה לתפקד ולקבל החלטות. מסר זה מהווה העצמה מסוימת גם בשיא הקושי הנפשי.

עלינו להימנע מהיסחפות רגשית, ובוודאי מילולית, גם אם תופעה זו מתרחשת בקרב המשפחה.

אם יש ויכוח בתוך המשפחה עלינו להיזהר לא להפוך לשופטים. ניתן ורצוי להסביר את המשמעויות השונות, אך בזהירות יתרה כדי ששום אדם לא ייפגע מדברינו. הסבר נבון יכול לשכנע כאשר הוא נאמר מתוך כבוד ורגישות, בפרט כשמזהים את הצרכים של מי שחושב אחרת, ומנסים להתייחס ולתת פתרונות לצרכים אלו.

ניתן להסתייע בדמות מהמשפחה או מסביבתה הטבעית (שכנים וחברים המתאספים בבית המשפחה); דמות המגלה שליטה עצמית ויכולת להתייחס בסבלנות וברגישות לעמדות השונות בתוך המשפחה, ויש לה יכולת להידבר עם בני המשפחה, ולשמש על פי הצורך כנציג המשפחה בתקשורת עם הצוות המודיע.

מאידך, צריך לפעמים קצת אסרטיביות, כדי לבודד קצת את המשפחה מהמון אנשים שסביבם, וכדי לאפשר להם קבלת מידע, שאילת שאלות וקבלת החלטות. פעולה זו צריכה להתבצע בעדינות, בכבוד מקסימלי, וברגישות רבה מאוד.

היערכות מקדימה של הצוות

עם קבלת ההודעה בדבר האסון, יתכנס הצוות המודיע.

להתכנסות זו כמה מטרות:

1. הכנה רגשית והיערכות אישית של חברי הצוות. (במיוחד כשהנפטר או בני משפחתו מוכרים למודיעים והם עצמם צריכים לקלוט את האסון ולהפנים את משמעותו).

2. היערכות נפשית אל מול המשפחה. חברי הצוות צריכים להכין את עצמם לאפשרות, שייחשפו למצבים רגישים או אינטימיים של המשפחה (התנהגות חריגה, סכסוך פנים משפחתי, התעוררות משינה, לבוש חלקי וכו').
3. התארגנות טכנית של הצוות עצמו (הודעה על ביטול פגישות, סידור לילדים).
4. איסוף מידע רלוונטי על המשפחה, מהר ככל שניתן:

- מצב משפחתי – מי הם בני המשפחה מדרגה ראשונה. היכן הם נמצאים באותה עת. מי יכול ללוותם במקום בו הם נמצאים כעת. אסונות קודמים במשפחה. גירושין או אלמנות בעבר.
- מצב רפואי – הריון, מחלות (לב, לחץ דם גבוה, אסטמה, אפילפסיה, מחלות נפש, טיפול נפשי). האם יש קרובי משפחה במצב רפואי המחייב נוכחות רופא בזמן ההודעה.
- זיקה דתית ותרבותית. שפת דיבור.

הצוות יערך, על סמך המידע שנאסף, לאופן מסירת ההודעה: למי להודיע ראשון, האם לצרף אחות, רופא, אדם נוסף הדובר את שפת המשפחה. מי ילווה בני משפחה הנמצאים במקום אחר.

אין למהר ולרוץ לבית המשפחה ללא מחשבה והכנה מוקדמת. מאידך אין להתמהמה, כדי לצמצם את האפשרות שדבר האסון יוודע למשפחה בדרכים אחרות (שמועות, תקשורת וכו').

בבית המשפחה

- כדאי להיכנס למשפחה כצוות ולא לבד. ה"ביחד" מחזק גם אותנו – המלווים.
- עם הכניסה יש לציין את שם המודיע ותפקידו (רב, עובד סוציאלי, נציג עיריה/ מועצה/ צה"ל).
- יש לוודא כי האנשים שבבית הם אכן מי שלהם יש למסור את ההודעה. לברר מי נמצא בבית בנוסף לקרובים.
- להימנע מלהודיע בפתח הבית. לשאוף למסור את ההודעה כשבני המשפחה יושבים.
- יש להודיע באופן ישיר, בהיר וקצר; ובשלב הראשון, מבלי להיכנס לפרטים.
- למסור מידע באופן אמין – מבלי לרכך, להוסיף או להפחית. רק מה שנמסר למודיע באופן רשמי.

נוסח אפשרי:

"האם את גב' (לציין שם)? – אנחנו מאוד מצטערים, אבל באנו לומר לך דבר קשה מאוד... קרה אסון. מר (לציין שם) בעלך נהרג". במידה והמתבשר מגיב: "קרה משהו לבני? לבעלי?" יש לאשר – "כן, לצערנו קרתה תאונה ל(לציין שם) שנהרג בתאונה זו".

- לא להבטיח דברים שלא תוכלו בוודאות לקיימם.

• יש לאפשר מרחב נפשי לתגובות הספונטאניות של המשפחה, אין צורך להתערב ולהפריע וליטול פיקוד. בשלבים הראשונים, כמעט כל תגובה ספונטאנית היא לגיטימית, אם אין בה חשש לסיכון או ביזוי. התייחסות מפורטת לתגובות האפשריות ומשמעותן תובא לקמן.

וַיְהִי בַּיּוֹם הַשְּׁבִיעִי וַיָּמָת הַיָּלֶד. וַיִּרְאוּ עַבְדֵי דָוִד לְהַגִּיד לוֹ כִּי מֵת הַיֶּלֶד, כִּי אָמְרוּ: הִנֵּה בִהְיוֹת הַיֶּלֶד חַי דִּבַּרְנוּ אֵלָיו וְלֹא שָׁמַע בְּקוֹלֵנוּ, וְאֵיךְ נֹאמַר אֵלָיו מֵת הַיֶּלֶד וְעָשָׂה רָעָה?!

שמואל ב', יב, יח

• יש לגלות ערנות למצבים, תנאים והתנהגויות העלולים להיות הרי אסון: יש לסקור את המקום ולהיות דרוכים. חלון פתוח – לעקוב, לסגור במידת הצורך. לשים לב לנשק ולהרחיקו. לצאת בעקבות בן משפחה היוצא מן הבית בסערת נפש. לשים לב לילדים ולמתבגרים.

• יש לעצור באופן עדין, רגיש ותקיף (לא תוקפני!) את מי שנמצא בסערה רגשית, העלולה להוביל להתנהגות מסוכנת, חריגה או מבזה, שסביר שאותו אדם יצטער עליה (מטיח ראשו בקיר, תולש שיער, משתטח על הרצפה כשחלק מלבושו מופשל או מוסט וגופו נחשף).

• ניתן להזעיק, לפי הצורך ובשיקול דעת, עזרה נוספת (רופא, מד"א, שכנים).

• **לא לשכוח אף אחד מבני המשפחה.** לברר למי הודיעו כבר ולמי עדיין צריך להודיע. תמיד עדיף להודיע פנים אל פנים ולא בטלפון. אם יש קרובים בעיר אחרת אפשר לבקש מצוות מקצועי שיודיע להם. אם אין אפשרות כזאת, יש לנסות לאתר אדם אמין ואחראי שיוכל להודיע ישירות או לפחות להיות ליד אותו קרוב בזמן קבלת ההודעה.

הודעה לילדים

• הכרחי וחיוני לומר לילד מה קרה. הילד מרגיש שקרה משהו, גם אם אינו מראה זאת כלפי חוץ. בהעדר אמירה מפורשת, עלול הילד להיכנס לבלבול ולחוסר אפשרות להבדיל בין דמיון למציאות. ההודעה הכרחית, גם כדי שהילד יוכל לתת אמון במבוגרים, שמודיעים לו את המציאות ולא מעלימים אותה ממנו.

• חשוב שהילד יקלוט את עובדת המוות, הסופיות ואי ההפיכות, כדי שיתאפשר לו להתאבל, וכדי לצמצם התפתחות מחשבות מאגיות, רגשי אשם או פחד קיומי.

• עדיף שההורים יודיעו לילדים. אם ההורה מרגיש צורך – יש לוודא שקרוב, חבר, איש צוות או יועץ מקצועי יצטרף אליו כדי לסייע. איש המקצוע לא אמור להחליף את ההורה. "השתלטות" של איש מקצוע עלולה לתת להורה הרגשה שאינו מסוגל להתמודד, בעוד שהמגמה צריכה להיות דווקא חיזוק ההורה. יכולת עמידה בתפקיד המודיע עשויה להעצים את ההורה, ולתת לו הרגשת מסוגלות להתמודד גם בהמשך.

• יש ליידע ילדים על מות יקירם ועל נסיבות המוות, באופן שירגישו מוחזקים ונתמכים.

השתתפות ילדים בלוויה

יש מספר גורמים שכדאי לקחת בחשבון:

- הלוויה והקבורה מבררים לילד את עובדת מות יקירם באופן סופי, כמובן באופן ובכלים שיכולתו של הילד מאפשרים לו לקלוט עובדה זו.
- יש להתייחס לגיל התפתחותי ולא רק לגיל ביולוגי. אך באופן מאוד כוללני ניתן לומר שהמגמה היא שילד מגיל 10 – 12 ויותר ישתתף בלוויה. מתחת לגיל 6 – 8 עדיף שלא.
- האופי של הילד המסוים.
- רמת הקירבה המשפחתית והנפשית.
- עמדת ההורים. הם המכירים את הילד. יתכן שבשלב ראשוני ההורים ירצו "להגן" על הילד ולמנוע ממנו להשתתף בלוויה. אך יש לקחת בחשבון שילד שלא משתתף בלוויה – הרגשתו היא שכולם שם ורק הוא לא נמצא שם. הוא עלול להרגיש בדידות. לעתים החוויה של אי השתתפות עלולה להיות קשה לילד, לפעמים הדמיון קשה מהמציאות.
- ילד שאינו רוצה להשתתף בלוויה – יש לשוחח עמו על כך ולברר בעדינות את הסיבה להתנגדותו. אם אינו מעוניין – לא ללחוץ.
- **בכל מקרה, ליווי צמוד ותומך הכרחי לילדים בזמן הלוויה.** אם הילד נשאר בבית, צריך דמות קרובה ומשמעותית לילד, שתיתן לו מסגרת ותקח אחריות מושלמת על הילד, בזמן שכל הדמויות הקרובות אליו לא נמצאות לידו אלא בלוויה. גם אם הילד הולך ללוויה יש צורך באדם שיהיה צמוד אליו. אדם שהילד קשור אליו מחד, ומאידך, אדם שחוץ מהרגשתו האישית, יכול גם להתפנות לילד.
- כשילד משתתף בלוויה, על המלווה להסביר לו מה קורה. ישנם דברים שמובנים למבוגרים מאליהם, אך הם בלתי מוכרים לילד. על המלווה "לתווך" לילד את החוויה בצורה קצרה, פשוטה, שקטה וברורה.

תגובות אפשריות של בני המשפחה ומשמעותן

וַיִּרְגַּז הַמֶּלֶךְ וַיַּעַל עַל עֲלִיַּת הַשַּׁעַר וַיֵּבְךְּ וְכֹה אָמַר בְּלֶכְתּוֹ: בְּנִי אַבְשָׁלוֹם, בְּנִי בְנִי אַבְשָׁלוֹם, מִי יִתֵּן מוּתִי אֲנִי תַחְתֶּיךָ, אַבְשָׁלוֹם בְּנִי בְנִי.

וְהַמֶּלֶךְ לָאַט אֶת פָּנָיו וַיִּזְעַק הַמֶּלֶךְ קוֹל גָּדוֹל: בְּנִי אַבְשָׁלוֹם, אַבְשָׁלוֹם בְּנִי בְנִי:

שמואל ב', יט, א, ה

ידיעה מקדימה ועירנות לתגובות האפשריות ולמשמעותן, מאפשרת למודיעים ולמלווים להיערך בהתאם. הן בהיבט האישי – רגשי, והן לגבי אופן התגובה והתמיכה במשפחה.

בני המשפחה עשויים להגיב בטווח תגובות רחב, כולל תגובות קיצוניות וחריפות. אופן התגובה תלוי במרכיבים שונים, הקשורים זה בזה ביחסי גומלין: האופי ומבנה האישיות, אמונה דתית ותפיסת עולם, תרבות, אופי הקשר עם הנפטר, אסונות קודמים, מצב גופני ונפשי ומצב משפחתי.

התגובות עשויות להתבטא בטווח רחב, על פני רצף בין שני קצוות. בקצה האחד תגובות של שתיקה, התכנסות עצמית, ללא קשר עם הסביבה. במקרים קיצוניים – קיפאון, התאבנות. בקצה השני – תגובתיות רבה וסוערת, פרץ רגשות עז, שטף מילולי, התרוצצות ופעילות רבה. במקרים קיצוניים – הלקאה עצמית, הטחת ראש בקיר, תלישת שיער.

להלן חלק מהתופעות הקיצוניות, רובן **ביטויי כעס, אשם והאשמה:**

- כלפי הארגון אליו השתייך הנפטר ("תמיד מזלזלים שם בנושא הבטיחות", "לאף אחד שם לא אכפת").
- כלפי בן משפחה ("אתה עודדת אותו להתנדב ליחידה המסוכנת הזאת", "למה הרשית לו לקנות אופנוע").
- כלפי עצמו ("לא אסלח לעצמי על שנתתי לו לנסוע בלילה בדרך מסוכנת").
- כלפי המודיע – ביטויים מילוליים שונים, ועד למקרים קיצוניים בהם משפחה מונעת בעד המודיעים מלהיכנס לבית / הודפת אותם אל מחוץ לדלת / תוקפת פיזית את המודיעים.
- כלפי הנפטר ("איך עזבת אותי דווקא כעת כשאני חולה").
- התעלמות מהאסון, העדר ביטויי כאב, התנהגות שגרתית ("סליחה, אך עלי לצאת כעת לצעידת הערב שלי", "רק אסיים לבשל ואצטרף אליכם").
- הכחשת האסון ("אני יודעת שהוא חי", "לא יכול להיות שזה הוא, הוא היה אמור להיות במקום אחר").

כבר הזכרנו לעיל שבשלב הראשוני, עם קבלת ההודעה או בסמוך לה, כלל התגובות הן טבעיות ובתחום הנורמה. אין להתייחס אליהן כפתולוגיות. שם גם הזכרנו באלו מקרים יש להתערב מחשש לסיכון או ביזוי עצמי.

לתגובות בני המשפחה יש דינמיקה ומשמעות. תחושת כעס אופיינית וטבעית אל מול אסון פתע. המתבשר המתמלא כעס נורא על האסון שנחת עליו במפתיע, פורק לעתים את זעמו כלפי המודיע או גורמים אחרים המתקשרים באופן ישיר לאסון.

תגובות הימנעות ממגע עם האסון, הכחשתו או שלילתו מהווים מנגנון הגנה המגויס על ידי קרובי הנפטר, שלא בהחלטה ובבחירה מודעת, כאמצעי להיפגש בתודעה ובאופן רגשי עם העובדות הקשות באופן הדרגתי. התעמתות ישירה ומיידית עם האסון היא מעבר ליכלתם הנפשית. תגובות אלו גם נותנות למתבשרים תחושה (שהיא בעצם אשליה) של שליטה מסוימת, שעדיין ניתן לשנות, להרחיק או למנוע את המציאות המרה.

הרחקת המודיע נובעת מהקישור של האסון עם המודיע. חשיבה לא רציונלית לפיה המבשר נתפס כמקור האסון, והרחקתו תגרום להרחקת האסון או לביטולו.

המפגש של המודיעים והמלווים עם תגובות המתבשרים, במיוחד אל מול תגובות חריפות ואפילו עוינות, קשה להם מאוד. מפגש זה עלול לעורר רגשות של חשש, מבוכה, בלבול, אשמה ופחד, ומערער את הביטחון והשליטה העצמיים.

הידיעה כי לתגובות הקשות יש תפקיד ומשמעות פסיכולוגיים, כפי שתואר לעיל, מסייעת למודיעים להימנע מלהתייחס אל התגובות הקשות כמכוונות אליהם אישית, ולהרחיב את מסוגלותם לשמש לבני המשפחה כדמויות תומכות ומסייעות.

תמיכה לתומכים

תפקיד המודיע והמלווה חושף את מבצעו להתמודדות קשה וכואבת. המפגש החוזר ונשנה עם מוות ושכול מעורר בכל פעם מחדש מעורבות רגשית בעוצמה גבוהה.

תפקיד המודיע והמלווה הוא תפקיד טעון, מורכב וקשה מכמה טעמים:

- החשיפה הישירה והמיידית עם עוצמת הכאב החריפה של הזולת.
- המפגש עם המוות מהווה איום קיומי, שאנו נוטים להדחיקו; אנו ממעטים לחשוב על אפשרות מותנו, והדחקה זו מאפשרת לנו לנהל את חיי היום יום עם כוחות, תקווה ואופטימיות, בעוד שהתעמתות עם מות הזולת מהווה תזכורת על היותנו בני תמותה.
- האחריות הרבה הכרוכה בתפקיד.
- אי הוודאות לגבי אופן תגובת השומעים. שמא יתמוטט, יוצף בסערת רגשות או אין אונים, יתפרץ או יאבד שליטה עד כדי חשש לפגיעה בעצמו.
- אי הוודאות והחשש לגבי אופן התגובה שלי – המודיע, המלווה. (מה נכון לומר, מה יקרה אם אאבד שליטה / יבלעו המילים בפי / קולי ירעד / אפרוץ בבכי. האם אוכל להתמודד עם המצב?).
- המפגש הישיר עם אסון עלול לעורר אצל המודיע זיכרון חד של אסונות אישיים.

מאידך, ישנה תחושת הסיוע והעידוד, שהמודיעים והמלווים עשויים להעניק. לא תמיד יקבלו המלווים תודה או הערכה על פעולתם, ולעתים אף יקבלו תגובות עוינות. לכן תמיכתם ועזרתם היא בגדר של מצוה לשמה.

חשוב לקיים מסגרת פנימית תומכת לצוותי מלווים ומודיעים. בצוותים המתנסים בכך בקביעות, מסגרת תומכת הינה הכרחית להמשך פעילות תקינה.

סג. מידע למתנדבי חברה קדישא

בישובים פועלים לעתים צוותים של חברה קדישא כמתנדבים לפי הצורך. מתנדבי החברה קדישא צריכים ייעוץ ומידע איך כדאי להערך מראש ואיך לנהל את הלוויה. מצ"ב נהלי חברא קדישא מטה בנימין. הרשימות דלהלן הן הצעה לאנשי החברה קדישא לפי ניסיון מצטבר, וכמובן יש להתאימן לפי הצורך והשעה בכל מקום ומקום.

מטרות

א. לטפל בנפטר ולהביאו לקבורה בכבוד לפי כללי ההלכה היהודית.

ב. לטפל במשפחת הנפטר בכבוד וברגישות, לסייע ולהדריך.

ג. לדאוג לסדרי הלוויה נאותים.

היערכות מוקדמת

יש להכין **רשימה עדכנית של כל חברי החברה קדישא** בפועל כולל טלפונים, סלולריים, ביפרים וכו' לשם איתור מיידי. רשימה כזאת אפשר להדפיס על כרטיס קומפקטי כדי שכל חבר יוכל להחזיקו בכיסו.

יש לקבוע מי **אחראים** ומי ממלאי מקומם בהעדרם.

מיפוי קברים בתוך בית העלמין. על כל קבר רישום: פנוי / שמור ל(פלוני) / קבור (ציון השם).

"גמ"ח ניחומים" – ערכה לבית האבלים הכוללת **סידורים, ספרי הלכה, כיפות, נרות נשמה.** אפשר להוסיף פריטים לפי הרשימה דלקמן (עמוד 325).

הגדרת תחומי הפעילות

את עבודת החברה קדישא עד הלוויה, ניתן לחלק לארבעה תחומי פעילות עיקריים:

1. הטיפול בנפטר עצמו. טהרה. הסעה.
2. רישוי מנהלי. הודעות פטירה. רשיון קבורה. במקרה של מוות לא טבעי גם אישור המשטרה.
3. הכנת הקבר. חפירה. יש להקפיד על המיקום.
4. טיפול במשפחה. הדרכה הלכתית, קריעה, הספד.

אחרי הלוויה יש צורך בפעולות נוספות כפי שיפורט לקמן.

פירוט תחומי הפעילות

1. טיפול בנפטר – סוגרים את עיניו ואת פיו. משאירים את הנפטר במיטה כעשרים דקות, ואין לנגוע בו. אחרי כן מורידים אותו על הרצפה – לא על סדין ולא על שטיח, כשרגליו לצד הדלת. בכל פעם לפני שמזיזים אותו מבקשים ממנו מחילה. מדליקים שני נרות למראשותיו. אומרים מזמורי תהילים כ"ג וצ"א. מכסים את הנפטר בסדין לבן. חולצים את נעליו, ומפשיטים את בגדיו כשמקפידים כל הזמן שהפנים והערווה יהיו מכוסים. גברים יטפלו בנפטר, ונשים בנפטרת. אם אין כוחות נפש לעשות זאת, יש לחכות לאנשי החברה

קדישא הקבועים שיעשו זאת בבית הלוויות. **הרוג** קוברים בבגדיו. **בשבת** אי אפשר לטלטל את הנפטר באופן הרגיל. במקרים של המתנה ארוכה צריך **לקרר את הנפטר**, במיוחד בקיץ. יש צורך **בשמירה** על הנפטר. לעתים צריך לשמור גם בבית החולים כדי למנוע נתיחה בניגוד לרצון המשפחה.

טהרה – הטהרה מתבצעת בדרך כלל על ידי החברה קדישא. יש לקבוע מראש נוהל – היכן תתבצע הטהרה, מי מוביל את הנפטר לשם ומשם.

הסעת הנפטר – בדרך כלל יש **רכב** מיוחד להסעת הנפטר, בפועל אין זה מעכב וניתן להשתמש בכל רכב שמתאים לעניין מבחינה טכנית. יש **אלונקה** מיוחדת ואפשר גם להשתמש באלונקה רגילה. יש לדאוג **לכיסוי הנפטר** במשך הסעתו ברכב ובמהלך הלוויה עד הקבורה. יש אנשים המכינים לעצמם מראש **תכריכים**. לברר מראש, ואם ישנם – למסרם לאנשי החברה קדישא לפני הטהרה.

2. רישוי מנהלי. הודעת פטירה – חתומה על ידי רופא. **רשיון קבורה** – ממשרד הבריאות. במקרה של מוות לא טבעי יש לקבל את **אישור המשטרה**, עוד לפני רשיון הקבורה.
כל הפרטים מופיעים לעיל בפרק א. רשימת חברות קדישא מופיעות לקמן עמוד 537.

3. הכנת הקבר. צריך נוהל מסודר וקבוע לגבי עבודות החפירה כדי שיתבצעו בצורה יעילה וזמינה. יש להקפיד מאוד על **מיקום** הקבר. בבתי העלמין יש לעתים מקומות שמורים. מפה צריכה להיות אצל האחראי, וכן גיבוי של מפות נוספות המתעדכנות לפי הנתונים בשטח.

מידות הקבר עומק 1.20 מטר. אורך 2.00 מטר. רוחב 0.50 מטר. בתוך הקבר יש לבנות מסגרת מלבנים או בלוקים בגובה 40 ס"מ. עובי הבלוקים 15 ס"מ. כמו כן יש לדאוג **לפלטות כיסוי.** את הבלוקים והפלטות ניתן בדרך כלל להשיג במועצה הדתית. כדאי להכין מראש מלאי נוסף למקרה שפלטה תישבר או תחסר. כדאי גם להשתמש ב**ארבעה מקלות** באורך כ-2 מטר כל אחד, שיושמו בארבע פינות הקבר בתום הקבורה ולפני הכיסוי בעפר, כדי לסמן את מיקום הקבר לאחר מילויו בעפר לצורך הקמת המצבה (אלא אם הקברים חפורים מראש עם פלטת בטון מלמעלה).

בדרך כלל **המרחק בין הקברים** כ 50 – 60 ס"מ. (בבתי עלמין בערים רווח זה הוא בין הנפטרים, בעוד שהרווח בין המצבות למעלה מצומצם יותר). **לכהנים** יש להקצות קברים בהיקף החיצוני כדי לאפשר גישה לקרובי המשפחה. יש להשאיר רווח של שלושה מטרים לפחות בין הקברים החיצוניים לבין גדר בית העלמין.

בשביל **נפטרים גבוהים** מאוד יש להיערך למידה ארוכה יותר ויש להודיע זאת מראש לחופרים.

כשחופרים קבר מראש, יש להיזהר לא להניחו פתוח אלא לכסותו באותו יום. לעתים אנשי החברה קדישא מקילים וחופרים קברים מראש כדי להיות מוכנים, ולא מסיימים את החפירה ואז אין הקפדה בעניין; ובאותו יום שרוצים לקבור, משלימים את החפירה. באזורים שבהם האדמה קשה, אפשר ועדיף לחפור ולהכין מראש קברים ולמלאם בחול ים כדי להקל על החפירה בשעת הצורך.

4. **טיפול במשפחה.** המשפחה זקוקה לתמיכה חברתית ומשפחתית. בנוסף לכך הם צריכים הדרכה הלכתית מיידית. ההדרכה תשתנה לפי המשפחה ותלויה במשתנים רבים: שמירת מצוות, עדה, מנהגים, שאלות נקודתיות במצבים מיוחדים. אם רב המקום לא נמצא אפשר להיעזר בתלמידי חכמים הגרים בישוב או הקשורים למשפחה.

קריעה, ברכת דיין האמת, לוויה, הספדים, קבורה, ניחום אבלים – עדיף להעזר באנשי חברה קדישא או ברב.

לצורך **הקריעה** יש להכין מראש **מספריים**, לנשים צריך להכין גם **סיכות ביטחון**. רצוי להכין מראש גם בגד עליון רזרבי למקרה שבגד האשה נקרע יותר מדי. לפי חלק מהמנהגים בתחילת הלוויה שוברים **חרס**, אפשר להשתמש בקרמיקה פשוטה לצורך כך.

ציוד טכני לצורך הלוויה

מים – אם הולכים ברגל מרחק ניכר מן הישוב רצוי להכין **עוקב מים** או נקודות מים בדרך, בעיקר במזג אויר חם ובמסלול הליכה ארוך יחסית. יש לדאוג למים גם ביציאה מבית העלמין לצורך נטילת ידיים, לעתים יש **לפתוח ברזי מים** ליד בית העלמין או לבדוק שהם פעילים. **מעדרים ואתים** לכיסוי הקבר. כמו כן צריך להכין **שלט עם שם הנפטר**. לעתים צריך להכין **אמבולנס** במצב הכן עם צוות רפואי מתאים. בלוויות גדולות יש צורך **במערכת הגברה.**

אחרי הלוויה

אחרי הלוויה יש לדאוג **לסעודת הבראה**. כלומר הסעודה הראשונה שאוכלים האבלים לאחר הלוויה, שמכינים להם שכניהם. נהגו לאכול ביצים קשות ודברים עגולים.

נהגו להדליק **נר נשמה** בבית האבל. נהגו לכסות את המראות בבית האבל, בפרט אם מתפללים שם. אין צורך לכסות תמונות, אולם בזמן התפילה יש לכסות את התמונות שמתפללים כנגדן. יש להכין מראש את המקום שהאבלים ישבו בו. נהגו לשבת נמוך על גבי **מזרונים או כסאות נמוכים.** כדאי לתכנן מראש את הישיבה בבית. יש להכין **ספסלים וכסאות** למנחמים. בזרם מבקרים גדול יש המכינים מחוץ לבית **סוכת אבלים** כדי להצליח לקלוט את כל המנחמים. אם כך צריך להכין גם **תאורה** מתאימה.

בחלק מעדות ישראל מקובל להגיש כיבוד ושתייה לאורחים. הנוהגים כך צריכים לדאוג **לכיבוד** ולעתים יעדיפו להיעזר **בכלים וכוסות חד פעמיים.** רצוי גם **מיחם.**

בחלק מהמקומות מעמידים **קופת צדקה** לעילוי נשמת הנפטר.

תפילה בבית האבלים – לפי רצון המשפחה. אפשר ורצוי להיעזר בגבאים של בית הכנסת הסמוך. יש לדאוג **לסידורים וכיפות,** אם יתקיימו תפילות בבית האבל, ואם אפשר גם **ספר תורה** לצורך קריאת התורה. יש קהילות המחזיקות **ארון קודש נייד** קטן לצורך כך. אפשר **עמוד לחזן.** אם יתפללו בשבת – גם **חומשים.** יש לקבוע **שעות תפילה.** נהגו ללמוד **משניות** או לומר פרקי תהלים לעילוי נשמת הנפטר. יש המחלקים פרקי משנה בין המבקרים המוכנים ללמוד לעילוי נשמה. כדאי להכין גם **תהלים לבית העלמין.**

סד. תהליך האבל – היבטים פסיכולוגיים

ד"ר מאיר פרלוב, פסיכולוג קליני

בחשיבה הפסיכולוגית המודרנית נחשב תהליך האבל לתהליך רגשי בעל חשיבות רבה לבריאות הנפשית של האדם. זאת, בהתאם להשקפה כי נפש בריאה מסוגלת להכיר ולבטא את הרגשות, במקום להדחיק, להכחיש או לבטל אותם. הרגשות נחשבים כמרכיב חשוב באנרגיה הנפשית הבסיסית, שזרימתה החופשית היא תנאי לחיי נפש בריאים. האבל הינו תהליך טעון – רגש ומהווה אתגר לנפש, אתגר שהעמידה בו עשויה להגביר את חוסנה ובריאותה, ואילו אי העמידה בו עלולה לגרום לקשיים נפשיים בעתיד.

רגשות רבים עלולים להתעורר בתהליך האבל – רגשות צפויים ומקובלים, כגון צער, עצב וגעגועים, אך גם רגשות בלתי צפויים ולעתים לא מקובלים, כגון אשמה ("למה הוא ולא אני"), כעס (כלפי הנפטר או אפילו כלפי הקדוש ברוך הוא), ואפילו שמחה (במיוחד כאשר תהליך הגסיסה היה ארוך וכרוך בסבל רב). בתהליך האבל עולים רגשות אלה לעתים בעוצמה רבה, והמתאבל זקוק למסגרת תומכת ומקבלת, שתאפשר לו זמן ומקום שבהם יוכל לחוות ולבטא רגשות אלה מבלי שירגיש שהחברה מסביבו מבקרת אותו על כך.

ההלכה שקבעה מצוות ניחום אבלים, מפגישה את האבלים עם דמויות שונות משלבים שונים בחייהם הן של המתאבל והן של הנפטר. מפגשים אלה מאפשרים העלאת זכרונות שנוגעים לצדדים שונים באישיותו של הנפטר, ובעקבות הזכרונות עשויים לעלות גם מגוון רחב של רגשות שונים. בכך נותנת המסורת היהודית מקום לתהליך האבל הנפשי על מכלול הרגשות שעולים בו; כל זאת, תחת המסר הכללי – "מן השמיים תנוחמו" או "המקום ינחם אתכם וכו' ".

עיקרון זה הינו עיקרון פסיכולוגי מרכזי נוסף ביחס לתהליך האבל – עם כל המקום שאנחנו נותנים כעת לכאב ולרגשות השונים, הרי רגשות אלה יעברו, וחיי הנפש של המתאבל עתידים לחזור למצב שיש בו מקום גם לרגשות שמחה. זאת בניגוד להרגשה המיידית, במיוחד במקרים של מוות פתאומי שלא בעתו, שהרגשות הקשים והכואבים שמציפים כעת את המתאבל עתידים לשלוט בחייו מכאן ולהבא (כדברי יעקב אבינו "כי ארד אל בני אבל שאולה" – בראשית לז, לה). לעתים, אין המתאבל מוכן לשמוע דברי ניחומים (כמו שמצינו אצל יעקב אבינו "וימאן להתנחם"), ומרגיש רצון להתמיד באבלותו, כביטוי לעוצמה הרגשית שהוא מרגיש כעת – "אם אני מרגיש את האבל כל-כך חזק כעת, אז ארגיש כך (או ראוי שארגיש כך) לעד". לעתים רגשי האהבה כלפי הנפטר והמסירות אליו מביאים את האדם להרגיש שחובה עליו להתמיד באבלו, כאילו שרק בכך תוכח האהבה והמסירות לנפטר. תחושות אלה והתבטאויות מעין אלה, מקבלות מקום בתהליך האבל כחלק מההבעה הרגשית העוצמתית, ואיננו חייבים לעמת את המתאבל באותו רגע עם העובדות המציאותיות של המשך החיים וכל הכרוך בכך. לעתים עלינו לקבל את הצורך הרגשי של המתאבל להתבטא בצורה קיצונית כביטוי של העוצמות הרגשיות שהוא מתמודד מולן, מתוך תקווה שלקראת סיום תקופת האבל, הביטוי הרגשי המספק של האבל יאפשר לו גם לחזור לתפקוד הרגיל, הן מבחינה מעשית והן מבחינה רגשית. עם זה, אנחנו אכן מצפים

שהמתאבל יצליח לעבד את רגשותיו ויוכל לשוב לחייו הקודמים, זהו המסר שבאמירה "מן השמיים תנוחמו".

חז"ל קבעו מסגרות אבלות שונות (שבעה, שלושים, שנה) ומידות שונות של מנהגי אבלות ביחס לכל אחת מהן. מהמחקר הפסיכולוגי המודרני אנחנו יודעים שתהליכי אבל במצבים קיצוניים עלולים להמשך גם יותר משנה. לעתים המתאבל נזקק לעזרה נפשית מקצועית כדי להתמודד עם אבלו, כאשר הוא מתקשה לחזור לתפקוד סביר. לרוב, כמובן, מסגרת האבלות שקבעה ההלכה מאפשרת את תהליכי הריפוי הנפשי שהאדם זקוק להם כדי לחזור לחייו הקודמים.

סה. תהליך אבל – היבטים ייחודיים לילדים

ד"ר פורטו בן הראש, פסיכיאטר ילדים
בבית החולים הדסה הר הצופים

לשם התמציתיות, פרק זה אינו מנסה כלל להקיף את הנושא אלא רק להדגיש בקיצור רב כמה נקודות ייחודיות לילדים. ישנם היבטים נוספים חשובים שכבר הוזכרו בפרקים אחרים בספר זה ולכן לא נחזור עליהם כאן.

השלב הראשון הוא השלב החריף ביותר, והוא כולל את השבועות הראשונים לאחר אירוע המוות. בשלב זה כמעט כל תגובה היא טבעית. דווקא העדר תגובה עלולה ללמד על בעיה רגשית.

לאחר השלב החריף, אם התגובות נמשכות ללא שינוי, חשוב להתייעץ עם איש מקצוע המתמחה **בטיפול בילדים**. יחד עם זה, אסור להתייחס לילד כאל אדם עם "בעיה" או "פתולוגיה". רק איש המקצוע מוסמך לקבוע שיש צורך בהתערבות חיצונית, אחרי שאסף מספיק נתונים על הילד וסביבתו.

מאידך, לעתים קרובות מצוקה רגשית אצל ילד אינה מזוהה, כי הילד נראה מתפקד או משחק כרגיל.

לעתים הילד מרגיש באינטואיציה (באופן לא מודע) שהמבוגרים סביבו מוצפים רגשית. כדי "להגן עליהם", הוא נמנע מביטוי מצוקתו, אך בעצם נשאר בודד.

מצוקה רגשית אצל ילד יכולה לבוא לידי ביטוי באופנים רבים ושונים, למשל:

- קושי בריכוז בלימודים.
- תלונות גופניות שונות כגון כאב ראש, "משהו" מפריע בגרון, עייפות, כאב בטן.
- תאבון ירוד או תאבון יתר.
- קושי להירדם, חלומות מטרידים או הרטבת לילה.
- פחדים חדשים (גם אם לא קשורים ישירות למוות או לאירוע המסוים) כגון פחד מחושך או פחד מהליכה לשירותים לבד.
- נסיגה התפתחותית (אובדן של הישגים שכבר הגיע אליהם קודם כגון במוטוריקה, בדיבור, בעצמאות).
- נסיגה חברתית.
- פעילות יתר או הפרעות בהתנהגות.
- חוסר עניין בדברים שקודם היו מהנים עבורו.

אנשים רבים מתייחסים לרגשות היגון והאובדן כאל דברים שצריך "להוציא החוצה" כמה שיותר מהר. על פי תפיסה זו, היגון הוא מין "מחלה", וניתן להימנע מהתוצאות השליליות של "מחלה" זו על ידי ביטוי הרגשות הקשים עד להקהייתם. אלה שמתייחסים כך לאבל מדברים על "החלמה", על "מיצוי החוויה" תוך זמן קצוב, או על "לשים את זה מאחור".

לעתים קרובות תפיסה זו **איננה מתאימה** למה שילדים ומתבגרים באבל חווים בפועל. הם מרגישים שהם נתונים לתהליכים רבים ושונים של שינוי, הסתגלות ומעבר. לגביהם העניין אינו רק "להרגיש כמה רגשות קשים".

לכן, תפיסה נכונה יותר של האבל היא זו המגדירה אותו **כשלב מעבר במעגל החיים**. תפיסה זו מתייחסת לטווח הרחב של נושאים ותפקידים שהילד והוריו צריכים להתמודד אתם בעקבות האובדן והשפעתו על חייהם (שינוי דפוסי חיים, הסתגלות לשינויים ועוד).

במילים אחרות, יש לזכור:

- אבל הוא בעיקר **שלב מעבר ושינוי**.
- התהליך הטבעי הוא כאשר הילד, במסגרת משפחתו וחבריו, **מוצא בעצמו את דרכי ההתמודדות** עם המצב המשתנה, דרכים שמתאימות לו.
- תפקיד העזרה לילד המתאבל הוא **לחזק את יכולתו** למצוא את דרכי התמודדות.

קווים מנחים בגישה לילד המתאבל:

אין מרשם קל איך להקל על הכאב, אבל יש דרכים שבהן אנשים קרובים לילד ולמשפחה יכולים לעזור למתאבלים להרגיש יותר יכולת התמודדות עם קשיי המעבר למצב החדש בחיים:

א. מבוגרים רבים שואלים: "האם לדבר על זה עם הילד או לא"?

התשובה: יש **ליצור סביב הילד אווירה שמאפשרת דיבור והקשבה כנים**. הילד ידבר או לא ידבר – על פי צרכיו, ויש לכבד זאת.

שני הקצוות שצריך להימנע מהם:

- לחץ לדבר.
- הכחשת הנושא או הימנעות מיחס לנושא.

ב. חשוב שכל ילד **ייכלל בתהליכים ובטקסים** המשפחתיים של האבל (כמובן בדרכים המתאימות לגילו ולרמתו ההתפתחותית).

ג. ההורים חייבים ללמוד איך לדבר עם ילדים **על הנפטר**, על נסיבות המוות, **על הכאב המשותף** ועל **איך הם יבנו ביחד את המשך חייהם**.

ד. כשמדברים עם ילד באבל, יש **להקשיב** לסיפור הפרטי שלו, **לא להגיד לו איך הוא מרגיש או איך הוא צריך להרגיש**. יש לתת לו לומר ולהביע למבוגר איך הוא מרגיש בפועל. חלק מהילדים לא רוצים שום יחס מיוחד וחלק לא רוצים לדבר. יש לכבד את ההבדלים הללו.

ה. לגבי ילדים רבים, חשוב יותר שידברו על הנפטר **ועל מה הם איבדו עם מותו**, מאשר שידברו על איך הם מרגישים. חשוב שהילד ירגיש **לגיטימציה להתייחסויות שונות לנפטר**, כולל לזכור תכונות חיוביות ושליליות, לחפש דרכים להמשך התקשרות עם דמות הנפטר, ועוד.

ו. יש להימנע מהכללות ומדעות קדומות.

ז. עדיף להימנע מלתת עצות כשלא מתבקשים לכך.

ח. יש ילדים שזקוקים למקום להתבודד בו לזמן קצר, למשל במהלך השבעה או בבית הספר. ילדים אחרים זקוקים לעתים לעיסוק יזום. **יש צורך ברגישות לביטויים של הילד לגבי מה הוא צריך ומתי**.

ילדים, כמו מבוגרים, זקוקים לאהבה ולסבלנות. לעתים המבוגרים נלחצים מתגובות של ילדים מעבר למידה, ולעתים מוסיפים או משליכים עליהם את בעיותיהם שלהם. לחץ זה

כמובן אינו מיטיב עם הילדים. לכן התנהגות פשוטה של אהבה ותמיכה, ביטחון, סבלנות ואופטימיות, היא היכולה לסייע לילדים ולמבוגרים כאחד.

סו. החוכמה הנשכחת של הנחמה – נחי אלון ופרופסור חיים עומר[1]

וַיִּשְׁמְעוּ שְׁלֹשֶׁת רֵעֵי אִיּוֹב אֵת כָּל הָרָעָה הַזֹּאת הַבָּאָה עָלָיו וַיָּבֹאוּ אִישׁ מִמְּקֹמוֹ, אֱלִיפַז הַתֵּימָנִי וּבִלְדַּד הַשּׁוּחִי וְצוֹפַר הַנַּעֲמָתִי, וַיִּוָּעֲדוּ יַחְדָּו לָבוֹא לָנוּד לוֹ וּלְנַחֲמוֹ: וַיִּשְׂאוּ אֶת עֵינֵיהֶם מֵרָחוֹק וְלֹא הִכִּירֻהוּ וַיִּשְׂאוּ קוֹלָם וַיִּבְכּוּ וַיִּקְרְעוּ אִישׁ מְעִלוֹ וַיִּזְרְקוּ עָפָר עַל רָאשֵׁיהֶם הַשָּׁמָיְמָה: וַיֵּשְׁבוּ אִתּוֹ לָאָרֶץ שִׁבְעַת יָמִים וְשִׁבְעַת לֵילוֹת וְאֵין דֹּבֵר אֵלָיו דָּבָר כִּי רָאוּ כִּי גָדַל הַכְּאֵב מְאֹד:

איוב ב, יא – יג

מאז ומעולם נחשב מעשה הניחום למצווה. בעולם המודרני ירדה הנחמה מגדולתה. ביטויים עכשוויים כגון 'נחמה זולה' משקפים את ירידת ערכה. אפילו נוסחי הנחמה המסורתיים איבדו מכוחם בעידן המודרני, והם נאמרים במגומגם, אם הם בכלל נאמרים. מתמיהה במיוחד העובדה, שמיומנויות נחמה כמעט ואינן תופסות מקום בהכשרתם של מטפלים. מדוע? יתכן שמטפלים סבורים שמיומנויות אלה אינן ניתנות ללמידה, או שמטפלים השואפים ל'ריפוי אמיתי' רואים את הנחמה כמשנית בחשיבותה, או שמטפלים אינם מכירים בחשיבותה כיון שהם נכנסים לפעולה רק לאחר שמאמצי הנחמה נכשלו. מכל מקום, בעיני מטפלים רבים משתרע תחום הטיפול הנפשי 'האמיתי' הרחק אל מעבר לתחום הנחמה, שהיא תחומם של אנשי הדת והדיוטות. כך היתה הנחמה לחוכמה נשכחת.

הנחמה, כאחותה התאומה הקבלה, היא מידה טרגית. בחברה המייחסת ערך מרכזי לשליטה, לא נודע ערך רב לפתרונות שאינם שלמים. לעומת זאת, נקודת המוצא של הראייה הטרגית היא שהמצוקה מצויה בכל. באשר יש חיים, שם ישנה מצוקה, ועל כן אין פתרון שלם. הראייה הטרגית חותרת לבקש אושר צנוע בעולם קשה. ולכן היא נוטה לקבלה ולהקלה יותר מאשר לריפוי. תקוות הריפוי שואפת למטרה אחת – היעלמות הסבל. ואילו לנחמה שתי פנים: פנים מקבלות ופנים מעודדות. הקבלה מופנית אל הסבל, ואילו העידוד – אל האפשרות לצמצם את הסבל או להיטיב לשאתו. הסבל והאובדן אמנם אינם נעלמים, אבל האדם יכול להתבונן בהם אחורנית בעודו צועד קדימה. פנים אלו של הנחמה קשורים זה בזה, שכן הנכונות לחתור להקלה דורשת להסתלק מן החלומות של ריפוי שלם. הנחמה היא אפוא גלולה מרה – מתוקה: מידת העידוד שבה היא כמידת נכונותו של האדם לקבל את מצוקתו.

יש רק אופן אחד של עידוד שאין עמו קבלה כלל: העידוד הנגזר מן הגירסה הפופולרית של 'החשיבה החיובית', הרואה כל תלונה כחבלה ב'עמדה הנכונה של אופטימיות'. אנו סבורים, כי אופן זה של עידוד אינו מעודד ביותר: בדחותו את זכותו של הסובל לסבול הוא קרוב יותר לגינוי מאשר לנחמה.

נחמה אפשר להושיט, לא לכפות. ניסיון לאלץ את הסובל להתנחם נידון בהכרח לכישלון. יתכן שנכונות הסובל להתנחם תופיע ויתכן שלא, הכל על פי צרכיו של הסובל. בסיפור

1 נחי אלון הוא פסיכולוג קליני. פרופסור חיים עומר הוא מרצה לפסיכולוגיה באוניברסיטת תל אביב. פרק זה בנוי מציטוטים מתוך ספרם "השטן שבינינו", בהוצאת "ספרים, הוצאה לאור", פרק חמישי מעמוד 153 ואילך. ברצוני להודות להם ולהוצאה לאור על נכונותם ורשותם לצטט מתוך הספר.

המקראי ממאן יעקב להתנחם על אובדן יוסף. יהיה זה אבסורד לטעון שיעקב 'מרחם על עצמו' או ש'הוא סובל מאבל פתולוגי'. אילו השתכנע יעקב שעליו לחדול מאבלו היה מן הסתם מרגיש לאחר מכן שבגד ביקר לו ביותר. ניתן להבין את הכעס שהסובלים מבטאים לעתים כלפי המנחמים אותם: לעתים רומזת הנחמה שעל הסובל להניח לסבל. בחווית האדם הסובל רמיזה זו כמוה כשלילת זכותו למחות על אכזריות הגורל שפגעה בו. הטעות השכיחה של האצה בסובל נעשית תכופות מתוך חוסר רגישות ובחוסר מודעות.

לעתים יוצר המנחם את הרושם שהוא חושש מן המגע עם הסובל כמי שחושש מהידבקות. הפסיכולוגית מריאנה אמיר המנוחה, שחלתה בסרטן שלימים נפטרה ממנו, כתבה מאמר בשם 'נוס על נפשך' שבו תיארה את השפעתה של עמדת הימנעות זו על הסובל. אחת מחברותיה נהגה להתקשר בשעה שידעה שאין איש בבית ולהשאיר הודעה מוקלטת: "רציתי לדעת איך את מרגישה, אבל לא רציתי להפריע. אין צורך שתתקשרי חזרה". אחר השאיר זר פרחים ליד הדלת. שלישית קיצרה את ביקורה והיתה נפרדת בנימה עליזה: "הכל יהיה בסדר". בין עמיתיה היו שמתחו ביקורת על עצבונה ועל התייחסותה אל המחלה, באמרם שהיא איננה עוזרת לעצמה להחלים. עמדה זו היתה לה הגרועה ביותר מכל עמדות העידוד. אפשר כמובן להבין את הקושי שחווים במצבים כאלו חברים, עמיתים ורופאים, בהיותם מוצפים בחרדה ובחוסר אונים. עם זאת,עמדת הימנעות איננה מאפשרת לנחם.

האצה נטולת סבלנות משקפת היבט נוסף ביחסי הניחום: המידה שבה מרגיש המנחם שהוא דומה לסובל. העוזר חסר הסבלנות מעביר מסר של הבדל בין השניים: "איננו באותה הסירה: אתה שט לדרכך ואני לדרכי!" לא פלא שהסובל מרגיש נטוש. פוטנציאל סיוע גדול יותר יש לניסיון נחמה המבטא לא רק קרבה אלא גם דמיון בסיסי בין המנחם למנוחם: "מה שקרה לך יכול לקרות גם לי". אין הכרח, כמובן, שמסר זה יאמר ישירות. די אם הוא מצטייר מתוך עמדתו של המנחם.

הנחמה כרוכה גם בהסרת המחיצה בין המנחם לבין המנוחם. כאשר הנחמה מתקבלת הופך גם הנותן למקבל. הנחמה, כמו החמלה, מבליטה את הדמיון הבסיסי שבין הצדדים ואת זיקת הגומלין שביניהם.

סז. הנצחה

הפרק שלפנינו אינו פרק הלכתי אלא בא להתייחס באופן רעיוני ומעשי להנצחה. פרק זה נתוסף עקב הצורך הנפשי והמעשי בהנצחה שיש לקרובי הנפטר, כמו שיתבאר לפנינו.

הנצחה כשמה כן היא. הצורך היסודי בהנצחה נובע מהצורך הבסיסי של האדם לאחוז בנצח, להרגיש שמותו לא ימחק אותו מהעולם ומהתודעה. באופן טבעי כשאדם הולך לבית עולמו צאצאיו ממשיכים אותו באופן הביולוגי וגם מבחינה רוחנית. דהיינו, הם זוכרים את קיומו, ממשיכים לשאת את שמו וכיוצא בזה.

הצורך בהנצחה קיים במיוחד במי שנפטר טרם זמנו, או ללא צאצאים שימשיכוהו. התורה מצווה לאדם ליבם את אשת אחיו שמת בלא בנים, כדי שלא ימחה שמו מישראל (דברים כה, ו). המקרא מספר לנו על היבום של יהודה את תמר כלתו (בראשית לח), עוד לפני מתן תורה. מגילת רות עוסקת בבעז הנושא את רות כדי להקים את זכרו של מחלון בעלה הראשון. "וְגַם אֶת רוּת הַמֹּאֲבִיָּה אֵשֶׁת מַחְלוֹן קָנִיתִי לִי לְאִשָּׁה לְהָקִים שֵׁם הַמֵּת עַל נַחֲלָתוֹ וְלֹא יִכָּרֵת שֵׁם הַמֵּת מֵעִם אֶחָיו וּמִשַּׁעַר מְקוֹמוֹ" (רות ד, י). המקרא משתמש בביטוי 'גואל' למי שיקים את שם המת על נחלתו.

גם איוב ביקש הנצחה לעצמו לאחר שבניו ובנותיו מתו והוא נשאר ערירי:

מִי יִתֵּן אֵפוֹ וְיִכָּתְבוּן מִלָּי מִי יִתֵּן בַּסֵּפֶר וְיֻחָקוּ:
בְּעֵט בַּרְזֶל וְעֹפָרֶת לָעַד בַּצּוּר יֵחָצְבוּן:
וַאֲנִי יָדַעְתִּי גֹּאֲלִי חָי וְאַחֲרוֹן עַל עָפָר יָקוּם:

איוב יט, כג – כה

איוב הערירי מבקש שדבריו ומלותיו יחקקו לעד בספר ובצור. גם הוא מכנה בשם 'גֹּאֲלִי' את מי שיקרא את דבריו. אותו אדם אלמוני שיתיחס לדברי איוב, וידע שאיוב היה קיים, הוא גואלו של איוב! הוא המאפשר לאיוב לאחוז בנצח שנים רבות לאחר שאיוב עבר מן העולם. החומר הוא זמני, אך מסר רוחני נשאר לעד. רק הרוחניות היא נצחית.

גם כיום קיים צורך עז בהנצחה, בעיקר לאנשים צעירים שהלכו מאיתנו בטרם עת, אך לא רק במקרים אלו. הצורך והרצון הם להמשכיות רוחנית בחיים, גם לאחר שהנשמה נפרדה מן הגוף.

מעבר לצורך הנפשי של הקרובים בזיכרון ובהנצחה, ישנה גם משמעות לעשיה וליצירה דווקא מתוך הכאב והצער. העיסוק בפעילות חיובית יוצרת עשוי לרפא במידה מסוימת את רגשות האבל. במצבים בהם החיים נראים לאבלים כאילו איבדו חלק ממשמעותם, פעילות כזו עשויה ליצוק תוכן חיובי ומעודד. מעבר לכך, ניתן לומר שעל פי ההשקפה היהודית, כל מעשה חיובי ערכי הבא לכבוד הנפטר, מלמד עליו זכות בעולם האמת.

יש לבחון מראש את הצורך והעניין הציבורי שבהנצחה. האם יש תועלת ומשמעות אמיתית להנצחה, המצדיקה את המאמץ הגדול מצד הקרובים. כמו כן יש לבחון היטב את המחיר, הכלכלי והנפשי, האם המשפחה מסוגלת ומעוניינת בהוצאה כזו. האם עקב סערת הנפש שלאחר הפטירה, לא נכנסים בטעות להוצאות ועלויות מוגזמות שלעתים לא מסוגלים לעמוד בהן. אפשר ורצוי להתייעץ עם משפחות שכבר התנסו בכך. משפחות בדרך כלל ינסו להתאים את ההנצחה לנפטר. נשתמש במונח 'נפטר' אך כמובן שההנצחה יכולה להיות לזכר רבים או אפילו קהילה שלמה. להלן יובאו דרכים והצעות שונות להנצחה:

חוברת זיכרון

בדרך כלל ייאספו בה תולדות חיים של הנפטר עם תמונות, מכתבים וזכרונות. החוברת מאפשרת מפגש מיידי עם הנפטר. היא מאוד אישית וזמינה, ונוחה לחלוקה.

ספר זיכרון

אָגוּרָה בְאָהָלְךָ עוֹלָמִים אֶחֱסֶה בְסֵתֶר כְּנָפֶיךָ סֶּלָה (תהלים סא, ה).

וכי עלתה על דעתו של דוד שיהא חי וקיים לעולמי עולמים? אלא כך אמר דוד לפני הקדוש ברוך הוא: ריבונו של עולם, אזכה שיהיו דברי נאמרים בבתי כנסיות ובבתי מדרשות. שמעון בן נזירא בשם רבי יצחק אמר: כל תלמיד חכם שאומרים דבר הלכה מפיו בעולם הזה, שפתותיו רוחשות עמו בקבר. שנאמר "וְחִכֵּךְ כְּיֵין הַטּוֹב הוֹלֵךְ לְדוֹדִי לְמֵישָׁרִים דּוֹבֵב שִׂפְתֵי יְשֵׁנִים" (שיר השירים ז, י). מה כומר של ענבים זה כיון שמניח אדם אצבעו עליו מיד דובב, אף שפתותיהם של צדיקים, כיון שאומרים דבר הלכה מפיהם, שפתותיהם דובבות בקבר.

ירושלמי שקלים פרק שני הלכה ה

הספר יכול להיות ספר זיכרון שכל כולו עוסק בנפטר. אפשרות זו קיימת בעיקר לגבי תלמידי חכמים גדולים או אישים בעלי מידות מיוחדות, שניתן ללמוד ממעשיהם, ועצם הקריאה על פעלם יש בה משמעות והתפעלות.

אפשרות נוספת היא ספר שחלקו או רובו לא קשור לנפטר. אסופת מאמרים המכונסים בספר זיכרון, ומוסיפים להם קטעים אישיים הקשורים לנפטר. פעמים רבות מקובל לבחור נושא תורני ולבקש מתלמידי חכמים לכתוב מאמר בנושא. לפעמים מצרפים רשימת נושאי משנה הקשורים לנושא המרכזי. כדאי מאוד לבחור נושא מרכז לספר כדי לאפשר לספר להיות יותר שימושי. כשיש נושא אחד ובמיוחד כשהנושא אקטואלי, יש יותר סיכוי שיקראו בספר לצורך הנושא וממילא גם יתייחסו לפרקי הזיכרון לנפטר הכלולים בספר.

גם בחוברת וגם בספר כדאי **לא להחפז!** גורם הזמן חיוני כדי לכתוב את הדברים לטווח יותר ארוך ולא רק בדחף של סערת הנפש הסמוכה לפטירה. כדאי לבחור נושא שיש בו עניין ציבורי. עדיף להוציא את הספר יותר מאוחר, באופן שקול, ענייני ומכובד ככל שניתן, כדי שיקראו את הספר או החוברת במשך שנים רבות בגלל איכותם הגבוהה.

ספר תורה

כבר הזכרנו שאדם מישראל מושווה לספר תורה (לעיל עמוד 269), כתיבת ספר תורה או רכישתו באה לסמל השוואה זו. אפשר לקנות ספר תורה ואפשר לכתוב במיוחד. יש המעניקים את ספר התורה לבית כנסת או לקהילה, ויש המשאילים את הספר. יש המעדיפים להכניס את ספר התורה לבית כנסת או למקום שאין בו הרבה ספרי תורה כדי שיקראו בו באופן תדיר. כתיבת ספר תורה או רכישתו היא הנצחה משמעותית ביותר ויקרה. יש סוגים רבים ושונים של כתיבה ויש גם פער ניכר במחירים. יש להתייעץ עם מומחים לעניין זה לפני קבלת החלטה.

יש מי שכתב שעדיף לתרום כסף להוצאת ספר הלכה שנתחבר על ידי תלמיד חכם שהגיע להוראה, או ספר הלכה מכתב יד של הקדמונים, מאשר קניית ספר תורה שיונח בבית הכנסת. שאין לקדוש ברוך הוא בעולמו אלא ארבע אמות של הלכה, וזכות הוצאת ספר כזה היא מצוה גדולה לעילוי נשמה[1].

ערב לימוד

לשם ההנצחה אפשר גם לקיים ערב לימוד או יום עיון, בדרך כלל בנושא תורני. כדאי להיזהר מלהאריך את הלימוד יותר מדי כדי שלא יהפוך לטורח. יש להגדיר מראש את הנושאים ואת מידת הזמן ללימוד. מאוד לא נעים כשהלימוד מתארך מעבר למידה ואנשים מתחילים לעזוב. עדיף לימוד ענייני ומרוכז שמשאיר טעם של רצון ללימוד נוסף. אפשר לשלב בלימוד גם קטעים אישיים על הנפטר או דברים שכתב. אפשר ולעתים גם רצוי להיעזר באמצעים דידקטיים. עזרים טכניים יש להפעיל על ידי אדם מיומן ולא באופן חובבני.

חוג לשם לימוד

ניתן ליסד חוג לימוד של שיעורים, אמירת תהלים, תלמוד תורה לילדים וכו' לזכר נפטר. לימוד תורה לזכר נפטר יש בו זכות גדולה לנפטר ולמשפחתו.

הקדשה

דרך נפוצה להנצחה היא על ידי כיתוב בשלט, הקדשת ספר תורה, בית כנסת, ישיבה, בית מדרש או חלקים מהם, ארון קודש או פרוכת, ריהוט לבית כנסת, ספריה תורנית או ספריה רגילה, אמבולנס או מכשירים רפואיים, מילגת לימודים או ציוד לימודי. אפשר גם להקדיש ספר תורני, ללא קשר ישיר בין הנפטר לכותב או לנושא הספר, אך הספר מוקדש לזכרו ולהנצחתו של הנפטר.

צדקה וגמילות חסדים

דרך להנצחה על ידי פעילות סעד חברתית. אפשר להקים קופת עזרה לנזקקים (גמ"ח = גמילות חסדים) למתן צדקה, הלוואות או כל עזרה אחרת. דוגמא מפורסמת היא 'יד שרה' שהחלה כגמ"ח להשאלת ציוד רפואי והפכה למפעל ארצי של עזרה וחסד. פעילות התנדבותית לסיוע לחולים, לקשישים, לתלמידים מתקשים, לעולים חדשים, לנכים או לכל קבוצה או יחידים הזקוקים לסיוע. פעילות זו חשובה ביותר מפני שהיא לאורך זמן, ומנקזת את רגשות הצער והכאב לפעילות של תמיכה וסיוע. פעילות חסד מתמשכת אין בה פאר ולעתים גם אין שלט הנצחה, אך יש בה משמעות אמיתית ועמוקה.

1 ילקוט יוסף סימן ל, יב.

יש פעילויות נוספות כגון טיול לזכר הנפטר, שיפוץ של אתר טבע או קריאתו על שם הנפטר, הוצאת תקליטור, הקמת תערוכה, אירוע ספורט. יש הנצחה חד פעמית ויש הנצחה של פעילות מתמשכת. מבחינה יהודית כבר הזכרנו לעיל שכל פעילות שיש בה ממד יהודי ערכי, יש בה זכות גם לנפטר ולמשפחתו.

קריאת שם לתינוק על שם נפטר

כמה חיבורים וספרים גדולים נכתבו בעניין קריאת שמות, ואין כאן מקום להאריך בענין מעבר למידה. הפיסקה הקצרה דלקמן היא על פי הספר "קוראי שמו" שכתב ידידי הרב מישאל רובין שליט"א. המבקשים להעמיק בענין יוכלו לראות בהרחבה את הדברים שם או בספרים אחרים שנכתבו על נושא זה.

מנהג ישראל לקרוא שם על שם אב, אם או שאר קרובי משפחה. המנהג בקהילות אשכנז הוא לקרוא רק על שם קרובי משפחה שכבר נפטרו מן העולם, ומנהג עדות המזרח לתת שמות אף בחייהם של הקרובים, והדבר נחשב לסגולה לאריכות ימים.

לפי רוב השיטות ניתן לקרוא לילד גם בשם הדומה לשם הנפטר, או לצרף לשם הנפטר שם נוסף. יש אומרים שאין לקרוא לילד בשם של מי שנפטר לאחר לידתו.

לפי רוב הדעות, לא יקרא אדם לבנו או לבתו על שם איש או אשה שהיה מזלם רע כגון שנפטרו צעירים וכדומה, אלא יקרא בשם שונה מעט[2] או בתוספת שם אחר (וישתמש גם לאחר מכן בשני השמות), ויש המקפידים במקרה כזה לתת את שם הנפטר כשם שני[3]. יש אומרים שאין שום מניעה מלקרוא שם על שם אדם שנפטר בצעירותו[4]. יש אומרים שאם נהרג על קידוש ה' – ניתן לקרוא על שמו גם ללא חשש

2 אגרות משה יורה דעה חלק ב סימן קכב.

3 ילקוט יוסף, כיבוד אב ואם חלק ב עמוד צד.

4 הרב חיים דוד הלוי, עשה לך רב חלק ו, סט. והביא מעשה רב מבתו של הגר"א שבניה היו מתים בילדותם, ואמר לה אביה לקרוא לילד שיוולד בשמו של הילד שנפטר, אך יוסיפו לו שם חדש והשם החדש יהיה הראשון.

מֵעוֹלָם וְעַד עוֹלָם

ה

צוואות וירושות

סח. דיני ירושה על פי ההלכה היהודית

הרב ישי בוכריס

הגישה ההלכתית לעומת חוק הירושה

חוק הירושה קובע מי הם היורשים על פי חוק המדינה אם לא נכתבה צוואה, אך אם אדם עורך צוואה המועילה על פי חוק, החוק מכיר בכך ומקיים את דבר הצוואה. על פי ההלכה אין אפשרות לערוך צוואה באותו אופן כפי שחוקי המדינה קובעים. ההלכה רואה את שליטתו של האדם רק בעודו חי, לאחר מיתתו הרכוש נעשה רכוש היורשים, וממילא אין לו יכולת לשלוט על ממונו לאחר מיתתו.

יש אמנם יוצא מן הכלל והוא צוואת "שכיב מרע". כאשר אדם מוטל על ערש דווי, תיקנו חז"ל שיש לקבל את צוואתו, על אף שמצווה שיחולו הציוויים לאחר מותו. זאת כדי שהמצַוֶה לא יחשוש מאי קיום צוואתו, ועובדה זו תשמש כזירוז למיתתו. אך אדם שאינו מוגדר כ"שכיב מרע" אינו יכול לצוות על נכסיו לאחר מותו כאמור לעיל[1].

יש דרך נוספת בהלכה לחלוקת רכוש על פי צוואה, הנקראת "מצוה לקיים דברי המת". כלומר, אם ציווה אדם על חלוקת נכסיו בדרך כל שהיא, יש מצוה לקיים את דבריו. אך דרך זו כרוכה בכמה תנאים הקשים לביצוע. התנאי העיקרי הוא שהנכסים שאותם הוא מעוניין לחלק, יושלשו ביד שליש בעודו בחייו. ישנו חיסרון נוסף לדעת רבים מן הפוסקים והוא שאין זכות משפטית למקבל המתנה אלא יש מצוה על היורשים לקיים דברי המת, ואם אינם חפצים בכך, יתכן שלא ניתן לכפות זאת עליהם.

לסיכום: החוק רואה במוריש בעלים על נכסיו אף לאחר מותו, ואילו ההלכה רואה במוריש בעלים על נכסיו עד מותו, אך מאז ואילך אין הוא יכול לצוות על העיזבון.

על אף האמור לעיל, יש דרך משפטית המועילה על פי ההלכה שבה יוכל לחלק את נכסיו בהתאם לרצונו, ונביא אותה לקמן. כמובן, יש המערערים על דרך זו משום שיש בזה מעין עקיפת רוח ההלכה, הקובעת חלוקה מסוימת ואילו המוריש הנ"ל גורם לחלוקה אחרת. יש שראו בכך מעשה הגובל באיסור, וכך נאמר בשולחן ערוך (חושן משפט רפב, א):

> כל הנותן נכסיו לאחרים והניח היורשים, אף על פי שאין היורשים נוהגים בו כשורה אין רוח חכמים נוחה הימנו, וזכו האחרים בכל מה שנתן להם. ומידת חסידות שלא להעיד בצוואה שמעבירין בה הירושה מהיורש, אפילו מבן שאינו נוהג כשורה, לאחיו חכם ונוהג כשורה.

כדי להתגבר על חיסרון זה יש המציעים להשאיר חלק מן העיזבון שיחולק על פי דיני הירושה לפי ההלכה.

1 אף בזה יש דעות הסוברות שכל אדם המצווה על נכסיו מוגדר כ"מצווה מחמת מיתה" ודומה דינו לצוואת "שכיב מרע", אך להלכה נקטו הפוסקים שלא כשיטות אלו.

הצורך והתועלת בכתיבת צוואה כיום

כיום אנו חיים במדינה שיש בה חוקי ירושה השונים מדיני הירושה על פי ההלכה, ולכן כדאי לכתוב צוואה אף למי שמעונין שהחלוקה תהא על פי ההלכה בלא שינוי כלל, משום שאם לא תיכתב צוואה, העיזבון יחולק על פי החוק ולא על פי ההלכה. אם מעוניינים בחלוקה השונה אפילו במקצת מזו של החוק ומזו של ההלכה, יש לכתוב זאת באופן ברור ומפורט בצוואה. צריך להקפיד שהצוואה תועיל על פי ההלכה וגם על פי החוק.

מדין תורה הבנות לא יורשות. אך חכמים הקנו להן לעתים זכויות יתר מופלגות מאשר לבנים, (לדוגמא - הן מתפרנסות מהנכסים כל זמן שלא נישאו - כתובות קח, ב; הן מקבלות עישור נכסים לצורך נדוניה כדי שתוכלנה להינשא – שם, סח). ומנהג העולם, המצוטט גם בספרי פסיקה תורניים, הוא לתת גם לבנות חלק, פעמים רבות חלק זהה לחלק של בן. יש לכך גם הגדרה בספרי הפוסקים "שטר זכר", שמשמעותו היא שבת נוטלת כמו הבנים הזכרים, או שנוטלת חצי מהבנים – "שטר חצי זכר" (רמ"א אבן העזר סוף סימן קח, גשר החיים פרק א, ח, ב).

יש תועלת מרובה בנתינת חלק מהנכסים גם לבנות, וראוי לעשות כן. ראשית מפני שזהו מנהג העולם, וחז"ל עצמם תיקנו תקנות רבות דווקא עבור הבנות. שנית, כדי למנוע ריב ומחלוקת בין יורשיו, למנוע מצב שבו חלק מהיורשים יתבעו ללכת על פי דין תורה, וחלק אחר יתבע לקיים את חלוקת העיזבון על פי חוקי המדינה העומדים בניגוד לדין תורה.

גם אם לא השאיר המנוח צוואה, יהדרו הבנים להשתוות ולתת מחלקם לבנות מטעמים אלו, וכל שכן שיש לעשות כן ריוח לאשת המנוח (גשר החיים שם).

עקרונות הצוואה על פי ההלכה

כאמור לעיל, לאחר מות המוריש אין הוא נחשב כבעלים על העיזבון, ועל כן אין הוא יכול לצוות עליו. כדי לפתור בעיה זו יש שתי אפשרויות של צוואה המועילות על פי ההלכה:

א. צוואה המבוססת על מתנת בריא - הקנאת הנכסים כמתנה בהיותו חי.

ב. צוואה המבוססת על התחייבות ממונית למוטב הרצוי.

צוואה המבוססת על מתנת בריא, וחסרונותיה

ברור שאדם יכול לתת מתנות מנכסיו כאוות נפשו כל עוד הוא חי, כיון שהוא הבעלים של נכסיו. אמנם משום שעיקרון הצוואה הינו כמתנה של אדם חי, ישנם חסרונות בשיטה זו, ויש כמה גורמים שצריכים להילקח בחשבון:

א. אם נותן המתנה הקנה את הנכס, כיצד יוכל הוא להשתמש בו עד סוף ימיו?

ב. מתנה אפשר לתת רק מנכסים שברשותו של הנותן. נכסים שעתידים להיות של הנותן לאחר עריכת הצוואה לא תחול המתנה לגביהם.

ג. אין אפשרות לתת מתנה לאדם שנולד לאחר נתינת המתנה, ועל כן אם משעת עריכת הצוואה ועד למותו של המוריש נולדו לו ילדים נוספים הם לא יכללו בחלוקת הירושה.

ד. ישנם קניינים המועילים לקרקעות ואינם מועילים להקנות מטלטלין, ויש להיפך, ויש שמועילים לקרקעות ולמטלטלין אך לא לחובות כספיים ולפקדונות בנק. על כן צריך לתת את הדעת באשר לשאר הנכסים שלא מועיל להם הקניין.

צוואה המבוססת על התחייבות ממונית, וחסרונותיה

יש שיטה נוספת לכתיבת צוואה על פי ההלכה, והיא התחייבות ממונית על סך מסוים שאותו חפצים להעניק למוטב מסוים, אשר על פי ההלכה לא זכאי לקבל חלק מן הירושה. כך לדוגמא אם לראובן בת ושלושה בנים (שאין אף אחד מהם בכור, כיון שמדין תורה הבכור אמור לקבל פי שניים מאשר שאר האחים), וסך העיזבון שוויו 1000₪, והוא חפץ שבירושה יחלקו כל ילדיו בחלקים שווים, הרי שעליו להתחייב לבתו סכום של 250₪ ובכך יגרום שהחלוקה תהא שווה.

החסרונות בשיטה זו:

א. כיון שאין המוריש יודע מה הוא סכום העיזבון לכשימות, לא ידע כמה עליו להתחייב.

ב. ע"פ שיטה זו יקבל המוטב את סכום כסף ההתחייבות, ולא חלק מהירושה ממש כמו שאר היורשים.

ג. אם ימכרו היורשים את כל הנכסים ולא יפרעו למוטב שמורישם התחייב כלפיו, כיצד ניתן לגבות את חוב מורישם?

ישנם חסרונות נוספים , ויש דרכים לפתור חלק מן החסרונות, אך אין זה המקום להאריך בכך. בשתי השיטות המוצעות לעיל יש חסרונות. על כן נציע כאן נוסח של שטר צוואה שמועיל על פי ההלכה ועל פי החוק, ובא לפתור את רוב החסרונות.

נוסח צוואה לדוגמא

אני החתום מטה ______ בעל מס' תעודת זהות_______ כותב צוואה זו בדעה צלולה ומרצוני הטוב כדי שתקוים לאחר אריכות ימי ושנותי (1).

א. אני מבטל בזאת כל צוואה ומסמך מחייב אחר שכתבתי או שהתחייבתי על פיו, ועורך צוואה זו (2).

ב. אני מקנה את כל רכושי מהיום ושעה אחת קודם מותי פרט לסכום השווה לארבעה דולרים לכל יורש האמור לרשת אותי על פי ההלכה, ולבכור סכום השווה לשמונה דולרים(3). למוטבים הבאים אני מקנה לפי החלוקה הבאה.
לראובן נכס פלוני וסכום מסוים.

לשמעון נכס פלוני וסכום מסוים.

את שאר רכושי שלא הקניתי, יירשו יורשי על פי דין תורה.

ג. את כל הרכוש הנ"ל אני מודה שהקניתי בקניין המועיל ביותר כל דבר לפי עניינו (4).

ד. אם יש דבר שהקניין אינו מועיל בו לא יגרע מתוקף שאר הדברים הנקנים (5).

ה. על רכוש שהקניין לא מועיל הנני מודה בהודאה גמורה שהתחייבתי בקניין גמור אגב סודר למוטבים הבאים לפלוני כך וכך אחוזים מהרכוש, לאלמוני כך וכך אחוזים מהרכוש (6).

ו. בכל ספק בפירוש צוואה זו יד המוטבים תהא על העליונה, וכן בכל ספק הלכתי ידונו לפי הפוסקים המקיימים צוואה זו.

ז. התניתי עם המוטבים הנ"ל שאם אחזור בי מצוואה זו ע"י כתיבת צוואה אחרת או ע"י חזרה בכתב עם עדים כשרים מכל הצוואה או מחלקה תתבטל צוואה זו או חלקה כאמור.

ח. כל תנאי שבצוואה זו נעשה כחומר כל תנאים העשויים כתיקון חז"ל וכתנאי בני גד ובני ראובן (7).

ט. זכו בשטר זה עבור כל המוטבים בצוואה זו וקנו ממני בקניין המועיל על כל הנ"ל וכאילו נעשה בבי"ד חשוב.

על זה באתי על החתום היום____________ , נאום______________ .

אנו החתומים מטה מאשרים בזה שהמצווה______________ בהיותו בדעה צלולה אמר לנו הוו עלי עדים על כל האמור בצוואה זו, ובפנינו חתם על כך, וזכינו עבור כל המוטבים לעיל, וקנינו ממנו בקניין המועיל על כל האמור לעיל.

היום____________

נאום____________ עד

נאום____________ עד.

הסברים לנוסח הצוואה

(1) כל צוואה היא בעצם התחייבות ועל כן צריך שתיעשה בדעה צלולה, וכיון שהמוריש מצהיר שהוא בדעה צלולה והעדים חותמים על כך, הרי שיש העדאת עדים לא רק על הצוואה אלא גם על צלילות הדעת.

(2) סעיף זה נועד כדי לא ליצור כפילויות בצוואה, מעשה העלול לפסול את שתי הצוואות.

(3) יש הסוברים, שאסור להעביר נחלה מהאמורים לרשת, אף שהדבר נעשה בצוואה המועילה על פי ההלכה, וכדי להתגבר על כך משאיר המוריש סכום מסוים, שאותו היורשים יירשו לפי דין תורה. (בנוסח הצוואה הנ"ל, הסכום, הינו סכום השווה לארבעה דולרים לכל אחד מהבנים, וסכום השווה לשמונה דולרים לבכור).

(4) כיון שהקניין לקניית קרקע שונה מהקניין הנצרך לקניית מטלטלין ומהקניין הנצרך לקניית חובות, בא סעיף זה לומר שהקניינים נעשו בדרך המועילה לכל עניין.

(5) יש הסוברים שאם בשטר יש סעיף מסוים שנתבטל, הרי שבכך נפסל כל השטר. לשם כך נועד סעיף זה, שאומר שאף אם יתבטל חלק מן השטר לא יגרום הדבר לפסילת השטר כולו.

(6) כאמור יש עניינים שאין הקניין מועיל להם מחמת סיבות שונות, ומשום כך נקטנו סעיף זה, שמועיל מדין הודאת בעל דין, או שהוא בעצמו מהווה קניין מיוחד המועיל בהרבה מהמקומות, שקניינים אחרים אינם מועילים.

(7) כל תנאי שאדם מתנה בקניינים צריך שיעשה לפי נוסח מסוים (לדוגמה צריך לכפול התנאי ועוד כללים שונים). סעיף זה בא להכליל את כל כללי התנאי בלא לפרט אותם.

סט. ניהול עיזבון על ידי צוואה או צו ירושה מבחינה משפטית

השופט צבי טל

צו ירושה או צו קיום צוואה

בני המשפחה קמים מאבלם, ולפעמים בתוך ימי ה"שבעה" הם שואלים את עצמם מה עושים בעניין הרכוש שהשאיר המנוח, היינו העיזבון. (לשם הקיצור נקטנו לשון זכר, "המנוח", והוא הדין כמובן ל"מנוחה").

כדי שיהיה אפשר יהיה לחלק את העיזבון בין הזכאים לכך, או לעשות בו כל פעולה שהיא, צריך לקבל מבית המשפט המוסמך "**צו ירושה**" או אם המנוח השאיר צוואה – "**צו קיום צוואה**".

תהליך זה עשוי להימשך זמן מה, במקרה הטוב כמה שבועות, ולפעמים צריך לעשות פעולות דחופות בעיזבון, כגון להציל רכוש שעלול להתבזבז או לרדת לטמיון; לגבות חובות המגיעים לעיזבון; לעמוד בהתחייבויות של המנוח; להוציא כסף מחשבון הבנק של המנוח למחיה; למנוע השתלטות על הרכוש וכיוצא בזה. במקרים כאלו אין פנאי להמתין עד להוצאת צו ירושה או צו קיום צוואה ויש לפנות בדחיפות בבקשה למינוי **מנהל עיזבון זמני** שיכול להיות גם אחד מבני המשפחה. המנהל הזמני יקבל סמכויות לכנס ולשמר את נכסי העיזבון, לשלם חובות דחופים ולמנוע השתלטות על הרכוש.

בית המשפט המוסמך הוא בית המשפט לענייני משפחה הקרוב למקום מושבו של המנוח (או למקום הימצא הרכוש, אם לא היה המנוח תושב המקום). הפנייה נעשית בהגשת בקשה אל רשם בית משפט זה, במשרד האפוטרופוס הכללי הקרוב.

בין אם מבקשים מינוי מנהל עיזבון זמני ובין אם לאו, יש לבדוק אם המנוח השאיר צוואה. גם אם אין איש מבני המשפחה יודע על כך, אין זאת אומרת שלא קיימת צוואה. יש לבדוק היטב בבית, אצל עורך הדין שהמנוח היה רגיל להיוועץ בו וכן במשרד האפוטרופוס הכללי, שבו קיים מירשם להפקדת צוואות מחיים. נמצאה צוואה, יש לפנות אל בית המשפט הנ"ל בבקשת צו קיום הצוואה. לא נמצאה צוואה, יש לפנות לשם בבקשה ל"צו ירושה".

בית דין דתי

גם בתי דין דתיים מוסמכים לאשר צוואות ולהוציא צווי-ירושה (בית דין דתי – בית דין רבני, בית דין שרעי, בית דין של עדה נוצרית ובית דין דרוזי). ואולם, סמכותם מותנית בכך שכל הנוגעים בדבר יסכימו לכך בכתב. (קטין יכול להסכים באמצעות אפוטרופוסו). בית דין דתי מוסמך לדון לפי הדין הדתי. בהיעדר צוואה, בית דין רבני , למשל, יכול להחליט כדין תורה (חלק כפול לבכור, בת אינה יורשת במקום שיש בנים ואשה אינה יורשת את בעלה – יש לה כתובה ומזונות). בזמננו נוהג בית הדין "לקבל קניין" מן הבנים על הסכמתם שאחיותיהם יקבלו את חלקם כמו הבנים, וכן האלמנה את זכויותיה.

חוק הירושה

בהיעדר צוואה, נקבעו בחוק הירושה (משנת התשכ"ה - 1965) הכללים הבאים (בלשון עממית):

1. השאיר המנוח בן-זוג בלבד – בן זוגו נוטל הכל. (הוא הדין לבת-זוג).
2. השאיר המנוח ילדים בלבד – הם נוטלים הכל, ומתחלקים ביניהם שווה בשווה, בנים כבנות.
3. השאיר המנוח בן-זוג וילדים, בן-הזוג נוטל את כל המטלטלים (כולל מכונית נוסעים) השייכים לפי המקובל ולפי הנסיבות למשק הבית המשותף, וכן נוטל הוא משאר כל העיזבון – מחצית, ואילו המחצית השנייה מתחלקת בשווה בין כל הילדים.
4. לא השאיר המנוח ילדים (או צאצאיהם) אבל השאיר בן זוג והורה (או הורים), נוטל בן-הזוג מחצית והמחצית האחרת להורה (או להורים בשווה).
5. השאיר המנוח רק בן זוג והורי–הורים (סבים וסבתות או מי מהם) או צאצאיהם נוטל בן הזוג שני שלישים (2/3) והשליש הנותר להורי ההורים או לצאצאיהם.
6. לא השאיר המנוח שום קרוב מן האמורים או צאצאיהם – נוטלת מדינת ישראל את העיזבון למטרות חינוך, מדע, בריאות וסעד.

בנוסף לכללים הנ"ל יש לציין :

א) ילד מאומץ כדין, דינו כילד טבעי.

ב) מי שבמותו היה נשוי ליותר מאשה אחת, שתיהן כאחת נוטלות את חלק בן הזוג.

ג) כאשר בן הזוג נוטל שני שלישים בעיזבון (מקרה 5 לעיל), הוא נוטל את **כל** חלקו של המוריש בדירת המגורים שלהם (ובלבד שהם היו נשואים שלוש שנים או יותר ודרו יחד באותה דירה).

ד) איש ואשה החיים חיי משפחה במשק בית משותף וידועים בציבור ורואים את הנשאר בחיים כאילו ציווה לו המוריש אותו חלק המגיע לבן הזוג (אלא אם כן הורה אחרת בצוואתו).

הסתלקות יורש מחלקו

יורש יכול להסתלק מחלקו בעיזבון, כולו או מקצתו, על ידי הודעה בכתב לבית המשפט, ודוק: **אין** הוא יכול להסתלק **מנכס מסוים**, אלא מחלקו בכלל העיזבון (או מחלק מחלקו). הסתלק יורש הסתלקות סתם – ולא ציין לטובת מי הוא מסתלק – החלק שממנו הסתלק מתחלק בין שאר כל היורשים ורואים אותו כאילו לא היה יורש לכתחילה. אבל ניתן להסתלק גם לטובת

בן זוגו, ילדו או אחיו של המוריש, ואז החלק שממנו הסתלק היורש, מתוסף על חלקו של המוטב. שים לב - ההסתלקות היא בלתי הפיכה, ואי אפשר להתחרט ולחזור ממנה.
עניין זה חשוב כאשר אלמנה למשל, יורשת יחד עם הילדים את דירת המגורים. כאשר דירת המגורים רשומה על שם שני בני הזוג, יש לכל אחד רק מחצית מן הדירה. נפטר הבעל, עוברת מחצית מאותה מחצית אל האשה, והרי היא מעתה בעלת ¾ מן הדירה. הרבע הנותר עובר אל הילדים. נניח שהיו 3 ילדים, מקבל כל אחד מהם 1/12 מן הדירה. פיצול זה איננו נוח. כל פעולה שתעשה האלמנה בדירה, טעונה חתימתם של כל הילדים (או של מיופה כוח. גם האם יכולה להיות מיופת כוח). גם אם היחסים במשפחה טובים, והילדים יעשו רצון האלמנה, הדבר מסורבל והאלמנה מרגישה עצמה נפגעת מכך שבכל דבר היא תלויה בהסכמת הילדים. במקרה כזה טוב יעשו הילדים אם יסתלקו מחלקם בעיזבון לטובת האלמנה, ונמצאת היא בעלת הדירה כולה.

לצוות או לא לצוות !!

אם סדר הירושה הקבוע בחוק (ראה לעיל "חוק הירושה") נראה לך טוב ויפה – אינך צריך להשאיר צוואה. עזבונך יחולק בהתאם לחוק, ותחסוך מן היורשים התדיינויות מיותרות. אבל גם אז אין העניין פשוט. מי ינהל את העיזבון עד לחלוקתו וידאג שכל אחד יקבל את חלקו? מי יודע אם הילדים יוותרו לטובת האלמנה באשר לבעלות על דירת המגורים? כל שכן אם רצונך שחפצים מסוימים ילכו לאנשים מסוימים ושגם אישים או מוסדות שמחוץ ליורשיך ייטלו חלק בעיזבון. שיקולים אלה וכאלה מביאים את האדם להחלטה לצוות מה ייעשה ברכושו. ויש שלא הרכוש בראש דאגותיו של האדם, אלא הוא מבקש להדריך את ילדיו ולהנחותם בדרך הנראית בעיניו, ואת משאלותיו האחרונות, הוא כותב בצוואתו.
פרק גדול ונפלא על צוואות, כתב השופט ש"ז חשין ז"ל בספרו דמויות מבית המשפט (הוצאת מסדה תשי"ג) בין היתר הוא כותב:

> ואין לך אמת גדולה מזו המובעת בצוואה. זוהי אמיתו הפנימית של האדם, ללא כיסוי וללא הערמה. הוא כותב את אשר הוא כותב ומצווה את אשר הוא מצווה, ללא פניה וללא חנופה. אין הוא אומר למצוא חן בעיני מישהו, או לרכוש לו ידיד ורע. אף שום סיכוי לטובת הנאה אין הוא משווה לנגד עיניו, שהרי גלוי וידוע לפניו, כי לכשתיפתח צוואתו ותפורסם ברבים, יהא הוא עצמו מצוי מאחורי הפרגוד, והבלי העולם הזה לא ישעשעו את נפשו עוד. מבחינה זו נושאת הצוואה אופי של וידוי, וידויו הגדול והאחרון של אדם לעצמו ובפני עצמו. ללא כחל ולא סרק. אין הוא מצפה לחסדו של מישהו ואין הוא מתיירא מפני מישהו. משום כך אף אינו חושש לכתוב ככל אשר עם לבבו, אהבתו לבני אדם, רגשי ידידותו, שמחתו, כעסו, זעפו ושנאתו - כל אלה ניתן להם ביטוי קולע וחודר בצוואתו. אתה מכיר אדם זמן רב, ונדמה לך כי תהית על קנקנו ואתה יודע אותו תוכו כברו, לימים אתה קורא את צוואתו, ומיד קם לפניך אדם אחר, מופלא, מלא הוד ומלא קסם, ואתה תמה: כלום זה הוא האיש שהכרת? אפילו נוכלים וצבועים נגלים באור אחר בצוואה אשר הם עורכים, ואולי אורם זה, האור הגנוז, הוא אורם הנכון והאמיתי.

הצוואה אינה נייר משפטי מת. אין היא גם יצור חנוט ומאובן. היא מדברת, היא מספרת. יש לה צורה ותוכן חיים. היא מגלה את נבכי נפשו העמוקים ביותר של אדם. לפעמים יש בה קצת היסטוריה משפחתית, התהדרות והתפארות בשלשלת היוחסין, בגדולי התורה אשר דמם זורם בעורקיהם של המצווה ושל בניו. לפעמים יש בה עצה טובה והדרכה מועילה, כינויי החיבה, שבהם מכנה המצווה את קרוביו וידידיו, ואותות ההערצה אשר הוא מראה להם ולאחרים, מורים על יחסו למשפחתו ולעולם הסובב אותו.

במסורת שלנו מצאנו צוואות. כבר במקרא יעקב מצווה לבניו (בראשית מט), דוד - לשלמה בנו (מלכים – א' ב'). שטר צוואה נקרא במשנה "**דייתיקי**", וההלכה עוסקת הרבה בצוואות לסוגיהן. בתלמוד מובאת צוואתו של רבנו הקדוש, רבי יהודה הנשיא: "תנו רבנן בשעת פטירתו של רבי אמר: לבניי אני צריך. נכנסו בניו אצלו. אמר להם היזהרו בכבוד אמכם..." (שהיתה אמם החורגת). נוגעת מאוד ללב היא צוואתו של הגאון רבי נפתלי כץ, בעל "סמיכת חכמים" במאה ה- 17 שנפטר גולה ואביון, ובצוואתו הוא מפציר באשתו, בשם אהבתם, שתמחול לו על שאין בעזבונו כדי סילוק כתובתה.
ואולם יש שהצוואה משמשת מכשיר של נקמה ונטירה, שבה המצווה משלח את חיציו האחרונים בקרוביו שנואי נפשו. יש שהוא מדיר אותם מנכסיו או נותן להם פחות משווה פרוטה למען הרעימם, או שהוא מתנה את ירושתם בתנאים מוזרים ומשפילים. ויש שכוונתו לטובה והוא מתנה את ירושתם בהליכתם בדרך טובה, כגון בעלייתם לארץ, או בנשיאת אשה או איש מבני עמנו. צוואות כאלה ודומיהן, שימשו עילות להתדיינויות אין - קץ וכר נרחב לבתי המשפט, בארץ ובעולם, לבטא את השקפותיהם על תקנת הציבור.

עריכת צוואה

כשמחליטים לכתוב צוואה, אפשר לעשות זאת באחת משלוש דרכים:

א. **צוואה בכתב יד**, שנכתבה כולה בכתב יד המצווה, והיא נושאת תאריך וחתומה על ידי המצווה.

ב. **צוואה חתומה על ידי המצווה בפני שני עדים.** מצוינת בתאריך, והמצווה מצהיר בפני העדים שזו צוואתו. הצוואה תיחתם על ידי שני העדים, שמאשרים באותו מעמד בחתימת ידם שהמצווה הצהיר וחתם.

ג. **צוואה בפני רשות**, היינו אמירת דברי הצוואה בעל-פה בפני שופט או רשם או נוטריון, הרושמים את דברי המצווה. איש הרשות יחזור ויקרא לפניו את מה שרשם מפיו או מה שהעתיק מכתב היד, המצווה מצהיר שזו צוואתו ואיש הרשות יאשר כל זאת על פני הצוואה. במקום קריאת הצוואה על ידי איש הרשות, יכול המצווה לקרוא לפניו.

ד. **צוואה בעל-פה**, אפשרות נוספת היא צוואה בעל-פה של "שכיב-מרע" (חולה) או מי שרואה עצמו בנסיבות מוצדקות, מול פני המוות. הוא יכול לצוות בפני שני עדים השומעים לשונו. דברי המצווה בציון היום והנסיבות לעשיית הצוואה יירשמו בזיכרון

דברים שייחתם בידי שני העדים סמוך ככל האפשר לשמיעה, ויופקדו בבית המשפט. אם המצווה יאריך ימים חודש לאחר שחלפו הנסיבות שהצדיקו את עשיית הצוואה, הרי הצוואה הזאת בטלה מאליה.

תוקף גם על פי ההלכה

כל צורות הצוואה דלעיל תקפות על-פי החוק. שומרי תורה ומצוות מקפידים שיהיה לצוואתם תוקף גם לפי דין תורה. דיני הנחלות בתורה נקראו "חוקת משפט", ואי אפשר להתנות עליהם. לכן מי שאומר על מי שאינו ראוי לרשת אותו לפי דין תורה, כי הוא יירש אותו, לא אמר כלום. אבל ההלכה מאפשרת לאדם לתת מתנות כרצונו. לכן, הלשון בצוואה המתאימה לירושת הבת או האשה היא לשון **מתנה** ולא לשון **ירושה**.
המבנה של "צוואת בריא" (צוואה שאדם עושה כשהוא איננו "שכיב מרע" או "מצווה מחמת מיתה") הוא כזה שהמצווה מקנה את גוף נכסיו מהיום במתנה לזוכים, ואילו "הפירות" כלומר השימוש בנכסים הללו הוא שומר לעצמו עד שעה אחת לפני מותו, בעיה הלכתית נוספת היא, שצוואת בריא כזאת, אינה תופסת לגבי נכסים שהמצווה יקנה לאחר מכן. כדי להחיל את הצוואה גם על נכסים כאלה, הריהו מצהיר בצוואתו כי התחייב והשתעבד לכל זוכה לפי שווים של הנכסים הללו שעה אחת קודם פטירתו. בעיה נוספת שיש להתגבר עליה היא שכדי שלמתנה יהיה תוקף, היא צריכה להיות גלויה. ואילו צוואה פעמים הרבה אין אדם מבקש לפרסמה עד לאחר מותו.
כדי להתגבר על כל הרזיות הללו, **חיברו משפטנים יודעי דת ודין** נוסחאות של צוואות שיש להן תוקף גם לפי החוק וגם לפי ההלכה[1].

שינוי או ביטול צוואה

כל צוואה ניתנת לשינוי או לביטול על ידי המצווה בכל עת. ביטול יכול להיעשות על ידו בהשמדה פיזית או באותו אופן שבו נערכה הצוואה. גם תוספת או שינוי יכולים להיעשות באחד האופנים לעריכת הצוואה. כשיש סתירה בין הוראות בצוואות שונות, האחרונה בזמן מבטלת את קודמתה.

כמה עצות טובות

אף על פי שכל אדם יכול לעשות בעצמו צוואה באחת מן הצורות המנויות לעיל, טוב יעשה אם יוועץ במשפטן הבקי בתחום זה. כמה קולמוסים נשתברו וכמה דיו נשפך וכמה אלפי משפטים נערכו בענייני צוואות, ובוודאי אין אדם רוצה שיורשיו יפלו ברשת זו. המשפטן הבקי ינקוט כמה וכמה אמצעי זהירות מראש, כדי למנוע ממי שיחשוב שקופח בצוואה מלתקוף אותה בבית-המשפט. הוא ידאג שהעדים יהיו כשרים ולא תהא להם שום טובת הנאה מן הצוואה. הוא יבקש לשמוע מראש טענות שהמצווה לא היה כשיר או צלול או

1 נוסח לדוגמא מובא בפרק הקודם.

שפעל מתוך לחץ או השפעה לא הוגנת (למשל, על ידי צילום בסרט וידאו של כל התהליך). אם המצווה היה מאושפז בעת עריכת הצוואה הוא ידאג לתיעוד רפואי מתאים בדבר כשירות המצווה וצלילות דעתו. הוא יציע למצווה למנות אדם שינהל את העיזבון ויוציא לפועל את הצוואה ויחשוב על כל מיני אפשרויות שלא עולות על הדעת בדרך כלל. משפטן בקי גם יוכל להשיב על שאלות, למשל:

- האם אפשר לצוות לפלוני ואחריו לפלוני אחר? (אפשר, פלוני הראשון יכול לעשות הכל ברכוש, גם לאוכלו או למכרו, ורק מה שיישאר אחריו ילך לפלוני השני, אבל הראשון אינו יכול לנשל את השני וצוואתו ממה שיישאר מן העיזבון שקיבל).
- האם אפשר להתחייב כלפי פלוני לכלול הוראה זו או אחרת בצוואה? (אי אפשר!).
- האם אני יכול להשאיר למנהל עזבוני את שיקול הדעת למי לחלק (אי אפשר!).
- האם מה שהאשה זכאית לקבל בתוקף כתובתה מנוכה מחלקה בעיזבון? (כן).
- האם האשה והילדים זכאים למזונות מן העיזבון מול זכאים שזכו בצוואה ? (כן, בנסיבות מסוימות).
- האם ילד שנולד למוריש לאחר פטירתו, יורש? (כן, אם הוא נולד תוך שלוש מאות ימים מפטירת המוריש. אם נולד מאוחר יותר, אין הוא מתייחס למוריש. אבל כיום, כאשר יש אפשרות שאשה תיכנס להיריון מזרעו המוקפא של המוריש זמן רב לאחר מותו, יצטרכו בתי המשפט לתת דעתם אם הילד שיוולד ייחשב ליורש למרות שנולד לאחר שלוש-מאות יום מפטירת המוריש. ודאי שהכנסת כגוף מחוקק צריכה לתת דעתה על רך).

ועוד כהנה וכהנה.

ועוד עצה טובה. חכמינו לא ראו בעין יפה נישול יורש מחלקו. וכך אמר האמורא שמואל לתלמידו הגדול רב יהודה: תלמידי השנון, אל תהא מעורב בהעברת נחלה! ואפילו מבן רע לבן טוב!

הצוואה אינה צריכה לשמש מכשיר להתחשבנות, ולא להפליה שאינה ראויה בין הילדים.

מֵעוֹלָם וְעַד עוֹלָם

אבלות מא' ועד ת'

אוצר מושגים

הסבר המושגים המוגש כאן נועד להקל על הכרתם והבנתם גם ללא ההקשר הכללי שבו הם מופיעים בגוף הספר. יש כמה מטרות לאוצר המושגים: ביאור המושגים, הבאת מושגים שלא הוזכרו בספר, הפניה וקישור להלכות אבלות בתוך הספר, הפניות גם למקורות מחוץ לספר. חלק מההסברים חופפים למה שכבר נזכר בספר ובחלק מהמושגים פורטו גם מקורות ופרטים שלא הובאו בספר עצמו. חלק מהמושגים הם מושגים בקבלה, ולמרות שאין לנו עסק בנסתרות, הובאו ציטוטים אחדים מהספרים העוסקים בכך, שהם בגדר ראשי פרקים והגדרות ראשוניות בלבד כקריאת כיוון.

בביאור המושגים יש הכרח להתייחסות ראשונית ומצומצמת בלבד. על חלק מהמושגים המצוטטים לקמן ניתן לכתוב ספרים גדולים וארוכים, ובוודאי שאין בשורות הספורות שלפנינו ניסיון יומרני להקיף את מכלול המושגים. לכן יש להתייחס לביאורים דלקמן בבחינת "את פתח לו" – פתיחה ראשונית בלבד, חלקית ומצומצמת, בדרך כלל עם הפניות להמשך העיון בבחינת "תן לחכם ויחכם עוד".

ההפניות הן בדרך כלל לספרי ההלכה העיקריים המקובלים בעם ישראל. **משנה תורה לרמב"ם** – רבי משה בן מימון (ספרד, צפון אפריקה ומצרים) שחי לפני כשמונה מאות וחמישים שנה. החיבור "משנה תורה" כולל בתוכו ארבעה עשר ספרים המקיפים את כל תחומי התורה, ובכללם גם הלכות שאינן נוהגות כעת כגון קרבנות וטהרה. ההפניות כאן לרמב"ם הן בדרך כלל להלכות אבל שבספר שופטים.

טור – ספר **ארבעה טורים** נכתב על ידי רבי יעקב בן אשר לפני כשש מאות שנה (נולד באשכנז והגיע עם אביו הרא"ש לספרד). הספר מחולק לארבעה חלקים: אורח חיים – תפילה, ברכות, שבת ומועדים. יורה דעה – איסור והיתר. אבן העזר – בינו לבינה. חשן משפט – דיני ממונות. על הספר ארבעה טורים כתב רבי יוסף קארו (ממגורשי ספרד, תורכיה, צפת) חיבור למדני ארוך בשם **בית יוסף**. לאחר מכן תימצת וקיצר את ספרו זה לספר היותר מוכר – **שלחן ערוך**, שנתקבל כספר הלכה מרכזי אצל עדות ספרד. בגלל חשיבותו של ספר זה, כתב עליו רבי משה איסרליש **הגהות** כדי להתאימו גם למנהגי עדות אשכנז, וכך נתקבל ספר שלחן ערוך כספר ההלכה המרכזי בכל עדות ישראל. סימני ההלכות בטור ובשלחן ערוך תואמים.

ההפניות כאן לטור ושלחן ערוך הן בדרך כלל לחלק יורה דעה.

מושגים המוזכרים בתוך ערכים אחרים מובאים באות מודגשת.

אב הרחמים

תפילה שאומרים להזכיר נשמות הקהילות והיחידים שנהרגו על קידוש השם, להתפלל עליהם ולבקש שה' יקום את נקמתם. תפילה זו מצויה רק במנהגי אשכנזים, מפני שנתקנה לזכר הנהרגים על קידוש השם בעת מסעי הצלב – גזרות תתנ"ו (1096) ותתק"ו (1146).

ע"ע **אל מלא רחמים. הזכרת נשמות. השכבה. יזכור.**

אבל רבתי

מסכת העוסקת בענייני אבלות, ונקראת בלשון סגי נהור גם בשם מסכת שמחות. המסכת כלולה בתוך המסכתות הקטנות שהן ברייתות, ומודפסת בש"ס בדרך כלל בסוף סדר נזיקין. ענייני אבלות מופיעים בש"ס במקומות רבים ומפוזרים, אך הם מרוכזים בעיקר במסכת מועד קטן העוסקת בענייני חול המועד, ואגב ענייני אבלות בחול המועד מובאים ענייני אבלות בכלל.

אבלות, טעמה

מכלול הרגשות, המעשים הדינים והמנהגים הנוהגים בעקבות מות אחד **משבעת הקרובים.** טעם מרכזי לאבלות הוא עניין התשובה. כך כתב הרמב"ם (הלכות אבל פרק יג, יב) שהאבל ידאג ויפשפש במעשיו ויחזור בתשובה. כך הם דברי הרמב"ן (בהקדמה לספר תורת האדם), וכך כתב גם בעל ספר החינוך (מצוה רסד): "כי ה' לא יענה מלבו ויגה בני איש (על פי הפסוק באיכה ג, לג) כי אם מצד חטאים..., ובתת האדם אל לבו עניין זה במעשה האבלות, ישית דעתו לעשות תשובה ויכשיר מעשיו כפי כוחו".

טעם נוסף לאבלות הוא כדי להשריש את חשיבות חיי האדם ומשמעותם, חיי רצון ובחירה, שאפשר לרכוש על ידם חיים עצמיים, ולהבדיל בין חיי האדם הרוחניים לבין החיים הבהמיים. בפשטות עיקר הטעם לנוח מעסקיו שבוע אחד כדי לתת כבוד למת ולזכור אותו, והחי יתן אל לבו כי זה סוף כל האדם ויפשפש במעשיו. שאם היה הולך לעסקיו ולמלאכתו היה שוכח את מתו ויום המר, ולכן התירה התורה טומאה לכהנים, כדי שיתעסקו בקרוביהם שמתו ויתאבלו עליהם (אוצר דינים ומנהגים בשם ספר ילקוט יצחק מצוה רסד).

אבלות ישנה ואבלות חדשה

אבלות ישנה היא האבלות הכללית שיש בעם ישראל על חורבן המקדש. אבלות חדשה היא אבלות פרטית שיש לאדם על קרובו שנפטר. יש דמיון מסוים בהלכות המעשיות בשני סוגי האבלות. פירוט והשוואה מובאים במבוא להלכות אבלות מעמוד 135.

אבלות מהתורה או מדרבנן

יש דעות שונות אם אבלות עיקרה מהתורה או מדרבנן:

לפי חלק מהדעות עיקר מצות אבלות מן התורה (ירושלמי מועד קטן פרק ג, ה). ולמדו זאת מיוסף שנאמר עליו "וַיַּעַשׂ לְאָבִיו אֵבֶל שִׁבְעַת יָמִים" (בראשית נ, י), וכן ממשה רבנו שציוה לאהרן ולבניו "וּפֶתַח אֹהֶל מוֹעֵד תֵּשְׁבוּ יוֹמָם וָלַיְלָה שִׁבְעַת יָמִים וּשְׁמַרְתֶּם אֶת מִשְׁמֶרֶת ה' " (ויקרא ח, לה). כשם ששימר הקדוש ברוך הוא את עולמו שבעה, כך אתם שמרו על אחיכם שבעה. שידע הקדוש ברוך הוא שעתידים למות ביום השמיני. ויש מי שלמד שם בירושלמי ממה שכתוב קודם המבול "וַיְהִי לְשִׁבְעַת הַיָּמִים" (בראשית ז, י) שדרשו שהיו אלו שבעת ימי אבלו של מתושלח שבגללם נדחה המבול. (דרשה זו נזכרה גם בבבלי סנהדרין קח, ב; ובאבות דרבי נתן פרק לב).

לפי רוב הדעות אבלות מן התורה רק ביום הראשון שהוא יום המיתה ויום הקבורה ולא בשאר הימים, ומשה רבנו התקין להם לישראל שבעת ימי אבלות ושבעת ימי המשתה (גאונים, רמב"ם, רי"ף, רמב"ן וראב"ד). הדברים אמורים לגבי הקרובים המפורשים בתורה בתחילת פרשת אמר (ויקרא פרק כא), אבל שאר הקרובים שהוסיפו חכמים, אפילו ביום הראשון, האבלות מדרבנן (שלחן ערוך יורה דעה סימן שצח), ע"ע **שבעת הקרובים** וכן בעמוד 140.

יש דעות שאין אבלות מן התורה אפילו ביום הראשון, אלא אנינות בלבד מהתורה ומצות אבלות מדרבנן (רבנו תם והרא"ש). נפקא מינה במחלוקת זו היא האם יש לנהוג אבלות ביום טוב שני של גלויות שהוא מדרבנן. אם אבלות היא מהתורה, הרי היא דוחה את שמחת יום טוב שני שהיא מדרבנן. אך אם אבלות מדרבנן, אינה דוחה את יום טוב שני ואין להתאבל אז.

השלחן ערוך (יורה דעה סימן שצח וסימן שצט, יג) פסק שעיקר אבלות מהתורה ולכן יש להתאבל ביום טוב שני (וכך פסק גם בחלק אורח חיים תקמח, ג), אך בהמשך דבריו כתב שהעולם נוהגים שלא להתאבל ביום טוב שני של גלויות על שום מת, אפילו הוא יום מיתה וקבורה; וכן פסק הרמ"א שכן המנהג פשוט ואין לשנות (הרמ"א לשיטתו גם באורח חיים וגם ביורה דעה).

(הרחבה וביאור מובא בגשר החיים חלק שני פרק טו).

אדם בהול על מתו

מתוך שאדם טרוד בהצלת מתו, יש חשש שיבוא לעבור על איסור.

כלל הלכתי המופיע בגמרא (שבת מג, ב; יומא פה, א), שמשמעותו שחכמים הקלו והתירו לעבור על איסור קל מדרבנן, ולטלטל את המת בשבת באופנים מסוימים, כדי להציל את המת מן הדליקה בשבת. זאת למרות ההגדרה הבסיסית של המת כמוקצה בשבת, והאיסור מעיקר הדין לטלטלו. החשש הוא שאם לא יתירו את טלטול המת שהוא איסור מתקנת חכמים, עלול האדם לבוא לידי כיבוי הדליקה בשבת, שהיא איסור תורה; מתוך שאדם בהול על מתו. להלכה נפסקו פסיקות מקילות נוספות בעניין טלטול המת, מתוך הקפדה על כבוד המת. פרטי הדינים, סוגי הטלטול השונים והדעות השונות מבוארות בשלחן ערוך אורח חיים סימן שיא.

אוב

כישוף שמטרתו להגיד נסתרות ועתידות לנשאלים בו.

ישנם כמה אופנים של מעשה האוב:

> בעל אוב זה פיתום המדבר משחיו. בעל אוב זה המדבר מבין הפרקים ומבין אצילי ידיו. בעל אוב זה המעלה בזכורו או הנשאל בגולגולת (סנהדרין סה, א – ב).

ישנם פירושים שונים להגדרות דלעיל. לפי רש"י "פיתום" הוא שם המכשף, והוא המעלה את המת מן הארץ ומושיבו בשחיו, ומדבר מן השחי של המכשף.

הרמב"ם מגדיר:

> כיצד הוא מעשה האוב, זה שהוא עומד ומקטיר קטרת ידועה ואוחז שרביט של הדס בידו ומניפו והוא מדבר בלאט בדברים ידועים אצלם עד שישמע השואל כאלו אחד מדבר עמו ומשיבו על מה שהוא שואל בדברים מתחת הארץ בקול נמוך עד מאד וכאלו אינו ניכר לאוזן אלא במחשבה מרגיש בו, וכן הלוקח גולגולת המת ומקטיר לה ומנחש בה עד שישמע כאילו קול יוצא מתחת שחיו שפל עד מאד ומשיבו, כל אלו מעשה אוב הן (הלכות עבודת כוכבים פרק ו, א).

פירושים נוספים מובאים באנציקלופדיה תלמודית ערך "אוב".

יש סוברים שכל מה שאמרו במעשה האובות הוא דמיון כוזב. שבעל האוב מטעה את הנשאל שידמה שכך הוא רואה ושומע. ונחלקו הגאונים בבעלת האוב שהעלתה את שמואל הנביא (שמואל א', פרק כח), אם היה זה דמיון והיא רימתה את שאול, או שבאמת החיה ה' את שמואל שישמיע לשאול את דבריו. אבל בעל האוב בעצמו בוודאי אין בכוחו להחיות את המת. (עיין באריכות באוצר הגאונים חגיגה סימן ד – ו. בתשובת ר' אברהם בן הרמב"ם מהדורת פריימן סימן כז. רד"ק בספר שמואל בסיפור בעלת האוב – שמואל א', פרק כח).

אזהרה מיוחדת הזהירה תורה על עשיית אוב, מלבד האזהרה על מעשה כשפים בכלל, שנאמר "אַל תִּפְנוּ אֶל הָאֹבֹת... אֲנִי ה' אֱלֹהֵיכֶם" (ויקרא יט, לא). אם עבר ועשה אוב בזדון חייב כרת, שנאמר "וְהַנֶּפֶשׁ אֲשֶׁר תִּפְנֶה אֶל הָאֹבֹת... וְנָתַתִּי אֶת פָּנַי בַּנֶּפֶשׁ הַהִוא וְהִכְרַתִּי אֹתוֹ מִקֶּרֶב עַמּוֹ" (ויקרא כ, ו). ואם עבר בעדים והתראה, חייב סקילה (משנה סנהדרין נג, א). גם השואל באוב, אף על פי שאינו עושה האוב בעצמו, עובר על איסור לאו מהתורה (מניין המצוות בתחילת הלכות עבודת כוכבים לרמב"ם).

יש מן הראשונים שמנו מצוה מיוחדת ממה שנאמר "תָּמִים תִּהְיֶה עִם ה' אֱלֹהֶיךָ" (דברים יח, יג), שהיא אזהרה להיות לבבנו תמים עם ה'. וכל המכשפים לדעת עתידות, ואוב בכללם, עוברים על מצוה זו (רמב"ן בהשגותיו לספר המצוות מצוה ח. יראים השלם מצוה תלא). ויש סוברים שאין זו מצוה מיוחדת, אלא טעם לאיסור על כישוף:

ודברים האלו כולן דברי שקר וכזב הן והם שהטעו בהן עובדי כוכבים הקדמונים לגויי הארצות כדי שינהגו אחריהן, ואין ראוי לישראל שהם חכמים מחוכמים להמשך בהבלים אלו ולא להעלות על לב שיש תועלת בהן, שנאמר כי לא נחש ביעקב ולא קסם בישראל, ונאמר כי הגויים האלה אשר אתה יורש אותם אל מעוננים ואל קוסמים ישמעו ואתה לא כן וגו'. כל המאמין בדברים האלו וכיוצא בהן ומחשב בלבו שהן אמת ודבר חכמה אבל התורה אסרתן אינן אלא מן הסכלים ומחסרי הדעת ובכלל הנשים והקטנים שאין דעתן שלמה, אבל בעלי החכמה ותמימי הדעת ידעו בראיות ברורות שכל אלו הדברים שאסרה תורה אינם דברי חכמה אלא תהו והבל שנמשכו בהן חסרי הדעת ונטשו כל דרכי האמת בגללן, ומפני זה אמרה תורה כשהזהירה על כל אלו ההבלים תמים תהיה עם ה' אלהיך" (רמב"ם הלכות עבודת כוכבים פרק יא הלכה טז).

ע"ע **דורש אל המתים. דרכי האמורי. הישארות הנפש. חרדת הדין.**

אותיות נשמ"ה

ע"ע **אלפא ביתא.**

אין חינוך לאבלות

חינוך הוא "הכנסת אדם או כלי לאומנות שהוא עתיד לעמוד בה", כך מגדיר זאת רש"י בפירושו לפסוק "וַיָּרֶק אֶת חֲנִיכָיו" (בראשית יד, יד). לכן "חֲנֹךְ לַנַּעַר עַל פִּי דַרְכּוֹ גַּם כִּי יַזְקִין לֹא יָסוּר מִמֶּנָּה" (משלי כב, ו), הכוונה היא להכניס מראש את הנער הצעיר למסלול חיובי ונכון, כדי שימשיך בדרך זו עד זקנותו. לפי זה "חנכת המזבח" (במדבר פרק ז) ו"חנכת הבית" (תהלים מזמור ל) הן הכנסת המזבח והבית לתפקידם, השימוש והתפקוד הראשון של המזבח והבית.

בחינוך בני אדם בכלל, וצעירים בפרט, המגמה היא להכניס מראש תבניות התנהגות ראויות ונכונות, מתוך מטרה שהחניך ימשיך בדרך הנכונה והראויה שהותוותה לו בחינוכו. חכמים קבעו כלל **שאין חינוך לאבלות**, כלומר אין אנו חפצים להכניס את הצעירים שאינם חייבים עדיין במצוות, למסלול של לימוד ורכישת ההתנהגות הראויה בזמן של אבלות.

התפיסה בבסיס קביעה זו היא שהמות והאבלות אינם חלק קבוע מהחיים בעולם. הם תוצאה של חטא האדם ולא של הבריאה האלוהית. למרות שבמציאות העכשווית אין אדם שיכול להמלט מהמות, בכל זאת הקביעה העקרונית היא שהאדם מתחילה, כשנברא והיה בגן עדן, לא היה מחויב למציאות של מוות וחדלון. גם במצב הסופי של תיקון העולם, העולם והאדם ישתחררו מהמות.

הכלל **אין חינוך לאבלות** בא לידי ביטוי באופן זה גם לגבי אבלות ישנה, דהיינו צומות וצער על חורבן המקדש וירושלים. גם כאן באה לידי ביטוי התפיסה שהמקדש לא היה

אמור להחרב כלל. רק חטאי עם ישראל הם שגרמו לחורבנו. על פי תפיסה זו החטא נתפס כדבר זמני ומקרי, ולא כחלק מהותי ועקרוני. החטא הוא תופעה זמנית ומצערת, בעולם שאמור לשאוף לתיקון לעלייה ולהשלמה. במצב של עולם מתוקן, אין מקום לחטא. ממש כמו שמחלה אינה חלק מהותי מהאדם, ולמרות שמחלות הן תופעה נפוצה שאין אדם נמלט מהן, בכל זאת המצב הנורמלי הוא של אדם בריא בגופו ובנפשו. כך המות והאבלות הם מצב לא נורמלי, שהעולם אמור לשאוף להתעלות ולהשתחרר מהם. על פי תפיסה זו, יש ברפואה השואפת להתגבר על המחלות ולהאריך את חיי האדם, ממד של תחיית המתים.

תפיסה נוספת המבוטאת בכלל זה, היא שעקרונית יתכן שעד שהקטן יגדיל, יש תקוה שהעולם יבוא לידי תיקונו, המקדש וירושלים יבנו, תהיה תחיית המתים, וממילא לא תהיה משמעות לחינוך לאבלות שכל מהותה זמנית ומקרית. הדבר הקבוע והאמיתי הם החיים, חיי הנצח שיבואו בעקבות תיקון העולם והתעלותו. ע"ע **תחיית המתים.**

אין עושים נפשות לצדיקים

מקור הביטוי בירושלמי (שקלים פרק ב, ה), וסיום הביטוי: "דבריהם הם הם זכרונם". בפשטות הכוונה היא שאין עושים נפשות (מצבות) לצדיקים, כיון שדבריהם הם הם זכרונם; כלומר שזיכרון הצדיקים אינו במצבות גדולות ומפוארות אלא בזיכרון מעשיהם ודבריהם הטובים, וכך אמנם פסק הרמב"ם (הלכות אבל ד, ד). אך האריז"ל כתב (בשער המצוות פרשת ויחי) שהמצבה היא צורך גדול ויש בה תיקון לנפש, וגם הרשב"א כתב שהוא כבוד למת (שו"ת הרשב"א סימן שעה), וכן נוֹהגים עתה לעשות מצבות גם לרבנים גדולים.

פירוש אחר לביטוי הוא, שבעבר לא נהגו לכתוב כלל את שם הנפטר על המצבה. אחד הטעמים למצבה הוא לציין את מקום הטומאה ולהזהיר את הכהנים, ולכך אין צורך בשם הנפטר. ובאמת בבית הקברות העתיק בחברון לא נהגו לכתוב על המצבה את שמות הנפטרים, ומי שהיה בא לבקר קבר מסוים היה נעזר לצורך כך בפנקס החברה קדישא במקום (גשר החיים פרק כח, ג, ב). אמנם לפי הטעמים האחרים – לדעת את מקום הקבר כדי לבקרו ולהתפלל עליו, צריך לחקוק את שם הנפטר על המצבה, וכך נוהגים היום בכל מקום.

ע"ע **מצבה. נפש.**

איסור הנאה ממת

מתוך תפיסת העולם היהודית הבסיסית, המכירה בכך שאין האדם ריבון על נשמתו וגופו, נגזרו התייחסויות ותקנות בהלכה היהודית: לאדם אסור לפגוע או לחבול בעצמו, וקל וחומר שאסור לו לאבד עצמו לדעת. כמו כן אסור ליהנות מהמת, אלא יש לכבדו ולקברו כראוי לו.

הרמב"ם (הלכות אבל פרק יד, כא – כד) הגדיר את עיקר הכללים:

- המת אסור בהנאה כולו, וכן ארונו וכל תכריכיו אסורין בהנאה, אבל כלים המוכנים לתכריך לא נאסרו בהנאה, אפילו ארג בגד למת לא נאסר עד שיגיע במיטה הנקברת עמו, שאין ההזמנה אוסרת.
- כל הכלים שזורקין על המת על המיטה הנקברת עמו אסורין בהנאה, שלא יתחלפו בתכריכין.
- היו אביו ואמו מזרקין כלים בחמתן על המת, מצוה על אחרים להצילן, ואם הגיעו למיטה הנקברת עמו אין מצילין אותן.
- מלמדין את האדם שלא יהא חבלן ולא יפסיד את הכלים וישליכם לחבלה, מוטב לתתם לעניים ואל ישליכם לרימה ותולעה, וכל המרבה כלים על המת עובר בלא תשחית.

אמנם לפי הרמב"ם מותר ליהנות משער המת. אולם השלחן ערוך (יורה דעה סימן שמט, ב) פסק שנויי המת המחוברים בגופו כגון פאה נכרית וכיוצא בה, אסורים כמו המת עצמו, אבל אם אינם קשורים בו מותר. ולכן מותר ליטול טבעות שבידם של מתים וכיוצא בזה. לפי רוב הדעות איסור הנאה מן המת הוא מן התורה. אמנם יש דעות שהתירו להשתמש בקרנית עין שהוציאו ממת כיון שאינו כדרך הנאתו (שו"ת יביע אומר חלק ג סימן כא, ט; ילקוט יוסף סימן נג, ב).

גם עור המת אסור בהנאה. אמנם יש דעות שהתירו (תוספות זבחים עא, ב; נידה נה, א); אבל להלכה נפסק כרוב דעות הפוסקים שעור המת אסור בהנאה (יביע אומר שם אות ח). השאלה עלתה למעשה כשרצו להקים "בנק עור" לשעת חירום לצורך הצלח וריווי כויות. הרב ישראלי דן באריכות בנושא (בתחומין כרך א מעמוד 237) ובסופו של דבר התיר להשתמש אם המת מחל בחייו ונתן רשות להשתמש בעורו לצורך ריפוי. וראה עוד מאמרו של הרב שלום משאש בענין (תחומין ז מעמוד 193) ותשובת הרב ישראלי לדבריו (שם מעמוד 206).

קוצב לב המושתל בלבו של אדם, יש אומרים שמותר להוציאו מגוף המת כדי להשתמש בו בחולה אחר, והמקל בזה יש לו על מי שיסמוך. וטוב יותר שבית החולים יתן לו את הקוצב דרך השאלה, ויחתום שרשאים להוציאו ממנו לאחר מיתה כדי לתתו לאדם אחר (ילקוט יוסף סימן נג, ה).

שיניים תותבות ושיני זהב שהיו למת – אם היו מחוברים בגופו והיה מוציאם רק לפרקים, אסורים בהנאה. אבל אם לא היו משמשים לאכילה, אלא בעיקר לנוי כדי לא להראות חסר שיניים, והיה מוציאם כל לילה כשישן; יש להם דין של תכשיט שלא נאסר בהנאה (כל בו על אבלות עמוד 57 בשם שו"ת בנין ציון סימן קיד).

גם מת גוי אסור בהנאה (שלחן ערוך יורה דעה סימן שמט). לפי חלק מהפוסקים אין איסור הנאה במת גוי. ויש מי שכתב שמת ישראל אסור בהנאה מהתורה ומת גוי אסור בהנאה מדרבנן (תשובת אבן שהם מובאת בפתחי תשובה שם). ולפי זה מותר יהיה להשתמש בקרנית של מת גוי להשתלה (יביע אומר שם סימן כ – תשובת הרב בן ציון אבא שאול; וכבר כתבנו שהרב עובדיה יוסף (שם בסימן כא) התיר גם במת ישראל).

ע"ע **דרכי האמורי. חפצי הנפטר. מותר המת. שריפת המתים**. לגבי איסור הנאה מקברים עיין מעמוד 234.

איסור לבזות המת

האיסור מופיע בירושלמי (מועד קטן פרק ג, א): "המבזה את הזקן, אפילו לאחר מיתה, צריך נידוי". במדרש תנחומא (ואתחנן ו) משמע שגדול עוון המבזה את המת יותר מן החי. שמשה רבנו נענש על כך שאמר "וְהִנֵּה קַמְתֶּם תַּחַת אֲבֹתֵיכֶם תַּרְבּוּת אֲנָשִׁים חַטָּאִים" (במדבר לב, יד). אמר לו הקב"ה: וכי אברהם יצחק ויעקב חטאים היו שאמרת לבניהם כך?! אמר משה: ממך למדתי, שאמרת "מַחְתּוֹת הַחַטָּאִים הָאֵלֶּה בְּנַפְשֹׁתָם" (במדבר יז, ג). אמר לו הקב"ה: אני אמרתי בנפשתם ולא באבותם. אמנם מפשט הירושלמי משמע שביזוי החיים חמור יותר, שכתב "אפילו אחר מיתה", וכן פירש ראבי"ה שם. (עיין גשר החיים פרק ה פיסקה ג שמיישב את הסתירה בין השיטות).

בשלחן ערוך (אורח חיים סימן תרו, ג) נפסק – "תקנת קדמונינו בחרם, שלא להוציא שם רע על המתים". וכתב בספר כף החיים (שם סעיף קטן מו) שאמנם לא מצינו שנקנס משה רבנו בחרם, חס ושלום. אלא שקדמונינו החמירו אף לחייב חרם.

> המדבר רע על שוכני עפר, צריך לקבל עליו תעניות ותשובה ועונש ממון כפי ראות בית דין. ואם קבורים בסמוך לו ילך על קבריהם ויבקש מהם מחילה, ואם הם רחוקים ישלח שם שלוחו (רמ"א חושן משפט סימן תכ, לח).

מי שציוה לבזות את גופו לאחר מיתה משום כפרה – שומעים לו. שכל מה שעושים לטובת המת אין זה גנאי (כל בו על אבלות עמוד 59). מצינו גם שחזקיהו המלך ביזה את אביו אחז המלך לאחר מותו כדי שתהיה לו כפרה בבזיונו (פסחים נו, א).

אם בייש את המת או הוציא עליו שם רע, צריך לבקש ממנו מחילה.

ע"ע **בקשת מחילה מהמת. כבוד המת.**

אל מלא רחמים

תפילה הנאמרת על הקבר לאחר סיום הקבורה או באזכרה בימים שעולים לקבר, ובה פניה לה' שיקבל את נשמת הנפטר, ינחילנה חיי עולם ויאפשר לה מנוחה בגן עדן.

אומרים אל מלא רחמים באזכרה בבית העלמין וגם בבית הכנסת אחר קריאת התורה. החזן האומר אל מלא רחמים בבית הכנסת נוטל את ספר התורה בימינו, משום שנודבים לצדקה ונאמר "צֶדֶק מָלְאָה יְמִינֶךָ" (תהלים מח, יא), וגם התורה ניתנה בימין שנאמר "מִימִינוֹ אֵשׁ דָּת" (דברים לג, ב); וגם כדי שתהא עליו אימת התורה ויתפלל על המת בכוונה.

הנוסח הוא "אל מלא רחמים שוכן במרומים, המצא מנוחה נכונה על כנפי השכינה...", והאומרים בטעות "תחת כנפי השכינה", טובה שתיקתם מדיבורם (ילקוט יוסף סימן לב, ב, בהערה; בשם ספר שני לוחות הברית).

תפילת "אל מלא רחמים" נתקנה לשליח הציבור, בשונה מתפלת "יזכור" שנועדה לכל יחיד ויחיד לאמרה עבור קרוביו (גשר החיים פרק לא, ב, ג). יזכור נאמר רק בארבע פעמים בשנה (בשלושה רגלים וביום הכיפורים) ותפילת אל מלא רחמים נאמרת גם בעלייה לקבר וגם באזכרות.

נוסח אל מלא רחמים חובר כנראה בשנות הפרעות ת"ח – ת"ט (1648 – 1649), על ידי הרב יחיאל מיכל מקהילת נמירוב בפולין, או לזכרו. בעבר היו כמה נוסחים, רובם הסתיימו בביטוי המשמעותי ביותר בתפילה זו – "תהא נשמתו צרורה בצרור החיים" (גשר החיים פרק לא, ב, א [ובהערה שם הזכיר בהקשר זה את התאריך כ' בסיון שנקבע לזכר חורבן קהילות פולין ונזכר גם במשנה ברורה סוף סימן תקפ וכן תקסו, י. בשונה הלכות תקפ, ג מביא מקורות נוספים]. אור לאבל עמ' 146).

המנהג שאין אומרים אל מלא רחמים בימים שאין אומרים תחנון, כדי שלא לעורר צער ובכי. אפשר לומר אל מלא רחמים גם אם אין מניין עשרה. הנוסח מובא בעמוד 522.

ע"ע **אב הרחמים. הזכרת נשמות. השכבה. יזכור. צרור החיים.**

אלפא ביתא

מזמור קי"ט בתהלים הבנוי לפי סדר הא"ב. במזמור שמונה פסוקים הפותחים באות א', שמונה פסוקים הפותחים באות ב' וכן הלאה, בסך הכל 176 פסוקים (8 פסוקים כפול 22 אותיות). נוהגים לומר בתפילה לרפואתו של חולה את הפסוקים הפותחים באותיות שמו, (**הערת הרב נבנצל שליט"א** – ואחר כך אותיות קר"ע שט"ן). גם בעלייה לקבר נהגו לומר את אותיות השם, ולאחר מכן אומרים את הפסוקים הפותחים באותיות נשמ"ה.

בספר בראשית (ב, כ), מובא שאדם הראשון נתן שמות לבעלי החיים. נתינת שם היא הגדרת התוכן הפנימי של הדבר בעצמותו. כלפי חוץ רואים את הצדדים החומריים שאינם משקפים את המהות הפנימית. השם הוא בחינת נשמה והבעת התוכן הפנימי של עצם הדבר. שמו של האדם מסמל את מהותו, עצמותו ופנימיותו. לאחר פטירת האדם, גופו – המסמל את חיצוניותו הזמנית של האדם – נקבר ומתכלה, אך עדיין נשארת מהותו הפנימית המסומלת בנשמתו. תוכן נצחי זה מובע באמירת אותיות שמו ולאחר מכן אותיות נשמ"ה.

ישנם כמה וכמה מזמורים בתהלים לפי סדר הא"ב. מזמור קי"ט בנוי בא"ב כפול שמונה. המספר שמונה מסמל ביהדות את הממד העל טבעי בעולם (המספר שבע מסמל את הטבע, ושמונה שלאחריו מסמל את העל טבעי. עיין במהר"ל תפארת ישראל פרק ב). באמירת הפסוקים לעילוי נשמה, באים לבטא את היות הנשמה שייכת לממד העל טבעי ואת נצחיותה.

המזמור ואותיות נשמ"ה מובאים לקמן בעמוד 511.

על פי עקרון זה, ישנו גם לימוד משניות לפי אותיות שמו של הנפטר, לעילוי נשמה. רשימת פרקי משניות על פי סדר א"ב מובאת לקמן עמוד 533. ע"ע **עילוי נשמה.**

אנינות

הזמן מהפטירה ועד הקבורה. אנינות היא לשון צער ועצב. מהתורה אנינות נוהגת רק ביום הפטירה עד הערב, ומשמעותה ההלכתית היא לאיסור אכילת קדשים (ויקרא י, יט), ומעשר שני (דברים כו, יד). מדרבנן אנינות נוהגת גם לאחר מכן עד הקבורה (ברכות טז, ב). האנינות היא השלב הקודם לאבלות, והיא מצב קבוע, שבו האבל לא אמור לעסוק

בשום דבר מלבד הטיפול בנפטר ובקבורתו, לעומת האבלות שהיא תהליך ארוך, מדורג ומשתנה.

הטעמים לדיני אנינות, הפוטרים את האונן מכל מצוות עשה שבתורה, הם שניים: האחד, מפני כבודו של מת, כלומר, מבחינה רעיונית האונן מראה שכל כולו מרוכז בצער על פטירת קרובו שנפטר. השני, מפני הצורך המעשי לטפל בכל צרכי הלוויה והקבורה, בזריזות וביעילות המירבית.

האונן נקרא בפי חז"ל "**מי שמתו מוטל לפניו**" (ברכות יז, ב), דהיינו – אם האונן יכול לטפל בנפטר, עליו מוטלת החובה לטפל בו. מטעם זה אם אין האונן מסוגל לטפל בנפטר, כגון אם הוא מעוכב בגלל השלטונות או שהבאתו מארץ לארץ מתעכבת, או שכבר נמסר לחברה קדישא האמורה לקברו במקום אחר, אין לו גדר הלכתי של אונן.

ע"ע **מי שמתו מוטל לפניו.**

אפר הנשרפים

מי שנשרף באסון, קוברים את אפרו באדמה. אף על פי שאין מצות קבורה על אפר, וגם אינו מטמא (משנה אהלות פרק ב, ב). הטעמים לקבורת האפר: משום איסור הנאה מן המת. משום שאפר הנשרפים דומה לאפר הקרבנות הטעון גניזה. משום שבאפר נשאר ה"**לוז**" – אותה נצחיות שממנה עתיד האדם לחיות בתחיית המתים.

אפשר לקבור את האפר באדמה בתוך כלי, אך עדיף לקבור באדמה ממש.

מעיקר הדין אין חובת לוויה באפר, וגם אין חובה לבנות מצבה. גם אין עומדים עליו בשורה, ואין אומרים ברכת אבלים. האבלות מתחילה מזמן שנפטר, ולא מזמן הקבורה (גשר החיים פרק טז, ח – ט). ע"ע **לוז.**

ארון המת

קבורת המת בארון נהגה עוד מימים קדומים, ונזכרה בתורה אצל יוסף "וַיִּישֶׂם בָּאָרוֹן בְּמִצְרָיִם" (בראשית נ, כו). אף חכמי ישראל נקברו בארונות, כגון עקביא בן מהללאל (עדיות פרק ה, ו), רבי יהודה הנשיא (ירושלמי כלאים פרק ט, ג) ועוד.

אין להסתפק בקבורה בארון ולהניחו בלא קבורה בקרקע, כיון שהמצוה מן התורה היא לקבור את המת בעפר. לכן הנותן את מתו בארון ולא קברו בקרקע, עובר משום בל תלין את המת. אלא שאם נתנו בארון וקבר את הארון בקרקע אינו עובר עליו. מכל מקום טוב לקבור את המת בקרקע ממש, ואפילו בחוץ לארץ, כמו שנאמר "כִּי עָפָר אַתָּה וְאֶל עָפָר תָּשׁוּב" (בראשית ג, יט). לכן רבי יהודה הנשיא ציוה לנקב את ארונו (צוואת רבי בירושלמי כלאים פרק ט, ג; וירושלמי כתובות פרק יב, ג). כך גם פסק הרמב"ן להלכה (תורת האדם עמוד קיז), וכך גם נפסק להלכה בשלחן ערוך (יורה דעה סימן שסב, א).

גם בפרקי דרבי אליעזר (פרק לד) משמע שיש עניין לקבור דווקא בארץ, וישנה משמעות לקשר בין הגוף והעפר – "רבי שמעון אומר: כל הגופות נוגעים בעפר הארץ עד שאינו משתייר מן הגוף אלא כמלוא תרווד רקב, והוא מתערב בעפר הארץ כשׂאור שהוא מתערב בעיסה – מיפה ומרבה ומעלה את כל הגוף בלא מום, כשׂאור שהוא מיפה ומרבה

את העיסה". גם בזהר מובא יתרון הקבורה בקרקע ממש – "כמה טב לון בין לצדיקי בין לחייבי, למהוי גופא דילהון דבוק בארעא ולאתעכלא גו עפרא" (פרשת תרומה דף קנא). הקבורה בכוכים ובמערות שנהגה בזמן המשנה והתלמוד, היתה בארונות שניתנו בתוך הכוכים. הארונות היו מעץ, מאבן, ממתכת ומחרס. תחילה היו קוברים בחפירות עמוקות, ולאחר שהיה מתעכל הבשר היו מלקטים את העצמות וקוברים אותן בארון. בבבל היו קוברים בארון, אלא שהיו נותנים עפר על פניו ועל עיניו (תשובת רב נטרונאי גאון, מובאת בתורת האדם לרמב"ן, עמוד קטז). כיום יש לקבור בארונות של עץ (רמב"ם הלכות אבל פרק ד, ד, מצוטט גם בבית יוסף יורה דעה סימן שסב).

היו מקומות שנהגו לקבור כהנים ובכורים בארון משום חשיבות, אך הפוסקים קראו תגר על מנהג זה, משום שעיקר מצות קבורה היא בקרקע ממש (חכמת אדם כלל קנח, א). גם בספר הזהר (פרשת ויחי דף רנא) כתב שאין להניח שום אדם בארון, אלא רק צדיק כיוסף ששמר ברית קודש, אבל לשאר בני אדם יש לקברם בקרקע. (ע"ע הקונטרס היחיאלי, בית עולמים פרק ח).

בגשר החיים (חלק ב פרק ז) האריך לבאר את ההבדל בין ארון למיטה. למרות האפשרות לנשיאה ולקבורה בארון, הדגיש את העדיפות לנשיאת המת במיטה וקבורה בקרקע, (זאת בעקבות דרישה שהיתה בזמנו לשאת את הנפטר בארון ולא בכליבה, עיין שם). הרב הוכיח שבכל הדורות הקודמים נהגו לישא את המת רק במיטה, והארון שמש רק לקבורה בתוך הקבר, או לנשיאת הנפטר למרחקים גדולים כמו למשל אצל יעקב אבינו או אצל יוסף. (עיקר עניינו של הרב היה למנוע מצב שבו יחזרו לקבור בארונות, ורחוצאה מכך ירצו לקשט יותר ויותר את הארונות, עד שיגיעו שוב למה שמתואר במסכת מועד קטן, שהיו העניים מתביישים. לעומת זאת בזמן שהכל נוהגים במיטה פשוטה – זהו כבודו של מת).

גם בקונטרס היחיאלי (בית עולמים פרק ז) הוכיח שהיו מוציאים את המת במיטה ולא בארון, ובארון היו משתמשים רק להעביר את הנפטר ממקום למקום:

> המורם מכל האמור, שהיו מוציאים את מתיהם במטות ולא בארונות, ואפילו בחוץ לארץ... ובארץ ישראל לא היו משתמשים בארונות כלל, אם לא לעת הצורך שהוא להולכה מעיר לעיר, ועל פי רוב אחר עיכול הבשר. וקוברים בארץ ממש בכדי שיתעכל הבשר מהר ויתבטלו הצער והדינים מעליו. כנזכר בזהר הקדוש (פרשת משפטים) שכל זמן שהבשר קיים, מידת הדין נפרעת ממנו.

ההכנסה לארון יכולה להחשב בתנאים מסוימים במניין זמן האבלות:

> אם נתנו את המת בארון ונתנוהו בחדר אחר ולא קברוהו לפי שהיתה העיר במצור, מונים לו מיד שבעה ושלושים לאבלות אף על פי שדעתם לקברו בבית הקברות אחר המצור. וסתימת הארון נחשבת לגביהם כקבורה וחלה עליהם אבלות מיד (שלחן ערוך יורה דעה סימן שעה, ד).

כשמכניסים את המת לארון אומרים פסוקים מיוחדים:

"וְלֹא יָבֹאוּ לִרְאוֹת כְּבַלַּע אֶת הַקֹּדֶשׁ וָמֵתוּ" (במדבר ד, כ).

"רָאִיתִי וְהִנֵּה מְנוֹרַת זָהָב כֻּלָּהּ וְגֻלָּהּ עַל רֹאשָׁהּ וְשִׁבְעָה נֵרֹתֶיהָ עָלֶיהָ שִׁבְעָה וְשִׁבְעָה מוּצָקוֹת לַנֵּרוֹת אֲשֶׁר עַל רֹאשָׁהּ" (זכריה ד, ב).

"מִי אַתָּה הַר הַגָּדוֹל לִפְנֵי זְרֻבָּבֶל לְמִישֹׁר וְהוֹצִיא אֶת הָאֶבֶן הָרֹאשָׁה תְּשֻׁאוֹת חֵן חֵן לָהּ" (שם פסוק ז).

"וְעַתָּה יִגְדַּל נָא כֹּחַ אֲדֹנָי כַּאֲשֶׁר דִּבַּרְתָּ לֵאמֹר: ה' אֶרֶךְ אַפַּיִם וְרַב חֶסֶד נֹשֵׂא עָוֹן וָפָשַׁע וְנַקֵּה לֹא יְנַקֶּה פֹּקֵד עֲוֹן אָבוֹת עַל בָּנִים עַל שִׁלֵּשִׁים וְעַל רִבֵּעִים: סְלַח נָא לַעֲוֹן הָעָם הַזֶּה כְּגֹדֶל חַסְדֶּךָ וְכַאֲשֶׁר נָשָׂאתָה לָעָם הַזֶּה מִמִּצְרַיִם וְעַד הֵנָּה: וַיֹּאמֶר ה' סָלַחְתִּי כִּדְבָרֶךָ: וְאוּלָם חַי אָנִי וְיִמָּלֵא כְבוֹד ה' אֶת כָּל הָאָרֶץ" (במדבר יד, יז – כא).

יש כוונות מיוחדות שיש לכוון בהן על פי הקבלה כשאומרים פסוקים אלו והן מובאות בספר מעבר יַבֹּק (מאמר שפתי רננות פרק יד) המשווה את הכנסת המת לארון לכניסת נח לתיבה.

כיום מקובל בארץ ישראל לקבור בקרקע ממש, חוץ מאשר הרבנות הצבאית שקוברת בארון. יש לנקב את הארון. המקור לכך – "תהא ארוני נקובה" אצל רבי יהודה הנשיא (ירושלמי כתובות פרק יב, ג). תשובה מפורטת לגבי קבורה צבאית בארון, מובאת בספר "משיב מלחמה" של הרב גורן (כרך ג שער ו). הרב גורן קובע שם שנהלי הקבורה הצבאיים יכולים להיות שונים מאשר הנהלים האזרחיים, ואין בזה משום שינוי מנהג המקום כיון שהצבא נחשב כקהילה נפרדת. בחוץ לארץ יש מדינות שבהם המנהג לקבור בארון. התייחסות לקבורה בארון, סוגי הארונות ומחיריהם, מובאת בספר "דרכה של היהדות במוות ובאבלות" בעמוד 38.

כיום כשמעבירים מתים מחוץ לארץ לארץ ישראל, מוציאים אותם מן הארון וקוברים אותם בקרקע. ואם ירצו לשנות ולקבור עם הארון, יש בזה פגיעה בכבוד המתים, וגם הוא נגד המנהג המקובל בישראל. לכן אין לשנות (ילקוט יוסף סימן מה, א).

לגבי שימוש בארון המת לאחר שהוציאו ממנו את המת. במקום שאין קוברים בארון, והעבירו את המת בארון מעיר לעיר, מכיון שהניחו את המת בארון על דעת לפנותו משם – לא נאסר. אבל אם הביאו את המת בארון מחוץ לארץ – מקום שנהגו לקבור בארון, ויש לשער שהניחוהו בארון על דעת לקברו בו, הרי הוקצה הארון למת ונאסר בהנאה (גשר החיים פרק ח, יא – יב). גם לגבי טלית: בארץ ישראל לא נהגו לקבור בה את המת, ולכן אינה נאסרת בהנאה כיון שכיסו בה את המת רק לפי שעה. אבל אם נשלח המת מחוץ לארץ מעוטף בטלית ממקום שנהגו לקבור את המת בטליתו, הרי הקצו את הטלית למת ונאסרה בהנאה. למעשה כיון שאין רוצים לשנות מלבושי מת אחד משאר מתים ולקברו בטלית, קוברים את הטלית מעל אהל המת בתוך הקבר (גשר החיים פרק י פיסקה ה).

ע"ע איסור הנאה מהמת. כליבה. קבורה.

אשכבתא

ע"ע **השכבה**.

בית הלוויות

בדרך כלל מקום טהרת הנפטר, ברוב המקומות בצמוד לבית הקברות. סדר הטיפול בנפטר הוא: לאחר הרישוי המנהלי מתבצעת טהרת הנפטר על ידי החברה קדישא. לאחר מכן מועבר הנפטר למקום יציאת הלוויה (אלא אם כן הלוויה יוצאת מבית הלוויות עצמו), משם יוצאת הלוויה לבית העלמין. ע"ע **בית הקברות**.

בית הפרס

שדה שיש בו ספק טומאת מת. כגון שדה שהיה בו קבר ונחרש, וחוששים שעצמות המת ועפר הקבר נתפזרו בשדה.

יש כמה הסברים לשם בית הפרס. על שם התפרסות והתפשטות הטומאה על פני כל השדה, או מלשון פרוסה, שעצמות המת נפרסו ונשברו, ונתפרסו בשדה. ויש שפירשו לשון פרסה, שפרסות בני האדם נמנעות לילך שם מפני הטומאה.

יש שלושה סוגי בית הפרס: שדה שנחרש בו קבר, כאמור לעיל. שדה שאבד קבר בתוכו. שדה בוכין – שבוכים שם על המתים ורוחצים אותם, והחשש הוא שמא נידלדל אבר מן המת ונפל שם. החשש בשדה בוכין פחות חמור מאשר בשדה שנחרש בו קבר או שדה שאבד בו קבר (משנה אהלות פרק יח, ב).

שיעורו של בית הפרס, מאה אמות ממקום הקבר שנחרש, לכל רוח.

בית הפרס שטיהרוהו, הרי זה טהור (שם משנה ה).

מקורות – משנה אהלות פרקים יז – יח. משנה תורה לרמב"ם פרק עשירי מטומאת מת. שלחן ערוך יורה דעה סימן שסט; שעב.

בית הקברות

מקום קבוע לקבורת המתים. נקרא גם "**בית מועד לכל חי**" (על פי איוב ל, כג), ובשם "בית עולם" (על פי קהלת יב, ח), ובלשון חז"ל נקרא "**בית עלמין**" (למשל בסנהדרין יט). נקרא גם בשם "בית החיים" על שם מעבר החיים ממצב למשנהו.

יש כללים למיקום בית הקברות ולהתנהגות בתוכו. היו מרחיקים את בית הקברות מחוץ לעיר חמשים אמה (משנה בבא בתרא ב, ט; שלחן ערוך יורה דעה סימן שסה, ב). אין נוהגים קלות ראש בבית הקברות (שלחן ערוך יורה דעה סימן שסח). לא יהלך אדם בבית הקברות ותפילין בראשו וספר תורה בזרועו מפני שהוא **לועג לרש** (שלחן ערוך שם סימן שסז, ב – ג). הנכנס לבית הקברות לאחר שלושים יום מברך **ברכת אשר יצר אתכם בדין**. בבית הקברות יש **טומאה** ולכן אסור לכהן להיכנס שם אלא רק **לשבעה קרובים**. בימים שהיו גוזרים תענית על הציבור היו יוצאים לבית הקברות, כלומר הרי אנו חשובים

לפניך כמתים, או כדי שיבקשו עלינו המתים רחמים (תענית טז). כשמבקשים מהמתים שיבקשו עלינו רחמים, צריך להיזהר שלא להיות דורש אל המתים.

נהגו להשתטח על **קברי אבות**. נהגו לעלות לבית הקברות בתשעה באב ובחודש אלול ובעשרת ימי תשובה, ובפרט בערב ראש השנה וערב יום הכפורים, ומרבים בתחינות ונותנים שם צדקה לעניים.

ע"ע **בית מועד לכל חי. ברכת אשר יצר אתכם בדין. טומאה. לועג לרש. קברי אבות.**

בית מועד לכל חי

במקור כינוי **לבית הקברות**, על פי הפסוק באיוב ל, כג – "כִּי יָדַעְתִּי מָוֶת תְּשִׁיבֵנִי וּבֵית מוֹעֵד לְכָל חָי". משמעות הביטוי היא כינוי למקום שבסופו של דבר כל חי עתיד להגיע אליו, שהרי סוף כל אדם למיתה. כיום משמש הביטוי בעיקר לבית הלוויות בו מספידים את הנפטר ושם מתחילה הלוויה. ע"ע **בית הקברות.**

בית עלמין

ע"ע **בית הקברות.**

במתים חפשי

ביטוי הבא לציין את התנתקותו של המת מהאפשרות לקיים מצוות. מבוסס על הגמרא (מסכת שבת ל, א):

> לעולם יעסוק אדם בתורה ובמצוות קודם שימות. שכיון שמת, בטל מן התורה ומן המצוות ואין לקדוש ברוך הוא שבח בו. והיינו שאמר רבי יוחנן: מהו שכתוב "בַּמֵּתִים חָפְשִׁי" (תהלים פח, ו)? כיון שמת אדם, נעשה חפשי מן התורה ומן המצוות.

ע"ע **לועג לרש.**

בקרבי אקדש

ביטוי שמשמעותו שמיתת צדיקים מכפרת. המקור הוא בדברי משה רבנו אל אחיו הגדול ממנו – אהרן הכהן הגדול, בשם ה'. הדברים נאמרו אחרי מות שני בני אהרן נדב ואביהוא, בהקריבם אש זרה לפני ה' (ויקרא י, ג). נדב ואביהוא הקטירו לפני ה' ונכנסו אל הקודש ללא ציווי וללא רשות, בניגוד לכללי ההתנהגות במשכן, ועקב כך מתו. נדב ואביהוא, מלבד היותם בני אהרן, היו תלמידים מובהקים של משה רבנו, נחשבו מגדולי תלמידי החכמים שבדור, והיו המועמדים לכהונה גדולה לאחר אביהם. יזמתם, חטאם ומיתתם נידונים בהרחבה בדברי חז"ל ובפרשנים.

מיתתם אירעה בשיאו של אירוע לאומי נדיר ונשגב, חנוכת המשכן והמזבח, והשראת שכינה בישראל. התרחשות בו זמנית של התפרצות שמחה עצומה מצד העם, עקב

השראת השכינה במשכן לאחר הציפיה הדרוכה לכך – "וַיַּרְא כָּל הָעָם וַיָּרֹנּוּ וַיִּפְּלוּ עַל פְּנֵיהֶם", עם האסון הכבד שארע לחתן השמחה המרכזי – אהרן הכהן הגדול, גרמה לצער ואבל, וגם למבוכה רבה ולצורך בהדרכה צמודה מצד משה רבנו כיצד יש לנהוג במצב מורכב זה. משה הורה לאהרן ולבניו לא לנהוג אבלות בשל קדושת המעמד ועקב התפקיד והמשמעות הציבורית שיש להם. האבלות הפרטית נדחתה מפני השמחה הציבורית.

רש"י שם פירש "הוּא אֲשֶׁר דִּבֶּר ה' לֵאמֹר בִּקְרֹבַי אֶקָּדֵשׁ" – היכן דבר? "וְנֹעַדְתִּי שָׁמָּה לִבְנֵי יִשְׂרָאֵל וְנִקְדַּשׁ בִּכְבֹדִי" (שמות כט, מג), אל תקרי 'בכבודי' אלא 'במכובדי'. אמר לו משה לאהרן: אהרן אחי, יודע הייתי שיתקדש הבית במיודעיו של מקום, והייתי סבור או בי או בך. עכשיו אני רואה שהם גדולים ממני וממך". והרמב"ן כתב: "בִּקְרֹבַי אֶקָּדֵשׁ – שלא יהרסו אל קדושתי, וְעַל פְּנֵי כָל הָעָם אֶכָּבֵד – שיהיו נוהגים כבוד במקדשי".

ניתן לומר שעצם גילוי השכינה גורם להקפדה יתרה כלפי בני האדם. קירבה אל המלך מחייבת יותר את המקורבים אליו. ככל שהקירבה גדולה יותר, המחויבות להתנהגות ראויה ומושלמת עמוקה יותר. יש לאדם לנהוג משנה זהירות בעמדו לפני המלך. נדב ואביהוא היו קדושי עליון אך מתברר שנטלו מדעתם יוזמה שלא במקומה. מיתתם היתה מכה קשה לעם ישראל, אך לימדה את ישראל שהמושג עם סגולה הוא מושג מחייב ותובעני. העמידה לפני ה' אין בה שררה וכוחניות, אלא דרישה להתנהגות מוסרית ראויה וצודקת ללא רבב.

ניתן להשוות זאת לחשמלאי העובד עם זרם במתח גבוה, שעליו להיזהר כפל כפליים מאשר בזרם ביתי. יש כוח עצום למתח הגבוה היכול להביא תועלת מרובה. אך אסור לאדם לגשת אליו ללא הדרכה מתאימה. עם ישראל העומד לפני ה' נמצא ב"מתח רוחני גבוה". וככל שדרגת האדם הפרטי גבוהה יותר, כך הדרישות הרוחניות ממנו גבוהות יותר. כל שגיאה קטנה אצל אדם גדול יש בה משמעות, בשונה מאדם שדרגתו הרוחנית קטנה. לכן אמרו חכמים שה' מדקדק עם צדיקים כחוט השערה. השראת שכינה בעם ישראל בכלל וגם באדם בפרט היא פסגת השאיפות, תכלית המעלה האנושית והשיא הרוחני שניתן להגיע אליו. ממותם של נדב ואביהוא למדו ישראל ששכינה עשויה לשרות ביניהם, אך גם נוכחו לדעת שיש כללי התנהגות ראויים ומחויבים לכך.

ע"ע **מיתת צדיקים מכפרת**.

בקשת מחילה מהמת

החוטא לחברו, ומת חברו קודם שיבקש מחילה, מביא עשרה בני אדם ומעמידן על קברו, ויאמר בפניהם – חטאתי לה' אלהי ישראל ולפלוני זה, שכך וכך עשיתי לו. ואם היה חייב לו ממון, יחזיר ליורשים (הלכות תשובה לרמב"ם פרק ב, יא).

אם חרפו לאחר מיתה אין צריך לילך על קברו, אלא מבקש ממנו מחילה במקום שביישו (מגן אברהם אורח חיים סימן תרו סעיף קטן ז). אמנם בספר

כף החיים (שם סעיף קטן לה) הכריע כדעות המחמירות שצריך לילך על הקבר גם אם ביישו לאחר מיתה.

לקראת סיום הקבורה מבקשים מחילה מהמת.

איש החברה קדישא אומר:

(פלוני/ת בן/בת פלוני/ת) בשם החברה קדישא, בשם החברים שהתעסקו בך, בשם משפחתך וידידיך, אני מבקש ממך מחילה, אם חס ושלום פגמנו איזה דבר בטהרה ובנשיאת המיטה או בתיקון הקבר.

סלח/י נא לנו כי שגגה היא. כל מה שעשינו היה לכבודך על פי מנהגי החברה קדישא.

אנו פוטרים אותך מהיות חבר/ה בכל חברה או אגודה שהיא.

לך/לכי בשלום ותנוח/י על משכבך בשלום, ותעמוד/ותעמדי לגורלך לקץ הימין.

היה/היי נא מליץ/מליצה טוב/ה בעד משפחתך וידידיך.

וחיים ושלום יהיה לנו ולכל ישראל עד העולם.

ע"ע **והמתים אינם יודעים מאומה.**

בר מינן

כינוי לנפטר. המשמעות המילולית בארמית היא "חוץ מאיתנו", כמו שאומרים "לא עלינו". זו דוגמא לכך שמי שדיברו על מוות או על נפטר, ניסו להרחיק מעצמם את המיתה, ולהבדיל את עצמם מן המת. גם כשמזכירים את המת בהקשר עם אדם חי, נוהגים לומר על החי "יבדל לחיים ארוכים". ע"ע **רחמנא ליצלן. שבק חיים.**

ברא מזכי אבא

ביטוי בארמית שמשמעותו המילולית היא "הבן מזכה את האב". העיקרון הוא שאדם יכול להוסיף זכויות לנפטרים בכלל ולאביו ואמו בפרט, על ידי מעשים טובים ומצוות שיעשה לכבודם, לזכותם ולעילוי נשמתם. באופן זה הבן מזכה את הוריו ומכבדם לא רק בחייהם אלא גם לאחר מותם.

מדברי ברזילי הגלעדי שאמר (שמואל ב', יט, לח) "אמות בעירי" נראה כי יש הנאה למתים שבניהם ואוהביהם ילכו על קבריהם להשכיב אותם ולבקש לנשמתם טובה, ומטיבים להם באותו עולם. ותפלת הבן על אביו שלמדו תורה וכן תלמיד על רבו ותלמידי חכמים הלומדים זה על זה, ודאי תהיה יותר רצויה ותעשה להם יותר נייחא מתפילת אחרים... ואם האבות צוו לבנים לעשות דברים לאחר מותם, כשיעשו הבנים הוא כאילו יעשוהו האבות כי

ברא מזכי אבא, כיון שעל ידי האב זכה הבן לעשות (מעבר יַבֹּק מאמר שפתי רננות פרק כג).

ע"ע **דובב שפתי ישנים. עילוי נשמה. קדיש.**

ברכות לעילוי נשמה

ברכה ואכילה לעילוי נשמת המת.

בדרך כלל אדם אוכל מחמת רעב, צורך או תענוג. אמנם אדם מישראל מברך לפני אכילת מזונו, ומשמעות הברכה היא הבעת תודה על האכילה ונטילת רשות לאכול. אבל עיקר עניינה של האכילה הוא הצורך האנושי.

בברכות לעילוי נשמה העניין הפוך – עיקר עניינה של האכילה הוא לברך את ה', וכדי שאפשר יהיה לברך את ה' – אוכלים. האכילה היא אמצעי לברך את ריבונו של עולם, ולא כבדרך כלל, שעצם האכילה היא העיקר והברכה היא המכשיר לה.

על פי ההשקפה היהודית, כל מעשה טוב הנעשה בגלל הנפטר או לכבודו נזקף לזכותו בחשבונות של מעלה. הדוגמא היותר מפורסמת היא הקדיש – מקדשים את שמו של הקדוש ברוך הוא כדי לזכות בכך את נשמת הנפטר.

כיון שכל המטרה היא לזכות את האוכלים בברכה ולא באכילה, הרי שהאכילה היא בעיקר סמלית. כך למשל אדם אוכל צימוק אחד כדי לברך "בורא פרי העץ", אוכל בוטן אחד כדי לברך "בורא פרי האדמה". ואין תכלית האכילה אותו הבוטן או הצימוק אלא התכלית היא לזכות לברך את ריבונו של עולם. וזכות הברכה עומדת לזכות נשמת אותו הנפטר שלעילוי נשמתו מברכים.

כדי שאפשר יהיה לברך כמה שיותר ברכות, יש סדר בברכות. בכיבוד בבית האבלים כשלא אוכלים לחם הסדר הוא – בורא מיני מזונות, בורא פרי הגפן, בורא פרי העץ, בורא פרי האדמה, שהכל נהיה בדברו.

יש בתי אבלים שכותבים בהם במקום נראה לעין, שהברכות הן לעילוי נשמת הנפטר (פלוני/ת בן/בת פלוני/ת).

ע"ע **ברא מזכי אבא. עילוי נשמה. קדיש.**

ברכת אבלים

לאחר הקבורה, כשהיו מגיעים לרחבה של עיר, היו מברכים ברכת אבלים. לכן יש מקומות בהן נקראת ברכה זו בשם ברכת רחבה. המקור מובא בגמרא (כתובות ח, ב):

כשנפטר בנו של ריש לקיש, הלכו לבית האבל לנחמו. אמר רב חייא בר אבא למתורגמן: קום אמור דברים כנגד שבחו של הקב"ה, פתח ואמר: האל הגדול ברוב גדלו, אדיר וחזק ברוב נוראות, מחיה מתים במאמרו, עושה גדולות עד אין חקר ונפלאות עד אין מספר, ברוך אתה ה' מחיה המתים. אמר לו: קום אמור דברים כנגד האבלים, פתח ואמר: אחינו המיוגעים המדוכאין באבל הזה, תנו לבבכם לחקור את זאת, זאת היא עומדת לעד, נתיב הוא משׁשת

ימי בראשית, רבים שתו רבים ישתו, כמשתה ראשונים כך משתה אחרונים, אחינו, בעל נחמות ינחם אתכם, ברוך מנחם אבלים. אמר לו: קום אמור דברים כנגד מנחמי אבלים, פתח ואמר: אחינו גומלי חסדים בני גומלי חסדים, המחזיקים בבריתו של אברהם אבינו. אחינו, בעל הגמול ישלם לכם גמולכם, ברוך אתה משלם הגמול. אמר לו: קום אמור דברים כנגד כל ישראל, פתח ואמר: ריבון העולמים, פדה והצל, מלט, הושע עמך ישראל מן הדבר ומן החרב ומן הביזה, ומן השדפון ומן הירקון, ומכל מיני פורעניות המתרגשות ובאות לעולם, טרם נקרא ואתה תענה, ברוך אתה עוצר המגפה.

הרמב"ן (תורת האדם עמוד קנ) מביא בשם הגאונים נוסח אחר לברכה: "ברוך אתה ה' אלוהינו מלך העולם דיין הרחמים שופט אמונות שדינו דין אמת כדכתיב הצור תמים פעלו, ברוך אתה ה' מנחם אבלים". משמע מהרמב"ן שמנהגות אלו בטלו בתקופתו למרות שנהגו בדורות הקודמים, כיון שאין ברכות אלו חובה אלא רשות, שהן ברכות השבח (שם, קנג – קנד).

ברכה זו מוזכרת גם בטור (יורה דעה סימן שעו) אך לא נפסקה להלכה בשלחן ערוך ואין נוהגים בה כיום.

ברכת אבלים היא גם כינוי לתוספת שמוסיפים בברכת המזון כשמברכים אותה בבית האבל. הנוסח מובא לעיל עמוד 110. אף שברכה זו נזכרת בגמרא (ברכות מו, ב. מסכת שמחות סוף פרק יד) ובספרי ההלכה, ונפסקה בשלחן ערוך (אורח חיים סימן קפט, יורה דעה סימן שעט), והיא מצויה בסידורים בנוסחים שונים, אין האשכנזים נוהגים לאומרה. לפי מנהגי עדות המזרח ולפי מנהג תימן נהוג לאומרה כנוסח אחר של ברכת הטוב והמטיב, ועיקרה דברי תנחומים ובקשה שלא תהא עוד צרה ויגון.

הטעם שמוסיפים ניחום לאבלים דווקא בברכת המזון ולא בתפילה, כי בשעת ברכת המזון הוא עת שמחה ורצון. כי כשהאדם שבע הוא מברך בעין טובה. וכשם שהוא מברך בחדוה ועין טובה, כך מתברך ונותנים לו בחדוה ובעין טובה. ולכן טוב עין הוא יברך וינחם בברכת הטוב והמטיב (מעבר יַבֹּק מאמר שפת אמת פרק לו).

ברכת אשר יצר אתכם בדין

הברכה שמברכים כשרואים את בית הקברות, למי שלא ראה קברי ישראל שלושים יום. יש בתי עלמין שהברכה מופיעה בכניסה אליהם. את הברכה ופירושה ניתן למצוא בעמוד 230.

ברכת המזון

ע"ע **ברכת אבלים**.

בשמים של מתים

בימי התלמוד היו משתמשים בבשמים אצל המת, כדי להעביר את הריח. להלכה אין מברכים על בשמים של מתים, כיון שלא נעשו להריח בהם אלא רק כדי להעביר את הריח הרע (שלחן ערוך אורח חיים סימן ריז, ב).

על פי מנהגי תימן, נהגו לשים חבילות של שיחי בושם, כגון ריחן, בתוך תכריכי המת, כדי שלא יתבזו מתים שכבר התחילו להסריח. ועוד נהגו שכשנושאים את המיטה לבית הקברות, עוצרים ועושים **מעמד ומושב**, שניים או שלושה נערים מחזיקים בידם מחתה מלאה גחלי אש ועוברים בקרבת המיטה, ומקטרים עליהם גרגרי לבונה כדי שלא יתבזה המת שכבר התחיל להסריח. משום כך נקראת הלבונה "מוגמר של מתים" (הליכות תימן, מנהגי קבורה ואבלות עמוד 329).

גדול הבית

החשוב במשפחה, שכל בני הבית נגררים אחריו בנוגע למניין ימי האבלות כשמת אחד מן הקרובים. האבל שענייני המת וקבורתו נחתכין על פיו, לאו דווקא הגדול בשנים.

קרוב שלא ידע שמת קרובו ובא באמצע השבעה לבית האבלים, ושם יושב גם גדול הבית – מצטרף לאבלים ויושב רק את מספר הימים שהם משלימים, וקם מהשבעה יחד אתם. אפילו בא ביום השביעי, אם עדיין לא קמו – יושב אתם שעה קלה וקם יחד אתם. ואם כבר קמו מאבלותם – מתחיל למנות שבעה לעצמו.

יש ארבעה תנאים כדי שיוכל הקרוב להצטרף אל האבלים:

- כשלא ידע שמת או שלא התחיל באבלות עד שבא למקום האבלים.
- כשגדול הבית בין האבלים, (אפילו רק ישב שם והלך משם).
- כשהאבלים יושבים בעיר שמת או שנקבר שם.
- שהקרוב היה בזמן הקבורה לא רחוק ממהלך יום אחד ממקום הקבורה.

אם לא מתקיימים כל ארבעת התנאים, מונה הקרוב שבעה ימים לעצמו מהזמן שנודע לו.

כשמוליכים את המת מעיר לעיר, וחלק מהקרובים נשארים וחלקם מלווים את הנפטר לעיר האחרת. ככלל, אלו שאינם מלווים את המת מונים שבעת ימי אבלות משיחזירו פניהם מהמת, ואלו שהולכים עמו מונים מסתימת הגולל. אבל כשגדול הבית הולך עם הנפטר ללוותו, כולם נגררים אחריו ומונים משעה שייקבר. ודווקא כשמקום הקבורה אינו רחוק יותר משלושה ימי הגעה.

(טור ושלחן ערוך יורה דעה סימן שעה. גשר החיים פרק יט סעיף ה. אנציקלופדיה תלמודית ערך גדול הבית. בספרנו בפרק מח מעמוד 244).

גולל ודופק

ע"ע **סתימת הגולל**, ובמשנה אהלות ב, ד.

גוסס

לשון גוסס הוא מלשון להגיס בקדירה, שהליחה מתהפכת בגרונו (תוספות יום טוב על המשנה בערכין פרק א, ג). נקרא גם **שכיב מרע** או נוטה למות. אדם שקרובה שעתו למות מפני מחלה או פציעה. להלכה הגוסס מוגדר כחי, אסור לפגוע בו או לקצר את חייו. אסור לגעת בו או להזיזו, וכל הנוגע בו הרי הוא כשופך דמים. יש דיונים הלכתיים לגבי הסרת מונע כדי לאפשר את המיתה (שלחן ערוך יורה דעה סימן שלט, א, בהגהת הרמ"א). אף על פי שרוב גוססים למיתה, אין מעידין עליו שמת עד שתצא נפשו ממש. אף על פי שרוב גוססים למיתה, כיון שיש מיעוט שיחיו – מחויבים לטפל בו אם עדיין יש תקוה להחיותו, ומותר לחלל שבת לשם כך. סיכום נרחב על ההיבטים ההלכתיים מובא באנציקלופדיה הלכתית רפואית כרך ד, ערך 'נוטה למות'.

ע"ע **וידוי. חזקת חיים. שכיב מרע.**

גחש"א – גמילות חסד של אמת

ראשי תבות "גמילות חסד של אמת" או "גומלת חסד של אמת" (גשר החיים פרק לג, א). כינוי ל**חברה קדישא** על שם שעושים חסד של אמת עם המתים, וגם מפני שעושים חסד עם הנפטרים להעבירם לעולם האמת הנצחי. ע"ע **חברה קדישא. חסד של אמת.**

גלגול מחילות

על פי חז"ל, המתים שבחוץ לארץ מגיעים לארץ ישראל על ידי גלגול מחילות. המקור הוא בגמרא (כתובות קיא, א): "כל המהלך ארבע אמות בארץ ישראל – מובטח לו שהוא בן העולם הבא. וצדיקים שבחוץ לארץ אינם חיים? אמר רבי אילעא: על ידי גלגול, מחילות נעשות להם בקרקע". גם דרשו על הפסוק "וּנְשָׂאתַנִי מִמִּצְרַיִם וּקְבַרְתַּנִי בִּקְבֻרָתָם" (בראשית מז, ל): יודע היה יעקב אבינו שצדיק גמור היה, ואם מתים שבחוצה לארץ חיים, למה הטריח את בניו? שמא לא יזכה למחילות. כיוצא בדבר דרשו "וַיַּשְׁבַּע יוֹסֵף אֶת בְּנֵי יִשְׂרָאֵל לֵאמֹר פָּקֹד יִפְקֹד אֱלֹהִים אֶתְכֶם וְהַעֲלִתֶם אֶת עַצְמֹתַי מִזֶּה" (בראשית נ, כה), א"ר חנינא: דברים בגו, יודע היה יוסף בעצמו שצדיק גמור היה, ואם מתים שבחוצה לארץ חיים, למה הטריח את אחיו ארבע מאות פרסה? שמא לא יזכה למחילות. וע"ע ברד"ק על חזון העצמות היבשות ביחזקאל לז, יב. ע"ע **הכל מעלין לארץ ישראל ואין הכל מוציאין. קבורה בארץ ישראל.**

גלגול נשמות

מושג על פי הקבלה. נחשב לסתרי תורה. מושג יסודי ועקרוני בספרי הקבלה.

העיקרון הוא שנשמות הנפטרים חוזרות שוב לעולם, ומתגלגלות מחדש בגוף של אדם אחר. המשמעות היא שניתנת לנשמה זו הזדמנות נוספת לתיקון. (על פי רמז – "תינוק" אותיות "תיקון"). זיכוך של אותו גרעין נשמתי – אותה נשמה חוזרת כדי לתקן את מה שלא הספיקה לתקן בגלגול קודם.

כך למשל דרשו (באופן שונה מהמקובל), את הפסוק "דור הולך ודור בא" – אותו דור שהולך, הוא הדור שבא. כמו עץ שנרקב או נשרף ומתכלה, וממנו עצמו צומח עץ חדש בלבוש שונה, כך אותה נשמה חוזרת בלבוש אחר – בגוף אחר. ועוד דרשו, גלגול מלשון גילוי – התגלות של אותה נשמה באופן אחר. פנים חדשות המאפשרות תיקון באופן מחודש.

על פי שער הגלגולים לאריז"ל (רבי יצחק לוריא אשכנזי – גדול המקובלים בדורות האחרונים. חי בצפת לפני כחמש מאות שנה), יש הדרגתיות בתיקונים. תחילה מתקנים את הדרגות הנמוכות, ולאחר מכן את הדרגות הגבוהות יותר. לכן תחילה מתקנים את הנפש, אחר כך את הרוח ולאחר מכן את הנשמה. מה שכבר תוקן בגלגול אחד – לא מתקלקל יותר ואין צורך לתקנו שוב. תיתכן ירידה רוחנית בפרטים אצל אותו גלגול מחודש, אבל לא בכלל. לכן ההתמודדות היא בדרגות הגבוהות יותר.

היו מחכמי ישראל ששללו לחלוטין רעיון זה. כך למשל רבי סעדיה גאון בספרו הנבחר באמונות ובדעות (סוף מאמר שישי פרק ח, מעמ' ריד במהדורת הרב קאפח). אך לאחר תקופת האר"י כבר נתקבל עקרון זה באופן רחב בעם ישראל.

ע"ע **הבלא דגרמי. לוז. נשמה. תחיית המתים.**

גמ"ח ניחומים

השאלת ציוד לבית האבל. במקרים של אבלות נוצר צורך מיידי בבית האבל לספרים ולחפצים שונים לצורך האבלים. יש קהילות שמכינות מראש ערכות כאלה. תוכן הערכה בדרך כלל: ספר תורה עם ארון קודש נייד, סידורים וכיפות, ספרי משניות לצורך לימוד (בדרך כלל בין תפילת מנחה למעריב), ספרי הלכה בענייני אבלות, נרות נשמה, כסאות נמוכים לאבלים, כסאות וספסלים למנחמים. יש גמחי"ם המשאילים פריטים אלו או חלקם. ע"ע בספרנו בעמוד 325.

גניזה

החיוב לגנוז ולקבור כתבי קודש – ספרי תורה, תפילין, מזוזות וספרי קודש שיש בהם שמות הקב"ה או דברים שבקדושה. אסור לאבדם או להניחם במקום הפקר, כדי שלא יתבזו, וכל שכן שאסור לשרפם.

המנהג היה לקיים הגניזה תחת הבימה או בכתלי בית הכנסת או בעלית הגג ששם היו מניחים את הספרים שנפסלו ודפים שיש בהם שמות ה' ואזכרות. וכאשר נתמלא המקום מוציאים אותם משם וקוברים אותם בבית הקברות כמו מת מצוה. ספר תורה שבלה, נותנים אותו בכלי חרס וקוברים אותו בקבר תלמיד חכם (מגילה כו, ב. בבא בתרא כ, ב. שלחן ערוך אורח חיים קנד, ה. יורה דעה רפב, י).

הרואה ספר תורה שנשרף, חייב לקרוע שתי קריעות – אחת על הגויל ואחת על הכתב (מועד קטן כו, א). ע"ע **קריעה.**

גר, אבלותו

גר או גיורת שהתגיירו עם קרוביהם, מצד עיקר הדין אינם חייבים להתאבל כיון שגר שהתגייר דומה לקטן שנולד, ולכן הקירבה הביולוגית לא נחשבת לקורבה (יבמות צז, ב. שלחן ערוך יורה דעה סימן שעד, ה). אף על פי כן נהגו להחמיר ולהתאבל. מכל מקום רשאים ללמוד תורה, וכן לא יברכו "דיין האמת" (צרור החיים פיסקה ה). **הערת הרב נבנצל שליט"א** – אם מצטערים, נראה לענ"ד שיכולים לברך. ע"ע במפתח הספר ערך גוי.

דובב שפתי ישנים

ביטוי הלקוח מפסוק בשיר השירים (ז, י) הנדרש על המתים שהם בבחינת ישנים, אך תורתם הנשארת בעולם וממשיכה להלמד מעניקה להם ממד של נצחיות.

> אמר רבי יוחנן משום רבי שמעון בן יוחי: כל תלמיד חכם שאומרים דבר שמועה מפיו בעולם הזה, שפתותיו דובבות בקבר. אמר ר' יצחק בן זעירא, ואיתימא שמעון נזירא: מאי קראה? "וְחִכֵּךְ כְּיֵין הַטּוֹב הוֹלֵךְ לְדוֹדִי לְמֵישָׁרִים דּוֹבֵב שִׂפְתֵי יְשֵׁנִים", ככומר של ענבים, מה כומר של ענבים – כיון שמניח אדם אצבעו עליו מיד דובב, אף תלמידי חכמים – כיון שאומרים דבר שמועה מפיהם בעולם הזה, שפתותיהם דובבות בקבר (יבמות צז, א; סנהדרין צ, ב; בכורות לא, ב).
>
> וזה חסד של אמת שיוכל אדם לעשות עם הצדיקים, לקדושים אשר בארץ, חלקם בחיים, ללמוד דבריהם; וזכותם תהיה למגן וצנה עליהם. ...וחובה זו ביותר מוטלת על יוצאי חלציו של מחבר ספר לדור דורים, ללמוד ספרי זקנם ולתרץ דבריו... והם יחוסו עליהם וימליצו טובה בעדם (פלא יועץ, ערך דובב שפתי ישנים).

ע"ע **ברא מזכי אבא**.

דורש אל המתים

איסור שאלת עתידות ונסתרות מהמתים.

אסור לדרוש אל המתים שנאמר "לֹא יִמָּצֵא בְךָ... וְשֹׁאֵל אוֹב וְיִדְּעֹנִי וְדֹרֵשׁ אֶל הַמֵּתִים" (דברים יח, י – יא).

> איזהו דורש אל המתים זה המרעיב את עצמו והולך ולן בבית הקברות כדי שיבא מת בחלום ויודיעו מה ששאל עליו, ויש אחרים שהם לובשים מלבושים ידועים ואומרים דברים ומקטירין קטרת ידועה וישנים לבדם כדי שיבא מת פלוני ויספר עמו בחלום. כללו של דבר כל העושה כדי שיבא המת ויודיעו – לוקה, שנאמר לא ימצא בך מעביר וגו' ודורש אל המתים (רמב"ם הלכות עבודת כוכבים פרק יא הלכה יג).

ההולכים לבית הקברות לבקר קברי אבות וקברי צדיקים, אל ישימו מגמתם כנגד המתים הקבורים שם, שלא יראה כדורש אל המתים. אלא להתפלל שם לה' לבדו במקום שתהא תפלתו נשמעת, ויבקש מה' יתברך שיתן עליו רחמים בזכות הצדיקים שוכני עפר (משנה ברורה סוף סימן תקפא).

אמנם יש מהפוסקים האחרונים שסוברים שאין איסור דורש אל המתים אפילו כשמבקשים מהמתים שיתפללו על החיים. והוכיחו זאת מהגמרא (תענית טז, א) שבתענית ציבור על הגשמים יוצאים לבית הקברות כדי שיבקשו עלינו המתים רחמים. וכן הוכיחו מכלב בן יפונה שהלך ונשתטח על קברי האבות ואמר להם "אבותי בקשו עלי רחמים שאנצל מעצת מרגלים" (סוטה לד, ב). גם מספר הזהר (ויקרא עא, ב) מפורש שאין בזה משום דורש אל המתים. וכן פסק להלכה בילקוט יוסף (סימן מ, י). וע"ע בגשר החיים פרק כט, ט; וביתר הרחבה בחלק שני פרק כו. ע"ע **אוב. קברי אבות וקברי צדיקים.**

דיין האמת

ברכה שמברכים כששומעים שמועות רעות. האבלים מברכים ברכה זו בשעת הקריעה של הבגד. נוסח הברכה קדום ומופיע כבר במשנה (ברכות ט, ב). הברכה, למרות הקשרה המצער, נחשבת בין ברכות ההודאה. ועל כך אמרו חז"ל שצריך האדם לקבל את הרע מתוך אהבה, ממש כשם שמקבל את הטובה.

ישנה משמעות עמוקה לברכה זו, דווקא בשיא של כאב וצער. האדם מצהיר שהוא מודע לכך שכל מה שקורה בעולם בא מריבונו של עולם – "יוֹצֵר אוֹר וּבוֹרֵא חֹשֶׁךְ, עֹשֶׂה שָׁלוֹם וּבוֹרֵא רָע, אֲנִי ה' עֹשֶׂה כָל אֵלֶּה" (ישעיהו מה, ז). התייחסותו של הראי"ה קוק לברכה מובאת בעמוד 81. ע"ע **חייב אדם לברך על הרעה כשם שמברך על הטובה.**

דינו של אדם ביום פטירתו

"צַדִּיק וְיָשָׁר הוּא" (דברים לב, ד), מלמד שבשעת פטירתו של אדם לבית עולמו כל מעשיו נפרטין לפניו, ואומרים לו: כך וכך עשית במקום פלוני ביום פלוני, והוא אומר: הן, ואומרים לו: חתום! וחותם, שנאמר "בְּיַד כָּל אָדָם יַחְתּוֹם" (איוב לז, ז). ולא עוד, אלא שמצדיק עליו את הדין ואומר להם: יפה דנתוני, לקיים מה שנאמר "לְמַעַן תִּצְדַּק בְּדָבְרֶךָ" (תהלים נא, ו. מסכת תענית יא, א).

כשם ששוקלין זכיות אדם ועוונותיו בשעת מיתתו, כך בכל שנה ושנה שוקלין עוונות כל אחד ואחד מבאי העולם עם זכיותיו ביום טוב של ראש השנה... (רמב"ם הלכות תשובה פרק ג, ג).

ועכשיו אנו צריכים לפרש מהו הדין הזה שאדם נידון בו, והלא אמרו חכמים ז"ל כי בשעת מיתתו של אדם נידון, כמו שאמרו בפרק קמא דתענית (יא, א) בשעת פטירתו של אדם כל מעשיו נפרטין לפניו ואומרים לו כך וכך עשית ביום פלוני והוא אומר הן וכו', ולא עוד אלא שמצדיק עליו את הדין ואומר

יפה דנתוני וכו', וכן במקומות הרבה. ואם נאמר שאדם נידון בראש השנה ונחתם ביום הכיפורים, אם כן אין דינו בשעת מיתה אלא על מה שעשה מראש השנה עד יום המיתה, ורבותינו אומרים בפירוש שכל מעשיו נפרטין לפניו. עוד הזכירו חכמים שיום הדין הוא לעתיד לבא בזמן תחיית המתים כמו ששנינו (סנהדרין קז, ב) דור המבול אין להם חלק לעולם הבא ואין עומדין בדין, אנשי סדום אין להם חלק לעולם הבא אבל עומדין בדין. ויום הדין זה מזכירין אותו רבותינו ז"ל בהגדות ובמדרשים וקורין לו יום הדין הגדול...

אבל כך הוא הענין הזה, בראש השנה כל באי העולם עוברין לפניו ונידון כל אחד ואחד בעניני העולם הזה, אם זכה לתת לו חיים ושלום ועושר ונכסים וכבוד או נתחייב למות בשנה זו או ליסורין וצער ועוני. כללו של דבר על כל ענין שבגוף ושבעולם הזה כגון בני חיי ומזוני, אבל אינו נידון על הנפש אם תזכה לגן עדן ולחיי העולם הבא או תתחייב לגיהנם ואבדון... וכן בגמרא אמרו שלשה ספרים נפתחין בראש השנה צדיקים גמורים נכתבין ונחתמין לאלתר לחיים רשעים גמורין נכתבין ונחתמין לאלתר למיתה, הזכירו בכאן חיים ומיתה ולא אמרו לגיהנם ולחיי העולם הבא... כללו של דבר ראש השנה יום הדין הוא לעולם הזה, ושעת מיתתו של אדם הוא יום הדין שלו שהוא נידון בנפשו על אותו עולם שהוא עולם הנשמות, וכל מעשיו נפרטין לפני בוראו יתברך, ואם תזכה נפשו לגן עדן העליון והתחתון ולאיזו מעלה ממנו, או תתחייב נפשו לגיהנם ויסורין הרבים ובאיזה דין תתחייב להיות נידונת בו, הרי למדנו יום הדין לגוף ויום הדין אחר לנפש.

עוד יש יום דין אחר שהוא יום דין לשניהם לגוף ולנפש, והוא שהנביאים מזכירין אותו ומפליגין עליו כענין שנאמר "הִנֵּה הַיּוֹם בָּא בֹּעֵר כַּתַּנּוּר וְהָיוּ כָל זֵדִים וְכָל עֹשֵׂה רִשְׁעָה קַשׁ וְלִהַט אֹתָם הַיּוֹם" וגו' (מלאכי ג, יט), ואומר "הִנֵּה אָנֹכִי שֹׁלֵחַ לָכֶם אֵת אֵלִיָּה הַנָּבִיא לִפְנֵי בּוֹא יוֹם ה' הַגָּדוֹל וְהַנּוֹרָא" (שם, כג), והיום הזה הוא בתחילת תחיית המתים והוא הנקרא יום הדין הגדול, וכל באי העולם שמבראשית נידונין בו בגוף ובנפש, אם ראוי זה לתחיית המתים ולנועם הגוף והנפש בכל אותן הזמנים המתגלגלין ובאין אחרי כן, ולאי זו מעלה יזכה מהם, או יתחייב זה שלא יחיה וישאר בגיהנם במקום שהוא שם, או שיכפל עליו עונש יתר ממדה רעה לקשה ממנה, וזו היא מה שהזכירו במשנה (סנהדרין קז, ב) אין עומדין בדין ועומדין בדין, והזכירו בברייתא (ראש השנה טז, ב) שלש כיתות ליום הדין. צדיקים גמורים נכתבים ונחתמים לאלתר לחיי העולם הבא ורשעים גמורים נכתבים ונחתמין לאלתר לגיהנם... והכתוב אומר (דניאל יב, ב) וְרַבִּים מִיְּשֵׁנֵי אַדְמַת עָפָר יָקִיצוּ אֵלֶּה לְחַיֵּי עוֹלָם וגו'. והרמב"ם ז"ל כתב בהלכות תשובה כלשון הזה "כשם ששוקלים עונות האדם וזכיותיו בשעת מיתתו, כך שוקלין עונות כל אחד ואחד מבאי העולם עם זכיותיו ביום טוב של ראש השנה", וכך כתב עוד הברייתא של שלש כתות הן ליום הדין עם הדין הזה של ראש השנה, ונראה מדבריו שלא דקדק

בכך (דרשת הרמב"ן לראש השנה, מובאת בכתבי רמב"ן חלק ראשון, מעמוד רכא).

ע"ע **תחיית המתים**.

דם הנפש

הדם היוצא בשעת מיתה. יש חובה לקבור את דם הנפש היוצא מן האדם. לכן הרוג שיש חשש שדם הנפש נבלע בבגדיו, נקבר בבגדיו. גם אוספים וקוברים עפר או בגדים שבלעו מדם הנפש. דם שיצא לפני מיתה, אינו נחשב דם הנפש ואין חובה לקברו.

דרכי האמורי

כינוי למנהגים ולאמונות טפלות של העמים עובדי האלילים. חלק ממנהגים אלו קשור במתים ובקבורתם, עקב עצמת החששות והרגשות סביב המוות.
יש איסור על ישראל ללכת בדרכי האמורי או שאר עמים, שנאמר "לא תנחשו". כגון האומר נפלה פתי מידי או נפל מקלי מידי, איני הולך למקום פלוני. או הואיל ועבר שועל מימיני, איני יוצא מפתח ביתי היום, שאם אצא יפגעני אדם רמאי (סנהדרין סה, ב. רמב"ם הלכות עבודת כוכבים יא, ד). מעין האיסורים: דורש אל המתים. בעל אוב וידעוני.

> ודברים אלו כולן דברי שקר וכזב הן, והם שהטעו בהן עובדי כוכבים הקדמונים לעמי הארצות. ואין ראוי לישראל שהם חכמים מחוכמים להמשך בהבלים אלו ולא להעלות על לב שיש תועלת בהם (רמב"ם הלכות עבודת כוכבים פרק יא, טז).

חכמים מנו פעולות המותרות שאין בהן חשש של דרכי האמורי:

> מתירין שערות לכלות ומגלין פניהם של חתנים ונותנין דיו וקולמוס בצדו ואין חוששין משום דרכי האמורי. תולין מפתחו של מת ופנקסו של מת בארונו משום עגמת נפש. עושין חופות לחתנים וכלות ותולים בהם דברים שלא הביאו אוכל נפש. כללו של דבר כל התלוי בחופתו של מת אסור בהנאה לפיכך אין תולין בו דברים שהביאו אוכל נפש, שאין אוסרין אוכלין ואין מפסידין אותן שלא לצורך (טור ושלחן ערוך יורה דעה סימן שנ, מברייתא במסכת שמחות פרק ז).

גם פוסקי זמננו נזקקו לעניינים אלו:

> יש נוהגים שאחר שמת להם מת, מעמידים בבית קערה מלאה מים על קרקע עולם, עד תום שבעת ימי האבלות, ואצלו נר דלוק במשך כל שבעת ימי האבלות. ואין למחות בנוהגים כן, כיון שמצינו איזה טעם לזה. וכבר כתבו כמה פוסקים כל כהאי גוונא ליכא בהכי משום דרכי האמורי. והטעם, שהנר רומז לנשמה, נר ה' נשמת אדם. והשמן רומז להשפעה. והמים רומזים לחומר

שנפסד, וכמו שכתוב "כִּי מוֹת נָמוּת וְכַמַּיִם הַנִּגָּרִים אַרְצָה" (שמואל ב', יד, יד), המשיל הכתוב הפסד החומר למים הניגרים (ילקוט יוסף סימן כח, ה).

ויש שקראו תגר על מנהג זה ולכן שב ואל תעשה עדיף (נטעי גבריאל חלק א, פרק צב, ד).

ע"ע **אוב. דורש אל המתים. קבורת תרנגול. שריפת המתים.**

דרכי שלום

מנהגים ומעשים שנהגו בהם כדי לשמור על השלום בין הבריות, בתוך עם ישראל וגם בין ישראל לעמים. הביטוי והמנהגים אינם בענייני קבורה ואבלות בלבד, אך להלן נמנה דרכי שלום שנהגו בהם בקבורה ובאבלות.

> תנו רבנן: מפרנסים עניי נכרים עם עניי ישראל, ומבקרין חולי נכרים עם חולי ישראל, וקוברין מתי נכרים עם מתי ישראל, מפני דרכי שלום (גיטין סא, א).

ופירש רש"י: לא שיקברום בקבר ישראל, אלא שמשתדלים בקבורתם כמו שמשתדלים בקבורת ישראל.

כך גם נפסק להלכה בשלחן ערוך:

> קוברים מתי גויים ומנחמים אבליהם מפני דרכי שלום (יורה דעה סי' שסז, א).

ע"ע **מת גוי.**

הבלא דגרמי

מושג בתורת הקבלה. האור הרוחני המועט שנשאר בקבר וחופף על העצמות. מינימום החיות שנשאר בעצמות וממתין לתחיית המתים.

> כי אותו החלק הרוחני הנקרא **הבלא דגרמי** נשאר תמיד על הקבר ואינו נפרד ממנו עד עת התחיה (עץ חיים, שער מוחין דקטנות פרק ב).
>
> כי האדם בנוי מחושך הגופניות... ומרוחניות המחיה אותו ומזככו, תולדות הארת פניו (של הבורא). ובהיות הבורא מתהלך עם האדם, גם האדם חי בעולמו. אך כאשר יניח ידו האדון ברוך הוא מהאיר פניו אליו, ויניח החשך אשר בטבעו לבדו, כן תסתלק הנשמה מן הגוף ההוא וישאר הגוף מת כאבן דומם.
>
> ואמנם כאשר לא לגמרי יסתיר הבורא פני טובו לעולם, כי איזה שביב מאורו יגיה חשכת הסתר הפנים לקיומו של עולם, לכן לא יבטל גם הגוף הזה ביטול גמור ולא תעזבהו הנשמה לגמרי, אלא תמצא עם העצמות שבקבר איזה חלק חיות הנקרא בלשון רבותינו הקדושים **הבלא דגרמי**, המקיים המתים לצורך התחיה, שלא יהיו הקמים בתחיה בריאות חדשות, אלא אותם שכבר

מתו עצמם. כמו שכתוב בפסוק (ישעיהו נח, יא): "וְהִשְׂבִּיעַ בְּצַחְצָחוֹת נַפְשֶׁךָ וְעַצְמֹתֶיךָ יַחֲלִיץ" (דעת תבונות סימן קל).

גם הנשמה בהסתלקותה משארת רושם בגוף, והוא **הבלא דגרמי** אשר באמצעותו שומע בקשת החיים ומתפלל עליהם (הקונטרס היחיאלי בית עולמים סוף פרק ה).

ע"ע **גלגול נשמות. לוז. תחיית המתים.**

הזכרת נשמות

המנהג להתפלל בעד נשמות המתים ולנדב צדקה בעדם, אומרים **אב הרחמים** שהיא הזכרה כללית על נשמות המתים על קידוש השם.

מקור למנהג מופיע בירושלמי (בבא קמא פרק א, ה) על המשנה – ולא יעורר על מתו ולא יספידנו, איזהו עירור? מזכירו בין המתים. במדרש תנחומא פרשת האזינו: "לכך רגילים להזכיר המתים בשבת, שלא ישובו לגיהנום. שכן כתוב בתורת כהנים: "כַּפֵּר לְעַמְּךָ יִשְׂרָאֵל" – אלו החיים, "אֲשֶׁר פָּדִיתָ" – אלו המתים. מכאן שהחיים פודים את המתים. לכך אנו נוהגים להזכיר את המתים ביום הכפורים ולפסוק עליהם צדקה". וכך נפסק להלכה בשלחן ערוך (אורח חיים סימן תרכא, ו).

בספר גשר החיים (פרק לא, ב) מדייק שהזכרת נשמות בסתמא היא תפלת "**אל מלא רחמים**" שנאמרת על ידי שליח הציבור בשבתות השנה ובימים שני וחמישי אחרי קריאת התורה. ותפילת "**יזכור**" נאמרת על ידי היחידים על קרוביהם, ונאמרת ארבע פעמים בשנה: ביום הכיפורים וברגלים.

> מנהג זכירת המתים בשבת, אין ספק שזכירתם ביום המנוחה מועיל להם מאד מפני שהם נחים ועל ידי הזכירה נשמתם מתחדשת, שיש תלייה לשם עם הנשמה... שכל שם מורה על מהות ועצמות האדם... והנה בהזכרת שמו מתחדשת שם מנוחתו ויהיה עתה במנוחה ודיוקן נשמתו מאירה.
>
> וכשמזכיר שמו במנוחה אחר מיתתו צריך כוונה מפני שדיבור התחתונים פועל בעליונים מאד בסוד הבל פה העולה, ובפרט אם יזכר המת מבנו או מקרובו ובבית הכנסת שהיה רגיל להתפלל בו וכל שכן אם בנה אותה או הקדיש בה הקדשות, שהכל מסייע להשכין נשמתו בענג שמתגלה באותו היום הקדוש על הנשמות הקדושות. וכמו שהקדוש ברוך הוא מקדש נשמות הצדיקים החיים, כל שכן שנשמות המתים יקבלו גם כן מנוחה וענג ובפרט על ידי התעוררות המזכירים אותם (מעבר יַבֹּק מאמר שפתי רננות פרק כג).

ע"ע **אב הרחמים. אל מלא רחמים. השכבה. יזכור.**

הי"ד – ה' יקום דמו

דיבור או כיתוב על מצבה אגב הזכרת שמו של מי שנפל בידי מרצחים או שמסר נפשו על קידוש השם.

> ומנהג בהרבה מקומות לקבור הנהרגים – בר מינן, לבדם; כי תמיד תובעים דין עד כי ישפך דם הרוצח. וזה שאמר הכתוב: "שֹׁפֵךְ דַּם הָאָדָם בָּאָדָם דָּמוֹ יִשָּׁפֵךְ", פירוש – בקטרוג שעושה נגדו אותו אדם שהרג, גורם שפיכת דמו; ואם לא בעולם הזה – בעולם הבא. ולכן אין מלבישים אותם תכריכים רק כורכים סדין על בגדיהם למען לא יתבייש בפני שאר מתים ולא יראו להם החוצה בגדי הנקם. שנוח לו לאותו הרוח להתלבש בם, ואין לו נייחא להתלבש במלבושים אחרים כשאר מתים, כדי להתראות לפני המלך המשפט בדמו התוסס עליהם ובתוכם, וקול דמיו צועקים אליו מן האדמה, ירא ה' וישפוט. כמו שאמרו בדמי נבות שלעולם תבעו דין על אחאב ואיזבל במקום שפיכתם. ועושים לנהרג נחת רוח כשמזכירים אותו, לומר **ה' יקום דמו**..." (מעבר יַבֹּק מאמר שפת אמת פרק י)

מסתבר שהביטוי מתקשר לפסוק "הַרְנִינוּ גוֹיִם עַמּוֹ כִּי דַם עֲבָדָיו יִקּוֹם וְנָקָם יָשִׁיב לְצָרָיו וְכִפֶּר אַדְמָתוֹ עַמּוֹ" (דברים לב, מג).

ע"ע **הרוגי מלכות**.

הילולה

חגיגה שעורכים ביום פטירתו של צדיק. הילולה מלשון הלל, הודאה ושמחה. שמחה לאותו צדיק שבפטירתו מן העולם נשתחרר ממאסר החומר וכבליו, ובעת שנשמתו חופשיה הוא זוכה להתעלות רוחנית ולהשגות רוחניות שאי אפשר לו לאדם לזכות כשהוא בתוך מגבלות החומר. כך כתב הרמב"ם:

> העולם הבא אין בו גוף וגויה אלא נפשות הצדיקים בלבד בלא גוף כמלאכי השרת... כך אמרו חכמים הראשונים העולם הבא אין בו לא אכילה ולא שתיה ולא תשמיש אלא צדיקים יושבים ועטרותיהם בראשיהן ונהנין מזיו השכינה... ומהו זהו שאמרו נהנין מזיו שכינה? שיודעים ומשיגין מאמתת הקב"ה מה שאינם יודעים והם בגוף האפל השפל (הלכות תשובה פרק ח, ב; וע"ע במורה נבוכים חלק ג, ט).

על פי מה שכתוב בכתבי האר"י ביום השנה הנשמה עולה בגן עדן למדרגה יותר מעולה. (כמו שמובא בגשר החיים פרק לב, א). על פי מה שכתוב בספרים הפנימיים הקדושים, ההילולה היא גם שמחה גדולה בשמים על הצטרפות הצדיק לפמליה של מעלה. היא גם שמחה לעם ישראל על הצדיק שמצטרף לפמליה של מעלה, כדי ללמד זכות על עם ישראל. זו שמחה מיוחדת למשתתפים בהילולה ומרגישים את הקירבה לצדיק, לתורתו ולמעלותיו המיוחדות. ע"ע **יום השנה**. **מיתת צדיקים מכפרת**. **עולם הבא**.

הישארות הנפש

אלהי, נשמה שנתת בי טהורה היא
אתה בראת, אתה יצרת, אתה נפחת בי
ואתה משמרה בקרבי
ואתה עתיד ליטלה ממני
ולהחזירה בי לעתיד לבוא

מברכות השחר – על פי מסכת ברכות ס, ב

עיקרון יסודי באמונה היהודית. כל תורת ה', המורה לאדם את הדרך ילך בה, וכל המצוה והשכר והעונש הכתוב בה – הכל מיוסד על יסוד הקיום הנשמתי בחיים והטוב העתידי. ולא רק הישארות הנפש, אלא החייאת הנפש והנשמה.

רבים הם הכתובים והמאמרים הרומזים על הישארות הנפש, כגון "וְהָיְתָה נֶפֶשׁ אֲדֹנִי צְרוּרָה בִּצְרוֹר הַחַיִּים אֵת ה' אֱלֹהֶיךָ" (שמואל א', כה, כט), "אַךְ אֱלֹהִים יִפְדֶּה נַפְשִׁי מִיַּד שְׁאוֹל כִּי יִקָּחֵנִי סֶלָה" (תהלים מט, טז), "וְהָרוּחַ תָּשׁוּב אֶל הָאֱלֹהִים אֲשֶׁר נְתָנָהּ" (קהלת יב, ז).

וכל עונש ה**כרת** מבוסס על העיקרון של הישארות הנפש, שנשמת האדם נצחית היא. והמחויב כרת, תכרת נשמתו מנצחיות זו.

לפיכך המיתה היא רק שינוי לבוש, מלבוש חומרי מגושם, ללבוש רוחני מזוכך ואצילי, "כמה דיהבי לנשמתא לבושא דמתלבשא למיקם בהאי עלמא, הכי נמי יהבי לה לבושא דזיהרא עילאה למיקם ביה לההוא עלמא" (זוהר נח ס"ו, על פי גשר החיים חלק ג, ו; עיין שם באריכות).

> ולפי דעתי כי טעם "עם קדוש" הבטחה בקיום הנפשות לפניו יתברך, יאמר אחרי שאתה עם קדוש וסגולת ה' ולא ישא אלהים נפש וחשב מחשבות לבלתי ידח ממנו נדח, אין ראוי לכם להתגודד ולהקרח על נפש ואפילו ימות בנוער. ולא יאסור הכתוב הבכי, כי הטבע יתעורר לבכות בפירוד האוהבים ונדודם אף בחיים. ומכאן סמך לרבותינו (מועד קטן כז, ב) באסרם להתאבל על נפש יותר מדי (רמב"ן על התורה, דברים יד, א).
>
> כתוב בארחות חיים: אם מתה האם קודם ברית מילה אומר ותגל האם בגן עדן עדנה וכן אם מת האב יאמר ישמח האב בגן עדן עדנו ולא ידלגם כי מצאנו לשון שמחה וגילה אחר המיתה אברהם יגל יצחק ירנן ישמח משה וכל זה לקיים אמונת הישארות הנפש ותחיית המתים (בית יוסף יורה דעה סימן רסה, א; דיבור המתחיל ואבי הבן).

בתנ"ך ובדברי חז"ל אנו מוצאים דוגמאות להישארות הנפש. שמואל הנביא דבר עם שאול המלך לאחר שהעלהו באוב (שמואל א', כח). בגמרא מצאנו מעשים בהם דברו ושמעו מה שהנפשות מדברות לאחר מיתה. כך המעשה בחסיד שישן בבית הקברות ושמע שתי נערות שדיברו לאחר מותן (ברכות יח, ב), רב נחמן שדבר עם אחאי בר

יאשיה לאחר מותו (שבת קנב, ב), ורבי אלעזר ברבי שמעון שהיה משיב לאחר מותו (בבא מציעא פד, ב).

ההתייחסות להישארות הנפש היא עמוקה ארוכה ומפורטת, ואין כאן מקומה. הרמב"ן מאריך בעניין בתורת האדם, שער הגמול. ראה גם קונטרס הישארות הנפש בספר עשה לך רב (הרב חיים דוד הלוי) חלק שני.

ע"ע **נשמה. כרת. עולם הבא. תחיית המתים.**

הכל מעלין לארץ ישראל ואין הכל מוציאין

כלל הלכתי המופיע במשנה (כתובות קי, ב), שמשמעותו היא שיש זכות קדימה לארץ ישראל על פני חוץ לארץ. כך למשל בויכוח בין בני זוג, שאחד מהם רוצה להישאר בארץ ישראל והשני רוצה לרדת לחוץ לארץ, ידו של מי שרוצה להישאר בארץ על העליונה. כלל זה נפסק להלכה גם ברמב"ם (הלכות אישות פרק יג, יט – כ) ובשלחן ערוך (אבן העזר סימן עה, ג – ד).

לפי כלל זה של "הכל מעלין לארץ ישראל ואין הכל מוציאין", גם אין מוציאים נפטרים מארץ ישראל לחוץ לארץ. דהיינו, מי שנפטר בארץ, אין מוציאים אותו מהארץ כדי להיקבר בחוץ לארץ. אפילו אורח מחוץ לארץ שבא לארץ לימים אחדים ויש לו קבר משפחתי בעירו, כשמת בארץ ישראל נקבר בה (גשר החיים פרק כז, ט, ב). לעומת זאת, מי שנפטר בחוץ לארץ – מעלים את גופתו מחוץ לארץ לארץ ישראל. על פי עיקרון זה פסק הרב עובדיה יוסף שתייר שהגיע לביקור בארץ ונפטר ונקבר בארץ, ובני משפחתו מחוץ לארץ מבקשים להעבירו לקבר המשפחה בחוץ לארץ, שאין לפנות את הנפטר אשר זכה להיקבר בארץ ישראל, אף אם גילה דעתו בחייו ובקש לקברו בחוץ לארץ. ויש להסביר הדברים לבני המשפחה שהם מרי נפש ולדבר על לבם כי מאת ה' היתה זאת לטובתו ולהנאתו, ויש זכות לנפטר שזכה להיקבר בארץ ישראל (ילקוט יוסף סימן נב, ז).

אם כבר נקבר בארץ ישראל, אין מוציאים אותו מקברו כדי להעלותו לירושלים. אמנם בדומה לכלל של "הכל מעלין לארץ ישראל" ישנו כלל הלכתי מקביל – "הכל מעלין לירושלים ואין הכל מוציאין". אולם הכלל של "הכל מעלין לירושלים" שייך רק בחיים ולא לאחר מיתה. לכן אף על פי שרשאים לפנות נפטר מחוץ לארץ כדי לקברו בארץ, אין לפנות נפטר בארץ כדי להעלותו לירושלים.

ע"ע **גלגול מחילות. עפר ארץ ישראל. קבורה בארץ ישראל.**

הלכה כדברי המקל באבל

כלל הלכתי המופיע בגמרא (עירובין מו, א. מועד קטן יח, א; ובמקומות נוספים) הקובע שבמחלוקות המופיעות בגמרא, ויש רבים המחמירים ויחיד המקל – מקילים כיחיד נגד הרבים. וזהו חידוש, כיון שבדרך כלל יחיד ורבים הלכה כרבים.

יש כמה הגבלות לכלל זה – הכלל נאמר לגבי מחלוקות בגמרא ולא בפוסקים (גשר החיים פרק יט, ח, א); ויש אומרים שכלל זה נוהג גם בפוסקים (כל בו על אבלות עמוד

257). יש דיון האם הכלל חל גם באנינות ובקריעה. להלכה הכלל אינו נוהג לגבי קריעה (מועד קטן כו, ב – אבלות לחוד וקריעה לחוד). ע"ע גשר החיים פרק יט פיסקה ח. אם נתפשט דין או מנהג בישראל, ועתה קם אחד להקל, אין אומרים הלכה כדברי המקל (כל בו על אבלות עמוד 258).

בילקוט יוסף (בסופו, מעמוד תתא) סיכם את הכללים בעניין זה:

- הלכה כדברי המקל באבל, הוא גם במחלוקת הפוסקים.
- הלכה כדברי המקל באבל אמרינן גם כנגד רוב הפוסקים.
- הלכה כדברי המקל באבל אפילו ביחיד במקום רבים. ודווקא באבלות, אבל לא באנינות.
- לא אומרים הלכה כדברי המקל באבל נגד דעת מרן השלחן ערוך. אבל במקום שנהגו להקל או במקום מצות תלמוד תורה, מקילים גם נגד השלחן ערוך.
- אם נהגו להחמיר, אין לומר הלכה כדברי המקל באבל.
- הלכה כדברי המקל באבל, אפילו ביום הראשון לאבלות. וגם לגבי תספורת.

הלנת המת

אזהרה שלא להלין את המת אלא לקברו בו ביום. לומדים זאת מהפסוק "לֹא תָלִין נִבְלָתוֹ עַל הָעֵץ כִּי קָבוֹר תִּקְבְּרֶנּוּ בַּיּוֹם הַהוּא" (דברים כא, כג). ואף שהפסוק נאמר על תלוי, למדו ממנו על כל המתים.

מצות עשה לקבור הרוגי בית דין שנהרגו, באותו יום. שנאמר "כִּי קָבוֹר תִּקְבְּרֶנּוּ בַּיּוֹם הַהוּא" (דברים כא, כג). ומכאן למדו חכמים לכל מתי ישראל שמצוה לקברם ביום מותם (ספר המצוות לרמב"ם, מצות עשה רל"א).

הגמרא בסנהדרין (מז, א; וכן במסכת שמחות פרק יא) למדה שהאיסור להלין המת, הוא דווקא דרך ביזיון בדומה לתלוי על העץ, אבל אם הלינו לכבודו מותר, וכך גם נפסק להלכה (שלחן ערוך יורה דעה סימן שנז, א). בירושלים היו נזהרים שלא להלין כלל את המת (בבא קמא פב, ב. תוספתא נגעים פרק ו, ב).

הטעם כתבו משום כבודו של הגוף, שלא תראה הלנתו כביזיון, והסמיכו זאת לפסוק בתהלים (מט, כא) "אָדָם בִּיקָר וְלֹא יָבִין נִמְשַׁל כַּבְּהֵמוֹת נִדְמוּ". שהאדם שהוא יקר מכל יקר – "בל ילין", שאם ילינוהו – יהיה נמשל כבהמות נדמו (זהר נשא). יש גם יתרון פסיכולוגי גדול במצוה זו. המצב של נפטר שאינו קבור, הוא מעמסה גדולה על המשפחה. הבאת המת למקום מנוחתו מהווה הקלה נפשית משמעותית למשפחה (דרכה של היהדות במוות ובאבלות, עמוד 40).

יש בעניין זה הבדל בין אביו ואמו לשאר מתים – "כל המתים, הממהר להוציא מטתו הרי זה משובח. אבל על אביו ואמו, הרי זה מגונה. אלא אם כן היה ערב שבת או ערב יום טוב, או שהיו גשמים מזלפים על מטתו" (מסכת שמחות פרק ט), וכך נפסק להלכה בשלחן ערוך (יורה דעה סימן שנז, ב). הטעם לחלק בין שאר מתים לבין אביו ואמו, כתב השפתי כהן שם: "לפי שאין דרך להספיד על שאר המתים הרבה, הלכך יותר כבוד להם כשנקברים במהרה, מאשר שיעמדו הרבה ולא יספידום. אבל על אביו ואמו שחייב

להספידם ולקונן עליהם הרבה, הממהר להוציא הרי זה מגונה". ועכשיו נהגו גם באביו ואמו למהר להוציאם ואין מחלקים בין אביו ואמו לשאר מתים (פני ברוך סימן ד, י בשם ספר בית הלל).

אין מניחין מיטה של אשה מפני הכבוד, מפני שקרובה לניוול וגנאי הוא לה (שלחן ערוך יורה דעה סימן שנה). ע"ע **הלנת המת. כבוד המת. סמוך למיתה קבורה. קבורה.**

המקום ינחם אתכם בתוך שאר אבלי ציון וירושלים ולא תוסיפו לדאבה עוד

מילות הניחומים שאומרים לאבלים כשנפרדים מהם, על פי מנהגי האשכנזים.

יש זיקה קבועה בין היחיד מישראל לבין הכלל. בשיא השמחה הפרטית של חתן וכלה, אנו מצהירים "אִם אֶשְׁכָּחֵךְ יְרוּשָׁלָם תִּשְׁכַּח יְמִינִי", ושוברים כוס לזכר החורבן. להבדיל, באבלות היחיד, אנו מעלים את זכר ירושלים גם כן – "המקום ינחם אתכם בתוך שאר אבלי ציון וירושלים".

יש יסוד סמלי עמוק בקישור בין הממד הלאומי בעם ישראל לבין הממד האישי. כל בניין אישי כגון חופה וקידושין, נתפס כחלק ממימוש בניין הבית הלאומי – גאולה וקיבוץ גלויות. על כן אמרו חז"ל שכל המשמח חתן וכלה כאילו בנה אחת מחורבות ירושלים. כך הם דברי הגמרא (ברכות ו, א) על פי פסוקי ירמיהו (לג, י – יא):

> כֹּה אָמַר ה' עוֹד יִשָּׁמַע בַּמָּקוֹם הַזֶּה אֲשֶׁר אַתֶּם אֹמְרִים חָרֵב הוּא מֵאֵין אָדָם וּמֵאֵין בְּהֵמָה בְּעָרֵי יְהוּדָה וּבְחֻצוֹת יְרוּשָׁלַם הַנְשַׁמּוֹת מֵאֵין אָדָם וּמֵאֵין יוֹשֵׁב וּמֵאֵין בְּהֵמָה: קוֹל שָׂשׂוֹן וְקוֹל שִׂמְחָה קוֹל חָתָן וְקוֹל כַּלָּה קוֹל אֹמְרִים הוֹדוּ אֶת ה' צְבָאוֹת כִּי טוֹב ה' כִּי לְעוֹלָם חַסְדּוֹ מְבִאִים תּוֹדָה בֵּית ה' כִּי אָשִׁיב אֶת שְׁבוּת הָאָרֶץ כְּבָרִאשֹׁנָה אָמַר ה'.

הפסוק קושר בין הבניין הפרטי לבניין הלאומי, ובעקבותיו גם חז"ל.

לא רק בשמחה יש שיתוף, אלא גם באבלות. כל חורבן אישי הוא חלק של החורבן הלאומי. ועל כן מנחמים את האבלים על מת פרטי – "המקום ינחם אתכם בתוך שאר אבלי ציון וירושלים". הקישור הוא קבוע, בעת שמחה ובעת צער.

ע"ע **ברכת אבלים. ניחום אבלים.**

הנצחה

הנצחה כשמה כן היא. הצורך היסודי בהנצחה נובע מהצורך הבסיסי של האדם לאחוז בנצח, להרגיש שמותו לא ימחק אותו מהעולם ומהתודעה. באופן טבעי כשאדם הולך לבית עולמו צאצאיו ממשיכים אותו באופן הביולוגי, וגם מבחינה רוחנית. דהיינו, זוכרים את קיומו, ממשיכים לשאת את שמו וכיוצא בזה.

הצורך בהנצחה קיים במיוחד לגבי מי שנפטר טרם זמנו, או ללא צאצאים שימשיכוהו. התורה מצווה לאדם ליבם את אשת אחיו שמת בלא בנים, כדי שלא ימחה שמו מישראל

(דברים כה, ו). המקרא מספר לנו על היבום של תמר כלתו של יהודה (בראשית לח), עוד לפני מתן תורה. מגילת רות עוסקת בבעז הנושא את רות כדי להקים את זכרו של מחלון בעלה הראשון. "וְגַם אֶת רוּת הַמֹּאֲבִיָּה אֵשֶׁת מַחְלוֹן קָנִיתִי לִי לְאִשָּׁה לְהָקִים שֵׁם הַמֵּת עַל נַחֲלָתוֹ וְלֹא יִכָּרֵת שֵׁם הַמֵּת מֵעִם אֶחָיו וּמִשַּׁעַר מְקוֹמוֹ" (רות ד, י). המקרא משתמש בביטוי 'גואל' למי שיקים את שם המת.

גם איוב ביקש הנצחה לעצמו לאחר שבניו ובנותיו מתו והוא נשאר ערירי:

מִי יִתֵּן אֵפוֹ וְיִכָּתְבוּן מִלָּי
מִי יִתֵּן בַּסֵּפֶר וְיֻחָקוּ:
בְּעֵט בַּרְזֶל וְעֹפָרֶת
לָעַד בַּצּוּר יֵחָצְבוּן:
וַאֲנִי יָדַעְתִּי גֹּאֲלִי חָי
וְאַחֲרוֹן עַל עָפָר יָקוּם:

איוב יט, כג – כה

איוב הערירי מבקש שדבריו ומלותיו יחקקו לעד בספר ובצור. גם הוא מכנה בשם 'גֹּאֲלִי' את מי שיקרא את דבריו. אותו אדם אלמוני שיתיחס לדברי איוב, וידע שאיוב היה קיים; הוא גואלו של איוב. הוא המאפשר לאיוב לאחוז בנצח שנים רבות לאחר שאיוב עבר מן העולם. החומר הוא זמני, אך מסר רוחני נשאר לעד. רק הרוחניות היא נצחית.

התייחסות מעשית להנצחה מופיעה בספר בפרק סז מעמוד 333 ואילך.

ע"ע **קריאת שם לתינוק על שם נפטר.**

הספד

דרשה לכבוד הנפטר, להזכיר טובו ומעשיו הטובים. להביע רגשות צער ועצב על פטירתו ולעורר עליו בכי. הספד עורכים בשעת הלוויה והקבורה. ויש שקיימו במשך השנה הראשונה לפטירה, וכיום קוראים לכך אזכרה.

מצינו במקרא שאברהם ספד לשרה, וליעקב ספדו בניו וכל מצרים. כשמת שמואל הנביא ספדו לו כל ישראל (שמואל א', כה, א).

מצוה גדולה להספיד על המת כראוי לו. בימים קדמונים שכרו ספדנים ושלמו להם שכר רב. מסופר שאשה אחת נתנה מעות שכינס בעלה כדי לעלות לרגל, לידי הספדן, ונמנע ולא עלה לרגל (מועד קטן ח, א). לפי רוב השכר כך רבו השבחים, ועל זה אמרו חז"ל "כשם שנפרעים מן המתים, כך נפרעים מן הספדנים" (ברכות סב, א), אם אומרים דברי שקר. לכן אסור להוסיף בשבחו יותר מדי. וכל המזכיר מדות טובות על מי שלא היה בו כלל, או שמוסיף להפליג יותר מדי על מה שהיה בו, גורם רעה לעצמו ולמת. מאידך, יש להקפיד לספוד כהלכה בני אדם ותלמידי חכמים הראויים לשבח. אמרו חז"ל: "כל המוריד דמעות על אדם כשר, הקדוש ברוך הוא סופרן ומניחן בבית גנזיו. כל המתעצל בהספדו של חכם, ראוי לקברו בחייו, ואינו מאריך ימים". דרשו זאת מהפסוקים על יהושע בן נון שלא נספד כראוי (שבת קה, ב), וישראל נענשו כיון שלא הספידו את שאול

המלך כראוי (שמואל ב', כא, א). עוד אמרו: "על ארבעה דברים חמה לוקה... על אב בית דין שמת ואינו נספד כהלכה" (סוכה כט, א).

חכם ואלוף וגאון מכניסים מטתו לבית המדרש במקום שהיה דורש, וסופדים אותו (שלחן ערוך יורה דעה סימן שדמ, כ. וע"ע שו"ת יביע אומר חלק ט, יורה דעה סימן מו).

בגמרא דנו האם ההספד הוא לכבוד החיים או לכבוד המת (סנהדרין מו, ב), לעניין אם הנפטר ציוה שלא יספידוהו. להלכה נפסק שיש לקיים צוואתו, ואם ציוה – אין מספידים אותו (שלחן ערוך שם סימן שמד, י), וכמו שציוה רבי יהודה הנשיא "אל תספידוני בעיירות" (כתובות קג, ב). גדול הדור שציוה שלא יספידוהו, המקילים להספידו כדי לעורר את העם בתשובה יש להם על מה שיסמוכו (פתחי תשובה על שלחן ערוך שם שדמ, א; וע"ע בילקוט יוסף סימן יא, ו ובהערה).

יש ימים שאין מספידים בהם, מפני שנוהגים בהם מקצת יום טוב. ימים אלו נאספו במגילת תענית, שהיא חיבור תַּנַּאִי קדום בשפה הארמית, ובו רשימה של ימים "דלא למספד בהון".

לא יעורר אדם על מתו ולא יספוד לו קודם הרגל שלושים יום (המשמעות כיום – אין מתכננים אזכרה בפרק זמן זה). והטעם כיון שמעורר את הצער, ואין המת משתכח מן הלב שלושים יום. אך אם נפטר בתוך שלושים יום שלפני החג, מותר להספידו ביום השבעה ואפילו בערב החג. כיון שהצער והמרירות כבר קבוע לאבל בלבו ואינו מתווסף בגלל ההספד (משנה מועד קטן ח, א. שלחן ערוך אורח חיים סימן תקמז, ג. יורה דעה סימן שמז). אם יום השלושים או השנה יוצא בפרק זמן זה, מותר לערוך אזכרה (שלחן ערוך אורח חיים סימן תקמז, ה. פני ברוך סימן ג, ט).

מלבד המשמעויות ההלכתיות, יש להספד גם משמעויות חברתיות:

ההספד משמש גורם מנחם לאבלים בתתו התייחסות מכובדת ומעריכה כלפי הנפטר, דמותו ומעשיו.

ההספד גם עשוי להרגיע רגשות אשם העלולים לקנן בלב האבלים כלפי הנפטר, שמא לא עשו די למענו או שמא פגעו בו. הספד ומתן כבוד ראוי לנפטר עשויים לגרום הקלה ופיצוי לרגשות אלו.

השימוש במטבעות לשון ובמילים רכות יותר, עשוי לעדן את עובדת המיתה. מאידך, השמיעה של ההספד והדיבור על יקירם כמי שהלך לעולמו, עשויה לסייע לאבלים לקלוט ולהפנים את העובדה שקרובם נפטר.

בהספדים מדגישים פעמים רבות ערכים חברתיים עליונים ומקובלים ומקשרים אותם לנפטר; עובדה המחזקת את ההזדהות עם ערכים אלו ועם דמותו של הנפטר. ההספד עשוי גם לחזק לכידות חברתית סביב ערכים אלו, דווקא בהקשר לפטירת אותו אדם שמספידים, כדי להתגבר במשותף על האבידה (על פי "קץ החיים" – ניסן רובין, עמוד 205).

ע"ע **יקרא דחיי, יקרא דשכבי. כבוד המת.**

הפרדת גברים ונשים בלוויה

ע"ע נשים – הליכתן ללוויה ולבית העלמין.

הקפות

מנהג ירושלים, מנהג חסידים ומנהג תימן לערוך "**הקפות**" סביב הנפטר קודם קבורתו. מטרת ההקפות היא לשמור את גוף הנפטר ונשמתו מכוחות הטומאה העלולים להדבק בהם. המנהג רק בנפטר זכר – כיון שזכר צריך שמירה יתרה (ע"ע **חרם – זרעו לא ילך אחריו**), רק ביום ולא בלילה – כיון שבלילה הוא זמן שלטון כוחות הטומאה ולא יוכלו לבטלם, ורק ביום שאומרים בו תחנון – כיון שבימים טובים קדושת היום דוחה את כוחות הטומאה. המקיפים אוחזים איש בזרוע חברו מבלי להפרד זה מזה ומקיפים שבע פעמים את גופת הנפטר, כשבכל סיבוב אומרים פסוקים ממזמור צ"א – מ"יושב בסתר עליון" עד "כי אתה ה' מחסי", בצירוף פיסקה מ"אנא בכח" ובקשת רחמים על הנפטר. "ראש הדגל" הוא ראש החברה קדישא, משמש כחזן. הוא נוטל שבעה מטבעות או שברי מטבעות, ובכל הקפה זורק מטבע אחד, תוך כדי אמירת הפסוק "וְלִבְנֵי הַפִּילַגְשִׁים אֲשֶׁר לְאַבְרָהָם נָתַן אַבְרָהָם מַתָּנֹת וַיְשַׁלְּחֵם מֵעַל יִצְחָק בְּנוֹ בְּעוֹדֶנּוּ חַי קֵדְמָה אֶל אֶרֶץ קֶדֶם".

לפני ההורדה לקבר אומרים:

> אל מלך יושב על כסא רחמים, מתנהג בחסידות, מוחל עוונות עמו, מעביר ראשון ראשון, מרבה מחילה לחטאים וסליחה לפושעים, עושה צדקות עם כל בשר ורוח, לא כרעתם תגמול. אל הורית לנו לומר שלש עשרה, וזכר לנו היום ברית שלש עשרה, כמו שהודעת לענו מקדם כמו שכתוב "וַיֵּרֶד ה' בֶּעָנָן וַיִּתְיַצֵּב עִמּוֹ שָׁם וַיִּקְרָא בְשֵׁם ה'.

בהורדה לקבר אומרים:

> וַיַּעֲבֹר ה' עַל פָּנָיו וַיִּקְרָא ה' ה' אֵל רַחוּם וְחַנּוּן אֶרֶךְ אַפַּיִם וְרַב חֶסֶד וֶאֱמֶת: נֹצֵר חֶסֶד לָאֲלָפִים נֹשֵׂא עָוֹן וָפֶשַׁע וְחַטָּאָה וְנַקֵּה. וְסָלַחְתָּ לַעֲוֹנֵנוּ וּלְחַטָּאתֵנוּ וּנְחַלְתָּנוּ.

לאחר מכן ממשיכים בסדר הקבורה הרגיל – צידוק הדין, קדיש הגדול.

על פי הקבלה, ההקפות הן שמירה לנפטר ונקראות בשפת הקבלה "אור מקיף". הנפטר טעון שמירה, במיוחד בפרק הזמן מהמיתה ועד הקבורה. מלבד ההקפות והשמירה יש בזריקת המטבעות כעין נתינה למקטרגים, שמשמעותה היא שהמקטרגים יקחו את המטבעות, ויניחו לנשמת הנפטר. בכל פעם זורקים מטבע אחד או כמה מטבעות, את שאר הכסף מעבירים לצדקה. בספר מעבר יַבֹּק (מאמר שפתי צדק עמוד 115) יחס את הפסוקים והבקשות שאומרים ברחיצה ובהקפות להלל הזקן. (ע"ע בגשר החיים פרק טו פיסקה א).

בני תימן נוהגים גם כן לערוך שבע הקפות, ואומרים נוסח ההיתר ברשות בית דין של מעלה וכו', ובסופו אומרים כל הקהל יחד שלוש פעמים שרוי ומחול ומותר. ואומרים

פסוק "וְלִבְנֵי הַפִּילַגְשִׁים אֲשֶׁר לְאַבְרָהָם נָתַן אַבְרָהָם מַתָּנֹת וַיְשַׁלְּחֵם..." וכו' (הליכות תימן, מנהגי קבורה ואבלות עמוד 328; שלחן ערוך המקוצר עיני יצחק, יורה דעה סימן קפ, טז).

ע"ע **חיבוט הקבר. חרם – "זרעו לא ילך אחריו". שופר בלוויה.**

הרוגי מלכות

עשרת הרוגי מלכות היו עשרה חכמים מגדולי חכמי ישראל שנהרגו על ידי מלכות רומי הרשעה. חז"ל קשרו את הריגתם לחטא מכירת עשרת האחים את יוסף:

> אמר ר' יהושע בן לוי לא נמשכו עשרה הרוגי מלכות אלא בחטא מכירתו של יוסף (מדרש משלי פרשה א, יג).

המושג הרוגי מלכות הורחב לכל מי שנהרגו על ידי הגויים בתקופות השמד:

> מהו "לֹא שָׁכַח צַעֲקַת עֲנָוִים"? אינו שוכח דמן של ישראל מיד אומות העולם, ולא דמן של צדיקים בלבד אלא כל מי שנהרג בימי השמד, ודמן של עשרה הרוגי מלכות, ואלו הן, ר' שמעון בן גמליאל, ור' ישמעאל בן אלישע כהן גדול, ור' ישבב הסופר, ור' חוצפית המתורגמן, ור' יוסי, ור' יהודה בן בבא, ורבי יהודה הנחתום, ור' שמעון בן עזאי, ור' חנינא בן תרדיון, ור' עקיבא. ועליהם נאמר "כִּי דֹרֵשׁ דָּמִים אוֹתָם זָכָר" (מדרש תהלים (בובר) מזמור ט, ד"ה כי דורש דמים).

כיוצא בזה מסופר על רב יוסף בנו של רבי יהושע בן לוי שחלה מאוד עד שנפשו עלתה למרום וכמעט נפטר מן העולם, לאחר מכן חזרה אליו נפשו ונתרפא. לאחר שחזר, סיפר על מה שראה ושמע בשמים, ובין השאר סיפר:

> ושמעתי שהיו אומרים: הרוגי מלכות אין אדם יכול לעמוד במחיצתן. ומאן נינהו (מי הם)? אילימא רבי עקיבא וחבריו – משום הרוגי מלכות ותו לא (אם מדובר ברבי עקיבא וחבריו, הלא להם יש הרבה זכויות מעבר לכך שהם הרוגי מלכות)? – אלא: הרוגי לוד.

רש"י שם פירש (על פי הגמרא בתענית יח, ב) שהרוגי לוד היו שני אחים – לולינוס ופפוס שנהרגו, כשנמצאה בתו של המלך הרוגה, ואמרו: היהודים הרגוה. וגזרו גזרה על ישראל ועמדו אלו ופדו את ישראל ואמרו "אנו הרגנוה", והרג המלך לאלו בלבד (פסחים נ, א; בבא בתרא י, ב). ע"ע **הי"ד – ה' יקום דמו.**

הריני כפרת משכבו

ביטוי שאומר האבל על אביו ואמו וכן על רבו מובהק במשך שנים עשר החודשים שהוא אבל עליהם. (בראשי תיבות הכ"מ). מקור הביטוי בגמרא (קידושין לא, ב):

> תנו רבנן: מכבדו בחייו ומכבדו במותו. בחייו כיצד? ..., במותו כיצד? היה אומר דבר שמועה מפיו, לא יאמר – 'כך אמר אבא', אלא – 'כך אמר אבא מרי, **הריני כפרת משכבו**'. וכך אומר בתוך שנים עשר חודש. מכאן ואילך אומר – 'זכרונו לברכה לחיי העולם הבא'.

כך גם נפסק להלכה (שלחן ערוך יורה דעה סימן רמ, ט. רמב, כח). על אביו ואמו אומר ביטוי זה רק כשמזכיר דבר הלכה או דבר שמועה מפיהם, ובילקוט יוסף (סימן לט, א) באר שהחיוב לומר ביטוי זה דווקא בהקשר לציטוט דבר הלכה או שמועה מפיהם, הוא כדי שאם יטעה הבן בדבריו, העונש שצריך להגיע על טעות זו יבוא עליו ולא על הוריו.

גם בתוך שנים עשר חודש יכול לומר 'זכרונם לברכה', אבל לאחר שנים עשר חודש לא יאמר 'הריני כפרת משכבו'. הטעם כיון שמשפט רשעים בגיהנום רק שנים עשר חודש (שפתי כהן שם רמ, יג).

ככלל, האבלות על אב ואם חמורה מאשר האבלות על שאר קרובים. למשל האבלות על שאר קרובים נמשכת שלושים יום, והרגל מפסיק האבלות. ואילו אבלות על אב ואם נמשכת שנים עשר חודש, למרות שיש רגלים בינתיים. הסיבה לכך היא כבוד אב ואם שנוהג בחייהם וגם לאחר מותם, מתוך המחויבות האינסופית של אדם כלפי אביו ואמו.

חלק ממחויבות זו הוא הביטוי הנוקב 'הריני כפרת משכבו', בו מצהיר האדם על נכונותו להיות כפרת אביו ואמו. ביטוי של מסירות נפש ממש עבור אביו ואמו. כמו שפרש רש"י שם: "עלי יבוא כל רע הראוי לבוא על נפשן".

ביטוי זה הפך לביטוי כללי של חיבה למי שמוכנים למסור את הנפש עבורם. כך למשל אמר רבי ישמעאל: "בני ישראל – אני כפרתן!" (משנה נגעים פרק ב, א).

השכבה

מהמלה הארמית "אשכבתא" שמשמעותה הספד, למשל "אשכבתיה דרבי" (כתובות קג, ב). כיום במשמעות של תפילה לנשמת המת על פי מנהגי עדות המזרח. למנוחה נכונה, לחמלה, לכפרה, ולחיי העולם הבא. בעיקר בזמן הקבורה, בימי פקידת הקבר וביום השנה.

> ... על כן ראוי ומחויב בכל השלושים יום לבקש על המת רחמים יום ולילה לא ישבות בכל עונה, להזכירו לטוב לפני שוכן מעונה ולעשות לו גם כן זיכרון נשמות לפחות בכל שבת. וכן נהגו בני ספרד בהשכבת מתיהם וכבר נתנו טעם לשבח למנהג זה הפוסקים. וטוב להרגילה לפחות פעם אחת בכל יום מהשלושים, ובפרט אם הנפטר היה תלמיד חכם והיה לו בית מיוחד לעסוק בו בתורה, וכל שכן אם היה מחזיק ישיבה. בניו ובני ביתו, או החזן (אם אינם יכולים), ודאי כי יעשו לו נחת רוח ורווחא לנשמתו להשכיבו שם בכל השלושים יום. ואם יהיה בסוד ישרים ועדה, מה טוב ונעים. וכן ישכיבוהו בסוף החודש והשנה. והפסוקים עם המזמורים המיוחדים הנה הנם ראויים

והגונים לבקש רחמים על האדם גם אחר פטירתו, והחכמים יוסיפו עליהם מדעתם (מעבר יַבֹּק מאמר שפת אמת פרק כא).

בהשכבה טוב להזכיר שמו ושם אביו, ולאשה עדיף שמה ושם אמה. ויש נוהגים לעשות תמיד על שם האם. ואין הדברים הללו לעיכובא, ובכל מקום ומקום יעשו כמנהגם, ואין לשנות מן המנהג (ילקוט יוסף סימן לב, ג).

יש להזכיר את שם הנפטר כפי שהיה נקרא בפי רוב העולם. ולכן אפילו היה לו שם עברי ונשתקע, וקראו לו בשם הלועזי, גם בהשכבה יש להזכיר את השם הלועזי (ילקוט יוסף שם, ה). **הערת הרב נבנצל שליט"א** – צריך עיון לענ"ד; בני ישראל נגאלו ממצרים, שלא שינו את שמם.

על קטן פחות משלוש עשרה שנה לא נהגו לומר השכבה, וכן מנהג בני תימן. והטעם כיון שאינו בן עונשין, אין צורך לבקש עליו מיתוק הדינים (באר לחי רואי סימן קד).

ע"ע **אל מלא רחמים. יזכור.**

"והמתים אינם יודעים מאומה"

פסוק בספר קהלת (ט, ה). בגמרא (ברכות יח, ב) מובא דיון האם המתים יודעים או אינם יודעים. מסופר שם על בני רבי חייא ששכחו תלמודם, והצטערו ורצו לזכרו. דנו בינם לבין עצמם האם אביהם שנפטר יודע בצערם, כמו שכתוב "אַךְ בְּשָׂרוֹ עָלָיו יִכְאָב וְנַפְשׁוֹ עָלָיו תֶּאֱבָל" (איוב יד, כב), או שאינו יודע כמו שכתוב "יִכְבְּדוּ בָנָיו וְלֹא יֵדָע" (שם כא). בהמשך שם מובאים מעשים על רוחות של נפטרים שדברו בינם לבין עצמם, וידעו דברים העתידים להיות, הנסתרים מבני אדם, וכן על נפטרים שדברו עם החיים וענו לשאלותיהם.

בהמשך הגמרא מובא "כל המספר אחרי המת, כאילו אחרי האבן", יש אומרים בגלל שאין המתים יודעים, ויש אומרים שהמתים יודעים אבל לא אכפת להם ממה שאומרים עליהם בארץ.

במקום אחר בגמרא (שבת קנב, ב) מובאת מימרה בשם רבי אבהו, שהמת שומע ויודע דברים האומרים בפניו עד שיסתם הגולל, ויש הסוברים שעד שיתעכל הבשר. בירושלמי מובא שהמת יודע ושומע קילוסו (ההספד עליו) כמתוך חלום, וכל שאומרים בפניו יודע עד שיסתם הגולל (מובא בטורי זהב על שלחן ערוך יורה דעה סימן שמד, א).

בגמרא מובאים מעשים על גדולי ישראל שידעו ודברו לאחר מותם. מסופר על רבי אלעזר ברבי שמעון שלאחר מותו לא קברוהו אלא היה מוטל בעליית ביתו בין שמונה עשרה שנה לעשרים ושתים שנה, והיו באים לפניו לדין והיו שוטחים טענותיהם, ובת קול היתה יוצאת ואומרת "איש פלוני אתה חייב, איש פלוני אתה זכאי" (בבא מציעא פד, ב). על רבי יהודה הנשיא מסופר שהיה בא לביתו בכל ערב שבת לאחר מותו (כתובות קג, א).

מצינו כי המתים מתפללים על החיים, שכן כלב בן יְפֻנֶּה נשתטח על קברי אבות וממעשה שארע לרבי אבא (מובא בזהר פרשת שמות דף טז, ב) ששאל למת: ידעתון בצערא דחיי? והשיב לו שר הקבר: אי לאו בעותא דילן

על חיי, לא יתקיימון פלגות יומא (אלולא תפילתנו – המתים – על החיים, לא היו החיים מתקיימים אפילו מחצית היום). וכבר נודע התעוררות המתים להתפלל בעד החיים בעת צרתם באמצעות ספר תורה כשר המביאים אותו לבית הקברות על ידי בעלי תורה (כאשר מובא בזהר פרשת ויחי דף רכה ובפרשת אחרי מות דף עא), אך צריך תשובה גדולה והכנות רבות וספר תורה כשר. וכן בליל הושענא רבה שבו חתימת חיי האדם כי בשמיני הוא חתימת הפרנסה ובלילה ההוא הנשמות יוצאות ומתפללות על החיים ושוטטות לשמוע גזר הדין ופעמים מודיעים לחיים בחלומות, ובספר חסידים (בסימן תנב) הביא מעשים על זה.

וכתוב בזהר פרשת תרומה (דף קמא) כי הנפש נמצאת בתוך הקבר כשהגוף בלוי בעפר, ואז מתגלגלת בעולם ונמצאת בין החיים ויודעת צער שלהם ומתפללת עליהם (מעבר יַבֹּק מאמר שפתי רננות פרק כד, עיין שם באריכות).

ע"ע **הישארות הנפש**.

וידוי

הכרת העון ואמירת החטא בפיו.

מצות עשה שישוב החוטא מחטאו לפני ה' ויתודה. כל מצוות שבתורה בין עשה בין לא תעשה אם עבר אדם על אחת מהן בין בזדון בין בשגגה, כשיעשה תשובה וישוב מחטאו חייב להתודות לפני האל ברוך הוא, שנאמר: "אִישׁ אוֹ אִשָּׁה כִּי יַעֲשׂוּ וגו' וְהִתְוַדּוּ אֶת חַטָּאתָם אֲשֶׁר עָשׂוּ", זה וידוי דברים. וידוי זה מצות עשה, כיצד מתודין? אומר: אנא השם חטאתי עויתי פשעתי לפניך ועשיתי כך וכך והרי נחמתי ובושתי במעשי ולעולם איני חוזר לדבר זה, וזהו עיקרו של וידוי, וכל המרבה להתודות ומאריך בענין זה הרי זה משובח, וכן בעלי חטאות ואשמות בעת שמביאין קרבנותיהן על שגגתן או על זדונן אין מתכפר להן בקרבנם עד שיעשו תשובה, ויתודו וידוי דברים שנאמר: "וְהִתְוַדָּה אֲשֶׁר חָטָא עָלֶיהָ", וכן כל מחוייבי מיתות בית דין ומחוייבי מלקות אין מתכפר להן במיתתן או בלקייתן עד שיעשו תשובה ויתודו, וכן החובל בחבירו והמזיק ממונו אף על פי ששילם לו מה שהוא חייב לו אינו מתכפר עד שיתודה וישוב מלעשות כזה לעולם שנאמר: "מִכָּל חַטֹּאת הָאָדָם" (הלכות תשובה לרמב"ם א, א).

יהושע אמר לעכן "שִׂים נָא כָבוֹד לַה' אֱלֹהֵי יִשְׂרָאֵל וְתֶן לוֹ תוֹדָה וְהַגֶּד נָא לִי מֶה עָשִׂיתָ" (יהושע ז, יט). עיקר הוידוי הוא בפה להיות מודה בשפתיו על החטא. במדרש שוחר טוב דרשו על הפסוק במשלי (יח, כא) "מָוֶת וְחַיִּים בְּיַד לָשׁוֹן" – לשונו של אדם מביאתו לחיי עולם הבא. מי גרם לדוד שבא לחיי העולם הבא? פיו שאמר "חטאתי". בזהר פרשת פנחס אמרו "מאן דמפרש חובוי, כל בי דינא בדלין מיניה".

מי שחלה ונטה למות אומרים לו – התוודה (שבת לב, א).

המנהג בקהילות מסוימות היה כזה, שכשאדם חולה ביום השלישי לחוליו, הולכים אליו גבאי ביקור חולים, או שאר אנשים, ואומרים לו – 'אתה ידעת שכן הוא התיקון והמנהג אצל כל החולים, ולכן אין לך לדאוג מזה כלום, ולכן תעשה צוואה מה שתרצה, ומה שאתה חייב, או אחרים חייבים לך'. ועוד אומרים לו – 'התוודה, כי כל המתוודה על חטאיו, מוחלין לו'. וכיון שבאותן קהילות המנהג כן, אין החולה דואג מזה כלום, וכן ראוי לתקן בכל עיר ועיר. אך במקום שאין מנהג זה, אין אומרים כן לחולה שמא ידאג על מיתתו (חכמת אדם כלל קנא, יא).

מכל מקום, כשרואים המבקרים שנטה למות, מסבבים עמו בדברים, ואומרים לו 'התודה ואל תדאג מזה, כי הרבה התוודו ולא מתו, והרבה שלא התוודו מתו. ובשכר שאתה מתוודה אתה חי, וכל המתוודה יש לו חלק לעולם הבא'. ואם אינו יכול להתוודות בפיו, יתודה בלבו (ספר תורת האדם לרמב"ן, שער הוידוי. מהדורת שעוועל עמוד מו).

נוסח הוידוי הקצר – 'אם אמות, תהא מיתתי כפרה על כל עונותי'. אך הקדמונים הוסיפו על כך נוסחים שונים. ויש המתודים כנוסח של יום הכיפורים.

בימינו כמעט שבטלה אמירת הוידוי של חולים הנוטים למות. יש אומרים שהטעם הוא מחמת העובדה שרוב בני אדם מתים בבתי חולים, ולא תמיד קיימת האפשרות המעשית לקיים מצות וידוי. ויש האומרים שאמירת הוידוי עלולה להזיק לחולה מחמת טירוף הדעת (אנציקלופדיה הלכתית רפואית ערך וידוי). ע"ע **גוסס. שכיב מרע.**

ז׳ באדר

יום פטירתו של משה רבנו. כיון שהקב"ה עצמו קבר את משה, ככתוב "וַיִּקְבֹּר אֹתוֹ בַגַּיְ" (דברים לד, ו), נבחר יום זה להיות יום החברה קדישא. משה רבנו עליו השלום התעסק בעצמו בחסד של אמת, כשהעלה את עצמות יוסף ממצרים לקבורה בארץ.

ביום זה מתענים בני החברה קדישא, והולכים לבית העלמין ומבקשים מחילה מהמתים אם לא נהגו בהם כבוד כראוי כשהתעסקו בהם. ומתפללים שם, והרב דורש לפניהם דברי כיבושים על אודות חובות החברה קדישא כלפי המתים, ועוסקים בצרכי המתים ובצרכי בית העלמין. ואחר תפילת מעריב עושים סעודה גדולה ומחזקים זה את זה, וגדולה לגימה שמקרבת לבבות (גשר החיים פרק לג).

במדינת ישראל נבחר יום ז׳ באדר ליום הזיכרון לחללי צה"ל שמקום קבורתם לא נודע, כמו שמקום קבורתו של משה רבנו לא נודע "וְלֹא יָדַע אִישׁ אֶת קְבֻרָתוֹ עַד הַיּוֹם הַזֶּה" (דברים שם). ע"ע **יום הזיכרון לחללי צה"ל. חברה קדישא.**

זיבולא בתרייתא

ע"ע **עד זיבולא בתרייתא.**

זיהוי המת

המשנה ביבמות (פרק טז, ג) מגדירה מדדים לזיהוי המת – "אין מעידין אלא על פרצוף הפנים עם החוטם, אף על פי שיש סימנים בגופו ובכליו". זיהוי מתבצע על ידי טביעת עין, דהיינו אדם המכיר את הנפטר ומזהה אותו, או על ידי סימנים מובהקים בגופו (לא בחפציו). בגמרא, בפוסקים ובספרות השו"ת ישנם דיונים רבים על כללים אלו. הזיהוי חיוני גם לעצם הידיעה, ויש לזיהוי גם השלכות הלכתיות: כדי להתיר את אשתו של הנפטר להינשא, כדי לדעת אם לשבת שבעה. הלכות זיהוי המת מופיעות ברמב"ם בפרק יג מהלכות גירושין הלכה כא, ובשלחן ערוך אבן העזר סימן יז, כד. ע"ע **חזקת חיים.**

זק"א – זיהוי קרבנות אסון

ארגון מתנדבים שמטרתו בעיקר איסוף ופינוי גופות, תוך הקפדה על כבוד המת, זיהוי הלכתי ברור, והבאה לקבר ישראל. הוקם בתשנ"ה בעקבות הפיגועים ההמוניים. ע"ע **זיהוי המת. חברה קדישא. חסד של אמת.**

זרעו לא ילך אחריו

ע"ע **חרם – זרעו לא ילך אחריו.**

חברה קדישא

חבורה המיועדת לעסוק בצרכי המתים ובקבורתם. נקראת כך מפני שעוסקת עם הנפטרים שעליהם נאמר "לִקְדוֹשִׁים אֲשֶׁר בָּאָרֶץ הֵמָּה" (מנחות נג, א). סיבה נוספת היא מפני שמקדישים עצמם לכבוד המת ולכל צרכיו. מאידך, השם קדישא הוא בלשון סגי נהור מפני שהם נטמאים למתים. בני החבורה נקראים גם מתעסקים (מועד קטן כד, ב), וגומלי חסדים (כתובות ח, ב), החבורה נקראת גם נקראת גחש"א – גמילות חסד של אמת.

המקור מופיע בגמרא:

> מת בעיר – כל בני העיר אסורים בעשיית מלאכה. רב המנונא נזדמן למקום ששמו דרומתא. שמע קול שופר שמודיע שיש מת בעיר. ראה אי אלו אנשים שעובדים עבודה. אמר להם: יהיו אלו האנשים בנידוי! וכי אין מת בעיר? אמרו לו: חבורות יש במקום (הממונות לטפל במתים). אמר להם: אם כך – מותר לכם (תרגום ממסכת מועד קטן כז, ב).

להלכה נפסק:

> מת בעיר, כל בני העיר אסורים במלאכה, שכל הרואה את המת ואינו מלוהו עד שיהא לו כל צרכו, בר נידוי הוא. ואם יש חבורות בעיר, שכל אחת

מתעסקת במתים ביומה, מותר ביום שאינו יומה (שלחן ערוך יורה דעה סימן שמג, וכעין זה גם בסימן שסא, ב).

כלומר, שחברה קדישא מאפשרת לשאר בני אדם להמשיך ולעסוק בצרכיהם, כיון שחבריה מתעסקים ומטפלים במתים ובקבורתם.

אסור לבני החברה קדישא המתעסקים במת לאכול סעודה קבועה קודם קבורת המת (משנה ברורה סימן תקכו סעיף קטן נב).

בפרק סג (עמוד 323) מופיע מידע והדרכה למתנדבי חברה קדישא.

ע"ע **גחש"א, חסד של אמת, ז באדר. זק"א – זיהוי קרבנות אסון.**

חזקת חיים

אדם שהיה ידוע שהוא חי ועכשיו איננו בפנינו, מעמידים אותו על חזקתו ואומרים שהוא חי, ואפילו לזמן מרובה. כיון שיש לו חזקת חיים, לא משנים חזקה זו ללא ידיעה על שינוי במציאות.

יש השלכות רבות ומשמעותיות לחזקה זו. כך למשל אם שני עדים מעידים על אדם שמת ושניים מעידים שלא מת, מספק אין מתאבלים עליו כיון שמעמידים אותו בחזקת חי. או למשל בת ישראל הנשואה לכהן ממשיכה לאכול בתרומה גם אם בעלה הלך למדינת הים ואינה יודעת עליו דבר, מכוח החזקה שהוא עדיין חי. (בת ישראל הנשואה לכהן ואין לה ילדים ממנו, אוכלת בתרומה רק כל זמן שבעלה הכהן חי מכוח נישואיה לו).

יש דיונים בגמרא לגבי זקן שהגיע לגבורות, גיל שמונים, האם גם בגיל מופלג כזה נותנים לו חזקת חיים.

לגוסס אין חזקת חיים שרוב גוססים למיתה. אבל לחולה יש חזקת חיים, שרוב חולים לחיים (משנה גיטין כח, א).

ע"ע **זיהוי המת.**

חיבוט הקבר

מושג בתורת הקבלה. יסורים לנפש הנפטר לאחר מיתתו.

הטעם לכך הוא, שכיון שבנפש נדבקות תכונות רעות, כעין זיהום רוחני (המונח בספרי הקבלה "קליפות"), וצריך לנערן ולבררן מהנפש, לכן יש חיבוט וניעור. החיבוט כפי עביות הקליפה – ככל שיש יותר קליפות, צריך חיבוט קשה יותר. כמו בגד שמתלכלך – ככל שהלכלוך עבה וגס יותר וככל שיש יותר לכלוך, צריך אמצעים חריפים יותר כדי לסלק לכלוך זה, על מנת שהבגד ישאר נקי וטהור.

יש מושג של אדם שאינו זוכר את שמו ביום המיתה. גם כאן, כוחות הטומאה – הקליפות – גורמים לשכחה. שכחה אותיות חשכה, הקליפות מכסות את האור שמסמל ידיעה וזיכרון. בממד הרוחני הטהור אין שכחה. אדם שלא זוכר את שמו, כלומר ששכח את מהותו, הקליפות, התכונות השליליות, גרמו לו לברוח מעצמו, והסתירו ממנו מי הוא באמת. חלק ממושג חיבוט הקבר הוא כדי לנער מהאדם תכונות

שליליות אלה ולהכיר את עצמו ואת מהותו. כשאדם שוכח את שמו החיבוט קשה וכבד, כי זו שכחה מהותית. אבל כשזוכר את שמו, החיבוט קל ורפה.

מי שנקבר ביום שישי אחר חצות אין לו חיבוט הקבר מחמת קדושת השבת (הקונטרס היחיאלי, בית עולמים פרק טו, לט; ושם כתב שכבר משעה חמישית ביום שישי מתחילה קדושת השבת). אבל אסור לאדם להשהות את מתו על מנת שייקבר בזמן שאין בו חיבוט הקבר. ע"ע בספר מעבר יַבֹּק מאמר שפתי רננות פרק מב.

יסורים מכפרים גם על החיים:

> כל כך זוכה האדם ביסורים הבאים עליו כשסובלם בסבר פנים יפות, כמו שזוכה בעשיית מצוה. והטעם כיון שעל ידי היסורים הגוף מתחלש שהוא כח הטומאה... ובזה מזדככת הנשמה מטומאתה ונשארת טהורה ונקייה ומוכנה להתלבש מכתנות אור מגן עדן שהיתה לבושה בהן... (מעבר יַבֹּק מאמר שפתי צדק פרק כ).

לפי הסבר זה, יסורים דומים לאנטיביוטיקה האמורה להחליש את החיידקים הרעים על מנת לסייע לגוף להתגבר עליהם. גם כאן, ככל שיש פחות תכונות שליליות שצריך למחוק ולזקק – צריך פחות יסורים. מי שגופו בריא מבחינה רוחנית, אינו זקוק ליסורים. מושג זה נתבאר באופן אחר על ידי רבי סעדיה גאון.

ע"ע **הקפות. יסורים מכפרים. נשמה.**

חייב אדם לברך על הרעה כשם שמברך על הטובה – ולקבלנה בשמחה

הגמרא (ברכות ס, ב) מביאה ארבעה מקורות מהפסוקים לעיקרון זה:

> אמר ר' אחא משום ר' לוי מאי קרא? "חֶסֶד וּמִשְׁפָּט אָשִׁירָה לְךָ ה' אֲזַמֵּרָה" – אם חסד אשירה, אם משפט אשירה.
>
> ר' שמואל בר נחמני אמר מהכא: "בֵּאלֹהִים אֲהַלֵּל דָּבָר בַּה' אֲהַלֵּל דָּבָר" – בה' אהלל דבר זו מידה טובה, באלוהים אהלל דבר זו מידת פורענות (שם ה' נחשב למידת החסד, בניגוד לשם אלוקים הנחשב למידת הדין).
>
> ר' תנחום אמר מהכא: "כּוֹס יְשׁוּעוֹת אֶשָּׂא וּבְשֵׁם ה' אֶקְרָא", "צָרָה וְיָגוֹן אֶמְצָא וּבְשֵׁם ה' אֶקְרָא".
>
> רבנן אמרי מהכא: " ה' נָתַן וַה' לָקָח יְהִי שֵׁם ה' מְבֹרָךְ"

בשלחן ערוך (אורח חיים סימן רכב, ב) נפסק:

> חייב אדם לברך על הרעה, בדעת שלמה ובנפש חפצה, כדרך שמברך בשמחה על הטובה. כי הרעה לעובדי ה' היא שמחתם וטובתם, כיון שמקבל באהבה מה שגזר עליו ה', נמצא שבקבלת רעה זו הוא עובד את ה', שהיא שמחה לו.

הראי"ה קוק בסידורו עולת ראיה (חלק א, עמוד תג), מתייחס לעניין בלשונו הפיוטית.

> בטול הרגש, עד שלא יבחין בין טובה לרעה, ולא יעריך כלל ערך עצמותו הפרטית בזה, אינה ממעלת הנפשות, ולא זאת היא התעודה הראויה לאיש המעלה. כי אם ידע ידע האיש המשכיל את הטוב ואת הרע, את נעם טוב החיים ואת מגרעת מחסור הרע גם שבחיי ההווה לכל פרטיהם, ויעריכם בערכם הראוי.

(כלומר, העיקרון של לברך על הרעה כשם שמברכים על הטובה, אסור לו שיטשטש אצל האדם את ההבדלים בין טוב לרע ובין שמחה לעצב. להפך – האדם המשכיל צריך להבחין ולדעת ולהעריך את הטוב ואת הנעם בניגוד לרע ולמחסור. אם כן – כיצד אפשר לברך על הרעה באותה הרגשה שמברכים על הטובה?)

> אמנם ידע שיותר מכל אלה באין ערוך הוא הטוב האלהי והיושר המלא של ההשגחה העליונה, שראוי להמסר אליה בכל לב ונפש. על כן עם כל ידיעתו והרגשתו במעלות החיים וערכיהם, יקבל בשמחה את כל אשר נטל עליו, מאהבת השם יתברך ודרכיו המלאים צדק ומישרים. ואף על פי שהברכות שעל המאורעות, צריכות להיות במטבע ההרגשה שמרגשת בהם הנפש באותה שעה, ובהכרח הן משתנות בין טוב לרע, אבל הדעת השלמה עולה וכוללת כל אלה במשפט ובחשבון, לקבלינהו בשמחה.

(אמנם צריך האדם לדעת שהטוב האלהי והיושר של ההשגחה העליונה הוא לאין ערוך יותר מכל ההסתכלויות וההרגשות האנושיים המצומצמים. ומתוך אהבת ה' והכרת העיקרון שכל מעשי ה' במשפט, בחמלה ובצדק; יבוא לכלל דעת שלמה המאפשרת לאדם המעלה לברך על הרעה מתוך השלמה ואפילו שמחה, ממש כאילו היה מברך על הטובה).

בספר מעבר יַבֹּק כתב בהקשר זה על מנחמי האבלים:

> ועיקר הנחמה הוא שיצדק דין שמים בלב האבל עד שבפיו יודה למלך המשפט ויברך על הרעה מעין הטובה, שאז יזכה למה שאמר הנביא "כִּי לָקְחָה מִיַּד ה' כִּפְלַיִם בְּכָל חַטֹּאתֶיהָ". ירצה כי ישראל יקבלו נחמות כפלים מחטאתיהם, אחד על כי יעשו תשובה מאהבה, ושנית על קבלת היסורים מאהבה וכן צריך האבל לקיים בעצמו. והמנחמים יזכירו ויזהירו על זה (מאמר שפתי רננות פרק יט).

ע"ע **צידוק הדין**. **ניחום אבלים**.

חינוך בית הקברות

כשלוקחים אנשי הקהילה שדה לבית הקברות או כשמוסיפים על בית הקברות נוהגים לעשות חינוך. בעת חינוך בית קברות ישנו חשש שלא ליתן פתחון פה לנפטרים נוספים

חלילה ולכן ישנן פעולות סמליות לשמירה וגם מתפללים ואומרים מזמורי תהלים לשמירה, ויש שצמים ואומרים סליחות ומתעוררים לתשובה כדי ללמד זכות על אנשי אותו המקום כמו שיבואר לקמן.

כתוב בספר מעבר יַבֹּק בשם ר' יהודה החסיד, שטוב לקבור תרנגול הנקרא גבר בקבר ריקן, אולי בזה יחליש ויטמין כח הדין המושפע מצד המלאך גבריאל הנקרא גבר, לבל יעיר חמתו. ונוהגים כשקוברים בבית הקברות המת הראשון, ששוחטים תרנגול בלא ברכה וקוברים לרגליו. אין לחוש בזה משום דרכי האמורי (ילקוט יוסף סימן מה, יא).

סדר חינוך בית הקברות: אומרים בעת קניית הקרקע שקונים אותה על מנת שיבולע המות לנצח. יש נוהגים שאנשי החברה קדישא מתענים ביום זה לפחות עד חצות היום, ומרבים בסליחות בשחרית. והולכים לבית הקברות ואומרים מזמור צ"א "יושב בסתר עליון" הנקרא שיר של פגעים. מזמור המתאר את השמירה האלוקית על האדם המצילתו מפגעים. לאחר מכן אומרים את פרשת פיטום הקטורת שעל פי הקבלה יש בה שמירה גדולה מרוחות הטומאה. וקוראים בתורה בפרשת קרח (במדבר יז, יא-יג) שלושה פסוקים עד "והמגפה נעצרה". יש המוסיפים תפלה מיוחדת. אומרים מזמורים ק"ב וק"ג המתארים את אפסות האדם וארעיותו, מול נצחיות הבורא ואת חסד ה' בעולם.

יש הנוהגים להקיף שבע הקפות את בית הקברות המיועד ואומרים ויהי נעם ומזמור צ"א הנ"ל ו"אנא בכח". ומזמור ק"ד ו"שירו לה' שיר חדש" עד "יגדיל תורה ויאדיר" (ישעיהו מב, י – כא) המשבחים את פעל ה' בעולם, וגם את מחזור החיים שבעולם "תַּסְתִּיר פָּנֶיךָ יִבָּהֵלוּן תֹּסֵף רוּחָם יִגְוָעוּן וְאֶל עֲפָרָם יְשׁוּבוּן: תְּשַׁלַּח רוּחֲךָ יִבָּרֵאוּן וּתְחַדֵּשׁ פְּנֵי אֲדָמָה".

לאחר שבע ההקפות אומרים את שם העיר על פי מזמור קיט "**אלפא ביתא**" ואותיות קר"ע שט"ן. ומסיימים בתפילה – יהי רצון שתסיר מעלינו ומעל כל עמך בית ישראל כל מיני חולי ומשחית ופגע רע ותצילנו מגזרות קשות וכו'. בלע המות לנצח. ואומרים **אל מלא רחמים** למתים ומבקשים מהם מחילה. ונותנים צדקה לעניים.

ע"ע **בית הקברות. הקפות. קבורת תרנגול. דרכי האמורי.**

חליצת כתף

ביטוי לאבלות על אב ואם או על נשיא הסנהדרין. שמוציא כתפו חוץ לקרע ונמצא זרועו עם כתפו מגולין (לשון הטור יורה דעה סימן שמ. רמב"ם הלכות אבל פרק ח, ג). המקור מופיע בגמרא (בבא קמא יז, א) לגבי חזקיהו המלך ש"כָבוֹד עָשׂוּ לוֹ בְמוֹתוֹ" (דברי הימים ב', לב, לג), ומסבירה הגמרא שיצאו לפניו שלושים ושישה אלף חלוצי כתף. כך גם נפסק להלכה בשלחן ערוך (יורה דעה סימן שמ, טז – יז): "על כל המתים, אם רצה חולץ. על אביו ואמו חייב לחלוץ כתף, והולך כך לפני המיטה עד שייקבר. ואם הבן אדם גדול, ואין כבודו שילך חלוץ כתף, אין צריך לחלוץ. נשיא דומה לאב לחליצת כתף". הרמ"א (בשלחן ערוך שם) כתב שכיום לא נהגו לחלוץ כתף כלל, וכן המנהג כעת שאין חולצין כתף. זולת מנהג תימן שרבים נהגו לחלוץ כתף גם כיום (הליכות תימן, מנהגי קבורה ואבלות עמוד 326, שלחן ערוך המקוצר עיני יצחק, יורה דעה סימן קפ, ט. באר לחי רואי סימן כד). ויש מי שכתב שגם עדות המזרח טוב שיחלצו כתף על הוריהם. ואם הבן תלמיד חכם

מפורסם, לא יחלוץ (ילקוט יוסף סימן ט, כז; וכך נהג למעשה הרב עובדיה יוסף בפטירת אמו, וכך הורה לבניו לנהוג בפטירת אמם). ע"ע **קריעה**.

חניטה

פעולה הנעשית לשימור גופת הנפטר מפני סרחון ורקבון על ידי מילוי בבשמים. מקור השם העברי הוא מלשון בושם וריח טוב, כמו "הַתְּאֵנָה חָנְטָה פַגֶּיהָ" (שיר השירים ב, יג). המצרים נהגו לחנוט את מתיהם, והיו שיטות שונות לכך.

תיאור החניטה מוזכר במקרא אצל יעקב אבינו ואצל יוסף. נחלקו תנאים אם עשה יוסף כהוגן כשחנט את אביו:

> למה מת יוסף בפני אחיו? רבי אמר על שחנט את אביו. אמר לו הקב"ה: לא הייתי יכול לשמור את צדיקי?! לא כך אמרתי לו "אַל תִּירְאִי תּוֹלַעַת יַעֲקֹב"?! ורבנן אמרי, הוא שציוה אותם שיחנטו אותו, דכתיב "וַיַּעֲשׂוּ בָנָיו לוֹ כֵּן כַּאֲשֶׁר צִוָּם" (בראשית רבה ק, ד).

נחלקו המפרשים והפוסקים כיצד היתה החניטה אצל יעקב ואצל יוסף. על פי הזהר (סוף פרשת ויחי) החניטה לא היתה כלל על ידי ניתוח הגוף אלא על ידי משיחה חיצונית, והשמן היה נספג בגוף ובמיוחד נכנס דרך הטבור. יש שכתבו שהיו חותכים את כריסו של הנפטר ומוציאים את בני מעיו שלא יסריח, והיו מושחים את כל הגוף מבפנים ומבחוץ בשמן אפרסמון וממלאים אותו במיני בשמים המייבשים את הגוף, והיו צריכים להחליף את הבשמים יום יום, עד שהגוף התקשה והתייבש, ואינו מתעפש ואינו מסריח. ואף שלפי שיטה זו חתכו את הבטן והוציאו האברים, אין כאן לא משום צער למת ולא משום ביזיון, משום שהדבר נעשה לכבודו ולצרכו של המת (שו"ת הרשב"א חלק א, סימן שסט. שו"ת הרדב"ז חלק א, סימן תפד). ויש פוסקים הסבורים שחניטה בדרך של חתך בבטן והוצאת אברים אסורה משום ביזיון וניוול המת, ומשום ביטול קבורה של חלקי גוף. אבל אם מחדירים הסממנים דרך נקבים בגוף, אין בזה חשש (שו"ת צפנת פענח חלק א, סימן כא. שו"ת מהר"ץ חיות סימן ו). ויש מי שכתב לאסור כל חניטה, אפילו בלא חיתוך והוצאת אברים, הן מפני שהנותן את מתו בארון ולא קברו עובר משום בל תלין, וגם משום שעיכול בשר המת הוא חלק מהכפרה למת, ואם כן בחניטה כשמונעים את עיכול הבשר, מעכבים את כפרת המת (אגרות משה יורה דעה חלק ג, סימן קמג – קמד).

בישראל לא נוהגים לבצע כל פעולה לשימור המת. אכן אם צריך להוליך המת לקבורה למקום רחוק, נוהגים לבצע פעולות שימור, כגון הכנסת סממנים שונים דרך הנחיריים, כדי לעכב את רקבונו וסרחונו. אם יש צורך בפעולת שימור יעילה יותר, כדי להוליך את המת למרחקים גדולים, נוהגים להחדיר לדמו חומרים משמרים. יש לאסוף את הדם והלחלוחית שהוציאו מגוף המת בצנצנת, ולשולחה עם המת להיקבר עמו, ומכל מקום אין להוציא אברים פנימיים מגופו של המת.

להרחבה – שו"ת עמק הלכה חלק א סימן מט. אנציקלופדיה הלכתית רפואית ערך 'חניטה'. גשר החיים פרק ה פיסקה ז. כל בו על אבלות עמוד 51 – 53. התנגדות רעיונית לחניטה מובאת בספר "דרכה של היהדות במוות ובאבלות" מעמוד 36 והלאה.

חסד של אמת

"וְעָשִׂיתָ עִמָּדִי חֶסֶד וֶאֱמֶת" – וכי יש חסד של שקר, שהוא אומר 'חסד ואמת'? אמר לו: אם תעשה לי חסד לאחר מיתתי, הוא חסד של אמת.

בראשית רבה פרשה צו, ה.

לווית המת נחשבת לחסד של אמת. על פי צוואת יעקב לבנו יוסף (בראשית מז, כט): "וְעָשִׂיתָ עִמָּדִי חֶסֶד וֶאֱמֶת אַל נָא תִקְבְּרֵנִי בְּמִצְרָיִם: וְשָׁכַבְתִּי עִם אֲבֹתַי וּנְשָׂאתַנִי מִמִּצְרַיִם וּקְבַרְתַּנִי בִּקְבֻרָתָם". החסד שעושים עם המת הוא אמיתי – לשם שמים בלבד, שהרי המת לא יוכל להחזיר טובה למי שליוה אותו. גם מפני שעושים חסד עם הנפטרים להעבירם לעולם האמת הנצחי. היו שנתנו רמז בראשי התבות של המילה "אמת" – **ארון**, **מיטה**, **תכריכים**; שהם צרכי הקבורה. ע"ע **גחש"א. חברה קדישא.**

חפצי הנפטר

מותר להשתמש בבגדים וחפצים של הנפטר אפילו בתוך השבעה, פרט לנעלים, שנהגו לא להשתמש בהם (גשר החיים פרק ח, ז. צרור החיים עמוד 123. המקור מספר חסידים תנד). ויש שכתבו שהמניעה רק בנעליים שהיה נעול בהם בשעת מותו, אבל בנעליים שלא היו ברגליו בשעה שמת, אין להחמיר. ואם לבו נוקפו וחושש מזה, יתן אותן לעניים ויודיעם על כך (ילקוט יוסף סימן כא, יא). בגשר החיים (שם בהערה 2), הביא מקור מהגמרא בברכות נז, ב; וכתב שההקפדה היא רק בנעליים שנעל בשעת חוליו ובפרט בפטירתו, אבל מה שנעל כשהיה בריא ובפרט אם לא נעלם שלושים יום קודם שנפטר, אין חשש.

מותר לבנים ללבוש בגדי הוריהם שנפטרו, חוץ מאשר נעליים שנהגו להחמיר בהם, על פי הכללים לעיל (ילקוט יוסף שם וכן נג, ח).

כנראה שהיה מנהג בישראל להנעיל נעליים למתים. ביבמות (קד, א) מוזכר מנעל של זקן העשוי לכבודו, ופירש רש"י: לתכריכי מיתה. בירושלמי כלאים (פרק ט, ג) מוזכר שרבי ירמיה ציוה לקברו במנעליו. יש מי שרצה ללמוד מכאן על מקור המנהג שלא להשתמש במנעלים של מת, שמא הוקצו לתכריכים והם אסורים בהנאה (כל בו על אבלות עמוד 91 בהערה). אולי החמירו במנעלים כדי למנוע מצב בו החי "נכנס לנעליו" של הנפטר, מצב כזה ישנו למשל כשאדם מייבם את אשת אחיו, ובמידה מסוימת נכנס תחתיו כדי שלא ימחה שמו מישראל, ואם היבם ממאן, יבמתו חולצת את נעלו. וראה עוד בעמוד 155 במבוא לאיסור נעילת הסנדל. ע"ע **איסור הנאה ממת. מותר המת. תכריכים.**

חרדת הדין

על פי ההשקפה היהודית גם למתים ישנו דין. יש למתים חרדה מהדין כאשר יש שינויים פיזיים או רוחניים הקשורים בהם – ממש כמו אצל אנשים חיים. שמואל אמר לשאול: "לָמָּה הִרְגַּזְתַּנִי לְהַעֲלוֹת אֹתִי" (שמואל א', כח, טו), ובגמרא דרשו ששמואל נתיירא מן הדין והביא עמו את משה רבנו שילמד עליו זכות (חגיגה ד, ב). מבחינה הלכתית אחת הסיבות שאין לפנות מת מקברו היא שאין להרגיז את המת ממנוחתו (שפתי כהן על שלחן ערוך יורה דעה סימן שסג, סעיף קטן א). יום הכיפורים נקרא כך (בלשון רבים) כיון שגם למתים יש כפרה ביום הכיפורים (שלחן ערוך אורח חיים סימן תרכב, ו). בראש השנה ספרי חיים וספרי מתים פתוחים לפני ה' לדין. במשמעות הפשוטה מדובר על החיים – מי יחיה ומי ימות; אך לפי האמור לעיל ניתן להסביר כפשטות הלשונית שגם החיים וגם המתים נידונים.

ע"ע אוב. "והמתים אינם יודעים מאומה". פינוי קבר.

חרם – "זרעו לא ילך אחריו"

על פי הקבלה, בזמן שהנשמה עוזבת את הגוף, נוצר כעין ריק וחלל רוחני בגוף. כיון שיש כוחות רוחניים שליליים שאין להם מקום מנוחה פיזי הם מחפשים גוף כדי לשכון בו, ועלולים לנסות ולמצוא מקום דווקא בגוף שנתרוקן מהנשמה ושטרם נקבר. לכן יש עניין לא לעכב את הקבורה כדי לנסות ולמנוע מהנפטר צער מיותר.

במיוחד עלולות להחריד את המת טיפות הקרי שראה במשך חייו, שהיו יכולות לשמש לצורך יצירת חיים חדשים בעולם, ושיצאו לבטלה. אותו חלל רוחני שנוצר עקב כך, עלול במיוחד להפריע את מנוחת הנפטר, בטענה על שמנע ממנו למלא את יעודו. כדי למנוע מאותן ישויות רוחניות שלא הגשימו את עצמן להחריד את המת, מטילים אנשי החברה קדישא חרם (יש המכריזים "בחרם יהושע בן נון") על זרעו של הנפטר שלא ילוהו ולא ילך אחר מיטתו כלל וכלל.

לפי זה, גם צאצאיו של הנפטר צריכים לא ללכת אחריו, שהרי גם הם כלולים בזרעו. לכן בחלק מהמקומות נהגו שצאצאיו לא יגיעו כלל למקום הקבורה כדי לא ללכת אחריו. במקרים שהצאצאים רוצים בכל זאת להיות נוכחים בקבורה, נהגו בחלק מהמקומות לומר לצאצאים להגיע למקום הקבר עוד לפני הנפטר, כדי לא ללכת אחריו אלא לפניו.

כמובן שחרם זה נוהג אך ורק בנפטר זכר. אם צאצאי הנפטר הולכים בכל זאת אחרי מטתו, אין מכריזים, או אולי יפרטו "שלא ילוהו מזרעו שאינו כשר" (גשר החיים פרק יב פיסקה ג). הטלת החרם מתבצעת סמוך ככל האפשר למיתה.

ההקפדה על המנהג היא בעיקר בירושלים, אולם ביתר ערי הארץ אין מקפידים על כך כל כך. ובחוץ לארץ נהגו שכל האבלים משתתפים בלוויה. על כן אין למחות בחזקה באלו שעלו מחוץ לארץ ומנהגם ללוות את האב הנפטר ורוצים להחזיק במנהגם בירושלים. אבל אם יש בהם בני תורה ומוקירי רבנן, ראוי לתלמידי חכמים לדבר עמם באמירה נעימה שלא לשנות מן המנהג שנעשה לטובת הנפטר, ואם לא יאבו שמוע הנח להם,

והמוחה בידם בחוזק עלול לגרום ריב ומדנים. ובשאר ערי הארץ טוב לומר להם שינהגו בזה כמנהג ירושלים (ילקוט יוסף סימן י, ז).

ע"ע רמ"א סימן שנח, ג. גשר החיים פרק יב, ג. וע"ע בצרור החיים (פיסקה מז) שהתבטא באופן נחרץ, שהצאצאים לא ילכו כלל ללוויה. נוסח הטלת החרם מובא בקונטרס "החיים והשלום" עמוד כג מתוך שדי חמד בצוואת המחבר ערך גסיסה.

ע"ע **הלנת המת. הקפות. חיבוט הקבר.**

טהרה

החברה קדישא דואגת לטהרה של הנפטר לפני הקבורה. הטהרה היא רחיצת הנפטר והלבשתו בתכריכים לפני הקבורה. גברים מטפלים בנפטר ונשים מטפלות בנפטרת. הטהרה נעשית מתוך כבוד לנפטר – כבוד לגוף ולנשמה ששכנה בגוף.

טקס הטהרה מתקיים בבית הלוויות בחדר מיוחד המיועד לכך. המטהרים נוטלים את ידיהם ואומרים תפילה מיוחדת קודם הטהרה (מובאת בספר גשר החיים פרק ט, א, מספר מעבר יַבֹּק, ומקורה קדום מאוד עוד מסדר הרחיצה הגדולה המיוחסת להלל הזקן). תוך כדי הטהרה אומרים המטהרים פסוקים שונים הקשורים לרחיצה ולטהרה, למשל – "וְזָרַקְתִּי עֲלֵיכֶם מַיִם טְהוֹרִים וּטְהַרְתֶּם מִכֹּל טֻמְאוֹתֵיכֶם וּמִכָּל גִּלּוּלֵיכֶם אֲטַהֵר אֶתְכֶם" (יחזקאל לו, כה). הסיבה לאמירת הפסוקים היא כפולה – הן מצד תוכן הפסוקים הנוגע לטקס הטהרה, והן כדי למנוע מהמתעסקים לעסוק בדיבורים בטלים ובשיחות חולין, מתוך כבוד לנפטר. ע"ע באריכות בספר מעבר יַבֹּק מאמר שפתי רננות פרקים ד – ה – ו ובפרק יב, שם מפורטים המזמורים שיש לומר, עם הכוונות על פי הקבלה, וכן הכוונות ברחיצה ובהלבשה. בספר גשר החיים (פרק ט פיסקאות א – ב) מובאים הפסוקים שאומרים ברחיצה של כל אבר ואבר בגוף.

הרחיצה מתבצעת כשהנפטר מושכב על גבו ופניו כלפי מעלה, מכוסה בסדין כדי לשמור על כבודו וצניעותו בזמן הרחיצה. הרחיצה כוללת שפשוף בסבון ובספוג, וגם שטיפה פנימית של הנפטר דרך פי הטבעת, עד שהמים יוצאים זכים ונקיים. לאחר מכן מנקים את הציפורניים של הנפטר בידיים וברגלים.

עיקר הטהרה היא שפיכה של תשעה קבין מים (כעשרים ליטר) על הנפטר (כמפורט בגשר החיים פרק ט פיסקה ד).

יש הנוהגים לטבול נפטר גבר במקוה טהרה לאחר הרחיצה קודם ההלבשה בתכריכים.

> מדיחין אותו כדי להעביר זוהמתו, שלא יקוצו העם בטלטולו (כל בו, מובא בבית יוסף סימן שנב).
>
> הטעם שרוחצים המת, שלכאורה מה תועלת יש לו ברחיצה זו? שאפילו אם יבואו עליו כל מימות שבעולם אינם מוציאות אותו מטומאתו כי הוא אבי אבות הטומאה. והטעם מפני שאנחנו בני ישראל מצפים לתחיית המתים, ומחמת ביעתותא דמלאך המוות רואה האדם קרי. לכן רוחצים אותו מטומאה זו כדי שיהיה האדם טהור במעמדו בתחיית המתים (ספר מנחם אבלים אות ר' ערך רחיצה).

וטעם לרחיצה זו הואיל ומלבושי התכריכים דוגמת מלבושי הכהנים, ויען שבכהנים כתוב "וְרָחַץ בַּמַּיִם אֶת בְּשָׂרוֹ וּלְבֵשָׁם", לזה נהגו גם כן לרחוץ את גוף המתים קודם הלבשתם. עוד טעם לרחיצה זאת, שכשם שרוחצים אותו בצאתו מרחם אמו, גם כן בצאתו ממהעולם הזה רוחצים אותו. וטעם למה שנהגו לנקותו מהצואה שבפי הטבעת ולפנים... כדי למרק אכילה מן המעיים להיות נקיים וטהורים כמלאכי השרת. וכן כתוב באבות דרבי נתן (פרק א): אמר רבי נתן, מפני מה נתעכב משה כל ששת ימים (לפני עלותו להר סיני) ולא שרה עליו הדיבור? בשביל שימרק מכל אכילה ושתייה שהיה במעיו, בשביל שיתקדש ויהא כמלאכי השרת... ולזה נהגו לנקות מעיים של כל אדם כדי שיהא נקי וזכאי לעולם הבא ויזכה לשמוע דיבוּר מהשכינה. וסותמים כל נקביו עליונים ותחתונים היות ונזכר בגמרא (יומא פה, סוכה מה, נידה ל) שבהיותו ברחם אמו פיו סתום וטבורו פתוח וכו', ובצאתו לעולם נפתח הסתום ונסתם הפתוח. לזה גם בצאתו מהעולם סותמים כל נקביו (הקונטרס היחיאלי בית עולמים פרק ד).

לאחר הרחיצה מלבישים את הנפטר בתכריכים לבנים פשוטים, והמהדרים מקפידים על תכריכי פשתן. על פי הקבלה יש עניין גדול בלבישת בגדי פשתן בלבד ללא בד אחר, כדי להגן על הנפטר מכוחות הטומאה (מנחם אבלים אות ת' ערך תכריכים, בשם רבי משה קורדובירו. הקונטרס היחיאלי בית עולמים פרק ב). פשתן הוא מהצומח ומקביל לאדמה, בשונה למשל מבגדי צמר הבאים מהחי. כמו שיש באדמה יכולת לקבל מטענים חשמליים ולספוג אותם, כך יש לאדמה יכולת לקבל ולספוג מטענים רוחניים העלולים לפגוע במת, וזו גם אחת הסיבות לקבורה באדמה. מבחינה זו יש הקבלה בין בגדי הפשתן ובין האדמה, ולכן יש המהדרים לקבור בתכריכי פשתן. שיש בהם מעין הגנה נוספת על הנפטר.

נהגו לעטוף נפטר גבר בטלית בזמן הלוויה. לא נהגו לקבור את הטלית. הדיון ההלכתי על עיטוף הנפטר בטלית כשרה או שיש לפסלה, מובא בטור ובשלחן ערוך יורה דעה סימן שנא, ולקמן בערך **ציצית בתכריכי המת**.

אין לאדם להשתתף או להיות נוכח בטהרת אביו מפני כבוד אביו, וכן לא בטהרת חמיו או בעל אמו או בעל אחותו, אך מותר לאב להיות בטהרת בנו ולחותן בטהרת חתנו (גשר החיים פרק יב, ב, ד). יש לבצע טהרה גם למי שחולה במחלה מדבקת, תוך כדי נקיטת כל אמצעי הזהירות למניעת הדבקה למטהרים. הרוג אין מטהרים אלא נקבר בבגדיו. פירוט לגבי התכריכים וההלבשה ע"ע **תכריכים**.

טומאת המת

הטומאה החמורה ביותר מכלל הטומאות ונקראת אבי אבות הטומאה. טומאה זו נידונת יחד עם שאר הטומאות בסדר טהרות בפרט, ובש"ס בכלל.

טומאה בכלל היא מושג מיוחד בתורה, שאינו קשור להיגיינה אלא היא אחת מחוקות התורה שאין להן הסבר. במאמר טומאה וטהרה שבספר (פרק סא) ניסינו לתת הסבר וטעם לסיבות הגורמות לטומאה, וכיצד משפיעים הגורמים המטהרים.

טומאת כהן

אסור לכהן להיטמא למת, חוץ מאשר לשבעה קרוביו שמצוה להיטמא להם: אביו ואמו, בנו ובתו, אחיו ואחותו הבתולה (מאביו, אבל לא אחים שהם רק מצד אמו), ולאשתו (ויקרא כא, א – ג; יבמות ס, א). לשאר קרוביו (כגון אחים מאם או אחות נשואה), אף על פי שאינו נטמא, בכל זאת מתאבל עליהם. העיקרון הוא שחובת הכהן להיטמא היא לצורך המת וקבורתו. לגבי אחות נשואה או באחים למחצה רק מצד האם, לא חייבה תורה את הכהן להיטמא אלא הטילה חובה זו על קרובים אחרים.

הכהן מצווה להיטמא גם למת מצוה. החובה וההיתר להיטמא הם בקבורה, ועד סתימת הגולל בלבד. אבל אסור לו להיטמא בשבעה או כשעולים לקבר. ופתגם הוא – מה לכהן בבית הקברות.

אסור לכהנים להיכנס באהלי קברי צדיקים. ואף על פי שכתוב במדרש (ילקוט שמעוני משלי סימן תתקמד) שצדיקים אין מטמאים במיתתם, אין לסמוך על כך. בהקשר זה כתוב בתוספות (בבא מציעא קיד, ב, דיבור המתחיל מהו) שאליהו הנביא שהיה כהן קבר את רבי עקיבא, ונטמא לו בגלל שהיה מת מצוה, ולא מהטעם שצדיקים אינם מטמאים.

כהנת לא מוזהרת על הטומאה שנאמר "בני אהרן" ולא בנות אהרן. אשת כהן מעוברת וקרבו ימיה ללדת, מותרת להיכנס באהל המת (שפתי כהן על יורה דעה סימן שעא סעיף קטן א).

לפי הרמב"ם טומאת כהן דחויה היא אצל הקרובים (הלכות אבל פרק ב, ו, טו). ולפי הרמב"ן טומאת כהן הותרה לגמרי אצל קרובים ואינה דחויה. כיון שאי אפשר לקיים את קבורת המת אלא רק כשהכהן עובר על לא תעשה של טומאת כהנים, על כרחך שהתורה התירה לגמרי את האיסור (תורת האדם שער המיחוש עניין הכהנים סוף דיבור המתחיל תורת; כתבי רמב"ן כרך ב, עמוד קלז במהדורת שעוועל).

הלכות טומאת כהן מופיעות בשלחן ערוך יורה דעה סימן שס"ט – שע"ד.

ע"ע **טומאת המת. בית הקברות.**

טלטול המת בשבת

ע"ע **אדם בהול על מתו.**

יארצייט

יום השנה לפטירתו של אחד מבני המשפחה הקרובים. הביטוי "יארצייט" לקוח משפת אידיש ומשמעותו זמן השנה. ע"ע **יום השנה.**

יום הזיכרון הכללי לחללי מערכות ישראל

נקבע לתאריך ד' באייר. ימי הזיכרון הראשונים התקיימו ביום העצמאות עצמו. השילוב בין האזכרות לנופלים ושמחת העצמאות היה טעון מבחינה רגשית ומעשית, ולכן נקבע בשנת תשי"א (1951) שיום הזיכרון יחול תמיד יום אחד לפני יום העצמאות.

טקס יום הזיכרון מתחיל בצפירת דומיה בשעה שמונה בערב. מאז שחרור ירושלים נערכת העצרת הממלכתית הפותחת את יום הזיכרון ברחבת הכותל המערבי. תוכן היום כולל תפילות ופרקי תהלים ואמירת "יזכור" לזכר הנופלים, הדלקת נרות זיכרון, צפירת דומיה נוספת בשעה אחת עשרה לפני הצהריים, טקסים ממלכתיים בבתי הקברות הצבאיים, טקסים בבתי הספר, במחנות צה"ל ובמקומות ציבוריים.

בשנים האחרונות מוקדש יום הזיכרון גם לחללי הטרור שנהרגו ונרצחו בפיגועים.

מלבד יום הזיכרון הכללי, ישנו גם יום הזיכרון לחללי צה"ל שמקום קבורתם לא נודע, ע"ע **ז' באדר.**

יום הקדיש הכללי

יום הקדיש הכללי נתקן על ידי הרבנים הראשיים לישראל, הרב יצחק אייזיק הלוי הרצוג והרב יצחק נסים, כיום זיכרון ואמירת קדיש לכל הנספים בשואה שלא ידוע יום מותם.

יום הקדיש הכללי נקבע לעשרה בטבת שהוא יום צום ותענית עוד מימי חורבן בית המקדש הראשון. יום זה נזכר כבר בספר יחזקאל (כד, ב) – "בֶּן אָדָם כְּתָב לְךָ אֶת שֵׁם הַיּוֹם אֶת עֶצֶם הַיּוֹם הַזֶּה סָמַךְ מֶלֶךְ בָּבֶל אֶל יְרוּשָׁלַ‍ִם בְּעֶצֶם הַיּוֹם הַזֶּה". ביום הזה החל המצור על ירושלים עד לנפילתה בידי הבבלים וחורבנה יחד עם חורבן המקדש.

בחוברת שהוציאה הרבנות הראשית לישראל בשנת תשט"ז נכתב:

> יום העשירי בטבת נקבע על ידנו בזמנו, לשעה ולדורות, ליום השנה לקהילות הקודש, אנשים נשים וטף, שנספו בהמוניהם באכזריות חימה בידיה הטמאות של המפלצת הנאצית באירופה, ועשן הכבשונות שבהם עלו על המוקד, כסה עליהם ועל יום פקודתם.
>
> לאלה מליוני החללים, שאין סימוכים לקביעת יום מותם – קדוש יום זה לזכרם ולעילוי נשמותיהם הזכות והטהורות. דינו של יום זה, יום העשירי בטבת, לבניהם ולקרוביהם, כדינו של יום המיתה לאמירת קדיש, ללימוד משניות ולהדליק נר נשמה.

ע"ע **אב הרחמים. אל מלא רחמים. הזכרת נשמות. יום השנה. יזכור.**

יום השנה

מנהגים רבים נוהגים סביב יום השנה לפטירת קרוב או צדיק. ביום זה אומרים קדיש, ואם אפשר גם עובר הבן לפני התיבה. בשבת שלפני יום השנה יש לו דין קדימה למפטיר ולתפילת מוסף שלאחריה. נהגו גם שעובר לפני התיבה במוצאי שבת שלפני יום השנה.

הערת הרב נבנצל שליט"א – ויש אומרים שבמוצאי שבת לא יעבור לפני התיבה, שלא להחזיק הוריו ח"ו כרשעים.

על פי מה שכתוב בכתבי האר"י, ביום השנה זוכה הנשמה לעלות למדרגה יותר מעולה (כמו שמובא בגשר החיים פרק לב, א). לכן ביום זה מתפללים ונודבים צדקה לעילוי נשמתו. מנהג קדום היה לצום ביום שמת בו אביו או אמו. עניין זה נזכר כבר בגמרא (נדרים יב ,א) ונפסק בשלחן ערוך (אורח חיים תקסח, ח; ובמקומות נוספים). הטעם על פי הקבלה הוא כדברי האריז"ל: כדי שיפשפש במעשיו ויתחרט עליהם, ועל ידי זה מזכה את אביו ואת אמו למדרגה עליונה בגן עדן. וכבר נתפשט בעולם מנהג החסידים שאין מתענים ביום זה, אלא מביאים לבית הכנסת מיני מאכל ומשקה חריף, ולאחר התפילה מברכים המתפללים ברכות על המאכל והשתייה לזכות נשמת הנפטר. והוא נקרא כרגיל "תיקון". **הערת הרב נבנצל שליט"א** – ולדעת הגר"א אין צורך לצום, כי הגמרא עסקה רק באותה שנה שמת אביו או רבו.

ע"ע **ברכות לעילוי נשמה. הילולה. יארצייט.**

יזכור

המנהג להזכיר את נשמות המתים ולנדב צדקה לעילוי נשמתם. נוהגים להתפלל תפילת "יזכור" כל אחד לעילוי נשמת הוריו וקרוביו בארבעה פרקים בשנה: ביום הכיפורים, בשמיני עצרת, בשביעי של פסח ובחג השבועות. תפילת "יזכור" נועדה לכל יחיד ויחיד להוריו ועבור קרוביו, ותפילת "אל מלא רחמים" נתקנה לשליח הציבור. לכן ביזכור אומר נשמת אבי או אמי או קרובי (פלוני בן פלוני) בעבור שאתן או שנתתי צדקה עבור הזכרת נשמתם, ובתפילת אל מלא רחמים אומר שליח הציבור בעבור שנדב צדקה בעבור הזכרת נשמתו או נשמתה או נשמותיהם (גשר החיים פרק לא, ב, ג).

עניינו של מנהג זה, שעל ידי מצות הצדקה (ומצוות בכלל) לזכרו של אדם שנפטר, מתקשרים מעשיהם של החיים עם מעשי הנפטר. וכיון שמצות הצדקה נעשתה מכוח זיכרון הנפטר ולכבודו, יש בכך משום לימוד זכות עליו.

נוסח הזכרת נשמות – יזכור אלקים את נשמת (האב, האם, קרובים אחרים) פלוני בן פלוני שהלך לעולמו, בעבור שאני נודב צדקה בעדו. ומסיימים באב הרחמים. הנוסח המלא מובא לקמן עמוד 522.

מנהג האשכנזים שכל מי שיש לו אב ואם יוצא מבית הכנסת בשעת הזכרת נשמות. נתנו לכך טעמים שונים, וביניהם – שלא יהיו חלק מהקהל מתפללים והאחרים דוממים. ויש שחששו משום עין הרע.

בין האשכנזים נחשב מאוד עניין זה של הזכרת נשמות. ואף אנשים שלא היו באים בדרך כלל לבית הכנסת, היו באים להזכרת נשמות מתוך כבוד לנפטרים.

תפילה זו חוברה כנראה מיד לאחר גזרות תתנ"ו (1096) (גשר החיים שם א; אור לאבל עמוד 145).

ע"ע **אב הרחמים. אל מלא רחמים. הזכרת נשמות. השכבה.**

יסורים מכפרים

אמר רבי שמעון בן לקיש: נאמר ברית במלח ונאמר ברית ביסורין; נאמר ברית במלח, דכתיב (ויקרא ב, יג) "וְלֹא תַשְׁבִּית מֶלַח בְּרִית", ונאמר ברית ביסורין, דכתיב (דברים כח, סט) "אֵלֶּה דִבְרֵי הַבְּרִית". מה ברית האמור במלח – מלח ממתקת את הבשר, אף ברית האמור ביסורין – יסורין ממרקין כל עונותיו של אדם (ברכות ה, א).

מבחינה מעשית, המלח שואב את הדם מתוך הבשר, וכששוטפים את המלח גם הדם נשטף. כך גם היסורים שואבים תכונות שליליות מהאדם, ובהסתלק היסורים מהאדם, הוא יכול להישאר נקי מתכונות שליליות שדבקו בו. וכבר אמר שלמה המלך: "אִוֶּלֶת קְשׁוּרָה בְלֶב נָעַר שֵׁבֶט מוּסָר יַרְחִיקֶנָּה מִמֶּנּוּ" (משלי כב, טו). לכן אל לו לאדם לבעט ביסוריו, וגם לא להחמיצם. אלא יתפלל שלא יבואו עליו יסורים, ואם בכל זאת באים יראה כיצד יעזר בהם (ראה למשל "בסוד היחיד והיחד" של הרב יוסף דוב סולוביצ'יק, במאמר קול דודי דופק, במיוחד מעמוד 339 ואילך).

אמר רבי יהודה: חסידים הראשונים היו מתיסרים לפני מיתתן בחולי מעים כעשרה כעשרים יום כדי למרק את הכל, כדי שיבואו זכאים לעתיד לבוא. שנאמר (משלי כז, כא): "מַצְרֵף לַכֶּסֶף וְכוּר לַזָּהָב וְאִישׁ לְפִי מַהֲלָלוֹ" (מסכת שמחות פרק ג, י). כשם שהכלי הנקרא מצרף מזקק הכסף, והכלי הנקרא כור מזקק את הזהב מכל סיג ופסולת שבתוכו; כן הצדיקים ממרקן הקב"ה בעולם הזה כדי שיבואו נקיים וזכאים לעולם הבא (פירוש נחלת יעקב שם).

יש המצווים לאנשי החברה קדישא לקיים בהם אחרי הפטירה כעין ארבע מיתות בית דין, ויש לקיים צוואתם. דהיינו שיגביהו את הנפטר בחדר הטהרה שלושה טפחים ויעזבוהו בנחת כדי שיפול לארץ, והרי זה כעין סקילה. וכן מטפטפים שעווה לתוך פיו כעין שריפה, וכן כיוצא בזה (ילקוט יוסף סימן ט, טז). וראה בצוואת רבי אלכסנדר זיסקינד שהודפסה בסוף ספרו "יסוד ושורש העבודה", שציוה על אנשי חברה קדישא שיקיימו בו לאחר פטירתו דין ארבע מיתות לכפר על עוונותיו.

ע"ע **חיבוט הקבר. חייב אדם לברך על הרעה כשם שמברך על הטובה – ולקבלנה בשמחה. כליבה. צידוק הדין.**

יקרא דחיי, יקרא דשכבי

כבוד החיים, כבוד המתים. ישנם דיונים בגמרא לגבי ההספד, האם הוא מכבוד החיים או מכבוד המתים. נפקא מינה למי שציוה שלא לספדו. אם זה כבוד החיים אפשר להספיד, אך אם זה כבוד המת והמת ציוה שלא לספדו, יש לשמוע לו. כך גם כדי להכריע בשאלה האם להשהות קבורה כדי שיוכלו להספיד באופן מכובד יותר. אם זהו כבוד המת אפשר להמתין, אך אם זה כבוד החיים אין לעכב לצורך כך את הקבורה. למסקנת הגמרא ההספד הוא יקרא דשכבי, כלומר מכבוד המתים (סנהדרין מו – מז). לכן מי שציוה שלא

יספדוהו, שומעים לו. אך מי שציוה שלא יקברוהו אין שומעים לו, שהקבורה מצוה, ואי קבורה היא ביזיון גם לחיים (רמב"ם הלכות אבל פרק יב, א. שלחן ערוך יורה דעה סימן שמח, ב-ג).

ע"ע הספד. כבוד המת. מצוה לקיים דברי המת. קבורה.

ירושה, ברכתה

מת אביו מברך "דיין האמת". אם אביו הניח לו ממון בירושה ואין לו אחים מברך "שהחיינו", ואם יש לו אחים מברך כל אחד מהם "הטוב והמטיב" (שלחן ערוך אורח חיים סימן רכג, ב, על פי הגמרא ברכות נט, ב). ואף על פי שיותר היה רוצה שלא ימות, מכל מקום יברך שהחיינו, שאין ברכה זו תלויה בשמחה אלא בדבר שמגיע לו תועלת ממנו, ואף על פי שמתערב עמה צער ואנחה (משנה ברורה שם על פי הרשב"א).

הרמ"א שם העיר שרבים מקילים בברכות אלו. ויש מי שכתב שבפרט במצב זה אין לברך. שלא שמענו מעולם שכשמת אביו, שיברך אז שהחיינו או הטוב והמטיב, ומחזי כאכזריות ופגם בכבוד אביו ששמח בסיבת מיתתו ברווח ירושתו. ועוד, איך יברך "שהחיינו לזמן הזה" והוא מר לו. וסיים, המברך בימינו אינו אלא מן המתמיהים (נמוקי אורח חיים, מובא בנטעי גבריאל חלק א, פרק לח, הערה ז). גם הגרש"ז אויערבך כתב שהמון יראי ה' לא נהגו כלל לברך על ירושה, כי אם יחידי סגולה (הליכות שלמה פרק כג, הערה לג). ויש מי שכתב שאין לברך אלא אם מת אביו בשיבה טובה, זקן ובא בימים, שאין הדרך להרגיש צער גדול כל כך (שלחן הטהור, מובא בנטעי גבריאל שם וכן בפסקי תשובות שם).

התייחסות הלכתית ומשפטית לירושה מובאת בפרקים סח – סט מעמוד 339.

ע"ע חייב אדם לברך על הרעה כשם שמברך על הטובה – ולקבלנה בשמחה.

ישיבה של מעלה

כינוי לכינוס של מלאכי השרת ונשמות הצדיקים בעולם האמת. "כל המטיל מלאי לכיס של תלמידי חכמים זוכה ויושב בישיבה של מעלה" (פסחים נג, ב). גם בתפילת כל נדרי מזכירים "בישיבה של מעלה ובישיבה של מטה".

נתבקש בישיבה של מעלה – נפטר. נאמר בדרך כלל על אדם גדול שמת. "רבה בר נחמני נתבקש בישיבה של מעלה" (בבא מציעא פו, א).

כבוד המת

היות וגופו של הנפטר שימש ככלי קיבול לנשמה שהיא חלק אלוה ממעל, יש לנהוג בו כבוד.

חכמים השוו אדם מישראל לספר תורה. גם בספר תורה וגם באדם מישראל יש ביטוי להשראת שכינה. לכן העומד על אדם מישראל חייב לקרוע, כאילו רואה ספר תורה שנשרף (מועד קטן כה, א). כמו שנוהגים כבוד בספר תורה שבלה, כך נוהגים כבוד

בגופו של אדם מישראל לאחר שנשמתו פרחה ממנו, ונפטר מן העולם. נוהגים כבוד גם בעצמות או באברים, ואפילו בכזית מן המת, שהם כחלקי גויל של ספר תורה.

הלכות רבות קשורות לכבוד המת – השמירה, הרחיצה, הטהרה, ההלבשה, הלוויה והקבורה. אין נוהגים קלות ראש בפני המת או בבית הקברות. אין אוכלים ואין שותים בפני המת.

ע"ע **בקשת מחילה מהמת. חניטה. יקרא דחיי, יקרא דשכבי. לועג לרש. מעבירים את המת מלפני הכלה. שמירת המת.**

כל שישן עמו בחייו נקבר עמו במותו

כלל הלכתי. להלכה אין קוברים שני מתים זה בצד זה, אלא אם כן היה דופן הקבר מפריד ביניהם. אבל נקבר האיש עם בתו הקטנה, והאשה עם בנה הקטן או עם בן בנה הקטן (מסכת שמחות פרק יג; שלחן ערוך יורה דעה סימן שסב, ג). כלומר, יש כללים בהלכות יחוד עם מי מותר ועם מי אסור להתיחד, ועם מי מותר ועם מי אסור לישון באותה מיטה. כלל זה מיושם גם בהלכות קבורה. הסיכום העקרוני הוא, שניתן לקבור ילדים קטנים עם הוריהם או עם סבא וסבתא.

למעשה לא נהגו בכך היום כלל, חוץ מאשר אשה שנפטרה עם עוברה בלידה, שקוברים את הוולד על ידה, בזרועה הימנית (חיים וחסד פרק ו, טז).

כל שמתאבל עליו מתאבל עמו

כלל הלכתי המופיע בגמרא (מועד קטן כ, ב), ונפסק גם להלכה (רמב"ם הלכות אבל ב, ד- ה. תורת האדם לרמב"ן עמוד קמא – קמד. שלחן ערוך יורה דעה סימן שעד, ו).

העיקרון הוא שמשום כבוד שבעת קרוביו נוהג בפניהם אבלות כשהם נוהגים באבלות. כגון שמת בן בנו שאינו חייב לנהוג עליו אבלות, בכל זאת קורע בפני בנו ונוהג אבלות בפניו. אבל שלא בפניו אינו נוהג אבלות. באשתו נוהג אבלות בפניה רק על אביה ואמה משום כבוד חמיו וחמותו ולא בשאר קרוביה, וכן האשה נוהגת אבלות בפני בעלה רק על חמיה וחמותה ולא על שאר קרובי בעלה.

הרמ"א (בשלחן ערוך שם) מעיר שכעת נוהגים להקל באבלות זו שאין זה אלא משום כבוד המתאבלים, ועכשו נהגו כולם למחול. ונוהגים כעת שלא להתאבל כלל עם המתאבלים, וכל המחמיר בזה אינו אלא מן המתמיהים. ומכל מקום נהגו שקרובי המת מראים לו קצת אבלות בעצמם כל שבוע הראשון, דהיינו עד אחר השבת הראשונה, שאין רוחצים ואין משנים קצת בגדיהם כמו בשאר שבת, ואין הולכים לסעודה, אפילו סעודת מצוה (בית חדש שם). ומי שרוצה להחמיר על עצמו להתאבל על מי שאינו צריך, אין מוחים בידו. ובדברים אלו הולכים אחר המנהג (שפתי כהן שם, סוף סעיף קטן ז). ויש מי שכתב שהיום אין נוהגים באבלות זו (פני ברוך סימן ט הערה כו, בשם הרב צבי פסח פראנק), אך לא ברור לו אם רק בירושלים לא נהגו או בכל מקום. ע"ע **שבעת הקרובים**.

כליבה

סוג של מטה ארעית למת. (יש גורסים כליכה). הַכְּלָבָה היא חיבור או תפירה לא מדויקים אלא ארעיים.

> תנו רבנן... בראשונה היו מוציאין עשירים בדרגש ועניים בכליבה והיו העניים מתביישים. התקינו שיהו הכל מוציאין בכליבה מפני כבודן של עניים (מועד קטן כז, א).
>
> מעשה בבנו של רבי חנינא בן תרדיון שיצא לתרבות רעה ותפסוהו ליסטין והרגוהו. נמצא תפוח לאחר שלושה ימים, נתנוהו בכליבה (על פי גירסת הגר"א) והניחוהו על גבי המיטה... (מסכת שמחות סוף פרק יב).
>
> מטת המת הנהוגה בירושלים עשויה משני מוטות ושמונה עשרה אונקלאות (חוליות), מקובלת בירושלים ובצפת משנות דור (גשר החיים חלק ב פרק ז, א).
>
> בעיר הקודש ירושלים אין נושאים את המת בארון כלל, אלא על שני מוטות, מיוחדים לכל המתים... כי כן נוהגים בעיר הקודש צפת על פי האר"י ז"ל לשאת את המת בשני מוטות מחוברות בכבלי ברזל, ויש סמך לזה מפסחים (נו, א) משום כפרה והודו לו חכמים... לכן מועילה צדקה לאחר מיתה (הקונטרס היחיאלי, בית עולמים פרק ז).
>
> ... אצלנו נהגו בכליבות של ברזל למיטה לכפרה, או במקום חיבוט הקבר שנעשה לכל אדם בחוץ לארץ להפרדת הקליפות ממנו, ובכליבות הברזל האלו על ידי דחיקת גוף האדם בהם אז מועילים לו לכפרה (שם).

המקור מופיע עוד בדברי התנאים (דלעיל, וגם במשנה מסכת פרה יב, ט), המשך המנהג וטעמו על פי הקבלה רומז לכפרה שיש לנפטר על ידי שנושאים אותו בכליבה פשוטה כזו. ההשוואה לחזקיהו מלך יהודה שגרר עצמות אביו על מיטה של חבלים כדי שתהיה לו כפרה, מלמדת בבירור על מגמה זו של כפרה. לפי זה השימוש בכליבה הוא פעולה סמלית של כעין יסורים שתכליתם לכפר על הנפטר. שמונה עשרה חוליות שיש בכליבה מקבילות לשמונה עשרה חוליות שיש לאדם בשדרה.

ע"ע **ארון המת. חיבוט הקבר. יסורים מכפרים.**

כפיית המיטה

הפיכת המיטה לאות אבל.

האבל חייב לכפות מטתו. הפיכת המיטה מתארת את הזעזוע ואת חוסר היציבות שהאבלים שרויים בהם עקב פטירת יקירם. הטעם המוזכר אצל חז"ל: משום "דמות דיוקני נתתי בכם ("כִּי בְּצֶלֶם אֱלֹהִים עָשָׂה אֶת הָאָדָם"), ובעוונותיכם הפכתיה – כפו מטותיכם עליה" (מועד קטן טו, א – ב. ירושלמי פרק ג, ה). כלומר, שימוש בזעזוע כקריאה לחשבון נפש של האבלים. חשבון נפש של עיקר וטפל, מה משמעותו של האדם כצלם אלהים. האם האדם מודע לצלם אלהים שבו. האם מעשיו תואמים הגדרה זו. הביטוי המעשי

של הפיכת המיטה מעצים את הביטוי הרגשי, ודווקא הרגשת החידלון והאפסות עקב המוות, עשויה להשפיע על האדם להתייחס לערכים אלו.

מצד הדין "לא מטתו בלבד הוא כופה, אלא כל מטות שיש לו בתוך ביתו הוא כופה. אפילו בעשרה בתים ובעשר עיירות". "אבל עכשיו אין נוהגין כן, מפני שיאמרו הנכרים מעשה כישוף הוא. ועוד שאין המיטות שלנו כמיטות שלהם, ואין הכפייה ניכרת בהם" (תוספות שם במועד קטן. שלחן ערוך יורה דעה סימן שפז, ב). כך שלמעשה דין זה לא נוהג כיום.

כרת

עונש בידי שמים המוזכר בתורה פעמים רבות "וְנִכְרְתָה הַנֶּפֶשׁ הַהִוא". המשנה מונה שלושים ושש עברות שחייבים עליהן כרת (מסכת כריתות א, א).

מהו עונש כרת? רש"י פירש (שבת כה, ב) שימיו נכרתים – מת לפני זמנו, ערירי בלא צאצאים. בגמרא (מועד קטן כח, א) מובאת ברייתא "מת בחמישים שנה זו היא מיתת כרת". ורבה אמר: "מחמישים שנה ועד שישים שנה זו היא מיתת כרת". רב יוסף כשנעשה בן שישים שנה עשה יום טוב לחכמים, אמר: יצאתי מידי כרת.

אבן עזרא בפירושו לתורה (בראשית יז, יד) מביא דעה כי כרת היינו שיכרת שמו במות זרעו. כי מי שיש לו בנים כאילו הוא חי ושמו לא נכרת. וכן מובא בגמרא (יבמות נח, א) יש לו בנים – קוברם, אין לו בנים – הולך ערירי.

הרמב"ם כותב (הלכות תשובה ח, ה) כי בעונש כרת תיכרת הנפש ותאבד ולא תזכה לחיי העולם הבא. הרמב"ן (בפירושו לספר ויקרא יח, כט) משיג על הרמב"ם ומבדיל בין שלושה מיני כרת: האחד, שנאמר בו "וְנִכְרַת הָאִישׁ" שאם הוא צדיק ורובו זכויות, אבל גברה עליו תאוותו ונכשל בעבירה של כרת, יכרתו ימיו וימות בנעורים קודם שיגיע לימי הזקנה, והם שישים שנה; אבל יהיה לו חלק לעולם הבא והוא העולם שאחרי התחיה. השני, שנאמר בו "וְנִכְרְתָה הַנֶּפֶשׁ", שאם מלבד החטא של כרת עוונותיו מרובים מזכויותיו, עונש הכרת מגיע לנפש החוטאת לאחר שתפרד מן הגוף, והיא נכרתת מעולם הנשמות; וזה אין לו כרת בגופו, אלא פעמים יחיה ויגיע לימים רבים. אבל נשמתו נכרתת מחיי גן עדן. והשלישי, שנאמר בעובד עבודה זרה ומגדף "הִכָּרֵת תִּכָּרֵת הַנֶּפֶשׁ הַהִוא", ודרשו: "הִכָּרֵת" – בעולם הזה, "תִּכָּרֵת" – לעולם הבא, לומר שגופו נכרת מחיי העולם הזה, ונפשו נכרתת מחיי גן עדן ומהעולם הבא, שמת בדמי ימיו ואין לו חלק לעולם הבא. (דברי הרמב"ם מצוטטים לעיל בעמוד 283. הרמב"ן מביא הערה נוספת על דברי הרמב"ם בספרו תורת האדם, שער הגמול. דבריו מובאים גם בהגהות מימוניות על הרמב"ם בהלכות תשובה, עיין שם. ע"ע בספר מעבר יַבֹּק מאמר שפתי רננות פרק כה)

(**תיקון כרת** הוא מושג קבלי. תיקון כרת עושים לעילוי נשמת הנפטר בסיום השבעה, בשלושים וביום השנה. עיין בספר הקונטרס היחיאלי סימן נא).

לא לפתוח פה לשטן

העוסקים בהספד... הם עומדים ומתפללים והאבל עומד ומצדיק עליו את הדין, ואומר: ריבון העולמים, הרבה חטאתי לפניך ולא נפרעת ממני אחד מני אלף. יהי רצון מלפניך ה' אלקינו, שתגדור פרצותינו ופרצות כל עמך בית ישראל ברחמים.

אמר אביי: לא צריך אדם לומר כך. שכך שנו משמו של רבי יוסי: לעולם אל יפתח אדם פיו לשטן.

ברכות יט, א

לא יאמר האדם – "לא נפרעתי כפי מעשי" (כלומר "מגיעים לי יסורים, בגלל מעשי הרעים"), או כיוצא בדברים אלו, שלא יפתח פה לשטן. כך גם נפסק להלכה (הגהות הרמ"א, יורה דעה סימן שעו, ב). ע"ע **נישוק המת.**

לא תתגודדו

גדידה היא חתך או שריטה עמוקה בעור הנעשית על ידי כלי. "שריטה וגדידה אחת היא, אלא ששריטה ביד וגדידה בכלי" (מכות כא, א). קרחה היא תלישת שיער הראש מתוך צער על המת.

גדידה וקרחה מתוך צער על המת הן מחוקות הגויים. מצות לא תעשה שלא להתגודד ושלא לשרוט בבשרו לעבודה זרה ועל מתו, ושלא לשים קרחה בין העיניים למת. שנאמר "בָּנִים אַתֶּם לַה' אֱלֹהֵיכֶם לֹא תִתְגֹּדְדוּ וְלֹא תָשִׂימוּ קָרְחָה בֵּין עֵינֵיכֶם לָמֵת" (דברים יד, א). ונאמר "וְשֶׂרֶט לָנֶפֶשׁ לֹא תִתְּנוּ בִּבְשַׂרְכֶם" (ויקרא יט, כח)

משרשי המצוה, כדי שלא נעשה בנו שום עניין בעולם דומה לעובדי עבודה זרה. ונמנענו מן הגדידה על מת, כי לא יאות לעם הנבחר בעלי חכמת התורה היקרה להצטער בדבר ממעשי האל, רק על דבר שצונו להצטער בו. אבל שנשחית גופנו ונקלקל עצמנו כשוטים – לא טוב לנו ולא דרך חכמים ואנשי בינה. והרמב"ן ז"ל כתב: מכאן סמך לרבותינו באסרם להתאבל על מת יותר מדי (על פי ספר החינוך).

השורט בשרו על מת חייב מלקות, ואפילו מכה על בשרו עד שדמו שותת אסור. ואסור לקלל את עצמו. ואין לתלוש שערות ראשו על המת. ויצדיק דין שמים על עצמו בשתיקה ודומיה (ילקוט יוסף סימן כז, ט).

להרחבה – מסכת יבמות יג, ב. מסכת מכות כ, א. ספר החינוך תסז, תסח. רמב"ם הלכות עבודת כוכבים יב, יב. טור ושלחן ערוך יורה דעה סימן קפ. ע"ע **דרכי האמורי.**

לבישת שחורים

מימים קדומים בגדים שחורים סימלו מוות ואבלות. בגמרא (יומא לט, א) מובא:

באותה שנה שמת בה שמעון הצדיק, אמר להם: בשנה זו הוא מת. אמרו לו: מנין אתה יודע? אמר להם: בכל יום הכיפורים היה מזדמן לי זקן אחד, לבוש לבנים ועטוף לבנים, נכנס עמי ויצא עמי. והיום נזדמן לי זקן אחד, לבוש

> שחורים ועטוף שחורים, נכנס עמי ולא יצא עמי. אחר הרגל חלה שבעה ימים ומת.

כמו כן מצינו שרבי ינאי ביקש מבניו:

> אל תקברוני לא בכלים לבנים ולא בכלים שחורים. לבנים – שמא לא אזכה, ואהיה כחתן בין אבלים. שחורים – שמא אזכה, ואהיה כאבל בין חתנים (שבת קיד, א).

משמע שהאבלים היו לובשים שחורים.

במסכת שמחות (פרק ב, ח) מובא לגבי הפורשים מדרכי ציבור שאין מתאבלים עליהם: "אחיהם וקרוביהם לובשים לבנים, ומתעטפים לבנים, ואוכלים ושותים ושמחים". התנהגות הקרובים במקרה כזה הפוכה מהרגיל, הבאה לידי ביטוי באופן חריג באכילה ושתייה של שמחה ובבגדים לבנים דווקא. אפשר ללמוד מכך שבמקרים הרגילים של אבלות לובשים שחורים.

גם בסוף תקופת הגאונים נהגו ללבוש שחורים, כפי שמובא בשם רבי יצחק בן גיאת (ארחות חיים הל' אבל, חלק שני עמ' 563):

> מכאן אתה שומע שאבלים וקרובי המת היו נוהגים ללבוש שחורים ולהתעטף בשחורים. וחתנים לובשים לבנים ומתעטפים לבנים... וכן מצינו באגדה שאמר לו משה ליהושע: לבוש עלי שחורים ותתכסה עלי שחוריח, וכל מקום יעשה כמנהגו (מובא ברמב"ן, תורת האדם עמוד פה).

רבנו אשר כתב בתשובה שרשאי אדם ללבוש שחורים על חמיו שנפטר, והרוצה להחמיר על עצמו להתאבל או ללבוש שחורים על קרובו, אין מוחים בידו (שו"ת הרא"ש כלל כז סימן ט). וכך פסק להלכה גם הרמ"א בשלחן ערוך (יורה דעה סימן שעד, ו).

כשהתחילו יהודי גרמניה לחקות את מנהגי הגויים וללבוש באבלם בגדים שחורים חדשים, הוכיחו אותם על כך רבי צבי הירש קיידאנובר ורבי יעקב עמדין, אולם לא התנגדו ללבישת בגדים שחורים ישנים.

במצרים פשט המנהג ללבוש שחורים מיד לאחר השבעה, כל שנים עשר חודש. וכשנשאל הרב עובדיה יוסף על אלו שעונדים סרט שחור על זרועותיהם, ועונבים עניבה שחורה בתקופת ימי האבל; האם יש בזה איסור משום "וּבְחֻקֹּתֵיהֶם לֹא תֵלֵכוּ" וצריך למחות בידם, או שיש להם על מה שיסמוכו. השיב, שעיקר מנהג לבישת שחורים לאבל יסודתו בהררי קודש, בש"ס ומדרשים. והביא מקורות רבים לכך, והוסיף שלבישת שחורים מלמדת על צער והכנעת הלב. ולא הסכים לקבל הדעות שרצו לאסור בארץ ישראל מטעם חוקות הגויים. כיון שהלובשים שחורים אינו כדי להידמות לגויים, אלא משום הצער על הנפטר.

למסקנתו: "הנוהגים לענוד סרט שחור על לבושיהם, וכן לענוב עניבה שחורה, יש להם על מה שיסמוכו מצד עיקר הדין וההלכה... ומכל מקום טוב הדבר שלא לחוש למנהג זה, וילבוש כרגיל כמנהג ארץ ישראל משנים קדמוניות. ומכל שכן שאין נכון להנהיג תלבושת

מיוחדת של שחורים לחברה קדישא בעת ההלוויה, כדרך המחפשים חדשות, ואף על פי שאין בזה איסור מהתורה... מכל מקום לא נכון לשנות במנהגי החברה קדישא" (שאלות ותשובות יביע אומר חלק ג סימן כה).

בספר גשר החיים כתב שהיום לא נוהגים ללבוש בגדים שחורים באבלות, מטעם איסור חוקות הגויים. וכן המנהג הפשוט היום בארץ ישראל. גם בצרור החיים (פיסקה רצז) כתב שאין ללבוש בגדים שחורים באבלות. (ע"ע בקונטרס היחיאלי בית עולמים פרק יב שחלק בין חוץ לארץ ששם אפשר ללבוש שחורים לבין ארץ ישראל שיש להימנע בה מללבוש שחורים, וטעמיו על פי הקבלה). ע"ע **דרכי האמורי**.

לוויה

מצוה גדולה ללוות את המת, והיא בכלל וְאָהַבְתָּ לְרֵעֲךָ כָּמוֹךָ.

הרואה את המת ואינו מלוהו, עובר משום "לֹעֵג לָרָשׁ" (משלי יז, ה), ובר נידוי הוא. ולפחות ילוונו ארבע אמות (שלחן ערוך יורה דעה סימן שסא). ונהגו שהמלווים את המת ארבע אמות או יותר והולכים לדרכם, ממתינים עד שתעלם המיטה מן העין ויש לזה סימוכין ממה שכתב החזקוני בסוף פרשת שופטים "וְעֵינֵינוּ לֹא רָאוּ" – מכאן למלַוה את חברו שצריך לעמוד במקומו עד שיתעלם מעיניו (ילקוט יוסף סימן י, ב).

מבטלים תורה ללווית המת. למי שלימד אחרים אין לו שיעור, ואפילו יש עמו כמה אלפים מתבטל מלימודו כדי ללוותו. אבל למי שלא שנה אין מבטלים אם יש לו מי שיחזיק זמנו, והוא שיש שם עשרה כדי שיוכלו לומר קדיש וברכת אבלים. אבל אם אין שם מתעסקים קבועים, צריכים ליבטל ממלאכה כל בני העיר, ובשעת הוצאת המת הכל בטלים ממלאכה.

כשבאים הכתפים לשאת את המת נהגו לומר "וּבִנְסֹעַ הַמִּשְׁכָּן יוֹרִידוּ אֹתוֹ הַלְוִיִּם וּבַחֲנֹת הַמִּשְׁכָּן יָקִימוּ אֹתוֹ הַלְוִיִּם" (במדבר א, נא), "וַיְהִי בִּנְסֹעַ הָאָרֹן וַיֹּאמֶר מֹשֶׁה קוּמָה ה' וְיָפֻצוּ אֹיְבֶיךָ וְיָנֻסוּ מְשַׂנְאֶיךָ מִפָּנֶיךָ" (שם י, לה). הטעם, כיון שאדם מישראל מושווה לספר תורה. ספר התורה אמור להיות דוגמא וסמל להתנהגות חיובית וראויה וכך גם אמור להיות אדם מישראל. בפסוקים דלעיל מוזכרים המשכן וארון הברית, וכמו שבתוך הארון והמשכן הגשמיים היתה השראת השכינה הרוחנית, כך גם הגוף הריהו הכלי הגשמי בו מונחת הנשמה הרוחנית, חלק אלוה ממעל.

על דרך הקבלה והסוד הוסיפו עניינים נוספים בחשיבות הלוויה:

> נשיאת המת הצדיק על הכתף הוא בסוד ויביאו את המשכן אל משה ובנסוע המשכן שהיא הנשמה הזו הממושכנת בעולם הזה בעל כרחה... וגם בחנות המשכן כשהולכת למקום מנוחתה יש ללוויתה שרפי קודש אשר פעל ומלאכים אין מספר מול צדקותיו אשר עשה... באופן כי "הַזָּר הַקָּרֵב יוּמָת". פירוש, הזר הקרב לנגד נשמה זו, יומת ויבולע כי סקל המסלה ופנה לו דרך לעלות לה' בלי עכוב; ו"קוֹל קוֹרֵא בַּמִּדְבָּר" שהם כוחות החיצונים השוכנים במקום חורב – "פַּנּוּ דֶּרֶךְ ה' ". ואם כן המלווים את המת נעשים מרכבה למלווים העליונים, וכמו שהם מלווים גופו למטה בגופם כן יכוונו ללוות נפשו

בסוד נפשם, ורוחו ברוחם ונשמתו בנשמתם, כי נשמת המת ורוחו ונפשו מלווים הגוף לקבר, ולא לחנם הזהירו חכמים כל כך בכבוד המת ובלוויתו ואמרו הרואה את המת ואינו מלווהו עובר משום לועג לרש ודברים הרבה כיוצא בזה, כי ודאי לא כוונו אל הכבוד המדומה לגוף בלבד...

והסדר שתקן יעקב לבניו בנשיאת מטתו כמו שכתוב במדרש, כיון שבא יעקב אבינו להפטר מן העולם קרא לבניו וצום וזרזם על דרכי האלהים וקבלו עליהם מלכות שמים. משגמר דבריו אמר להם: כשתטלו אותי, ביראה ובכבוד לוו אותי ולא יגע אדם אחר במטתי. וכן ממה שציוה רבנו הקדוש וממה שנתבאר בקבורת רבי שמעון בר יוחאי נראה בפירוש כי כבוד והדר ונייחא רבא יש לצדיקים כשאנשים הגונים מתעסקים בהם אחר פטירתם, ולא כל הרוצה ליטול את השם יטול. ואם בכניסת חתן וכלה לחופה המנהג לעשות על ידי גדול, כל שכן וקל וחומר להכניס הנשמה והנלוים אליה עם הגוף למקום משכן כבודם, כי כבוד יעשו לו במותו על ידי אנשים של צורה. ואמר רבי שמעון בר יוחאי כי קבורה מצוה מן התורה ונלמדת מהפסוק "כִּי קָבוֹר תִּקְבְּרֶנּוּ בַּיּוֹם הַהוּא". ובירושלמי אמרו כי לווית המת קודם לתלמוד תורה, וחכמי המשנה חשבו דבר זה לזכות גדולה, עד שאמרו (סוטה פרק א, ט): "יוסף זכה לקבור את אביו ואין באחיו גדול ממנו, שנאמר: "וַיַּעַל יוֹסֵף לִקְבֹּר אֶת אָבִיו... וַיַּעַל עִמּוֹ גַּם רֶכֶב גַּם פָּרָשִׁים". מי לנו גדול מיוסף שלא נתעסק בו אלא משה. משה זכה בעצמות יוסף ואין בישראל גדול ממנו, שנאמר:"וַיִּקַּח מֹשֶׁה אֶת עַצְמוֹת יוֹסֵף עִמּוֹ". מי גדול ממשה שלא נתעסק בו אלא המקום, שנאמר:"וַיִּקְבֹּר אֹתוֹ בַגַּי". ובעת הלוויה יכוונו ללוות הקדושה עמו בכח ניצוצות נשמת כל אחד מהם, שהקדושה חופפת ושוכנת בכל עדה מישראל כדכתיב "וְנִקְדַּשְׁתִּי בְּתוֹךְ בְּנֵי יִשְׂרָאֵל". וכבר אמרנו כי היודע סוד הלוויה לחיים, ממנה יבין צורך הלוויה למת. ועוד יתוסף ללווית המת כוונות אחרות ונרמז קצת מהכוונה של הלוויה בזהר (פרשת וירא דף קכו), ולא לחנם תלמוד תורה נדחה מפניה, ולמי ששונה לאחרים אין לו שיעור (מעבר יַבֹּק מאמר שפתי רננות פרק טו).

ע"ע **ארון המת. חברה קדישא. חסד של אמת. לועג לרש.**

לוז

עצם רוחנית בעורף האדם בעמוד השדרה. נקודת חיות בראשיתית ממנה נברא האדם וממנה הוא עתיד לחזור ולהווצר בתחיית המתים. נקודת חיים מרוכזת בלתי ניתנת למחייה ולכליון.

"וַיֹּאמֶר ה' אֶמְחֶה אֶת הָאָדָם" – אפילו לוז של שדרה שממנו הקב"ה מציץ (בורא) את האדם לעתיד לבוא נמחה (במבול).

אדרינוס שחיק עצמות שאל את ר' יהושע בן חנניה, אמר לו: מהיכן הקב"ה מציץ את האדם לעתיד לבוא? אמר לו: מלוז של שדרה. אמר לו: מנין אתה יודע? אמר לו איתיתה לידי (הביאהו לידי) ואנא מודע לך. טחנו בריחים ולא נטחן; שרפו באש ולא נשרף; נתנו במים ולא נמחה; נתנו על הסדן והתחיל מכה עליו בפטיש, נחלק הסדן ונבקע הפטיש ולא חסר כלום (בראשית רבה פרשה כח, ג; ויקרא רבה פרשה יח, א).

ובסידורים מפרש אבר יש באדם ו"נסכוי", שמו ואינו נהנה מאכילה אלא במוצאי שבת (בית יוסף על טור אורח חיים סימן ש. הדברים הובאו להלכה גם בספרי הפוסקים האחרונים, משנה ברורה וערוך השלחן).

וכתבו המקובלים: יש עצם באדם שאינו נהנה משום אכילה אלא רק מסעודה רביעית דמוצאי שבת. ועצם זה נשאר קיים בקבר ואין שולט בו רקבון; והוא הנקרא "נסכוי" וגם נקרא "לוז" וגם נקרא "בתואל". ומזה העצם יבנה הגוף בתחיית המתים, וזה יהיה לישראל דווקא שנאמר בהם "וְאַתֶּם הַדְּבֵקִים בַּה' אֱלֹהֵיכֶם חַיִּים כֻּלְּכֶם הַיּוֹם" (בן איש חי פרשת וישלח שנה שנייה הלכה כז).

אמרו רבותינו ז"ל שיש באדם עצם ששמו לוז ואינו שולט בו מיתה, ומשם מתהוה האדם בתחיית המתים. שכל העצמות נרקבות חוץ מעצם זה. ובזה פירשו הזקנים פסוק "שֹׁמֵר כָּל עַצְמוֹתָיו אַחַת מֵהֵנָּה לֹא נִשְׁבָּרָה" (תהלים לד, כא), שהקדוש ברוך הוא שומר כל עצמותיו לתחיית המתים גם מפי אריות, מה"אחת מהנה" – שהיא עצם הלוז – "לֹא נִשְׁבָּרָה" לעולם, עומדת וקיימת; ומשם יתהוו כל עצמותיו... .

והטעם שאינו שולט מיתה בעצם זה הנקרא לוז, בעבור שלא נהנית מאכילת הפרי שאכל אדם הראשון. לפי שכל האברים נהנים ממה שאוכל האדם כל ששת ימי השבוע, חוץ מזו שאינה נהנית כי אם ממה שאוכל האדם במוצאי שבת. ואדם הראשון אכל מהעץ ביום שישי ונמצא שעצם זו לא נהנית מהפרי, לכך אינו שולט בו מיתה (מנחם אבלים אות ת' ערך תחיית המתים).

ע"ע **הבלא דגרמי. תחיית המתים.**

לועג לרש

"אמר רבי יהודה: כל הרואה את המת ואינו מלוהו עובר משום לועג לרש" (ברכות יח, על פי הפסוק במשלי יז, ה – "לֹעֵג לָרָשׁ חֵרֵף עֹשֵׂהוּ" שמשמעותו היא שהלועג לרש – במקרה שלנו המת, שאין בכוחו יותר לקיים מצוות, פוגע בכך גם בעושהו, דהיינו ריבונו של עולם). כך גם נפסק להלכה (שלחן ערוך יורה דעה סימן שסא, ג) וצריך ללוותו לפחות ארבע אמות.

יש הגבלות נוספות הקשורות למושג זה – אסור ללמוד תורה סמוך למת או סמוך לקבר או בבית העלמין, והטעם כיון שעושה דבר מצוה שאין המת יכול לעשות, שהרי המת לא יכול ללמוד תורה ולקיים מצוותיה לאחר פטירתו, עלול להראות כלועג לו. מסיבה זו גם אסור ללכת עם תפילין או כשהציציות גלויות בבית העלמין או בתוך ארבע אמות

של קבר (שלחן ערוך אורח חיים סימן מה, א; יורה דעה סימן שסז, ב – ו). מחוץ לארבע אמות מותר, אולם בבית שהמת בתוכו, מחמירים לתת לבית כולו דין ארבע אמות. יש נוהגים לקשור שתי ציציות שבשתי הכנפות זה עם זה כשנכנסים לבית הקברות, ולא הועילו כלום בתקנתם (בית יוסף אורח חיים סימן כג). דין זה שייך גם במת קטן, אך אינו שייך באשה שפטורה מתפילין ומציצית (משנה ברורה סימן כג, ה).

אף על פי שאין ללמוד תורה בתוך ארבע אמות לקבר, מותר לומר בטהרה של הנפטר פסוקים לכבודו, וכן נהגו לומר מזמורי תהלים ודברי תורה לכבוד הנפטר אפילו סמוך לקבר; שהרי פסוקי התהלים ודברי התורה שאומרים שם הם לכבוד הנפטר ולעילוי נשמתו, וכל שהוא לכבודו מותר (שלחן ערוך יורה דעה סימן שדמ, יז).

מותר לברך ברכת דיין האמת וברכת אשר יצר אתכם בדין שהן מעניין המתים וקבלת גזרתו של הקב"ה. ע"ע **בית הקברות. כבוד המת. לוויה.**

לימוד משניות

נהגו ללמוד משניות לעילוי נשמת הנפטר. יש באדם ממד חומרי זמני וכלה, ויש נשמה רוחנית נצחית. יש ניגוד בין הגוף החומרי שבלה וכלה בעפר, לבין לימוד רעיונות רוחניים נצחיים. הלימוד מנסה להתעלות מעל החומריות הזמנית החולפת, אל עבר הנצחיות והרוחניות. עצם הלימוד והעיסוק בתורה נחשב ביהדות כזכות לנפטר. באופן סמלי בא הדבר לידי ביטוי באותיות "משנה" שהן אותיות "נשמה". אם הפטירה והלימוד שבעקבותיה גורמים לשומעים לדבוק במעשים טובים, גם זו נחשבת כזכות לנפטר.

כעיקרון ניתן ללמוד משניות כל שהן או כל לימוד תורה שהוא לעילוי נשמה. אבל בדרך כלל נהגו ללמוד משניות לפי אותיות שמו של הנפטר (כל משנה פותחת באות אחת משם הנפטר, לפי הסדר), או משניות ממסכת אבות העוסקות בדרך ארץ ומידות טובות שראוי לאדם להנהיג עצמו, או משניות ממסכת מקואות. הסתלקות המת מן העולם מתקשרת לטומאה. מסכת מקוואות עוסקת בטהרה. לכן יש בלימוד ענייני טהרה, מעין השלמה ותיקון להסתלקות הנפטר. המשניות ממסכת מקוואות, הן לפי הסדר של אותיות נשמ"ה והלימוד מסתיים במילות טהרה. המשניות מובאות לקמן עמוד 531.

יש נוהגים ללמוד במוצאי שבתות כל שנים עשר חודש את פרק כד ממסכת כלים שכל משניותיו מסתימות בטהרה. יש המשתדלים לסיים שישה סדרי משנה על ידי חלוקת מסכתות לאנשים רבים שלוקחים על עצמם ללמוד מסכת אחת או יותר עד השלושים או עד יום השנה. ע"ע **ברכות לעילוי נשמה. עילוי נשמה.**

ליקוט עצמות

בזמן התלמוד היו קוברים בכוכים ובמערות לפי שעה, ולא היו מפנים את המת עד שנתאכל הבשר, ואז היו מלקטים את העצמות וקוברים אותן במקום אחר. בעת ליקוט העצמות היו נוהגים אבלות יום אחד, לפיכך היו מלקטים אותן סמוך לחשכה כדי לקצר האבלות (מסכת שמחות פרק יב).

דיני ליקוט עצמות מפורטים בשלחן ערוך יורה דעה סימן תג. ובספרנו בעמוד 240.

לך בשלום

אמר רבי רבין הלוי: הנפטר מחברו (החי), אל יאמר לו 'לך בשלום' אלא 'לך לשלום'. שהרי יתרו אמר לו למשה 'לך לשלום', עלה והצליח. דוד שאמר לו לאבשלום 'לך בשלום', הלך ונתלה. ואמר רבי רבין הלוי: הנפטר מן המת אל יאמר לו 'לך לשלום' אלא 'לך בשלום'. שנאמר (לאברהם אבינו, בראשית טו, טו) "וְאַתָּה תָּבוֹא אֶל אֲבֹתֶיךָ בְּשָׁלוֹם" (ברכות סד, א). כך גם נפסק להלכה (רמב"ם הלכות אבל ד, ד; מגן אברהם סימן קי, ט).

בגמרא ובמדרש מובאת התייחסות לקשר בין השלום והנפטרים (שבת קנב, ב. ילקוט שמעוני פרשת נשא רמז תשי"א):

גדול השלום שניתן לצדיקים שבשעה שהן נפטרין מן העולם שלוש כתות של מלאכי שלום מקדימין אותן, הראשונה אומרת "יָבוֹא שָׁלוֹם", השנייה אומרת "יָנוּחוּ עַל מִשְׁכְּבוֹתָם", והשלישית אומרת "הֹלֵךְ נְכֹחוֹ" (ישעיהו נז, ב), ולא דיין לצדיקים (אלא) שמיתתן ביד כבוד שנאמר "וְהָלַךְ לְפָנֶיךָ צִדְקֶךָ כְּבוֹד ה' יַאַסְפֶךָ" (שם נח, ח), ולא עוד אלא שהן מקלסים לפניהם ואומרים "יָבוֹא שָׁלוֹם יָנוּחוּ עַל מִשְׁכְּבוֹתָם הֹלֵךְ נְכֹחוֹ". גדול השלום שהוא נמנע מן הרשעים, שבשעה שהן מתים שלוש כתות של מלאכי חבלה מקדימין אותן. הראשונה אומרת "אֵין שָׁלוֹם", השנייה אומרת "אָמַר אֱלֹהַי לָרְשָׁעִים" (שם נז, כא), השלישית אומרת "לְמַעֲצֵבָה תִּשְׁכָּבוּן" (שם נ, יא), ולא דיין לרשעים אלא שמיתתן ביד מחבלים שנאמר "וַתִּקְרַב לַשַּׁחַת נַפְשׁוֹ וְחַיָּתוֹ לַמְמִתִים" (איוב לג, כב), "יֶהְדְּפֻהוּ מֵאוֹר אֶל חֹשֶׁךְ וּמִתֵּבֵל יְנִדֻּהוּ" (שם יח, יח), "יִהְיוּ כְּמֹץ לִפְנֵי רוּחַ וּמַלְאַךְ ה' דּוֹחֶה" (תהלים לה, ה), ולא עוד אלא שהם מתקנטרין לפניהם, ואומר "אֵין שָׁלוֹם אָמַר אֱלֹהַי לָרְשָׁעִים", "לְמַעֲצֵבָה תִּשְׁכָּבוּן".

בטעם הדבר כתב המהר"ל (נתיבות עולם נתיב השלום פרק א):

וכן ניתן השלום לצדיקים כאשר נפטרים מן העולם, כי כאשר נפטרים מן העולם הרי זה נחשב שהגיעו אל ההשלמה. כי החי אי אפשר שיבא אל ההשלמה הגמורה, כי תמיד אפשר שיקבל השלמה על ההשלמה. לפיכך אמרו בסוף ברכות: הנפטר מן החי אל יאמר 'לך בשלום', כי היה משמע שילך בהשלמה שכבר קנה השלמתו, והחי אפשר תמיד שיקבל השלמה. רק יאמר 'לך לשלום', כלומר שיהיה מתחבר אל השלום ותמיד יוסיף שלום. אבל הנפטר מן המת יאמר 'לך בשלום', כי כבר הגיע אל שלמותו האחרון, ושייך לומר בזה 'לך בשלום' כאשר כבר הושלם, וזה אינו קונה השלמה. לפיכך אמר שהשלום ניתן לצדיקים כאשר נפטרים מן העולם ניתן להם השלום, על שם שהגיעו אל ההשלמה.

ע"ע **עליו השלום.**

מאבד עצמו לדעת

ההלכה היהודית התייחסה בחומרה רבה למאבד עצמו לדעת. ההשקפה היהודית גורסת, שכיון שאין הנשמה של האדם עצמו, אלא של ריבונו של עולם שנתנה בקרבו, הרי שאין רשות לאדם לנתק את הקשר בין הגוף לבין הנשמה. כך לגבי אדם אחר – איסור לא תרצח, וכך גם לגבי האדם עצמו. לכן המאבד עצמו לדעת מוגדר כרוצח לכל דבר.

מבחינה הלכתית רעיונית, מבחינות מסוימות גדול עון הרוצח עצמו יותר מאשר רוצח נפש אחרת. המאבד עצמו לדעת מדגיש במעשהו את הכפירה בריבונו של עולם שנתן לו את נשמתו, ושרק לו יש את הרשות ליטלה מהאדם. האדם השולח יד בנפשו, כביכול לוקח מריבונו של עולם את האדנות על הנשמה שנתן בקרבו, ומכחיש את הידיעה הפשוטה שהוא – האדם – לא היה שותף כלל ביצירה שלו עצמו.

מלבד זאת, המות נחשב לכפרה על האדם החוטא. ובמקרה של המאבד עצמו לדעת, לא רק שהמיתה אינה מכפרת על האדם, אלא אדרבה – היא המרשיעתו בעבירה החמורה של רצח.

מלבד זאת, המאבד עצמו לדעת כופר בהישארות הנפש. ההתאבדות מבטאת בריחה מהחיים, אך לפי האמונה היהודית הנשמה נצחית היא, ואי אפשר לברוח מריבונו של עולם. האדם יצטרך לתת דין וחשבון על מעשיו גם לאחר מיתתו.

למרות התייחסות עקרונית חמורה זו, חכמים ניסו לרכך מעט את ההתייחסות המעשית למי ששלח יד בנפשו, ולא לדון אותו כמאבד עצמו לדעת. כגון אם ניתן לומר שמת כתוצאה מתאונה, או על ידי אחר, או שמא נכנסה בו רוח שטות. מי שנשתטה נחשב כאנוס ואין לו דין מאבד עצמו לדעת. גם קטן לא נחשב מאבד עצמו לדעת. אנוס, כגון שאול המלך שפחד שיתעללו בו הפלשתים, לא נחשב מאבד עצמו לדעת (מסכת שמחות פרק ב. טור ושלחן ערוך יורה דעה סימן שמה). יש דיונים הלכתיים לגבי שיכור כלוט. "כללו של דבר, במאבד עצמו לדעת תלינן בכל איזה תלייה כל שהוא, כגון לתלות ביראה או בצער, או שיצא מדעתו, או שסבור היה שזה מצוה לבלי להכשל בעברות אחרות וכיוצא באלו הדברים. מפני שזהו באמת דבר רחוק שאדם יעשה נבלה כזו בדעה צלולה" (ערוך השלחן יורה דעה סימן שמה, ה). **הערת הרב נבנצל שליט"א** – לענ"ד אין כדאי להקל, כי רצוי מאוד להרתיע אחרים מלהתאבד.

ההגדרה ההלכתית לאיסור כוללת שלושה תנאים עיקריים: אמר בפה מלא שהולך להתאבד; ביצע מיד מה שאמר; עשה פעולתו דרך כעס. על שלושה אלו הוסיפו הפוסקים תנאים נוספים: שמא חזר בו לאחר ששלח יד בנפשו, והתחרט על מעשהו, אפילו השאיר מכתב שבו הוא מודיע שהורג את עצמו ונכתב בדעה צלולה – אפשר שאחרי שנכתב המכתב חזר בו. יש מי שכתב שדווקא אם התאבד לאחר שהתרו בו שלא ישלח יד בנפשו. מי שמתאבד לצורך תשובה או כשיצרו תוקפו לעבור עברה, אף שהדבר אסור לגמרי – לא מחשיבים אותו כמתאבד (גשר החיים פרק כה, ג, ד).

הכלל ההלכתי לגבי אבלות על המאבד עצמו לדעת – כל שהוא כבוד לחיים מתעסקים בו. כל שאין בו כבוד של חיים, אין מתעסקים בו לכל דבר (מסכת שמחות ב, א. רמב"ם הלכות אבל א, יא. שלחן ערוך שם).

יש מצוות שאדם מחויב למסור את נפשו ולא לעבור עליהן – עבודה זרה, גילוי עריות ושפיכות דמים (סנהדרין דף עד). והיו מקרים בהם אנשים מישראל שלחו יד בנפשם מיראה שמא יכריחום לעבור עבירות אלו או עברות אחרות. ע"ע **הישארות הנפש. כרת.**

מותר המת

מת שלא היו לו צרכי קבורה, וגבו לצרכו מעות או שאר דברים והותירו. אם גבו לצורך מת זה – ינתן ליורשיו, ואם גבו סתם יעשו מהם צרכי מתים אחרים (טור ושלחן ערוך יורה דעה סימן שנו). הטעם הוא כיון שאם גבו לצרכו, כבר השתמשו בשמו של המת לצורך המגבית, ואומדן הדעת שהמת שכבר נתבזה בכך היה מעדיף להעביר כסף זה ליורשיו. אך אם גבו סתם לצורך מתי ישראל, למרות שעיקר מגמתם היתה לצורך מת זה, כיון שנותר כסף יועבר לצורך מתי ישראל (תורת האדם לרמב"ן עמוד צז).

ע"ע **חפצי הנפטר.**

מי שמתו מוטל לפניו

הגדרת האונן. זו תחילת הפרק השלישי במסכת ברכות, העוסק בדיני האונן שמתו מוטל לפניו. ע"ע **אנינות.**

מיתה

חכמים מנו סוגים שונים של מיתה וכינו אותן בכינויים שונים:

> תנו רבנן: מת פתאם, זו היא מיתה חטופה. חלה יום אחד ומת, זו היא מיתה דחופה; רבי חנניא בן גמליאל אומר זו היא מיתת מגפה. חלה שני ימים ומת, זו היא מיתה דחויה. שלושה – גערה. ארבעה – נזיפה. חמשה – זו היא מיתת כל אדם. מת בחמישים שנה, זו היא מיתת כרת. חמישים ושתים שנה, זו היא מיתתו של שמואל הרמתי. שישים, זו היא מיתה בידי שמים. שבעים – שיבה. שמונים – גבורות. אמר רבה: מחמישים שנה ועד שישים שנה זו היא מיתת כרת (מועד קטן כח, א).

לגבי חלק מההגדרות כבר אמרו המפרשים, שאין אנו יודעים להסביר באופן ברור את ההשלכות והבדלים ביניהן. בהמשך מספרת הגמרא על רב הונא שנפטר פתאם, ודאגו החכמים. בא זוג תלמידי חכמים ולימדום: לא שנו אלא שלא הגיע לגבורות, כלומר לשמונים שנה. אבל הגיע לגבורות, אפילו מת בפתאומיות, זו היא מיתת נשיקה.

ע"ע **כרת. מיתת נשיקה. תוחלת החיים.**

מיתה ואדם הראשון

מיתה נקנסה על בני האדם עקב חטא אדם הראשון.

היה רבי מאיר אומר: אדם הראשון חסיד גדול היה, כיון שראה שנקנסה מיתה על ידו ישב בתענית מאה ושלשים שנה, ופירש מן האשה מאה ושלשים שנה (עירובין יח, ב).

מדוע נקנסה מיתה על אדם הראשון? יש דעות שלא קושרות מיתה דווקא לאדם הראשון אלא למין האדם בכלל:

רבי חמא ברבי חנינא אמר: ראוי היה אדם הראשון שלא יטעום טעם מוות, ולמה נקנסה בו מיתה? אלא צפה הקב"ה שנבוכדנצר וחירם עתידין לעשות עצמן אלוהות, לפיכך נקנסה בו מיתה. הכי הוא דכתיב "בְּעֵדֶן גַּן אֱלֹהִים הָיִיתָ" וגו' (יחזקאל כח יג); וכי בעדן היה חירם? אתמהא! אלא אמר לו: את הוא שגרמת לאותו שבעדן שימות (בראשית רבה פרשה ט, דיבור המתחיל וירא אלוהים את כל אשר עשה).

על פי הסבר זה מיתה נקנסה על מין האדם בכלל עקב החשש שהאדם יעשה מעצמו אלוה, כמו שאמנם קרה מספר פעמים בתולדות האנושות. על פי גישה זו המיתה נקנסה על אדם הראשון עצמו עקב חטאי צאצאיו.

ישנן דעות הקושרות את המיתה לאדם הראשון דווקא, כיון שלא הצליח לעמוד בציוויו של הקדוש ברוך הוא:

אילו המתינו ישראל למשה ולא היו עושים אותו מעשה (חטא העגל) לא היו גלויות ולא מלאך המוות שולט בהן. וכן הוא אומר (שמות לב) "וְהַמִּכְתָּב מִכְתַּב אֱלֹהִים הוּא חָרוּת עַל הַלֻּחֹת", מהו חרות? ר' יהודה אומר: חירות מן הגלויות, ור' נחמיה אומר: חירות ממלאך המוות. בשעה שאמרו ישראל: "כֹּל אֲשֶׁר דִּבֶּר ה' נַעֲשֶׂה וְנִשְׁמָע" אמר הקב"ה: אדם הראשון צויתיו מצוה אחת כדי שיקיימנה, והשויתיו למלאכי השרת שנאמר (בראשית ג) "הֵן הָאָדָם הָיָה כְּאַחַד מִמֶּנּוּ"; אלו שהן עושין ומקיימין תרי"ג מצות חוץ מן הכללים ומן הפרטים ומן הדקדוקים, אינו דין שיהיו הן חיין וקיימין לעולם?! וכן הוא אומר (במדבר כא) "וּמִמַּתָּנָה נַחֲלִיאֵל" – שנחלו מהקב"ה שיהיו חיים וקיימין לעולם. כיון שאמרו "אֵלֶּה אֱלֹהֶיךָ יִשְׂרָאֵל" בא מוות עליהן. אמר הקב"ה: בשיטתו של אדם הראשון הלכתם, שלא עמד בנסיונו שלש שעות, ובתשע שעות נקנסה עליו מיתה. "אֲנִי אָמַרְתִּי אֱלֹהִים אַתֶּם" והלכתם אחר מדותיו של אדם הראשון – "אָכֵן כְּאָדָם תְּמוּתוּן" (שמות רבה וילנא פרשה לב דיבור המתחיל "הנה אנכי").

על הקשר בין חטא אדם הראשון למיתה נכתב רבות. נצטט מקור אחד בעניין:

כי מחמת האכילה מעץ הדעת בו ביום נתמעטה קומתו וניתן לו אחר כך מזון מתייחס לתמורת הניתך... . והנה אבינו הראשון היה עתיד לילך בכח האכילה ההיא מחיל אל חיל, ולהגיע בגוף ונפש אל העדן אשר אין שם אכילה ושתייה אלא ההנאה מזיו השכינה. אבל אחר החטא התמידה ההתכה בכל יום ואין

המזון תמורה מספקת, וכל שכן בהיותו יגע בו אלא לסעדו לחיי שעה. עד שהגיע אל הגויעה בסוף ימיו לכלא הפשע ולהתם חטאת (ספר עשרה מאמרות לרבי מנחם עזריה מפאנו, מאמר חקור הדין חלק ב פרק ו).

על פי תפיסה זו, אדם הראשון היה אמור לחיות חיי נצח. כיון שחטא, התקלקל מזונו, וגופו אינו מסוגל להחזיק מעמד. בעצם ניתן לומר שהאדם מתחיל למות ברגע שנולד, ותהליך המיתה מסתיים במיתתו. על כך ניתן לדרוש את הפסוק "טוֹב שֵׁם מִשֶּׁמֶן טוֹב, וְיוֹם הַמָּוֶת מִיּוֹם הִוָּלְדוֹ". כעין זה כתב הראי"ה קוק:

המות הוא חזיון שוא, טומאתו היא שקרו. מה שבני אדם קוראִים מות הרי הוא רק תגבורת החיים ותעצומותם (אורות הקדש חלק ב, החיות העולמית פיסקה מ). מובא בספר בעמוד 286.

ע"ע הקדמת רבי עובדיה ספורנו לספר בראשית.

ע"ע **כרת. מיתת נשיקה. מערת המכפלה. תוחלת החיים.**

מיתת נשיקה

שתי משמעויות. משמעות אחת היא כינוי למיתה בלא יסורים:

תשע מאות ושלשה מיני מיתה נבראו בעולם ..., קשה שבכולן אסכרה, קלה שבכולן נשיקה. (מכאן ואילך תרגום המשך הגמרא) – אסכרה דומה כקוץ בגיזת הצמר שלאחור היא נושרת, שעם הקוץ הנמשך החוצה נקרע גם הצמר עצמו; או כחבלים בפי הוושט הנכנסים בדוחק ומשיכתם גורמת יסורים. ומיתת נשיקה דומה כהוצאת שערה מחלב.

משמעות נוספת למיתת נשיקה – כינוי לצדיקי עליון שמתו באופן מיוחד ועילאי, לא על ידי מלאך המוות אלא על פי ה':

תנו רבנן: שישה לא שלט בהן מלאך המוות, ואלו הם – אברהם יצחק ויעקב, משה אהרן ומרים. אברהם יצחק ויעקב דכתיב בהו "בכל", "מכל", "כל"; משה אהרן ומרים דכתיב בהו "על פי ה' ". והא מרים לא כתיב בה "על פי ה'"? אמר רבי אלעזר: מרים גם כן בנשיקה מתה (בבא בתרא יז, א).

ופירש רש"י שם: "שלא שלט בהם מלאך המוות – אלא מתו בנשיקה על פי שכינה".

על פי ספר הזהר גופם של צדיקים לא נטמא עקב כך:

ר' אלעזר אמר כל מאן דאישתדל באורייתא לשמה לאו מיתתיה על ידא דיצר הרע, בגין דהוא נחש והוא מלאכא דמותא, אלא מיתתהון בנשיקה וכו'. ובגין כך צדיקיא דמשתדלי באורייתא לא מסתאבי גופא דילהון אלא הוא דכי, כגון אליהו בבי קברי דאשכחוהו רבנן ושאילו ליה ולאו כהן הוא, אמר

לון צדיקיא לא מסאבי במיתתהון דלא שרא עלייהו רוח מסאבא (זהר וישלח קסח, א).

גם הרמב"ן בפירושו על התורה (על הפסוק "זאת חקת התורה" במדבר יט, א) כתב כך:

וטעם טומאת המת בעטיו של נחש, כי הנפטרים בנשיקה לא יטמאו מן הדין. והוא שאמרו: צדיקים אינם מטמאים.

דברי הרמב"ן מבוארים על פי לשון הרקנאטי:

סיבת טומאת המת הוא מצד מלאך המוות שהטיל בו זוהמא והמטמא בו צריך טהרה. ואולם מי שמת בנשיקה, מת על פי ה' כפי הידבקה בשכינה ואין רוח הטומאה שורה במיתתן. ולפיכך אין האויר נפסד לפי ששמרו נשמתן, ולא נתפתו ביצר הרע, ונשארו טהורות ולבנות כמו שנופחו מפי ה' יתברך. ומקורו מהזהר בראשית (הערת הרב שעוועל שם במהדורת מוסד הרב קוק).

וכעין זה מבואר גם בספר מעבר יַבֹּק:

ואמרו כי מלאכא דמותא לא שליט על מאן דאשתדל באורייתא לשמה, אלא מיתתיה על פי ה' והיא הנשיקה דהוא דבקותא דנפשא בשכינתא ובעיקרא דיליה. בגין כך צדיקים אינם מטמאים במיתתן, כמה דתנינן "ביום שמת רבי בטלה כהונה" כלומר דאעסקו ביה כיון דלא שרא עליה רוח מסאבא (מאמר שפתי רננות פרק ג).

הערת הרב נבנצל שליט"א – ואין סומכים על זה להלכה.

מיתת צדיקים מכפרת

חכמים למדו זאת מסמיכות פרשיות בתורה.

למה נסמכה מיתת מרים לפרשת פרה אדומה? לומר לך, מה פרה אדומה מכפרת, אף מיתתן של צדיקים מכפרת. למה נסמכה מיתת אהרן לבגדי כהונה? לומר לך, מה בגדי כהונה מכפרים, אף מיתתן של צדיקים מכפרת (מועד קטן כח, א).

במדרש למדו:

מפני מה מזכיר מיתתן של בני אהרן ביום הכיפורים? מלמד שכשם שיום הכיפורים מכפר, כך מיתתן של צדיקים מכפרת. ומנין שיום הכיפורים מכפר? דכתיב "כִּי בַיּוֹם הַזֶּה יְכַפֵּר" (ויקרא טז, ל). ומנין שמיתתן של צדיקים מכפרת? שנאמר "וַיִּקְבְּרוּ אֶת עַצְמוֹת שָׁאוּל וִיהוֹנָתָן בְּנוֹ בְּאֶרֶץ בִּנְיָמִן בְּצֵלָע בְּקֶבֶר קִישׁ

אָבִיו וַיַּעֲשׂוּ כֹּל אֲשֶׁר צִוָּה הַמֶּלֶךְ וַיֵּעָתֵר אֱלֹהִים לָאָרֶץ אַחֲרֵי כֵן" (שמואל ב׳, כא, יד; ילקוט שמעוני ויקרא סימן תקכ"ה).

רש"י פירש:

כשהקדוש ברוך הוא עושה דין בצדיקים, מתיירא ומתעלה ומתקלס. אם כך באלו, קל וחומר ברשעים. וכן הוא אומר "נוֹרָא אֱלֹהִים מִמִּקְדָּשֶׁיךָ" (תהלים סח, לו), אל תקרי ממקדשיך אלא ממקודשיך (ויקרא י, ג).

לגבי משמעות הביטוי: מדובר בדברים שהם כבשונו של עולם, והנסתרות לה׳ אלהינו. אך באופן פשוט ניתן לומר שמיתת צדיקים גורמת לבני האדם צער ויסורים. היסורים הם גורם מכפר, וריבונו של עולם מחשיב את היסורים לבני האדם כחלק מכפרה. נוסף על כך, הצער עשוי לגרום לבני האדם לחשבון נפש ולהרהורי תשובה. הרהורי תשובה עצמם הם גורם מכפר בהיותם מגדילים את שאיפות הטוב והיושר שיש באדם. מלבד זאת, הרהורי תשובה גם עשויים להוביל את האדם למעשים טובים וישרים, מעשים כאלו שהם גורם מכפר. ניתן לסכם ולומר שאירוע של מיתת צדיקים יכול לשמש מנוף לחיזוק מוסרי ומעשי לבני האדם.

הסבר נוסף שניתן לומר: אדם נשפט יחסית לסביבה שבה הוא גדל. אם הצדיק נמצא במקום, הדרישה הרוחנית ממנו ומסביבתו עולה. אפשר להביא דוגמא לכך מהאשה הצרפתית שטענה כלפי אליהו שבא להזכיר את עוונה (מלכים א׳, יז, יח), שעד שבא אליהו היתה נחשבת לצדקת, ולאחר שבא כבר היתה בצלו ודקדקו איתה יותר. אם הצדיק מסתלק, הרמה הרוחנית יורדת, סביבתו נחשבת כיתומה מבחינה רוחנית ולכן מתייחסים אליה בסלחנות מסוימת.

(בישעיהו נז, א – "הַצַּדִּיק אָבָד וְאֵין אִישׁ שָׂם עַל לֵב וְאַנְשֵׁי חֶסֶד נֶאֱסָפִים בְּאֵין מֵבִין כִּי מִפְּנֵי הָרָעָה נֶאֱסַף הַצַּדִּיק"; ישנה התייחסות למיתת צדיקים, אך במובן אחר).

ע"ע **בקרבי אקדש**.

מלאך המוות

מלאך ממונה על נטילת הנשמה מבני האדם.

אמר ריש לקיש: הוא שטן, הוא יצר הרע, הוא מלאך המוות. במתניתא תנא: יורד ומתעה, עולה ומרגיז, נוטל רשות ונוטל נשמה (בבא בתרא טז, א).

הרמב"ם התייחס לביטויים אלו בהרחבה במורה הנבוכים (חלק ג, כב).

אמרו עליו על מלאך המוות שכולו מלא עיניים. בשעת פטירתו של חולה עומד מעל מראשותיו וחרבו שלופה בידו, וטיפה של מרה תלויה בו. כיון שחולה רואה אותו, מזדעזע ופותח פיו, וזורקה לתוך פיו. ממנה מת, ממנה מסריח, ממנה פניו מוריקות (עבודה זרה כ, ב).

רב יוסף כשהיה מגיע לפסוק זה היה בוכה – "וְיֵשׁ נִסְפֶּה בְּלֹא מִשְׁפָּט" (משלי יג, כג), אמר: האם יש מי שהולך בלא זמנו? ומשיבים: כן! כמו מעשה זה ברב ביבי בר אביי שהיה מצוי אצלו מלאך המוות. אמר לו מלאך המוות לשלוחו: לך הבא לי את מרים הגודלת (הקולעת) שער נשים. הלך והביא לו את מרים מגדלת התינוקות. אמר לו מלאך המוות: אני את מרים גודלת השער אמרתי לך להביא! אמר לו השליח: אם כן אחזיר אותה לחיים?! אמר לו מלאך המוות: הואיל וכבר הבאת אותה – שתהיה כאן במניין המתים. שאלו רב ביבי: כיון שלא הגיע זמנה, היאך יכלת להמיתה? אמר השליח שהאשה היתה מכבדת ומנקה את התנור ונכוותה ואיתרע מזלה ולכן יכול היה להביאה. אמר לו רב ביבי: יש לכם רשות לעשות כך? אמר לו: וכי לא כתוב "וְיֵשׁ נִסְפֶּה בְּלֹא מִשְׁפָּט"? אמר לו רב ביבי: והרי כתוב "דּוֹר הֹלֵךְ וְדוֹר בָּא" (ומשמע מכך שלכל דור יש שנים קצובות עד המיתה) ! אמר לו מלאך המוות: רועה אני אותם עד שימלאו להם שנות הדור, ולאחר מכם אני מוסרם למלאך הנקרא דומה (הממונה על נשמות המתים). אמר לו רב ביבי: סוף סוף, בשנות החיים של אותה אשה מה אתה עושה? אמר לו: אם יש תלמיד חכם שמעביר על מדותיו, אני מוסיף לו על שנותיו כחילופי שנותיהם (תרגום ממסכת חגיגה ה, א).

"וַיִּשָּׂא דָוִיד אֶת עֵינָיו וַיַּרְא אֶת מַלְאַךְ ה' עֹמֵד בֵּין הָאָרֶץ וּבֵין הַשָּׁמַיִם וְחַרְבּוֹ שְׁלוּפָה בְּיָדוֹ נְטוּיָה עַל יְרוּשָׁלָם" (דברי הימים א', כא, טז). מה עשה המלאך? לקח את חרבו וקנח בטליתו של דוד, וראה דוד חרבו של מלאך המוות והיה מרתיע בכל אבריו עד יום מותו, שנאמר (דברי הימים א', כא, ל) "וְלֹא יָכֹל דָּוִיד לָלֶכֶת לְפָנָיו לִדְרֹשׁ אֱלֹהִים כִּי נִבְעַת מִפְּנֵי חֶרֶב מַלְאַךְ ה' " (פרקי דרבי אליעזר פרק מג).

האבות מסרו לנו כי המלאך אשר הבורא שלח אותו להפריד ביניהם מתגלה לאדם בצורת אש ירוקה מלאת עיניים של אש כחולה, ובידו סיף שלוף מכוון כנגדו, וכאשר רואהו כך נחרד מפניו ורוחו נפרדת מגופו. וכאשר התבוננתי בכתובים מצאתי את המצב בו כפי שמסרו לנו, כאמרו בזמן המגֵּפה "וַיִּשָּׂא דָוִיד אֶת עֵינָיו וַיַּרְא אֶת מַלְאַךְ ה' עֹמֵד בֵּין הָאָרֶץ וּבֵין הַשָּׁמַיִם וְחַרְבּוֹ שְׁלוּפָה בְּיָדוֹ נְטוּיָה עַל יְרוּשָׁלָם" (דברי הימים א', כא, טז), וכאשר התפלל והקריב נאמר אחר כך "וַיֹּאמֶר ה' לַמַּלְאָךְ וַיָּשֶׁב חַרְבּוֹ אֶל נְדָנָהּ" (שם פסוק כז). ולמדתי מכך שגווית המלאכים מאש ירוקה שנאמר "וּדְמוּת הַחַיּוֹת מַרְאֵיהֶם כְּגַחֲלֵי אֵשׁ בֹּעֲרוֹת כְּמַרְאֵה הַלַּפִּדִים" (יחזקאל א, יג), ושכולם מלאים עיניים שנאמר "וְכָל בְּשָׂרָם וְגַבֵּהֶם וִידֵיהֶם וְכַנְפֵיהֶם וְהָאוֹפַנִּים מְלֵאִים עֵינַיִם סָבִיב" (שם י, יב). ... וכבר ידעת כי מראה האש הגדולה כמעט היו אבותינו מתים מחמתה, כאמרו "וְעַתָּה לָמָּה נָמוּת" (דברים ה, כב), כל שכן אם היתה מכוונת כנגד האדם עם חרב שלופה. וכבר ידעת כי המלך דוד עליו השלום כאשר ראה אותו המלאך ואף על פי שלא היה מכוון כנגדו להדיא, פחד וחל ורעד, כאמרו "כִּי נִבְעַת מִפְּנֵי חֶרֶב מַלְאַךְ ה' " (דברי הימים א', כא, ל), ולא חדל מאותו היום

להיות רועד עד שמת כאמרו "וַיְכַסֻּהוּ בַּבְּגָדִים וְלֹא יִחַם לוֹ" (מלכים א', א, א), וכל שכן מי שהוא מכוון כנגדו (הנבחר באמונות ודעות, רבי סעדיה גאון, המאמר השישי פרק ז).

מצאתי קצת סמך למנהג ישראל שלא לעמוד לרגלי המיטה שבה הגוסס, יען כי מלאך המוות כנגדו וחרבו בידו כמו שאמרו רבנן, ואין להתקרב אליו ולא לדחוק מקומו. כתוב בזהר (פרשת פנחס דף רלד עמוד ב) המבקר את החולה לא ליתוב מראשותיו משום ששכינתא על רישיה ולא לרגלוהי דמלאך המוות לרגלוהי... (מעבר יַבֹּק מאמר שפתי רננות פרק ו).

שישה לא שלט בהם מלאך המוות – ע"ע **מיתת נשיקה.**

מן השמים תנוחמו

מילות הניחומים שאומרים לאבלים כשנפרדים מהם, על פי מנהגי עדות המזרח.

ע"ע **המקום ינחם אתכם בתוך שאר אבלי ציון וירושלים. ניחום אבלים.**

מנהג ירושלים

נוסף על ההלכות והדינים שנפסקו, יש הרבה חילוקי מנהגים באבלות. בירושלים ישנם מנהגים מיוחדים, ולתועלת המעיינים אספנום כאן.

- מנהג ירושלים לקבור את הנפטר ביום פטירתו ולא להלין את המת כלל, אפילו לכבודו. כלל זה נוהג בירושלים העתיקה שבין החומות. **הערת הרב נבנצל שליט"א** – ולהלינו בין החומות אסור מצד הדין (חוץ מבשבת).
- מטת המת הנהוגה בירושלים עשויה משני מוטות ושמונה עשרה אונקלאות (חוליות), מקובלת בירושלים ובצפת משנות דור (גשר החיים חלק ב פרק ז, א). ע"ע **כליבה.**
- מנהג ירושלים – על פי הקבלה – שצאצאיו של נפטר זכר (בניו ובנותיו נכדיו ונינִיו) לא הולכים אחר מיטתו. על פי מנהג זה, יש שאינם מגיעים כלל לבית הקברות – האפשרות המועדפת לפי מנהג זה; או – אם בכל זאת הצאצאים משתתפים בלוויה – שהצאצאים יגיעו לקבר עוד לפני הנפטר, כך לפחות לא ילכו אחר המיטה אלא לפניה. ע"ע **חרם – "זרעו לא ילך אחריו".**
- מנהג ירושלים ומנהג חסידים לערוך "**הקפות**" סביב הנפטר קודם קבורתו. מטרת ההקפות היא לשמור את גוף הנפטר ונשמתו מכוחות הטומאה שעלולים להדבק בהם. ע"ע **הקפות.**
- מנהג ירושלים ועדות המזרח שהכהנים נושאים את כפיהם בבית האבל. אבל האבל עצמו לא ישא כפיו ביום חול, ובשבת ישא כפיו כדי לא להראות אבלות בפרהסיה (גשר החיים פרק כ, ג, ה. צרור החיים פיסקה קנא). **הערת הרב נבנצל שליט"א** – ויש שנהגו שגם האבל נושא כפיו, גם בחול.

• מקילים לאבל לומר **קדיש** גם לפני הקבורה (גשר החיים פרק יח, ב, ג). אמנם בספר צרור החיים (פיסקה יז) כתב שאין דין קדיש לפני הקבורה, אבל מנהג ירושלים לומר קדיש לפני הקבורה (שם בהקדמה לפרק ה). ע"ע **אנינות**.

• יולדת שנפטרה בלידתה, מנהג ירושלים להלבישה תכריכים. אם יש בגדים הבלועים מדם הנפש, נקברים עמה (גשר החיים פרק יא, ו). ע"ע **דם הנפש**.

• **צידוק הדין** – עדות המזרח אומרים בכל הימים וגם בלילה. עדות המזרח שנוהגים על פי בן איש חי אין אומרים צידוק הדין בלילה. האשכנזים אין אומרים צידוק הדין בלילה, ולא בימים שאין אומרים בהם תחנון. ומנהג ירושלים שלא לומר גם בערב יום שאין אומרים בו תחנון, לאחר חצות היום (כגון בערב ראש חודש).

• בשבת וביום טוב אין קורעים. בחול המועד יש מנהגים שונים, ובמקום שאין מנהג ברור יש לקרוע על כל הקרובים. מנהג ירושלים לקרוע בחול המועד רק על אב ואם, ועל שאר קרובים יקרעו רק במוצאי הרגל כשמתחילים לנהוג אבלות (ילקוט יוסף סימן ט, כה). ע"ע **קריעה**.

• מנהג ירושלים לערוך **סעודת הבראה** לחברה קדישא לאחר שסיימו לקבור את הנפטר, כדי להראות שהאחראים לקבורה אסור להם לאכול סעודת קבע קודם הקבורה (גשר החיים פרק לג, ב, ב).

• בחול המועד מברים בקפה ועוגות ולא בביצים ועדשים. ומברים על כסאות ולא על הקרקע. ומנהג ירושלים שבחול המועד רק אבלים על הורים אוכלים **סעודת הבראה**, אבל לא על שאר קרובים (ילקוט יוסף סימן **יג, י**; פני ברוך סימן כח, יא). אמנם רבינו גשר החיים (פרק כ, ב, י) הזכיר מנהג זה בשם ספר מזבח אדמה וכתב שלא נתברר לנו מנהג זה ואין לנו מקור על זה. (ובילקוט יוסף (סימן מג, פורים, א) העתיק מנהג זה שמברים רק על הורים גם לפורים כמו בחול המועד, ולכאורה דבריו סותרים למה שכתב בסימן יג, ז, ששם כתב שאין חילוק בין אב ואם לשאר קרובים).

• מנהג ירושלים שאין מנגבים את הידיים אחר הנטילה ביציאה מבית הקברות (גשר החיים פרק יד, כא). **הערת הרב נבנצל שליט"א** – והורה אדמו"ר זללה"ה (הגרש"ז אויערבך זצ"ל) שאם נטל ידיים ב' פעמים על כל יד, יכול לנגבן.

• אם נקבר יום לאחר המיתה, מנהג ירושלים שהאבל מניח בו תפילין בצנעה בלי ברכה. אבל אם נפטר בשבת ונקבר במוצאי שבת, האבל לא מניח תפילין ביום ראשון (ילקוט יוסף סימן ז, כה. וכעין זה כתב בצרור החיים פיסקה קכה). ע"ע **תפילין ביום הראשון**.

• אין אומרים ברכה מעין שבע בבית האבלים בערב שבת (שלחן ערוך אורח חיים סימן רסח, י), ויש מי שכתב שבירושלים נהגו לאמרה (ילקוט יוסף סימן כט, טז).

• מנהג ירושלים לומר שבת שלום לאבלים, כדברי הרמב"ם, שהוא מכלל דברים שבפרהסיה (ילקוט יוסף סימן כג, ו).

• מנהג עדות המזרח לומר הלל בראש חודש בבית האבל חוץ מאשר האבל עצמו שאינו אומר (ילקוט יוסף סימן כט, יד). והוסיף שם שלפי מנהג ירושלים, אם מתפללים במקום שנפטר המת, הציבור יוצא לחדר אחר לקרות את ההלל וחוזר לאחר מכן. ואם נפטר בבית חולים או בבית אחר, אינם צריכים לצאת כלל.

- אסור להכניס מת לפנים מן החומה בירושלים. המקור הוא במשנה (כלים א, ז) "... מסבבין לתוכה מת עד שירצו. יצא – אין מחזירין אותו". לפי זה, אם מת לפנים מן החומה, מותר להוליכו לכבודו כמה שירצו. הגבלה זו נוהגת מחמת קדושת ירושלים. (הפרטים והגבולות המקודשים מובאים בגשר החיים פרק יד פיסקה ד, וביתר פירוט בספר "עיר הקדש והמקדש" של הרב טוקצינסקי חלק ב פרק יב).

מסכת שמחות

ע"ע **אבל רבתי**.

מסרוהו לכתפים

מונח הלכתי בהלכות אנינות המתאר את העברת האחריות על הנפטר מקרוביו לחברה קדישא. כל זמן שהנפטר נמצא באחריות קרוביו, יש עליהם דין אנינות. הם אסורים בבשר ויין, ופטורים מכל מצוות עשה. מזמן שמסרוהו לכתפים – חברה קדישא, המכונים כך מפני המנהג שהיה לשאת את הנפטר על הכתף; עוברת האחריות על הנפטר וקבורתו לחברה קדישא. זהו השלב בו ההתייחסות ההלכתית לקרובים משתנה, והקרובים מותרים לאכול בשר ולשתות יין וחייבים שוב בכל המצוות. שלחן ערוך יורה דעה סימן שמא, ג.

הערת הרב נבנצל שליט"א – אלא אם כן יכולים עדיין לחשוב מי יספיד, ולמי להודיע, ומה לומר בהספד וכדומה.

ע"ע **אנינות**. **חברה קדישא**.

מעבירים את המת מלפני הכלה

כלל הלכתי המובא בגמרא (כתובות יז, א), ונפסק גם להלכה (טור ושלחן ערוך יורה דעה סימן שס). חכמים רצו ללמד עיקרון ונתנו דוגמא כדי להמחיש זאת. כגון שבאה לוויה מצד אחד וכלה מצד שני, באותו הרחוב ממש, בו זמנית. אי אפשר שיעברו שניהם יחד באותו הרחוב, באותו זמן. בלתי אפשרי לעמת באותו מקום ובאותו זמן, רגשות קטביים כאלו. שיאים של צער ויגון מחד גיסא, עם מצהלות חתנים, גילה רינה דיצה וחדוה מאידך גיסא. גם מבחינה מעשית אין מקום לכל הקהל ולפמליות המלוות. אחד הצדדים מוכרח לפנות את מקומו, ולהשאיר את הבמה לזולתו באופן בלעדי. ישנו קושי נפשי עצום לעשות זאת כיון שלכל אחד מהארועים ישנה משמעות רגשית עמוקה ביותר. ונשאלת השאלה: במצב כזה, מי צריך לפנות את מקומו? למי יש זכות קדימה?

הכלל שקבעו חכמים הוא "**מעבירים את המת מלפני הכלה**". הלוויה עוברת לרחוב אחר כדי לאפשר את שמחתה של הכלה באופן מלא. מעבר להתייחסות הנקודתית למקרה המסוים, חכמים גם באו לקבוע עיקרון כולל: צריך להגביר ולחזק את רגשות השמחה, גם כשיש רגשות צער ואבלות. החיים צריכים להמשך. צריך להמשיך, ובשמחה.

גם באבלות של כלל ישראל חכמים לימדונו שאדם סד את ביתו כדי שיהיה יפה ומקושט, אך יש להשאיר אמה על אמה לא מסוידת כנגד הפתח זכר לחורבן. אותו העיקרון – ממשיכים, ומתחתנים, ובונים בתים יפים ומקשטים ומסיידים אותם. בתוך כל זה משאירים את הפינה של זכר לחורבן, במקום בולט כדי שלא נשכח. אבל הכלל הוא להמשיך בחיים מתוך בניין של שמחה.

העיקרון ההלכתי מורכב וכפול, ונראה כסותר את עצמו:

> מי שהיה לפניו מת וכלה, מניח את הכלה ומתעסק עם המת. וכן הוא אומר (קהלת ז, ד) "לֵב חֲכָמִים בְּבֵית אֵבֶל וְלֵב כְּסִילִים בְּבֵית שִׂמְחָה" (רמב"ם הלכות אבל פרק יד, ח).

ומאידך:

> מת וכלה שפגעו זה בזה בדרך, מעבירין את המת מלפני הכלה (רמב"ם שם).

המקור להעדפת המת לקוח מברייתא במסכת שמחות: "בית האבל ובית המשתה, בית האבל קודם". ישנם כמה הסברים כיצד לשלב את שני המאמרים. לפי הרמב"ן יש להעדיף את הכלה בזמן החופה, ואת סעודת האבל על פני בית המשתה לאחר החופה (תורת האדם עמוד קט). ויש מי שכתב שכבוד הכלה קודם ולכן מקדימים אותה, שכבוד החי עדיף מכבוד המת. אבל כשיש צורך לעסוק באחת המצוות עדיף לעסוק בקבורת המת. ודווקא כשיש מי שיעסקו גם בהכנסת הכלה לחופה. אבל אם יש אפשרות לקיים רק אחת משתי המצוות, כבוד החיים קודם ויש להעדיף הכנסת כלה (לחם משנה על הרמב"ם שם; שלחן ערוך שם סימן שס; ילקוט יוסף סימן י, ח). כלומר, כבוד החיים קודם, ועקרונית יש להעדיף הכנסת כלה על פני לווית המת. אבל באופן פרטי יש לו לאדם להקדים ולעסוק במת. וכמו שכתוב במסכת שמחות (פרק יב): "אבל חסידים הראשונים היו מקדימים לבית האבל מלבית המשתה, שנאמר "טוֹב לָלֶכֶת אֶל בֵּית אֵבֶל מִלֶּכֶת אֶל בֵּית מִשְׁתֶּה, בַּאֲשֶׁר הוּא סוֹף כָּל הָאָדָם וְהַחַי יִתֵּן אֶל לִבּוֹ" (קהלת ז, ב). ע"ע **כבוד המת**.

מעבר יַבֹּק

ביטוי בתורת הקבלה המבוסס על הפסוקים המתארים את המעבר של יעקב אבינו בדרכו חזרה מחרן לארץ כנען. על יעקב אבינו כתוב: "וַיַּעֲבֹר אֵת מַעֲבַר יַבֹּק ... וַיִּוָּתֵר יַעֲקֹב לְבַדּוֹ וַיֵּאָבֵק אִישׁ עִמּוֹ עַד עֲלוֹת הַשָּׁחַר" (בראשית לב, כב – כד). במעבר זה נאלץ יעקב להאבק עם המלאך כל הלילה עד עלות השחר. בקבלה זהו מושג המתאר מעבר מורכב, ולעתים מעבר קשה ובעייתי ממצב למצב, המצריך סיוע. מעבר קשה שבסופו מגיע האור, כמו אצל יעקב אבינו שנאבק עד עלות השחר "וַיִּזְרַח לוֹ הַשֶּׁמֶשׁ כַּאֲשֶׁר עָבַר אֶת פְּנוּאֵל". כך למשל בכניסה לבית שהיא מקום רגיש ולעיתים בעייתי ומורכב, ישנה מצוה לקבוע מזוזה. זכות המצוה אמורה לסייע ולהגן על האדם במעבר מהבית המוגן אל ההתמודדות בחוץ, ולהגן על הבית עצמו מגורמים חיצוניים.

כך למשל גם בלידה. הלידה היא מצב של מעבר מורכב ביותר, גם לאם וגם לתינוק שנולד. במשנה (שבת פרק ב, ו) מובא שעל שלוש עברות נשים מתות בשעת לידתן, על שאינן זהירות בנידה ובחלה ובהדלקת הנר. שלוש המצוות הללו נמצאות במעברים מורכבים וחשובים. הנידה היא מעבר משמעותי ביותר לאשה ולבעלה מטהרה לטומאה ומטומאה לטהרה, וחוזר חלילה. הפרשת חלה מן העיסה נמצאת במעבר מחמרי הגלם הטבעיים שהם מאכל בהמה, אל הלחם שהוא המאכל האנושי הבסיסי ביותר, המסמל את יכולת האדם לייצר את מאכלו. הדלקת הנר היא המעבר מימי החול לשבת קודש, מהממד החומרי של ששת ימי המעשה, אל הרוחניות והקדושה. בכל אחד ממעברים אלו ישנה מצוה, המעניקה משמעות רוחנית ומחילה שם שמים על הפעולות האנושיות. זכות המצוה נותנת הגנה וביטחון. על דרך החיוב ניתן לומר, שהזהירות של האשה במצוות הללו המייצגות מעברים מורכבים, מאפשרת לה הגנה כשהיא עצמה נמצאת בתהליך של לידה, במעבר מורכב ומסוכן של נתינת חיים.

גם בפטירה כמו בלידה יש צורך בתמיכה ובסיוע לנשמה העוברת ממצב למצב. חלק ממנהגי הלוויה והקבורה, בעיקר מנהגים המבוססים על תורת הקבלה והסוד, קשורים לגישה זו של סיוע לנפטר ולנשמתו בעת הפטירה, הלוויה והקבורה.

השם "יַבֹּק" מורכב על פי הקבלה מצירופי שמות א.ה.י.ה. ה.ו.י.ה. א.ד.נ.י. שיחד הם קי"ב = יבק. "וגם יַבֹּק שהוא שם קדוש ועליו נאמר ויעבר את מעבר יַבֹּק והוא סוד יעננו **ביום** קראנו..." (מעבר יַבֹּק מאמר שפתי רננות פרק ה. עיין שם באריכות ובפרוטרוט).

ע"ע **הקפות. חרדת הדין. חרם – זרעו לא ילך אחריו. מעמד ומושב. שיר של פגעים.**

מעמד ומושב

כשנושאים את המת לקברו, היו יושבים שבע פעמים לבכות את המת והרוצה לספדו היה סופד. ובכל פעם אמר הממונה "עמדו יקרים עמודו", "שבו יקרים שבו" (מגילה כג, ב, ורש"י שם). שבעה מעמדות ומושבות הן כנגד שבעה "הבלים" שבקהלת (א, ב) "הֲבֵל הֲבָלִים אָמַר קֹהֶלֶת הֲבֵל הֲבָלִים הַכֹּל הָבֶל" (בבא בתרא ק, ב). "בחזירתם מן הקבר הולכים מעט ויושבים שבע פעמים להרבות צער על המת ולתת איש אל לבו לשוב בתשובה, כי חיי האדם הבל" (רשב"ם שם). אין עושים מעמד ומושב בפחות מעשרה (משנה מגילה ד, ג). בזמן הגאונים הפסיקו לנהוג מנהג זה (אוצר הגאונים משקין סימן קכג; תשובות הגאונים שערי צדק, חלק ג שער ד, כ). הרמב"ם פסק זאת להלכה (הלכות אבל פרק יב, ד – ה) וכך גם הרמב"ן (תורת האדם עמוד קנא), והרמ"א (על שלחן ערוך יורה דעה בסוף סימן שנח). בגשר החיים (פרק יד, ג, א) כתב שכיום אין מדקדקים במספר המעמדות אלא כשתעבור המיטה לפני בית הכנסת אומרים את המשנה "עקביא בן מהללאל", פסוקים וקדיש. ואם אין עוברים ליד בית כנסת, מעמידים את מיטת הנפטר פעם או פעמיים לפני בית הקברות. גם בחזור מהלוויה היו נוהגים לשבת שבע פעמים ויש שנהגו שלש פעמים (הרמ"א בסימן שעו, ד. גשר החיים שם). מנהג בני תימן לעשות מעמד ומושב גם כיום (הליכות תימן, מנהגי קבורה ואבלות עמוד 327; שלחן ערוך המקוצר עיני יצחק, יורה דעה סימן קפ, יג).

הסבר על דרך הקבלה מצינו בספר מעבר יַבֹּק: "ובכל זמן שעומדים עם הארגז (הארון) להחליף, יכוונו להבריח מעליו ומסביביו הרוחות כי בכל עמידה הרוחות פורחים ואולי אין להם רשות רק להלך ולא לעמוד, כמו שהמזיק אין לו רשות לזוז ממקומו" (מאמר שפתי רננות פרק טו. כך מובא גם בשפתי כהן על שולחן ערוך סימן שנח, ג).

ע"ע **מעבר יבֹּק**.

מערות קבורה

בימי קדם קברו בתוך מערות. הדוגמא המפורסמת ביותר היא מערת המכפלה שקנה אברהם אבינו כדי לקבור את שרה אשתו, ושהפכה להיות מקום קבורת אבותינו – אברהם יצחק ויעקב, ואמותינו – שרה רבקה ולאה. מלבד זאת מקובל שבמערה קבורים אדם וחוה, וזו אחת הסיבות ששם המקום נקרא "קרית ארבע", על שם ארבע זוגות הקבורים במערת המכפלה. ע"ע **מערת המכפלה**.

תיאור מדוקדק של המערות והכוכים מובא במשנה ובתלמוד, בהקשר של מקח וממכר (בבא בתרא סוף פרק שישי).

מערת המכפלה

מערת קבורה בה נקברו אדם וחוה וכן אבות האומה – אברהם ושרה, יצחק ורבקה, יעקב ולאה. על פי הקבלה מערת המכפלה היא פתח גן עדן ומקום מעבר הנשמות מהעולם הזה לעולם הבא. אין לנו עסק וידע בנסתרות, אך נצטט בזהירות מעט מזעיר ממה שכבר נדפס בספרים הקדושים.

הראשון שנגלה אליו סוד המערה היה אדם הראשון:

> ... סלק הקדוש ברוך הוא לאדם הראשון למעלה מכל הארצות, לתבל, במקום ארץ ישראל, בחברון. ושם חצב לו קבר, ועשה מערה לפנים ממערה סמוך לגן עדן, ושם היתה קבורתו וקבורת אברהם יצחק ויעקב והאמהות. רבי קסמא אומר: מערת המכפלה סמוך לפתח גן עדן. בשעה שמתה חוה, בא אדם לקברה שם, ושם הריח מריחות גן עדן באותו הריח שהיה שם. רצה לחצוב יותר, יצתה בת קול ואמרה: דייך! באותה שעה עמד ולא חצב יותר, ושם נקבר (זהר חודש רות, דף עט, ד. מהדורת הסולם פיסקה ריד).

לאחר שנים רבות בהן התעלם המקום ונתכסה, נגלה המקום לאברהם אבינו:

> ... ולא היה מי שיודע בו, עד שבא אברהם אבינו ונכנס לשם וראה אותו, והריח ריח בשמים של גן עדן, ושמע קול מלאכי השרת אומרים: אדם הראשון קבור שם, ואברהם יצחק ויעקב מוכנים יהיו למקום הזה. ראה הנר הדולק ויצא. מיד היתה תאוותו על המקום הזה.
>
> אמר רב הונא: קודם שבא אברהם, רבים היו מבקשים להיקבר שם, ומלאכי השרת היו שומרים המקום, ורואים אש דולקת שם, ולא יכלו להיכנס. עד

שבא אברהם ונכנס וקנה את המקום (זהר חדש רות, שם. מהדורת הסולם פיסקה רטו – רטז).

מערת המכפלה, פתח גן עדן, היא מקום עליית הנשמות כולן לגנזי מרומים:

וכאשר הנשמה יוצאת מהעולם הזה באה למערת המכפלה ששם הוא פתח גן עדן, ופוגשת באדם הראשון ובאבות אשר שם. אם זכאית היא, שמחים בה ופותחים לה הפתחים ונכנסת; ואם לא – דוחים אותה לחוץ. אם זוכה נכנסת לגן עדן. כיון שנכנסת יושבת שם בגן, ומתלבשת שם בלבושה כמו שהיה לה בעולם הזה (תרגום הזהר לך לך פיסקה צה).

תנא, שבע פתחים יש לנפשות הצדיקים להיכנס עד מקום מעלתם; ועל כל פתח ופתח – שומרים. הפתח הראשון – נכנסת הנשמה במערת המכפלה שהיא סמוכה לגן עדן, ואדם הראשון שומר עליו. זכתה – הוא מכריז ואומר: פנו מקום, שלום בואך! (זהר חדש, מדרש הנעלם נח, כא, א).

מהות זו של המערה אינה ניתנת, כמובן, להבנה כפשוטה. כל כולה היא בתחום הרמז, הדרש והסוד. יש לעיין מה משמעותו של "פתח גן עדן" המצוי במקום מסוים, כמהות רוחנית? כיצד יהיה מקום גשמי, שדה ומערה; פתח גן עדן, מקום עידון הנשמות? מפרשים ומקובלים העמיקו לחקור ולבאר מהות זו, ונצטט מעט מדבריהם:

אין הכוונה שיהיה גן עדן תחת קרקע העולם, חס ושלום להאמין בזה, אמנם יראה שדרך אותו הגשמי אשר במערה יזדכך מעט מעט עד שידבק ברוחני, ונמצא דבקות הרוחני שם (ספר "אור החכמה" לרבי משה קורדוברו, תלמידו של האר"י הקדוש מצפת; על זהר בראשית דף קכז, ב).

ועם היות שיחסו אל הגן מקום, דהיינו לצד מזרח דכתיב "גַּן בְּעֵדֶן מִקֶּדֶם"; אינו מושג כלל אלא אל נשמות הצדיקים. והגן מכוון נגד כל העולם כולו, ויש בו צד מתקרב אל העולם הזה, ושם בחינתו – הדבק הגוף עם הנפש, ומשם יסתעף אל העולם כולו ואפילו כנגד ישובנו זה. והפתח שדרך בו נכנסות הנשמות, הוא דרך מערת המכפלה. ולא שיהא הגן במערה תחת הקרקע, אלא שמשם יכנסו הגשמי אל הרוח (ספר "חסד לאברהם" לרבי אברהם אזולאי, מעין חמישי נהר מד).

כי תקרא חברון על התחברות של המערה ההיא עם העולם העליון כנודע אצלנו, כי היא כניסה לגן עדן הארץ (אלשיך על פרשת חיי שרה).

לפי זה, גן עדן הוא מקום עידון הנשמות במעבר מהחומרי לרוחני, וחברון על שם חיבור הרוחני בגשמי. ולפי זה מערת המכפלה – עולם כפול, חומרי ורוחני המחוברים יחד. והדברים עמוקים ונשגבים, רזין עילאין טמירין.

וע"ע בחוברת "עמק חברון – מערת המכפלה וזכות אבות במדרשי חז"ל" בהוצאת מדרשת חברון, ובספר מעבר יַבֹּק מאמר אמרי נועם פרק כז.

ע"ע **מיתה ואדם הראשון. מערות קבורה.**

מצבה

מימות עולם נהוג להקים מצבה על הקבר. במות רחל הציב יעקב מצבה על קבורתה.

שלושה שמות הם – מצבה, ציון, נפש.

בתורה מצאנו שם "מצבה" – "וַיַּצֵּב יַעֲקֹב מַצֵּבָה עַל קְבֻרָתָהּ הִוא מַצֶּבֶת קְבֻרַת רָחֵל עַד הַיּוֹם" (בראשית לה, כ)

בנביאים מצאנו שם "ציון" – "וַיֹּאמֶר מָה הַצִּיּוּן הַלָּז אֲשֶׁר אֲנִי רֹאֶה וַיֹּאמְרוּ אֵלָיו אַנְשֵׁי הָעִיר הַקֶּבֶר אִישׁ הָאֱלֹהִים אֲשֶׁר בָּא מִיהוּדָה" (מלכים ב', כג, יז).

במשנה ובגמרא שם "נפש" – "בונים לו נפש על קברו" (משנה שקלים ב, ה).

הטעמים להקמת המצבה:

- לזיכרון המת שלא ישתכח מן הלב. לכן אמרו חז"ל שאין עושים נפשות (מצבות) לצדיקים, דבריהם הם זכרונם (ירושלמי שקלים ב, ה), וכך אמנם פסק הרמב"ם (הלכות אבל ד, ד). אך האריז"ל כתב (שער המצוות פרשת ויחי) שהמצבה הוא צורך גדול ויש בה תקון לנפש. והרשב"א כתב שהוא כבוד למת (שו"ת הרשב"א סימן שעה). וכן נוהגים עתה לעשות מצבות גם לרבנים גדולים.
- לדעת את מקום הקבר כדי לבקרו ולהתפלל עליו.
- לציין את מקום הטומאה ולהזהיר את הכהנים
- כבוד לנפש המרחפת שם.

יש הקבלה בין שלושת השמות לטעמים. השם מצבה על שם התייצבות, בא להבליט את הקבר שיהיה ניכר כדי שיוכלו לבקרו, ולזיכרון המת שלא ישכח. השם ציון בא לציין את מקום הקבר כדי להזהיר מטומאה. והשם נפש על שם נפש הנפטר המרחפת שם, כמו שמוזכר בספר הזוהר (על פי גשר החיים פרק כח).

מי שציוה שלא להניח מצבה על קברו אין שומעים לו. אך אם ציוה שלא לכתוב תארים על מצבתו, שומעים לו (ילקוט יוסף סימן מא, ג). ע"ע **מצוה לקיים דברי המת**.

מצוה לקיים דברי המת

כלל הלכתי המופיע בגמרא ובפוסקים בהקשרים שונים. בהקשר לאבלות ההתייחסות בדרך כלל היא שאם הציווי של המת היה בדברים הקשורים לכבודו והוא מוחל על כך, מקיימים דבריו. אבל אין שומעים לו בדברים שהם מצוה או שהם מכבוד האבלים.

ההספד כבוד המת הוא, לפיכך אם ציוה שלא יספדוהו אין סופדין אותו. אבל אם ציוה שלא יקברוהו, אין שומעין לו, שהקבורה מצוה שנאמר (דברים כא, כג) "כִּי קָבוֹר תִּקְבְּרֶנּוּ בַּיּוֹם הַהוּא" (רמב"ם הלכות אבל פרק יב, א; שלחן ערוך יורה דעה סימן שמח, ב – ג).

> גדול הדור שמת וציוה שלא להספידו, יש שכתבו להקל ולהספידו כנגד מה שציוה (פתחי תשובה על שלחן ערוך שם סימן שמד, א).
>
> אם ציוה שלא לנהוג עליו שבעה ושלושים אין שומעים לו. אבל אב או אם שצוו לא לנהוג עליהם אבלות שומעים להם. כיון שאבלות שנים עשר חודש היא **יקרא דשכבי** – כבוד המתים, לעומת אבלות שבעה ושלושים שלא

נתברר אם היא מכבוד החיים או המתים, ולכן אין שומעים למת שציוה לבטלה (רמ"א בשלחן ערוך יורה דעה סימן שמד, י; על פי תשובת מהר"י וייל).

יש מי שכתב שאם אדם ציוה שבנו לא יאמר קדיש אחריו, שומעין לו (פתחי תשובה שם). אמנם בילקוט יוסף (סימן מא, ג) כתב שאין שומעים לו לבטל אמירת הקדיש. והטעם כתב בהערה שאילו ידע הנפטר את התועלת הגדולה בקדיש לא היה מצווה שלא לומר עליו קדיש, ועתה כשהוא בעולם האמת ניחא ליה שיאמרו עליו קדיש.

מי שציוה שלא להניח מצבה על קברו אין שומעים לו. אך אם ציוה שלא לכתוב תארים על מצבתו, שומעים לו. וכן אם מחל על כבודו וציוה לא להמנע משמחה במשך שנים עשר חודש, שומעים לו (ילקוט יוסף שם).

אם ציוה שלא לקרוע עליו, יש מי שכתב שיש לשמוע למת. אמנם יש שחלקו על כך וסברו שאין לשמוע למת לבטל קריעה שהיא מצוה ואין בסמכות המת לבטלה (פתחי תשובה שם, ב).

מי שציוה שאחד מבניו יטפל בקבורתו ולא שאר בניו, צריך לקיים דבריו. ובכל זאת יש לכל האחים דין אונן (ילקוט יוסף סימן מא, ה).

אם האב ציוה על בניו לעשות איזה דבר אחר פטירתו לכבודו, והדבר כרוך בהוצאות, יש אומרים שהיורשים חייבים לקיים צוואתו ולהוציא את הממון מדמי הירושה (הכלל ההלכתי הקשור בעניין זה – "מצוה על היתומים לפרוע חוב אביהם". מסכת כתובות צא, ב; בבא בתרא קנז, א. דיון על כך ודעת הראשונים בעניין, מובאים בילקוט יוסף סימן מא, ד).

ע"ע **יקרא דשכבי. צדקה. צוואה.**

מקוננות

נשים שאומנותן לקונן על המת, לספוד ולעורר בכי ויללה. בימי קדם היתה זו אומנות נפוצה הנזכרת כבר בתנ"ך "הִתְבּוֹנְנוּ וְקִרְאוּ לַמְקוֹנְנוֹת וּתְבוֹאֶינָה" (ירמיהו ט, טז). גם במשנה נזכרו המקוננות – "אפילו עני שבישראל לא יפחות משני חלילים ומקוננת" כחלק מחיובי הבעל כלפי אשתו (משנה כתובות ד, ד). גם צורת הקינה מבוארת במשנה: "המקוננות אומרות קינות ומטפחות – מספקות כף אל כף – ואחת מדברת וכולן עונות אחריה" (משנה מועד קטן פרק ג, ח – ט). יש גם התייחסות הלכתית כיצד יש לקונן בחול המועד בשונה מאשר בימים רגילים (שלחן ערוך יורה דעה סימן תא, ה). טעמים על דרך הסוד מדוע דווקא הנשים מקוננות מובאים בספר מעבר יַבֹּק (מאמר שפתי רננות פרק י).

כיום לא מצויה בישראל תופעה כזו כמקצוע או אומנות.

מקל ביד הנפטר

רבי ירמיה ציוה לפני מותו: הלבישוני בתכריכים לבנים, ותנו מנעלים ברגלי ומקלי בידי, והשכיבוני על צדי, כדי שאהיה מוכן להתעורר ולעמוד בביאת המשיח.

ירושלמי כלאים פרק ט, ג (תרגום)

יש נוהגים לתת חתיכת עץ (שקורים געפליך) בידו של המת בקבורה, ויש אומרים לבטל המנהג. בפתחי תשובה (יורה דעה סוף סימן שנב) הביא את המנהג וכתב שיש לבטלו מפני שפושטים את אצבעות הנפטר ולא קופצים אותן. בשו"ת חתם סופר (יורה דעה סימן שכז) כתב שלא לבטל המנהג כי לא לחינם נקבע. ויש שהביאו ראייה מרבי ירמיה שציוה לתת מקלו בידו (למרות שאת שאר ציוויו לתת מנעלים ברגליו ולהשכיבו על צידו, אין נוהגים). וראה עוד מקורות בנטעי גבריאל חלק א, פרק עו, יד.

מקצת היום ככולו

עיקרון זה נאמר גם בתחילת השבעה וגם בסופם. בתחילת השבעה, גם אם נקבר זמן מועט לפני השקיעה, או אפילו בבין השמשות (הגדרות מדויקות מובאות בעמוד 94), והאבלים הספיקו לנהוג אבלות אפילו זמן מועט, נחשב ליום הראשון מהשבעה. גם בסוף השבעה, יושבים זמן מועט לאחר התפילה וקמים. לפי השלחן ערוך כיון שהנצה החמה נסתיימה האבלות, לרמ"א בסוף השבעה יש להמתין עד הזמן בו היו המנחמים רגילים לבוא (שלחן ערוך יורה דעה סימן שצה, א).

כלל זה נוהג גם לגבי השלושים. ובסוף השלושים אחר הנץ החמה, כלו השלושים ונפסקת האבלות. ישנו מצב בו אותו יום נחשב גם לשבעה וגם לשלושים. כגון כשהשבעה מסתיימים ערב הרגל שאז מקצת היום ככולו ופסקה אבלות שבעה, ושאר היום נחשב כחלק מאבלות שלושים שמקצת היום ככולו עולה לכאן ולכאן (גם לשבעה וגם לשלושים). כך יוצא שכשנכנס החג, הריהו מבטל גזרת שלושים (שלחן ערוך שם סימן שצט, ג).

גם ביום השלישי אומרים מקצת היום ככולו (רמ"א שם סימן שצג, א. גשר החיים פרק כא, א, ז). כלל זה לא נאמר באבלות של שנים עשר חודש על אב ואם, ולכן נוהגים אבלות עד סוף היום האחרון של שנים עשר חודש (שלחן ערוך שם סימן שצה, ג). הטעם מפני שבשבעה ובשלושים מונים ימים, ובהם שייך לומר מקצת היום ככולו. אבל בשנים עשר חודש מונים חודשים, ובחודשים לא שייך לומר את הכלל החל על הימים (טורי זהב שם סעיף קטן ב).

גם לגבי יחסי אישות אומרים מקצת היום ככולו (טורי זהב על שלחן ערוך אורח חיים סימן תקנה. ערוך השלחן יורה דעה סימן שצה, ג. טורי זהב סימן תב, ה) ויש אוסרים עד הלילה (פני ברוך סימן כד, ה מביא את שתי הדעות).

יש אומרים שלצורך גדול אומרים גם לגבי ליל יום השביעי מקצת היום ככולו. הטור בסימן שצה הביא את דעת הרמב"ן (תורת האדם עמוד רטו) שמקצת הלילה נחשב ככל היום ולפי זה היה מותר לרחוץ או לקיים יחסי אישות כבר בליל היום השביעי. אמנם

השלחן ערוך (יורה דעה סימן שצה, א) פסק להלכה כמהר"ם מרוטנבורג שבשבעה אי אפשר להחשיב את מקצת הלילה ככל היום, אבל לגבי שמועה רחוקה לכל הדעות אומרים מקצת היום ככולו גם בלילה.

יש מהפוסקים האחרונים שהתירו יחסי אישות ותלמוד תורה כבר בלילה השביעי כיון שהם מצוה (פתחי תשובה על שלחן ערוך שם בשם תשובת הרדב"ז, ילקוט יוסף סימן כב, כה) אבל יש להמתין בלילה יותר מן הרגילות כדי שיהא נוהג מקצת אבלות גם בלילה. על תשובה זו הסתמכו להקל רק בשעת הדחק, כגון שהבעל צריך לנסוע ביום השביעי; והכל לפי מה שהוא אדם ויהיו מעשיו לשם שמים (שדי חמד אבלות אות כה. למעשה גם בגשר החיים (פרק כא, יד, ג) כתב להקל בדברים שבצנעה בלילה שלפני היום השביעי, גַּם בכל בו על אבלות (עמוד 295) כתב להקל אם הבעל אמור לנסוע למחרת. וע"ע באריכות בפני ברוך סימן כד הערה י).

מת גוי

תנו רבנן: מפרנסים עניי נכרים עם עניי ישראל, ומבקרים חולי נכרים עם עניי ישראל, וקוברים מתי נכרים עם מתי ישראל מפני דרכי שלום

גיטין סא, א

כלומר, למרות שציווי התורה "וְאָהַבְתָּ לְרֵעֲךָ כָּמוֹךָ" (ויקרא יט, יח) נאמר על רעך מבני עמך, תקנת חכמים לנהוג גמילות חסדים עם כל אדם, גם מי שאינו מעם ישראל. תכונתם של ישראל היא גמילות חסדים, וזו מידתו של אברהם אבינו שנהג חסד עם כלל בני האדם. וכיון שכך, ראוי לישראל שימשיכו את מידותיהם המתוקנות של האבות.

את הביטוי "קוברים מתי נכרים עם מתי ישראל", פירש רש"י: לא שיקברום בקבר ישראל, אלא שמשתדלים בקבורתם כמו שמשתדלים בקבורת ישראל.

כך גם נפסק להלכה: "קוברין מתי גויים ומנחמים אבליהם ומבקרים חוליהם מפני דרכי שלום" (רמב"ם הלכות אבל פרק יד, יב וכן בשלחן ערוך יורה דעה סימן שסז, א).

לגבי השתתפות בלוויה וקבורה של גויים, אם אין סממנים של דת אחרת מותר. אך אם ישנו טקס דתי של דת אחרת, או שהטקס נערך בתוך כנסיה נוצרית, אין להשתתף בטקס (כך הורה לי הרב יעקב רוז'ה שליט"א).

ע"ע **דרכי שלום**.

מת מצוה

מת שאין לו קרובים שיתעסקו בקבורתו והוא עלול להיות מוטל בביזיון, מצוה על כל מי שיכול לטפל בו ולהביאו לקבורה.

איזהו מת מצוה? כל שהוא צווח ואין בני העיר שומעין את קולו. אבל בני העיר שומעין את קולו, אין זה מת מצוה. לעולם הוא מת מצוה עד שיהא שם כדי נושאי מיטה וקובריה (מסכת שמחות פרק ד, כט – ל).

כיון שמצוה גדולה היא לקבור את המת, מת שאין מי שייקברנו הכל חייבים בקבורתו. אפילו כהן גדול ונזיר האסורים להיטמא למת, נטמאים למת מצוה. מבטלים רוב מצוות כדי לקבור מת מצוה. קבורת מת מצוה קודמת למקרא מגילה אם יש שהות לקרוא מגילה לאחר מכן. ויש אומרים שאפילו אם אין שהות לאחר מכן, מת מצוה קודם (מגילה ג, ב; שלחן ערוך אורח חיים סימן תרפז, ב; משנה ברורה שם).

אחד מעשרה תנאים שהתנה יהושע בן נון הוא שמת מצוה קנה מקומו ולכן נקבר במקום שנמצא – אם מצאו מחוץ לתחום, אבל מצאו בתוך תחום העיר מביאו לבית הקברות.

הגדרת מת מצוה היא רק אם מצאו ראשו ורובו (בבא קמא פא, א – ב; שלחן ערוך יורה דעה סימן שסד, ג; שעד, א – ג).

> אמר רבי עקיבא זו היתה תחילת תשמישי לפני חכמים, השכמתי ומצאתי הרוג אחד והייתי מטפל בו ב(מרחק של) שלשה תחומי שבת עד שהבאתיו למקום קבורה וקברתיו וכשבאתי והשערתי דברים לפני חכמים, אמרו לי על כל פסיעה ופסיעה שהיית פוסע מעלין עליך כאילו היית שופך דמים. ודנתי קל וחומר בעצמי, ומה אם עכשיו שנתכוונתי לזכות חטאתי, אילו נתכוונתי למעט על אחת כמה וכמה. וכשהיו אומרים דבר זה לפני רבי עקיבא היה אומר זו היתה תחילת זכותי (מסכת שמחות סוף פרק ד).

תוספות (כתובות יז, א) כתבו שההקפדה על רבי עקיבא היתה מפני שמת מצוה קנה מקומו. פירוש שני בתוספות מפרש שההקפדה עליו היתה כיון שלא שימש תלמידי חכמים, וכך הגירסה בירושלמי נזיר (פרק ז, א) "באותה שעה לא זזתי מלשמש תלמידי חכמים. הוא היה אומר: דלא שמש חכימיא – קטלא חייב".

בזמן הזה אין נוהג דין מת מצוה שקונה מקומו, וצריך לפנותו לבית הקברות. והטעם כיון שאי אפשר לפקח כראוי על ציון קברים לכן יש לקבור בבתי קברות קבועים, שזה מגן על טהרת ארץ ישראל. וגם מסתבר שכך הוא רצון המשפחה שייקבר בבית קברות מסודר ולא בשממון, ואם כן אפשר להחשיב זאת כאילו נקבר על מנת לפנותו. טעם נוסף הוא כדי למנוע תקלה מהכהנים כדי שלא ייטמאו (חזון איש יורה דעה סימן רט, יג).

ע"ע גניזה. טומאת כהן. פינוי קבר. קבר הנמצא.

מת שאין לו אבלים להתנחם

> מת שאין לו אבלים להתנחם, באים עשרה בני אדם כשרין ויושבין במקומו כל שבעת ימי האבלות, ושאר העם מתקבצין עליהן. ואם לא היו שם עשרה קבועין בכל יום ויום, מתקבצין עשרה משאר העם ויושבין במקומו (רמב"ם הלכות אבל פרק יג, ד. שלחן ערוך יורה דעה סימן שעו, ג; אמנם הרמ"א שם כותב שלא ראה שנוהגים כן למרות שכך ראוי היה לנהוג).

המקור לדברים הוא בגמרא (שבת קנב, א – ב) שם מסופר על אדם שהיה בשכנות לרב יהודה ונפטר, ולא היו לו מנחמים. כל שבעת ימי האבלות אסף רב יהודה עשרה אנשים

וישבו במקומו. לאחר שבעה ימים נראה המת בחלום לרב יהודה ואמר לו: תנוח דעתך שהנחת את דעתי.

ניוול המת

חרפה וגנאי למת. יש להיזהר לא לגרום לניוול המת. זו אחת מהסיבות שאין לפנות את המת מקברו, וגם אסור לפתוח את קברו, וכן אסור לנתחו. אולם לצורך גדול כגון נטילת קרנית ממת כדי להשתילה במי שנפגע מאור עיניו, יש מי שאוסר לקחת ממת ישראל ויש מי שמתיר, ויש לסמוך על המתירים בשעת דחק גדול כשאי אפשר להשיג ממתי גויים (ילקוט יוסף סימן נג, ב). מקורות – בבא בתרא קנד, א. חולין יא, ב. שלחן ערוך יורה דעה סימן שסג, ז. ע"ע **כבוד המת. פינוי הקבר. תרומת אברים.**

ניחום אבלים

מנהג קדמון לנחם אבלים מיגונם. יצחק התנחם אחרי אמו (בראשית כז, סז). יעקב חשב שיוסף מת ולכן "וַיִּקְרַע יַעֲקֹב שִׂמְלֹתָיו וַיָּשֶׂם שַׂק בְּמָתְנָיו וַיִּתְאַבֵּל עַל בְּנוֹ יָמִים רַבִּים: וַיָּקֻמוּ כָל בָּנָיו וְכָל בְּנֹתָיו לְנַחֲמוֹ" (שם לז, לד – לה). בגמרא (סוטה יד, א) מצינו שה' בעצמו מנחם אבלים, ממה שכתוב "וַיְהִי אַחֲרֵי מוֹת אַבְרָהָם וַיְבָרֶךְ אֱלֹהִים אֶת יִצְחָק בְּנוֹ" (בראשית כה, יא), ופירש רש"י שם "ויברך אלהים את יצחק" – נחמו על אביו וברכו ברכת אבלים. גם אצל יעקב אבינו לאחר שנתבשר על פטירת אמו נחמו ה' בברכת אבלים (רש"י בראשית לה, ח – ט).

בספרות חז"ל מצאנו התייחסות רבה לנושא ניחום אבלים כחלק מגמילות חסדים, למנהגים שונים לפי האנשים ומעמדם. מנהגים שהשתנו בעקבות אירועים, לפי המקומות ולפי הזמנים.

> בראשונה היו אבלים עומדים וכל העם עוברים, והיו שתי משפחות בירושלים מתגרות זו בזו. זו אומרת אני עוברת תחילה, וזו אומרת אני עוברת תחילה. התקינו שיהו העם עומדים, ואבלים עוברים (סנהדרין יט, א).
>
> ראה שלמה שמידת גמילות חסדים גדולה לפני המקום, וכשבנה בית המקדש בנה שני שערים: אחד לחתנים ואחד לאבלים ולמנודים. והיו ישראל הולכים בשבתות ויושבים בין שני שערים הללו. הנכנס בשער חתנים, היו יודעים שהוא חתן, והיו אומרים לו: השוכן בבית הזה ישמחך בבנים ובבנות. והנכנס בשער אבלים והיה שפמו מכוסה, היו יודעים שהוא אבל, והיו אומרים לו: השוכן בבית הזה ינחמך. כדי שיצאו כל ישראל ידי חובתם בגמילות חסדים.
>
> משחרב בית המקדש התקינו שיהיו חתנים ואבלים הולכים לבתי כנסיות ובתי מדרשות, ואנשי המקום רואים את החתן ושמחים עמו, ורואים את האבל ויושבים עמו על הארץ, כדי שישבו ויצאו ישראל ידי חובתם בגמילות חסדים. ועליהם הוא אומר "ברוך אתה ה' גומל שכר טוב לגומלי חסדים"

(פרקי רבי אליעזר סוף פרק שבעה עשר, מובא גם בטור יורה דעה סימן שצג).

כהן גדול כשהוא מנחם אחרים, דרך כל העם עוברין בזה אחר זה, והממונה ממצעו בינו לבין העם. וכשהוא מתנחם מאחרים, כל העם אומרים לו "אנו כפרתך", והוא אומר להם "תתברכו מן השמים" (משנה סנהדרין פרק ב, א).

כל הנכנסין להר הבית נכנסין דרך ימין, ומקיפין ויוצאין דרך שמאל. חוץ ממי שארעו דבר (אבל) שהוא מקיף לשמאל. מה לך שאתה מקיף לשמאל"? "שאני אבל". "השוכן בבית הזה ינחמך" (משנה מידות פרק ב, ב).

רבי נתן בן יוסף אומר, תנחומי אבלים וביקור חולים וגמילות חסדים מביאין טובה לעולם (אבות דרבי נתן פרק ל).

כעת נוהגים אחר שנקבר המת, עושים שתי שורות מן המלווים והאבלים עוברים דרך שם, והעומדים בשורות אומרים להם "המקום ינחם אתכם בתוך שאר אבלי ציון וירושלים". וגם הולכים לנחמם בתוך שבעת ימי האבלות (אוצר דינים ומנהגים ערך ניחום אבלים).

בערב שבת קודם חשכה תוך השבעה, הולך האבל לבית הכנסת לקבלת שבת, ועומד באולם עד "בואי כלה". והרב או השמש קורא את האבל לכנוס לפנים, ואחרי שגומרים "בואי כלה", אומרים לאבלים "המקום ינחם אתכם וכו' (שם).

חלק נוסף בניחום האבלים הוא **סעודת הבראה** שהיא הסעודה הראשונה שמברים את האבלים אחר הקבורה.

בברכת המזון אומר: נברך מנחם אבלים שאכלנו משלו, והם עונים: ברוך מנחם אבלים שאכלנו משלו ובטובו חיינו. מנהג עדות המזרח לומר "**מן השמים תנוחמו**". מנהג עדות תימן לומר "**תנוחמו מן השמים**". האשכנזים נהגו לומר "**המקום ינחם אתכם בתוך שאר אבלי ציון וירושלים ולא תוסיפו לדאבה עוד**". המנהג העממי לומר "שלא תדעו עוד צער", אין לו מקור, וראוי לומר את הניחום היהודי המזכיר שם שמים. כיון שיש מנחמים שאינם יודעים לומר את הנוסח ועלולה להיגרם מבוכה, יש בתי אבלים בהם כותבים את הנוסח כך שהמנחמים יוכלו לראותו ולאמרו.

לאחר ברכת בונה ירושלים מוסיפים ברכה מיוחדת לאבלים. הברכה מופיעה בעמוד 110.

ע"ע **ברכת אבלים.**

ניצחו אראלים את המצוקים

הביטוי השלם "נצחו אראלים את המצוקים ונשבה ארון הקודש" (כתובות קד, א).

אראלים הם מלאכים, כך לפי ישעיהו לג, ז – "הֵן אֶרְאֶלָּם צָעֲקוּ חֻצָה מַלְאֲכֵי שָׁלוֹם מַר יִבְכָּיוּן". מצוקים הם הצדיקים, מצוקי ארץ. ארון הקודש הוא סמל לצדיק שנפטר.

מקור הביטוי מפטירתו של רבי יהודה הנשיא, כשכל חכמי ישראל גזרו תענית ועמדו בתפילה כדי למנוע את פטירתו. למרות כל המאמצים, נפטר רבי. משמעות הביטוי הוא

שמלאכי מעלה ניצחו את הצדיקים אשר בארץ, והצדיק נפטר מן העולם (ארון הברית באמת נשבה פעם אחת, ראה שמואל א, מפרק ד).

נישואי אלמן

אלמן אמור כעיקרון להמתין שלושה רגלים לפני שינשא בשנית (מועד קטן כג, א). הטעם אינו משום תוספת אבלות אלא כדי שתשתכח האשה הראשונה מדעתו ויוכל לשמוח באשתו החדשה, ושמחת החגים מסייעת לשכחה. לכן דווקא שלושה רגלים, אבל ראש השנה ויום הכיפורים לא נחשבים רגלים לעניין זה כיון שאין בהם שמחה (רבינו אשר במועד קטן והרמב"ן בתורת האדם, הובאו בבית יוסף סימן שצב). אך אם לא קיים פריה ורביה או שיש לו ילדים קטנים או צורך, יכול להינשא מיד לאחר שבעה אם לא קיים פריה ורביה, או אחר שלושים אם כבר קיים פריה ורביה (שלחן ערוך יורה דעה סימן שצב, ב. וכן פסק למעשה בילקוט יוסף סימן לח, יד).

נישואי אלמנה

אלמנה צריכה להמתין תשעים יום קודם שתינשא, ואין כוללים במניין תשעים הימים את יום המיתה ואת יום הנישואין. הטעם הוא כדי שיוודע אם היא מעוברת או אינה מעוברת, כדי להבחין בין זרעו של ראשון לזרעו של אחרון. כלל זה נוהג בכל הנשים, גם באשה זקנה או אשה שאינה מסוגלת ללדת (שלחן ערוך אבן העזר סימן יג, א). על פי המקובלים ישנו נוסח שאומרים לעילוי נשמת הבעל הראשון לפני שאלמנתו תינשא בשנית. הנוסח מובא בשם ה"בן איש חי" – רבי יוסף חיים מבגדד (בספר לשון חכמים חלק ב). וראה עוד בעניין זה בציץ אליעזר חלק ז, סימן מט, ה.

נישוק המת

עניין זה אינו הלכתי אלא תלוי בעניינים שבתורת הסוד והקבלה. בכל זאת מצאנו לנכון לצטט מספר מעבר יַבֹּק העוסק בצדדים הקבליים הקשורים למיתה, מכיון שנשאלות שאלות על ידי האבלים המבקשים התייחסות ותשובה. יש לציין שהצדדים הקבליים אינם מקובלים באופן מוחלט על ידי כלל תלמידי החכמים; וישנם תלמידי חכמים, רבנים ומלומדים שלא יקבלום ולא יחששו להם. על זה אמרו חז"ל "כל דקפיד – קפדי בהדיה, ודלא קפיד – לא קפדי בהדיה, ומיהו למיחש בעי" (פסחים קי, ב). כלומר שמי שחושש לעניינים אלו – מקפידים עמו בעניינים אלו. אבל מי שאין חושש לכך, גם משמיא לא מקפידים עמו בכך, בכל אופן יש לחוש לדבר, ושומר מצוה לא ידע דבר רע.

> מי שמת בנו או בתו אל ינשק אותם. הגם שמצינו נשיקה מהבן לאב שיוסף נשק ליעקב, וכן במדרש (בראשית רבה פרשה סה, יח) על הפסוק "גְּשָׁה נָּא וּשְׁקָה לִּי בְּנִי", אמר לו (יצחק ליעקב): אתה נושקני בקבורה ואין אחר נושקני בקבורה. וכתוב בספר צרור המור מכאן אמרו זו נשיקת פרישות, ומכאן שצריך אדם לנשק את מתו על פרישתו. מכל מקום בנו או בתו שונה הדבר,

> וכן אל יניח אשתו לנשק בנו או בתו שמתו כי עלולים לקצר ימי בניהם או בנותיהם.
> וכן אין לומר למתו שמוטל לפניו שיבוא ליטול אותו, וכל שכן שאין לתפוס ידו בידו שיוליך אותו אחריו... כי לעולם לא יפתח אדם פיו לשטן (מעבר יַבֹּק מאמר שפת אמת פרק יא). ע"ע **לא לפתוח פה לשטן.**

משמע שהמניעה היא מלנשק בנים או בנות, אך אין מניעה מלנשק קרובים אחרים שנפטרו לבית עולמם (כך גם פסק להלכה בשלחן ערוך המקוצר עיני יצחק, יורה דעה סימן קעט, ז, בשם ספר חסידים וצוואת רבי יהודה החסיד). אלא שבפירוש אור החיים על התורה, על הפסוק "וַיִּפֹּל יוֹסֵף עַל פְּנֵי אָבִיו וַיֵּבְךְּ עָלָיו וַיִּשַּׁק לוֹ" (בראשית נ, א), כתב: "פירוש, לו נשק, אבל אין לעשות כן למת אחר, כי המת גדוש בטומאה וטומאתו בוקעת ועולה עד לרקיע, ותפגם הנפש הנושקת. אלא לו ליעקב כי חי הוא, אלא דורמיטא קראתו כישן ונרדם". משמע שאין לנשק שום מת. וכך פסק להלכה בנטעי גבריאל חלק א, פרק ד, יז.

ניתוחי מתים

ככלל, משום כבוד המת, וגם משום איסור הנאה מהמת, יש לאסור ניתוחי מתים. חכמינו השוו אדם מישראל לספר תורה; וכשם שספר תורה שבלה אסור להשחיתו ולקלקלו גם לאחר שנפסל, אלא יש לנהוג בו כבוד ולגנזו; כך גם בגוף שהיה כלי קיבול לנשמה שהיא חלק אלוה ממעל, אסור לבזות ולהשחית את הגוף.

אין היתר לנתח נפטר גם כדי להתלמד עליו. הטענה שניתוח לצורך לימוד רפואה יוכל בעתיד להציל חיים נידונה באריכות על ידי הפוסקים. ככלל ניתן לומר שטענה זו מקובלת על הפוסקים אך יש גישות שונות באילו מקרים אפשר לישמה. ישנן גישות המקבלות טענה זו רק במקרה שיש שני חולים לפנינו החולים באותה מחלה, ואחד מהם נפטר, והרופאים אומרים שאפשר לנסות ולהציל את החולה השני אם ינתחו את הנפטר וילמדו מכך על המחלה. ישנן דעות מקילות יותר המתחשבות בעובדה שהיום עקב הקשר המיידי והתמידי בין המרכזים הרפואיים השונים, ניתן לומר שההגדרה ההלכתית "חולה לפנינו" קיימת תמיד, כיון שלמידה במקום אחד יכולה לסייע מייד לחולה הנמצא במקום אחר. על פי גישה זו הורה הרב הרצוג שהיה הרב הראשי לישראל:

> ... ועדה של שלושה רופאים מומחים מורכבים באופן זה: אחד מהם ראש המחלקה בבית החולים הנידון, אחד מהם מיופה כח הרבנות המקומית, ואחד מהם מהמשפחה של הנפטר ידונו; ואם יחליטו שיש סיכויים שהניתוח יפיץ אור על המחלה שממנה מת המת... אזי על פי החלטתם בכתב ובחתימת ידיהם מותר לנתח, ובלבד שלא ינתחו אלא את ההכרחי ביותר, ושיחזירו אחר כך הכל לחברה קדישא לקבורה.

ב"תחומין" (כרך יב) מובא מכתבו של הרב יחיאל יעקב וויינברג לרב קלמן כהנא שהיה אז סגן שר החינוך ובו התייחסותו לעניין. לדעתו, כיום שהאינפורמציה עוברת מייד ממקום

למקום נחשב כל מקום כ"חולה לפנינו", לפי זה יש יותר מקום להקל. הרב כהנא עצמו פרסם סקירה ביבליוגרפית של מאמרים בנושא ניתוחי מתים בהלכה בקובץ "המעיין" (המקורות מופיעים במאמר בתחומין שם בהערה 1).

מבחינה הלכתית אין משמעות לכך שאדם ציוה לתרום את גופו ואבריו למדע. האדם אינו ריבון על גופו, אלא הגוף ניתן לו כפיקדון מריבונו של עולם לתקופה מוגבלת. לכן אסור לאדם לחבול בגופו או לאבד עצמו לדעת או לתרום את גופו ואבריו למדע. בוודאי שלקרוביו וליורשיו אין סמכות כזאת.

גם על פי חוק אסור לנתח את הנפטר, ללא הסכמת המשפחה או צו מבית משפט. במקרים מיוחדים יש לשאול רב.

סיוע ויעוץ בעניין זה ניתן לקבל אצל הרב נחום הכהן קוק 03-6741778, 03-5748157, 0522-503630; או אצל הרב מרדכי ויכלדר 03-6743858, 0522-729659. הסיוע ניתן בהתנדבות ללא תשלום. כמו כן בארגון זק"א אצל מיכאל גוטויין, רכז המחלקה המשפטית של זק"א באמצעות עורכי דין מתנדבים 0505-5766128, 0577-292459.

(להרחבה – שו"ת נודע ביהודה מהדורה תניינא, יורה דעה תשובה ר"י. חתם סופר יורה דעה סימן של"ו. גשר החיים פרק ה פיסקה ו. מכתבו של הרב הרצוג מיום ד באייר תשי"ד מובא בפסקים וכתבים של הרב הרצוג כרך ה סימן קנה. בתחומין כרך יב מאמרו של הרב וינברג). ע"ע **תרומת אברים.**

נפש

אחד הכינויים למצבה, ע"ע **מצבה**. במשמעות הפשוטה זהו אחד הכינויים לנשמה. ראה בדברי הרמב"ם על עולם הנשמות ועולם הבא (מעמוד 282). רבי סעדיה גאון התייחס לעניין הנפש במאמר השישי מספרו "הנבחר באמונות ודעות".

ע"ע **נשמה.**

נר נשמה

כינוי מקובל לנר שמדליקים לכבוד הנפטר. רבי יהודה הנשיא ציוה לפני מותו "נר יהא דלוק במקומו" (כתובות קג, א). נהגו להדליק נר במשך כל השבעה, ויש שנהגו כל השלושים, ויש שנהגו כל שנים עשר חודש.

כמו כן נהגו להדליק נר נשמה ביום השנה, נר שידלוק "מעת לעת" – 24 שעות. לכן מכינים מראש נרות נשמה שידלקו לפחות פרק זמן כזה.

האשכנזים נהגו להדליק נר נשמה בארבעת הפרקים בשנה שמזכירים נשמות: ביום הכיפורים, בשמיני עצרת, בשביעי של פסח ובחג השבועות.

יש שנהגו להדליק בבית הכנסת נר זיכרון לנפטר המשמש כנר תמיד. הדלקת הנר מתקשרת למה שנהגו ללמוד תורה לעילוי נשמת הנפטר, ולכן נהגו להאיר ללומדים לעילוי נשמתו בבית הכנסת. לאחר מכן עבר המנהג גם לבית שבו ישבו שבעה, ונהגו ללמוד בו לעילוי נשמת הנפטר. מעבר לכך ישנם טעמים רוחניים פנימיים שיפורטו להלן.

נהוג בחלק מהקהילות שהעובר לפני התיבה ביום השנה מדליק לפניו נר. יש שנהגו להדליק שני נרות, ויש שנהגו על פי הקבלה להדליק חמישה נרות, כנגד חמש המדרגות שבנפש (נפש, רוח, נשמה, חיה, יחידה).

מהדרים להדליק בשמן זית, ואם אין מדליקים בשעווה, ואם אין מדליקים בנפט, ואם אין מדליקים נר חשמלי.

הנר מסמל ביהדות את הנשמה – "נֵר ה' נִשְׁמַת אָדָם" (משלי כ, כז). חכמים השתמשו בדימוי זה כדי לכבד את נשמת הנפטר. המושג "אור" מסמל במקרא דימויים שונים:

- הקב"ה כמקור האור – "ה' אוֹרִי וְיִשְׁעִי" (תהלים כז, א).
- נוכחות השכינה – "יָאֵר ה' פָּנָיו אֵלֶיךָ וִיחֻנֶּךָּ" (במדבר ו, כה)
- האור כמקבילה לחיים – "כְּעֹלְלִים לֹא רָאוּ אוֹר" (איוב ג, טז)
- התורה – "כִּי נֵר מִצְוָה וְתוֹרָה אוֹר". (משלי ו, יג)

כל הדימויים הללו בניגוד למות ולחושך. מתוך ההסתכלות על נצחיות הנשמה, חכמים כינו את הנשמה בשם נר – "נשמה שנתתי בכם קרויה נר" (מסכת שבת לב, א).

הנר מורכב מחומר הבעירה הפיזי ומהלהבה עצמה שהיא עיקר ותכלית הנר, אבל אין לה משקל ונפח. גם באדם יש יסוד פיזי שהוא גוף האדם הגשמי, שתכליתו ועיקרו היא הנשמה הרוחנית שאי אפשר להגדירה במונחים פיזיקליים, והיא עיקר משמעות האדם.

אור הנר נמשך כלפי מעלה, למרות שחומר הבעירה מגיע מתחתיו. אפשר לדמות זאת לנשמה המחוברת לגוף החומרי אך יש בה כמיהה לעולמות העליונים. כשהאדם נפטר אל בית עולמו, הרוח חוזרת אל האלוהים אשר נתנה, לעולמות העליונים. הנר האנושי חוזר אל מקור האור.

על פי הקבלה נתנו משמעות נוספת לנר:

> מנהגם של ישראל להדליק נרות בפני הגוסס. וטעם לזה נודע מדברי חכמים שסגולת הנר להבריח המזיקים ואפילו בלילה עת שליטתם. ולכן בעור החמץ והמחמצת (שהם מסמלים את המזיקים – רוחות הטומאה), הוא בכח אור נר כי יהל עליהם. כי נר, אור רשעים ידען. כל שכן שתועיל ביום לשבר מתלעות עוול ולהניס אותם החוצה. כי שלהבת הנר רומז ליחוד עליון , לכן אמר הכתוב נֵר ה' נִשְׁמַת אָדָם (מעבר יַבֹּק מאמר שפת אמת פרק טו, עיין שם באריכות).

נר שבת – אשה הרגילה להדליק נרות שבת כמניין אנשי הבית ונפטר אחד מבני הבית, תמשיך להדליק את אותו מספר נרות שהדליקה קודם הפטירה (צרור החיים פיסקה רצב).

מת ברגל, אף על פי שמתחילים לשבת שבעה רק לאחר הרגל, מדליקים נר נשמה מיד.

ביום טוב עצמו אין להדליק נר נשמה אלא אם כן משתמש בו. ההתר להדליק אש ביום טוב הוא לצורך בישול או הנאה אחרת שיש לאדם. נר נשמה אינו לצורך הנאה לאדם, לכן ביום טוב אי אפשר להדליק נר נשמה אלא אם כן יהנה ממנו גם באופן אחר. לכן יש להדליק במקום שאוכלים או במקום שיוסיף אורה. אך בשעת הדחק אפשר להתיר בכל

אופן כיון שהוא כעין נר של מצוה שהוא לכבוד אבותיו (ביאור הלכה לסימן תקיד, דיבור המתחיל "נר של בטלה").

ע"ע **דרכי האמורי. עילוי נשמה.**

נשים – הליכתן ללוויה ולבית העלמין

בגמרא (סנהדרין כ, א) מובא "מקום שנהגו נשים לצאת אחר המיטה יוצאות, לפני המיטה יוצאות". ובשלחן ערוך נפסק (יורה דעה סימן שנט, א) "ועכשו נהגו שאין יוצאות אלא לאחר המיטה ואין לשנות". בירושלמי (סנהדרין ב, ד; מובא גם בתוספות בסנהדרין שם) מובא שהטעם לדעה שהיו יוצאות לפני המיטה, מפני שהן גרמו מיתה לעולם. והטעם לדעה שהיו יוצאות אחרי המיטה, מפני כבודן של בנות ישראל. לפי שגנאי לבנות ישראל שיסתכלו בהן אנשים.

אך השלחן ערוך מוסיף: "יש למנוע מלצאת נשים לבית הקברות כל עיקר" (שם, ב). כלומר שאף על פי שמעיקר הדין מותר להן לצאת אחר המיטה, טוב יותר שלא תצאנה בכלל. המקור לעניין הוא בגמרא (ברכות נא, א): "שלשה דברים סח לי מלאך המוות..., ואל תעמוד לפני הנשים בשעה שחוזרות מן המת. מפני שאני מרקד ובא לפניהן, וחרבי בידי ויש לי רשות לחבל". מקור נוסף מובא גם בספר הזהר (ויקהל קצו). גם בספר מעבר יַבֹּק (שפתי רננות פרק י) הזהיר על כך בכל תוקף. ואכן יש היום מנהג בארץ ישראל להכריז שהגברים יוצאים ראשונה מבית הלוויות ללוויה, ולאחר הקבורה מכריזים שהגברים יוצאים ראשונה לעשות שורה לניחום האבלים, וכן ראוי לעשות. ואם אי אפשר למחות בידן, אפשר לומר שיש להן על מה שיסמוכו (במראה הבזק חלק ג תשובה עג בשם שו"ת "דברי חכמים").

יש מי שכתב להקל שאין למנוע מהנשים לילך לבית הקברות כשמלווים את המת, ושגם על פי ספר הזהר הסכנה רק כשחוזרים מהקבורה. אבל בלוויה אם הגברים לפני המטה והנשים אחריה אין סכנה. גם אם נהרג ולא מת ממלאך המות, אין סכנה (בית לחם יהודה על שלחן ערוך יורה דעה סימן שנט).

הרמ"א (בדרכי משה שם) מביא מנהג שהנשים הולכות בלוויה אחרונות, וחוזרות מן הלוויה ראשונות.

גם בהספד יהיו הגברים לחוד והנשים לחוד, כמו שכתוב בספר זכריה (יב, יב – יד) – "וְסָפְדָה הָאָרֶץ מִשְׁפָּחוֹת מִשְׁפָּחוֹת לְבָד, מִשְׁפַּחַת בֵּית דָּוִיד לְבָד וּנְשֵׁיהֶם לְבָד, מִשְׁפַּחַת בֵּית נָתָן לְבָד וּנְשֵׁיהֶם לְבָד... כֹּל הַמִּשְׁפָּחוֹת הַנִּשְׁאָרוֹת מִשְׁפָּחֹת מִשְׁפָּחֹת לְבָד וּנְשֵׁיהֶם לְבָד" (סוכה נב, א).

עיקר ההקפדה היא בנשים בזמן נידותן, ועדיף שלא תתקרבנה ממש עד הקברים אלא תעמודנה במרחק ארבע אמות מהקברים (צרור החיים עמוד 129). בגשר החיים (פרק כט, יג) כתב בשם האר"י שאין לנשים לילך לבית העלמין בטרם טבלו. ובילקוט יוסף (סימן י, כד) כתב שהמניעה דווקא בזמן נידותן, אבל בימי ליבונה מותר אף בטרם טבלה.

לפי מנהג עדות המזרח אין הקפדה על הליכת נשים הרות לבית העלמין יותר משאר נשים. האשכנזים נהגו שנשים הרות לא תלכנה לבית הקברות בזמן הריונן, ואין לנו מקור

לכך (שו"ת מנחת יצחק חלק י סימן מב. ובהמשך שם כתב שאולי מתוך שנשים הרות היו משמרות עצמן מכל טומאה בזמן המקדש, כדי לזכות את בניהם להיות טהורים לצורך מילוי מים לפרה אדומה. ומהרה יבנה המקדש, ואפשר שמכאן המקור). אולי החשש הוא מתחושה נפשית לא נעימה לאשה ההרה, העלולה להזיק לה עקב רגישותה היתרה. אבל אשה בתחילת הריונה ואינה מעוניינת שידעו על כך, יכולה להקל ולהיכנס אם יש צורך, ללא חשש (כך הורה לי למעשה הרב יעקב רוז'ה שליט"א). גם בנטעי גבריאל (חלק א, פרק סז, ז) כתב שיש שנהגו שאשה מעוברת אינה הולכת ללוייה, אך מדינא מותר.

נשמה

ישות רוחנית נצחית השוכנת במשך תקופת חיי האדם בתוך הגוף ובמותו היא עוזבת את הגוף ועוברת לחיי עולם בעולם האמת.

על גופם של צדיקים הוא אומר: "יָבוֹא שָׁלוֹם יָנוּחוּ עַל מִשְׁכְּבוֹתָם הֹלֵךְ נְכֹחוֹ" (ישעיהו נז, ב) ועל נשמתם הוא אומר: "וְהָיְתָה נֶפֶשׁ אֲדֹנִי צְרוּרָה בִּצְרוֹר הַחַיִּים אֵת ה' אֱלֹהֶיךָ" (שמואל א', כה, כט). על גופם של רשעים הוא אומר: "אֵין שָׁלוֹם אָמַר אֱלֹהַי לָרְשָׁעִים" (ישעיהו נז, כא) ועל נשמתם הוא אומר: "וְאֵת נֶפֶשׁ אֹיְבֶיךָ יְקַלְּעֶנָּה בְּתוֹךְ כַּף הַקָּלַע" (שמואל א', שם).

תניא רבי אליעזר אומר: נשמתם של צדיקים גנוזות תחת כסא הכבוד, שנאמר "וְהָיְתָה נֶפֶשׁ אֲדֹנִי צְרוּרָה בִּצְרוֹר הַחַיִּים", ושל רשעים זוממות והולכות. ומלאך אחד עומד בסוף העולם ומלאך אחר עומד בסוף העולם ומקלעין נשמתם זה לזה, שנאמר "וְאֵת נֶפֶשׁ אֹיְבֶיךָ יְקַלְּעֶנָּה בְּתוֹךְ כַּף הַקָּלַע" (שבת קנב, ב).

ומה יהיה מצבה (של הנשמה) אחר יציאתה מן הגוף? ואשיב שהיא משתמרת עד עת הגמול, כאמרו "וְנֹצֵר נַפְשְׁךָ הוּא יֵדָע וְהֵשִׁיב לְאָדָם כְּפָעֳלוֹ" (משלי כד, יב). ויהיה מקום שמירת הזכות שבהן למעלה, והדעוכות בתחתיות... וכמו שאמרו הראשונים "נשמתם של צדיקים גנוזה תחת כסא הכבוד ושל רשעים משוטטת בעולם".

ובתחילת זמן הפירוד תשאר זמן מסוים בלתי נחה במנוחתה עד אשר יבלה הגוף, ועניין דבר זה עד שיתפרדו חלקיו, ובמשך זמן זה יקשה עליה מה שתדע ממה שעובר על הגוף מן התולעת והרמה וכדומה לכך, כמו שיקשה על האדם ידיעתו שהבית שהיה גר בו נחרב וצומחים בו קוץ ושמיר, וצער זה יהיה לנפש פחות או יותר כפי שהיא ראויה לו, כשם שעל ביתו שבעולם השפל יהיה פחות או יותר קשה עליו לפי הראוי לו. ועל כך אומרים קדמונינו "קשה רמה למת כמחט בבשר החי" (ברכות יח, ב). והסכימו את זה למה שאמר הכתוב "אַךְ בְּשָׂרוֹ עָלָיו יִכְאָב וְנַפְשׁוֹ עָלָיו תֶּאֱבָל" (איוב יד, כב). וזה מה שאני יודע ממה שנקרא דין הקבר או חיבוט הקבר (הנבחר באמונות ודעות, רבי סעדיה גאון. המאמר השישי פרק ז).

ע"ע **חיבוט הקבר. נפש. תחיית המתים.**

מסעות הנשמה והנפש בהפרדן מן הגוף

על פי הקבלה הנשמה נפרדת מן הגוף בשבעה מסעות, כנגד שבעה דינים שאדם נידון בצאתו מן העולם. פרקי זמן אלו מקבילים לשלבי האבלות המדורגים בהלכה. הסילוק הרוחני של הנשמה בא לידי ביטוי מעשי באופני האבלות המשתנים עם הזמן. בהקשר זה ניתן לציין שגם סילוק שכינה מן המקדש היה בשלבים, ובמקביל היתה גם גלות הסנהדרין. הסילוק הרוחני של השכינה, בא לידי ביטוי מעשי בגלות הסנהדרין. כמו שמתואר בגמרא – "עשר מסעות נסעה שכינה, מקראי. וכנגדן גלתה סנהדרין, מגמרא. עשר מסעות נסעה שכינה, מקראי: מִכַּפֹּרֶת לכרוב, ומכרוב לכרוב ומכרוב למפתן, וממפתן לחצר, ומחצר למזבח, וממזבח לגג, ומגג לחומה, ומחומה לעיר, ומעיר להר, ומהר למדבר, וממדבר עלתה וישבה במקומה" (ראש השנה לא, א).

(כל הקטע הבא עוסק בסתרי תורה, ונסתפקתי אם לכלול אותו בספר, כשם שנסתפקתי לגבי קטעים אחרים, כיון שאין לנו עסק בנסתרות. בכל זאת, בעקבות שאלות רבות שנשאלות בעניין, הובאו הדברים מספר גשר החיים (חלק שני פרק כז) כציטוט, לא מתוך ידיעה או הבנה, אלא רק כדי לקבל מושג ראשוני).

א. שלושים יום לפני פטירתו מתחילה הנשמה להפרד פירוד חלקי והצלם עובר ממנו (זוהר ויחי רכז).

ב. בשעות האחרונות עוזב את האדם צלם אלקים שבו (יש באדם שני סוגי צלם), והאדם רואה את מלאך המוות, מפריד אברים קשורים ומקשר מפורדים (זוהר אמור פה).

ג. יציאת הנפש. אדם אינו עוזב את העולם עד שרואה את השכינה, ונפשו נמשכת אל אור השכינה כמו אל מגנט עצום, ועוזבת את העולם. באותו יום עיקר האנינות על הסתלקותו.

ד. אחרי שלושה ימים לפטירתו מזניחה הנפש את הגוף. "כל תלתא יומין נפשא טייסא על גופה, סברה דהיא חזרה לגבה. כיון דחזיא (אחרי שלושה ימים) דאישתני זיווי דאנפוי, שבקה לה ואזלא" (ירושלמי מועד קטן פרק ג, ה). במקביל בשלושת הימים הראשונים עיקר תוקף האבלות, בגמרא (מועד קטן כז, ב) מוזכרים "שלשה ימים לבכי". גם לגבי זיהוי הנפטר, מעידים עליו עד שלושה ימים (יבמות קכ, א). ע"ע **שלושה ימים לבכי**.

ה. אחרי שבעה – פרידה נוספת. "כל שבעה יומין נשמתא אזלא מביתא לקברא ומקברא לביתא..., בתר שבעה יומין נשמתא אעלית לדוכתא דאעלת לאתר דאעלת" (זוהר ויחי ריט). במקביל, עיקר דין האבלות שבעה ימים.

ו. אחרי שלושים יום מוסיפה הנשמה להסתלק ולהתעלות, "כל אינון תלתין יומין אתדנו נפשא וגופא כחדא..., לבתר נשמתא סלקא וגופא אתבלי בארעא" (זוהר ויקהל קצט). לפיכך נוהג גם בשלושים מקצת דיני אבלות.

ז. אחר שנים עשר חודש נפרדת הנשמה מכל ענייני העולם הגשמי, מתעלה למקורה העליון ואין לה עניין להשגות הגשמיות הפעוטות. כמו שכתוב בגמרא (שבת קנב,

ב) – "כל שנים עשר חודש גופו קיים (עדיין) ונשמתו עולה ויורדת. לאחר שנים עשר חודש גופו בטל ונשמתו עולה ושוב אינה יורדת". משום כך יש כל שנים עשר חודש ענייני אבלות על אב ואם.

סמוך למיתה קבורה

מהפסוק "וַתָּמָת שָׁם מִרְיָם וַתִּקָּבֵר שָׁם" (במדבר כ, א) לומדים שיש להסמיך את הקבורה למיתה ככל שניתן, במיוחד אצל אשה (מועד קטן כח, א). כך נפסק גם להלכה (שלחן ערוך יורה דעה סימן שנז). לכן יש לעשות כל מאמץ לא להשהות את הקבורה אלא לקבור מיד כשאפשר. ע"ע **הלנת המת**.

סעודת הבראה

סעודת הבראה היא הסעודה הראשונה שמאכילים את האבל בשובו מהקבורה. בתנ"ך מוזכר שהעם בא להברות את דוד אחרי שנהרג אבנר בן נר (שמואל ב', ג, לה). חכמים למדו שהאבל ביום הראשון אסור לו לאכול משלו מיחזקאל הנביא שמתה אשתו, והנביא הוזהר שלא להתאבל. ליחזקאל הנביא נאמר "וְלֶחֶם אֲנָשִׁים לֹא תֹאכֵל" דהיינו שלא יאכל סעודת הבראה. הנביא הוא היוצא מן הכלל, המלמד שהאבל בדרך כלל אוכל סעודת הבראה משל אחרים (מועד קטן כז, ב).

טעם הדבר כי האבל דואג ונאנח על מתו, ואינו חפץ לאכול. על כן תחילת תהליך האבלות מדגישה דווקא את הצורך הבסיסי ביותר של האדם החי – אכילה. ממד נוסף בסעודת ההבראה הוא השתתפות הקהילה והחברה סביב האבל בצערם, ויש בה סוג מסוים של ניחום אבלים. יש שנתנו טעם בעל משמעות הפוכה, והוא מה שאמרו חז"ל שמי שמצפה וסמוך על שלחן אחרים עולם חשוך בעדו, ובמצב כזה הוא האבל.

דיני סעודת הבראה מפורטים בשלחן ערוך יורה דעה סימן שעח, ובספרנו מעמוד 106.

מנהג ירושלים לערוך סעודת הבראה לחברה קדישא לאחר שסיימו לקבור את הנפטר, כדי להראות שהאחראים לקבורה אסור להם לאכול סעודת קבע קודם הקבורה (גשר החיים פרק לג, ב, ב).

סתימת הגולל

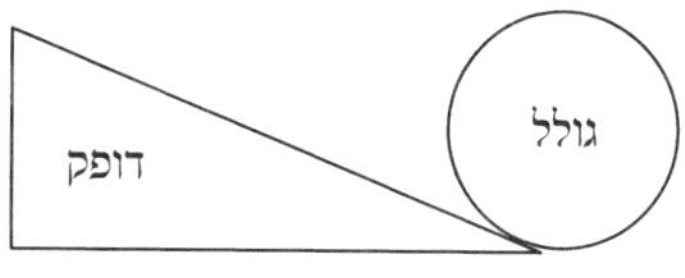

הגולל הוא הכיסוי שעל הקבר או על המת. בזמן שהיו קוברים בכוכים שבמערות היו גוללים אבן על הכוך או על פתח המערה, והאבן היתה עגולה. וכדי שלא תתגלגל החוצה היו שמים תחתיה אבן אחרת דקה לצד הגולל ועבה כלפי חוץ שנקראה דופק. כשקוברים באדמה, בונים מסגרת סביב המת ומעל המסגרת מכסים באבנים שטוחות. המסגרת נקראת דופק, והכיסוי נקרא גולל.

האבלות מתחילה מסתימת הגולל, דהיינו מסתימת האהל על המת או מסתימת העפר בקבר שהיא גמר הקבורה (מועד קטן כז, א). אמנם יש דעות שסתימת הגולל היא סתימת הארון במסמרים (רמב"ן), ויש אומרים שסתימת הגולל היא האבן למצבה (תוספות כתובות ד, ב). כיום אפשר להחשיב את סתימת הגולל מכיסוי הקבר בלבנים, עוד לפני הכיסוי בעפר (ילקוט יוסף סימן טו, א).

עד זיבולא בתרייתא

לבעי אינש רחמי אפילו עד זיבולא בתרייתא שלמא

ברכות ח, א.

ביטוי תלמודי. זיבולא היא בארמית את חפירה, ומשמעותה בביטוי היא: עד חפירת את אחרונה לכיסוי הקבר, כלומר עד סוף קבורתו. "לבעי אינש רחמי (יבקש אדם רחמים) אפילו עד זיבולא בתרייתא שלמא" – יבקש אדם רחמים שיהא לו שלום בחייו ואף ביום קבורתו, עד השלכת עפר אחרונה שבכיסוי קבורתו (רש"י שם).

עולם הבא

החיים הרוחניים לאחר המיתה. המשנה (סנהדרין פרק יא) אומרת שכל ישראל יש להם חלק לעולם הבא, חוץ מאלו שנמנים בה שאין להם חלק לעולם הבא: האומר אין תחיית המתים מן התורה, ואין תורה מן השמים ואפיקורוס. המשנה מונה שלושה מלכים וארבעה הדיוטות שאין להם חלק לעולם הבא. השקפת הרמב"ם לגבי עולם הבא הובאה בעמוד 282 .

ע"ע **הישארות הנפש. נשמה. כרת. תחיית המתים.**

עטיפת הראש

אחד מסימני האבלות שמצווה בו האבל (מועד קטן טו, א), כדי שיתעטף כאדם נכנע ונשבר (המאירי שם). נלמד מהצווי ליחזקאל הנביא כהוראת שעה "לֹא תַעְטֶה עַל שָׂפָם" (כד, יז), מכלל ששאר האבלים חייבים בעטיפת הראש. והסודר שמכסה בו ראשו, עוטה ממקצתו על פיו שנאמר "וְעַל שָׂפָם יַעְטֶה" (ויקרא יג, מה), ואונקלוס תרגם "כאבלא יתעטף" (על פי לשון הרמב"ם בהלכות אבל פרק ה, ט). ויכסה גם ראש החוטם, אבל כשבאים מנחמים אצלו, מגלה ראשו לכבודם (שלחן ערוך יורה דעה סימן שפ"ו). וכתב הרמ"א (שם) שאין נוהגים במדינות אלו בעטיפת הראש וכן המנהג פשוט, ואין להחמיר במה שלא נהגו אבותינו. והטעם כתבו האחרונים מפני שמביא לידי שחוק גדול מן העובדי כוכבים ועבדים ושפחות שבינינו. ומכל מקום יש לנהוג בעטיפה קצת, דהיינו למשוך הכובע למטה לפני העיניים.

מנהג בני תימן גם כיום ללכת בלוויה ולשבת בשבעה עטופים בטלית על ראשם ומקצת גופם, והוא עיטוף הראש (שלחן ערוך המקוצר עיני יצחק, יורה דעה סימן קפ, ט; קצ, ג).

עילוי נשמה

על פי ההשקפה היהודית, כל מעשה טוב שנעשה בגלל הנפטר או לכבודו, נזקף לזכותו בחשבונות של מעלה. הדוגמא היותר מפורסמת היא הקדיש – מקדשים את שמו של הקדוש ברוך הוא בעולם על ידי אמירת הקדיש, כדי לזכות בכך את נשמת הנפטר. נהגו בדרך כלל לומר מזמורי תהלים או ללמוד משניות (משנה אותיות נשמ"ה) כדי לזכות את הנפטר, ויש המשתדלים לסיים שישה סדרי משנה על ידי חלוקת מסכתות לאנשים רבים שלוקחים על עצמם ללמוד מסכת אחת או יותר עד השלושים או עד יום השנה. נהגו לתת צדקה, ויש שנהגו לתרום ספרי קודש כדי שהלימוד יהיה לעילוי נשמה. נהגו להדליק נר נשמה לעילוי נשמה. (ראה התייחסות לכך בילקוט יוסף סימן ל, לא).

ע"ע **אלפא ביתא. ברכות לעילוי נשמה. נר נשמה. לימוד משניות. צדקה. ראשי תבות.**

עליו השלום

ביטוי של כבוד בהזכרת שמו של אדם יקר שנפטר. כך לדוגמא: "אברהם אבינו עליו השלום" (מסכת אבות פרק ה, ג). הביטוי מבוסס על הפסוק בישעיהו (נז, ב): "יָבוֹא שָׁלוֹם יָנוּחוּ עַל מִשְׁכְּבוֹתָם הֹלֵךְ נְכֹחוֹ", כפי שיבואר לקמן.

בתלמוד ובמדרשים מובאות התייחסויות לקשר בין השלום והצדיקים הנפטרים.

כך מובא לגבי ההבטחה האלוקית לאברהם אבינו:

> גדול השלום שאפילו מתים צריכים שלום שנאמר (בראשית טו, טו) "וְאַתָּה תָּבוֹא אֶל אֲבֹתֶיךָ בְּשָׁלוֹם" (ספרי במדבר פיסקא מב, דיבור המתחיל "וישם לך").

כך מובא לגבי פטירתו של משה רבנו:

> מלאכי השרת כתים כתים חבורות חבורות, מקלסות היו לפני מטתו של משה ואמרו "יָבוֹא שָׁלוֹם יָנוּחוּ עַל מִשְׁכְּבוֹתָם הֹלֵךְ נְכֹחוֹ" (אבות דרבי נתן פרק כה).

וכך מובא גם לגבי פטירתו של רבי יהודה הנשיא:

> בשעת פטירתו של רבי, זקף עשר אצבעותיו כלפי מעלה, אמר: רבונו של עולם, גלוי וידוע לפניך שיגעתי בעשר אצבעותי בתורה ולא נהניתי אפילו באצבע קטנה, יהי רצון מלפניך שיהא שלום במנוחתי, יצתה בת קול ואמרה: יָבוֹא שָׁלוֹם יָנוּחוּ עַל מִשְׁכְּבוֹתָם... מסייע ליה לר' חייא בר גמדא, דאמר רבי חייא בר גמדא אמר ר' יוסי בן שאול: בשעה שהצדיק נפטר מן העולם, אומרים מלאכי השרת לפני הקב"ה: רבונו של עולם, צדיק פלוני בא! אומר להם: יבואו צדיקים ויצאו לקראתו, ואומרים לו: יָבוֹא שָׁלוֹם יָנוּחוּ עַל מִשְׁכְּבוֹתָם. אמר ר' אלעזר: בשעה שהצדיק נפטר מן העולם, שלש כיתות של מלאכי השרת יוצאות לקראתו, אחת אומרת לו: בא בשלום, ואחת אומרת: הֹלֵךְ נְכֹחוֹ,

ואחת אומרת לו: יָבוֹא שָׁלוֹם יָנוּחוּ עַל מִשְׁכְּבוֹתָם. בשעה שהרשע נאבד מן העולם, שלש כיתות של מלאכי חבלה יוצאות לקראתו, אחת אומרת: אֵין שָׁלוֹם אָמַר אֱלֹהַי לָרְשָׁעִים, ואחת אומרת לו: למעצבה ישכב, ואחת אומרת לו: רְדָה וְהָשְׁכְּבָה אֶת עֲרֵלִים (כתובות קד, ב).

בטעם הדבר כתב המהר"ל (נתיבות עולם נתיב השלום פרק א):

וכן ניתן השלום לצדיקים כאשר נפטרים מן העולם, כי כאשר נפטרים מן העולם הרי זה נחשב שהגיעו אל ההשלמה. כי החי אי אפשר שיבא אל ההשלמה הגמורה, כי תמיד אפשר שיקבל השלמה על ההשלמה... לפיכך אמר שהשלום ניתן לצדיקים כאשר נפטרים מן העולם ניתן להם השלום, על שם שהגיעו אל ההשלמה.

יש אזכור לעניין השלום (המבוסס על הפסוק בישעיהו), גם בהשכבות בנוסח עדות המזרח, לאדם גדול:

"...וְיִלָּוֶה אֵלָיו הַשָּׁלוֹם וְעַל מִשְׁכָּבוֹ יִהְיֶה שָׁלוֹם. כְּדִכְתִיב: יָבוֹא שָׁלוֹם יָנוּחוּ עַל מִשְׁכְּבוֹתָם. הֹלֵךְ נְכֹחוֹ..." (לקמן עמוד 526)

ע"ע **לך בשלום. ראשי תיבות.**

עפר ארץ ישראל

רבים משלומי אמוני ישראל שבחוץ לארץ, משתדלים לקבל חבילת עפר מארץ ישראל, (ויש המהדרים מהר הזיתים), כדי לפזרו בקברם (רמ"א בשלחן ערוך יורה דעה סימן שסג, א). בתוך הקבר מפזרים מתחת לנפטר. יש מפזרים מעט גם על גופו מתחת הטלית או הסובב. יש מקומות שנוהגים לפזר על הפנים, המצח וגבות עיניו ועל ברית המילה (גשר החיים פרק כז, י; בשם ספר מעבר יַבֹּק מאמר שפת אמת פרק כז).

המקור הוא בירושלמי (כלאים פרק ט, סוף הלכה ד) "כיון שמגיעים לארץ ישראל, נוטלים גוש עפר ומניחים על ארונו כדכתיב "וְכִפֶּר אַדְמָתוֹ עַמּוֹ". ואמנם שם מדובר על מי שהביאוהו לארץ ישראל, אבל גם בעפר ארץ ישראל יש מקדושת הארץ וסגולתה. ובספר גשר החיים (פרק כז, סוף פיסקה י) כתב שיש בו גם תועלת לתחיית המתים, הן מצד עצמו, הן מצד שאיפת המנוח בקיימו "כִּי רָצוּ עֲבָדֶיךָ אֶת אֲבָנֶיהָ וְאֶת עֲפָרָהּ יְחֹנֵנוּ" (תהלים קב, טו), וגם מצד הכלל שכל דבר חוזר למקומו ומקורו. אדם נברא עפר מן האדמה, ואליה הוא חוזר. אדם הראשון נברא מעפר ארץ ישראל, מאבן השתיה שעליה עמד קודש הקודשים של בית המקדש (הלכות בית הבחירה לרמב"ם פרק ב, א; על פי הירושלמי בנזיר). כולנו בני אדם הראשון, והמקום שממנו הושתת העולם – אבן השתיה, הוא גם המקום שממנו נבראו כל בני האדם. כשמניחים אפילו מעט עפר ארץ ישראל בקבר, באופן סמלי "סוגרים את המעגל".

ע"ע **גלגול מחילות. הכל מעלין לארץ ישראל ואין הכל מוציאין. קבורה בארץ ישראל.**

עצימת עיני הנפטר וכיסוין בעפר

לאחר הפטירה הבן שם מעט עפר על עיני אביו או אמו, ועוצמן. בשעת הנתינה אומר הבן את הפסוקים "כִּי עָפָר אַתָּה וְאֶל עָפָר תָּשׁוּב", "וְיוֹסֵף יָשִׁית יָדוֹ עַל עֵינֶיךָ". המקור לעצימת עיני המת מופיע בספר הזהר (פרשת שלח קס"ט), שאדם יכול לראות בעולם ההוא, רק אחרי שיסתתמו עיניו מהעולם הזה. ובמקום נוסף (זהר ויחי רכ"ו) שהאדם לא יכול לראות את כבוד ה' בעודו חי, אבל במיתתו רואה. ולכן הסובבים אותו צריכים להעצים את עיניו (ע"ע בספר מעבר יַבֹּק מאמר שפתי רננות פרק ט).

ההסבר לשימת עפר על עיני הנפטר יכול להתבאר על פי האגדתא המובאת בגמרא (תמיד לב, ב):

> אלכסנדר מוקדון חזר ממדינת אפריקי. בדרכו ישב ליד מעין מים, אכל לחם ודגים מלוחים. כששטף את הדגים במים, הריח בהם ריח טוב, אמר: מעין זה מימיו מגן עדן. הלך בעקבות המים עד לשערי גן עדן, וקרא בקול רם: פתחו לי את השער! ענו לו: "זֶה הַשַּׁעַר לַה' צַדִּיקִים יָבֹאוּ בוֹ" (תהלים קיח, כ). אמר להם: מלך חשוב אני! תנו לי דבר. נתנו לו גולגולת אדם. שקל את הגולגולת במאזנים, ושם בכף השנייה כל כסף וזהב שהיו לו; והכריעה הגולגולת את כל הכסף והזהב. שאל את החכמים: מה משמעות הדבר? אמרו לו: גולגולת של אדם בשר ודם, לא תשבע לעולם מן העושר. אמר להם: מנין אדע שכך הוא? אמרו לו: שים מעט עפר על הגולגולת. שם מעט עפר ומיד הוקלה ועלתה אותה כף. זה שאומר הפסוק "וְעֵינֵי הָאָדָם לֹא תִשְׂבַּעְנָה" (משלי כז, כ).

עשר כוסות של בית האבל

> אמר עולא, ואמרי לה במתניתא תנא: עשרה כוסות תקנו חכמים בבית האבל, שלשה קודם אכילה – כדי לפתוח את בני מעיו, שלשה בתוך אכילה – כדי לשרות אכילה שבמעיו, וארבעה לאחר אכילה – אחד כנגד הזן, ואחד כנגד ברכת הארץ, ואחד כנגד בונה ירושלים, ואחד כנגד הטוב והמטיב; הוסיפו עליהם ארבעה – אחד כנגד חזני העיר, ואחד כנגד פרנסי העיר, ואחד כנגד בית המקדש, ואחד כנגד רבן גמליאל, התחילו שותין ומשתכרין, החזירו הדבר ליושנו (כתובות ח, ב).

עשר כוסות נזכרו גם בסוף מסכת שמחות:

> עשרה כוסות בבית האבל: שנים קודם המזון וחמשה בתוך המזון, שלשה לאחר המזון: אחד לברכת אבלים ואחד לתנחומי אבלים ואחד לגמילות חסדים. חזרו והוסיפו עוד שלשה: אחד לראש הכנסת ואחד לחזן הכנסת ואחד לרבן גמליאל, וכשראו בית דין שהיו משתכרין גזרו עליהן והחזירו למקומן.

רמז לכוס של תנחומים ניתן למצוא כבר במקרא, בירמיהו (טז, ז) מובאת נבואת פורענות קשה, שאפילו לא ינחמו את האבלים: "וְלֹא יִפְרְסוּ לָהֶם עַל אֵבֶל לְנַחֲמוֹ עַל מֵת וְלֹא יַשְׁקוּ אוֹתָם כּוֹס תַּנְחוּמִים עַל אָבִיו וְעַל אִמּוֹ".

המקרא ככלל וספר משלי בפרט מסתייגים משתיית יין (למשל בסוף פרק כג). המנהג לשתות יין בהקשר של אבלות יכול לסמל את הצורך של האבלים להסיח דעתם מהצער ומהאבל, אפילו באמצעים שבדרך כלל אין להמליץ עליהם:

> אמר רבי חנן: לא נברא יין בעולם אלא לנחם אבלים ולשלם שכר לרשעים, שנאמר (משלי לא, ו) "תְּנוּ שֵׁכָר לְאוֹבֵד וְיַיִן לְמָרֵי נָפֶשׁ" (סנהדרין ע, א).

כיון שהנהיגו לשתות יין בבית האבל, קישרו את היין לברכות כדי שלא להישאר בממד החומרי בלבד של היין על כל משמעויותיו הבעייתיות. לכן שתיית היין באה במסגרת של ברכות – ברכות על המזון, ברכות לאבלים ולמנחמיהם, ברכות על המקדש. מלבד עידון שתיית היין על ידי הברכות, שיתוף המושגים החברתיים והלאומיים מסמל את קישור האבלים לחברה ולעם ומהווה בעצמו מסר של ניחום לאבלים.

הגמרא מעידה על ביטול המנהג עוד בזמנם, אך בני תימן המשיכו במנהג זה. נהגו למזוג יין או ערק לפני האבלים, ואם נתרוקן – ממלאים אותו שוב; לקיים מה שנאמר "תְּנוּ שֵׁכָר לְאוֹבֵד וְיַיִן לְמָרֵי נָפֶשׁ". בכל פעם שאחד המנחמים לוגם יין או ערק אומר "אלקים ינחם אבלים", שאר המנחמים חוזרים אחריו והאבלים עונים "אמן". כשהאבל לוגם הוא אומר "בעל הגמול ישלם לכם גמול טוב", והנמצאים שם עונים "ה' יוחרח וחמה ישלמה" (הליכות תימן, מנהגי קבורה ואבלות עמוד 333).

ע"ע **ברכת אבלים. סעודת הבראה.**

פינוי קבר

איסור פינוי מת הוא מפני "ניוול המת", שגופו של המת מוזז ממקומו ועלול להתפרק או להראות באופן בלתי מכובד. ומפני "חרדת הדין", שעל ידי התעסקות בגופתו, מטרידים את המת ממנוחתו.

ככלל אין מפנים נפטר מקברו, אלא מאחת הסיבות הבאות:

- כדי לקברו בקברי אבותיו ומשפחתו.
- להעבירו מקבר שאינו שלו לקבר שלו.
- אם קבור בין הנכרים או ליד נכרי.
- אם נקבר בקבר גזול, דהיינו שלא ברשות בעליו.
- אם הקבר מזיק את הרבים, כגון שהוא סמוך לדרך.
- כדי להביאו מחוץ לארץ לארץ ישראל.
- אם קבור במקום שאינו משתמר, ויש חשש שהקבר ינזק.
- אם קברוהו על דעת לפנותו משם, או שהוא ציוה לפני מותו לפנותו מקברו למקום אחר.

גם כשמפנים מת באופן המותר, צריך להשתדל לחכות שיתעכל הבשר ויפנו רק את העצמות. ואם מפנים ארון, אין פותחים אותו. בפינוי מת צריך ליטול גם את העפר שהיה מונח שם ובלע מהמת, ולקבור עמו במקום החדש (משנה נזיר פרק ט, ג; אהלות טז, ג), והשיעור הוא 3 אצבעות (6 ס"מ, ולשיטת חזון איש 7.2 ס"מ) בעומק ומכל צד. לאחר פינוי הקבר הקרקע לא נאסרת בהנאה שקרקע עולם אינה נאסרת (סנהדרין מז, ב. שלחן ערוך יורה דעה סימן שסד, א). הלכות פינוי קברים מובאות בשלחן ערוך שם סימן שסג, ובספרנו מעמוד 238.

ע"ע **חרדת הדין. ניוול המת. קבר המזיק את הרבים. קבר הנמצא.**

פריעת הראש

האיסור על האבל להסתפר. נלמד ממה שהוזהרו בני אהרן "רָאשֵׁיכֶם אַל תִּפְרָעוּ" (ויקרא י, ו). בני אהרן הוזהרו באופן יוצא מן הכלל שלא לנהוג אבלות ולא ללכת פרע, אלא להסתפר, כיון שזמן אבלותם חל בזמן חנוכת המזבח והמשכן. מכאן נלמד לשאר אבלים שאסורים לספר שערם אלא מגדלים פרע. (טור ושלחן ערוך יורה דעה סימן שצ).

פתיחת הקבר

ביטוי הלכתי לפתיחת הרחם בתחילת הלידה (משנה אהלות פרק ז, ד; שבת קכט, א). התפיסה של לידה היא של מעבר מעולם לעולם, כעין תחיית המתים של העובר שמגיע לעולם. מצינו גם ביטויים במקרא שבהם הרחם מושווה לקבר: "אֲשֶׁר לֹא מוֹתְתַנִי מֵרָחֶם וַתְּהִי לִי אִמִּי קִבְרִי וְרַחְמָהּ הֲרַת עוֹלָם" (ירמיהו כ, יז). המשמעות של לידה היא בעצם תחיית המתים לעובר. העובר היה שרוי במקום שהוא כמו קבר, וכשהגיעה שעתו קיבל חיים ובא לעולם. גם בקבורה מכניסים את מי שנפטר מן העולם לקבר, על מנת שיקום בתחיית המתים.

הביטוי מופיע גם בהקשר של תחיית המתים:

> כֹּה אָמַר אֲדֹנָי ה' הִנֵּה אֲנִי פֹתֵחַ אֶת קִבְרוֹתֵיכֶם וְהַעֲלֵיתִי אֶתְכֶם מִקִּבְרוֹתֵיכֶם עַמִּי וְהֵבֵאתִי אֶתְכֶם אֶל אַדְמַת יִשְׂרָאֵל: וִידַעְתֶּם כִּי אֲנִי ה' בְּפִתְחִי אֶת קִבְרוֹתֵיכֶם וּבְהַעֲלוֹתִי אֶתְכֶם מִקִּבְרוֹתֵיכֶם עַמִּי: וְנָתַתִּי רוּחִי בָכֶם וִחְיִיתֶם וְהִנַּחְתִּי אֶתְכֶם עַל אַדְמַתְכֶם וִידַעְתֶּם כִּי אֲנִי ה' דִּבַּרְתִּי וְעָשִׂיתִי נְאֻם ה' " (חזון העצמות היבשות, יחזקאל לז, יב – יד).

ע"ע **תחיית המתים.**

צאו כנגד האבל

המנהג לנחם האבלים קודם כניסת השבת בבואם לבית הכנסת. לפני מזמור שיר ליום השבת היו מכריזים "צאו כנגד האבל", והיו מכניסים את האבלים לבית הכנסת. יש בכך גם ניחום אבלים וגם אמירה שבקבלת שבת פוסקת האבלות שבפרהסיה.

למעשה שייך לנהוג כך רק במקומות שמקבלים שבת באמירת "מזמור שיר ליום השבת". אולם בפועל בחלק ניכר ממנייני התפילה, שבת נכנסת עוד לפני כן. כנראה זאת הסיבה שמנהג זה לא נוהג כיום בפועל במניינים אלו, כדי לא לנהוג אבלות בפרהסיה בשבת.

צדקה

נהגו לתת צדקה לעילוי נשמת הנפטרים, במיוחד בזמן הלוויה. כל מעשה חיובי וטוב שעושים האבלים או שאר בני אדם מכוח האבלות והצער ולעילוי נשמת הנפטר, נזקף לזכות המת. העניים המקבלים צדקה צריכים להתפלל עבור המתים או החיים שמכוחם קיבלו צדקה. והנותן צדקה צריך להתפלל לה' שימציא לו אנשים מהוגנים ראויים לקבלת הצדקה. והעשיר יתן הצדקה בסתר ולא בגלוי. והצדקה תועיל למתים במיוחד אם היה מנהגם לעשות אותה בחייהם, ובוודאי אם ישלש הכסף לצדקה עוד מחיים כי יותר זכות תחשב לו, שעל זה נאמר מצוה לקיים דברי המת. (ע"ע מעבר יַבֹּק מאמר שפתי רננות פרקים כא – כב – כג).

ע"ע **עילוי נשמה**.

צוואה

הבקשה האחרונה שמבקש האדם לפני מותו מבני ביתו ומבאי כוחו. משאלות או ציווים שאדם משאיר לבניו, בכתב או בעל פה.

יש צוואה במתנת בריא, והיא מסמך הלכתי משפטי שעל פי דין תורה צריך לכתוב בה קניין, או לבצע בה קניין. (אם עושים אותה אצל עורך דין ורוצים שתהיה תקפה על פי דין תורה, יש לציין בצוואה שנעשה גם קניין באופן המועיל על פי דין תורה). יש צוואת שכיב מרע – דהיינו של אדם הנוטה למות, שחכמים קבעו שבמקרה זה מספיקה אמירת פיו, כיון שכל דברי שכיב מרע ככתובים וכמסורים דמו. ע"ע **שכיב מרע**.

אף על פי שיש כללי ירושה בתורה, שאי אפשר לשנותם, כגון "וְהָיָה בְּיוֹם הַנְחִילוֹ אֶת בָּנָיו אֵת אֲשֶׁר יִהְיֶה לוֹ לֹא יוּכַל לְבַכֵּר אֶת בֶּן הָאֲהוּבָה עַל פְּנֵי בֶן הַשְּׂנוּאָה הַבְּכֹר" (דברים כא, טז); בכל זאת יש אפשרות לאדם לחלק את נכסיו כפי שירצה, בתנאי שיחלקם בתורת מתנה ולא בתורת ירושה.

רצוי וראוי לאדם שיכתוב מבעוד מועד צוואה, כדי להורות כיצד לחלק את נכסיו לאחר מותו וכדי למנוע מצב של קטטה או מריבה בין יורשיו. ויצוה את משפחתו ואת בניו ובנותיו לנהוג ביניהם באהבה ובכבוד, ועל ידי כך יניח להם שלום ושלוה. יש שכתבו שיש לאדם לכתוב צוואה בהגיעו לגיל חמישים שנה (חיים וחסד פרק כה).

> אם אדם חושש שבניו יתקוטטו ביניהם על מה שיוריש להם, יחלק נכסיו קודם מותו כדי למנוע מריבה בביתו. ואוי לנפש האב הגורם בהנהגתו קטטה בין בניו, שגם הוא לא ינוח בשלום על משכבו בהשקט. ואם הוא חכם ורואה את הנולד ומתקן עד מקום שידו מגעת, עליו נאמר וחוסה במותו צדיק. ואם

הבנים מחמת צוואתו יתנהגו באחוה בשלום ובמישור, יתנו מעדנים לנפשו וישכב ואין מחריד (מעבר יַבֹּק מאמר שפתי צדק פרק ח).

מלבד הצוואה המשפטית של חלוקת רכוש, ישנה צוואה רוחנית של אדם, בעיקר לבניו ולבנותיו; על תכלית החיים, על הנהגות טובות בין אדם לחברו ובין אדם למקום. התייחסות מפורטת לכתיבת צוואה על פי ההלכה וגם על פי החוק, מובאת בפרקים סח – סט בספר, מעמוד 339. ע"ע **מצוה לקיים דברי המת. שכיב מרע.**

צידוק הדין

ברכה ותפילה שאומרים בלוויה ובקבורה, שהאבלים מצדיקים עליהם את דינו של הקדוש ברוך הוא. המקור לכך מופיע בגמרא (עבודה זרה יח, א):

בשעה שהוציאו את רבי חנניא בן תרדיון ואשתו ובתו להריגה, צדקו עליהן את הדין. הוא אמר: "הַצּוּר תָּמִים פָּעֳלוֹ כִּי כָל דְּרָכָיו מִשְׁפָּט" (דברים לב, ד). אשתו אמרה: "אֵל אֱמוּנָה וְאֵין עָוֶל צַדִּיק וְיָשָׁר הוּא" (שם). בתו אמרה: "גְּדֹל הָעֵצָה וְרַב הָעֲלִילִיָּה אֲשֶׁר עֵינֶיךָ פְקֻחוֹת עַל כָּל דַּרְכֵי בְּנֵי אָדָם לָתֵת לְאִישׁ כִּדְרָכָיו וְכִפְרִי מַעֲלָלָיו" (ירמיהו לב, יט). אמר רבי: כמה גדולים צדיקים הללו שנזדמנו להם שלש מקראות של צידוק הדין בשעת צידוק הדין.

בשבת אחרי תפילת מנחה אומרים "צדקתך צדק" שהם שלושה פסוקים מתהלים (קיט, קמב; עא, יט; לו,ז) שהם כעין צידוק הדין על שלושה גדולי עולם שנפטרו מן העולם באותה שעה: יוסף הצדיק, משה רבנו ודוד המלך.

אין אומרים צידוק הדין בימים שאין אומרים תחנון, וכן בערב שבת ובערב יום טוב אחר חצות היום. מנהג ירושלים לא לומר צידוק הדין גם בערב ראש חודש אחר חצות היום.

והאבל יצדיק עליו דרכי ה' כדאמרינן בסנהדרין ובירושלמי דרבי אבהו מת לו תינוק אחד ואמר לעומדים לפניו, שאם רשות של מטה שיש בה שקר וכזב נאמר בה (סנהדרין מו, א): "הקרובים באים ושואלים בשלום הדיינים ובשלום העדים כלומר שאין בלבנו עליכם, שדין אמת דנתם"; רשות של מעלה שאין בה לא כזב ולא שקר ולא גניבת דעת ולא משוא פנים ולא מקח שחד, והוא חי וקיים לעולמי עולמים, על אחת כמה וכמה שחייבים אלו לקבל עליהם מידת הדין (מעבר יַבֹּק מאמר שפתי רננות פרק כא).

ועיקר הנחמה הוא שיצדק דין שמים בלב האבל עד שבפיו יודה למלך המשפט ויברך על הרעה מעין הטובה, שאז יזכה למה שאמר הנביא "כִּי לָקְחָה מִיַּד ה' כִּפְלַיִם בְּכָל חַטֹּאתֶיהָ". ירצה כי ישראל יקבלו נחמות כפליים מחטאתיהם, אחד על כי יעשו תשובה מאהבה, ושנית על קבלת היסורים מאהבה וכן צריך האבל לקיים בעצמו. והמנחמים יזכירו ויזהירו על זה. ולכן אמרו שנחמת הבבליים היא גידוף (כמו שמסופר במסכת בבא קמא לח, א; שרב שמואל בר יהודה מתה לו בתו. אמרו חכמים לעולא: עמוד ונלך לנחמו. אמר להם:

מה לי אצל נחמת הבבליים, שאינה אלא גידוף. שהם אומרים: "מה אפשר לעשות". אבל אילו היו יכולים – היו עושים) כיון שלא היו משתדלים עם האבל שיצדיק עליו דין שמים (מעבר יַבֹּק מאמר שפתי רננות פרק יט).

ע"ע **חייב אדם לברך על הרעה כשם שמברך על הטובה.**

צִיּוּן

ע"ע **מצבה.**

ציצית בתכריכי המת

יש דיון הלכתי בין הפוסקים אם להצריך ציצית בתכריכי המת אם לאו. צריך להקדים ולומר שהציצית מסמלת את כלל המצוות, כמו שכתוב בתורה "וְהָיָה לָכֶם לְצִיצִת וּרְאִיתֶם אֹתוֹ וּזְכַרְתֶּם אֶת כָּל מִצְוֹת ה׳", והדיון ההלכתי בציצית יכול לסמל את היחס הכללי בין המצוות לבין הנפטר. (ראה תוספות פסחים מ, ב, דיבור המתחיל "אבל עושהו").

הסיבה להצריך ציצית בתכריכי המת היא משום לועג לרש, שלא יהיו נושאי המת מעוטפים בציצית והמת לא. מאידך הביאו גם סיבות לפטור: המת פטור ממצוות כמו שכתוב "בַּמֵּתִים חָפְשִׁי" (תהלים פח, ו), גם כיון שכתוב בציצית "אֲשֶׁר תְּכַסֶּה בָּהּ" (דברים כב, יב), והתכריכים לא מיועדים לכסות אלא לקבורה. יש מהפוסקים שכתבו שמי שהקפיד על ציצית בחייו גם ייקבר בה במותו, ומי שלא הקפיד בחייו לא ייקבר בציצית במותו כיון שדווקא עטיפתו בציצית עלולה להיות כעין לעג לרש, שבחייו לא נהג ודווקא במותו כשהוא פטור ממצוות יהא עטוף בטלית, לכן יש לפסול או לקשור את אחת הציציות.

הדיון ההלכתי מובא בתורת האדם לרמב"ן (עמ׳ צח – ק) ובשלחן ערוך (יורה דעה סימן שנא). להלכה פסק השלחן ערוך שיש לקברו עם ציצית. הרמ"א שם כתב שאין צורך לקברו בציצית אך נהגו לקברו בציצית שפסלו אחת מציציותיה או שכרכו אחת מכנפותיה. בגשר החיים (פרק י, ה) כתב שהמנהג שמכסים את הנפטר (גברים בלבד) בטלית מצויצת עד הקבר וקוברים אותו ללא הטלית. דיון מורחב מובא בגשר החיים חלק שני פרק יד (שם מובאות חמש שיטות הלכתיות בנושא זה).

ע"ע **במתים חפשי. לועג לרש. תכריכים.**

צרור החיים

הביטוי לקוח מדברי אביגיל אשת נבל הכרמלי לדוד – "וְהָיְתָה נֶפֶשׁ אֲדֹנִי צְרוּרָה בִּצְרוֹר הַחַיִּים" (שמואל א׳, כה, כט). ומשמעותו חיבור וקישור, כמו צרור המחבר ומקשר. צרור החיים היא המשכיות החיים. הקישור הנצחי לבורא נמשך גם לאחר מיתה. הנשמה נצחית וממשיכה להיות קשורה לבוראה. מי שמתנתק מבוראו נקרא רשע. רשעים בחייהם קרויים מתים. צדיקים במיתתם קרויים חיים.

הביטוי מופיע במשמעות זו גם בגמרא (שבת קנב, ב):

> אף הקדוש ברוך הוא על גופן של צדיקים אומר: "יָבוֹא שָׁלוֹם יָנוּחוּ עַל מִשְׁכְּבוֹתָם", ועל נשמתם הוא אומר: "וְהָיְתָה נֶפֶשׁ אֲדֹנִי צְרוּרָה בִּצְרוֹר הַחַיִּים אֵת ה' אֱלֹהֶיךָ". תניא רבי אליעזר אומר נשמתן של צדיקים גנוזות תחת כסא הכבוד שנאמר "וְהָיְתָה נֶפֶשׁ אֲדֹנִי צְרוּרָה בִּצְרוֹר הַחַיִּים".

הרמב"ם מפרש את הביטוי כחיי נצח:

> חיים אלו לפי שאין עמהם מות – שאין המות אלא ממאורעות הגוף ואין שם גוף – נקראו צרור החיים, שנאמר "וְהָיְתָה נֶפֶשׁ אֲדֹנִי צְרוּרָה בִּצְרוֹר הַחַיִּים", וזהו השכר שאין שכר למעלה ממנו והטובה שאין אחריה טובה, והיא שהתאוו לה כל הנביאים (הלכות תשובה פרק ח, ג).

על הפסוק "כָּל קְדֹשָׁיו בְּיָדֶךָ" (דברים לג, ג) דרשו – אלו נפשותיהם של צדיקים שהן נתונות עמו באוצר, שנאמר "וְהָיְתָה נֶפֶשׁ אֲדֹנִי צְרוּרָה בִּצְרוֹר הַחַיִּים אֵת ה' אֱלֹהֶיךָ" (ספרי דברים פיסקה שמד). לפי זה צרור החיים הוא מקום גניזת כל הנשמות.

על המצבות נהגו לכתוב תנצב"ה – תהא נשמתו/ה צרורה בצרור החיים.

ע"ע **אל מלא רחמים. נשמה. תנצב"ה.**

קבורה

לטמון את המת באדמה או בכוכים המיועדים לכך. הקבורה מרומזת בעונש אדם הראשון שאכל מעץ הדעת "עַד שׁוּבְךָ אֶל הָאֲדָמָה כִּי מִמֶּנָּה לֻקָּחְתָּ כִּי עָפָר אַתָּה וְאֶל עָפָר תָּשׁוּב" (בראשית ג, יט).

מתוך הביזיון שמיחס המקרא למי שאינם נקברים, מתבררת חשיבות הקבורה. אי קבורה נחשבת במקרא לקללה: "וְהָיְתָה נִבְלָתְךָ לְמַאֲכָל לְכָל עוֹף הַשָּׁמַיִם וּלְבֶהֱמַת הָאָרֶץ" (דברים כח, כו). גם ירמיהו השתמש בביטוי זה בנבואת פורענות על דורו (טז, ד).

מצות עשה לקבור הרוגי בית דין שנהרגו, באותו יום, שנאמר "כִּי קָבוֹר תִּקְבְּרֶנּוּ בַּיּוֹם הַהוּא" (דברים כא, כג). ומכאן למדו חכמים לכל מתי ישראל שמצוה לקברם ביום מותם (ספר המצוות לרמב"ם מצות עשה רל"א).

מצות לא תעשה שלא להלין נבלת התלוי על העץ, שנאמר "לֹא תָלִין נִבְלָתוֹ עַל הָעֵץ". כל המלין את מתו עובר בלא תעשה (סנהדרין מו, ב. רמב"ם הלכות סנהדרין פרק טו, ח). בפרט היו נזהרים שלא להלין את המת בירושלים (בבא קמא פב, ב. תוספתא נגעים פרק ו, ב).

הקבורה צריכה להיות בקרקע ממש. "לפי שבכל אדם יש זוהמה מזוהמת הנחש, ועל ידי המיתה שישוב אל העפר, חוזרת הזוהמה אל הארץ ונידבקת בעפר כי נחש עפר לחמו, ונשאר האדם זך בלי שמרים" (ספר מנחם אבלים אות מ' ערך מת – טעם המיתה).

הנותן את מתו בארון ולא קברו בקרקע, עובר משום מלין את המת (שלחן ערוך יורה דעה סימן שסב, א).

יש דיון בגמרא (שם) האם הקבורה באה כדי לכפר על הנפטר או כדי למנוע ממנו ביזיון.

מצוה שהקבורה תיעשה על ידי ישראל דווקא, רק אם אין אפשרות (כגון ביום טוב במקום שקוברים אז) ייקבר על ידי גויים. הטעם גם בגלל שזו סגולה למת וגם בגלל שזו מצוה של תורה שיוכל לזכות בה ישראל (גשר החיים פרק טז, א, ה).

הבן חייב בקבורת אבותיו (שלחן ערוך שם סימן שמח, ב). הבעל חייב בקבורת אשתו (שלחן ערוך אבן העזר סימן פט).

אין קוברים רשע אצל צדיק, ואפילו לא צדיק אצל חסיד מופלג. אבל קוברים בעל תשובה אצל צדיק גמור. שניים שהיו שונאים זה לזה, אין לקברם יחד.

קוברים את המת כשהוא שוכב על גבו ופניו למעלה (שלחן ערוך יורה דעה סימן שסב, ב). נהגו לקבור המת כשרגליו כלפי ירושלים.

ע"ע ארון המת. יקרא דחיי יקרא דשכבי. כל שישן עמו בחייו נקבר עמו במותו.

קבורה בארון או באדמה

ע"ע ארון המת.

קבורה בארץ ישראל

ארץ ישראל נקראת ארץ החיים (יחזקאל כו, כ) וארצות החיים (תהלים קטז, ט). בגמרא (כתובות קיא, א) – אמר רבי אלעזר: מתים שבחוץ לארץ אינם חיים. שנאמר "וְנָתַתִּי צְבִי בְּאֶרֶץ חַיִּים" – ארץ שצביוני בה, מתיה חיים, שאין צביוני בה, אין מתיה חיים. הגמרא שואלת על רבי אלעזר: וכי לדעתו צדיקים שבחוץ לארץ אינם חיים? הגמרא עונה שתי תשובות: או שחיים על ידי גלגול, או על ידי מחילות.

למרות שכל הקבור בארץ ישראל, כאילו קבור תחת המזבח, אינו דומה קולטתו מחיים לקולטתו לאחר מיתה (שם), דהיינו אם נפטר בחוץ לארץ והובא לארץ לקבורה. (בספר מעבר יַבֹּק, מאמר שפתי רננות פרק יב, מוזכר שבחוץ לארץ כוחות הטומאה רבים מאשר בארץ, ולכן צריך התעוררות בפסוקי רחמים על הנשמה ובפרט בזמן הטהרה).

בזהר (אחרי מות עב, ב), מובאת התייחסות מחמירה למי שנפטר בחוץ לארץ ומובא לארץ ישראל לקבורה:

> זכאה חולקיה מאן דזכי בחייוי למשרי מדורא בארעא קדישא. דכל מאן דזכי ליה, זכי לאנגדא מטלא דשמיא דלעלא דנחית על ארעא. וכל מאן דזכי לאתקשרא בחייוי בהאי ארעא קדישא, זכי לאתקשרא לבתר בארעא קדישא עלאה.
>
> וכל מאן דלא זכי בחייוי, ומייתין ליה לאתקברא תמן, עלה כתיב "וְנַחֲלָתִי שַׂמְתֶּם לְתוֹעֵבָה". רוחה נפיק ברשותא נוכראה אחרא, וגופה אתי תחות רשותא דארעא קדישא. כביכול עביד קודש חול וחול קודש.
>
> וכל מאן דזכי למיפק נשמתה בארעא קדישא, אתכפרו חובוי, וזכי לאתקשרא תחות גדפוי דשכינתא, דכתיב "וְכִפֶּר אַדְמָתוֹ עַמּוֹ".

(תרגום: זכאי חלקו של מי שזוכה לגור בחייו בארץ הקדושה. שכל מי שזוכה לכך, זוכה למשוך מטל השמים העליון היורד על הארץ. וכל מי שזוכה להתקשר בחייו בארץ הזו הקדושה, זוכה להתקשר לאחר מכן בארץ הקדושה העליונה.

וכל מי שלא זוכה בחייו, ומביאים אותו להיקבר שם, עליו כתוב "וְנַחֲלָתִי שַׂמְתֶּם לְתוֹעֵבָה". רוחו יוצאת ברשות נכרית אחרת, וגופו בא תחת רשות הארץ הקדושה. כביכול עושה קודש חול והחול קודש.

וכל מי שזוכה להוצא נשמתו בארץ הקדושה, מתכפרים חובותיו, וזוכה להקשר תחת כנפי השכינה כמו שכתוב "וְכִפֶּר אַדְמָתוֹ עַמּוֹ").

למרות זאת הבאת המת לקבורה בארץ נחשבת למצוה, ומותר אפילו לפנות את המת מקברו לצורך כך (שלחן ערוך יורה דעה סימן שסג). אם אי אפשר לקברו בארץ ישראל, יש נוהגים לשים בקבר מעפר ארץ ישראל (רמ"א בשלחן ערוך שם).

ע"ע **גלגול מחילות. עפר ארץ ישראל. פינוי קבר.**

קבורה בקומות

אין נותנים שני ארונות זה על זה. ואם נתן – כופים העליון שיפנה. ואם יש ביניהם עפר שישה טפחים – **מותר** (שלחן ערוך יורה דעה סימן שסר, ד). אמנם בבית יוסף כתב בשם הרמב"ן בתורת האדם שדי בשלושה טפחים. גם ר' עקיבא איגר (שם) כתב על פי זה שדי ברווח שלושה טפחים. גם בפתחי תשובה (שם סעיף קטן ג) הביא תשובת שבות יעקב שאף שפשוט שצריך להרחיק בין המתים, קברו בזמנו סמוך זה לזה ואף זה על גבי זה, מפני שהמקום היה מצומצם להם, ודיני ההרחקה בין הקברים נאמרו במקום שהארץ רחבת ידיים. ומכל מקום כתב שיש להשתדל לנהוג כפי הדין במקום שיש אפשרות לכך. אבל בגשר החיים (פרק כז, ו, ו) פסק שיש להקפיד על רווח שישה טפחים, ושאין להקל בפחות. כיום ישנה מצוקת מקום לקבורה, ולכן נהגו לקבור בקומות על פי הגדרים ההלכתיים המאפשרים זאת. במיוחד במקומות הרריים שישנם הפרשי גובה, כגון הר המנוחות בירושלים. בשו"ת במראה הבזק (חלק ד תשובה קיד) הובאה תשובה מפורטת בנושא זה, המצטטת את היתר מועצת הרבנות הראשית לקבורה בקומות, וכן את מאמרו של הרב שאול ישראלי, שמדבריו עולה כי המבנה בקומות צריך להיות בנוי באופן שיחשב בסופו של דבר כמערת קבורה. ע"ע ילקוט יוסף סימן מה, ז – ח.

מבחינה מעשית מבחינים היום בחברה קדישא בין ארבעה סוגי קברים:

קבורת שדה – היא הקבורה הרגילה והמקובלת מדורי דורות.

קבורת רמה – משטח קבורה אופקי הבנוי על גבי רצפת בטון (כעין מרפסת), הנתמכת בעמודים. על המשטח כמות עפר גדולה המחוברת להר שבצדה. השיטה מקבילה לקבורת שדה רגילה פרט לעובדה שמתחת למשטח הבטון המשמש רצפה, ישנו חלל המשמש לקבורה במפלס נמוך יותר.

כוכים – בניית קברים בתוך קירות תמך. מיועד בדרך כלל למקומות הרריים, כמו למשל בהר המנוחות בירושלים. בקיר התמך נבנה חלון המשמש כפתח, לקבר הבנוי בהר שמאחורי הקיר. המצבה מופיעה על גבי הקיר שלפני הקבר.

קבר משפחתי/זוגי – קבר לשני נפטרים, האחד על גבי השני בשטח של קבר שדה אחד ובעומק כפול. הראשון מבין בני הזוג שילך לעולמו ייקבר בקבר העמוק יותר, ובן הזוג הנותר ייקבר בקבר העליון. המצבה שתוצב על הקבר לאחר קבורת הראשון, תפורק ביום הקבורה של הנפטר השני, ותיבנה מחדש לאחר קבורתו. המצבה תכיל בסופו של דבר את הכיתוב לשני הנפטרים.

הכינויים לקברים ולצורות הקבורה נערכו על פי נהלי חברה קדישא "קהלת ירושלים", התמונות והתרשימים המצורפים לקמן ניתנו לי על ידי מר חנניה שחור, מנכ"ל חברה קדישא "קהלת ירושלים", ואני מודה לו על כך.

בתמונה ניתן לראות בנייה של קבורה בקומות. משמאל ניתן לראות הכנה לקבורה בכוכים.

בנייה של הקבורה בקומות. ניתן לראות שלושה מפלסי קבורה.

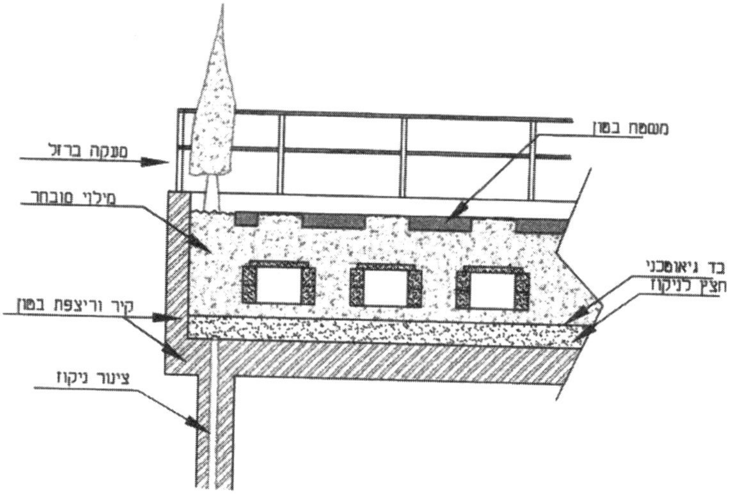

תרשים זה הוא מבט על קבורה בקומות מהחזית. הקברים מחוברים להר על ידי חיבור משטח הקבורה כולו להר, אך מתחת למשטח יש חלל ובו קברים נוספים, כפי שניתן לראות בתמונה הבאה.

קבורה בקומות, מבט מהמפלס מתחת למשטח הקבורה העליון. מעל התקרה ישנם קברים המחוברים להר על ידי חיבור המשטח כולו להר. על הקיר מימין נראית הקבורה בכוכים.

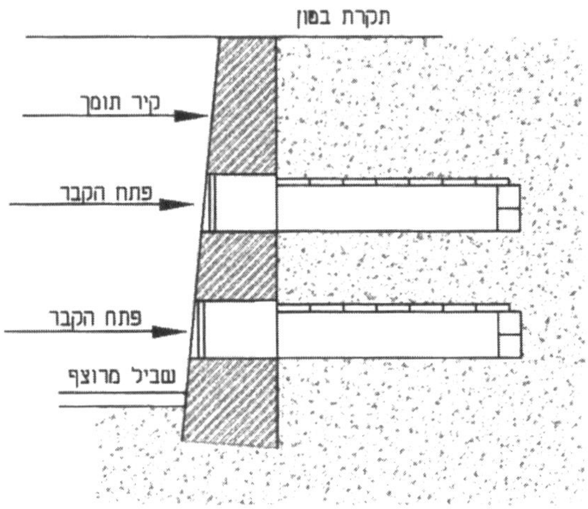

תרשים של קבורה בכוכים במבט מן הצד.

קבורה בכוכים

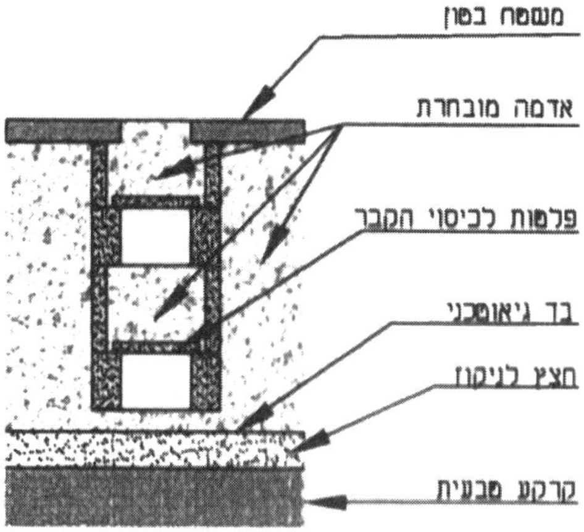

תרשים של קבר משפחתי / זוגי, קבר על גבי קבר. בתמונה הבאה ניתן לראות את צילום הקבר כפי שהוא נראה בפועל, עם פירוט המידות: ארבעים ס"מ לקבר עצמו בו מונח הנפטר ושישים ס"מ (יותר משישה טפחים) מעל כל קבר. זהו המרחק בין הנפטרים גם בגובה וגם ברוחב.

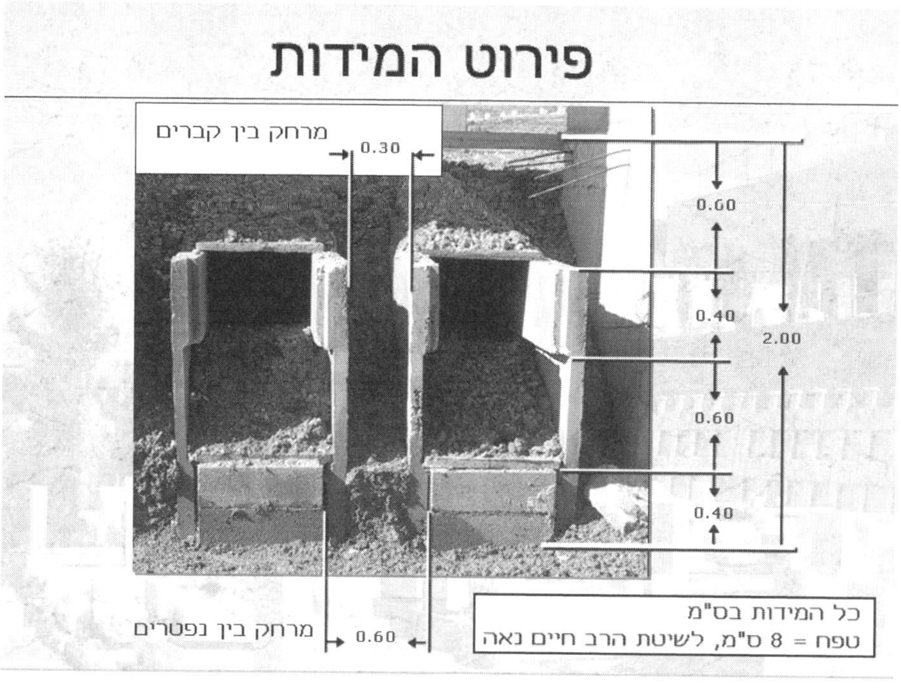

קבורת אברים

גם אברי אדם יש לקבור, משום איסור הנאה וגם משום חשש טומאה לכהנים. מעבר לכך, היהדות רואה בגוף האדם הקבלה לספר תורה. ספר התורה הוא כלי קיבול למסר האלהי הרוחני שנמסר מריבונו של עולם לעם ישראל, ומשום כך נוהגים כבוד וקדושה בספר התורה. גם הגוף הוא כלי קיבול לנשמה שהיא חלק אלוה ממעל, ועל כן יש לכבדו. כמו שבספר תורה יש קדושה לכל גויל וגויל, למרות שהוא חלקי. כך יש קדושה בגוף גם כשהוא חלקי. לכן, כשנחתך חלק מגוף האדם בניתוח או בתאונה, קוברים את אותו אבר. נוהגים לרחוץ את האבר ולנקותו, לכרוך אותו בבד פשתן ולקברו. אם יש לאדם חלקת קבר מחיים, קוברים את האבר באותו מקום שבו הוא עתיד להיקבר (גשר החיים פרק טז, ב, ב).

בשו"ת שבות יעקב כתב שנשאל על מי שנולדה לו מכה ברגלו והוצרך לחתוך לו את רגלו, אם מחויב לקבור אותו אבר או לא. והשיב שאף שבמסכת כתובות (כ, ב) משמע שיש לקברו, יש לומר שאין זה מצד החיוב לקבור, ומי שחושש לעצמו משום סכנה אפשר שאינו מחויב לקבור. מכל מקום צריך ליתנו בחדר אחד שלא יכנסו שם הכהנים כי אבר מן החי מטמא (מובא בפתחי תשובה שסב, א). כך פסק גם הנודע ביהודה (מהדורה תניינא יורה דעה סימן רט).

הרב פיינשטיין באגרות משה (יורה דעה חלק א, רלב; חלק ג, קמא) כתב שיתכן שיש לחייב קבורה רק על אבר מן החי ולא על בשר מן החי. לכן צריכים לקבור רק אברים שיש בהם בשר וגידים ועצמות, אבל אין חיוב לקבור בני מעיים או שפיר ושיליה שאין רהח צורת ולד.

בשו"ת ציץ אליעזר (חלק י, סימן כה, פרק ח) פסק שאין מצות קבורה באבר הפורש ונחתך מאדם חי, אבל יש לקברו משום המנהג, וגם כדי שלא יבואו הכהנים להיטמא בו. בשעת צורך מיוחד התיר להצניעו בחדר מיוחד. מותר ליהנות מאבר הפורש מן החי ומותר לרופאים להתלמד עליו דרכי הרפואה, אך אסור להשליכו לאחר מכן בביזיון אלא יש להצניעו או לקברו. ע"ע בנשמת אברהם חלק ב יורה דעה סימן שסב, א.

קבורת חמור

כינוי לקבורה בזויה מתוך זלזול במת: "קְבוּרַת חֲמוֹר יִקָּבֵר סָחוֹב וְהַשְׁלֵךְ מֵהָלְאָה לְשַׁעֲרֵי יְרוּשָׁלָ͏ִם" (ירמיהו כב, יט). בגמרא ובפוסקים המשמעות היא קבורה בזויה של הנפטר בעמידה בתוך כוך קבורה, במקום בשכיבה, לכן אין לקבור באופן זה (בבא בתרא קא, א. תורת האדם לרמב"ן עמוד קטז).

קבורת נפל

נפל יש לקבור באדמה. הפוסקים הזכירו שלוש סיבות לכך: מצד איסור הנאה מהמת; מחשש טומאה לכהנים; ומצד שעתיד לחיות בתחיית המתים. מהטעם של תחיית המתים, נהגו לתת שם לנפל לפני שקוברים אותו. נפל זכר, או תינוק שנולד ונפטר קודם

שהספיקו למול אותו, מלים אותו קודם הקבורה. לא נהגו לקבור שיליה. (המקור למילת תינוק שנפטר הוא מתשובת רב נחשון גאון, המובאת גם בתורת האדם לרמב"ן, עמוד פז; ובטור ושלחן ערוך יורה דעה סימן שנג, ו).

אין אבלות על נפל, ואפילו לא על תינוק שנפטר בתוך שלושים יום ללידתו, כיון שעדיין מוגדר כנפל.

תינוק שנולד טרם זמנו ושהה באינקובטור למעלה מחודש ונפטר, יש הסוברים למנות לו שלושים יום מלידתו ולכן יש להתאבל עליו. ויש שכתבו שאין להתאבל עליו כיון שנתברר שמראש לא היה בן קיימא, והלכה כדברי המקל באבל (ילקוט יוסף סימן יד, ח. מביא שם גם את הדעות החולקות).

קבורת נפל נעשית בצנעה על ידי החברה קדישא, בדרך כלל ללא השתתפות בני המשפחה:

> קטן עד בן שלשים יום, מוציאים אותו בחיק לבית הקברות ולא בארון. בן שלשים (יום) עד שנה יוצא בגלוסקמא (נסר רחב) הניטלת באגפיים (בזרועות). בן שנים עשר חודש יוצא במיטה (מועד קטן כד).

קבורת ספר תורה

ע"ע גניזה.

קבורת תרנגול

> המנהג במצרים וירושלים שאם ימותו שני מתים בשנה אחת בתוך חצר אחת, אזי קודם הוצאת המת השני מפתח החצר קוראים לשוחט, ושוחט עוף כפרה על כל בני החצר. וקוברים הראש והרגליים אצל המת השני כדי שיהיה העוף הנשחט הוא השלישי, ולא תאונה רעָה לשכנים בחצר. והיא דוגמת כפרות בערב יום כיפור ואין בזה ניחוש (ספר נהר מצרים, הלכות ניחוש סימן ב).

בספר מעבר יַבֹּק (מאמר שפת אמת סוף פרק יא) כתב בשם רבי יהודה החסיד שטוב לקבור בקבר ריק תרנגול שנקרא גבר, אולי על ידי כך יחליש ויטמין כוח הדין המושפע מצד המלאך גבריאל הנקרא גבר לבל יעיר כל חמתו.

יש פוסקים שהתנגדו לכך, כיון שיש בכך משום דרכי האמורי. אולם הרב עובדיה יוסף פסק שאין לחוש לדרכי האמורי (שו"ת יחוה דעת חלק שישי סימן נ). גם בשו"ת חתם סופר (יורה דעה סימן קלט) כתב שאין לחוש בכגון זה לדרכי האמורי, אבל הוסיף שיותר טוב שלא לחוש כלל לדברים אלו שלא הוזכרו בש"ס. וכך פסק למעשה גם בילקוט יוסף (סימן יב, ו).

ע"ע דרכי האמורי.

קבר המזיק את הרבים

קבר המזיק את הרבים כגון שהוא סמוך לדרך, אפילו נקבר שם מדעת בעל השדה, מותר לפנותו ומקומו טהור, ואסור בהנאה אם קדם הקבר. אבל אם קדם הדרך מקומו מותר בהנאה (שלחן ערוך יורה דעה סימן שסד, ה).

הדיון על מותר או אסור בהנאה הוא רק לגבי בניין הקבר, אבל קרקע עולם אינה נאסרת (סנהדרין מז, ב; שלחן ערוך שם א). ע"ע **פינוי קבר. קבר הנמצא.**

קבר הנמצא

קבר שמצאוהו מחוץ לבית הקברות.

המוצא קבר בתוך שדהו ואינו יודע אם נקבר שם מדעת בעל השדה, מותר לפנותו ומקומו טהור. אבל אם מדעת בעל השדה נקבר שם, אסור לפנותו ואם פינהו מקומו טמא ואסור בהנאה (לשון הטור יורה דעה סימן שסד, וכך פסק להלכה גם בשלחן ערוך שם סעיף ב).

המקור הוא בגמרא (סנהדרין מז, ב). ההיתר לפנות קבר כזה הוא מפני שנקבר ללא רשות בעל השדה. מרש"י שם משמע שההיתר לפנות הוא רק אם יודעים שנקבר בניגוד לדעת הבעלים, אך לפי הטור והשלחן ערוך משמע שגם מסתמא מותר לפנותו, אלא אם כן ידוע לנו שנקבר מדעתו של בעל השדה, שאז אסור לפנותו.

יוצא מן הכלל הוא מת מצוה שקנה מקומו ואין מפנים אותו גם אם נקבר שלא מדעת בעל השדה (טור ושלחן ערוך שם על פי הגמרא בבא קמא פא, ב). ובזמן הנה אין נוהג דין זה ויש לפנותו לבית הקברות. ע"ע **מת מצוה. פינוי קבר. שכונת קברות.**

קבר התהום

קבר הנמצא במעמקי האדמה ואין ידוע מקומו. המקור במשנה (פרה ג, ב) "חצרות היו בירושלים בנויות על גבי סלע ותחתיהם חלול מפני קבר התהום". אם יש אהל על הטומאה (בגודל מינימלי של טפח על טפח בגובה טפח), הטומאה נעצרת באותו אהל ולא מטמאת את מה שמעליה. אבל אם אין חלל טפח מעל הטומאה, זו נקראת טומאה רצוצה ומטמאת את כל מה שעליה. לכן בירושלים, כשהיו רוצים לוודא שאין טומאה בקבר התהום העלולה לטמא, היו בונים על גבי חלל שלא יאפשר לטומאה לעלות ולטמא אלא תעצר במקומה. בהקשר זה ניתן להביא את הביטוי "כפין על גבי כפין" לגבי הכבש שבנו מהר הבית להר המשחה (שם משנה ו). גם הר הבית היה בנוי על גבי כפין, מפני קבר התהום (שם משנה ג).

קבר משפחה

אם אפשר, יש לקבור אדם אצל משפחתו. מצאנו במקרא הקפדה על קבורה בקברי משפחה: אברהם קנה את מערת המכפלה בחברון כדי לקבור את שרה, ושם נקבר גם אברהם עצמו. שם נקברו יצחק ורבקה. שם קבר יעקב את לאה, וציוה על יוסף "וּקְבַרְתַּנִי בִּקְבֻרָתָם". על פי המדרש, יעקב התנצל בפני יוסף על כך שלא הצליח לקבור את רחל אמו בקברי האבות שבחברון.

אלעזר בן אהרן הכהן נקבר בגבעת פנחס בנו (סוף ספר יהושע). גדעון נקבר בקבר אביו יואש (שופטים ח, לב). את עצמות שאול המלך ויהונתן בנו קברו בארץ בנימין, בקבר קיש אבי שאול (שמואל ב', כא, יד). את עשהאל קברו בקבר אביו (שמואל ב', ב, לב). רחבעם נקבר בקברי אבותיו (מלכים א', יד, לא), וכן מלכים נוספים. נחמיה מכנה את ירושלים "הָעִיר בֵּית קִבְרוֹת אֲבֹתַי" (נחמיה ב, ב).

והטעם הוא כיון שנוח לו לאדם שיהיה קבור אצל אבותיו. ניתן ללמוד זאת מדברי ברזילי הגלעדי שאמר "וְאָמֻת בְּעִירִי עִם קֶבֶר אָבִי וְאִמִּי" (שמואל ב'; יט, לח).

עד כדי כך חשוב הדבר, שהתירו לפנות נפטר מקברו כדי לקברו אצל אבותיו (שלחן ערוך יורה דעה סימן שסג).

ע"ע **קברי אבות וקברי צדיקים**.

קברי אבות וקברי צדיקים

ונכתבה זאת הפרשה (קבורת שרה אמנו במערת המכפלה)... כי רצה להודיענו מקום קבורת האבות באשר אנחנו חייבים לכבד מקום קבורת אבותינו הקדושים

פירוש הרמב"ן לבראשית כג, יט

העלייה לקברי אבות ולקברי צדיקים, יש בה משמעות פנימית ורצון להתחבר לנשמות האבות והצדיקים ולמהותן. העולים מבקשים שבזכות הצדיק הקשר עם רבונו של עולם יתהדק, ללא חציצות העלולות להגרם מתכונות אנושיות שליליות. הרצון להדמות לצדיקים ולקבל מהם השפעה לתיקון המידות, עשוי לסייע ביד בני האדם השואפים לכך להסיר המחיצות בינם לבין האור והטוב האלקי. כך למשל בתחילת תפילת שמונה עשרה אנו מזכירים את אבותינו – אברהם, יצחק ויעקב, מתוך אזכור חסדי אבות וגם מתוך ההזדהות הפנימית העמוקה עם המודל המוסרי שהנחילו.

אסור לכהנים לבקר אצל קברי צדיקים, אפילו מערת המכפלה וקבר רחל. אך ראה בספרו של הרב עידו אלבה "טהרת שדה המכפלה", שלדעתו יכולים הכהנים להיכנס למבנה שמעל מערת המכפלה. **הערת הרב נבנצל שליט"א** – צריך עיון אם אסור בקבר רחל, מאחר שזה קבר מלפני הדיבור (לפני מתן תורה).

כשאדם מתפלל ליד הקברים, עליו להקפיד להתפלל לה' שיעשה חסד בזכות הצדיקים, ושלא להתפלל אל המתים עצמם, כדי שלא יהיה בכלל דורש אל המתים (רמ"א אורח חיים סימן תרה).

(ע"ע בהרחבה בגשר החיים חלק שני פרק כו, פירוט ההתייחסויות השונות האם מותר לבקש מהמתים שיתפללו בעד החיים או שמותר רק לבקש מה' שיעשה בזכות המתים).

ע"ע **דורש אל המתים. קבר משפחה.**

קדיש

תפילה של שבח לה'. נתקנה בלשון ארמי כדי שיבינו גם עמי הארץ שלא היו בקיאים בעברית בזמן התלמוד. בתלמוד נקרא הקדיש בשם "יהא שמיה רבה מברך" (יהא שמו הגדול מבורך), שהוא עיקר השבח שבקדיש.

בנוסח הקדיש יש שהזכירו עשרה מיני שבח: יתגדל ויתקדש, יתברך וישתבח ויתפאר ויתרומם ויתנשא ויתהדר ויתעלה ויתהלל, כנגד עשרה מאמרות שבהם נברא העולם. ויש שמנו חמשה עשר מיני שבח, והוסיפו על העשרה דלעיל גם: וימליך, ברכתא ושירתא תושבחתא ונחמתא, והם כנגד חמשה עשר שירי המעלות שאמר דוד בספר תהלים. (זהו גם מספר השבחים שיש בישתבח ובאמת ויציב). הציבור עונים "יהא שמה רבה מברך לעלם ולעלמי עלמיא", שהם שבע מילים ועשרים ושמונה אותיות כמו בפסוק הראשון בספר בראשית, ועל סמך זה אמרו שהעונה "יהא שמה רבה מברך" וכו' כאילו נעשה שותף לקדוש ברוך הוא במעשה בראשית.

על הקשר בין הקדיש לאבלות עיין באריכות מעמוד 267. על סוגי הקדישים השונים – חצי קדיש, קדיש שלם, קדיש יתום, קדיש תתקבל, קדיש דרבנן, קדיש הגדול. עיין מעמוד 272. פירושים רבים יש לקדיש לסוגיו ולנוסחאותיו השונים. (כך למשל ספר הקדיש. גשר החיים פרק ל'. "הסידור והתפילה" לרב שטיינזלץ ועוד).

קינה

שיר אבל, הספד פיוטי על מת או על חורבן וצרה. המשנה האחרונה במסכת מועד קטן מגדירה את ההבדל בין ענוי לבין קינה: "איזהו ענוי? שכולן עונות כאחד. קינה? שאחת מדברת וכולן עונות אחריה", שנאמר (ירמיהו ט, יט) "וְלַמֵּדְנָה בְנוֹתֵיכֶם נֶהִי וְאִשָּׁה רְעוּתָהּ קִינָה".

מצאנו קינות בתנ"ך: "וַיְקֹנֵן דָּוִד אֶת הַקִּינָה הַזֹּאת עַל שָׁאוּל וְעַל יְהוֹנָתָן בְּנוֹ" (שמואל ב', א, יז); "שִׁמְעוּ אֶת הַדָּבָר הַזֶּה אֲשֶׁר אָנֹכִי נֹשֵׂא עֲלֵיכֶם קִינָה בֵּית יִשְׂרָאֵל" (עמוס ה, א); "וְהָפַכְתִּי חַגֵּיכֶם לְאֵבֶל וְכָל שִׁירֵיכֶם לְקִינָה וְהַעֲלֵיתִי עַל כָּל מָתְנַיִם שָׂק וְעַל כָּל רֹאשׁ קָרְחָה וְשַׂמְתִּיהָ כְּאֵבֶל יָחִיד וְאַחֲרִיתָהּ כְּיוֹם מָר" (שם ח, י).

מגילת איכה נקראת "קינות", "מגילת קינות", "ספר קינות" (בבא בתרא יד, ב. חגיגה ה, ב. ירושלמי שבת טז, א).

ע"ע **מקוננות.**

קריאת שם לתינוק על שם נפטר

מנהג ישראל לקרוא שם על שם אב, אם או שאר קרובי משפחה. המנהג בקהילות אשכנז הוא לקרוא רק על שם קרובי משפחה שכבר נפטרו מן העולם, ומנהג עדות המזרח לתת שמות אף בחייהם של הקרובים, והדבר נחשב לסגולה לאריכות ימים.

לפי רוב השיטות ניתן לקרוא לילד גם בשם הדומה לשם הנפטר, או לצרף לשם הנפטר שם נוסף. יש אומרים שאין לקרוא לילד בשם של מי שנפטר לאחר לידת הילד.

לפי רוב הדעות, לא יקרא אדם לבנו או לבתו על שם איש או אשה שהיה מזלם רע, כגון שנפטרו צעירים וכדומה, אלא יקרא בשם שונה מעט (אגרות משה יורה דעה חלק ב סימן קכב), או בתוספת שם אחר (וישתמשו בשני השמות), ויש המקפידים במקרה כזה לתת את שם הנפטר כשם שני (ילקוט יוסף, כיבוד אב ואם חלק ב עמוד צד). יש אומרים שאין שום מניעה מלקרוא שם על שם אדם שנפטר בצעירותו (הרב חיים דוד הלוי, עשה לך רב חלק ו, סט. והביא מעשה רב מבתו של הגר"א שבניה היו מתים בילדותם, ואמר לה אביה לקרוא לילד שיוולד בשמו של הילד שנפטר, אך יוסיפו לו שם חדש והשם החדש יהיה הראשון). יש אומרים שאם נהרג על קידוש ה' – ניתן לקרוא על שמו גם ללא תוספת.

כמה חיבורים וספרים גדולים נכתבו בענין קריאת שמות, ואין כאן מקום להאריך מעבר למידה. הכתיבה של פיסקה זו היא על פי הספר "קוראי שמו" שכתב ידידי, הרב מישאל רובין שליט"א. המבקשים להעמיק בעניין יוכלו לראות בהרחבה את הדברים שם או בספרים אחרים שנכתבו על נושא זה. ע"ע **הנצחה**.

קריעה

קריעת הבגד היא סימן לצער ולאבלות, כמו יעקב אבינו שקרע שמלותיו בשמעו כי יוסף בנו מת. מלבד זאת מצאנו פעמים רבות בתנ"ך קריעת בגדים כסימן לאבלות – דוד על שאול ויהונתן, דוד על אבנר, יפתח על בתו, אלישע על הסתלקות אליהו, איוב על בניו. יש דוגמאות רבות נוספות של קריעת בגדים כביטוי לצער ולשמועות קשות.

מהו תוקף החיוב? – מלשון הגמרא "אבל שלא פרע ולא פרם חייב מיתה" (מועד קטן כד, א) משמע שהציווי מהתורה. אולם לפי רוב הפוסקים תוקף הציווי מדרבנן (גשר החיים פרק ד, א).

בטעמי הקריעה יש שכתבו שבא לעורר הצער, ויש שכתבו להפך – להטריד את מחשבת האבל שתהיה על הפסד הבגד, ולהסיח דעתו במקצת מאסון קרובו. בפשטות, הקריעה מבטאת קריעה נפשית של המתאבל והמצטער, עד כדי כך שהנביא השתמש בדימוי זה כדי להוכיח "וְקִרְעוּ לְבַבְכֶם וְאַל בִּגְדֵיכֶם" (יואל ב, יג). בספר מעבר יַבֹּק (מאמר אמרי נועם פרקים לא-לב) מובא הסבר על דרך הקבלה לעניין הקריעה ופרטי הלכותיה. פירוט נוסף מובא בספר בעמוד 100.

מצד עיקר הדין יש לקרוע על המת בשעת יציאת נשמה, אף על פי שאינו קרובו. כיום נהגו למעשה לקרוע בתחילת הלוויה (לפי מנהגי האשכנזים) או אחרי הקבורה (לפי מנהגי עדות המזרח).

ברור שיש לקרוע את הבגד ואי אפשר לקרוע חתיכת בד המוצמדת לבגד – "ומה נורא המנהג החדש... שלפני זמן קריעה תולים על בגדי אבלים איזה חתיכה של משי שחור, וקורעים בחתיכה זו קרע כל שהוא אשר אינם יוצאים בזה ידי חובת קריעה..." (כל בו על אבלות עמוד 13).

בדרך כלל יכול האבל לאחות את הקרע לאחר תקופת האבלות, אך על אביו ואמו אינו מאחה את הקרע לעולם. מצד הדין כשם שאדם קורע על אביו ועל אמו (קרע שלא מתאחה לעולם), כך קורע על רבו שלמדו תורה, ועל נשיא הסנהדרין ועל אב בית דין, ועל שמועות הרעות, ועל ברכת ה', ועל ספר תורה שנשרף, ועל ערי יהודה ועל ירושלים ועל המקדש.

הרואה ספר תורה שנשרף, חייב לקרוע שתי קריעות – אחת על הגויל ואחת על הכתב. למדו זאת ממה שכתוב בספר ירמיהו שהמלך יהויקים שרף את המגילה שכתב ירמיהו, וכתוב על שרי יהודה: "וְלֹא פָחֲדוּ וְלֹא קָרְעוּ אֶת בִּגְדֵיהֶם". הגמרא לומדת שלא נהגו כשורה אלא היו חייבים לקרוע. כך גם נפסק להלכה: "הרואה ספר תורה שנשרף או תפילין או אפילו מגילה אחת מהנביאים או מהכתובים, קורע שתי קריעות. ודווקא ששורפין אותו בזרוע, וכמעשה שהיה" (מועד קטן כו, א. מסכת שמחות פרק ט. רמב"ם הלכות אבל פרק ט, ב. שלחן ערוך אורח חיים סימן תקסא ויורה דעה סימן שמ, לו – לח).

ע"ע בילקוט יוסף אבלות סימן ט, כח, לגבי ספר תורה שנשרף בגלל קצר בבית הכנסת, ולגבי ספרי התורה שהושחתו על ידי ערבים במערת המכפלה.

ע"ע **חליצת כתף**.

קשה רימה למת כמחט בבשר החי

המקור לביטוי הוא בגמרא (מסכת ברכות יח, ב, ובמסכת שבת יג, ב, ושם קנב, א), בהקשר לשאלה האם המתים יודעים על החיים. הביטוי בא לתאר את הקושי של הנפש בהתפרקות הגוף הגשמי.

> שחיבוב קבורת המת... על דרך מדה טובה והוא שישא אדם פנים למי שנהנה ממנו, כמו שבא בתורה ללמד מדה טובה "לֹא תְתַעֵב מִצְרִי כִּי גֵר הָיִיתָ בְאַרְצוֹ" (דברים כג, ח), וכן ראוי שלא יתועב הגוף אחר שהנפש גרה בו. הלא תראה האדם כשיחרב ביתו, יחמול עליו ולבו יכאב אם יהיה למחראות, וכן קשה לנפש כשתראה הגוף מתבזה, ועל דרך זו אמרו "קשה רימה למת כמחט בבשר חי", והדמיון הזה דמיון במציאות הקושי לא בדמותו (ספר כלבו סימן קיד, דיבור המתחיל כתב הבעל).

הרדב"ז (שאלות ותשובות חלק א, תפד) הזכיר עיקרון זה בהתייחסו לשאלה האם מותר לבצע פעולות שיזרזו את עיכול הבשר, והאם נגרם כתוצאה מכך צער לנפטר. מסקנתו היא שכל דבר שנעשה לכבוד הנפטר או לתועלתו מותר, ואין בו משום צער או ביזיון לנפטר. אך אין להתחכם ולזרז תהליכים כאלו, ותמים תהיה עם ה' אלקיך. הרב עובדיה יוסף (יביע אומר חלק ג, יורה דעה סימן כג) מזכיר עניין זה בדיון על שימוש בקרנית

עין ממת, ומוכיח מהביטוי, שהצער הוא לנפשו של המת ולא לגופו. וכן פסק למעשה להתיר לשים סיד כדי לזרז את עיכול הבשר, כדי לאפשר את העברתו לקבר אבותיו (סימן נב, יז).

ע"ע **והמתים אינם יודעים מאומה. תחיית המתים.**

ראשי תבות

יש שימוש רב בראשי תבות בהקשר לאבלות, למצבות ולהנצחה. חלק מהפירוט שלפנינו נמצא בשימוש לא רק בהקשר לאבלות.

גחש"א – גמילות חסד של אמת, כנוי לחברה קדישא. ע"ע **גחש"א.**

הכ"מ – הריני כפרת משכבו. ע"ע **הריני כפרת משכבו.**

המלוב"ן – המלומד בניסים. כינוי לצדיקים מפורסמים, בעלי ניסים ומופתים. בגמרא מוזכרים כמלומדים בניסים רבי שמעון בר יוחאי (מעילה יז, ב) ונחום איש גמזו (תענית כא, א; סנהדרין קט, א).

הי"ד – ה' יקום דמו. ע"ע **הי"ד – ה' יקום דמו.**

זיע"א – זכותו יגן עלינו, אמן. צדקתו תעמוד לנו, דיבור מקובל אגב הזכרת צדיק שנפטר.

ז"ל – זכרונו לברכה. מקור הביטוי בגמרא (קידושין לא, ב). "תנו רבנן: מכבדו בחייו ומכבדו במותו. בחייו כיצד? ... במותו כיצד? היה אומר דבר שמועה מפיו, לא יאמר – "כך אמר אבא", אלא – "כך אמר אבא מרי, הריני כפרת משכבו". וכך אומר בתוך שנים עשר חודש. מכאן ואילך אומר – "זכרונו לברכה לחיי העולם הבא".

זללה"ה – "זכרונו לברכה לחיי העולם הבא". גם ביטוי זה לקוח מהגמרא הנ"ל בקידושין.

זצוק"ל – זכר צדיק וקדוש לברכה. מבוסס על הפסוק בספר משלי (י, ז) "זֵכֶר צַדִּיק לִבְרָכָה וְשֵׁם רְשָׁעִים יִרְקָב".

זצוקללה"ה – זכר צדיק וקדוש לברכה לחיי העולם הבא. מבוסס על הביטוי בגמרא עם הפסוק בספר משלי (י, ז) "זֵכֶר צַדִּיק לִבְרָכָה".

זצ"ל – "זכר צדיק לברכה". מבוסס על הפסוק בספר משלי (י, ז) "זֵכֶר צַדִּיק לִבְרָכָה".

יבדל"א – יבדל לחיים ארוכים. בשימוש כשמזכירים בבת אחת אדם חי בהקשר לאדם שכבר נפטר, כדי לא לקשור את החי למיתה. (לעתים גם יבדלחט"א – יבדל לחיים טובים אמן). ע"ע **בר מינן.**

לע"נ – לעילוי נשמת. ע"ע **ברכות לעילוי נשמה. עילוי נשמה.**

נבג"מ – נשמתו בגנזי מרומים.

נלב"ע – נלקח לבית עולמו. על פי הפסוק בקהלת (יב, ה) "כִּי הֹלֵךְ הָאָדָם אֶל בֵּית עוֹלָמוֹ".

ע"ה – עליו השלום. על פי מאמר חז"ל הקושר את השלום עם הצדיקים. "היה ר' מאיר אומר: גדול הוא השלום שלא ברא הקב"ה מידה יפה מן השלום שניתנה לצדיקים,

שבשעה שנפטרין מן העולם שלש כתות של מלאכי השרת מקדימין אותן בשלום, הראשונה אומרת יבא שלום..." (ספרי זוטא, נשא כו). ע"ע **עליו השלום.**

פ"נ – פה נקבר/ה. כיתוב מקובל על מצבות.

ציס"ע – צדיק יסוד עולם. מבוסס על הפסוק במשלי (י, כה). כינוי לצדיקי עליון שבזכותם העולם עומד (ראה יומא לח, ב; חגיגה יב, ב).

ר"ל – רחמנא ליצלן (בארמית. שבת פד, ב), בעברית – ה' יצילנו. ע"ע **רחמנא ליצלן.**

תנצב"ה – כיתוב מקובל על המצבה. ראשי תבות "תהא נשמתו \ נשמתה צרורה בצרור החיים". (יש הכותבים ת.נ.צ.ב.ה. אך מבחינה לשונית יש לכתוב בראשי תיבות – תנצב"ה, שכן השימוש בניקוד במקום בראשי תיבות לקוח מן הלועזית). ע"ע **צרור החיים.**

רגל דוחה ואינו עולה

כלל הלכתי לגבי אבלות ברגל. שמשמעותו היא שהרגל דוחה את האבלות אם הספיקו להתחיל ולנהוג אבלות אפילו זמן מועט קודם הרגל. במקרה כזה מפסיקים לשבת שבעה סמוך לפני כניסת הרגל, ואין משלימים את השבעה לאחר מכן. אבל אם לא הספיקו לנהוג אבלות קודם הרגל או שנפטר הקרוב ברגל, אין ימי הרגל נחשבים למניין השבעה, ומתחילים לשבת שבעה רק אחרי הרגל. מפורט בספרנו בפרקים לה – לו.

רגלי המת כלפי הפתח

נהגו להשכיב את המת כשרגליו כלפי הפתח (גשר החיים פרק ג, ב, א). בטעם הדבר יש שכתבו שהכוונה לרמז כי המת מוכן להוציאו מן הפתח הזה, ועל ידי כך מציל את הפתחים האחרים מטומאה (מעבר יַבֹּק). ביאור העניין: המת שמושכב בתוך חדר, כל הפתחים שבחדר טמאים מפני שיתכן שהמת יוצא מכל אחד מהם. אבל אם נפתח אחד מהפתחים, אותו הפתח טמא כיון שמסתבר שיוציאו המת דרכו, וכל שאר הפתחים האחרים טהורים, כיון שנתברר שהמת לא יוצא מהם (על פי המשנה במסכת אהלות פרק שביעי משנה ג, המצוטטת גם בגמרא מסכת ביצה י, א). מסתבר שעקב כך נהגו גם להוליך את המת כשרגליו כלפי כיוון ההליכה. לעומת זה, מנהג בני תימן לשאת את המת על כתפיהם כשראשו כלפי כיוון ההליכה (שלחן ערוך המקוצר עיני יצחק, יורה דעה סימן קעט, ו).

רחמנא ליצלן

בארמית (שבת פד, ב). בעברית – ה' יצילנו. דיבור מקובל אגב הזכרת דבר רע ומסוכן, כעין האמירות: לא עלינו, חס ושלום, ה' ישמור. ע"ע **בר מינן. ראשי תבות. שבק חיים.**

שבירת חרס

לפני תחילת הלוויה, כשמוציאים את המת מפתח הבית, נהגו לשבור חרס על פתח הבית ולומר "הַפַּח נִשְׁבָּר וַאֲנַחְנוּ נִמְלָטְנוּ" (תהלים קכד, ז). טעמים אחדים ניתנו למנהג זה:

- יש בשבירה סמל לצער על המיתה ועל הנפטר (כמו שבירת כוס בחופה זכר לחורבן ירושלים). ע"ע **שבעת ימי אבלות ושבעת ימי המשתה.**
- החרס השבור מסמל גם את שבירת הגוף על ידי המיתה, שהגוף הוא כחרס הנשבר שאין לו קיום. בקונטרס היחיאלי (בית עולמים פרק ט) כתב להפך, שכמו שהחרס הנשבר יש לו תקנה בהולכתו אל היוצר שמתקנו ומחזירו לכבשן האש, כך מתי ישראל הקב"ה מחיה אותם לאחר מיתה. ע"ע **תחית המתים.**
- כלי חרס שנטמא, נטהר על ידי שבירתו. גם אדם מישראל שמת, מותו מכפר על חטאיו. ע"ע **יסורים מכפרים.**
- האמירה "הַפַּח נִשְׁבָּר וַאֲנַחְנוּ נִמְלָטְנוּ" מסמלת את הרצון שלא יקרה דבר רע למשפחת הנפטר. כביכול להמיר את השבירה הנפשית שיש במשפחת הנפטר, ולהעבירה אל החרס שנשבר. החרס ישבר והמשפחה תמשיך לחיים טובים וארוכים. (כעין מה שאומרים בכפרות בערב יום הכיפורים: זה התרנגול ילך למיתה, ואנו נכנס לחיים טובים ארוכים ולשלום). ע"ע **קבורת תרנגול.**

שבעת הקרובים

וַיֹּאמֶר ה' אֶל מֹשֶׁה אֱמֹר אֶל הַכֹּהֲנִים בְּנֵי אַהֲרֹן וְאָמַרְתָּ אֲלֵהֶם לְנֶפֶשׁ לֹא יִטַּמָּא בְּעַמָּיו:

כִּי אִם לִשְׁאֵרוֹ הַקָּרֹב אֵלָיו לְאִמּוֹ וּלְאָבִיו וְלִבְנוֹ וּלְבִתּוֹ וּלְאָחִיו:

וְלַאֲחֹתוֹ הַבְּתוּלָה הַקְּרוֹבָה אֵלָיו אֲשֶׁר לֹא הָיְתָה לְאִישׁ לָהּ יִטַּמָּא:

ויקרא כא, א – ג

הקרובים שמתאבלים עליהם הם: אב ואם, אח, אחות, בן, בת, בעל על אשתו ואשה על בעלה.

הקרובים מהתורה מפורטים בספר ויקרא (כא, ב): אביו ואמו, בנו ובתו, אחיו ואחותו מאביו. מדברי סופרים מתאבלים גם איש על אשתו ואשה על בעלה, וגם על אחיו ואחותו מאמו (הלכות אבל לרמב"ם, פרק ב, א). ראה בהרחבה בספר מעמוד 142.

ע"ע **כל שמתאבל עליו מתאבל עמו.**

שבעת ימי אבלות

משה רבנו התקין שבעת ימי אבלות, אף על פי שאבלות מהתורה נוהגת רק יום אחד (ירושלמי כתובות פרק א). יש לאבלות שבעת ימים רמז ממה שנאמר ביוסף "וַיַּעַשׂ לְאָבִיו אֵבֶל שִׁבְעַת יָמִים" (בראשית נ, י). גם דרשו על הפסוק "וַיְהִי לְשִׁבְעַת הַיָּמִים וּמֵי הַמַּבּוּל הָיוּ עַל הָאָרֶץ" (בראשית ז, י) – "אלו שבעת ימי אבלותו של מתושלח הצדיק שהקב"ה המתין ולא הוריד את המבול, ללמדך שהספדן של צדיקים מעכבין את הפורענות מלבא" (סנהדרין קח, ב). אסמכתא נוספת הביאו מהפסוק "וְהָפַכְתִּי חַגֵּיכֶם לְאֵבֶל" (עמוס ח, י) – "מה חג שבעה, אף אבלות שבעה" (מועד קטן כ, א). במדרש (תנחומא תחילת פרשת שמיני) דרשו "וּמִפֶּתַח אֹהֶל מוֹעֵד לֹא תֵצְאוּ שִׁבְעַת יָמִים " (ויקרא ח, לג) – "אמר להם משה לאהרן ולבניו: שמרו אבלות שבעת ימים עד שלא יגיע בכם".

עיקר הטעם לנוח מעסקיו שבוע אחד כדי לתת כבוד למת ולזכור אותו. והחי יתן אל לבו כי זה סוף כל האדם ויפשפש במעשיו. שאם היה הולך לעסקיו ולמלאכתו היה שוכח את מתו ויום המר, ולכן התירה התורה טומאה לכהנים, כדי שיתעסקו בקרוביהם שמתו ויתאבלו עליהם (אוצר דינים ומנהגים ערך אבלות, עמוד 4, מתוך ילקוט יצחק מצוה רסד. הטעם לשבעת ימי אבלות על פי הקבלה מופיע בספר מעבר יַבֹּק מאמר שפת אמת פרק יט).

ע"ע **נשמה – מסעות הנשמה והנפש בהפרדן מן הגוף.**

שבעת ימי אבלות ושבעת ימי המשתה

משה רבנו תיקן להם לישראל

שבעת ימי אבלות ושבעת ימי המשתה.

רמב"ם הלכות אבל פרק א, א

יש הקבלות רבות בין שבעת ימי אבלות לשבעת ימי המשתה של חתן וכלה. בנוסף למניין הימים המקביל בשבעה, ישנה הקבלה גם במושגים של שלושים יום ושל שנה. יש שלושים יום באבלות, וגם לגבי נישואין, להבדיל, כלה מוגדרת ככלה במשך שלושים יום מנישואיה, ולכן למשל יכולה לרחוץ פניה ביום הכיפורים (משנה יומא עג, א). אבלות שנים עשר חודש על אב ואם מקבילה לשנת הנישואין הראשונה, שבה מצוּוֶה החתן לשמח את אשתו, ולכן אינו יוצא לצבא בתקופה זו (דברים כד, ה). הרמב"ם (הלכות ברכות פרק ה, ה) כותב שהיו מזכירים בזימון "שהשמחה במעונו" שלושים יום אחרי הנישואין, ואם היתה זו סעודה מחמת הנישואין, מזכירים "שהשמחה במעונו" עד שנים עשר חודש מהנישואין.

חתן מיסב בראש וגם אבל מיסב בראש (מועד קטן כח, ב). חתן דומה למלך וחולקים לו כבוד מיוחד, גם לאבל חולקים כבוד – "הכל חייבים לעמוד מפני נשיא, חוץ מאבל וחולה" (רמב"ם הלכות אבל פרק יג, ה).

מנהג **ההקפות** בקבורה שמקיפים נפטר שבע פעמים לאחר הקבורה, מקביל למנהג שהכלה מקיפה את החתן שבע פעמים מתחת לחופה.

מתחת לחופה שוברים כוס לזכר חורבן ירושלים. ויש מנהג של **שבירת חרס** בתחילת הלוויה.

היה מנהג קדום המוזכר בגמרא (כתובות ח, ב) ונפסק להלכה (רמב"ם הלכות אבל פרק יג, ח) של **עשר כוסות** של יין שהיו משקים בבית האבל, ויש לכך סימוכין במקרא "תְּנוּ שֵׁכָר לְאוֹבֵד וְיַיִן לְמָרֵי נָפֶשׁ" (משלי לא ,ו), מנהג שמזכיר את בית משתה היין בשבעת ימי המשתה של חתן וכלה.

הגמרא (שם ח, א – ב) משוה ברכת חתנים **לברכת אבלים**, ברכת חתנים בעשרה וברכת אבלים בעשרה. הרמב"ן (תורת האדם עמוד קנד, קנה) כותב שהיו מברכים ברכת אבלים כל שבעה אם היו פנים חדשות, כמו שמקובל לגבי שבע ברכות של חתן וכלה.

המנהג בזמן המשנה והתלמוד היה לקבור בליווי **מקוננות** וכלי זמר (משנה כתובות ד, ד), כמו שיש כלי זמר בחופה, אך כמובן שהתכלית והמנגינות שונות ואף הפוכות.

ההלכה כוללת ניחום אבלים וקבורת המת, עם המצוה לשמח חתן וכלה:

> מצות עשה של דבריהם לבקר חולים, ולנחם אבלים, ולהוציא המת, וללוות האורחים, ולהתעסק בכל צרכי הקבורה, לשאת על הכתף, ולילך לפניו לספוד ולחפור ולקבור, וכן לשמח הכלה והחתן ולסעדם בכל צרכיהם; ואלו הן גמילות חסדים שאין להם שיעור. אף על פי שכל מצוות אלו מדבריהם, הרי הן בכלל וְאָהַבְתָּ לְרֵעֲךָ כָּמוֹךָ (ויקרא יט, יח). כל הדברים שאתה רוצה שיעשו אותם לך אחרים, עשה אתה אותן לאחיך בתורה ובמצוות (רמב"ם הלכות אבל פרק יד, א).

לאחר שראינו את ההקבלות, ננסה לתת להן הסבר. כדי להסביר את ההקבלה בזמנים נתמקד במילה 'תהליך'. מדובר באירועים המשמעותיים ביותר בחייו של אדם, אירועים הגורמים לשינויים בהמשך החיים, לעתים השינויים המשמעותיים ביותר בחיים. אמנם בנישואין ישנה שמחה עצומה בהיפוך גמור מהצער העמוק של האבלות, אולם למרות הבדל תהומי זה, יש עיקרון משותף של תהליך הסתגלות הדרגתי למצב שנתחדש. כך ניתן להסביר את מושגי הזמן – שבעה, שלושים ושנה – כחלק מהסתגלות הדרגתית זו.

לגבי הכבוד שמעניקים לחתן ולאבל: ההלכה היהודית מדריכה את החברה ואת הקהילה להתמקד וללוות את החתן והכלה וגם את האבלים. הכבוד המיוחד אמנם שונה בסיבותיו, אך יש הכרה למעמד המיוחד גם אצל החתן והכלה וגם אצל האבל, ובאופן סמלי בא הדבר לידי ביטוי בכך שמושיבים אותם בראש. אצל האבלים וגם אצל חתן וכלה עלול להתעורר חשש כתוצאה מהשינוי הגדול שעבר עליהם, לעיתים עד כדי פחד מהעתיד הבלתי ידוע. אצל האבלים עקב הזעזוע לאחר פטירת יקירם, ואפילו אצל החתן והכלה שעזבו את הבית המוכר והבטוח של אבא ואמא, ומקבלים עליהם את האחריות לבנות בית עצמאי. לכן יש מצוה לשמח חתן וכלה, ולהבדיל, לנחם אבלים. הכרה חברתית ברגשות האבל וברגשות החתן מלמדת על ההשתתפות ברגשותיהם, שהיא חיונית, תומכת ומעודדת.

לגבי ההקפות: ההקפות מסמלות שמירה, ולכן מקיפים את הנפטר להגן עליו מכוחות הטומאה המתנכלים לו בזמן הרגיש של הקבורה. כך גם ההקפות בחופה, חז"ל אמרו שכל אדם שאין לו אשה שרוי בלא שמחה בלא ברכה בלא טובה בלא תורה בלא חומה ובלא שלום (יבמות סב, ב). הכלה מהווה שמירה לבעלה משגיאות החיים ומפיתוייהם. האבלות והנישואין הם מעברים בחיים בשלבים רגישים המצריכים שמירה. ההקפות מסמלות שמירה זו. ע"ע **הקפות. מעבר יבק.**

לגבי הברכות המיוחדות: הברכות באות להזכיר שם שמים, וללמד על קבלת תהליכי מעגל החיים וההשלמה עמהם, גם בשמחה וגם באבלות. "כּוֹס יְשׁוּעוֹת אֶשָּׂא וּבְשֵׁם ה' אֶקְרָא" (תהלים קטז, יג), מקביל ל"צָרָה וְיָגוֹן אֶמְצָא וּבְשֵׁם ה' אֶקְרָא" (שם ג – ד), תמיד קוראים בשם ה'.

ע"ע **חייב אדם לברך על הרעה כשם שמברך על הטובה. עשר כוסות של בית האבל.**

שבק חיים

נפטר, מת. בהשאלה מארמית. המשמעות המילולית היא דווקא שהנפטר השאיר חיים. חכמים השתמשו בלשון זו כדי להבדיל בין המת שהלך לעולמו, ובין בני האדם החיים שנשארו בעולם. לכן השתמשו בלשון חיובית, שהמת עזב את החיים, ושבק חיים – השאיר חיים לכל ישראל (ברכות סא, ב – לא שביק מר חיי לכל בריה – לא השאיר מר חיים לכל בריה). "ששאלת על ראובן שנפטר ושבק חיים לכל ישראל... " (שו"ת הרמ"א סימן לא).

ע"ע **בר מינן**. **רחמנא ליצלן**.

שופר בלוויה

מנהג התקיעה בשופר בלוויה הוא מנהג על פי הקבלה ומקורו בספר הזהר (פרשת ויקהל דף קצו, מסימן לב ואילך במהדורת הסולם. וכן מופיע בספר הקונטרס היחיאלי, בית עולמים פרק טו, מא):

> בא וראה, לא לחנם התקינו הקדמונים לתקוע בשופר להוצאת המת מביתו לבית הקברות. אם תאמר שהוא בשביל המת לכבודו בלבד – לא! אלא כדי להגן על החיים, שלא ישלוט עליהם מלאך המוות, להשטין עליהם למעלה; וישמרו ממנו.

השופר משבר את כוחות השטן, כמו שאנו קוראים בראש השנה פסוקים בראשי תיבות קר"ע שט"ן. מעבר לטעמים הקבליים, השופר מעורר לתשובה כמו שכתוב "אִם יִתָּקַע שׁוֹפָר בְּעִיר וְעָם לֹא יֶחֱרָדוּ"?! (עמוס ג, ו), ויש בכך זכות לחיים וגם לנפטר. נהגו לתקוע בשופר בפטירת צדיק ובפרט אם הגיע לגבורות. ע"ע **מלאך המוות**.

שורפין על המלכים

ע"ע **שריפת המתים**.

שינוי והוספת שם לחולה

חילוף שם שהיה לאדם בשם אחר. מצאנו שינוי השם אצל האבות, להורות על משמעויות ושינויים בחייהם.

בזמן התלמוד השתמשו בשינוי השם לחולה כדי לקרוע את גזר דינו אם נגזר עליו למיתה (ראש השנה טז, ב), כלומר שהוא אחר ולא זה שנגזר עליו למיתה. נהגו לתת צדקה בעד החולה ולברכו ב"מי שברך", ומוסיפים "ואף אם נגזר עליו בבית דינך הצדק מיתה שימות מחולי זה, הנה רבותינו הקדושים אמרו שלושה דברים קורעים גזר דינו של אדם, ואחד מהם שינוי השם, שישנו שמו של החולה. וקיימנו דבריהם ונשתנה שמו כי אחר הוא. ואם על (פלוני בו פלוני – השם הקודם) נגזר הדין, על (פלוני בן פלוני – השם החדש) לא נגזר. כי אחר הוא ואינו הוא הנקרא בשם הראשון. וכשם שנשתנה שמו כן ישתנה הדין

מעליו, מדין לרחמים וממיתה לחיים וממחלה לרפואה שלמה ל (פלוני בן פלוני – השם החדש), ותאריך ימיו ושנותיו בנעימים, ויבלה בטוב ימיו ברוב עוז ושלום מעתה ועד עולם אמן סלה".

הנוסח המלא מופיע בספר בעמוד 495.

הרמב"ם (הלכות תשובה ב, ד) מזכיר את שינוי השם כאחד מתיקוני התשובה – "ומשנה שמו כלומר אני אחר ואיני אותו האיש שעשה אותם המעשים".

שינוי מקום לאבל

האבל משנה מקומו בבית הכנסת. ניתן להשוות זאת באופן סמלי לכעין גלות, שהאדם גולה ממקומו הקבוע שבו יש לו ביטחון ורגילות, ועוקר למקום אחר.

השינוי גם נחשב כסימן לאבלות. האבל מתנהג באופן שונה הן כדי להביע את צערו והן כדי להסב את תשומת לב הסובבים אותו לעובדת היותו אבל, כך יוכלו להשתתף בצערו ולנחמו. מקור לכך מצינו כבר במשנה (מדות ב, ב) שבה מתוארת התקנה שהאבל הולך כנגד כיוון התנועה של ההולכים:

> כל הנכנסים להר הבית נכנסין דרך ימין ומקיפין ויוצאין דרך שמאל,
>
> חוץ ממי שארעו דבר (שהוא אבל) שהוא מקיף לשמאל.
>
> "מה לך מקיף לשמאל"?
>
> "שאני אבל"
>
> "השוכן בבית הזה ינחמך".

גם כשנפטר אב בית דין נוהגים לשנות מקום בבית המדרש מחמת האבלות. היושבים בצפון עוברים לשבת בדרום, היושבים בדרום עוברים לשבת בצפון. המקור במסכת מועד קטן (כב, ב – כג, א). כך גם נפסק להלכה (שלחן ערוך יורה דעה סימן שצג; ב, ד).

שיר השירים – אמירתו בלוויה

> והטעם היות וידוע שזה השיר הוא מעולה מכל השירים. שהוא קודש קודשים, והוא מעורר אהבת דודים והידבקות כנסת ישראל בשכינה, וממשיך השכינה להיות שורה על ישראל ודבקות הנשמה בו יתברך. וידוע שאין דבר שכורת הקליפות כמו השיר והניגון שהוא מסיר הדאגה והעצבון ורוח הרעה שבאדם, ורוח אלהים מפעמת בקרבו; ולכן אומרים אותו לפני המת לדחות הקליפות והמקטרגים (הקונטרס היחיאלי בית עולמים פרק טו, מ. כן הוזכר מנהג זה בשלחן ערוך המקוצר עיני יצחק, יורה דעה סימן קפ, יב).

ע"ע **הקפות. מעבר יבק. שיר של פגעים.**

שיר של פגעים

מזמור צ"א בספר תהלים. המזמור נקרא כך מפני שמובאת בו הצלה של האדם מפגעים שונים העלולים לבוא עליו, ואת מבטחו של האדם בה' המציל אותו. נהגו לומר את המזמור בעת הלוויה לשמור את נשמת הנפטר מכוחות הטומאה וממלאכי חבלה (מעבר יַבֹּק מאמר שפתי רננות פרק כ).

בגמרא (שבועות טו, ב) נקרא המזמור בשם "שיר של פגעים" ויש אומרים "שיר של נגעים". המזמור מיוחס למשה רבנו שאמרו בחנוכת המשכן (רש"י שם).

גם הרמב"ם (מורה הנבוכים חלק שלישי פרק נא) מביא את המזמור כמתאר את השמירה שיש לאדם השלם, הצדיק המושגח על ידי ה'.

ע"ע **הקפות. מעבר יבֹּק. שיר השירים – אמירתו בלוויה.**

שכונת קברות

הגדרה הלכתית למקום שנמצאו בו קברים בסמיכות זה לזה, ויתכן שישנם באזור קברים נוספים שטרם נמצאו. במקום כזה חוששים לטומאה יותר מאשר אם היו מוצאים קבר בודד.

> המוצא מת בתחלה מושכב כדרכו נוטלו ואת תבוסתו. מצא שנים נוטלן ואת **תבוסתן.** מצא שלשה, אם יש בין זה לזה מארבע אמות ועד שמנה כמלא מיטה וקובריה הרי זו שכונת קברות, בודק ממנו ולהלן עשרים אמה. מצא אחד בסוף עשרים אמה בודק ממנו ולהלן עשרים אמה שרגלים לדבר, שאילו מתחלה מצאו נוטלו ואת תבוסתו.

תבוסתו – העפר שספג מדמו, מלשון "מִתְבּוֹסֶסֶת בְּדָמָיִךְ" (יחזקאל טז, ו). ויש גורסים 'תפושתו' היינו עפר מן הקרקע שתפס המת (משנה נזיר פרק ט, ג; אהלות פרק טז, ג).

לעתים כשמוצאים עצמות בחפירת יסודות לבתים, מתעוררת השאלה האם יש לחשוש לעצמות נוספות או שהשטח היה בית עלמין. (ראה למשל תשובת חוות יאיר המובאת בפתחי תשובה סימן שסד, ד).

ע"ע **טומאת כהן. קבר הנמצא.**

שכיב מרע

כינוי לחולה הנוטה למות, ההגדרה היא בעיקר לעניינים משפטיים. חז"ל קבעו כלל "דברי שכיב מרע ככתובים וכמסורים דמו". והטעם כדי שלא תיטרף דעתו אם ידע שאין דבריו קיימים, לכן קבעו חכמים שתתקיים צוואתו באמירה בעלמא. ע"ע **צוואה.**

המנהג ששכיב מרע מברך בניו ובנותיו. כמו שמצאנו ביצחק אבינו וביעקב אבינו.

ע"ע **גוסס. וידוי.**

שכינה למעלה ממראשותיו של חולה

המקור לביטוי הוא בגמרא (מסכת שבת יב, ב) ונלמד מהפסוק "ה' יִסְעָדֶנּוּ עַל עֶרֶשׂ דְּוָי" (תהלים מא, ד). את הביטוי "שכינה למעלה ממראשותיו של חולה" מצינו כשיוסף הולך לבקר את יעקב אביו. שם מוזכר "וַיִּשְׁתַּחוּ יִשְׂרָאֵל עַל רֹאשׁ הַמִּטָּה", וגם שם למדו חכמים ששכינה למעלה ממראשותיו של חולה.

מה פירוש הביטוי? מדוע ישנה השראת שכינה דווקא אצל החולה? מדוע דווקא למעלה ממראשותיו?

ניתן לפרש על פי מענה אליהוא הראשון לאיוב (בפרק לב). עד מענה אליהוא היה ויכוח בין איוב לבין רעיו מדוע באו יסורים כה קשים על איוב. הרעים טענו שהיסורים באו על איוב עקב חטאיו, בעוד איוב טען שלא חטא ושהיסורים באו עליו לחנם. הויכוח התמשך באריכות ואף החריף, עד שהגיע לנקודה שבה לא הוסיפו הרעים להתווכח עם איוב כיון שהחזיק את עצמו צדיק בעיניו. בנקודת זמן זו, כשהויכוח הגיע למבוי סתום ולא היה אפשר להמשיכו, נכנס אליהוא והציע את דבריו לפני איוב ורעיו.

מענהו של אליהוא מורכב ויכול להיות נתון לפרשנויות שונות. ניתן לפרשו באופן שאליהוא בא לתת כיוון אחר לגמרי ליסוריו של איוב. לא כפי הסברם המרשיע של רעי איוב, וגם לא כפי איוב שטען שאין משמעות וקשר בין היסורים לבין מעשיו. מהי אפוא דעתו של אליהוא, לשם מה באו יסורי איוב?

> כִּי בְאַחַת יְדַבֶּר אֵל וּבִשְׁתַּיִם לֹא יְשׁוּרֶנָּה:
> בַּחֲלוֹם חֶזְיוֹן לַיְלָה בִּנְפֹל תַּרְדֵּמָה עַל אֲנָשִׁים בִּתְנוּמוֹת עֲלֵי מִשְׁכָּב:
> אָז יִגְלֶה אֹזֶן אֲנָשִׁים וּבְמֹסָרָם יַחְתֹּם: ...
> וְהוּכַח בְּמַכְאוֹב עַל מִשְׁכָּבוֹ וְרוֹב עֲצָמָיו אֵתָן: ...
> וַתִּקְרַב לַשַּׁחַת נַפְשׁוֹ וְחַיָּתוֹ לַמְמִתִים:
> אִם יֵשׁ עָלָיו מַלְאָךְ מֵלִיץ אֶחָד מִנִּי אָלֶף לְהַגִּיד לְאָדָם יָשְׁרוֹ:
> וַיְחֻנֶּנּוּ וַיֹּאמֶר פְּדָעֵהוּ מֵרֶדֶת שָׁחַת מָצָאתִי כֹפֶר:
> רֻטֲפַשׁ בְּשָׂרוֹ מִנֹּעַר יָשׁוּב לִימֵי עֲלוּמָיו:
> יֶעְתַּר אֶל אֱלוֹהַּ וַיִּרְצֵהוּ וַיַּרְא פָּנָיו בִּתְרוּעָה וַיָּשֶׁב לֶאֱנוֹשׁ צִדְקָתוֹ:

איוב לג, יד – כו

הפסוקים קשים ומורכבים אך לצורך ענייננו נלמד מהם עיקרון מרכזי אחד:

ה' מדבר עם האדם בשני אופנים – "בַּחֲלוֹם חֶזְיוֹן לַיְלָה בִּנְפֹל תַּרְדֵּמָה עַל אֲנָשִׁים בִּתְנוּמוֹת עֲלֵי מִשְׁכָּב". אך ה' מדבר עם האדם גם בדרך היסורים! "וְהוּכַח בְּמַכְאוֹב עַל מִשְׁכָּבוֹ". היסורים באים להעביר לאדם מסר, לעורר אותו לפעול, להעיר אותו מתרדמת חיי השיגרה, לזעזע אותו כדי להיות אדם חושב ופועל. גדול כוח היסורים בשבירת הכללים הרגילים והמקובלים. יש בשבירה זו קריאה לבניית כללים וכלים גדולים וטובים יותר, לפעולות גדולות ומשמעותיות יותר. אמנם יש ברכה רבה בשיגרה היומיומית המאפשרת לאדם התקדמות איטית והדרגתית העשויה להביא עם הזמן לתוצאות מבורכות. אולם

לעתים האדם זקוק לזעזוע שעל ידו יוכל להעפיל בבת אחת, כהוראת שעה, לפעולות שקשה להגיע אליהן מתוך השלוה היומיומית והשגרתית.

לפי זה יובן הביטוי "שכינה למעלה ממראשותיו של חולה". השכינה באה כעת לדבר עם החולה על ידי יסוריו. לפי דברי אליהוא יש בגילוי זה הקבלה לחלום חזיון לילה. כמו שחזיון, הארה וגילוי עשויים לעורר את האדם לפעול, כך היסורים. לפי זה אסור לו לאדם להחמיץ את יסוריו. לכן אמרו חז"ל שמי שרואה שבאו עליו יסורים יפשפש במעשיו וימשמש במעשיו. ומי שרגיש לצוננים לא יאלץ להיות נידון ברותחין. (התייחסות רחבה לעניין זה מובאת בספר "בסוד היחיד והיחד" של הרב יוסף סולוביצ'יק, מאמר "קול דודי דופק" מעמוד 333 ואילך).

אמנם בתפילה אנו מבקשים בכל יום ויום: אל תביאנו לא לידי ניסיון ולא לידי ביזיון. על השאלה "חביבין עליך יסורים"? ענה ר' אליעזר: "לא הן ולא שכרן" (ברכות ה, ב). האדם איננו חפץ ביסורים ובהתמודדויות מעבר למידה. הן בגלל הקושי הגדול שבהתמודדות והן מהחשש שלא יצליח לעמוד במשימה, ולכן מבקש לא לבוא לידי ניסיון ולא לידי ביזיון. אך לא שואלים את האדם אם הוא חפץ בהתמודדות, והיסורים, הקשיים והנסיונות לעתים מגיעים. המגמה במצב כזה היא לפעול מתוך הסתכלות על המציאות הקשה כאתגר להתמודדות. אתגר המאפשר לאדם לגלות בעצמו כוחות רדומים שלא היה מודע להם.

מלבד הפעולות הנדרשות יש גם צורך בתפילה, שהפעולות תהיינה טובות מועילות וראויות:

"יֶעְתַּר אֶל אֱלוֹהַּ וַיִּרְצֵהוּ וַיַּרְא פָּנָיו בִּתְרוּעָה וַיָּשֶׁב לֶאֱנוֹשׁ צִדְקָתוֹ".

ע"ע יסורים מכפרים.

שלא תדעו עוד צער

אמירה ישראלית עממית למנחמים היוצאים מבית האבל. חז"ל ניסחו למנחמים אמירות המזכירות שם שמים בניחום, וראוי ללמדן ולאמרן. יש בתי אבלים שבהם כותבים את הנוסח במקום שבו יוכלו המנחמים לראותו ולאומרו.

ע"ע המקום ינחם אתכם בתוך שאר אבלי ציון וירושלים. מן השמים תנוחמו. ניחום אבלים. תנוחמו מן השמים.

שלושה ימים לבכי

אז עיקר הצער. אמרו חז"ל שלושה ימים לבכי, שבעה להספד, שלושים לגיהוץ ולתספורת (מועד קטן כז, ב). לדעתו של בר קפרא בירושלמי "אין תקפו של אבל אלא עד שלושה ימים" (מועד קטן פרק ג, ה).

> עד תלתא יומין נפשא ייתבא על קברה, סבורה היא חוזרת. כיון דהיא חמיא דאישתני זיו דאפוי, אזלא לה ושבקה ליה. הדא הוא דכתיב "אַךְ בְּשָׂרוֹ עָלָיו יִכְאָב וְנַפְשׁוֹ עָלָיו תֶּאֱבָל" (איוב יד, כב).

פירוש: עד שלושה ימים הנשמה יושבת על קברה, סבורה שהיא חוזרת אל הגוף. כיון שרואה שנשתנה זיו פניו, עוזבת אותו והולכת לה.

> אמר ר' לוי: כל שלשה ימים הראשונים יראה האבל את עצמו כאילו חרב מונחת לו בין כתפיו. משלשה ועד שבעה כאילו מונחת בקרן זוית. מכאן ואילך כאילו עוברת נגדו בשוק (בבלי מועד קטן שם. שלחן ערוך יורה דעה סימן שצד, ד).

בספר הזוהר משווים את שלושת הימים שהיה יונה במעי הדגה, לשלושת הימים הראשונים שאדם נמצא בקבר (פרשת ויקהל קצט). גם מבחינה הלכתית יש חומרות בשלושת הימים הראשונים יותר מאשר בשבעה (לעניין מלאכה, יציאה מביתו וניחום אבלים).

ע"ע נשמה – מסעות הנשמה והנפש בהפרדן מן הגוף.

שמועה קרובה ושמועה רחוקה

שמועה קרובה – קרוב שלא נודע לו על פטירת קרובו בעת הפטירה והשבעה, ונודע לו אחר כך בתוך השלושים או ביום השלושים למיתה, נקראת שמועתו "שמועה קרובה".

בשמועה קרובה חייב האבל לנהוג אבלות שבעה ושלושים מיום השמועה.

שמועה רחוקה – אם הגיעה אליו השמועה אחר שלושים למיתה אפילו בליל שלושים ואחד, נקראת שמועתו "שמועה רחוקה". בשמועה רחוקה נוהג אבלות רק שעה קלה, וגם אז אינו נוהג כל דיני האבלות רק די במעשה אחד של אבלות, כגון חליצת הנעליים או להתיישב על גבי קרקע, ומיד אחר כך הוא יכול לנעול נעליו או לקום מהקרקע.

דיני שמועה מפורטים בספר מעמוד 246.

שמירה לאבל

האבלים נתפסים בהשקפה היהודית כמי שעברה עליהם מידת הדין. מי שכבר נחשפו למידה זו הם רגישים ופגיעים ועלולים להיפגע עקב כך ביתר קלות. יש מגמה לשמור על האבלים, כדי למנוע מהם פגיעה נוספת.

> אמר רב יהודה: שלשה צריכים שימור, ואלו הם: חולה, חתן וכלה. במתניתא תנא: חולה, חיה (יולדת), חתן וכלה. ויש אומרים אף אבל... (ברכות נד, ב. מגן אברהם סימן רלט, ז).

חכמים התייחסו לכך במדרש המתאר את מידת הדין המתוחה על האבלים, המעבירה מסר של צורך בזהירות ושמירה יתרה מצד האבלים על עצמם, ועל תהליך של חזרה הדרגתית למצב רגיל ונורמלי:

> כל שבעה החרב שלופה, עד שלשים היא רופפת, לאחר שנים עשר חודש היא חוזרת לתערה.
> למה הדבר דומה? לכיפה של אבנים, כיון שנתערערה אחת מהן, נתערערו כולן (ירושלמי מועד קטן פרק ג, ג).

ובגירסה אחרת:

> כל שלשה ימים יראה האבל כאילו חרב מונחת לו בין כתפיו
> משלשה ועד שבעה כאילו זקופה נגדו בקרן זוית
> משבעה ועד שלשים כאילו עוברת לפניו בשוק (מועד קטן כז, ב).
> וכל אותה שנה מידת הדין מתוחה כנגד אותה משפחה
> ואם נולד בן זכר – נתרפאת כל המשפחה כולה (ירושלמי מועד קטן פרק ג, ז. שלחן ערוך יורה דעה סימן שצד, ד).

ע"ע **שבירת חרס. שיר השירים – אמירתו בלוויה.**

שמירת המת

המת צריך שמירה אפילו ביום, אפילו במקום שאין שום חשש להפסד גופו.

שמירת המת היא משני טעמים: האחד משום כבודו, שאם יניחוהו לבד הרי זה כאילו עזבוהו ככלי אין חפץ בו, ומוטל בביזיון (ירושלמי ברכות פרק ג. רמ"א יורה דעה סימן שעג, ה). הטעם השני, שהגוף נרתיק קדוש שהורקה הנשמה ממנו, ולפי מה שכתבו המקובלים, שואפים אז יצורי דמסאבותא (הטומאה) לחדור אל תוכו. משל לחבית שהורקה מדבש, שנוהרין לתוכה שקצים ורמשים. כמו שכתוב בזהר (אמור פח:) "וכל כמה דגופא לא אקבר וכו' רוח דמסאבותא מזדמן לשריא עליה ולסאבא ההוא גופא" (מעבר יַבֹּק מאמר שפת אמת פרק כד).

כל שכן כשצריך לשמור את המת מביזיון והשחתה, אם מונח במקום שמצויים עכברים או חולדות וכלבים, או שמוטל במקום שיש חשש לדלקה או שמוטל ברחוב או במקום הפקר, חייבים לשמרו מהשחתה ומביזיון ולהביאו למקום משומר.

ע"ע **כבוד המת.**

שמירת קבר מחיים

טוב לאדם שייקבר בקבר הקנוי לו. אברהם הקפיד לרכוש את מערת המכפלה קודם קבורת שרה – "וַיָּקָם שְׂדֵה עֶפְרוֹן אֲשֶׁר בַּמַּכְפֵּלָה אֲשֶׁר לִפְנֵי מַמְרֵא הַשָּׂדֶה וְהַמְּעָרָה אֲשֶׁר בּוֹ וְכָל הָעֵץ אֲשֶׁר בַּשָּׂדֶה אֲשֶׁר בְּכָל גְּבֻלוֹ סָבִיב: לְאַבְרָהָם לְמִקְנָה לְעֵינֵי בְנֵי חֵת בְּכֹל בָּאֵי שַׁעַר עִירוֹ: וְאַחֲרֵי כֵן קָבַר אַבְרָהָם אֶת שָׂרָה אִשְׁתּוֹ אֶל מְעָרַת שְׂדֵה הַמַּכְפֵּלָה עַל פְּנֵי

מַמְרֵא הוּא חֶבְרוֹן בְּאֶרֶץ כְּנָעַן" (בראשית כג, יז). גם יעקב הדגיש את הקניין של מערת המכפלה – " קִבְרוּ אֹתִי אֶל אֲבֹתָי... בַּמְּעָרָה אֲשֶׁר בִּשְׂדֵה הַמַּכְפֵּלָה אֲשֶׁר עַל פְּנֵי מַמְרֵא בְּאֶרֶץ כְּנָעַן אֲשֶׁר קָנָה אַבְרָהָם... " (שם מט, ל). גם בקבורת יוסף מודגש בספר יהושע (כד, לב) – "וְאֶת עַצְמוֹת יוֹסֵף אֲשֶׁר הֶעֱלוּ בְנֵי יִשְׂרָאֵל מִמִּצְרַיִם קָבְרוּ בִשְׁכֶם בְּחֶלְקַת הַשָּׂדֶה אֲשֶׁר קָנָה יַעֲקֹב".

לכן ישנם הרבה שרוכשים קבר עוד בחייהם. אם לא קנו מחיים, היורשים קונים את הקבר, ועדיף לפני הקבורה. כיום על פי המצב המשפטי במדינת ישראל, רכישת הזכות להיקבר במקום מסוים אינה מקנה זכות קניינית של 'בעלות', כי אם 'זיקת הנאה' באותם מקרקעין. מכל מקום, לאחר רכישת אותה הזכות, הרי שהזכות להיקבר באותו מקום שמורה לאדם שעבורו נרכשה, כל עוד לא נקבר במקום אחר, (על פי מכתב מהלשכה המשפטית של משרד הדתות לעו"ד יהודה אלרם).

שפיכת המים

מנהג לשפוך את המים שבבית הנפטר ובשכונתו הקרובה. הטעם כדי להודיע שיש מת בשכונה שצריך ללוותו ולגמול עמו חסד, ולא יצטרכו להודיע בפה ויהיו מוציאים דיבה (שלחן ערוך יורה דעה סימן תב, יב). אין מקום לבשר בשורות רעות אם אין צורך ענייני בכך, וניתן לומר שהמגמה ביהדות היא להימנע מלהודיע בפה בשורות רעות (כך למשל בשמואל ב', יח מפסוק יט ובמיוחד פסוק כז).

> יש אומרים שטעם המנהג מפני שמלאך המוות מפיל למים טיפת סם המות, כיון שניתנה לו רשות אז מתגבר בכל עוז להפוך כוחות החסד לרוגז ודין. על כן אנו שופכים המים על גבי קרקע מקום מוצאם שאינם עלולים לקבל טומאה שם, ובזה גם מעוררים ומתפשטים מידת החסד בעולם כמנהג אנשי החסד השופכים לפניהם מים בימי העצרת והתענית (ראה בהקשר זה שמואל א', ז, ו). עוד תהיה שפיכת המים הוראה לבני האדם, כי יהבילו ענייני העולם הזה. כי אפילו המים המטהרים והם הכרחיים לכל צרכי בני אדם, אינם נחשבים (אפילו) לדבר קל לעומת העולם שאחר המוות. כי סוף החיים הם כמים הניגרים ארצה והכל כלה ואבד. רק נפשות חסידיו שלעולם נשמרו. עוד טעם לשפיכת המים על העפר, יבשר ויודיע שעתיד הקב"ה לגבול עפרו בטל העליון ויבוא כגשם לנו בשפע וכמלקוש יורה ארץ (רומז לתחיית המתים וטל שעתיד להחיותם. מעבר יַבֹּק מאמר שפת אמת פרק כג).

סיבה נוספת היא כדי להזהיר את הכהנים מטומאת המת. כך גם נפסק להלכה (שלחן ערוך שם סימן שלט, ה).

דין זה קיים רק בבית פרטי ולא בבית חולים. בשבת ויום טוב אין שופכים. אין צורך לשפוך בקבוקי מים, אפילו אינם חתומים. יש דעות שונות לגבי מים חמים. לא שופכים מים שבחביות גדולות, אבל פותחים את הברז לזמן מועט וסוגרים (צרור החיים סעיף רצו. ילקוט יוסף סימן ו, ג). יש מי שכתב שהיום אין נוהג דין שפיכת המים כלל אצל שכני

הנפטר, וגם בבית הנפטר עצמו יש להתיר, אלא שיש לפתוח מעט את הברזים לשפוך מעט מהמים (ילקוט יוסף שם. חיים וחסד פרק א, כ). יש מי שכתב להקל הרבה בדין זה של שפיכת המים (ערוך השלחן יורה דעה סימן שלט, ט).

שריפת המתים

איסור חמור לשרוף את המת, והשורפו מבטל מצות עשה של קבורת המת, וגורם תקלה גדולה למת, וגורם לו ביזיון. אי קבורת המת נחשבת בתנ"ך לקללה (למשל בירמיהו ח,ב; יד, טז; טז, ד; טז, ו), ושרפת המת נחשבת בתנ"ך לפשע – "כֹּה אָמַר ה' עַל שְׁלֹשָׁה פִּשְׁעֵי מוֹאָב וְעַל אַרְבָּעָה לֹא אֲשִׁיבֶנּוּ עַל שָׂרְפוֹ עַצְמוֹת מֶלֶךְ אֱדוֹם לַשִּׂיד" (עמוס ב, א).

בגמרא מוזכר שטיטוס ציוה לשרוף את גופו ולפזר את אפרו על פני שבעה ימים, כדי שלא יוכל למצוא אותו אלהי היהודים (גיטין נו, ב).

מי שציוה לשרוף את גופו, אין שומעים לו. ואם שרפו את גופו, אין קוברים את אפרו בקברי ישראל. והטעם, שאדם שבחייו לא רצה במצות הקבורה ובסגולתה, וכפר בייעוד של תחיית המתים, אין בקבורתו ההכשר ליעוד התחייה – סר מעליו צלם הקדושה, ואין באפרו מהקדושה, ואין בקבורתו ההכשר לתחייה (גשר החיים פרק טז פיסקה ט).

אמנם במקרא מוזכרת שרפה לגבי מלכים שמתו, אבל השרפה שהוזכרה במקרא לגבי המלכים לא היתה שרפת הגוף, אלא שרפה של חפציהם שנעשתה לכבודם לאחר מותם, ובין השאר מתוך העיקרון שאסור לשום אדם להשתמש בחפציו של המלך:

> כבוד גדול נוהגים במלך, ומשימים לו אימה ויראה בלב כל אדם, שנאמר "שׂוֹם תָּשִׂים עָלֶיךָ מֶלֶךְ" – שתהא אימתו עליך. אין רוכבים על סוסו, ואין יושבים על כסאו, ואין משתמשים בשרביטו, ולא בכתרו, ולא באחד מכל כלי תשמישיו. וכשהוא מת – כולם נשרפים לפניו (הלכות מלכים לרמב"ם פרק ב, א).

כך למשל מה שאמר ירמיהו הנביא לצדקיהו "בְּשָׁלוֹם תָּמוּת וּכְמִשְׂרְפוֹת אֲבוֹתֶיךָ הַמְּלָכִים הָרִאשֹׁנִים אֲשֶׁר הָיוּ לְפָנֶיךָ כֵּן יִשְׂרְפוּ לָךְ וְהוֹי אָדוֹן יִסְפְּדוּ לָךְ" (ירמיהו לד, ה). וכן מה שנזכר אצל יהורם בן יהושפט "וְלֹא עָשׂוּ לוֹ עַמּוֹ שְׂרֵפָה כִּשְׂרֵפַת אֲבֹתָיו" (דברי הימים ב', כא, יט). והעניין מבואר יותר אצל אסא מלך יהודה שכתוב בו "וַיִּקְבְּרֻהוּ בְקִבְרֹתָיו אֲשֶׁר כָּרָה לוֹ בְּעִיר דָּוִיד וַיַּשְׁכִּיבֻהוּ בַּמִּשְׁכָּב אֲשֶׁר מִלֵּא בְּשָׂמִים וּזְנִים מְרֻקָּחִים בְּמִרְקַחַת מַעֲשֶׂה וַיִּשְׂרְפוּ לוֹ שְׂרֵפָה גְּדוֹלָה עַד לִמְאֹד" (שם טז, יד). בכולם מפורש ששרפו לכבודם, ולא אותם.

גם בזמן המשנה נהגו לשרוף על מלכים ועל הנשיאים. כך מובא בגמרא (עבודה זרה יא, א; מסכת שמחות פרק ח):

> שורפין על המלכים ואין בו משום דרכי האמורי. וכשם ששורפין על המלכים, שורפין על הנשיאים. ומה הם שורפין על המלכים? מיטתן וכלי תשמישן. ומעשה שמת רבן גמליאל הזקן, ושרף עליו אונקלוס הגר (רכוש) בשבעים מנה צורי.

כך גם נפסק להלכה בשלחן ערוך "שורפין על המלכים או על הנשיאים מטתן וכלי תשמישן, אבל על ההדיוטות אסור" (יורה דעה סימן שמח, א).

גם הגויים הקדמונים נהגו לשרוף על מלכיהם כחלק מפולחן עבודת האלילים, ואותו יום היה נחשב ליום איד (חג) שלהם. חז"ל הגדירו "כל מיתה שיש בה שריפה, יש בה עבודת כוכבים. ושאין בה שריפה, אין בה עבודת כוכבים" (עבודה זרה ח, א). כך גם נפסק להלכה (רמב"ם הלכות עבודת כוכבים ט, ה). עקב כך התעוררה בגמרא השאלה האם אין בשרפה על המתים משום "וּבְחֻקֹּתֵיהֶם לֹא תֵלֵכוּ", דהיינו מנהגי הגויים שיש בהם חשש עבודה זרה או מנהגים וחוקים המנוגדים ליהדות. תשובת הגמרא היתה, שכיון ששריפה זו מוזכרת במקרא עוד לפני שהגויים נהגו במנהג זה, אין בכך משום "וּבְחֻקֹּתֵיהֶם לֹא תֵלֵכוּ", כיון שמתברר שלא מהם נלמד העניין – "לאו מינייהו קא גמרינן".

להלכה פסק הרמב"ם:

- כל הכלים שזורקין על המת על המיטה הנקברת עמו, אסורין בהנאה.
- היו אביו ואמו (של המת) מזרקין כלים בחמתן על המת, מצוה על אחרים להצילן. ואם הגיעו למיטה הנקברת עמו, אין מצילין אותן.
- מלמדין את האדם שלא יהיה חבלן ולא יפסיד את הכלים וישליכם לחבלה. מוטב לתתן לעניים ואל ישליכם לרימה ותולעה. וכל המרבה כלים על המת עובר בלא תשחית.
- מלך או נשיא שמת, יש להן לשרוף מטתו וכל כלי תשמישו ואין בזה משום דרכי האמורי ולא משום השחתה. שנאמר (ירמיהו לד, ה) "בְּשָׁלוֹם תָּמוּת וּכְמִשְׂרְפוֹת אֲבוֹתֶיךָ הַמְּלָכִים הָרִאשֹׁנִים... יִשְׂרְפוּ לָךְ" (הלכות אבל פרק יד, כב – כו).

כעין זה נפסק גם בשלחן ערוך (שם סימן שמט, ג – ד).

ראה בספר גשר החיים (חלק שני פרק יג) על ההבדל בין קבורה לשריפה.

ע"ע **איסור הנאה ממת. אפר הנשרפים. דרכי האמורי. קבורה.**

תהלים על החולה ולעילוי נשמה

מנהג ישראל לומר מזמורי תהלים על כל צרה שלא תבוא, ובמיוחד לרפואת חולה או לעילוי נשמה. ספר תהלים מבטא את רגשות האדם בשמחה ובצער, בעת רצון ובמצוקה, לכן הפך ספר תהלים לספר התפילות וההודאות לבני ישראל. כל אדם יכול להביע את רגשותיו באמצעות מזמורי התהלים. חלקים ניכרים מהתפילה מבוססים על מזמוריו, והלווים היו שרים אותם במקדש.

> כי אין לנו דבר גדול יותר מספר תהלים, שכולל הכל: שבחים רבים לה' יתברך, ומזמורים רבים להתעוררות לתשובה, ובקשת מחילה וסליחה, הכל בכתב מיד ה' עלי השכיל. חברו דוד המלך עליו השלום ברוח הקודש. והאומר תהלים הוא כמתפלל והוא גם כן כעוסק בתורה. כי כבר ביקש דוד המלך עליו השלום, שיהו מקבלים שכר הקוראים בתהלים כעוסקים בעומק התורה בנגעים ואהלות (אוצר דינים ומנהגים ערך תהלים בשם השל"ה בספר עמוד התשובה).

תוחלת החיים

סיכוי משוער של אורך החיים. חכמי ישראל דנו בשאלה האם אורך חיי האדם קבוע מראש או משתנה.

על הפסוק "בֶּן מֵאָה וְעֶשְׂרִים שָׁנָה אָנֹכִי הַיּוֹם" (דברים לא, ב) דרשה הגמרא (ראש השנה יא, א) "היום מלאו ימי ושנותי. שהקדוש ברוך הוא יושב וממלא שנותיהם של צדיקים מיום ליום ומחודש לחודש שנאמר "אֶת מִסְפַּר יָמֶיךָ אֲמַלֵּא" (שמות כג, כו). שבו ביום מלאו למשה רבנו מאה ועשרים שנה, וכך מקובל לומר על צדיקי עליון שנולדים ונפטרים באותו תאריך.

> ועתה אדבר בעניין קץ חיי האדם, ואומר, כי בוראם כבר עשה להתחברותם זמן מסוים קצוב, כאמרו "אֶת מִסְפַּר יָמֶיךָ אֲמַלֵּא" (שמות כג, כו), ואמר לאדון הנבראים "הֵן קָרְבוּ יָמֶיךָ לָמוּת" (למשה רבנו, דברים לא, יד), ואמר לאחד החסידים "כִּי יִמְלְאוּ יָמֶיךָ וְשָׁכַבְתָּ אֶת אֲבֹתֶיךָ" (לדוד המלך, שמואל ב׳, ז, יב). ואומר אני כי יש שהוא מוסיף על אותו הזמן וגורע, ואין אותו הזמן לדעתי בלתי ידוע לפניו שהוא ישאיר את הנפש בגוף, כי ידיעתו אינה שונה מאמתת הדבר, אלא אותה הקצבה לדעתי הסובלת את התוספת והגרעון היא משך זמן הכוחות אשר ניתנו בגוף שיתקיים, והוא שמתחילת בריאתו אין ספק שהוא בנהו בכוחות מוגבלים אם רבים ואם מעטים, ומשך קיום אותן הכוחות הוא הנקרא קץ חיי האדם. ויכול הוא להוסיף בהן ויתקיימו עם השבעים שלושים אחרות, ויכול להחלישן ולהרכותן ויתפרקו באותן שבעים... כי יסוד כוח הגוף בנה אותו על שבעים, ושהוא יוסיף עליהן שלושים או יגרע מהן שלושים.
>
> ומאין אני מחייב שיש תוספת או גרעון, ממה שנאמר "יִרְאַת ה׳ תּוֹסִיף יָמִים וּשְׁנוֹת רְשָׁעִים תִּקְצֹרְנָה" (משלי י, כז), ונאמר באחד הצדיקים "וְהֹסַפְתִּי עַל יָמֶיךָ חֲמֵשׁ עֶשְׂרֵה שָׁנָה" (על חזקיהו, מלכים ב׳, כ, ו), ואמר בהרבה מן הגמולות "לְמַעַן יַאֲרִיכֻן יָמֶיךָ" (שמות כ,יא; דברים ה, טז; ו,ב; כה, טו) וכל הדומה לכך, ואמר במקצת הרשעים "וה׳ הִכָּה כָל בְּכוֹר בְּאֶרֶץ מִצְרַיִם" (שמות יב, כט), "וַיִּהְיוּ הַמֵּתִים בַּמַּגֵּפָה" (במדבר כה, ט) וכדומה לכך. ואילו היו מתים לפי כח קץ ימיהם לא היתה זו מגפה בגלל חטאיהם, ומאומה לא נסתלק בפעולתו של פנחס (שעצר את המגפה). וכבר עשה הנביא את המגפה זולת קץ ימי חייו שנאמר "אוֹ יוֹמוֹ יָבוֹא וָמֵת אוֹ בַמִּלְחָמָה יֵרֵד וְנִסְפָּה" (דוד אמר על שאול, שמואל א׳, כו, י).
>
> ואומר אני שלא כל צדיק מוסיפין על ימיו, ולא כל רשע גורעין, אלא לפי רצון הבורא ולפי הצדיק. ואותם הצדיקים שלא הוסיפו להם הרי גמול העולם הבא לפניהם, ומי שלא נכרת מן הרשעים הרי עונש האחרית לפניהם, כאמרו "כִּי עֵת לְכָל חֵפֶץ וְעַל כָּל הַמַּעֲשֶׂה שָׁם" (קהלת ג, יז).
>
> הנבחר באמונות ודעות, רבי סעדיה גאון, המאמר השישי פרק ו

ע"ע בהקדמת רבי עובדיה ספורנו לספר בראשית. ע"ע **מיתה ואדם הראשון. מלאך המוות.**

תוספת על הקריעה

מי שקרע על מת, ונפטר לו קרוב נוסף. אם הוא בתוך השבעה קורע קרע אחר. לאחר השבעה מוסיף על הקרע הראשון כלשהו. אם נפטר לו קרוב שלישי לאחר שבעה, מוסיף עליו כלשהו (מועד קטן כו, ב. שלחן ערוך יורה דעה סימן שמ, כא). ע"ע **קריעה**.

תחיית המתים

לָכֵן הִנָּבֵא וְאָמַרְתָּ אֲלֵיהֶם כֹּה אָמַר אֲדֹנָי ה' הִנֵּה אֲנִי פֹתֵחַ אֶת קִבְרוֹתֵיכֶם וְהַעֲלֵיתִי אֶתְכֶם מִקִּבְרוֹתֵיכֶם עַמִּי וְהֵבֵאתִי אֶתְכֶם אֶל אַדְמַת יִשְׂרָאֵל: וִידַעְתֶּם כִּי אֲנִי ה' בְּפִתְחִי אֶת קִבְרוֹתֵיכֶם וּבְהַעֲלוֹתִי אֶתְכֶם מִקִּבְרוֹתֵיכֶם עַמִּי: וְנָתַתִּי רוּחִי בָכֶם וִחְיִיתֶם וְהִנַּחְתִּי אֶתְכֶם עַל אַדְמַתְכֶם וִידַעְתֶּם כִּי אֲנִי ה' דִּבַּרְתִּי וְעָשִׂיתִי נְאֻם ה'

יחזקאל לז, יב – יד

מכלכל חיים בחסד, מחיה מתים ברחמים רבים..., ומקיים אמונתו לישני עפר. מי כמוך בעל גבורות ומי דומה לך, מלך ממית ומחיה ומצמיח ישועה. ונאמן אתה להחיות מתים, ברוך אתה ה' מחיה המתים.

תפילת שמונה עשרה

אחד משלושה עשר עקרי האמונה שיסד הרמב"ם, שנתקבלו בכל ישראל. והוא להאמין שתהיה תחיית המתים בעת שיעלה רצון מאת הבורא, ואז יקומו המתים מקברם לחיים (סוף ההקדמה לפרק חלק).

הרמב"ם ייחד אגרת מיוחדת לעניין זה הנקראת אגרת תחיית המתים, וציין בה שהתורה לא הזכירה במפורש את תחיית המתים, אולם יש במקרא רמזים לתחיית המתים: בשירת חנה (שמואל א', ב, ו) "ה' מֵמִית וּמְחַיֶּה מוֹרִיד שְׁאוֹל וַיָּעַל". בחזון העצמות היבשות של יחזקאל המצוטט לעיל. בישעיהו (כו, יט) "יִחְיוּ מֵתֶיךָ נְבֵלָתִי יְקוּמוּן הָקִיצוּ וְרַנְּנוּ שֹׁכְנֵי עָפָר כִּי טַל אוֹרֹת טַלֶּךָ וָאָרֶץ רְפָאִים תַּפִּיל". ובמיוחד בספר דניאל (יב, ב) "וְרַבִּים מִיְּשֵׁנֵי אַדְמַת עָפָר יָקִיצוּ אֵלֶּה לְחַיֵּי עוֹלָם וְאֵלֶּה לַחֲרָפוֹת לְדִרְאוֹן עוֹלָם" וכן בפסוק החותם את הספר "וְאַתָּה לֵךְ לַקֵּץ וְתָנוּחַ וְתַעֲמֹד לְגֹרָלְךָ לְקֵץ הַיָּמִין".

עיקרון יסודי זה נאמר בכל הנוסחים של תפילת שמונה עשרה, כשיא גבורותיו של רבונו של עולם.

רק הצדיקים יחיו בתחיית המתים, ולא הרשעים. לכן נאמר לדניאל "וְרַבִּים מִיְּשֵׁנֵי אַדְמַת עָפָר יָקִיצוּ" ולא כולם. גם מאלו שיקומו, "אֵלֶּה לְחַיֵּי עוֹלָם וְאֵלֶּה לַחֲרָפוֹת לְדִרְאוֹן עוֹלָם". גם ישעיהו אמר (כו, יד) "מֵתִים בַּל יִחְיוּ רְפָאִים בַּל יָקֻמוּ לָכֵן פָּקַדְתָּ וַתַּשְׁמִידֵם וַתְּאַבֵּד כָּל זֵכֶר לָמוֹ".

מצינו במקרא תופעות של החיאת המת על ידי נביאים: אליהו החיה את בנה של האשה האלמנה (מלכים א', יז, יז – כד); אלישע החיה את בן האשה השונמית (מלכים ב', ד, לב – לז); כשהשליכו איש שמת לקבר אלישע, ועצמותיו נגעו בעצמות אלישע, חיה האיש וקם על רגליו (שם יג, כא).

איוב אמר ביטויים שעליהם אמרו חכמים שאיוב כפר בתחיית המתים:

כָּלָה עָנָן וַיֵּלַךְ כֵּן יוֹרֵד שְׁאוֹל לֹא יַעֲלֶה (ז, ט).
כִּי יֵשׁ לָעֵץ תִּקְוָה אִם יִכָּרֵת וְעוֹד יַחֲלִיף וְיֹנַקְתּוֹ לֹא תֶחְדָּל:
אִם יַזְקִין בָּאָרֶץ שָׁרְשׁוֹ וּבֶעָפָר יָמוּת גִּזְעוֹ:
מֵרֵיחַ מַיִם יַפְרִחַ וְעָשָׂה קָצִיר כְּמוֹ נָטַע:
וְגֶבֶר יָמוּת וַיֶּחֱלָשׁ וַיִּגְוַע אָדָם וְאַיּוֹ: ...
וְאִישׁ שָׁכַב וְלֹא יָקוּם עַד בִּלְתִּי שָׁמַיִם לֹא יָקִיצוּ וְלֹא יֵעֹרוּ מִשְּׁנָתָם: ...
אִם יָמוּת גֶּבֶר הֲיִחְיֶה כָּל יְמֵי צְבָאִי אֲיַחֵל עַד בּוֹא חֲלִיפָתִי: (יד, ז – יד)

בבא בתרא טז, א

הגמרא (סנהדרין צ, ב – צא, א) מביאה הוכחות נוספות לעניין תחיית המתים מן המקראות, וכן דיונים וויכוחים שהיו לחכמי ישראל בעניין זה עם אומות העולם.

יש מחלוקת עקרונית לגבי השלמות הנצחית באחרית הימים. לפי הרמב"ם המתים יחיו, וימותו שוב לאחר תחיית המתים. בהתאם לשיטתו העקרונית, שאין אפשרות לנצחיות בגוף, כיון שהגוף חומרי ואין לחומריות ממד נצחי. השלמות הנצחית תהיה לנשמה בלי הגוף. לעומת זאת, גישת רבי סעדיה גאון, גישת הרמב"ן והרמח"ל המיצגים את שיטת חכמי הקבלה היא, שלאחר המיתה הגוף אמנם נרקב ומתכלה. אבל לעתיד לבוא בתחיית המתים הגוף יזדכך ויוכל לזכות לחיי נצח. כלומר שהנצחיות תהיה לגוף ולנשמה גם יחד. הרמב"ן מתייחס לדעת הרמב"ם בהרחבה ובכבוד (בסוף חיבורו תורת האדם), למרות מחלוקתם בעניין. הרמב"ן מסכם: "והכל מודים בתחיית המתים ... זולתי דעת הרב רבי משה (הרמב"ם) שנותנת קצבה לזמן התחיה, ומחזיר הכל לעולם הנשמות. ואנו מקיימים אנשי התחיה לעדי עד, מימות תחיית המתים עד לעולם הבא שהוא עולם שכולו ארוך". (ע"ע בספרי הרמח"ל "דרך ה'" חלק ראשון פרק שלישי, "דעת תבונות" סימן סו – עה). גם הראב"ד משיג על הרמב"ם, ומביא הוכחות מהגמרא שתחיית המתים היא גם לגוף ולא רק לנשמה (הלכות תשובה פרק ח, ב).

אמנם היתה דעה שתחיית המתים המוזכרת במקרא אינה כפשוטה אלא היא משל וסמל להחיאת השלטון ולתחיית האומה. רבי סעדיה גאון מבאר באריכות מדוע יש להבין את הפסוקים במשמעותם הפשוטה של תחיית המתים ממש, בעולם הזה, ומוכיח זאת מפסוקי יחזקאל ודניאל. רבי סעדיה גאון דן שם בהרחבה על נושאים רבים הקשורים לתחיית המתים: מי יקומו וכיצד יקומו, האם יאכלו ישתו ויתחתנו, אם לא ימותו לאחר התחייה כיצד יעברו לעולם הבא, האם יכירו זה את זה, כיצד תכיל הארץ את כולם, האם יוכלו לחטוא ואם יקבלו גמול על מעשיהם. ותשובת כל אלו העניינים הנכבדים חורגת ממסגרת זו, ומבקשי הדעת יוכלו לראות את הדברים במקורם (הנבחר באמונות ודעות, רבי סעדיה גאון, המאמר השביעי כולו).

אחד מטעמי הקבורה, הוא לחיזוק האמונה בתחיית המתים:

שחיבוב קבורת המת הוא לשני טעמים... והטעם השני והוא החזק והצריך לאמונתנו בתחיית המתים כי אילו היו משליכין גוף האדם המת כאחת

הנבלות, היו בני אדם אומרים "נִמְשַׁל כַּבְּהֵמוֹת נִדְמוּ", ולא היו מקבלין אמונת התחייה כמו שהן מקבלין עם קבורתו, בראותם כי יבנו לו בית וילבישנו וכל שכן בראותם כי יקברוהו אצל אבותיו ובני משפחתו להיות עתידים לעמוד יחד בני המשפחה. ולקיים זאת האמונה ההכרחית נכתב בתורה מה שבא בקבורת האבות ובקפדנותם במקום קבורתם וְשָׁכַבְתִּי עִם אֲבֹתַי, ורבותי ז"ל אמרו על זה למה האבות תובעין ומחבבין קבורת ארץ ישראל? אמר רבי פלוני דברים בגו, "אֶתְהַלֵּךְ לִפְנֵי ה' בְּאַרְצוֹת הַחַיִּים" (תהלים קטז, ט), נמצא שהכוונה היא לאמונת התחייה לחזק האמונה הזאת, אמרו עתידין צדיקים שיעמדו בלבושיהן ולא על כל אדם אמרו רק על הצדיקים, ועל הדרך הזה היא ההקפדה ברוב כבוד גופות המתים (כלבו סימן קיד).

בספר פני ברוך בסופו מובא מאמר תחיית המתים הדן בנושא ומביא מקורות נוספים.

ע"ע **נשמה**.

תכפוהו אבליו

מושג הלכתי. מי שארעו לו כמה מקרים של פטירת קרוביו בתכיפות, ובטרם סיים תקופת אבלות אחת, היה צריך להתחיל אבלות מחדש על קרוב אחר שנפטר, מונה שבעה למת האחרון, ועולה לו גם למניין השבעה על המת הראשון (שלחן ערוך יורה דעה סימן שעה, יא). יש כמה הקלות בהלכה למי שתכפוהו אבליו. אם הכביד שערו יכול להסתפר בשינוי – על ידי תער ולא במספריים. לאחר שעברו השבעה מהאבלות הראשונה יכול לכבס כסותו במים (בלבד) אף על פי שממשיך את השבעה על המת השני; וכן הדין אם ארעה לו אבלות סמוך לשבוע שחל בו תשעה באב, רוחץ בצונן ולא בחמין (מועד קטן יז, ב. מסכת שמחות פרק ד, ט. רמב"ם הלכות אבל פרק ו, יג. שלחן ערוך אורח חיים סימן תקנא, טו; יורה דעה סימן שפט, א. שצ, ג).

תכריכים

בגדים שעושים לגוף המת ובהם כורכים וקוברים את המת. בארמית נקראים התכריכים בלשון מליצה "זוודתא" (מועד קטן כז, ב) המקבילה למלה העברית "זיווד", כלומר צידה לדרך למתים (רש"י מסכת עבודה זרה, יז, א).

מתחילה היו נוהגים לעשות התכריכים מבגדים יקרים לכבוד המת, מנהג שעורר קושי רב:

בראשונה היתה הוצאת המת קשה לקרוביו יותר ממיתתו, עד שהיו מניחים אותו ובורחים. עד שבא רבן גמליאל ונהג קלות ראש בעצמו וציוה להוציאו בכלי פשתן, ונהגו כל העם אחריו להוציא בכלי פשתן (מועד קטן שם; כתובות י, ב).

ובאמת מצינו שעני אחד נאלץ לקבור את בתו במחצלת של קנים (ברכות יח, ב). מאז רבן גמליאל המנהג לקבור בבגדי פשתן לבנים וגם החוטים הם של פשתן לבן, וכך פסק הרמב"ם "ומלבישין אותו תכריכין תפורין בחוט של פשתן לבנים, ולא יהיו דמיהן יקרים" (הלכות אבל ד, א). בגדי לבן מסמלים פשטות, ישרות וטוהר. המקובלים השוו את עניין בגדי הפשתן הלבנים לבגדי הכהנים, ולבגדי כהן גדול ביום הכיפורים. על פי הקבלה יש עניין גדול בלבישת בגדי פשתן בלבד ללא בד אחר, גם כדי להגן על הנפטר מכוחות הטומאה (מעבר יַבֹּק מאמר שפת אמת פרק כג. הקונטרס היחיאלי בית עולמים פרק ב).

> דע שיש סוד גדול בלבישת בגד פשתן, שכל הנפטר שנתלבש בבגדי פשתן אפילו נפטר בחוץ לארץ, כל קטיגור נעשה סניגור... (ילקוט הראובני פרשת מקץ מובא בפתחי תשובה סימן שנב, ב).
>
> וישמע העם וצדיק יכין לו בחיים תכריכים של פשתן דווקא בלי תערובת מין אחר. ויהיו המעות שקונה בהן התכריכים מיגיע כפו ולא יתערב בהן ערוב מעושק חס ושלום, כלל וכלל לא (מנחם אבלים אות ת' ערך תכריכים, בשם רבי משה קורדובירו).

הרב קורדובירו מדגיש תחילה הקפדה על עניין טכני: שלא יתערבב בפשתן מין אחר. לאחר מכן משוה הרב ומתייחס לעניין עקרוני – שלא יתערבב כסף "לא כשר" בקניית התכריכים. הטוהר בבגד, בא לידי ביטוי גם בטוהר המידות.

במקום שאין בד פשתן או שהוא יקר, מלבישים בבד לבן פשוט וזול (ורך הרווחה היום ברוב המקומות, זולתי מי שמבקשים בשבילו תכריכי פשתן במיוחד). עשיר שציוה להלבישו בבגדים יקרים אין שומעים לו:

> ואסור לקבור בתכריכין של משי ובגדים המוזהבין הרקומין אפילו לנשיא בישראל, שזהו גסות הרוח והשחתה ומעשה עובדי כוכבים (רמב"ם הלכות אבל פרק ד, ב).

כך גם פסק השלחן ערוך להלכה: "אין קוברים המת בתכריכים יקרים אפילו לנשיא שבישראל" (יורה דעה סימן שנב, א).

> תניא ר' נתן אומר כסות היורדת עם האדם לשאול היא עולה עמו לעתיד לבא, שנאמר (איוב לח, יד) "תִּתְהַפֵּךְ כְּחֹמֶר חוֹתָם וְיִתְיַצְּבוּ כְּמוֹ לְבוּשׁ" (מסכת שמחות סוף פרק ט).
>
> אמר רבי ינאי לבניו: בני, אל תקברוני לא בכלים (בגדים) לבנים ולא בכלים שחורים. בלבנים לא, שמא לא אזכה (לגן עדן) ואהיה כחתן בין אבלים. בשחורים לא, שמא אזכה ואהיה כאבל בין חתנים. אלא בבגדים האולירין (צבועים קצת) (שבת קיד, א).

הרמב"ן (תורת האדם, עניין ההוצאה עמוד צה) צטט את דברי רבי ינאי וכתב שנהגו העם בתכריכים לבנים וכן ראוי לעשות. כך גם פסקו בטור ובשלחן ערוך (שם סימן שנב, ב).

המקובלים הסבירו שהתכריכים צריכים להיות לבנים כיון שהלבן מורה על הרחמים העליונים, וגם על כפרת העוון, כמו שנאמר "אִם יִהְיוּ חֲטָאֵיכֶם כַּשָּׁנִים כַּשֶּׁלֶג יַלְבִּינוּ". וכיון שגם המיתה מכפרת, מרמזים התכריכים הלבנים על הכפרה. (ע"ע בקונטרס היחיאלי שם פרק ג שהביא שבעה טעמים ללבנים דווקא, ובפרק יב האריך מדוע יש לאסור שחור כיון שמלמד על מידת הדין).

המנהג לתפור את התכריכים בידיים, ותופרות אותם נשים (מפני שהאשה הביאה מיתה לעולם). ומדקדקים שהנשים התופרות תהיינה זקנות וטהורות שכבר לא צריכות טבילה.

התכריכים צריכם להיות נקיים מכל כתם ולכלוך. לא עושים בהם שפה לבגד ולא כיס (כדי להראות שהנפטר אינו יכול לשאת עמו דבר לקברו). אין עושים בהם קשר אלא עניבה, להראות שזהו בגד ארעי עד התחיה. תכריכי הגברים והנשים זהים. לילדים קטנים אין מלבישים תכריכים אלא כורכים אותם בסדין לבן (גשר החיים פרק יב, ו, ב).

שמונה לבושים הם (ובכהן עוד אחד). וסדר הלבשתם: 1.מצנפת. 2.חגור הנקרא "טלית קטן". 3. מכנסיים. 4.כתונת. 5.מעיל. 6.סובב שהוא סדין ארוך ורחב שנכרך סביב הנפטר ונקשר בשלושה קשרים זמניים עד הקבורה. בשלב זה שמים מעט עפר על העיניים על ידי הבנים, ואומרים "וְיוֹסֵף יָשִׁית יָדוֹ עַל עֵינֶיךָ". אם אין בנים, שמים אנשי החברה קדישא עצמם ואומרים "כִּי עָפָר אַתָּה וְאֶל עָפָר תָּשׁוּב". 7.מסוה על הפנים. 8. מטלית מרובעת על הראש והעיניים הנקראת "טלית גדול". לכהן מוסיפים גם כפפות על הידיים, ובזמן הלבשתם אומרים את פסוקי ברכת כהנים.

> והנה כל בגדי הלבשתו הם כבגדי כהונה, ורק אבנט לא עושים שבאבנט צריך חגירה וקשר, ובתכריכי המת אין עושים שום קשר וחגירה. והטעם שבחיותו כל נפש רוח ונשמה שלו קשורים ומחוברים... אשר לא כן בפטירתו מהעולם הזה נִפרדו נפש רוח ונשמה וכל אחת הלכה למקומה... (הקונטרס היחיאלי בית עולמים פרק ה. עיין שם באריכות שמביא טעם לכל בגד מהתכריכים ומשמעותו).

בשעת ההלבשה אומרים פסוקים: "נֵרְדְּ וְכַרְכֹּם קָנֶה וְקִנָּמוֹן עִם כָּל עֲצֵי לְבוֹנָה מֹר וַאֲהָלוֹת עִם כָּל רָאשֵׁי בְשָׂמִים" (שיר השירים ד, יד). בשעת הלבשת המכסה הנקרא "טלית גדול" אומרים: "שׂוֹשׂ אָשִׂישׂ בַּה' תָּגֵל נַפְשִׁי בֵּאלֹהַי כִּי הִלְבִּישַׁנִי בִּגְדֵי יֶשַׁע מְעִיל צְדָקָה יְעָטָנִי כֶּחָתָן יְכַהֵן פְּאֵר וְכַכַּלָּה תַּעְדֶּה כֵלֶיהָ" (ישעיהו סא, י). "וָאֹמַר יָשִׂימוּ צָנִיף טָהוֹר עַל רֹאשׁוֹ וַיָּשִׂימוּ הַצָּנִיף הַטָּהוֹר עַל רֹאשׁוֹ וַיַּלְבִּשֻׁהוּ בְּגָדִים וּמַלְאַךְ ה' עֹמֵד" (זכריה ג, ה). "כִּי כָאָרֶץ תּוֹצִיא צִמְחָהּ וּכְגַנָּה זֵרוּעֶיהָ תַצְמִיחַ כֵּן אֲדֹנָי ה' יַצְמִיחַ צְדָקָה וּתְהִלָּה נֶגֶד כָּל הַגּוֹיִם" (ישעיהו סא, יא). "וְנָחֲךָ ה' תָּמִיד וְהִשְׂבִּיעַ בְּצַחְצָחוֹת נַפְשֶׁךָ וְעַצְמֹתֶיךָ יַחֲלִיץ וְהָיִיתָ כְּגַן רָוֶה וּכְמוֹצָא מַיִם אֲשֶׁר לֹא יְכַזְּבוּ מֵימָיו" (ישעיהו נח, יא). הכוונות שיש לכוון על פי הקבלה מפורטות בספר מעבר יַבֹּק (מאמר שפתי רננות פרקים יב – יד. גשר החיים פרק י פיסקה ד).

יש שמצוים לתת בין התכריכים שלושה בדי הדס ויש השמים אזוב בין התכריכים או ברחיצה (הקונטרס היחיאלי בית עולמים פרק טו; טו, יט).

לאחר ההלבשה בתכריכים, מכסים נפטר גבר בטלית מצויצת עד קברו, ושם מסירים אותה ממנו. אין קוברים את הנפטר בטלית. אשה כורכים בסדין לבן.

מי שנהרג והדם בלוע בבגדיו, קוברים הבגדים עמו. ומי שנהרג על ידי רוצחים, קוברים אותו כמו שהוא לבוש, ומכסים התכריכים על בגדיו כדי לעורר נקמת ה׳ לנקום נקמתו.

מנהג בני תימן שמלבישים את הנפטר בבגדיו החשובים שהיה לובשם בשבת ויום טוב, לסימן אמונה בתחיית המתים, ולא יהיו יקרים יותר מדי. ומעל בגדים אלו עוטפים אותו בתכריכים של בד לבן (באר לחי רואי סימן סג, על פי ספר ענף ע״ץ אבות עמוד תרצז).

יש שמכינים התכריכים בעודם בחיים כדי שיזכרו יום המיתה ויחזרו בתשובה, כפסוק בקהלת (ט, ח) ״בְּכָל עֵת יִהְיוּ בְגָדֶיךָ לְבָנִים״, ועל דרך מה שאמרו חכמים במסכת אבות ״שוב יום אחד לפני מיתתך״.

כנראה שהיה מנהג בישראל להנעיל נעלים למתים. ביבמות (קד, א) מוזכר מנעל של זקן העשוי לכבודו, ופירש רש״י: לתכריכי מיתה. בירושלמי כלאים (פרק ט, ג) מוזכר שרבי ירמיה ציוה לקברו במנעליו (אף על פי שקשה להביא ראייה מרבי ירמיה שגם ציוה לקברו על צדו, בניגוד לקבורה המקובלת בישראל על הגב. וכן ציוה לתת מקלו בידו, ואין נוהגים כך כיום. אמנם בשו״ת חתם סופר (יורה דעה סימן קעה) למד מכאן מקור שנותנים ביד הנפטר שרביטים (געפליך) אך כאמור אין נוהגים כך כיום). יש מי שרצה ללמוד מכאן על מקור המנהג שלא להשתמש במנעלים של מת, שמא הוקצו לתכריכים והם אסורים בהנאה (כל בו על אבלות עמוד 91 בהערה).

ע״ע **חפצי הנפטר**, **זוהרה**, **ציצית בתכריכי המת**, **תחיית המתים**.

תנוחמו מן השמים

נוסח ניחום האבלים על פי מנהג עדות תימן. ע״ע **ניחום אבלים**.

תנצב״ה

ע״ע **ראשי תבות**.

תפילין ביום הראשון

אסור לאבל להניח תפילין ביום הראשון. איסור זה נלמד מיחזקאל הנביא שנאמר לו ״פְּאֵרְךָ חֲבוֹשׁ עָלֶיךָ״ (כד, יז). ולמדו שדווקא ליחזקאל הנביא נאמרה הוראת שעה כזו, אבל שאר אבלים אסורים בהנחת תפילין (מועד קטן טו, א). וכמה הסברים נאמרו בעניין זה: משום כבוד התפילין, שהאבל מעולל בעפר קרנו, ואין זה פאר לתפילין (רש״י כתובות ו, א). או שלפי שכשמתפאר בתפילין, מראה בעצמו שאינו אבל (רש״י סוכה כה, א). דהיינו, התפילין מסמלים חירות כבוד והדר. העומדים בניגוד גמור לצער וליגון העוטפים וכורכים את האוננים. חז״ל גם התייחסו לניגוד בין המילים ״פאר״ ו״אפר״, המורכבות מאותן אותיות ויש ביניהן ניגוד משמעויות. התפילין הן פאר לעומת האונן המסומל באפר. כך על פי הפסוק בישעיהו (סא, ג) – ״לָשׂוּם לַאֲבֵלֵי צִיּוֹן לָתֵת לָהֶם פְּאֵר תַּחַת

אֵפֶר, שֶׁמֶן שָׂשׂוֹן תַּחַת אֵבֶל, מַעֲטֵה תְהִלָּה תַּחַת רוּחַ כֵּהָה". ויש אומרים שהטעם מפני שאין האבל יכול לכוון דעתו למצות תפילין לפי שהוא טרוד באבלו, ואסור להניח תפילין כשלא מכוון דעתו. ומאידך אינו יכול לכוון דעתו לתפילין שהרי מצוותו להתאבל (מלא הרועים).

תרומת אברים

ראה בהרחבה בפרק נח מעמוד 276.

מֵעוֹלָם וְעַד־עוֹלָם

פרקי תפילה
אזכרה ולימוד

מי שברך לחולה, שינוי והוספת שם לחולה

לאיש

מִי שֶׁבֵּרַךְ אֲבוֹתֵינוּ אַבְרָהָם יִצְחָק וְיַעֲקֹב, משֶׁה וְאַהֲרֹן דָּוִד וּשְׁלֹמֹה, שָׂרָה רִבְקָה רָחֵל וְלֵאָה, הוּא יְבָרֵךְ וִירַפֵּא אֶת הַחוֹלֶה (פלוני בן פלוני), בַּעֲבוּר ש(פלוני בן פלוני) יִתֵּן צְדָקָה בְּלִי נֶדֶר בַּעֲבוּרוֹ. בִּשְׂכַר זֶה הַקָּדוֹשׁ בָּרוּךְ הוּא יִמָּלֵא רַחֲמִים עָלָיו לְהַחֲלִימוֹ וּלְרַפְּאוֹתוֹ, וּלְהַחֲזִיקוֹ וּלְהַחֲיוֹתוֹ, וְיִשְׁלַח לוֹ מְהֵרָה רְפוּאָה שְׁלֵמָה מִן הַשָּׁמַיִם לְכָל אֵבָרָיו וּלְכָל גִּידָיו בְּתוֹךְ שְׁאָר חוֹלֵי יִשְׂרָאֵל, רְפוּאַת הַנֶּפֶשׁ וּרְפוּאַת הַגּוּף. [בשבת – שַׁבָּת הִיא מִלִּזְעוֹק וּרְפוּאָה קְרוֹבָה לָבוֹא.] [ביום טוב – יוֹם טוֹב הוּא מִלִּזְעוֹק וּרְפוּאָה קְרוֹבָה לָבוֹא.] הַשְׁתָּא בַּעֲגָלָא וּבִזְמַן קָרִיב וְנֹאמַר אָמֵן.

כשמוסיפים שם אומרים תחילה ל"ז מזמורי תהלים אלו: כ, ו, ט, יג, טז, יז, יח, כב, כג, כה, ל, לא, לב, לג, לו, לז, לח, לט, מא, מט, נה, נו, סט, פו, פח, פט, צ, צא, קב, קג, קד, קז, קטז, קיח, קמב, קמג, קכח. אחר כך יאמרו ממזמור קיט – "אלפא ביתא", את אותיות שמו של החולה, ואחר כך את אותיות קר"ע שט"ן.

הוספת שם לכתחילה עושים בעשרה אנשים

וְאַף אִם נִגְזַר עָלָיו בְּבֵית דִּינְךָ הַצֶּדֶק שֶׁיָּמוּת מֵחָלְיוֹ זֶה, הִנֵּה רַבּוֹתֵינוּ הַקְּדוֹשִׁים אָמְרוּ שְׁלֹשָׁה דְבָרִים קוֹרְעִים גְּזַר דִּינוֹ שֶׁל אָדָם, וְאֶחָד מֵהֶם שִׁנּוּי הַשֵּׁם שֶׁיְּשַׁנּוּ הַשֵּׁם שֶׁל הַחוֹלֶה. וְקִיַּמְנוּ דִבְרֵיהֶם וְנִשְׁתַּנָּה שְׁמוֹ כִּי אַחֵר הוּא. וְאִם עַל (פלוני בן פלוני – השם הישן) נִגְזַר הַדִּין, עַל (פלוני בן פלוני – השם החדש) לֹא נִגְזַר, לָכֵן אַחֵר הוּא וְאֵינוֹ הוּא הַנִּקְרָא בַּשֵּׁם הָרִאשׁוֹן. וּכְשֵׁם שֶׁנִּשְׁתַּנָּה שְׁמוֹ, כֵּן יִשְׁתַּנֶּה גְּזַר הַדִּין מֵעָלָיו, מִדִּין לְרַחֲמִים, וּמִמִּיתָה לְחַיִּים, וּמִמַּחֲלָה לִרְפוּאָה שְׁלֵמָה ל(פלוני בן פלוני – השם החדש), בְּשֵׁם כָּל הַשֵּׁמוֹת הַכְּתוּבִים בְּסֵפֶר תּוֹרָה זֶה, וּבְשֵׁם כָּל הַמַּלְאָכִים הַמְּמֻנִּים עַל כָּל הָרְפוּאוֹת וְהַהַצָּלוֹת תִּשְׁלַח מְהֵרָה רְפוּאָה שְׁלֵמָה ל(פלוני בן פלוני – השם החדש), וְתַאֲרִיךְ יָמָיו וּשְׁנוֹתָיו

בַּנְּעִימִים, וִיבַלֶּה בְּטוֹב יָמָיו בְּרֹב עֹז וְשָׁלוֹם מֵעַתָּה וְעַד עוֹלָם, אָמֵן סֶלָה.

לאשה

מִי שֶׁבֵּרַךְ אֲבוֹתֵינוּ אַבְרָהָם יִצְחָק וְיַעֲקֹב, מֹשֶׁה וְאַהֲרֹן דָּוִד וּשְׁלֹמֹה, שָׂרָה רִבְקָה רָחֵל וְלֵאָה, הוּא יְבָרֵךְ וִירַפֵּא אֶת הַחוֹלָה (פלונית בת פלונית), בַּעֲבוּר שׁ(פלוני בן פלוני) יִתֵּן צְדָקָה בְּלִי נֶדֶר בַּעֲבוּרָהּ. בִּשְׂכַר זֶה הַקָּדוֹשׁ בָּרוּךְ הוּא יִמָּלֵא רַחֲמִים עָלֶיהָ לְהַחֲלִימָהּ וּלְרַפְּאֹתָהּ, וּלְהַחֲזִיקָהּ וּלְהַחֲיוֹתָהּ, וְיִשְׁלַח לָהּ מְהֵרָה רְפוּאָה שְׁלֵמָה מִן הַשָּׁמַיִם לְכָל אֵבָרֶיהָ וּלְכָל גִּידֶיהָ בְּתוֹךְ שְׁאָר חוֹלֵי יִשְׂרָאֵל, רְפוּאַת הַנֶּפֶשׁ וּרְפוּאַת הַגּוּף. [בשבת – שַׁבָּת הִיא מִלִּזְעוֹק וּרְפוּאָה קְרוֹבָה לָבוֹא.] [ביום טוב – יוֹם טוֹב הוּא מִלִּזְעוֹק וּרְפוּאָה קְרוֹבָה לָבוֹא.] הַשְׁתָּא בַּעֲגָלָא וּבִזְמַן קָרִיב וְנֹאמַר אָמֵן.

כשמוסיפים שם אומרים את המזמורים כנ"ל, ואומרים:

וְאַף אִם נִגְזַר עָלֶיהָ בְּבֵית דִּינְךָ הַצֶּדֶק שֶׁתָּמוּת מֵחֹלִי זֶה, הִנֵּה רַבּוֹתֵינוּ הַקְּדוֹשִׁים אָמְרוּ שְׁלֹשָׁה דְּבָרִים קוֹרְעִים גְּזַר דִּינוֹ שֶׁל אָדָם, וְאֶחָד מֵהֶם שִׁנּוּי הַשֵּׁם שֶׁיְּשַׁנּוּ הַשֵּׁם שֶׁל הַחוֹלֶה. וְקִיַּמְנוּ דִּבְרֵיהֶם וְנִשְׁתַּנָּה שְׁמָהּ כִּי אַחֵר הוּא. וְאִם עַל (פלונית בת פלונית – השם הישן) נִגְזַר הַדִּין, עַל (פלונית בת פלונית – השם החדש) לֹא נִגְזַר, לָכֵן אַחֶרֶת הִיא וְאֵינָהּ הִיא הַנִּקְרֵאת בְּשֵׁם הָרִאשׁוֹן. וּכְשֵׁם שֶׁנִּשְׁתַּנָּה שְׁמָהּ, כֵּן יִשְׁתַּנֶּה גְּזַר הַדִּין מֵעָלֶיהָ, מִדִּין לְרַחֲמִים, וּמִמִּיתָה לְחַיִּים, וּמִמַּחֲלָה לִרְפוּאָה שְׁלֵמָה לְ(פלונית בת פלונית – השם החדש), בְּשֵׁם כָּל הַשֵּׁמוֹת הַכְּתוּבִים בְּסֵפֶר תּוֹרָה זֶה, וּבְשֵׁם כָּל הַמַּלְאָכִים הַמְּמֻנִּים עַל כָּל הָרְפוּאוֹת וְהַהַצָּלוֹת תִּשְׁלַח מְהֵרָה רְפוּאָה שְׁלֵמָה לְ(פלונית בת פלונית – השם החדש), וְתַאֲרִיךְ יָמֶיהָ וּשְׁנוֹתֶיהָ בַּנְּעִימִים, וּתְבַלֶּה בְּטוֹב יָמֶיהָ בְּרֹב עֹז וְשָׁלוֹם מֵעַתָּה וְעַד עוֹלָם, אָמֵן סֶלָה.

תפילות שאומרים בהתקרב הקץ

מובאים בזה מזמורי תהלים ותפילות שנהגו לומר לפני ובזמן יציאת נשמה. מדובר בזמן רגיש במיוחד, עקב הרגשות העזים האופפים את האדם הנפטר מן העולם, ואת קרוביו העומדים לצדו בשעה זו.

מזמור כ"ט

מִזְמוֹר לְדָוִד הָבוּ לַה' בְּנֵי אֵלִים הָבוּ לַה' כָּבוֹד וָעֹז: הָבוּ לַה' כְּבוֹד שְׁמוֹ הִשְׁתַּחֲווּ לַה' בְּהַדְרַת קֹדֶשׁ: קוֹל ה' עַל הַמָּיִם אֵל הַכָּבוֹד הִרְעִים ה' עַל מַיִם רַבִּים: קוֹל ה' בַּכֹּחַ קוֹל ה' בֶּהָדָר: קוֹל ה' שֹׁבֵר אֲרָזִים וַיְשַׁבֵּר ה' אֶת אַרְזֵי הַלְּבָנוֹן: וַיַּרְקִידֵם כְּמוֹ עֵגֶל לְבָנוֹן וְשִׂרְיֹן כְּמוֹ בֶן רְאֵמִים: קוֹל ה' חֹצֵב לַהֲבוֹת אֵשׁ: קוֹל ה' יָחִיל מִדְבָּר יָחִיל ה' מִדְבַּר קָדֵשׁ: קוֹל ה' יְחוֹלֵל אַיָּלוֹת וַיֶּחֱשֹׂף יְעָרוֹת וּבְהֵיכָלוֹ כֻּלּוֹ אֹמֵר כָּבוֹד: ה' לַמַּבּוּל יָשָׁב וַיֵּשֶׁב ה' מֶלֶךְ לְעוֹלָם: ה' עֹז לְעַמּוֹ יִתֵּן ה' יְבָרֵךְ אֶת עַמּוֹ בַשָּׁלוֹם:

נִשְׁמַת כָּל חַי תְּבָרֵךְ אֶת שִׁמְךָ ה' אֱלֹהֵינוּ. וְרוּחַ כָּל בָּשָׂר תְּפָאֵר וּתְרוֹמֵם זִכְרְךָ מַלְכֵּנוּ תָּמִיד. מִן הָעוֹלָם וְעַד הָעוֹלָם אַתָּה אֵל. וּמִבַּלְעָדֶיךָ אֵין לָנוּ מֶלֶךְ גּוֹאֵל וּמוֹשִׁיעַ. פּוֹדֶה וּמַצִּיל וּמְפַרְנֵס וְעוֹנֶה וּמְרַחֵם בְּכָל עֵת צָרָה וְצוּקָה. אֵין לָנוּ מֶלֶךְ עוֹזֵר וְסוֹמֵךְ אֶלָּא אָתָּה. אֱלֹהֵי הָרִאשׁוֹנִים וְהָאַחֲרוֹנִים. אֱלוֹהַּ כָּל בְּרִיּוֹת. אֲדוֹן כָּל תּוֹלָדוֹת. הַמְהֻלָּל בְּכָל (בְּרוֹב) הַתִּשְׁבָּחוֹת. הַמְנַהֵג עוֹלָמוֹ בְּחֶסֶד וּבְרִיּוֹתָיו בְּרַחֲמִים. וַה' עֵר. הִנֵּה לֹא יָנוּם וְלֹא יִישָׁן. הַמְעוֹרֵר יְשֵׁנִים. וְהַמֵּקִיץ נִרְדָּמִים. (מְחַיֵּה מֵתִים וְרוֹפֵא חוֹלִים פּוֹקֵחַ עִוְרִים וְזוֹקֵף כְּפוּפִים) וְהַמֵּשִׂיחַ אִלְּמִים. וְהַמַּתִּיר אֲסוּרִים. וְהַסּוֹמֵךְ נוֹפְלִים. וְהַזּוֹקֵף כְּפוּפִים. וְהַמְפַעְנֵחַ נֶעֱלָמִים. וּלְךָ לְבַדְּךָ אֲנַחְנוּ מוֹדִים. וְאִלּוּ פִינוּ מָלֵא שִׁירָה כַּיָּם. וּלְשׁוֹנֵנוּ רִנָּה כַּהֲמוֹן גַּלָּיו. וְשִׂפְתוֹתֵינוּ שֶׁבַח כְּמֶרְחֲבֵי רָקִיעַ. וְעֵינֵינוּ מְאִירוֹת כַּשֶּׁמֶשׁ וְכַיָּרֵחַ. וְיָדֵינוּ פְרוּשׂוֹת כְּנִשְׁרֵי שָׁמָיִם. וְרַגְלֵינוּ קַלּוֹת

כְּאַיָּלוֹת. אֵין אֲנַחְנוּ מַסְפִּיקִים לְהוֹדוֹת לְךָ ה׳ אֱלֹהֵינוּ וֵאלֹהֵי אֲבוֹתֵינוּ. וּלְבָרֵךְ אֶת שִׁמְךָ מַלְכֵּנוּ. עַל אַחַת מֵאָלֶף אֶלֶף אַלְפֵי אֲלָפִים וְרִבֵּי רְבָבוֹת פְּעָמִים. הַטּוֹבוֹת נִסִּים וְנִפְלָאוֹת שֶׁעָשִׂיתָ עִם אֲבוֹתֵינוּ וְעִמָּנוּ. מִלְּפָנִים מִמִּצְרַיִם גְּאַלְתָּנוּ ה׳ אֱלֹהֵינוּ. וּמִבֵּית עֲבָדִים פְּדִיתָנוּ. בְּרָעָב זַנְתָּנוּ. וּבְשָׂבָע כִּלְכַּלְתָּנוּ. מֵחֶרֶב הִצַּלְתָּנוּ. וּמִדֶּבֶר מִלַּטְתָּנוּ. וּמֵחֳלָיִם רָעִים וְרַבִּים וְנֶאֱמָנִים דִּלִּיתָנוּ. עַד הֵנָּה עֲזָרוּנוּ רַחֲמֶיךָ. וְלֹא עֲזָבוּנוּ חֲסָדֶיךָ ה׳ אֱלֹהֵינוּ. וְאַל תִּטְּשֵׁנוּ ה׳ אֱלֹהֵינוּ לָנֶצַח. עַל כֵּן אֵבָרִים שֶׁפִּלַּגְתָּ בָּנוּ. וְרוּחַ וּנְשָׁמָה שֶׁנָּפַחְתָּ בְּאַפֵּינוּ. וְלָשׁוֹן אֲשֶׁר שַׂמְתָּ בְּפִינוּ. הֵן הֵם יוֹדוּ וִיבָרְכוּ וִישַׁבְּחוּ וִיפָאֲרוּ וִישׁוֹרְרוּ וִירוֹמְמוּ וְיַעֲרִיצוּ וְיַקְדִּישׁוּ וְיַמְלִיכוּ אֶת שִׁמְךָ מַלְכֵּנוּ תָּמִיד. כִּי כָל פֶּה לְךָ יוֹדֶה. וְכָל לָשׁוֹן לְךָ תִשָּׁבַע. וְכָל עַיִן לְךָ תְצַפֶּה. וְכָל בֶּרֶךְ לְךָ תִכְרַע. וְכָל קוֹמָה לְפָנֶיךָ תִשְׁתַּחֲוֶה. וְכָל הַלְּבָבוֹת יִירָאוּךָ. וְכָל קֶרֶב וּכְלָיוֹת יְזַמְּרוּ לִשְׁמֶךָ. כַּדָּבָר שֶׁכָּתוּב. כָּל עַצְמוֹתַי תֹּאמַרְנָה ה׳ מִי כָמוֹךָ. מַצִּיל עָנִי מֵחָזָק מִמֶּנּוּ. וְעָנִי וְאֶבְיוֹן מִגּוֹזְלוֹ. שַׁוְעַת עֲנִיִּים אַתָּה תִשְׁמַע. צַעֲקַת הַדַּל תַּקְשִׁיב וְתוֹשִׁיעַ. מִי יִדְמֶה לָּךְ. וּמִי יִשְׁוֶה לָּךְ. וּמִי יַעֲרָךְ לָךְ. הָאֵל הַגָּדוֹל הַגִּבּוֹר וְהַנּוֹרָא אֵל עֶלְיוֹן. קוֹנֵה שָׁמַיִם וָאָרֶץ. נְהַלֶּלְךָ וּנְשַׁבֵּחֲךָ וּנְפָאֶרְךָ וּנְבָרֵךְ אֶת שֵׁם קָדְשֶׁךָ. כָּאָמוּר. לְדָוִד. בָּרְכִי נַפְשִׁי אֶת ה׳. וְכָל קְרָבַי אֶת שֵׁם קָדְשׁוֹ.

הָאֵל בְּתַעֲצֻמוֹת עֻזֶּךָ. הַגָּדוֹל בִּכְבוֹד שְׁמֶךָ. הַגִּבּוֹר לָנֶצַח וְהַנּוֹרָא בְּנוֹרְאוֹתֶיךָ. הַמֶּלֶךְ הַיּוֹשֵׁב עַל כִּסֵּא רָם וְנִשָּׂא. שׁוֹכֵן עַד מָרוֹם וְקָדוֹשׁ שְׁמוֹ. וְכָתוּב רַנְּנוּ צַדִּיקִים בַּה׳. לַיְשָׁרִים נָאוָה תְהִלָּה.

בְּפִי יְשָׁרִים תִּתְרוֹמָם.

וּבְשִׂפְתֵי צַדִּיקִים תִּתְבָּרַךְ.

וּבִלְשׁוֹן חֲסִידִים תִּתְקַדָּשׁ.

וּבְקֶרֶב קְדוֹשִׁים תִּתְהַלָּל.

וּבְמַקְהֲלוֹת רִבְבוֹת עַמְּךָ בֵּית יִשְׂרָאֵל. בְּרִנָּה יִתְפָּאַר שִׁמְךָ מַלְכֵּנוּ בְּכָל דּוֹר וָדוֹר. שֶׁכֵּן חוֹבַת כָּל הַיְצוּרִים. לְפָנֶיךָ ה׳ אֱלֹהֵינוּ וֵאלֹהֵי אֲבוֹתֵינוּ. לְהוֹדוֹת לְהַלֵּל לְשַׁבֵּחַ לְפָאֵר לְרוֹמֵם לְהַדֵּר וּלְנַצֵּחַ לְבָרֵךְ לְעַלֵּה וּלְקַלֵּס. עַל כָּל דִּבְרֵי שִׁירוֹת וְתִשְׁבְּחוֹת דָּוִד בֶּן יִשַׁי עַבְדְּךָ מְשִׁיחֶךָ.

וּבְכֵן יִשְׁתַּבַּח שִׁמְךָ לָעַד מַלְכֵּנוּ. הָאֵל הַמֶּלֶךְ הַגָּדוֹל וְהַקָּדוֹשׁ בַּשָּׁמַיִם וּבָאָרֶץ. כִּי לְךָ נָאֶה ה׳ אֱלֹהֵינוּ וֵאלֹהֵי אֲבוֹתֵינוּ. שִׁיר וּשְׁבָחָה. הַלֵּל וְזִמְרָה. עֹז וּמֶמְשָׁלָה. נֶצַח גְּדֻלָּה וּגְבוּרָה. תְּהִלָּה וְתִפְאֶרֶת. קְדֻשָּׁה וּמַלְכוּת. בְּרָכוֹת וְהוֹדָאוֹת לְשִׁמְךָ הַגָּדוֹל וְהַקָּדוֹשׁ. וּמֵעוֹלָם וְעַד עוֹלָם אַתָּה אֵל.

בָּרוּךְ אַתָּה ה׳. אֵל מֶלֶךְ גָּדוֹל וּמְהֻלָּל בַּתִּשְׁבָּחוֹת. אֵל הַהוֹדָאוֹת. אֲדוֹן הַנִּפְלָאוֹת. בּוֹרֵא כָּל הַנְּשָׁמוֹת. רִבּוֹן כָּל הַמַּעֲשִׂים. הַבּוֹחֵר בְּשִׁירֵי זִמְרָה. מֶלֶךְ יָחִיד אֵל חֵי הָעוֹלָמִים.

אֱלֹהַי, נְשָׁמָה שֶׁנָּתַתָּ בִּי טְהוֹרָה הִיא. אַתָּה בְרָאתָהּ. אַתָּה יְצַרְתָּהּ. אַתָּה נְפַחְתָּהּ בִּי. וְאַתָּה מְשַׁמְּרָהּ בְּקִרְבִּי. וְאַתָּה עָתִיד לִטְּלָהּ מִמֶּנִּי. וּלְהַחֲזִירָהּ בִּי לֶעָתִיד לָבוֹא. כָּל זְמַן שֶׁהַנְּשָׁמָה בְּקִרְבִּי מוֹדֶה אֲנִי לְפָנֶיךָ ה׳ אֱלֹהַי וֵאלֹהֵי אֲבוֹתַי. רִבּוֹן כָּל הַמַּעֲשִׂים אֲדוֹן כָּל הַנְּשָׁמוֹת. בָּרוּךְ אַתָּה ה׳ הַמַּחֲזִיר נְשָׁמוֹת לִפְגָרִים מֵתִים.

אַתָּה גִּבּוֹר לְעוֹלָם אֲדֹנָי. מְחַיֵּה מֵתִים אַתָּה רַב לְהוֹשִׁיעַ. מְכַלְכֵּל חַיִּים בְּחֶסֶד. מְחַיֵּה מֵתִים בְּרַחֲמִים רַבִּים. סוֹמֵךְ נוֹפְלִים. וְרוֹפֵא חוֹלִים וּמַתִּיר אֲסוּרִים. וּמְקַיֵּם אֱמוּנָתוֹ לִישֵׁנֵי עָפָר. מִי כָמוֹךָ בַּעַל גְּבוּרוֹת וּמִי דּוֹמֶה לָּךְ. מֶלֶךְ מֵמִית וּמְחַיֶּה וּמַצְמִיחַ יְשׁוּעָה. וְנֶאֱמָן אַתָּה לְהַחֲיוֹת מֵתִים.

פיטום הקטורת:

אַתָּה הוּא ה׳ אֱלֹהֵינוּ שֶׁהִקְטִירוּ אֲבוֹתֵינוּ לְפָנֶיךָ אֶת קְטֹרֶת הַסַּמִּים בִּזְמַן שֶׁבֵּית הַמִּקְדָּשׁ קַיָּם כַּאֲשֶׁר צִוִּיתָ אוֹתָם עַל יַד מֹשֶׁה נְבִיאָךְ כַּכָּתוּב בְּתוֹרָתָךְ:

וַיֹּאמֶר ה׳ אֶל מֹשֶׁה קַח לְךָ סַמִּים נָטָף וּשְׁחֵלֶת וְחֶלְבְּנָה סַמִּים וּלְבֹנָה זַכָּה. בַּד בְּבַד יִהְיֶה: וְעָשִׂיתָ אֹתָהּ קְטֹרֶת רֹקַח מַעֲשֵׂה רוֹקֵחַ. מְמֻלָּח טָהוֹר קֹדֶשׁ: וְשָׁחַקְתָּ מִמֶּנָּה הָדֵק וְנָתַתָּה מִמֶּנָּה לִפְנֵי הָעֵדֻת בְּאֹהֶל מוֹעֵד אֲשֶׁר אִוָּעֵד לְךָ שָׁמָּה. קֹדֶשׁ קָדָשִׁים תִּהְיֶה לָכֶם: וְנֶאֱמַר וְהִקְטִיר עָלָיו אַהֲרֹן קְטֹרֶת סַמִּים. בַּבֹּקֶר בַּבֹּקֶר בְּהֵיטִיבוֹ אֶת הַנֵּרֹת יַקְטִירֶנָּה: וּבְהַעֲלֹת אַהֲרֹן אֶת הַנֵּרֹת בֵּין הָעַרְבַּיִם יַקְטִירֶנָּה. קְטֹרֶת תָּמִיד לִפְנֵי ה׳ לְדֹרֹתֵיכֶם:

תָּנוּ רַבָּנָן פִּטּוּם הַקְּטֹרֶת כֵּיצַד. שְׁלֹשׁ מֵאוֹת וְשִׁשִּׁים וּשְׁמוֹנָה מָנִים הָיוּ בָהּ. שְׁלֹשׁ מֵאוֹת וְשִׁשִּׁים וַחֲמִשָּׁה כְּמִנְיַן יְמוֹת הַחַמָּה מָנֶה בְּכָל יוֹם. מַחֲצִיתוֹ בַּבֹּקֶר וּמַחֲצִיתוֹ בָּעֶרֶב. וּשְׁלֹשָׁה מָנִים יְתֵרִים שֶׁמֵּהֶם מַכְנִיס כֹּהֵן גָּדוֹל וְנוֹטֵל מֵהֶם מְלֹא חָפְנָיו בְּיוֹם הַכִּפּוּרִים. וּמַחֲזִירָן לְמַכְתֶּשֶׁת בְּעֶרֶב יוֹם הַכִּפּוּרִים כְּדֵי לְקַיֵּם מִצְוַת דַּקָּה מִן הַדַּקָּה. וְאַחַד עָשָׂר סַמָּנִים הָיוּ בָהּ. וְאֵלּוּ הֵן (טוב למנותם באצבעותיו) (א) הַצֳּרִי. (ב) וְהַצִּפֹּרֶן. (ג) וְהַחֶלְבְּנָה. (ד) וְהַלְּבוֹנָה. מִשְׁקַל שִׁבְעִים שִׁבְעִים מָנֶה. (ה) מוֹר. (ו) וּקְצִיעָה. (ז) וְשִׁבֹּלֶת נֵרְדְּ. (ח) וְכַרְכּוֹם. מִשְׁקַל שִׁשָּׁה עָשָׂר שִׁשָּׁה עָשָׂר מָנֶה. (ט) הַקֹּשְׁטְ שְׁנֵים עָשָׂר. (י) וְקִלּוּפָה שְׁלֹשָׁה. (יא) וְקִנָּמוֹן תִּשְׁעָה. בּוֹרִית כַּרְשִׁינָא תִּשְׁעָה קַבִּין. יֵין קַפְרִיסִין סְאִין תְּלָת וְקַבִּין תְּלָתָא. וְאִם לֹא מָצָא יֵין קַפְרִיסִין מֵבִיא חֲמַר חִיוָּרִין עַתִּיק. מֶלַח סְדוֹמִית רוֹבַע. מַעֲלֶה עָשָׁן כָּל שֶׁהוּא. רִבִּי נָתָן הַבַּבְלִי אוֹמֵר אַף כִּפַּת הַיַּרְדֵּן כָּל שֶׁהִיא. אִם נָתַן בָּהּ דְּבַשׁ פְּסָלָהּ. וְאִם חִסֵּר אַחַת מִכָּל סַמָּנֶיהָ חַיָּב מִיתָה:

רַבָּן שִׁמְעוֹן בֶּן גַּמְלִיאֵל אוֹמֵר הַצֳּרִי אֵינוֹ אֶלָּא שְׂרָף הַנּוֹטֵף מֵעֲצֵי הַקְּטָף. בּוֹרִית כַּרְשִׁינָא לְמָה הִיא בָאָה כְּדֵי לְשַׁפּוֹת בָּהּ אֶת הַצִּפֹּרֶן כְּדֵי שֶׁתְּהֵא נָאָה. יֵין קַפְרִיסִין לְמָה הוּא בָא כְּדֵי לִשְׁרוֹת בּוֹ אֶת הַצִּפֹּרֶן כְּדֵי שֶׁתְּהֵא עַזָּה. וַהֲלֹא מֵי רַגְלַיִם יָפִין לָהּ אֶלָּא שֶׁאֵין מַכְנִיסִין מֵי רַגְלַיִם בַּמִּקְדָּשׁ מִפְּנֵי הַכָּבוֹד:

תַּנְיָא רַבִּי נָתָן אוֹמֵר כְּשֶׁהוּא שׁוֹחֵק אוֹמֵר הָדֵק הֵיטֵב. הֵיטֵב הָדֵק. מִפְּנֵי שֶׁהַקּוֹל יָפֶה לַבְּשָׂמִים. פִּטְּמָהּ לַחֲצָאִין כְּשֵׁרָה. לְשָׁלִישׁ וּלְרָבִיעַ לֹא שָׁמַעְנוּ. אָמַר רַבִּי יְהוּדָה זֶה הַכְּלָל אִם כְּמִדָּתָהּ כְּשֵׁרָה לַחֲצָאִין. וְאִם חִסֵּר אַחַת מִכָּל סַמָּנֶיהָ חַיָּב מִיתָה:

תָּנֵי בַר קַפָּרָא אַחַת לְשִׁשִּׁים אוֹ לְשִׁבְעִים שָׁנָה הָיְתָה בָאָה שֶׁל שִׁירַיִם לַחֲצָאִין. וְעוֹד תָּנֵי בַר קַפָּרָא אִלּוּ הָיָה נוֹתֵן בָּהּ קָרְטוֹב שֶׁל דְּבַשׁ אֵין אָדָם יָכוֹל לַעֲמוֹד מִפְּנֵי רֵיחָהּ. וְלָמָּה אֵין מְעָרְבִין בָּהּ דְּבַשׁ מִפְּנֵי שֶׁהַתּוֹרָה אָמְרָה כִּי כָל שְׂאֹר וְכָל דְּבַשׁ לֹא תַקְטִירוּ מִמֶּנּוּ אִשֶּׁה לַה׳:

ה׳ צְבָאוֹת עִמָּנוּ. מִשְׂגָּב לָנוּ אֱלֹהֵי יַעֲקֹב סֶלָה: ה׳ צְבָאוֹת. אַשְׁרֵי אָדָם בֹּטֵחַ בָּךְ: ה׳ הוֹשִׁיעָה. הַמֶּלֶךְ יַעֲנֵנוּ בְיוֹם קָרְאֵנוּ: וְעָרְבָה לַה׳ מִנְחַת יְהוּדָה וִירוּשָׁלָיִם. כִּימֵי עוֹלָם וּכְשָׁנִים קַדְמֹנִיּוֹת:

תָּנָא דְבֵי אֵלִיָּהוּ. כָּל הַשּׁוֹנֶה הֲלָכוֹת בְּכָל יוֹם מֻבְטָח לוֹ שֶׁהוּא בֶּן הָעוֹלָם הַבָּא. שֶׁנֶּאֱמַר הֲלִיכוֹת עוֹלָם לוֹ. אַל תִּקְרֵי הֲלִיכוֹת אֶלָּא הֲלָכוֹת:

אָמַר רַבִּי אֶלְעָזָר אָמַר רַבִּי חֲנִינָא תַּלְמִידֵי חֲכָמִים מַרְבִּים שָׁלוֹם בָּעוֹלָם שֶׁנֶּאֱמַר וְכָל בָּנַיִךְ לִמּוּדֵי ה׳ וְרַב שְׁלוֹם בָּנָיִךְ. אַל תִּקְרֵי בָּנָיִךְ אֶלָּא בּוֹנָיִךְ:

יְהִי שָׁלוֹם בְּחֵילֵךְ שַׁלְוָה בְּאַרְמְנוֹתָיִךְ: לְמַעַן אַחַי וְרֵעָי אֲדַבְּרָה נָּא שָׁלוֹם בָּךְ: לְמַעַן בֵּית ה׳ אֱלֹהֵינוּ אֲבַקְשָׁה טוֹב לָךְ: וּרְאֵה בָנִים לְבָנֶיךָ שָׁלוֹם עַל יִשְׂרָאֵל: שָׁלוֹם רָב לְאֹהֲבֵי תוֹרָתֶךָ וְאֵין לָמוֹ מִכְשׁוֹל: ה׳ עֹז לְעַמּוֹ יִתֵּן. ה׳ יְבָרֵךְ אֶת עַמּוֹ בַשָּׁלוֹם:

בשעה האחרונה אם אפשר הדבר, טוב שיאמר החולה הפסוקים הללו:

מִי אֵל כָּמוֹךָ נֹשֵׂא עָוֹן וְעֹבֵר עַל פֶּשַׁע לִשְׁאֵרִית נַחֲלָתוֹ לֹא הֶחֱזִיק לָעַד אַפּוֹ כִּי חָפֵץ חֶסֶד הוּא: יָשׁוּב יְרַחֲמֵנוּ יִכְבֹּשׁ עֲוֹנֹתֵינוּ וְתַשְׁלִיךְ בִּמְצֻלוֹת יָם כָּל חַטֹּאותָם: בְּיָדְךָ אַפְקִיד רוּחִי פָּדִיתָה אוֹתִי ה׳ אֵל אֱמֶת:

יְבָרֶכְךָ ה׳ וְיִשְׁמְרֶךָ

יָאֵר ה׳ פָּנָיו אֵלֶיךָ וִיחֻנֶּךָּ

יִשָּׂא ה׳ פָּנָיו אֵלֶיךָ וְיָשֵׂם לְךָ שָׁלוֹם:

לִישׁוּעָתְךָ קִוִּיתִי ה׳:

ה׳ אֵל אֱמֶת:

מֹשֶׁה אֱמֶת וְתוֹרָתוֹ אֱמֶת.

שְׁמַע יִשְׂרָאֵל ה׳ אֱלֹהֵינוּ ה׳ אֶחָד

בָּרוּךְ שֵׁם כְּבוֹד מַלְכוּתוֹ לְעוֹלָם וָעֶד

לאחר מכן אומר החולה את הוידוי, אם אינו יכול לומר,
יאמר קרוב עמו או לפניו את הנוסח:

מוֹדֶה אֲנִי לְפָנֶיךָ ה׳ אֱלֹהַי וֵאלֹהֵי אֲבוֹתַי שֶׁרְפוּאָתִי וּמִיתָתִי בְּיָדְךָ עַל כָּל הַחַיִּים וְצָרְכֵי הַחַיִּים שֶׁנָּתַתָּ לִי. יְהִי רָצוֹן מִלְּפָנֶיךָ שֶׁתְּרַפְּאֵנִי רְפוּאָה שְׁלֵמָה, וְאִם אָמוּת חַס וְשָׁלוֹם תְּהֵא מִיתָתִי כַּפָּרָה עַל כָּל חֲטָאִים וַעֲוֹנוֹת וּפְשָׁעִים שֶׁחָטָאתִי וְשֶׁעָוִיתִי וְשֶׁפָּשַׁעְתִּי לְפָנֶיךָ. וְתֵן חֶלְקִי בְּגַן עֵדֶן וְזַכֵּנִי לָעוֹלָם הַבָּא הַצָּפוּן לַצַּדִּיקִים. אֵל נָא רְפָא נָא לִי.

גם יאמר:

אֲנִי מַאֲמִין בֶּאֱמוּנָה שְׁלֵמָה בַּה' אֱלֹהִים אֱמֶת וּשְׁמוֹ אֱמֶת וּבִשְׁלֹשָׁה עָשָׂר הָעִקָּרִים.

וימחול לכולם ויבקש מחילה מכולם.

נוסח הוידוי הקצר **"אם אמות, תהא מיתתי כפרה על כל עוונותי"**.

אפשר להאריך בוידוי ולומר את הנוסח שאומרים ביום הכיפורים, כמובא במחזורים.

יש שכתבו שנכון לומר עם החולה מסירת מודעה[1] בהיותו בדעה צלולה, שאם יבוא השטן וכת דיליה חס ושלום ברגע האחרון להסית אותו לעבור על אחד מעיקרי האמונה או אחת מכל מצוות ה' ואפילו מדרבנן, יהיו דבריו בטלין ומבוטלין[2].

שִׁמְעוּ רַבּוֹתַי, הֲרֵי אֲנִי מוֹסֵר מוֹדָעָה בִּפְנֵיכֶם, בְּאִם יָבוֹא הַשָּׂטָן אוֹ כַּת דִּילֵיהּ לְהַסִּית אוֹתִי לַעֲבוֹר עַל אַחַת מִמִּצְוֹת ה', הֵן מִצְוֹת עֲשֵׂה וְהֵן מִצְוֹת לֹא תַעֲשֶׂה, הֵן מִצְוֹת שֶׁחַיָּבִים עֲלֵיהֶן כָּרֵתוֹת אוֹ מִיתוֹת בֵּית דִּין, אוֹ נְדָרִים אוֹ סְיָגִים, אוֹ עַל הַכְּלָל כֻּלּוֹ חַס וְשָׁלוֹם, וּבִפְרָט אִם יָבוֹא עֵת פְּקוּדָתִי לְהָשִׁיב הַפִּקָּדוֹן אֲשֶׁר הָפְקַד אִתִּי, יַסִּית וְיַדִּיחַ אוֹתִי, וּמֵחֲמַת אֵימָה וָרַעַד וְטֵרוּף וּבִלְבּוּל הַדַּעַת, אוֹדֶה לוֹ חָלִילָה וְחָלִילָה, הֵן בְּמַחֲשָׁבָה אוֹ בְּדִבּוּר, אוֹ בְּכָל מַה שֶּׁהַפֶּה יוּכַל לְדַבֵּר וְלֵב לַחֲשׁוֹב, אַף עַל פִּי שֶׁאָמְרוּ חֲכָמִים אֵין אָדָם נִתְפָּס עַל צַעֲרוֹ, אִם אֵינוֹ עוֹשֶׂה כֵּלָה – עוֹשֶׂה מְחִיצָה בֵּינוֹ לְבֵין אָבִיו שֶׁבַּשָּׁמַיִם[3]. בְּכֵן אֲנִי מוֹסֵר מוֹדָעָה בִּפְנֵיכֶם שֶׁיִּהְיֶה אוֹתוֹ דִּבּוּר אוֹ מַחֲשָׁבָה, בָּטֵל וּמְבֻטָּל כְּחֶרֶס הַנִּשְׁבָּר, וְלֹא יִהְיֶה מַמָּשׁ בְּדִבּוּרִי אוֹ בְּמַחֲשַׁבְתִּי אוֹ בִּרְמִיזָתִי, כִּי אֲנִי מַאֲמִין בְּשִׁמְךָ הַגָּדוֹל שֶׁאַתָּה אֱמֶת וּמֹשֶׁה עַבְדְּךָ אֱמֶת וְתוֹרָתוֹ אֱמֶת, וְאַתָּה יָחִיד וּמְיֻחָד וְאֵין יְחִידוּת כָּמוֹךָ בְּשׁוּם פָּנִים, הָיָה הֹוֶה וְיִהְיֶה, ה' מֶלֶךְ ה' מָלָךְ ה' יִמְלֹךְ לְעוֹלָם וָעֶד, בַּיּוֹם הַהוּא יִהְיֶה ה' אֶחָד וּשְׁמוֹ אֶחָד, כִּי אֵין כָּמוֹךָ בָּאֱלֹהִים בַּשָּׁמַיִם מִמַּעַל וְעַל הָאָרֶץ

1 מודעה היא מושג הלכתי בו אדם מודיע מראש שהוא עלול לבצע מתוך אונס פעולה שאינו חפץ לעשות ולכן מראש הוא מפקיע את תוקפה.

2 נטעי גבריאל חלק א, פרק א, יא. המקור ברבנו ירוחם בשם הרמב"ן. הנוסח המובא כאן מצוטט מספר חזון למועד עמוד עט.

3 כלומר שאף על פי שיש מקום ללמד זכות על מי שיטעה ויתבלבל בשעת הפטירה מחמת צערו כיון שאין אדם נתפס על צערו, בכל זאת עלולה מחשבה לא נכונה לגרום לכעין מחיצה רוחנית בין אדם לאביו שבשמים, לכן מוסרים את המודעה כדי שמחשבות כאלו לא יעשו שום רושם כלל.

מִתַּחַת אֵין עוֹד, בָּרוּךְ הוּא וּבָרוּךְ שְׁמוֹ לָעַד, בָּרוּךְ שֵׁם כְּבוֹד מַלְכוּתוֹ לְעוֹלָם וָעֶד.

היושבים יעמדו ויאמרו:

בְּצֵרוּף קֻדְשָׁא בְּרִיךְ הוּא וּשְׁכִינְתֵּהּ, קִבַּלְנוּ מְסִירַת הַמּוֹדָעָה אֲשֶׁר מָסַר (פלוני בן פלוני) גּוּפוֹ נַפְשׁוֹ רוּחוֹ וְנִשְׁמָתוֹ לְעִלַּת כָּל הָעִלּוֹת וְסִבַּת כָּל הַסִּבּוֹת, וְכָל מַה שֶּׁיַּעֲשֶׂה מֵהַיּוֹם נֶגֶד מְסִירַת הַמּוֹדָעָה הַזֹּאת הֵן בְּמַעֲשֶׂה הֵן בְּדִבּוּר וְהֵן בְּמַחֲשָׁבָה, אֲנַחְנוּ מְבַטְּלִים אוֹתוֹ הַמַּעֲשֶׂה בְּצֵרוּף קֻדְשָׁא בְּרִיךְ הוּא וּשְׁכִינְתֵּהּ, וְלֹא יַעֲשֶׂה שׁוּם רֹשֶׁם כְּלָל.

שלושה עשר עיקרי האמונה:

יִגְדַּל אֱלֹהִים חַי וְיִשְׁתַּבַּח, נִמְצָא, וְאֵין עֵת אֶל מְצִיאוּתוֹ: אֶחָד וְאֵין יָחִיד כְּיִחוּדוֹ, נֶעְלָם, וְגַם אֵין סוֹף לְאַחְדוּתוֹ: אֵין לוֹ דְּמוּת הַגּוּף וְאֵינוֹ גּוּף, לֹא נַעֲרוֹךְ אֵלָיו קְדֻשָּׁתוֹ: קַדְמוֹן לְכָל דָּבָר אֲשֶׁר נִבְרָא, רִאשׁוֹן וְאֵין רֵאשִׁית לְרֵאשִׁיתוֹ: הִנּוֹ אֲדוֹן עוֹלָם, לְכָל נוֹצָר. יוֹרֶה גְדֻלָּתוֹ וּמַלְכוּתוֹ: שֶׁפַע נְבוּאָתוֹ נְתָנוֹ, אֶל אַנְשֵׁי סְגֻלָּתוֹ וְתִפְאַרְתּוֹ: לֹא קָם בְּיִשְׂרָאֵל כְּמֹשֶׁה עוֹד, נָבִיא וּמַבִּיט אֶת תְּמוּנָתוֹ: תּוֹרַת אֱמֶת נָתַן לְעַמּוֹ, אֵל, עַל יַד נְבִיאוֹ נֶאֱמַן בֵּיתוֹ: לֹא יַחֲלִיף הָאֵל וְלֹא יָמִיר דָּתוֹ. לְעוֹלָמִים, לְזוּלָתוֹ: צוֹפֶה וְיוֹדֵעַ סְתָרֵינוּ, מַבִּיט לְסוֹף דָּבָר בְּקַדְמָתוֹ: גּוֹמֵל לְאִישׁ חֶסֶד כְּמִפְעָלוֹ, נוֹתֵן לְרָשָׁע רָע כְּרִשְׁעָתוֹ: יִשְׁלַח לְקֵץ הַיָּמִין מְשִׁיחֵנוּ, לִפְדּוֹת מְחַכֵּי קֵץ יְשׁוּעָתוֹ: מֵתִים יְחַיֶּה אֵל בְּרֹב חַסְדּוֹ, בָּרוּךְ עֲדֵי עַד שֵׁם תְּהִלָּתוֹ:

אֲדוֹן עוֹלָם אֲשֶׁר מָלַךְ, בְּטֶרֶם כָּל יְצִיר נִבְרָא. לְעֵת נַעֲשָׂה בְחֶפְצוֹ כֹּל, אֲזַי מֶלֶךְ שְׁמוֹ נִקְרָא. וְאַחֲרֵי כִּכְלוֹת הַכֹּל, לְבַדּוֹ יִמְלוֹךְ נוֹרָא. וְהוּא הָיָה, וְהוּא הֹוֶה, וְהוּא יִהְיֶה, בְּתִפְאָרָה. וְהוּא אֶחָד וְאֵין שֵׁנִי, לְהַמְשִׁיל לוֹ לְהַחְבִּירָה. בְּלִי רֵאשִׁית בְּלִי תַכְלִית, וְלוֹ הָעֹז וְהַמִּשְׂרָה. וְהוּא אֵלִי וְחַי גֹּאֲלִי, וְצוּר חֶבְלִי בְּעֵת צָרָה. וְהוּא נִסִּי וּמָנוֹס לִי מְנָת כּוֹסִי

בְּיוֹם אֶקְרָא. בְּיָדוֹ אַפְקִיד רוּחִי, בְּעֵת אִישַׁן וְאָעִירָה. וְעִם רוּחִי גְּוִיָּתִי, יְיָ לִי וְלֹא אִירָא.

אָנָּא בְּכֹחַ גְּדֻלַּת יְמִינְךָ תַּתִּיר צְרוּרָה.
קַבֵּל רִנַּת עַמְּךָ שַׂגְּבֵנוּ טַהֲרֵנוּ נוֹרָא.
נָא גִבּוֹר דּוֹרְשֵׁי יִחוּדְךָ כְּבָבַת שָׁמְרֵם.
בָּרְכֵם טַהֲרֵם רַחֲמֵם צִדְקָתְךָ תָּמִיד גָּמְלֵם.
חֲסִין קָדוֹשׁ בְּרוֹב טוּבְךָ נַהֵל עֲדָתֶךָ:
יָחִיד גֵּאֶה לְעַמְּךָ פְּנֵה זוֹכְרֵי קְדֻשָּׁתֶךָ.
שַׁוְעָתֵנוּ קַבֵּל וּשְׁמַע צַעֲקָתֵנוּ יוֹדֵעַ תַּעֲלֻמוֹת.
בָּרוּךְ שֵׁם כְּבוֹד מַלְכוּתוֹ לְעוֹלָם וָעֶד.

עַל כֵּן נְקַוֶּה לְךָ יְיָ אֱלֹהֵינוּ, לִרְאוֹת מְהֵרָה בְּתִפְאֶרֶת עֻזֶּךָ, לְהַעֲבִיר גִּלּוּלִים מִן הָאָרֶץ וְהָאֱלִילִים כָּרוֹת יִכָּרֵתוּן . לְתַקֵּן עוֹלָם בְּמַלְכוּת שַׁדַּי, וְכָל בְּנֵי בָשָׂר יִקְרְאוּ בִשְׁמֶךָ. לְהַפְנוֹת אֵלֶיךָ כָּל רִשְׁעֵי אָרֶץ. יַכִּירוּ וְיֵדְעוּ כָּל יוֹשְׁבֵי תֵבֵל, כִּי לְךָ תִּכְרַע כָּל בֶּרֶךְ, תִּשָּׁבַע כָּל לָשׁוֹן: לְפָנֶיךָ יְיָ אֱלֹהֵינוּ יִכְרְעוּ וְיִפֹּלוּ. וְלִכְבוֹד שִׁמְךָ יְקָר יִתֵּנוּ. וִיקַבְּלוּ כֻלָּם אֶת עוֹל מַלְכוּתֶךָ. וְתִמְלֹךְ עֲלֵיהֶם מְהֵרָה לְעוֹלָם וָעֶד. כִּי הַמַּלְכוּת שֶׁלְּךָ הִיא, וּלְעוֹלְמֵי עַד תִּמְלוֹךְ בְּכָבוֹד: כַּכָּתוּב בְּתוֹרָתֶךָ, יְיָ יִמְלֹךְ לְעוֹלָם וָעֶד: וְנֶאֱמַר, וְהָיָה יְיָ לְמֶלֶךְ עַל כָּל הָאָרֶץ, בַּיּוֹם הַהוּא יִהְיֶה יְיָ אֶחָד, וּשְׁמוֹ אֶחָד:

אומרים מזמורי תהלים שהם לרוח השעה:
מזמור קכ"א

שִׁיר לַמַּעֲלוֹת אֶשָּׂא עֵינַי אֶל הֶהָרִים מֵאַיִן יָבֹא עֶזְרִי: עֶזְרִי מֵעִם ה׳ עֹשֵׂה שָׁמַיִם וָאָרֶץ: אַל יִתֵּן לַמּוֹט רַגְלֶךָ אַל יָנוּם שֹׁמְרֶךָ: הִנֵּה לֹא יָנוּם וְלֹא יִישָׁן שׁוֹמֵר יִשְׂרָאֵל: ה׳ שֹׁמְרֶךָ ה׳ צִלְּךָ עַל יַד יְמִינֶךָ: יוֹמָם הַשֶּׁמֶשׁ לֹא יַכֶּכָּה וְיָרֵחַ בַּלָּיְלָה: ה׳ יִשְׁמָרְךָ מִכָּל רָע יִשְׁמֹר אֶת נַפְשֶׁךָ: ה׳ יִשְׁמָר צֵאתְךָ וּבוֹאֶךָ מֵעַתָּה וְעַד עוֹלָם:

מזמור ק"ל

שִׁיר הַמַּעֲלוֹת מִמַּעֲמַקִּים קְרָאתִיךָ ה': אֲדֹנָי שִׁמְעָה בְקוֹלִי תִּהְיֶינָה אָזְנֶיךָ קַשֻּׁבוֹת לְקוֹל תַּחֲנוּנָי: אִם עֲוֹנוֹת תִּשְׁמָר יָהּ אֲדֹנָי מִי יַעֲמֹד: כִּי עִמְּךָ הַסְּלִיחָה לְמַעַן תִּוָּרֵא: קִוִּיתִי ה' קִוְּתָה נַפְשִׁי וְלִדְבָרוֹ הוֹחָלְתִּי: נַפְשִׁי לַאדֹנָי מִשֹּׁמְרִים לַבֹּקֶר שֹׁמְרִים לַבֹּקֶר: יַחֵל יִשְׂרָאֵל אֶל ה' כִּי עִם ה' הַחֶסֶד וְהַרְבֵּה עִמּוֹ פְדוּת: וְהוּא יִפְדֶּה אֶת יִשְׂרָאֵל מִכֹּל עֲוֹנֹתָיו:

מזמור צ"א

יֹשֵׁב בְּסֵתֶר עֶלְיוֹן בְּצֵל שַׁדַּי יִתְלוֹנָן: אֹמַר לַה' מַחְסִי וּמְצוּדָתִי אֱלֹהַי אֶבְטַח בּוֹ: כִּי הוּא יַצִּילְךָ מִפַּח יָקוּשׁ מִדֶּבֶר הַוּוֹת: בְּאֶבְרָתוֹ יָסֶךְ לָךְ וְתַחַת כְּנָפָיו תֶּחְסֶה צִנָּה וְסֹחֵרָה אֲמִתּוֹ: לֹא תִירָא מִפַּחַד לָיְלָה מֵחֵץ יָעוּף יוֹמָם: מִדֶּבֶר בָּאֹפֶל יַהֲלֹךְ מִקֶּטֶב יָשׁוּד צָהֳרָיִם: יִפֹּל מִצִּדְּךָ אֶלֶף וּרְבָבָה מִימִינֶךָ אֵלֶיךָ לֹא יִגָּשׁ: רַק בְּעֵינֶיךָ תַבִּיט וְשִׁלֻּמַת רְשָׁעִים תִּרְאֶה: כִּי אַתָּה ה' מַחְסִי עֶלְיוֹן שַׂמְתָּ מְעוֹנֶךָ: לֹא תְאֻנֶּה אֵלֶיךָ רָעָה וְנֶגַע לֹא יִקְרַב בְּאָהֳלֶךָ: כִּי מַלְאָכָיו יְצַוֶּה לָּךְ לִשְׁמָרְךָ בְּכָל דְּרָכֶיךָ: עַל כַּפַּיִם יִשָּׂאוּנְךָ פֶּן תִּגֹּף בָּאֶבֶן רַגְלֶךָ: עַל שַׁחַל וָפֶתֶן תִּדְרֹךְ תִּרְמֹס כְּפִיר וְתַנִּין: כִּי בִי חָשַׁק וַאֲפַלְּטֵהוּ אֲשַׂגְּבֵהוּ כִּי יָדַע שְׁמִי: יִקְרָאֵנִי וְאֶעֱנֵהוּ עִמּוֹ אָנֹכִי בְצָרָה אֲחַלְּצֵהוּ וַאֲכַבְּדֵהוּ: אֹרֶךְ יָמִים אַשְׂבִּיעֵהוּ וְאַרְאֵהוּ בִּישׁוּעָתִי:

אין זה מעכב ואפשר לומר גם מזמורים אחרים.

ביקורי קברים

ברכת "אשר יצר אתכם בדין"
מי שלא ראה קברי ישראל בתוך שלושים יום, כשבא לבית הקברות מברך ברכת "אשר יצר אתכם בדין". הברכה ופירושה מופיעים בעמוד 230

מזמורי התהלים שנהוג לומר בבית הקברות כשעולים לקבר

מזמור ל"ג

(א) רַנְּנוּ צַדִּיקִים בַּה׳ לַיְשָׁרִים נָאוָה תְהִלָּה: (ב) הוֹדוּ לַה׳ בְּכִנּוֹר בְּנֵבֶל
עָשׂוֹר זַמְּרוּ לוֹ: (ג) שִׁירוּ לוֹ שִׁיר חָדָשׁ הֵיטִיבוּ נַגֵּן בִּתְרוּעָה: (ד) כִּי
יָשָׁר דְּבַר ה׳ וְכָל מַעֲשֵׂהוּ בֶּאֱמוּנָה: (ה) אֹהֵב צְדָקָה וּמִשְׁפָּט חֶסֶד ה׳
מָלְאָה הָאָרֶץ: (ו) בִּדְבַר ה׳ שָׁמַיִם נַעֲשׂוּ וּבְרוּחַ פִּיו כָּל צְבָאָם: (ז) כֹּנֵס
כַּנֵּד מֵי הַיָּם נֹתֵן בְּאֹצָרוֹת תְּהוֹמוֹת: (ח) יִירְאוּ מֵה׳ כָּל הָאָרֶץ מִמֶּנּוּ
יָגוּרוּ כָּל יֹשְׁבֵי תֵבֵל: (ט) כִּי הוּא אָמַר וַיֶּהִי הוּא צִוָּה וַיַּעֲמֹד: (י) ה׳
הֵפִיר עֲצַת גּוֹיִם הֵנִיא מַחְשְׁבוֹת עַמִּים: (יא) עֲצַת ה׳ לְעוֹלָם תַּעֲמֹד
מַחְשְׁבוֹת לִבּוֹ לְדֹר וָדֹר: (יב) אַשְׁרֵי הַגּוֹי אֲשֶׁר ה׳ אֱלֹהָיו הָעָם בָּחַר
לְנַחֲלָה לוֹ: (יג) מִשָּׁמַיִם הִבִּיט ה׳ רָאָה אֶת כָּל בְּנֵי הָאָדָם: (יד) מִמְּכוֹן
שִׁבְתּוֹ הִשְׁגִּיחַ אֶל כָּל יֹשְׁבֵי הָאָרֶץ: (טו) הַיֹּצֵר יַחַד לִבָּם הַמֵּבִין אֶל
כָּל מַעֲשֵׂיהֶם: (טז) אֵין הַמֶּלֶךְ נוֹשָׁע בְּרָב חָיִל גִּבּוֹר לֹא יִנָּצֵל בְּרָב כֹּחַ:
(יז) שֶׁקֶר הַסּוּס לִתְשׁוּעָה וּבְרֹב חֵילוֹ לֹא יְמַלֵּט: (יח) הִנֵּה עֵין ה׳ אֶל
יְרֵאָיו לַמְיַחֲלִים לְחַסְדּוֹ: (יט) לְהַצִּיל מִמָּוֶת נַפְשָׁם וּלְחַיּוֹתָם בָּרָעָב:
(כ) נַפְשֵׁנוּ חִכְּתָה לַה׳ עֶזְרֵנוּ וּמָגִנֵּנוּ הוּא: (כא) כִּי בוֹ יִשְׂמַח לִבֵּנוּ כִּי
בְשֵׁם קָדְשׁוֹ בָטָחְנוּ: (כב) יְהִי חַסְדְּךָ ה׳ עָלֵינוּ כַּאֲשֶׁר יִחַלְנוּ לָךְ:

מזמור ט"ז

(א) מִכְתָּם לְדָוִד שָׁמְרֵנִי אֵל כִּי חָסִיתִי בָךְ: (ב) אָמַרְתְּ לַה׳ אֲדֹנָי אָתָּה
טוֹבָתִי בַּל עָלֶיךָ: (ג) לִקְדוֹשִׁים אֲשֶׁר בָּאָרֶץ הֵמָּה וְאַדִּירֵי כָּל חֶפְצִי
בָם: (ד) יִרְבּוּ עַצְּבוֹתָם אַחֵר מָהָרוּ בַּל אַסִּיךְ נִסְכֵּיהֶם מִדָּם וּבַל אֶשָּׂא
אֶת שְׁמוֹתָם עַל שְׂפָתָי: (ה) ה׳ מְנָת חֶלְקִי וְכוֹסִי אַתָּה תּוֹמִיךְ גּוֹרָלִי:

(ו) חֲבָלִים נָפְלוּ לִי בַּנְּעִמִים אַף נַחֲלָת שָׁפְרָה עָלָי: (ז) אֲבָרֵךְ אֶת ה׳
אֲשֶׁר יְעָצָנִי אַף לֵילוֹת יִסְּרוּנִי כִלְיוֹתָי: (ח) שִׁוִּיתִי ה׳ לְנֶגְדִּי תָמִיד
כִּי מִימִינִי בַּל אֶמּוֹט: (ט) לָכֵן שָׂמַח לִבִּי וַיָּגֶל כְּבוֹדִי אַף בְּשָׂרִי יִשְׁכֹּן
לָבֶטַח: (י) כִּי לֹא תַעֲזֹב נַפְשִׁי לִשְׁאוֹל לֹא תִתֵּן חֲסִידְךָ לִרְאוֹת שָׁחַת:
(יא) תּוֹדִיעֵנִי אֹרַח חַיִּים שֹׂבַע שְׂמָחוֹת אֶת פָּנֶיךָ נְעִמוֹת בִּימִינְךָ נֶצַח:

מזמור י״ז

(א) תְּפִלָּה לְדָוִד שִׁמְעָה ה׳ צֶדֶק הַקְשִׁיבָה רִנָּתִי הַאֲזִינָה תְפִלָּתִי
בְּלֹא שִׂפְתֵי מִרְמָה: (ב) מִלְּפָנֶיךָ מִשְׁפָּטִי יֵצֵא עֵינֶיךָ תֶּחֱזֶינָה מֵישָׁרִים:
(ג) בָּחַנְתָּ לִבִּי פָּקַדְתָּ לַּיְלָה צְרַפְתַּנִי בַל תִּמְצָא זַמֹּתִי בַּל יַעֲבָר פִּי:
(ד) לִפְעֻלּוֹת אָדָם בִּדְבַר שְׂפָתֶיךָ אֲנִי שָׁמַרְתִּי אָרְחוֹת פָּרִיץ: (ה) תָּמֹךְ
אֲשֻׁרַי בְּמַעְגְּלוֹתֶיךָ בַּל נָמוֹטּוּ פְעָמָי: (ו) אֲנִי קְרָאתִיךָ כִי תַעֲנֵנִי אֵל הַט
אָזְנְךָ לִי שְׁמַע אִמְרָתִי: (ז) הַפְלֵה חֲסָדֶיךָ מוֹשִׁיעַ חוֹסִים מִמִּתְקוֹמְמִים
בִּימִינֶךָ: (ח) שָׁמְרֵנִי כְּאִישׁוֹן בַּת עָיִן בְּצֵל כְּנָפֶיךָ תַּסְתִּירֵנִי: (ט) מִפְּנֵי
רְשָׁעִים זוּ שַׁדּוּנִי אֹיְבַי בְּנֶפֶשׁ יַקִּיפוּ עָלָי: (י) חֶלְבָּמוֹ סָּגְרוּ פִּימוֹ דִּבְּרוּ
בְגֵאוּת: (יא) אַשֻּׁרֵינוּ עַתָּה סְבָבוּנוּ עֵינֵיהֶם יָשִׁיתוּ לִנְטוֹת בָּאָרֶץ:
(יב) דִּמְיֹנוֹ כְּאַרְיֵה יִכְסוֹף לִטְרוֹף וְכִכְפִיר יֹשֵׁב בְּמִסְתָּרִים: (יג) קוּמָה
ה׳ קַדְּמָה פָנָיו הַכְרִיעֵהוּ פַּלְּטָה נַפְשִׁי מֵרָשָׁע חַרְבֶּךָ: (יד) מִמְתִים יָדְךָ
ה׳ מִמְתִים מֵחֶלֶד חֶלְקָם בַּחַיִּים וּצְפוּנְךָ תְּמַלֵּא בִטְנָם יִשְׂבְּעוּ בָנִים
וְהִנִּיחוּ יִתְרָם לְעוֹלְלֵיהֶם: (טו) אֲנִי בְּצֶדֶק אֶחֱזֶה פָנֶיךָ אֶשְׂבְּעָה בְהָקִיץ
תְּמוּנָתֶךָ:

מזמור ע״ב

(א) לִשְׁלֹמֹה אֱלֹהִים מִשְׁפָּטֶיךָ לְמֶלֶךְ תֵּן וְצִדְקָתְךָ לְבֶן מֶלֶךְ: (ב) יָדִין
עַמְּךָ בְצֶדֶק וַעֲנִיֶּיךָ בְמִשְׁפָּט: (ג) יִשְׂאוּ הָרִים שָׁלוֹם לָעָם וּגְבָעוֹת
בִּצְדָקָה: (ד) יִשְׁפֹּט עֲנִיֵּי עָם יוֹשִׁיעַ לִבְנֵי אֶבְיוֹן וִידַכֵּא עוֹשֵׁק: (ה) יִירָאוּךָ
עִם שָׁמֶשׁ וְלִפְנֵי יָרֵחַ דּוֹר דּוֹרִים: (ו) יֵרֵד כְּמָטָר עַל גֵּז כִּרְבִיבִים זַרְזִיף
אָרֶץ: (ז) יִפְרַח בְּיָמָיו צַדִּיק וְרֹב שָׁלוֹם עַד בְּלִי יָרֵחַ: (ח) וְיֵרְדְּ מִיָּם
עַד יָם וּמִנָּהָר עַד אַפְסֵי אָרֶץ: (ט) לְפָנָיו יִכְרְעוּ צִיִּים וְאֹיְבָיו עָפָר

יַלְחֵכוּ: (י) מַלְכֵי תַרְשִׁישׁ וְאִיִּים מִנְחָה יָשִׁיבוּ מַלְכֵי שְׁבָא וּסְבָא אֶשְׁכָּר
יַקְרִיבוּ: (יא) וְיִשְׁתַּחֲווּ לוֹ כָל מְלָכִים כָּל גּוֹיִם יַעַבְדוּהוּ: (יב) כִּי יַצִּיל
אֶבְיוֹן מְשַׁוֵּעַ וְעָנִי וְאֵין עֹזֵר לוֹ: (יג) יָחֹס עַל דַּל וְאֶבְיוֹן וְנַפְשׁוֹת אֶבְיוֹנִים
יוֹשִׁיעַ: (יד) מִתּוֹךְ וּמֵחָמָס יִגְאַל נַפְשָׁם וְיֵיקַר דָּמָם בְּעֵינָיו: (טו) וִיחִי
וְיִתֶּן לוֹ מִזְּהַב שְׁבָא וְיִתְפַּלֵּל בַּעֲדוֹ תָמִיד כָּל הַיּוֹם יְבָרְכֶנְהוּ: (טז) יְהִי
פִסַּת בַּר בָּאָרֶץ בְּרֹאשׁ הָרִים יִרְעַשׁ כַּלְּבָנוֹן פִּרְיוֹ וְיָצִיצוּ מֵעִיר כְּעֵשֶׂב
הָאָרֶץ: (יז) יְהִי שְׁמוֹ לְעוֹלָם לִפְנֵי שֶׁמֶשׁ יִנּוֹן שְׁמוֹ וְיִתְבָּרְכוּ בוֹ כָּל גּוֹיִם
יְאַשְּׁרוּהוּ: (יח) בָּרוּךְ ה' אֱלֹהִים אֱלֹהֵי יִשְׂרָאֵל עֹשֵׂה נִפְלָאוֹת לְבַדּוֹ:
(יט) וּבָרוּךְ שֵׁם כְּבוֹדוֹ לְעוֹלָם וְיִמָּלֵא כְבוֹדוֹ אֶת כֹּל הָאָרֶץ אָמֵן וְאָמֵן:
(כ) כָּלּוּ תְפִלּוֹת דָּוִד בֶּן יִשָׁי:

מזמור צ"א

(א) יֹשֵׁב בְּסֵתֶר עֶלְיוֹן בְּצֵל שַׁדַּי יִתְלוֹנָן: (ב) אֹמַר לַה' מַחְסִי וּמְצוּדָתִי
אֱלֹהַי אֶבְטַח בּוֹ: (ג) כִּי הוּא יַצִּילְךָ מִפַּח יָקוּשׁ מִדֶּבֶר הַוּוֹת: (ד) בְּאֶבְרָתוֹ
יָסֶךְ לָךְ וְתַחַת כְּנָפָיו תֶּחְסֶה צִנָּה וְסֹחֵרָה אֲמִתּוֹ: (ה) לֹא תִירָא מִפַּחַד
לָיְלָה מֵחֵץ יָעוּף יוֹמָם: (ו) מִדֶּבֶר בָּאֹפֶל יַהֲלֹךְ מִקֶּטֶב יָשׁוּד צָהֳרָיִם:
(ז) יִפֹּל מִצִּדְּךָ אֶלֶף וּרְבָבָה מִימִינֶךָ אֵלֶיךָ לֹא יִגָּשׁ: (ח) רַק בְּעֵינֶיךָ תַבִּיט
וְשִׁלֻּמַת רְשָׁעִים תִּרְאֶה: (ט) כִּי אַתָּה ה' מַחְסִי עֶלְיוֹן שַׂמְתָּ מְעוֹנֶךָ:
(י) לֹא תְאֻנֶּה אֵלֶיךָ רָעָה וְנֶגַע לֹא יִקְרַב בְּאָהֳלֶךָ: (יא) כִּי מַלְאָכָיו יְצַוֶּה
לָּךְ לִשְׁמָרְךָ בְּכָל דְּרָכֶיךָ: (יב) עַל כַּפַּיִם יִשָּׂאוּנְךָ פֶּן תִּגֹּף בָּאֶבֶן רַגְלֶךָ:
(יג) עַל שַׁחַל וָפֶתֶן תִּדְרֹךְ תִּרְמֹס כְּפִיר וְתַנִּין: (יד) כִּי בִי חָשַׁק וַאֲפַלְּטֵהוּ
אֲשַׂגְּבֵהוּ כִּי יָדַע שְׁמִי: (טו) יִקְרָאֵנִי וְאֶעֱנֵהוּ עִמּוֹ אָנֹכִי בְצָרָה אֲחַלְּצֵהוּ
וַאֲכַבְּדֵהוּ: (טז) אֹרֶךְ יָמִים אַשְׂבִּיעֵהוּ וְאַרְאֵהוּ בִּישׁוּעָתִי:

מזמור ק"ד

(א) בָּרְכִי נַפְשִׁי אֶת ה' ה' אֱלֹהַי גָּדַלְתָּ מְּאֹד הוֹד וְהָדָר לָבָשְׁתָּ: (ב) עֹטֶה
אוֹר כַּשַּׂלְמָה נוֹטֶה שָׁמַיִם כַּיְרִיעָה: (ג) הַמְקָרֶה בַמַּיִם עֲלִיּוֹתָיו הַשָּׂם
עָבִים רְכוּבוֹ הַמְהַלֵּךְ עַל כַּנְפֵי רוּחַ: (ד) עֹשֶׂה מַלְאָכָיו רוּחוֹת מְשָׁרְתָיו
אֵשׁ לֹהֵט: (ה) יָסַד אֶרֶץ עַל מְכוֹנֶיהָ בַּל תִּמּוֹט עוֹלָם וָעֶד: (ו) תְּהוֹם

כַּלְּבוּשׁ כִּסִּיתוֹ עַל הָרִים יַעַמְדוּ מָיִם: (ז) מִן גַּעֲרָתְךָ יְנוּסוּן מִן קוֹל
רַעַמְךָ יֵחָפֵזוּן: (ח) יַעֲלוּ הָרִים יֵרְדוּ בְקָעוֹת אֶל מְקוֹם זֶה יָסַדְתָּ לָהֶם:
(ט) גְּבוּל שַׂמְתָּ בַּל יַעֲבֹרוּן בַּל יְשׁוּבוּן לְכַסּוֹת הָאָרֶץ: (י) הַמְשַׁלֵּחַ
מַעְיָנִים בַּנְּחָלִים בֵּין הָרִים יְהַלֵּכוּן: (יא) יַשְׁקוּ כָּל חַיְתוֹ שָׂדָי יִשְׁבְּרוּ
פְרָאִים צְמָאָם: (יב) עֲלֵיהֶם עוֹף הַשָּׁמַיִם יִשְׁכּוֹן מִבֵּין עֳפָאיִם יִתְּנוּ קוֹל:
(יג) מַשְׁקֶה הָרִים מֵעֲלִיּוֹתָיו מִפְּרִי מַעֲשֶׂיךָ תִּשְׂבַּע הָאָרֶץ: (יד) מַצְמִיחַ
חָצִיר לַבְּהֵמָה וְעֵשֶׂב לַעֲבֹדַת הָאָדָם לְהוֹצִיא לֶחֶם מִן הָאָרֶץ: (טו) וְיַיִן
יְשַׂמַּח לְבַב אֱנוֹשׁ לְהַצְהִיל פָּנִים מִשָּׁמֶן וְלֶחֶם לְבַב אֱנוֹשׁ יִסְעָד:
(טז) יִשְׂבְּעוּ עֲצֵי ה' אַרְזֵי לְבָנוֹן אֲשֶׁר נָטָע: (יז) אֲשֶׁר שָׁם צִפֳּרִים יְקַנֵּנוּ
חֲסִידָה בְּרוֹשִׁים בֵּיתָהּ: (יח) הָרִים הַגְּבֹהִים לַיְּעֵלִים סְלָעִים מַחְסֶה
לַשְׁפַנִּים: (יט) עָשָׂה יָרֵחַ לְמוֹעֲדִים שֶׁמֶשׁ יָדַע מְבוֹאוֹ: (כ) תָּשֶׁת חֹשֶׁךְ
וִיהִי לָיְלָה בּוֹ תִרְמֹשׂ כָּל חַיְתוֹ יָעַר: (כא) הַכְּפִירִים שֹׁאֲגִים לַטָּרֶף
וּלְבַקֵּשׁ מֵאֵל אָכְלָם: (כב) תִּזְרַח הַשֶּׁמֶשׁ יֵאָסֵפוּן וְאֶל מְעוֹנֹתָם יִרְבָּצוּן:
(כג) יֵצֵא אָדָם לְפָעֳלוֹ וְלַעֲבֹדָתוֹ עֲדֵי עָרֶב: (כד) מָה רַבּוּ מַעֲשֶׂיךָ ה'
כֻּלָּם בְּחָכְמָה עָשִׂיתָ מָלְאָה הָאָרֶץ קִנְיָנֶךָ: (כה) זֶה הַיָּם גָּדוֹל וּרְחַב
יָדָיִם שָׁם רֶמֶשׂ וְאֵין מִסְפָּר חַיּוֹת קְטַנּוֹת עִם גְּדֹלוֹת: (כו) שָׁם אֳנִיּוֹת
יְהַלֵּכוּן לִוְיָתָן זֶה יָצַרְתָּ לְשַׂחֶק בּוֹ: (כז) כֻּלָּם אֵלֶיךָ יְשַׂבֵּרוּן לָתֵת אָכְלָם
בְּעִתּוֹ: (כח) תִּתֵּן לָהֶם יִלְקֹטוּן תִּפְתַּח יָדְךָ יִשְׂבְּעוּן טוֹב: (כט) תַּסְתִּיר
פָּנֶיךָ יִבָּהֵלוּן תֹּסֵף רוּחָם יִגְוָעוּן וְאֶל עֲפָרָם יְשׁוּבוּן: (ל) תְּשַׁלַּח רוּחֲךָ
יִבָּרֵאוּן וּתְחַדֵּשׁ פְּנֵי אֲדָמָה: (לא) יְהִי כְבוֹד ה' לְעוֹלָם יִשְׂמַח ה'
בְּמַעֲשָׂיו: (לב) הַמַּבִּיט לָאָרֶץ וַתִּרְעָד יִגַּע בֶּהָרִים וְיֶעֱשָׁנוּ: (לג) אָשִׁירָה
לַה' בְּחַיָּי אֲזַמְּרָה לֵאלֹהַי בְּעוֹדִי: (לד) יֶעֱרַב עָלָיו שִׂיחִי אָנֹכִי אֶשְׂמַח
בַּה': (לה) יִתַּמּוּ חַטָּאִים מִן הָאָרֶץ וּרְשָׁעִים עוֹד אֵינָם בָּרְכִי נַפְשִׁי אֶת
ה' הַלְלוּ יָהּ:

מזמור ק"ל

(א) שִׁיר הַמַּעֲלוֹת מִמַּעֲמַקִּים קְרָאתִיךָ ה': (ב) אֲדֹנָי שִׁמְעָה בְקוֹלִי
תִּהְיֶינָה אָזְנֶיךָ קַשֻּׁבוֹת לְקוֹל תַּחֲנוּנָי: (ג) אִם עֲוֹנוֹת תִּשְׁמָר יָהּ אֲדֹנָי
מִי יַעֲמֹד: (ד) כִּי עִמְּךָ הַסְּלִיחָה לְמַעַן תִּוָּרֵא: (ה) קִוִּיתִי ה' קִוְּתָה נַפְשִׁי

וְלִדְבָרוֹ הוֹחָלְתִּי: (ו) נַפְשִׁי לַאדֹנָי מִשֹּׁמְרִים לַבֹּקֶר שֹׁמְרִים לַבֹּקֶר:
(ז) יַחֵל יִשְׂרָאֵל אֶל ה׳ כִּי עִם ה׳ הַחֶסֶד וְהַרְבֵּה עִמּוֹ פְדוּת: (ח) וְהוּא
יִפְדֶּה אֶת יִשְׂרָאֵל מִכֹּל עֲוֹנֹתָיו:

מזמור קי"ט – "אלפא ביתא"

מזמור קי"ט בתהלים בנוי לפי סדר האל"ף – בי"ת. שמונה פסוקים הפותחים באות א', שמונה פסוקים הפותחים באות ב' וכן הלאה. נוהגים לומר את הפסוקים הפותחים באותיות שמו של הנפטר. לאחר מכן אומרים את הפסוקים הפותחים באותיות נשמ"ה

(א) אַשְׁרֵי תְמִימֵי דָרֶךְ הַהֹלְכִים בְּתוֹרַת ה׳:
(ב) אַשְׁרֵי נֹצְרֵי עֵדֹתָיו בְּכָל לֵב יִדְרְשׁוּהוּ:
(ג) אַף לֹא פָעֲלוּ עַוְלָה בִּדְרָכָיו הָלָכוּ:
(ד) אַתָּה צִוִּיתָה פִקֻּדֶיךָ לִשְׁמֹר מְאֹד:
(ה) אַחֲלַי יִכֹּנוּ דְרָכָי לִשְׁמֹר חֻקֶּיךָ:
(ו) אָז לֹא אֵבוֹשׁ בְּהַבִּיטִי אֶל כָּל מִצְוֹתֶיךָ:
(ז) אוֹדְךָ בְּיֹשֶׁר לֵבָב בְּלָמְדִי מִשְׁפְּטֵי צִדְקֶךָ:
(ח) אֶת חֻקֶּיךָ אֶשְׁמֹר אַל תַּעַזְבֵנִי עַד מְאֹד:

(ט) בַּמֶּה יְזַכֶּה נַּעַר אֶת אָרְחוֹ לִשְׁמֹר כִּדְבָרֶךָ:
(י) בְּכָל לִבִּי דְרַשְׁתִּיךָ אַל תַּשְׁגֵּנִי מִמִּצְוֹתֶיךָ:
(יא) בְּלִבִּי צָפַנְתִּי אִמְרָתֶךָ לְמַעַן לֹא אֶחֱטָא לָךְ:
(יב) בָּרוּךְ אַתָּה ה׳ לַמְּדֵנִי חֻקֶּיךָ:
(יג) בִּשְׂפָתַי סִפַּרְתִּי כֹּל מִשְׁפְּטֵי פִיךָ:
(יד) בְּדֶרֶךְ עֵדְוֹתֶיךָ שַׂשְׂתִּי כְּעַל כָּל הוֹן:
(טו) בְּפִקֻּדֶיךָ אָשִׂיחָה וְאַבִּיטָה אֹרְחֹתֶיךָ:
(טז) בְּחֻקֹּתֶיךָ אֶשְׁתַּעֲשָׁע לֹא אֶשְׁכַּח דְּבָרֶךָ:

(יז) גְּמֹל עַל עַבְדְּךָ אֶחְיֶה וְאֶשְׁמְרָה דְבָרֶךָ:
(יח) גַּל עֵינַי וְאַבִּיטָה נִפְלָאוֹת מִתּוֹרָתֶךָ:
(יט) גֵּר אָנֹכִי בָאָרֶץ אַל תַּסְתֵּר מִמֶּנִּי מִצְוֹתֶיךָ:

(כ) גָּרְסָה נַפְשִׁי לְתַאֲבָה אֶל מִשְׁפָּטֶיךָ בְכָל עֵת:

(כא) גָּעַרְתָּ זֵדִים אֲרוּרִים הַשֹּׁגִים מִמִּצְוֹתֶיךָ:

(כב) גַּל מֵעָלַי חֶרְפָּה וָבוּז כִּי עֵדֹתֶיךָ נָצָרְתִּי:

(כג) גַּם יָשְׁבוּ שָׂרִים בִּי נִדְבָּרוּ עַבְדְּךָ יָשִׂיחַ בְּחֻקֶּיךָ:

(כד) גַּם עֵדֹתֶיךָ שַׁעֲשֻׁעָי אַנְשֵׁי עֲצָתִי:

(כה) דָּבְקָה לֶעָפָר נַפְשִׁי חַיֵּנִי כִּדְבָרֶךָ:

(כו) דְּרָכַי סִפַּרְתִּי וַתַּעֲנֵנִי לַמְּדֵנִי חֻקֶּיךָ:

(כז) דֶּרֶךְ פִּקּוּדֶיךָ הֲבִינֵנִי וְאָשִׂיחָה בְּנִפְלְאוֹתֶיךָ:

(כח) דָּלְפָה נַפְשִׁי מִתּוּגָה קַיְּמֵנִי כִּדְבָרֶךָ:

(כט) דֶּרֶךְ שֶׁקֶר הָסֵר מִמֶּנִּי וְתוֹרָתְךָ חָנֵּנִי:

(ל) דֶּרֶךְ אֱמוּנָה בָחָרְתִּי מִשְׁפָּטֶיךָ שִׁוִּיתִי:

(לא) דָּבַקְתִּי בְעֵדְוֹתֶיךָ ה׳ אַל תְּבִישֵׁנִי:

(לב) דֶּרֶךְ מִצְוֹתֶיךָ אָרוּץ כִּי תַרְחִיב לִבִּי:

(לג) הוֹרֵנִי ה׳ דֶּרֶךְ חֻקֶּיךָ וְאֶצְּרֶנָּה עֵקֶב:

(לד) הֲבִינֵנִי וְאֶצְּרָה תוֹרָתֶךָ וְאֶשְׁמְרֶנָּה בְכָל לֵב:

(לה) הַדְרִיכֵנִי בִּנְתִיב מִצְוֹתֶיךָ כִּי בוֹ חָפָצְתִּי:

(לו) הַט לִבִּי אֶל עֵדְוֹתֶיךָ וְאַל אֶל בָּצַע:

(לז) הַעֲבֵר עֵינַי מֵרְאוֹת שָׁוְא בִּדְרָכֶךָ חַיֵּנִי:

(לח) הָקֵם לְעַבְדְּךָ אִמְרָתֶךָ אֲשֶׁר לְיִרְאָתֶךָ:

(לט) הַעֲבֵר חֶרְפָּתִי אֲשֶׁר יָגֹרְתִּי כִּי מִשְׁפָּטֶיךָ טוֹבִים:

(מ) הִנֵּה תָּאַבְתִּי לְפִקֻּדֶיךָ בְּצִדְקָתְךָ חַיֵּנִי:

(מא) וִיבֹאֻנִי חֲסָדֶךָ ה׳ תְּשׁוּעָתְךָ כְּאִמְרָתֶךָ:

(מב) וְאֶעֱנֶה חֹרְפִי דָבָר כִּי בָטַחְתִּי בִּדְבָרֶךָ:

(מג) וְאַל תַּצֵּל מִפִּי דְבַר אֱמֶת עַד מְאֹד כִּי לְמִשְׁפָּטֶךָ יִחָלְתִּי:

(מד) וְאֶשְׁמְרָה תוֹרָתְךָ תָמִיד לְעוֹלָם וָעֶד:

(מה) וְאֶתְהַלְּכָה בָרְחָבָה כִּי פִקֻּדֶיךָ דָרָשְׁתִּי׃

(מו) וַאֲדַבְּרָה בְעֵדֹתֶיךָ נֶגֶד מְלָכִים וְלֹא אֵבוֹשׁ׃

(מז) וְאֶשְׁתַּעֲשַׁע בְּמִצְוֹתֶיךָ אֲשֶׁר אָהָבְתִּי׃

(מח) וְאֶשָּׂא כַפַּי אֶל מִצְוֹתֶיךָ אֲשֶׁר אָהָבְתִּי וְאָשִׂיחָה בְחֻקֶּיךָ׃

(מט) זְכֹר דָּבָר לְעַבְדֶּךָ עַל אֲשֶׁר יִחַלְתָּנִי׃

(נ) זֹאת נֶחָמָתִי בְעָנְיִי כִּי אִמְרָתְךָ חִיָּתְנִי׃

(נא) זֵדִים הֱלִיצֻנִי עַד מְאֹד מִתּוֹרָתְךָ לֹא נָטִיתִי׃

(נב) זָכַרְתִּי מִשְׁפָּטֶיךָ מֵעוֹלָם ה׳ וָאֶתְנֶחָם׃

(נג) זַלְעָפָה אֲחָזַתְנִי מֵרְשָׁעִים עֹזְבֵי תּוֹרָתֶךָ׃

(נד) זְמִרוֹת הָיוּ לִי חֻקֶּיךָ בְּבֵית מְגוּרָי׃

(נה) זָכַרְתִּי בַלַּיְלָה שִׁמְךָ ה׳ וָאֶשְׁמְרָה תּוֹרָתֶךָ׃

(נו) זֹאת הָיְתָה לִּי כִּי פִקֻּדֶיךָ נָצָרְתִּי׃

(נז) חֶלְקִי ה׳ אָמַרְתִּי לִשְׁמֹר דְּבָרֶיךָ׃

(נח) חִלִּיתִי פָנֶיךָ בְכָל לֵב חָנֵּנִי כְּאִמְרָתֶךָ׃

(נט) חִשַּׁבְתִּי דְרָכָי וָאָשִׁיבָה רַגְלַי אֶל עֵדֹתֶיךָ׃

(ס) חַשְׁתִּי וְלֹא הִתְמַהְמָהְתִּי לִשְׁמֹר מִצְוֹתֶיךָ׃

(סא) חֶבְלֵי רְשָׁעִים עִוְּדֻנִי תּוֹרָתְךָ לֹא שָׁכָחְתִּי׃

(סב) חֲצוֹת לַיְלָה אָקוּם לְהוֹדוֹת לָךְ עַל מִשְׁפְּטֵי צִדְקֶךָ׃

(סג) חָבֵר אָנִי לְכָל אֲשֶׁר יְרֵאוּךָ וּלְשֹׁמְרֵי פִּקּוּדֶיךָ׃

(סד) חַסְדְּךָ ה׳ מָלְאָה הָאָרֶץ חֻקֶּיךָ לַמְּדֵנִי׃

(סה) טוֹב עָשִׂיתָ עִם עַבְדְּךָ ה׳ כִּדְבָרֶךָ׃

(סו) טוּב טַעַם וָדַעַת לַמְּדֵנִי כִּי בְמִצְוֹתֶיךָ הֶאֱמָנְתִּי׃

(סז) טֶרֶם אֶעֱנֶה אֲנִי שֹׁגֵג וְעַתָּה אִמְרָתְךָ שָׁמָרְתִּי׃

(סח) טוֹב אַתָּה וּמֵטִיב לַמְּדֵנִי חֻקֶּיךָ׃

(סט) טָפְלוּ עָלַי שֶׁקֶר זֵדִים אֲנִי בְּכָל לֵב אֱצֹּר פִּקּוּדֶיךָ׃

(ע) טָפַשׁ כַּחֵלֶב לִבָּם אֲנִי תּוֹרָתְךָ שִׁעֲשָׁעְתִּי:

(עא) טוֹב לִי כִי עֻנֵּיתִי לְמַעַן אֶלְמַד חֻקֶּיךָ:

(עב) טוֹב לִי תוֹרַת פִּיךָ מֵאַלְפֵי זָהָב וָכָסֶף:

(עג) יָדֶיךָ עָשׂוּנִי וַיְכוֹנְנוּנִי הֲבִינֵנִי וְאֶלְמְדָה מִצְוֹתֶיךָ:

(עד) יְרֵאֶיךָ יִרְאוּנִי וְיִשְׂמָחוּ כִּי לִדְבָרְךָ יִחָלְתִּי:

(עה) יָדַעְתִּי ה׳ כִּי צֶדֶק מִשְׁפָּטֶיךָ וֶאֱמוּנָה עִנִּיתָנִי:

(עו) יְהִי נָא חַסְדְּךָ לְנַחֲמֵנִי כְּאִמְרָתְךָ לְעַבְדֶּךָ:

(עז) יְבֹאוּנִי רַחֲמֶיךָ וְאֶחְיֶה כִּי תוֹרָתְךָ שַׁעֲשֻׁעָי:

(עח) יֵבֹשׁוּ זֵדִים כִּי שֶׁקֶר עִוְּתוּנִי אֲנִי אָשִׂיחַ בְּפִקּוּדֶיךָ:

(עט) יָשׁוּבוּ לִי יְרֵאֶיךָ וְיֹדְעֵי עֵדֹתֶיךָ:

(פ) יְהִי לִבִּי תָמִים בְּחֻקֶּיךָ לְמַעַן לֹא אֵבוֹשׁ:

(פא) כָּלְתָה לִתְשׁוּעָתְךָ נַפְשִׁי לִדְבָרְךָ יִחָלְתִּי:

(פב) כָּלוּ עֵינַי לְאִמְרָתֶךָ לֵאמֹר מָתַי תְּנַחֲמֵנִי:

(פג) כִּי הָיִיתִי כְּנֹאד בְּקִיטוֹר חֻקֶּיךָ לֹא שָׁכָחְתִּי:

(פד) כַּמָּה יְמֵי עַבְדֶּךָ מָתַי תַּעֲשֶׂה בְרֹדְפַי מִשְׁפָּט:

(פה) כָּרוּ לִי זֵדִים שִׁיחוֹת אֲשֶׁר לֹא כְתוֹרָתֶךָ:

(פו) כָּל מִצְוֹתֶיךָ אֱמוּנָה שֶׁקֶר רְדָפוּנִי עָזְרֵנִי:

(פז) כִּמְעַט כִּלּוּנִי בָאָרֶץ וַאֲנִי לֹא עָזַבְתִּי פִקֻּדֶיךָ:

(פח) כְּחַסְדְּךָ חַיֵּנִי וְאֶשְׁמְרָה עֵדוּת פִּיךָ:

(פט) לְעוֹלָם ה׳ דְּבָרְךָ נִצָּב בַּשָּׁמָיִם:

(צ) לְדֹר וָדֹר אֱמוּנָתֶךָ כּוֹנַנְתָּ אֶרֶץ וַתַּעֲמֹד:

(צא) לְמִשְׁפָּטֶיךָ עָמְדוּ הַיּוֹם כִּי הַכֹּל עֲבָדֶיךָ:

(צב) לוּלֵי תוֹרָתְךָ שַׁעֲשֻׁעָי אָז אָבַדְתִּי בְעָנְיִי:

(צג) לְעוֹלָם לֹא אֶשְׁכַּח פִּקּוּדֶיךָ כִּי בָם חִיִּיתָנִי:

(צד) לְךָ אֲנִי הוֹשִׁיעֵנִי כִּי פִקּוּדֶיךָ דָרָשְׁתִּי:

(צה) לִי קִוּוּ רְשָׁעִים לְאַבְּדֵנִי עֵדֹתֶיךָ אֶתְבּוֹנָן׃

(צו) לְכָל תִּכְלָה רָאִיתִי קֵץ רְחָבָה מִצְוָתְךָ מְאֹד׃

(צז) מָה אָהַבְתִּי תוֹרָתֶךָ כָּל הַיּוֹם הִיא שִׂיחָתִי׃

(צח) מֵאֹיְבַי תְּחַכְּמֵנִי מִצְוֹתֶךָ כִּי לְעוֹלָם הִיא לִי׃

(צט) מִכָּל מְלַמְּדַי הִשְׂכַּלְתִּי כִּי עֵדְוֹתֶיךָ שִׂיחָה לִי׃

(ק) מִזְּקֵנִים אֶתְבּוֹנָן כִּי פִקּוּדֶיךָ נָצָרְתִּי׃

(קא) מִכָּל אֹרַח רָע כָּלִאתִי רַגְלָי לְמַעַן אֶשְׁמֹר דְּבָרֶךָ׃

(קב) מִמִּשְׁפָּטֶיךָ לֹא סָרְתִּי כִּי אַתָּה הוֹרֵתָנִי׃

(קג) מַה נִּמְלְצוּ לְחִכִּי אִמְרָתֶךָ מִדְּבַשׁ לְפִי׃

(קד) מִפִּקּוּדֶיךָ אֶתְבּוֹנָן עַל כֵּן שָׂנֵאתִי כָּל אֹרַח שָׁקֶר׃

(קה) נֵר לְרַגְלִי דְבָרֶךָ וְאוֹר לִנְתִיבָתִי׃

(קו) נִשְׁבַּעְתִּי וָאֲקַיֵּמָה לִשְׁמֹר מִשְׁפְּטֵי צִדְקֶךָ׃

(קז) נַעֲנֵיתִי עַד מְאֹד ה׳ חַיֵּנִי כִדְבָרֶךָ׃

(קח) נִדְבוֹת פִּי רְצֵה נָא ה׳ וּמִשְׁפָּטֶיךָ לַמְּדֵנִי׃

(קט) נַפְשִׁי בְכַפִּי תָמִיד וְתוֹרָתְךָ לֹא שָׁכָחְתִּי׃

(קי) נָתְנוּ רְשָׁעִים פַּח לִי וּמִפִּקּוּדֶיךָ לֹא תָעִיתִי׃

(קיא) נָחַלְתִּי עֵדְוֹתֶיךָ לְעוֹלָם כִּי שְׂשׂוֹן לִבִּי הֵמָּה׃

(קיב) נָטִיתִי לִבִּי לַעֲשׂוֹת חֻקֶּיךָ לְעוֹלָם עֵקֶב׃

(קיג) סֵעֲפִים שָׂנֵאתִי וְתוֹרָתְךָ אָהָבְתִּי׃

(קיד) סִתְרִי וּמָגִנִּי אָתָּה לִדְבָרְךָ יִחָלְתִּי׃

(קטו) סוּרוּ מִמֶּנִּי מְרֵעִים וְאֶצְּרָה מִצְוֹת אֱלֹהָי׃

(קטז) סָמְכֵנִי כְאִמְרָתְךָ וְאֶחְיֶה וְאַל תְּבִישֵׁנִי מִשִּׂבְרִי׃

(קיז) סְעָדֵנִי וְאִוָּשֵׁעָה וְאֶשְׁעָה בְחֻקֶּיךָ תָמִיד׃

(קיח) סָלִיתָ כָּל שׁוֹגִים מֵחֻקֶּיךָ כִּי שֶׁקֶר תַּרְמִיתָם׃

(קיט) סִגִּים הִשְׁבַּתָּ כָל רִשְׁעֵי אָרֶץ לָכֵן אָהַבְתִּי עֵדֹתֶיךָ׃

(קכ) סָמַר מִפַּחְדְּךָ בְשָׂרִי וּמִמִּשְׁפָּטֶיךָ יָרֵאתִי:

(קכא) עָשִׂיתִי מִשְׁפָּט וָצֶדֶק בַּל תַּנִּיחֵנִי לְעֹשְׁקָי:
(קכב) עֲרֹב עַבְדְּךָ לְטוֹב אַל יַעַשְׁקֻנִי זֵדִים:
(קכג) עֵינַי כָּלוּ לִישׁוּעָתֶךָ וּלְאִמְרַת צִדְקֶךָ:
(קכד) עֲשֵׂה עִם עַבְדְּךָ כְחַסְדֶּךָ וְחֻקֶּיךָ לַמְּדֵנִי:
(קכה) עַבְדְּךָ אָנִי הֲבִינֵנִי וְאֵדְעָה עֵדֹתֶיךָ:
(קכו) עֵת לַעֲשׂוֹת לַה' הֵפֵרוּ תּוֹרָתֶךָ:
(קכז) עַל כֵּן אָהַבְתִּי מִצְוֹתֶיךָ מִזָּהָב וּמִפָּז:
(קכח) עַל כֵּן כָּל פִּקּוּדֵי כֹל יִשָּׁרְתִּי כָּל אֹרַח שֶׁקֶר שָׂנֵאתִי:

(קכט) פְּלָאוֹת עֵדְוֹתֶיךָ עַל כֵּן נְצָרָתַם נַפְשִׁי:
(קל) פֵּתַח דְּבָרֶיךָ יָאִיר מֵבִין פְּתָיִים:
(קלא) פִּי פָעַרְתִּי וָאֶשְׁאָפָה כִּי לְמִצְוֹתֶיךָ יָאָבְתִּי:
(קלב) פְּנֵה אֵלַי וְחָנֵּנִי כְּמִשְׁפָּט לְאֹהֲבֵי שְׁמֶךָ:
(קלג) פְּעָמַי הָכֵן בְּאִמְרָתֶךָ וְאַל תַּשְׁלֶט בִּי כָל אָוֶן:
(קלד) פְּדֵנִי מֵעֹשֶׁק אָדָם וְאֶשְׁמְרָה פִּקּוּדֶיךָ:
(קלה) פָּנֶיךָ הָאֵר בְּעַבְדֶּךָ וְלַמְּדֵנִי אֶת חֻקֶּיךָ:
(קלו) פַּלְגֵי מַיִם יָרְדוּ עֵינָי עַל לֹא שָׁמְרוּ תוֹרָתֶךָ:

(קלז) צַדִּיק אַתָּה ה' וְיָשָׁר מִשְׁפָּטֶיךָ:
(קלח) צִוִּיתָ צֶדֶק עֵדֹתֶיךָ וֶאֱמוּנָה מְאֹד:
(קלט) צִמְּתַתְנִי קִנְאָתִי כִּי שָׁכְחוּ דְבָרֶיךָ צָרָי:
(קמ) צְרוּפָה אִמְרָתְךָ מְאֹד וְעַבְדְּךָ אֲהֵבָהּ:
(קמא) צָעִיר אָנֹכִי וְנִבְזֶה פִּקֻּדֶיךָ לֹא שָׁכָחְתִּי:
(קמב) צִדְקָתְךָ צֶדֶק לְעוֹלָם וְתוֹרָתְךָ אֱמֶת:
(קמג) צַר וּמָצוֹק מְצָאוּנִי מִצְוֹתֶיךָ שַׁעֲשֻׁעָי:
(קמד) צֶדֶק עֵדְוֹתֶיךָ לְעוֹלָם הֲבִינֵנִי וְאֶחְיֶה:

(קמה) קְרָאתִי בְכָל לֵב עֲנֵנִי ה׳ חֻקֶּיךָ אֶצֹּרָה:
(קמו) קְרָאתִיךָ הוֹשִׁיעֵנִי וְאֶשְׁמְרָה עֵדֹתֶיךָ:
(קמז) קִדַּמְתִּי בַנֶּשֶׁף וָאֲשַׁוֵּעָה לִדְבָרְךָ יִחָלְתִּי:
(קמח) קִדְּמוּ עֵינַי אַשְׁמֻרוֹת לָשִׂיחַ בְּאִמְרָתֶךָ:
(קמט) קוֹלִי שִׁמְעָה כְחַסְדֶּךָ ה׳ כְּמִשְׁפָּטֶךָ חַיֵּנִי:
(קנ) קָרְבוּ רֹדְפֵי זִמָּה מִתּוֹרָתְךָ רָחָקוּ:
(קנא) קָרוֹב אַתָּה ה׳ וְכָל מִצְוֹתֶיךָ אֱמֶת:
(קנב) קֶדֶם יָדַעְתִּי מֵעֵדֹתֶיךָ כִּי לְעוֹלָם יְסַדְתָּם:

(קנג) רְאֵה עָנְיִי וְחַלְּצֵנִי כִּי תוֹרָתְךָ לֹא שָׁכָחְתִּי:
(קנד) רִיבָה רִיבִי וּגְאָלֵנִי לְאִמְרָתְךָ חַיֵּנִי:
(קנה) רָחוֹק מֵרְשָׁעִים יְשׁוּעָה כִּי חֻקֶּיךָ לֹא דָרָשׁוּ:
(קנו) רַחֲמֶיךָ רַבִּים ה׳ כְּמִשְׁפָּטֶיךָ חַיֵּנִי:
(קנז) רַבִּים רֹדְפַי וְצָרָי מֵעֵדְוֹתֶיךָ לֹא נָטִיתִי:
(קנח) רָאִיתִי בֹגְדִים וָאֶתְקוֹטָטָה אֲשֶׁר אִמְרָתְךָ לֹא שָׁמָרוּ:
(קנט) רְאֵה כִּי פִקּוּדֶיךָ אָהָבְתִּי ה׳ כְּחַסְדְּךָ חַיֵּנִי:
(קס) רֹאשׁ דְּבָרְךָ אֱמֶת וּלְעוֹלָם כָּל מִשְׁפַּט צִדְקֶךָ:

(קסא) שָׂרִים רְדָפוּנִי חִנָּם וּמִדְּבָרְךָ פָּחַד לִבִּי:
(קסב) שָׂשׂ אָנֹכִי עַל אִמְרָתֶךָ כְּמוֹצֵא שָׁלָל רָב:
(קסג) שֶׁקֶר שָׂנֵאתִי וַאֲתַעֵבָה תּוֹרָתְךָ אָהָבְתִּי:
(קסד) שֶׁבַע בַּיּוֹם הִלַּלְתִּיךָ עַל מִשְׁפְּטֵי צִדְקֶךָ:
(קסה) שָׁלוֹם רָב לְאֹהֲבֵי תוֹרָתֶךָ וְאֵין לָמוֹ מִכְשׁוֹל:
(קסו) שִׂבַּרְתִּי לִישׁוּעָתְךָ ה׳ וּמִצְוֹתֶיךָ עָשִׂיתִי:
(קסז) שָׁמְרָה נַפְשִׁי עֵדֹתֶיךָ וָאֹהֲבֵם מְאֹד:
(קסח) שָׁמַרְתִּי פִקּוּדֶיךָ וְעֵדֹתֶיךָ כִּי כָל דְּרָכַי נֶגְדֶּךָ:

(קסט) תִּקְרַב רִנָּתִי לְפָנֶיךָ ה׳ כִּדְבָרְךָ הֲבִינֵנִי:

(קע) תָּבוֹא תְחִנָּתִי לְפָנֶיךָ כְּאִמְרָתְךָ הַצִּילֵנִי׃

(קעא) תַּבַּעְנָה שְׂפָתַי תְּהִלָּה כִּי תְלַמְּדֵנִי חֻקֶּיךָ׃

(קעב) תַּעַן לְשׁוֹנִי אִמְרָתֶךָ כִּי כָל מִצְוֹתֶיךָ צֶּדֶק׃

(קעג) תְּהִי יָדְךָ לְעָזְרֵנִי כִּי פִקּוּדֶיךָ בָחָרְתִּי׃

(קעד) תָּאַבְתִּי לִישׁוּעָתְךָ ה׳ וְתוֹרָתְךָ שַׁעֲשֻׁעָי׃

(קעה) תְּחִי נַפְשִׁי וּתְהַלְלֶךָּ וּמִשְׁפָּטֶךָ יַעֲזְרֻנִי׃

(קעו) תָּעִיתִי כְּשֶׂה אֹבֵד בַּקֵּשׁ עַבְדֶּךָ כִּי מִצְוֹתֶיךָ לֹא שָׁכָחְתִּי׃

אותיות נשמ"ה

(קה) נֵר לְרַגְלִי דְבָרֶךָ וְאוֹר לִנְתִיבָתִי׃

(קו) נִשְׁבַּעְתִּי וָאֲקַיֵּמָה לִשְׁמֹר מִשְׁפְּטֵי צִדְקֶךָ׃

(קז) נַעֲנֵיתִי עַד מְאֹד ה׳ חַיֵּנִי כִדְבָרֶךָ׃

(קח) נִדְבוֹת פִּי רְצֵה נָא ה׳ וּמִשְׁפָּטֶיךָ לַמְּדֵנִי׃

(קט) נַפְשִׁי בְכַפִּי תָמִיד וְתוֹרָתְךָ לֹא שָׁכָחְתִּי׃

(קי) נָתְנוּ רְשָׁעִים פַּח לִי וּמִפִּקּוּדֶיךָ לֹא תָעִיתִי׃

(קיא) נָחַלְתִּי עֵדְוֹתֶיךָ לְעוֹלָם כִּי שְׂשׂוֹן לִבִּי הֵמָּה׃

(קיב) נָטִיתִי לִבִּי לַעֲשׂוֹת חֻקֶּיךָ לְעוֹלָם עֵקֶב׃

(קסא) שָׂרִים רְדָפוּנִי חִנָּם וּמִדְּבָרְךָ פָּחַד לִבִּי׃

(קסב) שָׂשׂ אָנֹכִי עַל אִמְרָתֶךָ כְּמוֹצֵא שָׁלָל רָב׃

(קסג) שֶׁקֶר שָׂנֵאתִי וָאֲתַעֵבָה תּוֹרָתְךָ אָהָבְתִּי׃

(קסד) שֶׁבַע בַּיּוֹם הִלַּלְתִּיךָ עַל מִשְׁפְּטֵי צִדְקֶךָ׃

(קסה) שָׁלוֹם רָב לְאֹהֲבֵי תוֹרָתֶךָ וְאֵין לָמוֹ מִכְשׁוֹל׃

(קסו) שִׂבַּרְתִּי לִישׁוּעָתְךָ ה׳ וּמִצְוֹתֶיךָ עָשִׂיתִי׃

(קסז) שָׁמְרָה נַפְשִׁי עֵדֹתֶיךָ וָאֹהֲבֵם מְאֹד׃

(קסח) שָׁמַרְתִּי פִקּוּדֶיךָ וְעֵדֹתֶיךָ כִּי כָל דְּרָכַי נֶגְדֶּךָ׃

(צז) מָה אָהַבְתִּי תוֹרָתֶךָ כָּל הַיּוֹם הִיא שִׂיחָתִי:

(צח) מֵאֹיְבַי תְּחַכְּמֵנִי מִצְוֹתֶךָ כִּי לְעוֹלָם הִיא לִי:

(צט) מִכָּל מְלַמְּדַי הִשְׂכַּלְתִּי כִּי עֵדְוֹתֶיךָ שִׂיחָה לִי:

(ק) מִזְּקֵנִים אֶתְבּוֹנָן כִּי פִקּוּדֶיךָ נָצָרְתִּי:

(קא) מִכָּל אֹרַח רָע כָּלִאתִי רַגְלָי לְמַעַן אֶשְׁמֹר דְּבָרֶךָ:

(קב) מִמִּשְׁפָּטֶיךָ לֹא סָרְתִּי כִּי אַתָּה הוֹרֵתָנִי:

(קג) מַה נִּמְלְצוּ לְחִכִּי אִמְרָתֶךָ מִדְּבַשׁ לְפִי:

(קד) מִפִּקּוּדֶיךָ אֶתְבּוֹנָן עַל כֵּן שָׂנֵאתִי כָּל אֹרַח שָׁקֶר:

(לג) הוֹרֵנִי ה׳ דֶּרֶךְ חֻקֶּיךָ וְאֶצְּרֶנָּה עֵקֶב:

(לד) הֲבִינֵנִי וְאֶצְּרָה תוֹרָתֶךָ וְאֶשְׁמְרֶנָּה בְכָל לֵב:

(לה) הַדְרִיכֵנִי בִּנְתִיב מִצְוֹתֶיךָ כִּי בוֹ חָפָצְתִּי:

(לו) הַט לִבִּי אֶל עֵדְוֹתֶיךָ וְאַל אֶל בָּצַע:

(לז) הַעֲבֵר עֵינַי מֵרְאוֹת שָׁוְא בִּדְרָכֶךָ חַיֵּנִי:

(לח) הָקֵם לְעַבְדְּךָ אִמְרָתֶךָ אֲשֶׁר לְיִרְאָתֶךָ:

(לט) הַעֲבֵר חֶרְפָּתִי אֲשֶׁר יָגֹרְתִּי כִּי מִשְׁפָּטֶיךָ טוֹבִים:

(מ) הִנֵּה תָּאַבְתִּי לְפִקֻּדֶיךָ בְּצִדְקָתְךָ חַיֵּנִי:

קדיש יתום

נוסח אשכנז

יִתְגַּדַּל וְיִתְקַדַּשׁ שְׁמֵהּ רַבָּא.

(הקהל: אָמֵן.)

בְּעָלְמָא דִּי בְרָא כִרְעוּתֵהּ, וְיַמְלִיךְ מַלְכוּתֵהּ,

(וְיַצְמַח פֻּרְקָנֵהּ, וִיקָרֵב מְשִׁיחֵהּ[4]).

(הקהל: אָמֵן.)

בְּחַיֵּיכוֹן וּבְיוֹמֵיכוֹן וּבְחַיֵּי דְכָל בֵּית יִשְׂרָאֵל,

בַּעֲגָלָא וּבִזְמַן קָרִיב, וְאִמְרוּ אָמֵן.

(הקהל: אָמֵן. יְהֵא שְׁמֵהּ רַבָּא מְבָרַךְ לְעָלַם וּלְעָלְמֵי עָלְמַיָּא.)

יְהֵא שְׁמֵהּ רַבָּא מְבָרַךְ לְעָלַם וּלְעָלְמֵי עָלְמַיָּא.

יִתְבָּרַךְ וְיִשְׁתַּבַּח וְיִתְפָּאַר וְיִתְרוֹמַם וְיִתְנַשֵּׂא

וְיִתְהַדָּר וְיִתְעַלֶּה וְיִתְהַלָּל שְׁמֵהּ דְּקֻדְשָׁא, בְּרִיךְ הוּא.

(הקהל: אָמֵן.)

לְעֵלָּא מִן כָּל בִּרְכָתָא וְשִׁירָתָא[5], תֻּשְׁבְּחָתָא וְנֶחֱמָתָא,

דַּאֲמִירָן בְּעָלְמָא, וְאִמְרוּ אָמֵן.

(הקהל: אָמֵן.)

יְהֵא שְׁלָמָא רַבָּא מִן שְׁמַיָּא, וְחַיִּים (טוֹבִים[6]) עָלֵינוּ

וְעַל כָּל יִשְׂרָאֵל, וְאִמְרוּ אָמֵן.

עוֹשֶׂה שָׁלוֹם בִּמְרוֹמָיו[7], הוּא[8] יַעֲשֶׂה שָׁלוֹם עָלֵינוּ

וְעַל כָּל יִשְׂרָאֵל, וְאִמְרוּ אָמֵן.

(הקהל: אָמֵן.)

---

4 נאמר רק בנוסח ספרד.

5 בעשרת ימי תשובה "לְעֵלָּא לְעֵלָּא מִן כָּל בִּרְכָתָא וְשִׁירָתָא".

6 נאמר רק בנוסח ספרד.

7 בעשרת ימי תשובה "עושה השלום במרומיו".

8 יש המוסיפים בבית האבל "ברחמיו".

נוסח עדות המזרח

יִתְגַּדַּל וְיִתְקַדַּשׁ שְׁמֵהּ רַבָּא.

(הקהל: אָמֵן.)

בְּעָלְמָא דִּי בְרָא כִרְעוּתֵהּ, וְיַמְלִיךְ מַלְכוּתֵהּ,
וְיַצְמַח פֻּרְקָנֵהּ, וִיקָרֵב מְשִׁיחֵהּ.

(הקהל: אָמֵן.)

בְּחַיֵּיכוֹן וּבְיוֹמֵיכוֹן וּבְחַיֵּי דְכָל בֵּית יִשְׂרָאֵל,
בַּעֲגָלָא וּבִזְמַן קָרִיב, וְאִמְרוּ אָמֵן.

(הקהל: אָמֵן. יְהֵא שְׁמֵהּ רַבָּא מְבָרַךְ לְעָלַם וּלְעָלְמֵי עָלְמַיָּא.)

יְהֵא שְׁמֵהּ רַבָּא מְבָרַךְ לְעָלַם וּלְעָלְמֵי עָלְמַיָּא.
יִתְבָּרַךְ וְיִשְׁתַּבַּח וְיִתְפָּאַר וְיִתְרוֹמַם וְיִתְנַשֵּׂא
וְיִתְהַדָּר וְיִתְעַלֶּה וְיִתְהַלָּל שְׁמֵהּ דְּקֻדְשָׁא, בְּרִיךְ הוּא.

(הקהל: אָמֵן.)

לְעֵלָּא מִן כָּל בִּרְכָתָא וְשִׁירָתָא, תֻּשְׁבְּחָתָא וְנֶחֱמָתָא,
דַּאֲמִירָן בְּעָלְמָא, וְאִמְרוּ אָמֵן.

(הקהל: אָמֵן.)

יְהֵא שְׁלָמָא רַבָּא מִן שְׁמַיָּא,
חַיִּים וְשָׂבָע וִישׁוּעָה וְנֶחָמָה וְשֵׁיזָבָא וּרְפוּאָה וּגְאֻלָּה
וּסְלִיחָה וְכַפָּרָה וְרֵיוַח וְהַצָּלָה,
לָנוּ וּלְכָל עַמּוֹ יִשְׂרָאֵל וְאִמְרוּ אָמֵן.
עוֹשֶׂה שָׁלוֹם בִּמְרוֹמָיו[9], הוּא בְּרַחֲמָיו יַעֲשֶׂה שָׁלוֹם עָלֵינוּ
וְעַל כָּל יִשְׂרָאֵל, וְאִמְרוּ אָמֵן.

(הקהל: אָמֵן.)

9 בעשרת ימי תשובה "עושה השלום במרומיו".

נוסחים לאזכרה

"הזכרת נשמות" בשבת אחרי קריאת התורה לפני "אב הרחמים" לפי נוסח אשכנזי

לאיש

אֵל מָלֵא רַחֲמִים שׁוֹכֵן בַּמְּרוֹמִים. הַמְצֵא מְנוּחָה נְכוֹנָה עַל כַּנְפֵי הַשְּׁכִינָה. בְּמַעֲלוֹת קְדוֹשִׁים וּטְהוֹרִים כְּזֹהַר הָרָקִיעַ מַזְהִירִים, לְנִשְׁמַת (פלוני בן פלוני) שֶׁהָלַךְ לְעוֹלָמוֹ. בַּעֲבוּר שֶׁמִּשְׁפַּחְתּוֹ נוֹדֶבֶת צְדָקָה בְּעַד הַזְכָּרַת נִשְׁמָתוֹ בְּגַן עֵדֶן תְּהֵא מְנוּחָתוֹ. לָכֵן בַּעַל הָרַחֲמִים יַסְתִּירֵהוּ בְּסֵתֶר כְּנָפָיו לְעוֹלָמִים, וְיִצְרוֹר בִּצְרוֹר הַחַיִּים אֶת נִשְׁמָתוֹ, ה׳ הוּא נַחֲלָתוֹ, וְיָנוּחַ בְּשָׁלוֹם עַל מִשְׁכָּבוֹ, וְנֹאמַר אָמֵן.

לאשה

אֵל מָלֵא רַחֲמִים שׁוֹכֵן בַּמְּרוֹמִים. הַמְצֵא מְנוּחָה נְכוֹנָה עַל כַּנְפֵי הַשְּׁכִינָה. בְּמַעֲלוֹת קְדוֹשִׁים וּטְהוֹרִים כְּזֹהַר הָרָקִיעַ מַזְהִירִים, לְנִשְׁמַת (פלונית בת פלונית) שֶׁהָלְכָה לְעוֹלָמָהּ. בַּעֲבוּר שֶׁמִּשְׁפַּחְתָּהּ נוֹדֶבֶת צְדָקָה בְּעַד הַזְכָּרַת נִשְׁמָתָהּ, בְּגַן עֵדֶן תְּהֵא מְנוּחָתָהּ. לָכֵן בַּעַל הָרַחֲמִים יַסְתִּירֶהָ בְּסֵתֶר כְּנָפָיו לְעוֹלָמִים, וְיִצְרוֹר בִּצְרוֹר הַחַיִּים אֶת נִשְׁמָתָהּ, ה׳ הוּא נַחֲלָתָהּ, וְתָנוּחַ בְּשָׁלוֹם עַל מִשְׁכָּבָהּ, וְנֹאמַר אָמֵן.

תפילת "יזכור" הנאמרת ביום הכפורים, בשמיני עצרת, בשביעי של פסח ובחג השבועות.

בעבור נשמת האב

יִזְכֹּר אֱלֹהִים אֶת נִשְׁמַת אָבִי מוֹרִי (פלוני בן פלוני) שֶׁהָלַךְ לְעוֹלָמוֹ, בַּעֲבוּר שֶׁאֲנִי נוֹדֵב צְדָקָה בַּעֲדוֹ. בִּשְׂכַר זֶה תְּהֵא נַפְשׁוֹ צְרוּרָה בִּצְרוֹר הַחַיִּים עִם נִשְׁמַת אַבְרָהָם יִצְחָק וְיַעֲקֹב, שָׂרָה רִבְקָה רָחֵל וְלֵאָה, וְעִם שְׁאָר צַדִּיקִים וְצִדְקָנִיּוֹת שֶׁבְּגַן עֵדֶן, וְנֹאמַר אָמֵן.

בעבור נשמת האם

יִזְכֹּר אֱלֹהִים אֶת נִשְׁמַת אִמִּי מוֹרָתִי (פלונית בת פלונית) שֶׁהָלְכָה לְעוֹלָמָהּ. בַּעֲבוּר שֶׁאֲנִי נוֹדֵב צְדָקָה בַּעֲדָהּ. בִּשְׂכַר זֶה תְּהֵא נַפְשָׁהּ צְרוּרָה בִּצְרוֹר הַחַיִּים עִם נִשְׁמַת אַבְרָהָם יִצְחָק וְיַעֲקֹב, שָׂרָה רִבְקָה רָחֵל וְלֵאָה, וְעִם שְׁאָר צַדִּיקִים וְצִדְקָנִיּוֹת שֶׁבְּגַן עֵדֶן, וְנֹאמַר אָמֵן.

בעבור נשמות סבא וסבתא ושאר קרובים

יִזְכֹּר אֱלֹהִים אֶת נִשְׁמַת סָבִי וְסָבָתִי, זְקֵנַי וּזְקֵנוֹתַי דּוֹדַי וְדוֹדוֹתַי, אַחַי וְאַחְיוֹתַי, בֵּין מִצַּד אָבִי בֵּין מִצַּד אִמִּי שֶׁהָלְכוּ לְעוֹלָמָם, בַּעֲבוּר שֶׁאֲנִי נוֹדֵב צְדָקָה בַּעֲדָם. בִּשְׂכַר זֶה תִּהְיֶינָה נַפְשׁוֹתָם צְרוּרוֹת בִּצְרוֹר הַחַיִּים עִם נִשְׁמַת אַבְרָהָם יִצְחָק וְיַעֲקֹב, שָׂרָה רִבְקָה רָחֵל וְלֵאָה, וְעִם שְׁאָר צַדִּיקִים וְצִדְקָנִיּוֹת שֶׁבְּגַן עֵדֶן, וְנֹאמַר אָמֵן.

בעבור נשמות המומתים על קידוש השם

יִזְכֹּר אֱלֹהִים אֶת נִשְׁמַת (פלוני בן פלוני) (פלונית בת פלונית) וְנִשְׁמוֹת כָּל קְרוֹבַי וּקְרוֹבוֹתַי בֵּין מִצַּד אָבִי בֵּין מִצַּד אִמִּי, שֶׁהוּמְתוּ וְשֶׁנֶּהֶרְגוּ וְשֶׁנִּשְׁחֲטוּ וְשֶׁנִּשְׂרְפוּ וְשֶׁנִּטְבְּעוּ וְשֶׁנֶּחְנְקוּ עַל קִדּוּשׁ הַשֵּׁם. בַּעֲבוּר שֶׁאֲנִי נוֹדֵב צְדָקָה בְּעַד הַזְכָּרַת נִשְׁמָתָם. בִּשְׂכַר זֶה תִּהְיֶינָה נַפְשׁוֹתָם צְרוּרוֹת בִּצְרוֹר הַחַיִּים עִם נִשְׁמַת אַבְרָהָם יִצְחָק וְיַעֲקֹב, שָׂרָה רִבְקָה רָחֵל וְלֵאָה, וְעִם שְׁאָר צַדִּיקִים וְצִדְקָנִיּוֹת שֶׁבְּגַן עֵדֶן, וְנֹאמַר אָמֵן.

"יזכור" לקדושי השואה

אָבִינוּ מַלְכֵּנוּ אֵל אֱלֹהֵי הָרוּחוֹת לְכָל בָּשָׂר, הַמְצֵא מְנוּחָה נְכוֹנָה עַל כַּנְפֵי הַשְּׁכִינָה, בְּמַעֲלוֹת קְדוֹשִׁים וּטְהוֹרִים כְּזֹהַר הָרָקִיעַ מַזְהִירִים, אֶת נִשְׁמוֹתֵיהֶם שֶׁל שֵׁשׁ מֵאוֹת רִבְבוֹת אַלְפֵי יִשְׂרָאֵל, אֲנָשִׁים נָשִׁים יְלָדִים וִילָדוֹת, שֶׁנֶּהֶרְגוּ וְשֶׁנִּטְבְּחוּ וְשֶׁנֶּחְנְקוּ וְשֶׁנִּקְבְּרוּ חַיִּים בִּידֵי מִפְלְצוֹת הַצּוֹרְרִים בְּגָלוּת אֵירוֹפָּה וּבִשְׁאָר מְקוֹמוֹת. כֻּלָּם קְדוֹשִׁים וּטְהוֹרִים, בָּהֶם גְּאוֹנִים וְצַדִּיקִים אַרְזֵי הַלְּבָנוֹן וְאַדִּירֵי הַתּוֹרָה, בְּגַן עֵדֶן תְּהֵא מְנוּחָתָם. לָכֵן בַּעַל הָרַחֲמִים יִצְרוֹר בִּצְרוֹר הַחַיִּים אֶת נִשְׁמוֹתֵיהֶם, ה' הוּא נַחֲלָתָם, וּזְכֹר לָנוּ עֲקֵדָתָם, וְתַעֲמֹד לְכָל יִשְׂרָאֵל זְכוּתָם. אֶרֶץ

אַל תְּכַסִּי דָמָם, וְאַל יְהִיֶה מָקוֹם לְזַעֲקָתָם. בִּזְכוּתָם נִדְחֵי יִשְׂרָאֵל יָשׁוּבוּ לַאֲחוּזָתָם, וְהַקְּדוֹשִׁים לְזִכָּרוֹן תָּמִיד נֶגֶד עֵינֶיךָ צִדְקָתָם. יָבֹאוּ שָׁלוֹם יָנוּחוּ עַל מִשְׁכְּבוֹתָם, וְנֹאמַר אָמֵן.

"אל מלא רחמים" לחיילי צה"ל

אֵל מָלֵא רַחֲמִים שׁוֹכֵן בַּמְּרוֹמִים, הַמְצֵא מְנוּחָה נְכוֹנָה עַל כַּנְפֵי הַשְּׁכִינָה, בְּמַעֲלוֹת קְדוֹשִׁים טְהוֹרִים וְגִבּוֹרִים, כְּזֹהַר הָרָקִיעַ מַזְהִירִים, לְנִשְׁמוֹת הַקְּדוֹשִׁים שֶׁנִּלְחֲמוּ בְּכָל מַעַרְכוֹת יִשְׂרָאֵל, בַּמַּחְתֶּרֶת וּבִצְבָא הַהֲגָנָה לְיִשְׂרָאֵל, וְשֶׁנָּפְלוּ בְּמִלְחַמְתָּם וּבְעֵת מִלּוּי תַּפְקִידָם, וּמָסְרוּ נַפְשָׁם עַל קְדֻשַּׁת הַשֵּׁם, בְּהַגָּנַת הָעָם וְהָאָרֶץ. בַּעֲבוּר שֶׁאָנוּ מִתְפַּלְּלִים לְעִלּוּי נִשְׁמוֹתֵיהֶם. לָכֵן בַּעַל הָרַחֲמִים יַסְתִּירֵם בְּסֵתֶר כְּנָפָיו לְעוֹלָמִים, וְיִצְרוֹר בִּצְרוֹר הַחַיִּים אֶת נִשְׁמוֹתֵיהֶם, ה' הוּא נַחֲלָתָם, בְּגַן עֵדֶן תְּהֵא מְנוּחָתָם, וְיָנוּחוּ בְּשָׁלוֹם עַל מִשְׁכְּבוֹתָם, וְתַעֲמֹד לְכָל יִשְׂרָאֵל זְכוּתָם, וְיַעַמְדוּ לְגוֹרָלָם לְקֵץ הַיָּמִין, וְנֹאמַר אָמֵן.

"יזכור" לחיילי צה"ל

יִזְכֹּר אֱלֹהִים אֶת בָּנָיו וּבְנוֹתָיו הַנֶּאֱמָנִים וְהָאַמִּיצִים, חַיָּלֵי צְבָא הַהֲגָנָה לְיִשְׂרָאֵל, וְכָל לוֹחֲמֵי הַמַּחְתָּרוֹת וַחֲטִיבוֹת הַלּוֹחֲמִים בְּמַעַרְכוֹת הָעָם, אֲשֶׁר חֵרְפוּ נַפְשָׁם בַּמִּלְחָמָה עַל תְּקוּמַת יִשְׂרָאֵל, וְכָל אֵלּוּ שֶׁנִּרְצְחוּ בָּאָרֶץ וּמִחוּצָה לָהּ בִּידֵי הַמְרַצְּחִים מֵאִרְגּוּנֵי הַטֵּרוֹר. יִזְכֹּר יִשְׂרָאֵל וְיִתְבָּרֵךְ בְּזַרְעוֹ וְיֶאֱבַל עַל זִיו הָעֲלוּמִים וְחֶמְדַּת הַגְּבוּרָה וּקְדֻשַּׁת הָרָצוֹן וּמְסִירוּת הַנֶּפֶשׁ אֲשֶׁר נִסְפּוּ בַּמַּעֲרָכָה הַכְּבֵדָה. יִהְיוּ גִּבּוֹרֵי מִלְחֲמוֹת יִשְׂרָאֵל עֲטוּרֵי הַנִּצָּחוֹן, חֲתוּמִים בְּלֵב יִשְׂרָאֵל לְדוֹר דּוֹר.

גדול השלום שאפילו מתים צריכים שלום שנאמר "וְאַתָּה תָּבוֹא אֶל אֲבֹתֶיךָ בְּשָׁלוֹם".
ספרי במדבר פיסקא מב

השכבות

על פי דברי האריז"ל טוב ומועיל לומר לנשמת הנפטר השכבה בקיצור. וכתוב בספר "שער הכוונות" (פרשת ויחי) שהיה האר"י מלעיג על המאריכים בהשכבות. והיה אומר שלא היו מעלין לנשמת המת, אבל לפעמים היו מורידין אם אין נפש המת ראויה לכך. גם הרב מרדכי אליהו שליט"א כתב לי בתשובה לשאלתי, שנוסח ההשכבה הארוך נאמר רק בלוויה. עם כל זה הבאנו גם את נוסח ההשכבות הארוך למי שנוהג בכך.

נוסח השכבה קצר:

הַמְרַחֵם עַל כָּל בְּרִיּוֹתָיו הוּא יָחוּס וְיַחְמוֹל וִירַחֵם עַל נֶפֶשׁ, רוּחַ וּנְשָׁמָה שֶׁל (פלוני/ת בן/בת פלוני/ת). רוּחַ ה' תְּנִיחֶנּוּ (לאשה – תְּנִיחֶנָּה) בְּגַן עֵדֶן:

לאחר ההשכבה אומרים:

בִּלַּע הַמָּוֶת לָנֶצַח, וּמָחָה ה' אֱלֹהִים דִּמְעָה מֵעַל כָּל פָּנִים, וְחֶרְפַּת עַמּוֹ יָסִיר מֵעַל כָּל הָאָרֶץ כִּי ה' דִּבֵּר. יִחְיוּ מֵתֶיךָ נְבֵלָתִי יְקוּמוּן, הָקִיצוּ וְרַנְּנוּ שֹׁכְנֵי עָפָר כִּי טַל אוֹרֹת טַלֶּךָ, וָאָרֶץ רְפָאִים תַּפִּיל. וְהוּא רַחוּם יְכַפֵּר עָוֹן וְלֹא יַשְׁחִית, וְהִרְבָּה לְהָשִׁיב אַפּוֹ, וְלֹא יָעִיר כָּל חֲמָתוֹ. ה' הוֹשִׁיעָה, הַמֶּלֶךְ יַעֲנֵנוּ בְיוֹם קָרְאֵנוּ.

השכבה בנוסח עדות המזרח לאיש

לאדם גדול בתורה וביראת שמים אומרים:

וְהַחָכְמָה מֵאַיִן תִּמָּצֵא, וְאֵי זֶה מְקוֹם בִּינָה: אַשְׁרֵי אָדָם מָצָא חָכְמָה, וְאָדָם יָפִיק תְּבוּנָה: מָה רַב טוּבְךָ אֲשֶׁר צָפַנְתָּ לִּירֵאֶיךָ, פָּעַלְתָּ לַחוֹסִים בָּךְ, נֶגֶד בְּנֵי אָדָם: מַה יָּקָר חַסְדְּךָ אֱלֹהִים, וּבְנֵי אָדָם בְּצֵל כְּנָפֶיךָ יֶחֱסָיוּן: יִרְוְיֻן מִדֶּשֶׁן בֵּיתֶךָ, וְנַחַל עֲדָנֶיךָ תַשְׁקֵם: טוֹב שֵׁם מִשֶּׁמֶן טוֹב, וְיוֹם הַמָּוֶת מִיּוֹם הִוָּלְדוֹ:

סוֹף דָּבָר הַכֹּל נִשְׁמָע, אֶת הָאֱלֹהִים יְרָא וְאֶת מִצְוֹתָיו שְׁמוֹר כִּי זֶה כָּל הָאָדָם: יַעְלְזוּ חֲסִידִים בְּכָבוֹד, יְרַנְּנוּ עַל מִשְׁכְּבוֹתָם: מְנוּחָה נְכוֹנָה. בִּישִׁיבָה עֶלְיוֹנָה. בְּמַעֲלַת קְדוֹשִׁים וּטְהוֹרִים. כְּזוֹהַר הָרָקִיעַ מְאִירִים וּמַזְהִירִים. וְחִלּוּץ עֲצָמִים. וְכַפָּרַת אֲשָׁמִים. וְהַרְחָקַת פֶּשַׁע. וְהַקְרָבַת יֶשַׁע. וְחֶמְלָה וַחֲנִינָה. מִלִּפְנֵי שׁוֹכֵן מְעוֹנָה. וְחוּלָקָא טָבָא. לְחַיֵּי הָעוֹלָם הַבָּא. שָׁם תְּהֵא מְנָת וּמְחִיצַת וִישִׁיבַת נֶפֶשׁ הַשֵּׁם הַטּוֹב הַמְּרוּחָם (פלוני בן פלוני) רוּחַ ה׳ תְּנִיחֶנּוּ בְּגַן עֵדֶן. דְּאִתְפְּטַר מִן עָלְמָא הָדֵין כִּרְעוּת אֱלָהָא מָארֵיהּ שְׁמַיָּא וְאַרְעָא. מֶלֶךְ מַלְכֵי הַמְּלָכִים בְּרַחֲמָיו יְרַחֵם עָלָיו. וְיָחוּס וַיַחְמוֹל עָלָיו. מֶלֶךְ מַלְכֵי הַמְּלָכִים בְּרַחֲמָיו יַסְתִּירֵהוּ בְּצֵל כְּנָפָיו וּבְסֵתֶר אָהֳלוֹ לַחֲזוֹת בְּנוֹעַם ה׳ וּלְבַקֵּר בְּהֵיכָלוֹ. וּלְקֵץ הַיָּמִין יַעֲמִידֵהוּ. וּמִנַּחַל עֲדָנָיו יַשְׁקֵהוּ. וְיִצְרוֹר בִּצְרוֹר הַחַיִּים נִשְׁמָתוֹ. וְיָשִׂים כָּבוֹד מְנוּחָתוֹ. ה׳ הוּא נַחֲלָתוֹ. וְיִלָּוֶה אֵלָיו הַשָּׁלוֹם וְעַל מִשְׁכָּבוֹ יִהְיֶה שָׁלוֹם. כְּדִכְתִיב: יָבוֹא שָׁלוֹם יָנוּחוּ עַל מִשְׁכְּבוֹתָם. הֹלֵךְ נְכֹחוֹ. הוּא וְכָל בְּנֵי יִשְׂרָאֵל הַשּׁוֹכְבִים עִמּוֹ בִּכְלַל הָרַחֲמִים וְהַסְּלִיחוֹת. וְכֵן יְהִי רָצוֹן וְנֹאמַר אָמֵן:

השכבה בנוסח עדות המזרח לאשה

אֵשֶׁת חַיִל מִי יִמְצָא, וְרָחֹק מִפְּנִינִים מִכְרָהּ: שֶׁקֶר הַחֵן וְהֶבֶל הַיֹּפִי, אִשָּׁה יִרְאַת ה׳ הִיא תִתְהַלָּל: תְּנוּ לָהּ מִפְּרִי יָדֶיהָ, וִיהַלְלוּהָ בַשְּׁעָרִים מַעֲשֶׂיהָ: רַחֲמָנָא דְּרַחֲמָנוּתָא דִּי לֵיהּ הִיא וּבְמֵימְרֵיהּ אִתְבְּרִיאוּ עָלְמַיָּא עָלְמָא הָדֵין וְעָלְמָא דְּאָתֵי, וּגְנַז בֵּיהּ צִדְקָנִיּוֹת וְחַסְדָּנִיּוֹת דְּעָבְדָן רְעוּתֵיהּ, וּבְמֵימְרֵיהּ וּבִיקָרֵיהּ וּבְתוּקְפֵיהּ יֵאמַר לְמֵיעַל קֳדָמוֹהִי דּוּכְרָן נֶפֶשׁ הָאִשָּׁה הַכְּבוּדָה וְהַצְּנוּעָה וְהַנִּכְבֶּדֶת מָרַת (פלונית בת פלונית) רוּחַ ה׳ תְּנִיחֶנָּה בְּגַן עֵדֶן. דְּאִתְפְּטָרַת מִן עָלְמָא הָדֵין כִּרְעוּת אֱלָהָא מָרֵיהּ שְׁמַיָּא וְאַרְעָא. הַמֶּלֶךְ בְּרַחֲמָיו יָחוּס וַיַחְמוֹל עָלֶיהָ. וְיִלָּוֶה אֵלֶיהָ הַשָּׁלוֹם וְעַל מִשְׁכָּבָהּ יִהְיֶה שָׁלוֹם. כְּדִכְתִיב: יָבוֹא שָׁלוֹם יָנוּחוּ עַל מִשְׁכְּבוֹתָם. הֹלֵךְ נְכֹחוֹ. הִיא וְכָל בְּנוֹת יִשְׂרָאֵל הַשּׁוֹכְבוֹת עִמָּהּ בִּכְלַל הָרַחֲמִים וְהַסְּלִיחוֹת. וְכֵן יְהִי רָצוֹן וְנֹאמַר אָמֵן:

תפילות לפני ואחרי הלימוד

יש מעדות המזרח שנהגו לומר קודם הלימוד

לאיש

יְהִי רָצוֹן מִלְּפָנֶיךָ ה׳ אֱלֹהֵינוּ וֵאלֹהֵי אֲבוֹתֵינוּ, שֶׁיַּעֲלֶה לְרָצוֹן לִמּוּד זֶה שֶׁאֲנַחְנוּ לוֹמְדִים לְשֵׁם נִשְׁמַת (פלוני בן פלוני) עָלָיו הַשָּׁלוֹם. וּבִזְכוּת לִמּוּד זֶה, הָאֵל הַגָּדוֹל הַגִּבּוֹר וְהַנּוֹרָא שׁוֹכֵן עַד וְקָדוֹשׁ שְׁמוֹ, שֶׁתִּצְרוֹר נִשְׁמָתוֹ בִּצְרוֹר הַחַיִּים, וְתָשִׂים מְחִיצָתוֹ בִּמְחִיצַת הַצַּדִּיקִים וְהַחֲסִידִים יְסוֹדֵי עוֹלָם הָעוֹמְדִים לְפָנֶיךָ וּנְהֱנִים מֵאוֹר זִיו פָּנֶיךָ. וְתִתֵּן לוֹ מַהְלְכִים בֵּין הָעֹמְדִים לְפָנֶיךָ, וְתִמְחַל וְתִסְלַח וּתְכַפֵּר וְתִמְחֶה וְתִמְחֹק כָּל מַה שֶּׁחָטָא וְעָוָה וּפָשַׁע לְפָנֶיךָ, אוֹ עָשָׂה דָּבָר שֶׁלֹּא כִּרְצוֹנְךָ. וְאַל תִּזְכֹּר לוֹ שׁוּם חֵטְא וְעָוֹן וּפֶשַׁע וַעֲבֵרָה, אֶלָּא כָּל הַמִּצְוֹת שֶׁעָשָׂה תִּזְכְּרֵם לוֹ לְטוֹבָה. וְרוּחוֹ תַּרְגִּיעַ בְּחֵלֶק הַיּוֹשְׁבִים בְּגַן עֵדֶן, וְנִשְׁמָתוֹ תִּתְעַדֵּן בַּטּוּב הַצָּפוּן לַצַּדִּיקִים. וְתָשִׁיב בְּכָבוֹד מְנוּחָתוֹ, וּלְקֵץ הַיָּמִים יַעֲמֹד לְגוֹרָלוֹ, וְיִלָּוֶה אֵלָיו הַשָּׁלוֹם וְעַל מִשְׁכָּבוֹ יָבוֹא שָׁלוֹם, כְּדִכְתִיב "יָבוֹא שָׁלוֹם יָנוּחוּ עַל מִשְׁכְּבוֹתָם הֹלֵךְ נְכֹחוֹ". הוּא וְכָל בְּנֵי יִשְׂרָאֵל הַשּׁוֹכְבִים עִמּוֹ בִּכְלַל הָרַחֲמִים וְהַסְּלִיחוֹת, וְכֵן יְהִי רָצוֹן וְנֹאמַר אָמֵן.

לאשה

יְהִי רָצוֹן מִלְּפָנֶיךָ ה׳ אֱלֹהֵינוּ וֵאלֹהֵי אֲבוֹתֵינוּ, שֶׁיַּעֲלֶה לְרָצוֹן לִמּוּד זֶה שֶׁאֲנַחְנוּ לוֹמְדִים לְשֵׁם נִשְׁמַת (פלונית בת פלונית) עָלֶיהָ הַשָּׁלוֹם. וּבִזְכוּת לִמּוּד זֶה, הָאֵל הַגָּדוֹל הַגִּבּוֹר וְהַנּוֹרָא שׁוֹכֵן עַד וְקָדוֹשׁ שְׁמוֹ, שֶׁתִּצְרוֹר נִשְׁמָתָהּ בִּצְרוֹר הַחַיִּים, וְתָשִׂים מְחִיצָתָהּ בִּמְחִיצַת הַצַּדִּיקִים וְהַחֲסִידִים יְסוֹדֵי עוֹלָם הָעוֹמְדִים לְפָנֶיךָ וּנְהֱנִים מֵאוֹר זִיו פָּנֶיךָ. וְתִתֵּן לָהּ מַהְלְכִים בֵּין הָעֹמְדִים לְפָנֶיךָ, וְתִמְחַל וְתִסְלַח וּתְכַפֵּר וְתִמְחֶה וְתִמְחֹק כָּל מַה שֶּׁחָטְאָה וְעָוְתָה וּפָשְׁעָה לְפָנֶיךָ, אוֹ עָשְׂתָה דָּבָר שֶׁלֹּא כִּרְצוֹנְךָ. וְאַל תִּזְכֹּר לָהּ שׁוּם חֵטְא וְעָוֹן וּפֶשַׁע וַעֲבֵרָה, אֶלָּא כָּל הַמִּצְוֹת

שֶׁעָשְׂתָה תִּזָּכֵר לָהּ לְטוֹבָה. וְרוּחָהּ תַּרְגִּיעַ בְּחֵלֶק הַיּוֹשְׁבִים בְּגַן עֵדֶן, וְנִשְׁמָתָהּ תִּתְעַדֵּן בְּטוּב הַצָּפוּן לַצַּדִּיקִים. וְתָשִׁיב בְּכָבוֹד מְנוּחָתָהּ, וּלְקֵץ הַיָּמִים תַּעֲמֹד לְגוֹרָלָהּ, וְיִלָּוֶה אֵלֶיהָ הַשָּׁלוֹם וְעַל מִשְׁכָּבָהּ יָבוֹא שָׁלוֹם, כְּדִכְתִיב "יָבוֹא שָׁלוֹם יָנוּחוּ עַל מִשְׁכְּבוֹתָם הֹלֵךְ נְכֹחוֹ". הִיא וְכָל בְּנוֹת יִשְׂרָאֵל הַשּׁוֹכְבוֹת עִמָּהּ בִּכְלַל הָרַחֲמִים וְהַסְּלִיחוֹת, וְכֵן יְהִי רָצוֹן וְנֹאמַר אָמֵן.

תפילה על הנפטר אחרי הלימוד

לאיש

אָנָּא ה' מָלֵא רַחֲמִים, אֲשֶׁר בְּיָדְךָ נֶפֶשׁ כָּל חַי וְרוּחַ כָּל בְּשַׂר אִישׁ, יְהִיֶה נָא לְרָצוֹן לְפָנֶיךָ תּוֹרָתֵנוּ וּתְפִלָּתֵנוּ בַּעֲבוּר נִשְׁמַת (פלוני בן פלוני), וּגְמֹל נָא בְּחַסְדְּךָ הַגָּדוֹל לִפְתּוֹחַ לָהּ שַׁעֲרֵי רַחֲמִים וְשַׁעֲרֵי גַן עֵדֶן, וּתְקַבֵּל אוֹתָהּ בְּאַהֲבָה וּבְחִבָּה, וּשְׁלַח לָהּ מַלְאָכֶיךָ הַקְּדוֹשִׁים וְהַטְּהוֹרִים, לְהוֹלִיכָהּ וּלְהוֹשִׁיבָהּ תַּחַת עֵץ הַחַיִּים, אֵצֶל נִשְׁמוֹת הַצַּדִּיקִים וְהַצִּדְקָנִיּוֹת, חֲסִידִים וַחֲסִידוֹת, לֵיהָנוֹת מִזִּיו שְׁכִינָתְךָ וּלְהַשְׂבִּיעָהּ מִטּוּבְךָ הַצָּפוּן לַצַּדִּיקִים. וְהַגּוּף יָנוּחַ בַּקֶּבֶר בִּמְנוּחָה נְכוֹנָה, בְּחֶדְוָה וּבְשִׂמְחָה וּבְשָׁלוֹם, כְּדִכְתִיב "יָבוֹא שָׁלוֹם יָנוּחוּ עַל מִשְׁכְּבוֹתָם", וּכְתִיב "יַעְלְזוּ חֲסִידִים בְּכָבוֹד יְרַנְּנוּ עַל מִשְׁכְּבוֹתָם", וּכְתִיב "אִם תִּשְׁכַּב לֹא תִפְחָד וְשָׁכַבְתָּ וְעָרְבָה שְׁנָתֶךָ". וְתִשְׁמֹר אוֹתוֹ מֵחִבּוּט הַקֶּבֶר וּמֵרִמָּה וְתוֹלֵעָה, וְתִסְלַח וְתִמְחֹל לוֹ עַל כָּל פְּשָׁעָיו כִּי אָדָם אֵין צַדִּיק בָּאָרֶץ אֲשֶׁר יַעֲשֶׂה טּוֹב וְלֹא יֶחֱטָא, וּזְכֹר לוֹ זְכֻיּוֹתָיו וְצִדְקוֹתָיו אֲשֶׁר עָשָׂה, וְתַשְׁפִּיעַ לוֹ מִנִּשְׁמָתוֹ לְדַשֵּׁן עַצְמוֹתָיו בַּקֶּבֶר מֵרֹב טוּב הַצָּפוּן לַצַּדִּיקִים, כְּדִכְתִיב "מָה רַב טוּבְךָ אֲשֶׁר צָפַנְתָּ לִּירֵאֶיךָ", וּכְתִיב "שֹׁמֵר כָּל עַצְמוֹתָיו אַחַת מֵהֵנָּה לֹא נִשְׁבָּרָה". וְיִשְׁכּוֹן בֶּטַח בָּדָד מִפַּחַד רָעָה וְאַל יִרְאֶה פְּנֵי גֵּהִנָּם, וְנִשְׁמָתוֹ תְּהֵא צְרוּרָה בִּצְרוֹר הַחַיִּים עִם כָּל מְתֵי עַמְּךָ יִשְׂרָאֵל בְּרַחֲמִים, אָמֵן.

לאשה

אָנָּא ה' מָלֵא רַחֲמִים, אֲשֶׁר בְּיָדְךָ נֶפֶשׁ כָּל חַי וְרוּחַ כָּל בְּשַׂר אִישׁ, יִהְיֶה נָא לְרָצוֹן לְפָנֶיךָ תּוֹרָתֵנוּ וּתְפִלָּתֵנוּ בַּעֲבוּר נִשְׁמַת (פלונית בת פלונית), וּגְמֹל נָא בְּחַסְדְּךָ הַגָּדוֹל לִפְתּוֹחַ לָהּ שַׁעֲרֵי רַחֲמִים וְשַׁעֲרֵי גַן עֵדֶן, וּתְקַבֵּל אוֹתָהּ בְּאַהֲבָה וּבְחִבָּה, וּשְׁלַח לָהּ מַלְאָכֶיךָ הַקְּדוֹשִׁים וְהַטְּהוֹרִים, לְהוֹלִיכָהּ וּלְהוֹשִׁיבָהּ תַּחַת עֵץ הַחַיִּים, אֵצֶל נִשְׁמוֹת הַצַּדִּיקִים וְהַצִּדְקָנִיּוֹת, חֲסִידִים וַחֲסִידוֹת, לֵיהָנוֹת מִזִּיו שְׁכִינָתְךָ וּלְהַשְׂבִּיעָהּ מִטּוּבְךָ הַצָּפוּן לַצַּדִּיקִים. וְהַגּוּף יָנוּחַ בַּקֶּבֶר בִּמְנוּחָה נְכוֹנָה, בְּחֶדְוָה וּבְשִׂמְחָה וּבְשָׁלוֹם, כִּדְכְתִיב "יָבוֹא שָׁלוֹם יָנוּחוּ עַל מִשְׁכְּבוֹתָם", וּכְתִיב "יַעְלְזוּ חֲסִידִים בְּכָבוֹד יְרַנְּנוּ עַל מִשְׁכְּבוֹתָם", וּכְתִיב "אִם תִּשְׁכַּב לֹא תִפְחָד וְשָׁכַבְתָּ וְעָרְבָה שְׁנָתֶךָ". וְתִשְׁמֹר אוֹתָהּ מֵחִבּוּט הַקֶּבֶר וּמֵרִמָּה וְתוֹלֵעָה, וְתִסְלַח וְתִמְחֹל לָהּ עַל כָּל פְּשָׁעֶיהָ כִּי אָדָם אֵין צַדִּיק בָּאָרֶץ אֲשֶׁר יַעֲשֶׂה טּוֹב וְלֹא יֶחֱטָא, וּזְכֹר לָהּ זְכֻיּוֹתֶיהָ וְצִדְקוֹתֶיהָ אֲשֶׁר עָשְׂתָה, וְתַשְׁפִּיעַ לָהּ מִנִּשְׁמָתָהּ לְדַשֵּׁן עַצְמוֹתֶיהָ בַּקֶּבֶר מֵרֹב טוּב הַצָּפוּן לַצַּדִּיקִים, כִּדְכְתִיב "מָה רַב טוּבְךָ אֲשֶׁר צָפַנְתָּ לִּירֵאֶיךָ", וּכְתִיב "שֹׁמֵר כָּל עַצְמוֹתָיו אַחַת מֵהֵנָּה לֹא נִשְׁבָּרָה". וְתִשְׁכּוֹן בֶּטַח בָּדָד מִפַּחַד רָעָה וְאַל תִּרְאֶה פְּנֵי גֵּהִנָּם, וְנִשְׁמָתָהּ תְּהֵא צְרוּרָה בִּצְרוֹר הַחַיִּים עִם כָּל מְתֵי עַמְּךָ יִשְׂרָאֵל בְּרַחֲמִים, אָמֵן.

יש מעדות המזרח שאומרים לאחר הלימוד

יְהִי רָצוֹן מִלְּפָנֶיךָ ה' אֱלֹהֵינוּ וֵאלֹהֵי אֲבוֹתֵינוּ, מַלְכֵּנוּ מַצִּילֵנוּ בּוֹרְאֵנוּ יוֹצְרֵנוּ וְעוֹשֵׂנוּ, שֶׁתְּקַבֵּל בְּחֶסֶד וּבְרַחֲמִים לִמּוּדֵנוּ אֲשֶׁר לָמַדְנוּ לְפָנֶיךָ, לִזְכוּת וְלִמְנוּחַת נֶפֶשׁ נִשְׁמַת (פלוני/ת בן/בת פלוני/ת) וְיַעֲלוּ לְרָצוֹן וּלְנַחַת רוּחַ לִפְנֵי כִּסֵּא כְבוֹדֶךָ, לְהַשְׁפִּיעַ עָלֶיהָ שִׁפְעַת יִפְעַת אוֹרוֹת טַלֶּךָ, כְּדֵי שֶׁתִּכָּנֵס לְגַן עֵדֶן הָעֶלְיוֹן, לֵאוֹר בְּאוֹר פָּנֶיךָ וְלֵיהָנוֹת מִזִּיו שְׁכִינָתְךָ. וּתְהֵא לָהּ מְנוּחָה נְכוֹנָה בְּגַן עֵדֶן מוֹשָׁבָהּ, כָּל הַיָּמִים בִּמְחִיצָתָם שֶׁל צַדִּיקִים, וְיַעַמְדוּ עָלֶיהָ מַלְאָכִים הֲמוֹנֵי מַעְלָה לְהַמְלִיץ טוֹב בַּעֲדָהּ, וְיִקְרְאוּ לְפָנֶיךָ זְכֻיּוֹתֶיהָ. וּבִזְכוּת כָּל הַשֵּׁמוֹת וְהַצֵּרוּפִים וְהַסּוֹדוֹת הַיּוֹצְאִים וְהָרְמוּזִים וְהַמְּצֹרָפִים בַּלִּמּוּד שֶׁלָּמַדְנוּ, תִּתְקַבֵּלְנָה כְּקָרְבָּנוֹת

וּמְנָחוֹת וְנִחוּחִים. וּבְצֶדֶק תַּעֲנֶה נוֹרָאוֹת לְכַלֵּא הַפֶּשַׁע וּלְהָתֵם חַטָּאת. וְיִפָּתְחוּ לָהּ שַׁעַר הַשָּׁמַיִם וְעַל מֵי מְנוּחוֹת יְנַהֲלוּהָ וִילַוּוּהָ, וְיוֹשִׁיבוּהָ בִּמְעוֹן בֵּיתֶךָ וּמְקוֹם מִשְׁכַּן כְּבוֹדֶךָ, וְיַסְתִּירוּהָ בְּסֵתֶר עֶלְיוֹן שׁוֹכֵן רוּם חֶבְיוֹן לְהַצִּילָהּ וּלְהוֹשִׁיעָהּ מִשָּׂטָן רַע וּמְמַקַטְרְגִים רָעִים. וְתִהְיֶה מְנוּחָתָהּ כָּבוֹד בִּמְנוּחַת שָׁלוֹם וְשַׁלְוָה וְהַשְׁקֵט וָבֶטַח. כְּדִכְתִיב "יָבוֹא שָׁלוֹם יָנוּחוּ עַל מִשְׁכְּבוֹתָם הֹלֵךְ נְכֹחוֹ". עַד שֶׁתַּעֲמֹד לְגוֹרָלָהּ לְקֵץ הַיָּמִין, וְיִתְקַיֵּם בָּנוּ מִקְרָא שֶׁכָּתוּב "בִּלַּע הַמָּוֶת לָנֶצַח, וּמָחָה ה' אֱלֹהִים דִּמְעָה מֵעַל כָּל פָּנִים, וְחֶרְפַּת עַמּוֹ יָסִיר מֵעַל כָּל הָאָרֶץ כִּי ה' דִּבֵּר". וְאַתָּה ה' בְּרַחֲמֶיךָ הָרַבִּים, אֵל שַׁדַּי, תֹּאמַר לְצָרוֹתֵינוּ דָּי. אָנָּא ה' מַלְּטָה הַמַּחֲנֶה הַנִּשְׁאָר לִפְלֵטָה. וּקְרָא עָלֶיהָ אֶת הַקְּרִיאָה עַל הַגְּאֻלָּה וְעַל הַתְּמוּרָה, כִּי אֵין זוּלָתְךָ לִגְאֹל וּלְקַבֵּץ שֶׂה פְזוּרָה, וּמְהֵרָה יָבוֹא לְצִיּוֹן גּוֹאֵל וְנָקוּמָה וְנַעֲלֶה בֵּית אֵל, אָמֵן כֵּן יְהִי רָצוֹן.

משניות אותיות נשמ"ה

נהגו ללמוד משניות לעילוי נשמת הנפטר. יש באדם ממד חומרי זמני וכלה, וישנה נשמה רוחנית נצחית. בלימוד רעיונות רוחניים נצחיים, יש ניגוד לגוף החומרי שבלה וכלה בעפר. הלימוד מנסה להתעלות מעל הזמניות החולפת, אל הנצחיות והרוחניות. עצם הלימוד והעיסוק ברוחניות נחשב ביהדות כזכות לנפטר. באופן סמלי בא הדבר לידי ביטוי באותיות "משנה" שהן אותיות "נשמה". אם הפטירה והלימוד שבעקבותיה גורמים לשומעים לדבוק במעשים טובים, גם זו נחשבת כזכות לנפטר.

כעיקרון ניתן ללמוד משניות כל שהן או כל לימוד תורה שהוא לעילוי נשמה. אבל בדרך כלל נהגו ללמוד משניות לפי אותיות שמו של הנפטר (כל משנה פותחת באות אחת משם הנפטר, לפי הסדר). יש נוהגים ללמוד משניות מסכת אבות העוסקות בדרך ארץ ומידות טובות שראוי לאדם להנהיג עצמו, או משניות ממסכת מקוואות המובאות כאן.

הסתלקות המת מן הזולת מתקשרת לטומאה. מסכת מקוואות עוסקת בטהרה. לכן יש בלימוד ענייני טהרה, מעין השלמה ותיקון להסתלקות הנפטר. המשניות דלקמן הן ברצף מתוך מסכת מקוואות, לפי הסדר של אותיות נשמ"ה. הלימוד מסתיים במילות טהרה.

משניות שלומדים לעילוי נשמה – מסכת מקוואות פרק ז.

משנה ד

נָפַל לְתוֹכוֹ יַיִן אוֹ מֹחַל וְשִׁנּוּ מִקְצָת מַרְאָיו, אִם אֵין בּוֹ מַרְאֵה מַיִם אַרְבָּעִים סְאָה, הֲרֵי זֶה לֹא יִטְבּוֹל בּוֹ:

משנה ה

שְׁלֹשָׁה לֻגִּין מַיִם, וְנָפַל לְתוֹכָן קֹרְטוֹב יַיִן, וַהֲרֵי מַרְאֵיהֶן כְּמַרְאֵה הַיַּיִן, וְנָפְלוּ לַמִּקְוֶה, לֹא פְסָלוּהוּ. שְׁלֹשָׁה לֻגִּין מַיִם חָסֵר קֹרְטוֹב, וְנָפַל לְתוֹכָן קֹרְטוֹב חָלָב, וַהֲרֵי מַרְאֵיהֶן כְּמַרְאֵה הַמַּיִם, וְנָפְלוּ לַמִּקְוֶה, לֹא פְסָלוּהוּ. רַבִּי יוֹחָנָן בֶּן נוּרִי אוֹמֵר, הַכֹּל הוֹלֵךְ אַחַר הַמַּרְאֶה:

משנה ו

מִקְוֶה שֶׁיֵּשׁ בּוֹ אַרְבָּעִים סְאָה מְכֻוָּנוֹת, יָרְדוּ שְׁנַיִם וְטָבְלוּ זֶה אַחַר זֶה, הָרִאשׁוֹן טָהוֹר וְהַשֵּׁנִי טָמֵא. רַבִּי יְהוּדָה אוֹמֵר, אִם הָיוּ רַגְלָיו שֶׁל רִאשׁוֹן נוֹגְעוֹת בַּמַּיִם, אַף הַשֵּׁנִי טָהוֹר. הִטְבִּיל בּוֹ אֶת הַסָּגוֹס וְהֶעֱלָהוּ, מִקְצָתוֹ נוֹגֵעַ בַּמַּיִם, טָהוֹר. הַכַּר וְהַכֶּסֶת שֶׁל עוֹר, כֵּיוָן שֶׁהִגְבִּיהַּ שִׂפְתוֹתֵיהֶם מִן הַמַּיִם, הַמַּיִם שֶׁבְּתוֹכָן שְׁאוּבִין. כֵּיצַד יַעֲשֶׂה, מַטְבִּילָן וּמַעֲלֶה אוֹתָם דֶּרֶךְ שׁוּלֵיהֶם:

משנה ז

הִטְבִּיל בּוֹ אֶת הַמִּטָּה, אַף עַל פִּי שֶׁרַגְלֶיהָ שׁוֹקְעוֹת בַּטִּיט הֶעָבֶה, טְהוֹרָה, מִפְּנֵי שֶׁהַמַּיִם מְקַדְּמִין. מִקְוֶה שֶׁמֵּימָיו מְרֻדָּדִין, כּוֹבֵשׁ אֲפִלּוּ חֲבִילֵי עֵצִים, אֲפִלּוּ חֲבִילֵי קָנִים, כְּדֵי שֶׁיִּתְפְּחוּ הַמַּיִם, וְיוֹרֵד וְטוֹבֵל. מַחַט שֶׁהִיא נְתוּנָה עַל מַעֲלוֹת הַמְּעָרָה, הָיָה מוֹלִיךְ וּמֵבִיא בַּמַּיִם, כֵּיוָן שֶׁעָבַר עָלֶיהָ הַגַּל, טְהוֹרָה:

אֶרֶץ יִשְׂרָאֵל טְהוֹרָה, וּמִקְוָאוֹתֶיהָ טְהוֹרִים.

רשימת פרקי משנה לפי סדר א – ב

האות מסמנת את הפרק המתחיל באותה אות. אם יש שתי אותיות, ישנם שני פרקים במסכת המתחילים באותה אות.

א ברכות ה, ח. פאה א. שבת ט, טו. בבא קמא א. פסחים א. ביצה ג. יומא ג.

ב פאה ו. שבת ב, ד, ה, ו. כתובות א. יומא ז. ביצה א. אבות ד, ה. מגילה ג.

ג פאה ה. בבא בתרא י. חולין ז. נגעים ו.

ד סנהדרין א, ג. זבחים יא. כריתות ה. נידה ז.

ה ברכות ב, ט. פאה ד. שבת ח, י, יא, יב. קידושין א, ב, ג. סוכה ה. בבא קמא ט, י.

ו דמאי ב. נדרים ב, יא. סנהדרין ט. מכות ג. מועד קטן ג.

ז טהרות ט. מכשירין ב. עוקצים ב.

ח שבת כב. עירובין ז. יבמות א, יד. חגיגה ג. בבא בתרא ב. חלה א.

ט יומא ד. זבחים יב. כלים יב.

י ביכורים א. שבת א. יומא ח. ביצה ב. ראש השנה ד. בבא בתרא ח. יבמות ט.

כ ברכות ו. פאה ז. שבת ג, ז, טז, יז. פסחים ב, ז. בבא קמא ב. סנהדרין ב, י.

ל מעשר שני ג. סוכה ג, ד. בבא בתרא ב. עבודה זרה א. תמיד ד.

מ ברכות א, ג. פאה ג, ח. שבת יח, כד. פסחים ד, ט. תענית א. מגילה א. אבות א.

נ שבת כא. יבמות יא. כתובות ד. נדרים י. סנהדרין ו. ידיים ב.

ס תרומות ה. סוכה א. תענית ב, ג. כריתות ד. אהלות טו.

ע אבות ג. עירובין ב. פסחים י. קידושין ד. סוטה ט. שביעית א, ב.

פ חלה ב. זבחים יד. מדות ד. פרה ד.

צ פרה ט, יא.

ק כלאים ד. נדרים ח. זבחים ו. מעילה א, ד. קינים ב.

ר שבת יג, יט, כ. ראש השנה ג. יבמות ה. נדרים ט. עדיות ב, ה, ו. אבות ב.

ש ברכות ז. שביעית ו, י. שבת יד, כג. יומא א, ו. כתובות יא. אבות ו. שבועות א, ג, ד.

ת ברכות ד. פסחים ה. כלים ה. אהלות ה. נידה י.

יש נוהגים ללמוד במוצאי שבתות כל שנים עשר חודש את פרק כד ממסכת כלים, שכל משניותיו מסתימות בטהרה. ולאחר מכן לומדים פרק שביעי ממסכת מקוואות המובא לעיל.

מֵעוֹלָם וְעַד עוֹלָם

פרקי מידע

רשימה ארצית של חברות קדישא

להלן רשימות חברה קדישא ברחבי הארץ לפי סדר א-ב. חלקן פועלות כחלק מהמועצה הדתית וחלקן עצמאיות. בעת הצורך, אל תהססו להתקשר בשעות הערב למספרים הניידים ולבתים הפרטיים. שיחות אלה מקובלות וצפויות מטבע התפקיד.

מטבע הדברים, הרשימות נכונות ליום כתיבתן והפרטים עשויים להשתנות. בכל זאת הבאנו כאן את הפרטים. הן מפני שחלקם נשאר קבוע, וגם אם ישנם שינויים, לעתים ישנו קצה חוט שניתן להיעזר בו. הרשימות דלהלן נלקחו מחוברת "קבורה ואבלות" של פרויקט "עתים" בראשותם של הרב שאול פרבר ושלומית טור פז, ואני מודה להם על כך. ברשימה זו שולבו שמות וטלפונים גם מאתר "קדישא נט", ואני מודה גם להנהלת אתר זה על מתן רשותם לשבץ בספר את רשימותיהם.

ניתן למצוא רשימות מעודכנות גם באתרים עצמם. אתר עתים – ייעוץ ומידע במעגל החיים היהודי www.itim.org.il . אתר קדישא-נט www.kadishanet.co.il. כמו כן גם באתר ממשלת ישראל – משרד הדתות http://www.religions.gov.il/hevrot_kadisha/kvorot.asp.

אבן-יהודה

חברה קדישא במועצה הדתית, רח' אסותא, ת"ד 37 טל':09-8997127 פקס:09-8995714 יושב ראש חברה קדישא/מועצה דתית: טביב ישכר 09-8998271 נייד: 050-6709221. שמואל שיר 050-5218424.

אופקים

חברה קדישא במועצה הדתית, רח' גולומב 19 (ליד בית הכנסת המרכזי) ת"ד 7 טל': 08-9923736; 08-9923073 פקס: 08-9928108 מנהל: יוסף אוזן 050-7912731 רכב: 050-5202795. משה דהן 050-5370879.

אורנית

חברה קדישא במועצה הדתית, ת"ד 6808, ד.נ. אפרים טל': 03-9360432 פקס: 03-9369714 יושב ראש חברה קדישא/ מועצה דתית: בלייר צבי 03-9369047 נייד: 057-7726931 052-2733878 מנכ"ל: ישי יהושע 03-516-4595 נייד: 050-5334549.

אור-עקיבא

חברה קדישא במועצה הדתית, רח' עשרת הרוגי מלכות 3 (מקביל לעירייה)ת"ד 7282 טל': 04-6260019; 04-6363036; 04-6361054 פקס: 04-6363519 מנהל: מסעוד בן לולו 052-8530005 יו"ר: אליהו איקונינה 052-3499391.

אילת

חברה קדישא במועצה הדתית, רח' אילת 409/4 ת.ד. 15 (ליד קופת חולים כללית) טל': 08-6376135/6 פקס: 08-6374092 מנהל: הרב אלי קמחי 057-7718836. מיכאל מדינה 057-7717100, משה אלמקייס 057-6206777.

אליכין

חברה קדישא במועצה הדתית, רח' שבזי-מרכז אליכין טל': , 04-6365839 04-6251008, 04-6366537. יושב ראש חברה קדישא/מועצה דתית: אביתן שמעון 04-6301411 מנהל: 050-7546745. יהודה ימין 050-5271313.

אלפי-מנשה

חברה קדישא במועצה הדתית, רח' מנור 8 ת"ד 419 טל': 09-7926465 , 09-7925757 פקס: 09-7926465 יושב ראש חברה קדישא/מועצה דתית: מויאל שמעון 09-7925501 נייד:050-5477759.

אלקנה

חברה קדישא במועצה הדתית, ת.ד. 2 (ליד אזור התעשייה) טל': 03-9363438 פקס: 03-9063142 יו"ר: חנוך קליין – מעונו: [illegible] מזכיר: אסף שפירא 050-5478899.

אפרת

חברה קדישא במועצה הדתית, מרכז מסחרי תאנה, ת.ד. 1019 טל': ;02-9931772 02-9933120 פקס: 02-9933858 מנהל: אליהו מזרחי 057-7302011. אבא ריצ'מן 057-7702089.

אריאל

חברה קדישא במועצה הדתית, רח' משעול א' 7 (ליד בית המשפט) ת"ד 6 טל': 03-9067721/18; 03-9366088 פקס: 03-9364033 מנהל: עמוס צוריאל 050-5691280 מעונו: 03-9366803.

אשדוד

חברה קדישא במועצה הדתית, רח' הנרייטה סאלד 2, ת.ד. 2161 (ליד בטוח לאומי) טל': 08-8522926/7 שלוחה 32 פקס: 08-8523021 בית עלמין: 08-8531619 יו"ר: שלמה אליזרע 052-3297401 נייד במשרד: /052-2650990 1/2.

אשקלון

חברה קדישא במועצה הדתית, רח' אשתאול 1 ת.ד. 48 (מגדל אמירים, סיטי) טל': 08-6714401 פקס: 08-6714402 מנהל: אבי ישעיהו 050-6483117/5.

באר-יעקב

חברה קדישא גחש"א, רח' ז'בוטינסקי 3 (בתוך סמינר באר יעקב) טל': 08-9281040 שלוחה 8 מנכ"ל: הרב שבתי לויסון 050-5465887 מעונו: 03-9658872.

באר-שבע

חברה קדישא במועצה הדתית, רח' חיים יחיל 3 (בניין סלקום, ליד תחנה מרכזית) ת"ד 5920 טל': 08-6283755 ;08-6277142 שלוחות 133/135 פקס: 08-6237234 מנכ"ל: הרב אברהם לורבר 054-4348735 אחראי: הרב שלמה אוחיון 054-4458580. יעקב אסור 054-3030512.

בית-דגן

חברה קדישא במועצה הדתית, רח' הבנים 19 טל': 03-9605775 פקס: 03-9601234 יושב ראש חברה קדישא/מועצה דתית: אהרוני אהרון 03-9604390 נייד: 050-5422201. אמנון צברי 050-5251253.

בית-שאן
חברה קדישא במועצה הדתית, רח' הרצל ת"ד 5 (ליד העיר העתיקה) טל': ,04-6586249 .04-6588610 פקס: 04-6588166 מנכ"ל: הרב מרדכי דרעי 052-3495231 מזכיר: מאיר שמחון 052-3558752. שאול מלכה .050-8334259

בית-שמש
חברה קדישא במועצה הדתית, רח' הרצל 615 ת.ד. 43 (ליד מחלקת גביה, עירייה) טל': 02-9912867; 02-9911361 (שלוחה 3); 02-6588610 פקס: 02-9917714 מזכיר: שלמה קקון 057-7756080. חיים בן מרגי 052-3120480. ישי מורי 052-2630874.

בני-ברק
חברה קדישא גחש"א – ראו תל-אביב.

חברה קדישא חרדי, רח' חזון איש 6, טל': 03-6181205 תורנים: גבריאל שיינק 03-6184933 יצחק וייס 03-5709202 רפאל רוטשילד 03-6189733.

חברה קדישא – 'שומרי הדת', רח' הרצל 34, משרד בבית הלוויות בילינסון: ;03-9223726 03-9247722 ,03-9376295 יעקב פרידמן 050-5265901 מנכ"ל: שפיגל: 050-5265899.

חברה קדישא – פונוביץ', טל': /03-6183111 2/3 שלוחה 3 מנכ"ל: הרב אליעזר כהנמן.

חברה קדישא – ויז'ניץ, טל': 03-6743466.

חברה קדישא – זכרון מאיר (הלפרין), השל"ה 18, טל': 03-6182863 מנכ"ל: הרב יצחק כהן 03-6179005.

בנימינה
שירותי קבורה בעירייה, רח' קרן היסוד 2 ת.ד. 99 (בניין המועצה), טל' במועצה: 04-6388511/2 שלוחה 102 ישיר: 04-6388040 פקס: 04-6380246 מנהל: מזכיר המועצה ירחמיאל פטרנג. אחראי: אשר דהאן .050-7495347

בני-עייש
חברה קדישא במועצה הדתית, רח' הכלניות 135 ת"ד 371 טל': 08-8592554 , 08-859-3333 פקס: 08-8598923 יושב ראש חברה קדישא/ מועצה דתית: חובב יוסף 08-8594146 נייד: .052-2706041

בקעת בית שאן
חברה קדישא במועצה הדתית, 04-6065893. אבינועם שטרית 050-5576120.

בקעת הירדן
חברה קדישא במועצה הדתית, 02-9946663. אברהם קופלוביץ 050-6635331.

גבעת-עדה
חברה קדישא במועצה הדתית, רח' הראשונים 4 טל': 04-6389873 , 04-6388957 פקס: 04-628-9217 יושב ראש חברה קדישא/מועצה דתית: שרעבי משולם 04-6380261 נייד: 052-4481729. מרדכי הררי .052-6449441

גדרה
חברה קדישא – אשכנזים, רח' פוקס 2 מנהלים: גד גרייבר ואברהם כהנוב. אחראי: בני קרניאל 054-4651348 מעונו: .08-8596237

חברה קדישא – ספרדים, רח' פינס 1 ת.ד. 177 (במועצה הדתית) טל': 08-8593580 פקס: 08-8597519 מנהל: גמליאל יחיא מעונו: 08-8592497. שלמה תנעמי 052-5344455.

גוש-דן

תושבי אור יהודה, אזור, בני ברק, בת ים, גבעת שמואל, גבעתיים, גני תקווה, חולון, יפו, קרית אונו ורמת גן – ראו תל אביב.

גוש עציון

חברה קדישא במועצה הדתית, 02-9932816. ניסים סוויד 057-7718728.

גליל תחתון

חברה קדישא במועצה הדתית, 04-6620995-7. גרשון לוי 050-7750122.

גן-יבנה

חברה קדישא במועצה הדתית, רח' הרצל 1 ת"ד 8 טל': 08-8574410 פקס: 08-8571172 יושב ראש חברה קדישא/מועצה דתית: קבלן יוסף 08-8573481 נייד: 050-5414524. ציון כהן 050-5485359.

דימונה

חברה קדישא במועצה הדתית, ת.ד. 11 (מרכז מסחרי חדש, קומה א') טל': 08-6554258 ;08-6554062 פקס: 08-6555862 מנכ"ל: הרב אברהם סויסה, מעונו: 08-6553780. 057-7705797.

הוד-השרון

חברה קדישא במועצה הדתית, רח' בית זקיף 5 (מרכז מגדיאל) ת"ד 507 טל': 09-7481152 פקס: 09-7460658 מנהל: יוסי ידעי 050-6508159.

הר חברון

חברה קדישא במועצה הדתית, 02-9969143-5. יוסף אשחר 052-8903800.

הרצליה

חברה קדישא גחש"א, רח' פינסקר ת.ד. 107 (ליד הקאנטרי קלאב) טל': 09-9542246 טלפקס: 09-9565186 מנהל: יגאל צדוק 050-7669474 מנכ"ל: יצחק פלח: 050-5392277.

זכרון-יעקב

חברה קדישא גחש"א, רח' המייסדים 1 ת"ד 263 טל': 04-6396448 יו"ר: איתמר בר עזר 050-5398281 מעונו: 04-6390760 מזכיר: איציק שבתאי: 050-5358614/29. חביב ממן 050-5358629.

חבל יבנה

חברה קדישא במועצה הדתית, 08-8561011. דב רייכמן 050-7260068.

חבל מודיעין

חברה קדישא במועצה הדתית, 03-9722806. משה מעטוף 057-2207244 ,050-5301897.

חדרה

חברה קדישא גחש"א, סמטת פלטרין ת.ד. 377 (ליד השוק) טל': 04-6324040 פקס: 04-6323035 מנכ"ל: הרב יוסף גרשון 050-6977500 מזכיר: יורם דוראני 050-6977502 חיים הברמן 050-6977501.

חיפה

חברה קדישא – ספרדים, רח' אחד העם 14 (שכונת הדר) ביום: 04-8621578 בלילה: 04-8621910 פקס: 04-8645814 מנהל:

הרב יעקב ניזרי 057-7544593 מעונו: 04-8104434.

חברה קדישא – כורדים וספרדים, רח' סוקולוב 19 (ליד שוק תלפיות) טל': 04-8672917 פקס: 04-8627174 מנכ"ל: אלי סלמן מעונו: 04-8677246.

חברה קדישא – אשכנזים, רח' הרצל 63 (שכונת הדר) טל': 04-8642405/6/7 מנכ"ל: בנימין הסה מעונו: 04-8246261 אחראי: אברהם בריקמן 052-2523735 04-8643780 תורנים: זאב פרקש 04-8642483; 052-8330431 ישראל אדלר 04-8621823, 052-2553715.

חברה קדישא – צפון אפריקה, רח' יל"ג 16 (פינת החלוץ, שכונת הדר), טל': 04-8662619 טלפקס: 04-8622126 יו"ר: הרב יוסף שטרית 050-7566185 מנהל: שמואל שטרית 050-5252355 מזכיר: יהודה שריקי 050-7566226.

חצור הגלילית

חברה קדישא במועצה הדתית, חצור ת.ד. 19 טל': 04-6936485 פקס: 04-6931089 מנהל: מיכאל סויסה 057-7753655 דניאל אבוקסיס 057-7793568.

טבריה

חברה קדישא במועצה הדתית, רח' הגליל ת.ד. 73 טל': 04-6720993/21 פקס: 04-6720280 מנהל: הרב אבנר בוסקילה 04-6721427. אליהו כהן חדד 050-5761610.

טירת-הכרמל

חברה קדישא במועצה הדתית, עמידר 19 ת"ד 120 טל': 04-8570243 , 04-8570242 פקס: 04-8574203 יושב ראש חברה קדישא/ מועצה דתית: אליהו רוני 04-8571578 נייד: 050-5639047 מנהל: מוריוסף מאיר 08-9438591 נייד: 052-2457512. ניסים טוויל 050-5661194. ברוך אביטל 050-7530038.

יבנה

חברה קדישא במועצה הדתית, רח' הלילך 6 ת.ד. 52 (ליד בית הספר ביאליק) טל': 08-9437171/51 ;08-9431287 פקס: 08-9431940 מנה: מאיר מור יוסף 052-2457512 יו"ר: הרב דוד רחמים 052-2457501.

יבניאל

חברה קדישא במועצה הדתית, ת.ד. 159 (בבניין המועצה) טל': 04-6708599 פקס: 04-6708076 מנהל: אבינועם גרינברג 052-8979761/3 מעונו: 04-6708521 מזכיר: עמנואל פנסקי 052-8512706. אבינועם הר נוי 050-8721545.

יהוד

חברה קדישא גחש"א, רח' צבי ישי 13 ת.ד. 32 (ליד קופ"ח כללית) טל': ;03-5360870 03-5364314 פקס: 03-5367107.

חברה קדישא עצמאית 03-6320027. ז'קי ואגמה 054-2663377. אביחיל זייד 054-3300557.

יקנעם

חברה קדישא במועצה הדתית, רח' התמר (מרכז דרוקר) טל': 04-9893616 טלפקס: 04-9890261 אחראי: יעקב שטרית 050-5497280 קולט איבגי: 050-5679951. יוסי סודמי 050-7217016. שלום בוחבוט 050-5271288.

יסוד-המעלה

חברה קדישא במועצה מקומית, בניין המועצה המקומית ד.נ. גליל עליון טל':04-6937506 פקס:04-6934390. בניטויטו 057-7273741. יושב ראש חברה קדישא/ מועצה דתית: שביט יהודה050-5250020- בצלאל יצחק04-6937380- נייד: 052-3450193.

ירוחם

חברה קדישא במועצה הדתית, רח' העליה ת.ד. 43 (במבנה כיבוי אש) טל': ;08-6580281 08-6589134 ;08-6580039. פקס: 08-6583191 יו"ר מועצה: הרב פרץ מיכאל 050-6511966.

ירושלים

חברה קדישא 'קהילת ירושלים', רח' אלישר 1 מענה קולי 02-6252281 פקס: 02-6221757 מנכ"ל: הרב שמחה מירון. ניידים: 050-5278384; 050-5742783 מנכ"ל: הרב חנניה שחור, 052-8697676 מעונו: 02-5865280.

חברה קדישא פרושי-חרדי, רח' פינס 15 (ליד הדוידקה) טל': 02-5384144 מנכ"ל: הרב מנדל גלבשטיין ניידים: 050-5205763; 050-5240063.

חברה קדישא – ספרדים, רח' הרב קוק 8 (מרכז העיר) טל': 02-6254371 פקס: 02-6231827 בשעות הערב: 057-7709977/9 מנכ"ל: הרב יצחק ארמוזה .050-5540891 054-3991100.

חברה קדישא – בבלים, רח' שערי צדק 1 (מול תחנת דלק הטורים) טל': 02-6252842 פקס: 02-6257716 מנכ"ל: יאס נאג'ח 050-5217943 מעונו: 02-6231686.

חברה קדישא – מערבים יוצאי צפון אפריקה, רח' מסילת ישרים 1 (מרכז העיר) טל': 02-6255504 רב החברה: הרב אברהם פרנקו 050-5230239; 02-6411825.

חברה קדישא – כורדים, רח' בית יעקב 11א (פינת רח' אגריפס, מחנה יהודה) טלפקס: 02-6258469; 02-6234797 מנהל: אליהו ברוך, מעונו: 02-5639005.

חברה קדישא – פרסים, רח' בכר נסים 46 טל': 02-6248322; 02-6248612 פקס: 02-6248613 יו"ר: אהרון מזרחי 050-5259587 אחראי: יצחק נחמד, מעונו: 02-5811685.

חברה קדישא – תימנים, רח' הנביאים 65 טל': 02-5383786 פקס: 02-5000724 יו"ר: הרב דוד גולן מזכיר: צחי דוד 050-5533991.

חברה קדישא 'עץ החיים' – ספרדים, רח' בצלאל אשכנזי 18 (שכונת הבוכרים – בית ישראל) טלפקס: 02-5826466 מנהל: יצחק שרבני 052-3828731/0.

חברה קדישא – חסידים, רח' המביט 21 (שכונת גאולה) טל': 02-5384518/89; 02-5382467פקס:02-5380101מנכ"ל:הרבנים חיים יצחק ושמואל שיליץ 050-5310889; 050-5289660 תורן: 050-6429630.

חברה קדישא 'ארץ החיים' – חלקות מיוחדות לקהילות מארה"ב, הרטוב צומת שמשון, בית שמש טל': 02-9911446; 02-9997526 פקס: 02-9997527 מנה: יצחק פרייליך 050-5322030.

מועצה דתית 02-6214888, משה יצחק אוסדיטשר 052-4268003.

כנרות
חברה קדישא במועצה הדתית, ניסים אלקובי 050-2190501.

כפר – הרא"ה
חברה קדישא במועצה הדתית, עמק חפר טל': 04-6251002 , 04-6301330 , 04-6301140 (שלוחה מס, 7) יושב ראש חברה קדישא/ מועצה דתית: טלר יהושע 04-6365206 נייד: 050-6388851 מנהל: הרב חיים טובולסקי 04-6365701 נייד: 050-6388852.

כפר חסידים – רכסים
חברה קדישא גחש"א, רח' האורנים 40 ת.ד. 6 (ליד המועצה ברכסים) מנהל: אהרון קלמן איגרא 052-2614764 מעונו: 04-9846175.

כפר – יונה:
חברה קדישא במועצה הדתית, רח' הרצל 12 ת"ד 20 טל': 09-8987343 , 09-8985635 פקס: 09-8942804 יושב ראש חברה קדישא/ מועצה דתית: דרעי שמעון 09-8987812 נייד:054-4987812 מנהל: גמליאל שלום 09-8986355 נייד: 054-5707410 .

כפר – סבא
חברה קדישא גחש"א, רח' הכרמל 57 טל': 09-7672478 פקס: 09-7670671 מנכ"ל: מרדכי אלבוים 057-7737111 ,050-5368400. מעונו: 09-7670786.

כפר פינס
חברה קדישא במועצה הדתית, 04-6377339. אשר אופנהיימר 054-4700664.

כפר-שמריהו
חברה קדישא גחש"א, רח' החורש 11 ת.ד. 9147 טל': 09-9582964 מנהל: שמשון דוברצניסקי.

כפר-תבור
חברה קדישא במועצה הדתית, ת"ד 317 טל': 04-6767065 פקס: 04-6767384 יושב ראש חברה קדישא/מועצה דתית: סויסה מרדכי 04-6767353 נייד: 050-7561404. עירית 050-7561405.

כרכור
חברה קדישא גחש"א, רח' הנשיא 6 (ליד תחנה מרכזית) מנהל: יחיאל צדוק 04-6270413.

כרמיאל
חברה קדישא במועצה הדתית, רח' הגליל 19 ת.ד. 19 (ליד בנק הפועלים) טל': 04-9989819 ;04-9985630 טלפקס: 04-9881405 בערב: עירייה מוקד 106 מנכ"ל: שאול פרץ 050-5416804 .04-9987799.

לוד
חברה קדישא במועצה הדתית, רח' גרטבול 11 (ליד העירייה הישנה) טל': ;08-9234158 08-9224769 ;08-9235618 פקס: 08-9225552 אחראי: יהושע טנגי 052-8421041. דניאל בן סעדון 050-5991390.

לכיש
חברה קדישא במועצה הדתית, 08-6848106. שלום פרץ 052-5438090.

מגדל
חברה קדישא במועצה הדתית, בניין המועצה המקומית ת"ד 289 טל': 04-6721648 פקס: 04-6721384 יושב ראש חברה קדישא/

מועצה דתית: עטיה יתרו 04-6721528 נייד: 050-5374133.

מגדל – העמק

חברה קדישא במועצה הדתית, רמת יזרעאל ת.ד. 18 (בניין המשטרה הישן) טל': 04-6541849; 04-6440134 פקס: 04-6540517 יו"ר: יעקב עמר 052-6661155, 050-5494385. אחראי: שמעון זגורי 04-6545303; 052-3765731.

מודיעין

חברה קדישא במועצה הדתית, רח' חשמונאים 8 (בקרוואנים ליד הרבנות), יושבים בחברה הכלכלית 08-9726173/5; 08-9727515 פקס: 08-9727516 יו"ר: צביקה אבנון 052-2504316 מנהל: נסים פרץ 052-4445079.

מזכרת – רחוה

חברה קדישא גחש"א, רח' תרמ"ג ת.ד. 380 (ליד האנדרטה) טל': 08-9349486 פקס: 08-9349290 מנהל: הרב אפרים זלמנוביץ' 050-5403730. עמוס פרג'ון 050-8390271.

מטה בנימין

חברה קדישא במועצה הדתית, 02-9975570. נתן נתנזון 050-5536270.

מטולה

חברה קדישא במועצה הדתית, רח' הראשונים 25 ת"ד 2 טל': 04-6951941 נייד: 054-4987939 פקס:04-6951939 יושב ראש חברה קדישא/מועצה דתית: הרב חיים ורדי 04-69022667 נייד: 050-7535282. משה קונפורטי 052-2372589.

מיתר

חברה קדישא במועצה הדתית, ממשית (מקלט תמנע) ת"ד 888 טל': 08-6517325, 08-6510913 פקס: 08-6510914 יושב ראש חברה קדישא/מועצה דתית: ביטון פנחס 08-6517862 נייד: 050-6517862 שטטנר שמחה 08-6517906 נייד: 054-4676405. אבי הורוביץ 050-6335372.

מנחמיה

חברה קדישא במועצה הדתית, קרן היסוד ת"ד 332 טל': 04-6751066 נייד: 052-4659796 פקס:04-6750047 , 04-6750516 יושב ראש חברה קדישא/מועצה דתית: פרץ מרדכי 04-6752294 נייד: 052-4806995.

מעלה אדומים

חברה קדישא במועצה הדתית, 02-5353212, 02-5354001. דוד צרפתי 052-2407255.

מעלה יוסף

חברה קדישא במועצה הדתית, 04-9806901-2. שמעון גואטה 050-5743347.

מעלות

חברה קדישא במועצה הדתית, רח' המעפילים 1 (מול חטיבת אורט) ת"ד 1204 פקס: 04-9977181 אחראי: אלי אלפסי, ניידים: 050-5404275; 054-5870223. מיכאל חזן 050-6437511.

מצפה-רמון

חברה קדישא במועצה הדתית, שדרות בן גוריון ת.ד. 13 (בניין המועצה המקומית) טל': 08-6588111 פקס: 08-6595234 מנהל: הרב דניאל בר מוחה 057-7752431 מעונו: 08-6588379. אתי זכאין 052-3839500.

מרום הגליל
חברה קדישא במועצה הדתית, 04-6980828, 04-6987780. דני סיידא 052-3488910.

מרחבים
חברה קדישא במועצה הדתית, 08-9925069, 08-9926446. יוסף לוי 050-9091666.

נהריה
חברה קדישא במועצה הדתית, רח' ישורון 9 (ליד העירייה) ת"ד 25 טל' בבית העלמין: 04-9922316; 04-9923367 מנהל: מרדכי וקנין 050-5519469 מעונו: 04-9922783. בת שבע פרץ 052-8459167.

נס-ציונה
חברה קדישא גחש"א, רח' ויצמן 8 טל': 08-9406359, 08-9450554, 08-9403753. מנכ"ל: משה ליימן 050-6933451. רחמים לוי 054-4360336.

נצרת – עילית
שירותי קבורה בעירייה, בית עלמין ת.ד. 513 אזור תעשייה ג' טל': 04-6555605 אחראי: שמעון עמוס 052-2814855 עירייה: רח' גלבוע 16 ממונה: רבקה בן גל 04-6478823.

נשר
חברה קדישא במועצה הדתית, רח' צבר 19 (ליד המכללה הטכנולוגית) טל': 04-8215215; 04-8215881 פקס: 04-8214370 מנהל: אברהם ביטון 050-5405956. משיח עמר 052-8900515.

נתיבות
חברה קדישא במועצה הדתית, רח' חפץ חיים 404 טל': 08-9933555/6; 08-9941027 פקס: 08-9945802 מנהל: הרב מרדכי אפנג'ר 054-7533323 מעונו: 08-9941446 אבי עמרוסי: 054-7533317. יצחק אלפסי 054-7533318.

נתניה
חברה קדישא גחש"א, רח' פתח תקווה 12 (ליד הקניון) טל': 09-8333419/76 בערב: 03-5703975; 03-5703822; 09-8610752 פקס: 09-8337662 מנכ"ל: הרב שלמה שטיגליץ.

חברה קדישא – תימנים, רח' הזית 1 שכונת עין התכלת טל': 09-8840216 מנכ"ל: אבנר מזרחי 052-2820316.

סביון
חברה קדישא גחש"א, רח' הדרום 12 (ליד בית הכנסת המרכזי) טל': 03-5349182; 03-5348977 פקס: 03-5352533 יו"ר: אברהם וקסלר 050-6688891 מעונו: 03-5347432 הרב דוד ברודמן 050-5364775.

עומר
חברה קדישא גחש"א, רח' יערה 1 (ליד בית הכנסת ישראל הצעיר) ת"ד 117 טל': 08-6460903 פקס: 08-6900011 מנכ"ל: הרב יוסף גינזבורג 052-2880999 משה דפנה 08-6469311; 050-5204438.

עזתה
חברה קדישא במועצה הדתית, 08-9942888, 08-9938969. יצחק חדד 050-6575781.

עכו
חברה קדישא במועצה הדתית, יהושפט 29 (מול הסופר ברסקו) ת"ד 174 טל': 04-9910402; 04-9911098; 04-9817057; טלפקס: 04-9917708 מנהל: רונן סרי 052-8390274/5. עמוס פרג'ון 050-8390271.

עמנואל – ראה תל אביב

עמק חפר – ראה כפר הרא"ה

עמק יזרעאל

חברה קדישא במועצה הדתית, 04-9930493, 04-9930494. חיה קליקר 050-6396006.

עמק לוד

חברה קדישא במועצה הדתית, 03-9601007, 03-9601063. מוטי מגער 050-7374411.

עפולה

חברה קדישא במועצה הדתית, שדרות ארלוזורוב 34 (ליד העירייה) טל': 04-6593507; 04-6424165 בית עלמין: 04-6426400 מזכיר: יהודה ברוש 050-5712974 מעונו: 04-6523691.

ערד

חברה קדישא במועצה הדתית, רח' יהודה 34 (ליד חברת חשמל) טל': 08-9959419; 08-9959758; 08-9957269 פקס: 08-9954629 מנהל: הרב שי אברהם 054-4710431. חיים ברודז'ק 057-3130610.

עתלית

חברה קדישא במועצה הדתית, רח' הכלניות 1 (ליד בית הכנסת אהבת שלום) טל': 04-9541687 פקס: 04-9842922 במועצה: 04-9842141/922 מנהל: הרב יהודה אלמקייס 052-3766478 מעונו: 04-9842836.

פרדס-חנה:

חברה קדישא גחש"א, רח' דרך הבנים 11 (ליד המועצה המקומית) טל': 04-6373471 פקס: 04-6379074 יו"ר: הרב אלכסנדר בירנבוים 04-6377605 אברהם שחל 050-5549973.

פרדסיה

חברה קדישא במועצה הדתית, הנשיא 1 ת"ד 202 טל': 09-8989024 , 09-8940878 פקס: 09-8989024 יושב ראש חברה קדישא/מועצה דתית: מיוסט יעקב 09-8948488 נייד: 050-5503718.

פתח-תקווה

חברה קדישא גחש"א, רח' הראשונים 6 (ליד הדואר המרכזי) ת"ד 1032 טל': 03-9302738; 03-9311328 בשעות הערב: 03-9302344 מנכ"ל: טוביה פומרנצ'יק 052-8554606.

צפת

חברה קדישא במועצה הדתית, רח' הפלמ"ח 68 (ליד מתנ"ס וולפסון) טל': 04-6971633; 04-6972438/29 פקס: 04-6921311 מנהל: רחמים כהן 052-3742114. בנימין לגזיאל 052-3220249.

קדומים

חברה קדישא במועצה הדתית, 09-7922059, הרב צבי פרבשטיין 057-7756451.

קדימה

חברה קדישא במועצה הדתית, הרב הרצוג 2 טל': 09-8990086 פקס: 09-8995085 יושב ראש חברה קדישא/מועצה דתית: יומטוביאן אליהו 09-8990469 נייד: 052-2929737.

קיסריה

חברה קדישא גחש"א, רח' הברוש 16 ת.ד. 1033 שכונה 2 טלפקס: 04-6362808 יו"ר: ד"ר יוסף שרביט: 04-6361127.

קצרין

חברה קדישא במועצה הדתית, רח' חוקוק 41 (ליד בית הכנסת שבת אחים) טל':

04-6961585 ;04-6961036 פקס: 04-6962036 מנהל: הרב דוד זפרני 052-8633500 מעונו: 04-6961073.

קרית-ארבע

חברה קדישא במועצה הדתית, רח' יהושע בן נון 15/10 ת.ד. 18 טל': 02-9961083 פקס: 02-9961656 יו"ר: שמואל מרגי 057-7722881 מעונו: 02-9961289.

קרית-אתא

חברה קדישא – אשכנזים, רח' נורדאו 2 (ליד קופ"ח פינסקר) טלפקס: 04-8449959 מנהל: ישראל גישייד 04-8446929 ירוחם רויכר 04-8447705 מיכאל דסקל 04-8440385.

חברה קדישא – ספרדים, רח' סוקולוב 17א טל': 04-8442511 מ"מ יו"ר: יהודה תורג'מן 052-2611263 אחראי: נסים אלקובי 052-2540430.

קרית-ביאליק

חברה קדישא גחש"א, שדרות ירושלים 12 (בניין העירייה) טל': 04-8780878 פקס: 04-8732130 בית עלמין: 04-8773269 מנהל: אפרים ברנשטיין 04-8712346.

קרית-גת

חברה קדישא במועצה הדתית, שדרות לכיש 11 (ליד בנק המזרחי) ת"ד 46 טל': ;08-6886277 ;08-6812028 08-6881691 08-6600553 פקס: 08-6681729 מנכ"ל: הרב מיכאל לחייני 050-5392619. דוד משעלי 052-4575743.

קרית-טבעון

חברה קדישא במועצה הדתית, האלונים 78 ת"ד 1008 טל': 04-9832715 , 04-9832714 פקס: 04-9836264 יושב ראש חברה קדישא/מועצה דתית: אילוז עמי 04-9558039 נייד: 054-4962727 מנהל: אלטהויז מנשה 04-9834154 נייד: 052-2457226. בנצי כץ 052-2617511.

חברה קדישא-אל-רואי המזרח 8, שכונת אל-רואי טל': 04-9834373 יושב ראש חברה קדישא/מועצה דתית: בן-בנימין אברהם 04-9830726 נייד: 050-5554134.

קרית-ים:

חברה קדישא במועצה הדתית, רח' להמן 15 (ליד קופת חולים כללית) טל': ;04-8753819 ;04-8777153 04-8753771 פקס: 04-8755039 מנהל: רחמים גלעד 052-3489005. יורם כץ 054-5632025.

קרית-מוצקין

חברה קדישא גחש"א, שדרות משה גושן 76 (ליד העירייה) טל': 04-8710575 טלפקס: 04-8702730 מנכ"ל: שמעון מלול, ניידים: 050-5251246; 057-7765000.

קרית-מלאכי

חברה קדישא במועצה הדתית, בקניון, קומה ג', טל': ;08-8587867 ;08-8581337 08-8505602 מנהל: יעקב בוזגלו 050-7723987 מעונו: 08-8584240. יהודה שטרית 050-8738149.

קרית-עקרון

חברה קדישא במועצה הדתית, רח' הרצל 44 ת.ד. 4 (בניין המועצה המקומית) טל': 08-9413736 ;08-9354360 פקס: 08-9413786 מנהל: שלמה מרחבי 08-9414743.

קרית-שמונה

חברה קדישא במועצה הדתית, רח' הירדן 7 ת.ד. 585 (ליד הגשר) טל': ;04-6940221 04-6950375 ;04-6940358 יו"ר: הרב נסים מלכה 052-2854847 אחראי: ימין לחיאני .052-2854844

קרני שומרון

חברה קדישא במועצה הדתית, ,09-7920536 .09-7920730 דוד כהן ,052-5665616 .050-8780772

ראש-העין

חברה קדישא במועצה הדתית, רח' העצמאות 10 ת"ד 7 טל': ,03-9389689 03-9380156 ,03-9014069 פקס:03-9382932 יושב ראש חברה קדישא/מועצה דתית: אשואל ישעיהו 03-9380379 נייד: 050-5271428. יוסי שרה 054-8171203.

ראש-פינה

חברה קדישא במועצה הדתית, רח' מעלה גיא אוני 227/9 (מול המרפאה) טל': 04-6936277 פקס: 04-6936019 יו"ר: גבי בן שימול 052-2483275 מעונו: 04-6938203.

ראשון-לציון

חברה קדישא גחש"א, רח' חלוצי יסוד המעלה 8 (מרכז העיר פינת לבונטין) טל': 03-9648195 טלפקס: 03-9665522 מנהל: הרב יוסף ברויאר 050-5338455 מעונו: .03-9458565

רחובות

חברה קדישא גחש"א כללית, רח' בנימין 28 (ליד חברת חשמל) טל': ;08-9451041 08-9454633 מנהל: הרב ברוך פולק 054-4458065 ,057-7701440. מעונו: .08-9458065

חברה קדישא מרמורק – תימנים, רח' הירשנזון 6 טל': 08-9456298 ;08-9456677 מנהל: ראובן שרעבי, מעונו: 08-9455288.

חברה קדישא שעריים – תימנים, רח' הרב משולם יוסף 4 טל': 08-9457206 מנכ"ל: ישכר חרזי 050-5534737 מעונו: .08-9450242

רכסים

חברה קדישא במועצה הדתית, 04-9893582. הרב אברהם כהן 054-4984747.

רמלה

חברה קדישא במועצה הדתית, רח' גולומב 25 (פינת טרומפלדור) טל': 08-9225360 (שלוחה 2) פקס: 08-9229272 מנהל: מוריס דגן 052-3969029 מתאם לוויות: .052-8362488

רמת הגולן

חברה קדישא במועצה הדתית, ,04-6850590 04-6961375 ,04-6850398. יצחק נס .050-5210653

רמת-השרון

חברה קדישא במועצה הדתית, רח' סוקולוב 47 טל': 03-5406004/7 ישיר: 03-5406579 פקס: 03-5490079 אחראי: אברהם גמליאל .050-5362129

רמת-ישי

חברה קדישא במועצה הדתית, רח' הארז 45 ת"ד 453 טל': 04-9836410 פקס: 04-9532081

יושב ראש חברה קדישא/מועצה דתית: אבנר שלמה 04-9836271 נייד: 052-2611176.

רעננה

חברה קדישא גחש"א, רח' קלאוזנר 18 (בניין המועצה הדתית) טל': 09-7431356 טלפקס: 09-7484482 מנהל: הרב יואל עזרזר 057-7737893.

שבי-ציון

חברה קדישא במועצה מקומית, ע"י נהריה ת"ד 25 טל': 04-9820251 יושב ראש חברה קדישא/מועצה דתית: בן-מאיר הלל מנהל: תמים דוד 04-9820179 נייד: 054-5621411.

שדרות

חברה קדישא במועצה הדתית, רח' ההסתדרות ת.ד. 107 (ליד מד"א) טל': 08-6597666; 08-6897034 פקס: 08-6610333 מנהל: שמעון אביטן 050-5571411.

שוהם

חברה קדישא בלשכת הרבנות, רח' עמק אילון 51 (בקרוואן מול בית תרבות) רכז דת וקבורה: ארמונד בן-נעים 052-3344185 ברבנות: 03-9794674 פקס: 03-9791342 הרב דוד סתיו 052-4280124; 052-3961502 סגן ראש מועצה, ישראל בוכריץ 050-5268939.

שומרון

חברה קדישא במועצה הדתית, 03-9066490, דב שפירא 052-5665910.

שלומי

חברה קדישא במועצה הדתית, רח' נתן אלבז ת.ד. 100 (ליד בית הספר בן-צבי) טל': 04-9808029 טלפקס: 04-9808653 יו"ר: משה מגירה 052-366575 מזכיר: מיכאל פרץ 052-3665673 הרב אברהם אטיאס 052-3665670.

תל-אביב-יפו (וגוש דן)

חברה קדישא גחש"א, רח' מוהליבר 33 (ליד נחלת בנימין) טל': 03-7953600/19 מוקד חירום: 03-5117180 פקס: 03-5103768 מנכ"ל: יהושע ישי, ישיר: 03-5164597; 050-5334549.

תל-מונד

חברה קדישא גחש"א, רח' הדקל 51 ת.ד. 95 (בניין המועצה הדתית) טל': 09-7964949 פקס: 09-7966030 מנהל: יניב לוי 050-5218763

משרד הדתות מחלקת קבורה 5311105 – 02

בטוח לאומי, מחלקת דמי קבורה 8602862 – 09

רשימת לשכות הבריאות המחוזיות

מטבע הדברים, הרשימות נכונות ליום כתיבתן והפרטים עשויים להשתנות. בכל זאת הבאנו כאן את הפרטים. הן מפני שחלקם נשאר קבוע, וגם אם ישנם שינויים, לעתים ישנו קצה חוט שניתן להיעזר בו.

מדורי רשיונות קבורה, משרד הבריאות

אשקלון – בי"ח ברזילי, מרכזיה: 08-6745555 משרד קבלה: 08-6745816/7 פקס: 08-6745213. חדר מיון (לאחר שעה 15:30): 08-6745101. שעות עבודה: 8:00 – 15:30.

באר-שבע – התקווה 4 (קרית הממשלה) קומה 1 חדר 1010 מרכזיה: 08-6263511 ישיר: 08-6263458 פקס: 08-6263460 שעות עבודה: 8:00 – 15:30.

חדרה – הלל יפה 13 (בניין מכבי) קומה 5, מרכזיה: 04-6240801 ישיר: 04-6240803. פקס: 04-6323958. שעות עבודה: 8:00 – 16:00.

חיפה – שדרות פל-ים 15א (קרית הממשלה), קומה ב', מרכזיה: 04-8633111 ישיר: 04-8632902 פקס: 04-8633110. שעות עבודה: 8:00 – 15:00.

טבריה – אלחדיף 40 (מול ביטוח לאומי), קומה ב', טלפון: 04-6791816/7/0 פקס: 04-6720627 שעות עבודה: 8:00 – 16:00 (הוראות על הדלת לשעות הערב).

ירושלים – יפו 86, מרכזיה: 02-5314811 ישיר: 02-5314891. פקס: 02-5314892. שעות עבודה: 8:00 – 15:00.

נצרת עלית – משרד הבריאות, רחוב 113, קומה ב' (בצומת נצרות), מרכזיה: 04-6557000. ישיר: 04-6557004. פקס: 04-6457098. שעות עבודה: 7:30 – 16:00.

נתניה – שדרות ויצמן 23 (מול ביטוח לאומי והשוק), מרכזיה: 09-8300111. ישיר: 09-8300133. פקס: 09-8331618. שעות עבודה: 8:00 – 15:00.

עכו – העצמאות 24 (מול העירייה והדואר המרכזי), מרכזיה: 04-9955111. ישיר: 04-9955109. פקס: 04-9917957. שעות עבודה: 8:00 – 16:00.

עפולה – ירושלים 4, קומה א' (מעל בנק המזרחי), מרכזיה: 04-6099000. ישיר: 04-6099002. פקס: 04-6526936. שעות עבודה: 8:00 – 15:00.

פתח תקווה – אחד העם 31 (פינת חפץ חיים), מרכזיה: 03-9051818. ישיר: 03-9051804. פקס: 03-9307651. שעות עבודה: 8:00 – 15:00.

צפת – הפלמ"ח 44 (מול מס הכנסה, ביה"ח הישן), מרכזיה: 04-6994222. ישיר: 04-6994208. פקס: 04-6971576. שעות עבודה: 8:00 – 16:00.

רחובות – רמז 80 (מול קופת חולים רמז), מרכזיה: 08-9485858. ישיר: 08-9485810. פקס: 08-9469130. שעות עבודה: 8:00 – 15:00.

רמלה – דני מס 3 (מעל מד"א הישן, ליד בנק הפועלים), מרכזיה: 08-9181212. ישיר: 08-9181202. פקס: 08-9251607. שעות עבודה: 8:00 – 14:30.

תל-אביב – הארבעה 14, מרכזיה: 03-5634848. טלפקס ישיר: 03-5634727. שעות עבודה: 8:00 – 15:45.

תמיכה נפשית

יש מי שסביבתו המשפחתית והחברתית מספקת לו את כל התמיכה הדרושה לו ויש מי שמעדיף להיות עם עצמו בשעות הקשות שלאחר האובדן. עם זאת, תמיכה ממקורות נוספים ושיתוף אנשים נוספים עשויים להקל על הכאב ועל המועקה ולסייע בהבנת האירועים ובעיבודם. גם הרשימות דלהלן נלקחו מחוברת "קבורה ואבלות" של פרויקט "עתים" בראשותם של הרב שאול פרבר ושלומית טור פז, ואני מודה להם על כך.

תמיכה דרך הטלפון:

ער"ן-עזרה ראשונה נפשית 1201 מכל טלפון, בשפות עברית, רוסית, אמהרית וערבית.

מוקדים עירוניים: ירושלים, 02-5610303; גוש דן, 03-6391063; חיפה, 04-8672222/3, ברוסית: 04-8672223; חדרה, 04-6346789 ; כרמיאל, 04-9888770 ; באר-שבע, 08-6494333 ; נתניה 09-8625110.

אוזן קשבת-אגריפס 111, ירושלים 02-6243358.

מוקדים עירוניים 106 – שירותים פסיכולוגיים ופקידי סעד.

תמיכה במפגש אישי:

ארגון 'נחמה' – סיוע בעיבוד האבל בעברית ובאנגלית 054-6385269.

תמיכה בילדים:

שפ"י – שירות יעוץ וטיפול פסיכולוגי לנוער ולילדים ברחבי הארץ 02-5603249/51.
הפנייה מתבצעת דרך היועצות בבתי הספר.
הקו הפתוח של משרד החינוך – לתלמידים 02-5602538, שיחת חינם 1-800-222-003.
נע"נ – נוער עונה לנוער-ירושלים 02-6249959.
נמע"ן – נוער מדבר עם נוער-מרכז 03-5254065.

מֵעוֹלָם וְעַד עוֹלָם

מפתח

מפתח

המפתח בנוי בחלקו סביב נושאים כלליים, מהם מסתעפים נושאי המשנה. לכן אם ערך מסוים לא מופיע, יש להגדיר תחילה מהו הנושא הכללי אותו מחפשים, ובתוכו את נושאי המשנה המתבקשים.

מנהג חברון

מנהג ירושלים

מנהג עדות המזרח

מנהג צפת וטבריה

אמר רבי יהושע בן לוי: עתיד הקדוש ברוך הוא להנחיל לכל צדיק וצדיק שלש מאות ועשרה עולמות, שנאמר "לְהַנְחִיל אֹהֲבַי יֵשׁ וְאֹצְרֹתֵיהֶם אֲמַלֵּא" (משלי ח, כא).

אמר רבי שמעון בן חלפתא: לא מצא הקדוש ברוך הוא כלי מחזיק ברכה לישראל אלא השלום, שנאמר "ה' עֹז לְעַמּוֹ יִתֵּן ה' יְבָרֵךְ אֶת עַמּוֹ בַשָּׁלוֹם" (תהלים כט, יא).

1 "יש" בגימטריה שלש מאות ועשר.

2 משנה בסוף מסכת עוקצין – המשנה האחרונה בש"ס.

מקורות

אגרות משה – הרב משה פיינשטיין, אגרות משה, ניו יורק תשי"ט – תשנ"ו.

אוצר דינים ומנהגים – יהודה דוד אייזענשטיין, אוצר דינים ומנהגים, (דפוס צילום) תל אביב תשל"ה.

אוצר המדרשים – יהודה דוד אייזענשטיין, אוצר המדרשים, ניו יורק תרע"ה.

אוצר טעמי המנהגים – שמואל פנחס גלברד, אוצר טעמי המנהגים, פתח תקוה תשנ"ו.

אוצרות התורה – הרב משה צוריאל, אוצרות התורה, בני ברק תשס"ה.

אור החיים – רבי חיים בן עטר, פירוש לתורה, מובא במקראות גדולות.

אור לאבל – שמואל גליק, אור לאבל – להתפתחותם של עיקרי מנהגי אבלות במסורת ישראל, ירושלים תשנ"א.

אורות הקדש – הרב אברהם יצחק הכהן קוק, אורות הקדש, ירושלים תשמ"ה.

אנציקלופדיה הלכתית רפואית – אברהם שטיינברג, אנציקלופדיה הלכתית רפואית, ירושלים תשמ"ח.

אנציקלופדיה תלמודית – הרב מאיר בר אילן, הרב שלמה יוסף זוין (עורכים), אנציקלופדיה תלמודית, ירושלים תש"ז – תשס"ד.

ארבעה טורים – רבי יעקב בן אשר, ארבעה טורים, מוסדות שירת דבורה, מכון ירושלים תשנ"ג.

באר לחי רואי – הרב יוחאי עמר, באר לחי רואי, קרית מלאכי תשס"א.

ביאור הלכה – ראה משנה ברורה.

בית חדש – רבי יואל סירקיס, בית חדש, פירוש לספר ארבעה טורים.

בית יוסף – רבי יוסף קארו, בית יוסף, פירוש לספר ארבעה טורים.

במראה הבזק – שו"ת במראה הבזק – תשובות לשאלות שנשלחו על ידי רבני התפוצות לרב שאול ישראלי, נשיא "ארץ חמדה", ירושלים תשנ"א – תשס"ד.

בן איש חי – הרב יוסף חיים מבגדד, בן איש חי, מהדורת הרב נסים בן עוזיאל, ירושלים תרצ"ב.

גשר החיים – הרב יחיאל מיכל טוקצינסקי, גשר החיים, ירושלים תש"ך.

דברי אהרן – הרב אהרן הלוי גולדמן, שאלות ותשובות דברי אהרן, ירושלים תשמ"א.

דעת כהן – הרב אברהם יצחק הכהן קוק, דעת כהן – תשובות בהלכות שלחן ערוך יורה דעה, ירושלים תשנ"ג.

דעת תבונות – רבי משה חיים לוצאטו, דעת תבונות, בני ברק תשמ"ט.

דרכה של היהדות במוות ובאבלות – הרב משה לאם, דרכה של היהדות במוות ובאבלות, ירושלים 2005.

דרכי הלכה – הרב מנחם עמי רוטנברג, דרכי הלכה – הלכות אבלות, ירושלים תשנ"ה.

דרכי טהרה – הרב מרדכי אליהו, דרכי טהרה – הלכות נידה וטהרה, ירושלים תשד"ם.

הכוזרי – רבי יהודה הלוי, ספר הכוזרי, מהדורת יהודה אבן שמואל, תל אביב תשל"ג.

הלכה סדורה – גלעד גרוס, הלכה סדורה – הלכות אבלות – שאלות ותשובות מורחבות בענייני אבלות, מעלה אדומים תשנ"ט.

הליכות תימן – הרב יוסף קאפח, הליכות תימן – חיי היהודים בצנעה ובנותיה, ירושלים תשס"ב.

הלכות יום העצמאות ויום ירושלים – נחום רקובר, הלכות יום העצמאות ויום ירושלים, ירושלים תשמ"ה.

הלכות אבלות – יצחק צבי אושינסקי, הלכות אבלות, ירושלים תשס"ב.

הנבחר באמונות ובדעות – רב סעדיה גאון, הנבחר באמונות ובדעות, מהדורת הרב יוסף קאפח, ירושלים תשנ"ג.

הסידור והתפילה – הרב עדין אבן ישראל שטיינזלץ, הסידור והתפילה, תל אביב תשנ"ד.

הקדיש – מקורו, משמעותו ודיניו – הרב דוד אסף, הקדיש מקורו, משמעותו ודיניו, חיפה תשכ"ו.

הקדמות הרמב"ם למשנה – הרב יצחק שילת (מהדיר), הקדמות הרמב"ם למשנה, מעלה אדומים, תשנ"ב.

הקונטרס היחיאלי – הרב יצחק אלפייה, הקונטרס היחיאלי, ירושלים תשנ"ד.

השטן שבינינו – נחי אלון וחיים עומר, השטן שבינינו, ספרים, הוצאה לאור, 2005.

זוהר – זוהר עם פירוש הסולם לרבי יהודה ליב אשלג, ירושלים תשמ"ט.

זכרון לברכה – שאול מייזליש, זכרון לברכה – מנהגי פטירה ואבלות במסורת ישראל, תל אביב 1987.

חזון איש – הרב אברהם ישעיהו קרליץ, חזון איש חלק יורה דעה, בני ברק תשנ"א.

חזון למועד – הרב חנוך זונדל גרוסברג, חזון למועד (הלכות שמחות), ירושלים תשל"ה.

חיים וחסד – הרב שמואל פנחסי, חיים וחסד – הלכות שמחות, ירושלים תשס"א.

חכמת אדם – הרב אברהם דאנציג, חכמת אדם, ירושלים תשנ"ו.

חתם סופר – הרב משה סופר, חתם סופר – שאלות ותשובות, ירושלים תשל"ב.

טהרת שדה המכפלה – הרב עידוא אלבה, טהרת שדה המכפלה – בירור בדיני קברים טומאתם וטהרתם, קרית ארבע חברון תשס"ב.

טורי זהב – רבי דוד הלוי, טורי זהב (ט"ז), פירוש לשלחן ערוך.

טל לברכה – הרב רמי רחמים ברכיהו, טל לברכה, ירושלים תשנ"ט.

טעמי המנהגים ומקורי הדינים – הרב אברהם יצחק שפרלינג, טעמי המנהגים ומקורי הדינים, ירושלים תשמ"ב.

יביע אומר – הרב עובדיה יוסף, יביע אומר – שאלות ותשובות, ירושלים תשמ"ו – תשס"ב.

יד אפרים – הרב אפרים זלמן מרגליות, יד אפרים – חידושים ובאורים על שלחן ערוך יורה דעה, נדפס בסוף שלחן ערוך יורה דעה.

יהדות הלכה למעשה – הרב ישראל מאיר לאו, יהדות הלכה למעשה, כתב וערך שאול מייזליש, גבעתיים 1978.

ילקוט החיים והשלום – הרב אליהו עטייה והרב מרדכי עטייה, ילקוט החיים והשלום, ירושלים תשמ"ח.

ילקוט יוסף – הרב יצחק יוסף, ילקוט יוסף – הלכות ביקור חולים ואבלות, נערך על פי פסקי הרב עובדיה יוסף, ירושלים תשס"ד. (ההפניות בספר הן בדרך כלל לחלק זה אלא אם כן צוין אחרת.)

יסודות התפילה – אליעזר לוי, יסודות התפילה, תל אביב תש"ז.

יסודי הלכה – הרב שמואל דביר, יסודי הלכה – הלכות אבלות, כרמי צור תשנ"ה.

כבוד אחרון – הרב אחיה אמיתי וחגי גרוס, כבוד אחרון, חוברת עזר והדרכה למשפחה האבלה, עמותת צהר – חלון בין עולמות, תל אביב תשס"ג.

כל בו על אבלות – הרב יקותיאל יהודה גרינוואלד, כל בו על אבלות, ניו יורק תש"ז.

כף החיים – הרב יעקב חיים סופר, כף החיים – פירוש על שלחן ערוך אורח חיים וחלק מיורה דעה, ירושלים תרפ"ט.

מאמרי הראי"ה – הרב אברהם יצחק הכהן קוק, מאמרי הראי"ה – קובץ מאמרים, ירושלים התשד"ם.

מגן אברהם – הרב אברהם אבלי גומבינר, מגן אברהם, ביאור לשלחן ערוך אורח חיים.

מדריך לתלמוד – הרב עדין שטיינזלץ, מדריך לתלמוד, ירושלים 1992.

מדרש רבה – ירושלים, דפוס צילום וילנא תרל"ח.

מדרש תנחומא – מדרש תנחומא ירושלים תשי"ח, מהדורת צילום ורשא תרל"ה.

מוסר אביך – הרב אברהם יצחק הכהן קוק, מוסר אביך, ירושלים תשל"ג.

מועד לכל חי – הרב אליהו ביטון, מועד לכל חי – אוצר דינים ומנהגים בענייני ביקור חולים ואבלות, ביריה תש"ס.

מורה הנבוכים – רמב"ם, מורה הנבוכים, מהדורת הרב קאפח, ירושלים תשנ"ד.

מחזור ויטרי – ש' הורוביץ מהדיר, מחזור ויטרי, נירנברג תרפ"ג.

מנחם אבלים – הרב מנחם בן שמעון מרדכי, מנחם אבלים – הלכות אבלות, ניו יורק תשל"ח.

מנחת יצחק – הרב יצחק יעקב וויס, מנחת יצחק – שאלות ותשובות, ירושלים תשנ"ג.

מנחת שלמה – הרב שלמה זלמן אויערבך, מנחת שלמה, ירושלים תש"ס.

מעבר יַבֹּק – הרב אהרן ברכיה בן הרב משה ממודינה, מעבר יַבֹּק, בני ברק תשכ"ז.

מקראי קודש – הרב משה הררי, מקראי קודש – הלכות פורים, ירושלים תשנ"ד.

משיב מלחמה – הרב שלמה גורן, משיב מלחמה – שאלות ותשובות בענייני צבא, מלחמה ובטחון, ירושלים תשנ"ד.

משך חכמה – הרב מאיר שמחה הכהן מדווינסק, משך חכמה, מהדורת הרב יהודה קופרמן, ירושלים תשנ"ב.

משנה ברורה – הרב ישראל מאיר הכהן ("החפץ חיים"), משנה ברורה, פירוש לשלחן ערוך אורח חיים, כולל פירוש נוסף בשם "ביאור הלכה" וציון מקורות בשם "שער הציון".

משנה תורה – רבי משה בן מימון (הרמב"ם), משנה תורה.

משנה – ששה סדרי משנה.

נודע ביהודה – הרב יחזקאל סג"ל לנדא, נודע ביהודה – שאלות ותשובות, ירושלים תשס"ג.

נטעי גבריאל – הרב גבריאל ציננער, נטעי גבריאל – הלכות אבלות, ירושלים תש"ס.

נשמת אברהם – הרב אברהם סופר אברהם, נשמת אברהם – הלכות חולים רופאים ורפואה ירושלים תשנ"ג.

נתיבות עולם – רבי יהודה ליוואי בן רבי בצלאל (מהר"ל), נתיבות עולם, בני ברק תש"מ.

סדר לוויה ואזכרה – הרב יעקב גרוס, סדר לוויה ואזכרה – רבנות משטרת ישראל, ירושלים, תש"ס.

ספר החינוך – הרב אהרן הלוי, ספר החינוך, ירושלים, תשי"ח.

ספרא דבי רב הנקרא גם תורת כהנים, ירושלים תשי"ט.

עולת ראיה – הרב אברהם יצחק הכהן קוק, עולת ראיה – סדר תפלה עם פירוש, ירושלים תשכ"ג.

עין איה – הרב אברהם יצחק הכהן קוק, עין איה, ירושלים תשמ"ז – תש"ס.

על התשובה – הרב יוסף דוב הלוי סולוביצ'יק, על התשובה (בעריכת פנחס הכהן פלאי), ירושלים תשל"ט.

עמוד הימיני – הרב שאול ישראלי, עמוד הימיני. ירושלים, תשכ"ו.

עמק חברון – נעם ארנון, עמק חברון – מערת המכפלה וזכות אבות במדרשי חז"ל, חברון תשנ"ו.

עץ חיים – רבי חיים ויטאל, עץ חיים, ירושלים, תר"ע.

ערוך השלחן – הרב יחיאל מיכל עפשטיין, ערוך השלחן, ירושלים תשמ"ז.

עשרה מאמרות – הרב מנחם עזריה מפאנו, עשרה מאמרות, ירושלים תשמ"ח.

פני ברוך – הרב חיים בנימין גולדברג, פני ברוך – אבלות בהלכה, ירושלים תשמ"ו.

פניני הלכה – הרב אליעזר מלמד, פניני הלכה, תל אביב – הר ברכה, תשנ"ג – תשס"ה.

פסקי תשובות – הרב שמחה ב"צ א' רבינוביץ, פסקי תשובות – ליקוט מספרי שו"ת וספרי הלכה, על סדר שלחן ערוך אורח חיים ומשנה ברורה, ירושלים תשנ"ז.

פסקים וכתבים – הרב יצחק אייזיק הלוי הרצוג, פסקים וכתבים, ירושלים תש"ן.

פרקי דרבי אליעזר – מהדורת מ' היגר, ניו יורק תש"ד.

פתחי תשובה – הרב אברהם צבי איזנשטט, פסקי תשובה, נדפס בתוך מהדורות שלחן ערוך.

ציץ אליעזר – הרב אליעזר יהודה וולדינברג, שאלות ותשובות ציץ אליעזר, ירושלים תשמ"ה.

צרור החיים – צרור החיים – פסקי הרב מרדכי אליהו בהלכות אבלות, (הרב מישאל רובין עורך), קרית ארבע חברון, תשס"ג.

קבורה ואבלות – הרב שאול פרבר, שלומית טור פז, קבורה ואבלות – חוברת הדרכה, ירושלים תשס"ג.

קול אליהו – סידור על פי נוסח האר"י על פי פסקי הרב מרדכי אליהו, ירושלים תשנ"ז.

קוראי שמו – הרב מישאל רובין, קוראי שמו – הלכות ומנהגים בענייני שמות וקריאתם, חברון תשס"ב.

קיצור שלחן ערוך – הרב שלמה גאנצפריד, קיצור שלחן ערוך, מהדורת הרב שריה דבליצקי, בני ברק תשל"ח.

קץ החיים – ניסן רובין, קץ החיים – טקסי קבורה ואבל במקורות חז"ל, תל אביב 1997.

רמ"א – רבי משה איסרליש, הגהות על ארבעת חלקי שלחן ערוך, משולבות בתוך נוסח שלחן ערוך.

רמב"ם – רבי משה בן מימון, ראה משנה תורה.

רמב"ן – רבי משה בן נחמן, פירושי התורה, מהדורת הרב חיים דב שעוועל, ירושלים תשי"ט.

רש"י – רבי שלמה יצחקי, פירוש לתורה, מהדורת הרב חיים דב שעוועל, ירושלים תשמ"ג.

רש"י – פירוש לתלמוד, המובאות מדפוס וילנא וצילומיו.

שאילת שלמה – הרב שלמה אבינר, שאלות ותשובות שאילת שלמה, בית אל תשס"א.

שדי חמד – הרב חזקיהו מדיני, שדי חמד, ניו יורק תשכ"ב-תשכ"ג.

שונה הלכות – הרב חיים קניבסקי והרב אלעזר צדוק טורצין, שונה הלכות, בני ברק תשס"ב.

שיח מנחמים – מרדכי יצהרי, שיח מנחמים – הלכות אבלות על פי מנהגי תימן, תשנ"ו 1996.

שלחן ערוך – רבי יוסף קארו, שלחן ערוך.

שלחן ערוך המקוצר – עיני יצחק, הרב יצחק רצאבי, שלחן ערוך המקוצר – עיני יצחק, הלכות פסוקות על פי מנהגי כל קהילות קודש תימן, בני ברק תש"ס.

שמירת שבת כהלכתה – הרב יהושע ישעיה נויבירט, שמירת שבת כהלכתה, ירושלים תשמ"ח.

שם משמואל – הרב שמואל בורנשטיין, שם משמואל, ירושלים תשס"ד.

שערי צדק – תשובות הגאונים – שערי צדק, ירושלים תשכ"ו.

שפת אמת – הרב יהודא אריה ליב מגור, שפת אמת, המכון התורני ישיבת אור עציון תש"ס – תשס"ב.

שפתי כהן – הרב שבתי ב"ר מאיר הכהן, שפתי כהן (ש"ך), ביאורים והוספות על שלחן ערוך יורה דעה וחושן משפט. נדפס במהדורות הרגילות של שלחן ערוך.

תוספות יום טוב – רבי יום טוב ליפמן הלר, פירוש לששה סדרי משנה.

תורה שלמה – הרב כשר, תורה שלמה, מכון תורה שלמה, ירושלים תרפ"ז – תשנ"א.

תורת האדם – רבי משה בן נחמן, תורת האדם – הלכות חולים ואבלות, בתוך: כתבי רמב"ן, ירושלים תשכ"ד.

תחומין – תורה חברה ומדינה, קובץ הלכתי, יב, אלון שבות תשנ"א.

תלמוד בבלי – על פי דפוס וילנא וצילומיו.

תלמוד ירושלמי – על פי דפוס ונציה רפ"ג וצילומיו.

תפילות ומנהגי גחש"א – הרב אברהם חיים שאג וישראל בר זכאי, תפילות ומנהגי גחש"א (גמילות חסד של אמת) לפי מנהגי ירושלים, חברה קדישא קהלת ירושלים, ירושלים תשכ"א.

תניא רבי מאיר אומר "טוֹב לָלֶכֶת אֶל בֵּית אֵבֶל מִלֶּכֶת אֶל בֵּית מִשְׁתֶּה בַּאֲשֶׁר הוּא סוֹף כָּל הָאָדָם וְהַחַי יִתֵּן אֶל לִבּוֹ" דברים של מיתה. דיספד יספדוניה, דיקבר יקברוניה, דיטען יטענוניה, דידלי ידלוניה.

היה ר' מאיר אומר גדול הוא השלום שלא ברא הקב"ה מידה יפה מן השלום שניתנה לצדיקים, שבשעה שנפטרין מן העולם שלש כתות של מלאכי השרת מקדימין אותן בשלום, הראשונה אומרת יָבוֹא שָׁלוֹם, שנייה אומרת יָנוּחוּ עַל מִשְׁכְּבוֹתָם, והשלישית אומרת הֹלֵךְ נְכֹחוֹ, ולא דיין לצדיקים שמיתתן בידי כבוד שנאמר כבוד ה' יאספך אלא שמקלסין לפניו יָבוֹא שָׁלוֹם יָבוֹא שָׁלוֹם[1].

1 תורת האדם לרמב"ן עמוד רמא על פי הברייתא במועד קטן כח, ב; וספרי זוטא נשא כו.

ב"ה ניסן תשס"ו

כִּי לְאָדָם שֶׁטּוֹב לְפָנָיו נָתַן חָכְמָה וְדַעַת וְשִׂמְחָה

קהלת ב, כו

דף זיכרון לסבתא אסתר

סמוך להוצאת הספר נסתלקה מאיתנו סבתא אסתר מרמורוש בשיבה טובה. סבתא זכתה לילדים, נכדים ונינים רבים. כחודש וחצי לפני פטירתה אף זכתה לחבוק בידיה את הדור החמישי – הנכד של נכדה. רצינו בשורות אלו להעלות את זכרה הטהור ומקצת מתכונותיה המבורכות והטובות.

סבתא אסתר נולדה בארגנטינה בשנת תר"פ [1920] להוריה יצחק ויפה פרסיה, כבת בכורה לשמונה אחים ואחיות. סבתא גדלה בקהילה היהודית בבואנוס איירס שבארגנטינה, ובהיותה בת שמונה עשרה נישאה לסבא שלנו - ר' משה פראואה. סבא משה עסק כל ימיו בצרכי ציבור באמונה. היה באופן קבוע בעל קורא, חזן, תוקע בשופר, מלמד תורה והכין דורות של נערים לבר מצוה, גם בארגנטינה וגם בארץ ישראל. לסבא וסבתא נולדו ארבעה ילדים: שפרה (גולדמן), מלכה (מרמור), יוסף (פורת), ושושנה (שפיר). בשנת תשכ"א [1961] עזבה המשפחה את ביתה המבוסס בארגנטינה ועלתה לארץ ישראל, להתחיל מבראשית. סבא משה עבד במפעל "קרגל" וסבתא עבדה כתופרת. סבא משה נפטר בשנת תשכ"ט [1969] וסבתא עברה לאחר פטירתו לגור בירושלים בשכונת בית וגן, סמוך לבית הכנסת הספרדי בו נהגה להתפלל. לאחר כמה שנים נישאה סבתא לסבא שמואל מרמורוש, סבא יקר ואהוב בעל חוש הומור מפותח, איתו היתה נשואה באושר במשך כעשרים וחמש שנה. סבא שמואל נפטר בשנת תש"ס [2000] וסבתא המשיכה לחיות את חייה באופן עצמאי עד סמוך לפטירתה.

סבתא היתה אשה רבת פעלים, עסקה הרבה בעשיית חסד, חיתה בצניעות וחילקה לזולת מהמעט שהיה לה. סבתא היתה אשת חברה וזכתה להתחבב וליצור קשרים חברתיים רבים. ביתה היה מקום מפגש משפחתי לצאצאיה ומשפחתה באופן יומיומי כמעט. ילדיה, נכדיה ונינה העריצו את פעלה ואת חכמת החיים שניחנה בה. גם ילדיה, נכדיה ונינה שלה, וגם ילדי ונכדי סבא שמואל ז"ל שאהבוה וכבדוה ממש כאמא וכסבתא.

סבתא הרבתה להתפלל על משפחתה, על ארץ ישראל ועל כלל ישראל, הצטערה בצער הציבור ושמחה בשמחתו. סבתא היתה מלאה באהבה ובשמחה, והעניקה רגשות חיוביים אלו בנדיבות למי שזכו להיות במחיצתה.

סבתא אסתר נתבקשה לישיבה של מעלה ביום כ"ו אדר תשס"ו, ונקברה בירושלים.

תהא נשמתה צרורה בצרור החיים